Poetik, Exegese und Narrative
Studien zur jüdischen Literatur und Kunst

Poetics, Exegesis and Narrative
Studies in Jewish Literature and Art

Band 20.2 / Volume 20.2

Herausgegeben von / edited by
Gerhard Langer, Carol Bakhos, Klaus Davidowicz,
Constanza Cordoni

Die Bände dieser Reihe sind peer-reviewed. /
The volumes of this series are peer-reviewed.

Esther Jelinek

# Transformationen der Zedaka

Eine Erzählung von Wohlfahrt, Armenfürsorge und Sozialer Arbeit der Israelitischen Kultusgemeinde zwischen 1945 und 2012 in Wien

Mit 48 Abbildungen

V&R unipress

Vienna University Press

Bibliografische Information der Deutschen Nationalbibliothek
Die Deutsche Nationalbibliothek verzeichnet diese Publikation in der Deutschen
Nationalbibliografie; detaillierte bibliografische Daten sind im Internet über
https://dnb.de abrufbar.

**Veröffentlichungen der Vienna University Press
erscheinen bei V&R unipress.**

© 2024 Brill | V&R unipress, Robert-Bosch-Breite 10, D-37079 Göttingen, ein Imprint der Brill-Gruppe
(Koninklijke Brill BV, Leiden, Niederlande; Brill USA Inc., Boston MA, USA; Brill Asia Pte Ltd,
Singapore; Brill Deutschland GmbH, Paderborn, Deutschland; Brill Österreich GmbH, Wien,
Österreich)
Koninklijke Brill BV umfasst die Imprints Brill, Brill Nijhoff, Brill Schöningh, Brill Fink, Brill mentis,
Brill Wageningen Academic, Vandenhoeck & Ruprecht, Böhlau und V&R unipress.
Alle Rechte vorbehalten. Das Werk und seine Teile sind urheberrechtlich geschützt.
Jede Verwertung in anderen als den gesetzlich zugelassenen Fällen bedarf der vorherigen
schriftlichen Einwilligung des Verlages.

Umschlagabbildung: Erstellt von Maria Anna Friedl. Aus der Sammlung Dr. Ariel Muzicant, Wien.
Druck und Bindung: CPI books GmbH, Birkstraße 10, D-25917 Leck
Printed in the EU.

Vandenhoeck & Ruprecht Verlage | www.vandenhoeck-ruprecht-verlage.com

ISSN 2198-5200
ISBN 978-3-8471-1716-2

# Inhalt

Abbildungsverzeichnis . . . . . . . . . . . . . . . . . . . . . . . . . . . . . . 9

Vorwort des Auftraggebers . . . . . . . . . . . . . . . . . . . . . . . . . . . 11

Vorwort . . . . . . . . . . . . . . . . . . . . . . . . . . . . . . . . . . . . . . . . 13

Danksagung . . . . . . . . . . . . . . . . . . . . . . . . . . . . . . . . . . . . . 15

Einleitung . . . . . . . . . . . . . . . . . . . . . . . . . . . . . . . . . . . . . . 17
  Jüdische Fürsorge und Wohltätigkeit . . . . . . . . . . . . . . . . . . . 17
    Einblicke in die Antike . . . . . . . . . . . . . . . . . . . . . . . . . . . 18
    Gemilut Chessed und Zedaka . . . . . . . . . . . . . . . . . . . . . . 25
    Wien vor 1938 . . . . . . . . . . . . . . . . . . . . . . . . . . . . . . . . 30

Franzi Löw: Eine Fürsorgerin der IKG während und nach der
NS-Herrschaft . . . . . . . . . . . . . . . . . . . . . . . . . . . . . . . . . . . . 39
  Zur unmittelbaren Nachkriegszeit . . . . . . . . . . . . . . . . . . . . . 48
  Einblicke in die (Versorgungs-)Lage Überlebender . . . . . . . . . . 48
  Franzi Löw als Kultusrätin und die Folgen der
  Kollaborationsvorwürfe . . . . . . . . . . . . . . . . . . . . . . . . . . . 54

Zur Unterbringung der Rückkehrenden und Überlebenden . . . . . . . 61
  Exil und Rückkehr . . . . . . . . . . . . . . . . . . . . . . . . . . . . . . 62
  Das Tätigkeitsfeld des Wanderungsreferates der IKG . . . . . . . . . 64
    Fluchtort Shanghai . . . . . . . . . . . . . . . . . . . . . . . . . . . . . 67
      Rückkehr am Beispiel Shanghais: wie und wohin? . . . . . . . . . 68
      Begleitung und Unterbringung der Rückkehrer:innen . . . . . . . 72
    Rückkehr und Unterbringung am Beispiel Palästinas/Israels und der
    ehemaligen Sowjetunion . . . . . . . . . . . . . . . . . . . . . . . . . 82
    Rückkehr aus weiteren Ländern . . . . . . . . . . . . . . . . . . . . . 91

Versorgung der Rückkehrer:innen ................... 92
»Rückkehrerheime« der IKG ...................... 96
　Seegasse ................................ 97
　Tempelgasse, Untere Augartenstraße und Krummbaumgasse ..... 101
Das Wohnungsreferat der IKG .................... 104
　»Arisierung« von Wohnungen .................... 107
　Die Wiederaufnahme und Vorgangsweise der Tätigkeit des
　Wohnungsamtes der Stadt Wien .................. 111
　Fehlende rechtliche Grundlagen für die Entrechteten .......... 117
　Die Etablierung des Wohnungsreferates der IKG ............ 123
　　Fallbeispiele .......................... 124
　　Karl Farkas ........................... 127

Die Fürsorgeabteilung nach 1945 ................... 135
　Reorganisation – Professionalisierung – Subsidiaritätsprinzip ...... 135
　Tätigkeitsfelder und Unterstützungskategorien ............. 142
　Organisationsstruktur und Bezugsvoraussetzungen ........... 158
　Zu den Beamt:innen ........................ 165
　　Verschiedene Tätigkeitsbereiche: Von Sekretariat und Recherche ... 174
　　Gelebte Praxis – Fallbeispiel(e) ................. 184
　　Stipendien ........................... 191
　　　Bezugsvoraussetzungen-, Gewährung und Ende ........... 191
　　　Akten: Formales und (individuelle) Ansuchen ........... 199
　　　Rückforderungen ....................... 205

Waisenkinder ............................. 211

Die Kleiderkammer – zur praktischen Vergabe in den ersten
Nachkriegsjahren ........................... 219

Die Fürsorgeabteilung ab den 1960ern .................. 229
　Erhebung psychiatrischer Patient:innen in jüdischen Gemeinden .... 229
　Die Unterstützungskategorien: Entwicklungstrends und einige Zahlen . 236
　Tätigkeitsfelder des Personals und die Re-Organisation(sstruktur) ... 243

Die Sozialkommission: Vom Wirken der Sozialkommission bis zur
Entstehung der Subkommission ESRA ................. 257

ESRA Psychosoziales Zentrum ..................... 273
　Von einer gedachten Institution und ihrer Realisierung ......... 273

Zur Schaffung psychosozialer Angebote . . . . . . . . . . . . . . . . . 274
Gründungsvoraussetzungen in der Zweiten Republik . . . . . . . . . . 279
  Die Psychiatriereform . . . . . . . . . . . . . . . . . . . . . . . . . . . 283
Die Unterteilung der Entstehungsgeschichte: Ideelle Entstehung . . . 285
  Professionalisierung der Sozialabteilung im Kontext von Flucht und
  Zuwanderung . . . . . . . . . . . . . . . . . . . . . . . . . . . . . . . . 286
  Zur Wahrnehmung struktureller Defizite: ein weiterer
  Gründungsgedanke . . . . . . . . . . . . . . . . . . . . . . . . . . . . 294
  Erinnerungen zur psychiatrischen Betreuung . . . . . . . . . . . . 296
  Die Entstehung der Subkommission der Sozialkommission . . . . 299
  Von der Konzeptentwicklung zu ESRAs Initialisierung . . . . . . . . 304
  Mangelnde Ressourcen . . . . . . . . . . . . . . . . . . . . . . . . . . 311
  Von interner Überzeugungsarbeit bis zur Eröffnung . . . . . . . . . . 315
  Sozialkommission: Reflexion der Aufträge Sozialer Arbeit . . . . . . 321
ESRAs Organisationsentwicklung . . . . . . . . . . . . . . . . . . . . . . 329
  Leitfiguren . . . . . . . . . . . . . . . . . . . . . . . . . . . . . . . . . . 329
  Der Mittagstisch und das ESRA Caféhaus . . . . . . . . . . . . . . . . 334
  Ausrichtung – Zielgruppe(n) . . . . . . . . . . . . . . . . . . . . . . . 336
    Wer waren betreute NS-Überlebende? . . . . . . . . . . . . . . . . 336
  ESRA als Traumazentrum . . . . . . . . . . . . . . . . . . . . . . . . . 344
  Angebotsentwicklung . . . . . . . . . . . . . . . . . . . . . . . . . . . 354
    Die Etablierung des Consiliar-Liason-Dienstes . . . . . . . . . . . 354
    Die Sozialen Dienste . . . . . . . . . . . . . . . . . . . . . . . . . . 355
    Die Sozialberatung . . . . . . . . . . . . . . . . . . . . . . . . . . . 356
    Methodisches Selbstverständnis . . . . . . . . . . . . . . . . . . . 358
    Soziale Arbeit im Bedürfniswandel . . . . . . . . . . . . . . . . . . 361
    NS-Überlebende und Zuwandernde . . . . . . . . . . . . . . . . . 361

Das Maimonides-Zentrum . . . . . . . . . . . . . . . . . . . . . . . . . . 369
Vom Altersversorgungsheim Seegasse zum Altersheim Malzgasse . . . 370
Altenbetreuung nach 1945 . . . . . . . . . . . . . . . . . . . . . . . . . 373

Ein- und Ausblick in wohltätiges Vereinswesen unter besonderer
Berücksichtigung des Vereins »Ohel Rahel« . . . . . . . . . . . . . . . 401

Schlusswort . . . . . . . . . . . . . . . . . . . . . . . . . . . . . . . . . . . 415

# Abbildungsverzeichnis

| | | |
|---|---|---|
| Abb. 1: | David Vyssoki | 12 |
| Abb. 2: | Seitenstettengasse | 43 |
| Abb. 3: | Plakette im Andenken an ungarische Zwangsarbeiter:innen | 59 |
| Abb. 4: | Gedenktafel Franzi Danneberg-Löw | 59 |
| Abb. 5: | Obdachlosenunterkunft Meldemannstraße, 1906 | 78 |
| Abb. 6: | Anna Drill und Edith Auerhahn | 85 |
| Abb. 7: | Karl Farkas, 1946 | 127 |
| Abb. 8: | Einladung des Wohnungsreferates der IKG an Karl Farkas, 1947 | 129 |
| Abb. 9: | Fragebogen für Wohnungsangelegenheiten – Karl Farkas | 130 |
| Abb. 10: | Jakob Bindel, 1960 | 137 |
| Abb. 11: | Statistik der Fürsorgeabteilung, August 1948 | 144 |
| Abb. 12: | Fürsorgekartei, 1962 | 152 |
| Abb. 13: | Auszahlungsbeleg, Dezember 1946 | 159 |
| Abb. 14: | Bestätigung des Bevölkerungswesens, August 1949 | 161 |
| Abb. 15: | Fürsorgerin Edith Auerhahn | 170 |
| Abb. 16: | Postkarte L. Zelman an E. Auerhahn, August 1951 | 171 |
| Abb. 17: | Postkarte L. Zelman an E. Auerhahn, August 1953 | 171 |
| Abb. 18: | Fürsorgekartei, 1949–1950 | 175 |
| Abb. 19: | Welfare Inquiry, Januar 1947 | 177 |
| Abb. 20: | Rechercheursbericht, Februar 1955 | 181 |
| Abb. 21: | Erhebungsbogen, März 1955 | 185 |
| Abb. 22: | Fürsorgekartei, April 1950 | 197 |
| Abb. 23: | Mappeninnenseite Klient:innenakt – Ausgabeliste Kleidungsstücke, 1950–1953 | 200 |
| Abb. 24: | Formular »Studenten – Rechercheur«, November 1948 | 203 |
| Abb. 25: | Formular »Ansuchen um Studienbeihilfe«, o. D. | 204 |
| Abb. 26: | Formular Rückzahlungsverpflichtung, Februar 1951 | 206 |
| Abb. 27: | Rothschildspital – Ausgabe von Kleidung u. Schuhen, September 1946 | 219 |
| Abb. 28: | Karteiblatt Kleiderkammer, November 1946 | 222 |
| Abb. 29: | Fürsorgerin Hermine Kinsbrunner | 243 |
| Abb. 30: | »Rückzahlungsverpflichtung«, 1978 | 251 |
| Abb. 31: | Alexander Friedmann | 257 |
| Abb. 32: | Otto Wolken, 1964 | 264 |
| Abb. 33: | Elvira Glück bei ESRAs Eröffnung | 286 |

| | | |
|---|---|---|
| Abb. 34: | »Jewish refugees en route to Eretz Israel, Austria 1946« | 289 |
| Abb. 35: | Stefan Strusievici, 2024 | 303 |
| Abb. 36: | Paul Grosz – Eröffnungsrede ESRA | 312 |
| Abb. 37: | ESRAS Eröffnung – Gruppenbild | 319 |
| Abb. 38: | Außenansicht Psychosoziales Zentrum ESRA, 2024 | 320 |
| Abb. 39: | Gerda Netopil, 2013 | 330 |
| Abb. 40: | Peter Schwarz, Gerda Netopil, Klaus Mihacek | 333 |
| Abb. 41: | Klaus Mihacek und David Vyssoki, 2011 | 334 |
| Abb. 42: | Israelitische Versorgungsanstalt Wien IX, Seegasse, 1905 | 371 |
| Abb. 43: | Krankenabteilung Wien IX, Seegasse, 1938 | 372 |
| Abb. 44: | Zimmer Altersheim Seegasse | 378 |
| Abb. 45: | Küche Altersheim Seegasse und Krankenabteilung Seegasse | 379 |
| Abb. 46: | Grundsteinlegung Maimonides-Zentrum | 395 |
| Abb. 47: | Eröffnung Maimonides-Zentrum | 396 |
| Abb. 48: | Eingang Maimonides-Zentrum, 2024 | 400 |

## Vorwort des Auftraggebers

In der Zwischenkriegszeit gab es in der Israelitischen Kultusgemeinde Wien eine Historische Kommission, die einzelne spezielle Aspekte der Kultusgemeinde und ihrer Unterorganisationen historisch aufgearbeitet und in 11 Bänden veröffentlicht hat. Weiters kamen auch noch ab dem Jahr 1898 Jahresberichte dazu, die Budgets, Wahlen und diverse Ereignisse innerhalb der Israelitischen Kultusgemeinde Wien dargestellt haben. Nach vollständiger Zerstörung des Jüdischen Lebens in der Shoah, gab es nach 1945 nur mehr drei Mehr-Jahresberichte (1948, 1955 und 1964) und keine finanziellen Möglichkeiten und wenig Interesse, die Arbeit der IKG öffentlich darzustellen. Aber ich denke, dass die Geschichte der IKG in diesen 67 Jahren (1945–2012) es wert ist, erforscht und niedergeschrieben zu werden. Dabei ist es mir ein Anliegen, dass die Geschichte der Nachkriegsgemeinde, manche sprechen auch von einer »vierten Gemeinde«, von Experten historisch aufgearbeitet und in Buchform der Öffentlichkeit zugänglich gemacht wird. Natürlich hat dies damit zu tun, dass ich von 1970 bis 2012 in vielen Bereichen der IKG tätig war. Ich danke daher besonders Prof. Dr. Klaus Davidowicz, der die historische Leitung dieser Forschungsarbeit übernommen hat. In einer gemeinsamen Ausschreibung wurden sechs Themen und Autoren ausgewählt. Die von mir gegründete Judaica Forschung Gemeinnützige GmbH beauftragte diese, in einer dreijährigen intensiven Arbeit jene Werke zu erstellen, von denen hier eines vorliegt.

Zu den wesentlichsten Pflichten im Judentum gehört Wohltätigkeit, Engagement für die Ärmsten und Schwächsten in unserer Gemeinde. Das war in Wien immer eine wesentliche Aufgabe der Kultusgemeinde, war doch die Armut vor dem Zweiten Weltkrieg enorm. Als die Shoah-Überlebenden nach 1945 nach Wien kamen (oder auf Durchreise waren), wurden Fürsorge und später Soziale Arbeit wieder zum wichtigsten Betätigungsfeld. Haben sich die Bedürfnisse und die Bedürftigen auch stark verändert, z. B. durch Zuwanderung, so ist der Sozialbereich neben dem Bildungsbereich auch heute noch wesentliches Betätigungsfeld der IKG. Mit der Errichtung von ESRA gelang die Gründung einer für viele andere jüdische Gemeinden in Europa beispielgebende Institution, die sich neben Fürsorge und Sozialer Arbeit auch der Behandlung und Erforschung von Traumata widmet. Daher möchte ich dieses Werk einer Person und ihrem Andenken widmen, ohne die ESRA nie entstanden wäre: Dr. David Vyssoki s.A., meinem Cousin, der bei einer privaten Chanukkafeier erstmals den Vorschlag eines eigenen »psychosozialen Dienstes« der IKG machte.

Ich danke an dieser Stelle Esther Jelinek für ihre akribischen Recherchen. Um ihre Arbeit so objektiv wie möglich zu gestalten, hat sie eine Fülle an Primärquellen gesichtet sowie Zeitzeugen interviewt und deren Aussagen in ihre Arbeit integriert. Unter der wissenschaftlichen Anleitung von Prof. Dr. Klaus Davidowicz entstand dabei eine sehr detaillierte Aufarbeitung des Sozialwesens der IKG in Wien nach 1945.

Dr. Ariel Muzicant,
Judaica Forschung Gemeinnützige GmbH

Abb. 1: David Vyssoki

## Vorwort

Eine erste Auseinandersetzung mit der Geschichte des Fürsorge- und Sozialwesens der Israelitischen Kultusgemeinde seit 1945 wurde durch das von Dr. Ariel Muzicant initiierte Forschungsprojekt »Geschichte der IKG von 1945 bis 2012« unter dem Arbeitstitel »Geschichtliches der Fürsorge/des Sozialwesens der IKG« ermöglicht.

Der Umfang der Literatur zur Geschichte der IKG nach 1945 ist überschaubar. Für das spezielle Thema des Fürsorge- und Sozialwesens der IKG bleibt dabei meist nicht viel Raum. Abgesehen von grundlegenden Arbeiten über den Umgang mit Rückkehrenden und Überlebenden sowie den wichtigen Analysen von und Darstellungen zu Restitutionsangelegenheiten, wurde bislang der Frage wenig Aufmerksamkeit geschenkt, wie die IKG selbst den Bedürfnissen der jüdischen Gemeinde nach 1945 in der Praxis begegnete.

Die Erfahrungen der Verfolgten, der Vertriebenen und jener, welche der Vernichtung nur knapp entgingen, sind nicht vorstellbar. Musste nicht jeder bürokratische Akt von diesen Menschen als Schlag ins Gesicht empfunden werden? Welche Angebote existierten überhaupt, die sich – wenigstens – der Grundbedürfnisse annahmen? Tatsächlich wurden diese mit Hilfe der Israelitischen Kultusgemeinde und Internationaler Hilfsorganisationen wie des American Joint Distribution Committee zumindest teilweise gestillt. Nachdem sich Österreich in der Rolle des Opfers sah, weigerte sich der Staat lange, die Verantwortung zu übernehmen und entsprechende Unterstützungssysteme zu etablieren. Die IKG war daher nicht nur Sprachrohr der jüdischen Bevölkerung, sondern übernahm im Rahmen der ihr zur Verfügung stehenden Mittel zunächst die praktische Linderung der dringendsten Not. Das Maß der Not und der Personenkreis der Bedürftigen wandelten sich im Lauf der Jahrzehnte. Die leitende Frage, welcher in der gegenständlichen Arbeit nachgegangen werden soll, lautet: Inwieweit gelang es den sozialen Instanzen der IKG, Institutionen zu etablieren, die sich an den Lebenswelten der jüdischen Bevölkerung orientieren? Zu diesem Zweck gilt es, zunächst die Zedaka – seit biblischen Zeiten ein grundlegendes Handlungsmotiv sozialen Wirkens – zu würdigen.

Ein Rückblick auf jüdische Fürsorge und Wohltätigkeit vor 1938 ermöglicht erst die Erkenntnis des Umfangs der Zerstörung jüdischer Infrastruktur durch die Nazibarbarei. Die Geschichte der Fürsorgerin Franzi Löw verbindet die Ära der Katastrophe mit dem Neubeginn in der Zweiten Republik. Die Begeisterung des offiziellen Österreich angesichts des Erscheinens von Rückkehrenden und Überlebenden hielt sich in engen Grenzen, ebenso die Hilfsbereitschaft. Hier war wiederum die IKG – insbesondere die Fürsorgeabteilung – gefordert, die Grundbedürfnisse dieser Menschen zu befriedigen. Die damit verbundenen Herausforderungen für die jüdische Gemeinde, die ja selbst eine Überlebendengemeinde war, können kaum erfasst werden.

Wenngleich das Wirken der Fürsorgeabteilung nicht mit Sozialer Arbeit nach heutigen Maßstäben verglichen werden kann, war es aus dem jüdischen Gemeindeleben nicht wegzudenken. In den sechziger Jahren setzte sich in der Abteilung die Auffassung durch, dass bei der Behandlung seelischer Traumata neue Wege beschritten werden müssten. Allerdings fehlte es an den Ressourcen für die Umsetzung dieser Erkenntnis. Die Transformationsprozesse von der klassischen Fürsorgeabteilung hin zu wissenschaftlich zeitgemäßen Behandlungs- und Betreuungsstrukturen waren komplex. Damit ein psychosoziales Zentrum wie ESRA entstehen konnte, bedurfte es veränderter Umstände. Zu solchen Umständen zählten die Psychiatriereform und die Tatsache, dass die entscheidenden Positionen nun Persönlichkeiten der Nachkriegsgeneration innehatten. Die Altenbetreuung nach 1945 wird anhand der Entstehungs- und Entwicklungsgeschichte des Maimonides-Zentrums veranschaulicht. Wohltätige Vereine ergänzen ESRAs Angebot.

# Danksagung

Mein spezieller Dank gilt Dr. Ariel Muzicant, dessen Initiative dieses Projekt erst ermöglicht hat. Ebenso möchte ich mich bei Univ. Prof. Dr. Klaus Davidowicz für die wissenschaftliche Leitung und die fachliche Unterstützung bedanken. Darüber hinaus gebührt der Leitung des Archivs der IKG Wien Mag.[a] Susanne Uslu-Pauer mein herzlicher Dank für ihre umfassende Unterstützung bei der Recherche und Sichtung der Bestände. Ich danke Dr.[in] Daniela Schmid vom Archiv des Jüdischen Museums Wien für die kompetente Betreuung und geduldige Hilfe bei der Recherche und Zurverfügungstellung des Bildmaterials. Dem Dokumentationsarchiv des österreichischen Widerstandes möchte ich für die Möglichkeit der Verwendung einzelner Interviewpassagen danken. Dr.[in] Felicitas Heimann-Jelinek möchte ich ganz besonders für ihre Perspektiven, bereichernden Anmerkungen und Kommentare danken. Für die sprachliche Korrektur des Textes danke ich Mag. Rudolf Jelinek. Stefanie Kainz, BA BA gilt mein Dank für die geduldige Unterstützung – die zahlreichen Rückmeldungen zum Textverständnis und die Einbringung sozialarbeiterischer Perspektiven. Lukas Bengough, MA MFA danke ich für seine erweiternden Perspektiven. Prof.[in] (FH) Dr.[in] Irene Messinger danke ich für die wertvollen Anmerkungen und Kommentare. DSA Mag. (FH) Georg Heidlmaier danke ich ebenso für die Rückmeldungen und Kommentare. Dr. Raimund Fastenbauer danke ich vielmals für die Vermittlung etlicher Kontakte. Ezechiel Max gilt mein herzlicher Dank für die Bearbeitung und Unterstützung bei der Beschaffung des Bildmaterials. Ebenso möchte ich Julia Kaldori, der Chefredakteurin von Wina sowie Margit Zeitlhofer von ESRA für die Mühen im Zusammenhang mit der Beschaffung von Bildmaterial danken. Ganz vielen lieben Dank möchte ich auch allen aussprechen, die sich in einzelnen, wiederholten, manchmal auch sehr langen Gesprächen die Zeit genommen haben, mir Zusammenhänge zu erklären, meine Wissenslücken zu füllen und ihre Erinnerungen so großzügig mit mir zu teilen. Diese haben maßgeblich zum Inhalt dieses Buches beigetragen: Dr.[in] Adrienne Korn, Agnes Hohenbalken, Dr. Andreas Mirecki, Dr. Ariel Muzicant, PD Dr. Dr. Benjamin Vyssoki, Eleonora Baraev, DSA Elvira Glück, DSA Mag. (FH) Georg Heidlmair, Dr. Georg Psota,

DSA Mag.ª Gerda Netopil, Hansjörg Mißbichler, Kitty Schrott, Dr. Klaus Mihacek, DSA Michaela Mathae, Micha Kaufman, MSc, Mag.ª Nora Frankl, Patricia Kahane, Peter Munk, Peter Schwarz, Renate Erbst, DSA Renate Vyssoki, Dr. Robert Tudiwer, Rosina Kohn, DKP Stefan Strusievici, Mag.ª Dr.ⁱⁿ Susanne Ogris, u. v. m.

# Einleitung

*Vergangenes historisch artikulieren heißt nicht, es erkennen, wie es denn eigentlich gewesen ist. Es heißt, sich einer Erinnerung bemächtigen, wie sie im Augenblick einer Gefahr aufblitzt.*
*(Walter Benjamin, Über den Begriff der Geschichte, 1940)*

## Jüdische Fürsorge und Wohltätigkeit

Paul Grosz, der von 1987 bis 1998 Präsident der Israelitischen Kultusgemeinde war,[1] wies bei der feierlichen Eröffnung des Psychosozialen Zentrums ESRA Mitte der 1990er Jahre darauf hin, »dass die IKG mit ESRA eine alte und ehrwürdige Tradition jüdischer Nächstenliebe fortsetze, [dass dies] nun aber [...] unter Einsatz der beruflichen Kompetenz jüngerer Gemeindemitglieder [...] [und] nach modernsten Konzepten der sozialen Integrations-, Sozial- und psychotherapeutischen Arbeit geschehe.«[2] Durch seinen Hinweis, mit der Etablierung dieser Einrichtung, einer jüdischen Tradition zu folgen, wird bereits deutlich: Die Auseinandersetzung mit der Entwicklung der Fürsorge bis hin zu einem professionellen Verständnis Sozialer Arbeit innerhalb der Israelitischen Kultusgemeinde kann nicht ganz losgelöst von einem Wohlfahrtsverständnis betrachtet werden, dessen Wurzeln in biblische und rabbinische Lebenswelten zurückreichen.[3]

---

1 Vgl. Dokumentationsarchiv des österreichischen Widerstandes, Paul Grosz: Kein Vertrauen mehr, Erzählte Geschichte, online: https://www.doew.at/erinnern/biographien/erzaehlte-geschichte/ns-judenverfolgung-ausgrenzung-entrechtung/paul-grosz-kein-vertrauen-mehr [06.03.2023].
2 O. A., ESRA eröffnet!, in: Die Gemeinde, Nr. 443b, 05. Januar 1995, 1–4, 1.
3 Vgl. Gray, Alyssa M., Charity in Rabbinic Judaism. Atonement, Reward and Righteousness, Oxon/New York 2019, 12.

Einblicke in die Antike

Paul Grosz stellte die Eröffnung ESRAs also in einen Zusammenhang mit jüdischer Tradition. Diese sieht sich im Tanach, der hebräischen Bibel begründet. Das Akronym Tanach setzt sich aus den hebräischen Anfangsbuchstaben für »Tora« – »Gesetz«, »Nebi'im« – »Propheten« und »Ketubim« – »Schriften« zusammen. Die als religiöse Norm geltende Sammlung der Texte wird als Kanon bezeichnet. Die Tora, bestehend aus den Fünf Büchern Mose, bildet das Fundament, auf das sich Nebi'im und Ketubim beziehen.[4] Der renommierte Judaist Günter Stemberger beschreibt die Mosesbücher wie folgt: »Sie bieten eine fortlaufende Erzählung über die Erschaffung der Welt über die Zeit der Patriarchen bis zur Befreiung Israels aus Ägypten und dem Tod des Retters Mose. Diese Erzählung ist durch religionsgesetzlichen Stoff verschiedenster Art aufgefüllt: somit können wir das Ganze als Religionsgesetz mit historischer Begründung bezeichnen.«[5] Die Verfasserschaft Moses wurde schon früh, nachhaltig jedoch erst im 17. Jahrhundert durch Gelehrte wie Baruch Spinoza in Zweifel gezogen.[6] Als Verfassungszeit ist das 4. Jahrhundert v. u. Z. anzunehmen.[7] Die Vorstellung, dass Moses auf dem Berg Sinai die schriftliche und mündliche Tora von Gott offenbart worden sei, geht auf verschiedene rabbinische Auffassungen zurück.[8] Erst die Propheten und Schriften vervollständigten aber den uns vorliegenden Kanon. Mit ihnen reicht der Tanach als abgeschlossenes Werk in das 1. Jahrhundert u. Z. zurück, wenn-

---

4 Vgl. Frevel, Christian (Hg.), Einleitung in das Alte Testament, 9. aktualisierte Auflage, Stuttgart 2015, 22.
5 Stemberger, Günter, Geschichte der jüdischen Literatur. Eine Einführung, München 1977, 12.
6 Vgl. ebd.
7 Kurt Schubert sah die Endredaktion und Kanonisierung der heiligen Gesetzestexte als Folge der Reformen Esras und Nehemias. Den andauernden Einfluss schrieb Schubert in erster Linie Esras Wirken als »Schreiber«, wie sein offizieller Amtstitel im persischen Reich lautete, zu. Gerhard Langer verweist auf Reinhard Kratz, der Esra als *den* Schriftgelehrten bezeichnet, der das Judentum eben nachhaltig reformierte, wobei das prophetische Zeitalter durch ein Gelehrtenzeitalter abgelöst wurde. Dieses Verständnis sieht sich in der üblichen Übersetzung von »safar/sofer« in »Schriftgelehrten« begründet. Langer führt Paul Mandels Erkenntnisse aus, demzufolge die Übersetzung eines »obersten Rechtsberaters« zutreffender wäre und zitiert Esra 7, 10, wonach der Prophet die Tora als gesetzliche Handlungsgrundlage umgesetzt sehen wollte, wie Langer zusammenfasst: »Das chronistische Geschichtswerk versteht Tora hier als Gottesrecht, als Verkörperung seiner Satzungen und Bestimmungen.« Langer, Gerhard, Midrasch, Tübingen 2016, 198; vgl. Mandel, Paul, The Origins of Midrash in the Second Temple Period, in: Bakhos, Carol (ed.), Current Trends in the Study of Midrash (Supplements to the Journal for the Study of Judaism 106), Leiden/Boston 2006, 9–34, zit. nach: ebd., 197f; vgl. Schubert, Kurt, Die Kultur der Juden. Teil I. Israel im Altertum, Wiesbaden [1970] 1977, 133; vgl. Kratz, Reinhard Gregor, Ezra – Priest and Scribe, in: Perdue, Leo G. (ed.), Scribes, Sages, and Seers. The Sages in the Eastern Mediterranean World, Göttingen 2008, 163–188, zit. nach: Langer, Gerhard, ebd., 197.
8 Vgl. Ulmer, Rivka/Ulmer, Moshe, Righteous Giving to the Poor: Tzedakah (charity) in Classical Rabbinic Judaism. Including a Brief Introduction to Rabbinic Literature, USA 2014, 1.

gleich an der Reihenfolge noch Änderungen vorgenommen wurden.[9] Insofern liegt die Fertigstellung der fundamentalen Schrift des Judentums fast zwei Jahrtausende zurück. Aus der Perspektive ebendieser Tradition sah der langjährige britische Oberrabbiner Jonathan Sacks eine elementare Herausforderung darin, der Armut entgegenzutreten und stellte nachstehende Frage in den Raum: »Die jüdisch-religiöse Erfahrung als Modell zu Grunde gelegt: wie [...] kann eine religiöse Tradition beitragen zu sozialem, wirtschaftlichem und politischem Denken?«[10] Gesamtgesellschaftliche Konzepte, die den genannten religiösen Texten zugrunde liegen, in die Moderne zu transferieren, klingt in der Tat nach einer Herausforderung. Sacks verweist auf etliche Stellen des Tanach, die Armut und soziale Gerechtigkeit thematisieren,[11] scheinbar aber keinen Bezug zu gegenwärtigen Lebensrealitäten haben.[12] Beispielsweise heißt es in Leviticus 19,9–10 »Wenn ihr die Ernte eures Landes einbringt, sollt ihr das Feld nicht bis zum äußersten Rand abernten. [...] In deinem Weinberg sollst du keine Nachlese halten und die abgefallenen Beeren nicht einsammeln. Du sollst sie dem Armen und dem Fremden überlassen.«[13] Was sich liest wie gönnerhaftes Almosengeben meint tatsächlich soziale Umverteilung – ein brandaktuelles Thema der Gegenwart, obgleich die ökonomischen und gesellschaftlichen Rahmenbedingungen sozialen Handelns in der Antike gänzlich andere waren. Die religiösen Texte sollen aber bis in die Gegenwart Handlungen anstoßen und deren Sinn verständlich machen.[14] Die von Gott auferlegte Pflicht, Armen mit Großzügigkeit zu begegnen, korrespondiert mit einem Rechtsanspruch sozial Schwacher auf Unterstützung.[15] Rabbinische Schriftauslegung wird wohl bis in die Gegenwart betrieben, die rabbinische Epoche hingegen wird meist auf den Zeitraum von 70 u. Z. bis in das 7. Jahrhundert hinein eingegrenzt.[16] Die Schlüsseltexte[17] des

---

9 Vgl. Stemberger, Günter, Geschichte der jüdischen Literatur. Eine Einführung, München 1977, 23 f.
10 Sacks, Jonathan, Wohlstand und Armut: Eine jüdische Analyse [engl. Orig. 1985], in: Heuberger, Georg (Hg.), Zedaka. Jüdische Sozialarbeit im Wandel der Zeit. 75 Jahre Zentralwohlfahrtsstelle der Juden in Deutschland 1917–1992, Ausstellungskatalog – Jüdisches Museum der Stadt Frankfurt, Frankfurt am Main 1992, 14–29, 14.
11 Zu Armutsprävention s. Dtn 14,28; Dtn 15,17; Dtn 29,9–22; Lev 19,9; Lev 23,22; Lev 25. Die Vorschriften in Lev 25 und Ex 21,2 Land zu restituieren und von der Knechtschaft zu befreien, waren weitere Formen der Armutsprävention. Vgl. Ehrentheil, Moritz, Wohltätigkeit versus Selbsthilfe [1887], in: Brocke, Michael/Jobst, Paul (Hg.), Nächstenliebe und Barmherzigkeit. Schriften zur jüdischen Sozialethik, Köln/Weimar/Wien 2015, 258–267, 258.
12 Vgl. ebd.
13 Lev 19,9–10, Die Bibel in Einheitsübersetzung [1980], online: https://www.uibk.ac.at/theol/leseraum/bibel/lev17.html [10.12.2022].
14 Vgl. Sacks, Jonathan, Wohlstand und Armut: Eine jüdische Analyse [engl. Orig. 1985], in: ebd.
15 Vgl. Alexander-Ihme, Esther, Die religiösen Grundlagen der Zedaka, in: ebd., 220–222, 220.
16 Vgl. Stemberger, Günter, Geschichte der jüdischen Literatur. Eine Einführung, München 1977, 68.

rabbinischen Judentums gehen auf ebendiese Zeit zurück und schöpfen aus einer Vielzahl an biblischen und außerbiblischen Texten,[18] die nicht in den Kanon aufgenommen wurden.[19] Gelehrte, auf die die fundamentalen Texte des rabbinischen Judentums zurückzuführen sind, entwarfen bereits im späten zweiten und frühen dritten Jahrhundert u. Z. ein kommunales Spendensystem.[20]

Was war aber eigentlich die Haltung der Rabbinen zu Armut? Im Babylonischen Talmud etwa, wird die Armut mit dem Tode gleichgesetzt.[21] Auch heißt es dort: »Schlimmer ist die Armut im Hause eines Menschen als fünfzig Plagen [...].«[22] Dieses Armutsverständnis hatte sich auch aus eigenen Erfahrungen der Rabbinen gespeist und führte zur Erkenntnis, dass »Entbehrung [...] keine erlösende Barmherzigkeit barg.«[23] Die Tatsache, dass der Mensch ein leibliches Wesen ist, erfordert nach rabbinischer Auffassung auch die Befriedigung seiner leiblichen Bedürfnisse. Ansonsten wäre auch die Erlangung religiöser Ziele nicht möglich. Sacks zitiert bezüglich der einander bedingenden existentiellen Phänomene aus der Mischna:[24] »Ohne Mehl keine Tora, ohne Tora kein Mehl«[25], d. h. ohne Essen ist kein Studium möglich, ohne Tora gibt es keine Nahrung. »Die vielen Verse in der Bibel, die göttliche Identifikation mit den Armen anschaulich darstellen, beschränken sich auf ihre zwei Grundbedeutungen: Gott liebt die Armen im Geist; und Gott ist der Fürsprecher der Armen, die unterdrückt

---

17 Zu den Schlüsseltexten zählen die Mischna, die Lehre der mündlichen Tradition; die Tosefta, der Zusatz oder die Ergänzung zur Mischna; der babylonische und jerusalemer Talmud, bestehend aus Mischna und Gemara, der vollendenden Kommentierung der Mischna- und Midraschtexte, die rabbinische Auslegung einzelner hebräischer Bibelverse bzw. Bibeltexte. Rabbinische Texte werden Gelehrten bestimmter Perioden und Generationen – wie etwa Zugot, Tannaim, Amoraim etc. – zugeordnet.
18 Zur Vielzahl biblischer Texte zählen Pseudepigrapha, Apokryphen, die Schriftrollen vom Toten Meer etc. Vgl. Zenger, Erich u. a., (Hg.), Einleitung in das Alte Testament, 3. erweiterte und aktualisierte Ausgabe, Stuttgart/Berlin/Köln 1998.
19 Vgl. Ulmer, Rivka/Ulmer, Moshe, Righteous Giving to the Poor: Tzedakah (charity) in Classical Rabbinic Judaism. Including a Brief Introduction to Rabbinic Literature, USA 2014, 1.
20 Vgl. Gardner, Gregg E., The Origins of Organized Charity in Rabbinic Judaism, USA 2015, 1.
21 Vgl. Babylonischer Talmud, Traktat Nedarim 7b, online: https://www.sefaria.org/Nedarim.7b.5?lang=bi&with=all&lang2=en [5.12.2022].
22 Babylonischer Talmud, Traktat Baba Batra 116a, online: https://www.sefaria.org/Bava_Batra.116a.14?ven=Talmud_Bavli._German_trans._by_Lazarus_Goldschmidt,_1929_[de]&lang=bi&with=all&lang2=en [06.03.2023].
23 Sacks, Jonathan, Wohlstand und Armut: Eine jüdische Analyse [engl. Orig. 1985], in: Heuberger, Georg (Hg.), Zedaka. Jüdische Sozialarbeit im Wandel der Zeit. 75 Jahre Zentralwohlfahrtsstelle der Juden in Deutschland 1917–1992, Ausstellungskatalog – Jüdisches Museum der Stadt Frankfurt, Frankfurt am Main 1992, 14–29, 14.
24 S. Fußnote 17.
25 Mischna, Traktat Pirkei Awot 3,17, online: https://www.sefaria.org/Pirkei_Avot.3.17?ven=Mischnajot_mit_deutscher_Übersetzung_und_Erklärung._Berlin_1887-1933_[de]&lang=bi&with=all&lang2=en [5.12.2022].

werden.«[26] Armut ist auch aus dieser Perspektive kein beneidenswerter Zustand.[27] Die organisierte Form von Wohltätigkeit zielte nach Gregg E. Gardner jedoch nicht so sehr auf die Lösung des Armutsproblems ab. Vielmehr sollte sie das Betteln unterbinden, denn – aus rabbinischer Sicht – schade Wohltätigkeit den Empfangenden, da sie letztlich soziale Ausgrenzung vertiefe.[28] Die häufigste und einfachste Form einer bettelnden Person Wohltätigkeit zukommen zu lassen, war bereits in der Antike die Unterstützung durch Lebensmittel, Geld oder andere Wertgegenstände. Gardner verweist auf prominente Denker, wie Immanuel Kant, die diesen scheinbar einfachen Transfer als zeitloses, moralisches, ethisches und soziales Dilemma benannten.[29] Von biblischen Geboten zur Armutsprävention abgesehen, wurde der Armut bereits in der Antike öffentlich begegnet.[30] Bekannt sind etwa die »Armenschüssel« »Tamchui«, welche der Verpflegung diente und die »Kuppa« – »die Wochenkassa«, die wöchentliche Unterstützung ermöglichte.[31] Es ließe sich darüber diskutieren, inwiefern diese Suppenküche und der Wohltätigkeitsfonds rabbinische Erfindungen oder rabbinisierte jüdische Erfindungen waren. Jedenfalls liefern die diesbezüglichen rabbinischen Texte Indizien für karitative Einrichtungen und karitatives Engagement.[32] Etliche Forschende wollen darin Belege öffentlich organisierter

---

26 Sacks, Jonathan, Wohlstand und Armut: Eine jüdische Analyse [engl. Orig. 1985], in: Heuberger, Georg (Hg.), Zedaka. Jüdische Sozialarbeit im Wandel der Zeit. 75 Jahre Zentralwohlfahrtsstelle der Juden in Deutschland 1917–1992, Ausstellungskatalog – Jüdisches Museum der Stadt Frankfurt, Frankfurt am Main 1992, 14–29, 15.
27 Vgl. Galandauer, Heinrich, Wohltätigkeit [1891], in: Brocke, Michael/Jobst, Paul (Hg.), Nächstenliebe und Barmherzigkeit. Schriften zur jüdischen Sozialethik, Köln/Weimar/Wien 2015, 254–257, 256.
28 Weitere diesbezügliche Erkenntnisse konnten nach Gardner v. a. mit Forschungen zu Geschenkgabe- und Annahme, wie etwa von Marcel Mauss und Mary Douglas, nachgewiesen werden: Douglas, Mary, Foreword: No Free Gifts, in: Mauss, Marcel, The Gift: The Form and Reason for Exchange in Archaic Societies, New York/London 1990, 4–23.
29 Gardner verweist auf: Heath, P. L./Schneewind, J. B (ed.), Lectures on Ethics, The Cambridge Edition of the Works of Immanuel Kant, Cambridge/New York 2001. Vgl. Gardner, Gregg E., The Origins of Organized Charity in Rabbinic Judaism, USA 2015, 2 u. 4.
30 Vgl. Galandauer, Heinrich, Wohltätigkeit [1891], in: Brocke, Michael/Jobst, Paul (Hg.), Nächstenliebe und Barmherzigkeit. Schriften zur jüdischen Sozialethik, Köln/Weimar/Wien 2015, 254–257, 256.
31 Vgl. Hennings, Vera, Religiöse Grundlagen jüdischer Wohltätigkeit. Bedeutung von Religion und Tradition in Zeiten der Modernisierung – Jüdische Wohlfahrtspflege in der Weimarer Republik, in: Medaon. Jüdisches Magazin für Forschung und Bildung, Heft 2, 2008, 1–15, 4f.
32 In diesen Studien wird für die Existenz organisierter Wohltätigkeit vor 70 u. Z., anhand von vier Beispielen, argumentiert: Das Erste bezieht sich auf die Beschreibung von Josephus u. a. Quellen, die die Verteilung von Vorräten durch das Haus Adiabene an Jerusalem während einer Hungersnot im Jahr 46/47 u. Z. nachzeichnet. Die zweite Quelle bildet die Theodotos-Inschrift bezüglich Gastfreundschaft. Das dritte Bespiel ist die »Kammer der Geheimnisse« im Jerusalemer Tempel. Nach rabbinischen Texten galt sie als Ort der organisierten Wohltätigkeit. Ein weiteres Beispiel ist die Unterstützung der Armen unter den Essenern, die auch bei Josephus und in den Schriftrollen vom Toten Meer Erwähnung findet.

Wohltätigkeit vor 70 u. Z. erkennen. Gardner hingegen sieht in diesen Texten lediglich Beispiele dafür, wie Einrichtungen von Rabbinen gewünscht wurden und führt weiter aus:[33] »That is, the early rabbis develop a system of organized charity that, while in conversation with their contemporary world, is uniquely their own. It is laced with distinctly rabbinic features and addresses characteristically rabbinic concerns. And it is these distinctly Tannaitic versions of the soup kitchen and charity fund that would be carried forward in later rabbinic Judaism. They were drawn upon by the Talmuds and form the basis of poverty relief from the middle ages onwards.«[34] Häufig wird die Etablierung öffentlicher Einrichtungen der Wohltätigkeit in Zusammenhang mit dem Untergang des jüdischen Staates und der zunehmenden Verarmung der jüdischen Bevölkerung gebracht, die zur Folge hatte, dass die biblischen Gebote nicht mehr umgesetzt werden konnten.[35] Damit verschob sich der Blick auf Bedürftigkeit. Der Beginn öffentlicher Unterstützung der Armen in der jüdischen Gemeinschaft wird folglich meist ab 70 u. Z. angesetzt.[36]

Für ein besseres Verständnis der Bedeutsamkeit dieses Wendepunktes bedarf es einer knappen historischen Kontextualisierung: 586/7 v. u. Z. wurde der Salomonische Tempel in Jerusalem durch die Babylonier zerstört und Teile der Oberschicht wurden nach Babylonien verschleppt. Die Rückkehr war den Exilierten erst unter dem persischen König Kyros gestattet, der das Neubabylonische Reich 539 v. u. Z. erobert hatte. Kyros war für seine gemäßigtere Politik, speziell für seine tolerante Haltung anderen Religionsgemeinschaften gegenüber, bekannt. So gestattete er auch den Wiederaufbau des Jerusalemer Tempels.[37] Die Mischna erwähnt den Tempel nicht nur als religiösen Ort der Zedaka-Gabe, sondern auch als einen, an dem Zedaka aus Rücksicht auf die Würde der Empfangenden anonym erfolgte:[38] »Zwei Kammern waren im Tempel: erstens die

---

33 Vgl. Gardner, Gregg E., The Origins of Organized Charity in Rabbinic Judaism, USA 2015, 11 u. 26.
34 Ebd., 26.
35 Vgl. Ehrentheil, Moritz, Wohltätigkeit versus Selbsthilfe [1887], in: Brocke, Michael/Jobst, Paul (Hg.), Nächstenliebe und Barmherzigkeit. Schriften zur jüdischen Sozialethik, Köln/Weimar/Wien 2015, 258–267, 259.
36 Vgl. Hennings, Vera, Religiöse Grundlagen jüdischer Wohltätigkeit. Bedeutung von Religion und Tradition in Zeiten der Modernisierung – Jüdische Wohlfahrtspflege in der Weimarer Republik, in: Medaon. Jüdisches Magazin für Forschung und Bildung, Heft 2, 2008, 1–15, 4.
37 Vgl. Kratz, Reinhard, Georg/Spieckermann, Hermann (Hg.), Götterbilder Gottesbilder Weltbilder, Band 1, Ägypten, Mesopotamien, Persien, Kleinasien, Syrien, Palästina, Tübingen 2009, 327f.
38 Jene, die für die Kammer als Beweis für die vor 70 u. Z. organisierte Wohltätigkeit argumentieren, erkennen die Historizität dieser Texte an (s. auch Fußnote 32). Wird diese in Zweifel gezogen, muss der Frage nachgegangen werden, inwiefern diese rabbinischen Texte sich auf Informationen aus der Zeit des Zweiten Tempels beziehen, oder aber Ideen, Autoren

Kammer der Verschwiegenen, zweitens die Kammer der Geräte. In die Kammer der Verschwiegenen taten zartfühlende Leute heimlich ihre Gaben, und aus ihr erhielten Bedürftige aus guter Familie heimlich ihren Unterhalt. In die Kammer der Geräte warf jeder das Gerät, das er spenden wollte, und alle dreissig Tage wurde sie von den Schatzmeistern geöffnet, die jedes Gerät, das sie für die Zwecke des Tempelschatzes geeignet fanden, liegen liessen, während sie die übrigen verkauften und den Erlös der Kammer des Tempelschatzes zuwiesen.«[39]

Die Furcht vor Assimilation mit einhergehendem Verlust der eigenen Tradition war maßgeblich für die weitere Entwicklung. Speziell Esra und Nehemia (5. Jahrhundert v. u. Z.)[40] dürfen in diesem Zusammenhang nicht unerwähnt bleiben. Im Namen des Kulturerhaltes vertraten sie radikale Ansichten und standen palästinischen Assimilationsbestrebungen ablehnend gegenüber.[41] Nach Alexander dem Großen herrschten die Ptolemäer über Palästina; sie hatten kaum Interesse an einer Einmischung in die jüdische Kultur. Antiochus III. siegte über das ägyptische Heer, worauf die Seleukiden 200 v. u. Z. die Herrschaft übernahmen. Sie verfolgten mit dem Ziel einer »geeinten Kultur« eine aktive Hellenisierungspolitik. Der Hellenismus stellte für das Judentum nicht erst zu diesem Zeitpunkt eine Verlockung und Herausforderung dar, doch verschärften sich nun innerjüdische Spannungen. Die Oberschicht mit dem Priestergeschlecht tendierte in der Regel zur Hellenisierung; sie stand jenen gegenüber, die sich von den politischen Eliten ausgeschlossen sahen und ihre kulturelle wie religiöse Tradition verteidigen wollten.[42] Konträre Positionen hatten zuvor durch die Bemühungen von Persönlichkeiten wie Esra und Nehemia nicht geeint werden

---

und Redakteure wiederspiegeln, die erst im zweiten und dritten Jahrhundert u. Z. lebten. Vgl. Gardner, Gregg E., The Origins of Organized Charity in Rabbinic Judaism, USA 2015, 17.
39 Mischna, Traktat Schekalim, 5,6, online: https://www.sefaria.org/Mishnah_Shekalim.5.6?lang =bi&with=all&lang2=en [30.03.2023]. Eine Parallele dieser Textpassage findet sich mit einem Zusatz in der Tosefta (t. Schekalim 2,16).
40 Bei der historischen Einordnung der Rückkehr Nehemias in die Zeit Artaxerxes I., 445 v. u. Z. sind sich Forschende mehrheitlich einig. Wesentlich schwieriger ist es im Fall von Esra. Hier liegen unterschiedliche Argumente für und gegen verschiedene Datierungen vor, wie beispielsweise von 398 v. u. Z. (womit Esra Nehemia aber nie hätte begegnet sein können) bis etwa 458 v. u. Z. (womit Esra bei Nehemias Ankunft bereits in Jerusalem hätte tätig sein müssen, von diesem aber in seinem Anfangsbericht nicht erwähnt wurde). S. etwa Wünch, Hans-Georg, Erratum: The structure of Ezra-Nehemiah as a literary unit, in: Verbum et Ecclesia, 43, vol. 1, 31. Dezember 2022.
41 Vgl. Heimann-Jelinek, Felicitas, Zum Stereotyp des biblischen Bilderverbots, in: Golinski, Hans Günter/Hiekisch-Picard, Sepp, Das Recht des Bildes. Jüdische Perspektiven in der modernen Kunst, Bochum 2003, 53–64, 56.
42 Vgl. Stemberger, Günter, Geschichte der jüdischen Literatur. Eine Einführung, München 1977, 26f.

können und drifteten nun noch weiter auseinander.[43] Auf den Seleukiden Antiochus IV. gingen staatliche Zwangsmaßnahmen gegen jüdisch-religiöse Praktiken zurück. Die Situation spitzte sich mit der Entweihung des Tempels im Jahr 168 v. u. Z. endgültig zu. Unter der Führung der Priesterfamilie der Makkabäer kam es zu einem Aufstand der traditionsbewussten Juden, in dessen Verlauf 164 v. u. Z. der Tempel wieder eingeweiht werden konnte.[44] Um dieses Ereignisses zu gedenken, wird Chanukka gefeiert. Die Mischna beschreibt in diesem Zusammenhang auch einen Brauch, demzufolge bedürftige Menschen mit dem Ziel von Tür zu Tür gingen, die der Zedaka entsprechenden Gaben zu empfangen.[45]

Die Makkabäer etablierten ihre Herrschaft als Dynastie der Hasmonäer, wobei sie die politische Führung mit dem Amt des Hohenpriesters verbanden, was innerjüdischen Differenzen neue Nahrung gab. Nachfolgestreitigkeiten bescherten Pompejus die Gelegenheit, sich 63 v. d. Z. einzumischen, was den Beginn dauernden römischen Einflusses bedeutete. Judäa wurde schließlich zum römischen Klientelstaat mit einem von den Römern eingesetzten Klientelkönig. Die Herrschaft der Hasmonäer war endgültig Geschichte, als der Idumäer Herodes an die Macht kam, der von 37 bis 4 v. u. Z. regierte. Erwähnenswert ist der Ausbau des Tempels, der während seiner Regierungszeit erfolgte. Der Krieg, den die Juden seit dem Jahre 66 u. Z. führten, um sich von der römischen Herrschaft zu befreien, wurde 70 u. Z. entschieden, als Titus Jerusalem einnahm und den Tempel zerstörte. Masada, die letzte jüdische Festung, fiel drei Jahre später.[46]

Die Amida, das Hauptgebet in der jüdischen Liturgie, diente nach der Zerstörung des Zweiten Tempels dem Ersatz der rituellen Opfergaben; sie rückt Chessed und Zedaka explizit ins Zentrum des abschließenden Friedensverses:[47] »Lass Frieden, Glück, und Segen, Gunst, Gnade und Erbarmen über uns und ganz Jisrael, dein Volk, kommen. Segne, unser Vater, uns alle, vereint durch das Licht deines Angesichts. Im Licht deines Angesichts gabst du uns die Tora des Lebens und die Liebe zur Milde und Menschlichkeit, und Gerechtigkeit [Chessed und Zedaka im hebr. Orig.], Segen, Erbarmen, Leben und Frieden.«[48]

---

43 Vgl. Heimann-Jelinek, Felicitas, Zum Stereotyp des biblischen Bilderverbots, in: Golinski, Hans Günter/Hiekisch-Picard, Sepp, Das Recht des Bildes. Jüdische Perspektiven in der modernen Kunst, Bochum 2003, 53–64, 56.
44 Vgl. Schubert, Kurt, die Kultur der Juden. Teil I. Israel im Altertum, Wiesbaden [1970] 1977.
45 Zu Zedaka s. das Kapitel »Gemilut Chessed und Zedaka«.
46 Vgl. Stemberger, Günter, Geschichte der jüdischen Literatur. Eine Einführung, München 1977, 27f.
47 Vgl. Deusel, Antje Yael, Amida, 2014, online: https://www.bibelwissenschaft.de/wibilex/das-bibellexikon/lexikon/sachwort/anzeigen/details/amida/ch/b0701e0bf7ad52936b62a099be20d435/ [30.03.2023].
48 Nachama, Andreas/Sievers, Jonah (Hg.), Jüdisches Gebetbuch. Hebräisch-Deutsch. Schabbat und Werktage, 4. Auflage, Gütersloh 2020, 73.

Die Zerstörung des Tempels im Jahr 70 u. Z. war aus mehreren Perspektiven wesentlicher Wendepunkt: Sie bedeutete den Verlust des religiösen Zentrums und des Fundaments priesterlicher Macht sowie das Ende jüdischer Selbstverwaltung. Die tatsächliche und weitreichende Bedeutung der Tempelzerstörung wurde jedoch erst um 140 u. Z. erfasst. Ab da besannen sich Gelehrte »an die Zeit vor 70 anzuknüpfen, die geistigen Stammväter der rabb. Bewegung in Hillel und Schammai und ihren Schulen bewusst darzustellen, ja den Ahnen bis in die Zeit Simeons des Gerechten und Esras nachzuspüren, die Kontinuität bis Mose herzustellen.«[49] Damit knüpfen auch die Diskussionen um Armut und soziale Gerechtigkeit an die Zeit vor der Tempelzerstörung an.

## Gemilut Chessed und Zedaka

Zunächst sei noch einmal hervorgehoben, dass religiöse Verpflichtungen der Armutsbekämpfung und ausgleichenden Gerechtigkeit auf die Tora zurückgehen. Dort heißt es beispielsweise »Wenn bei dir ein Armer lebt, irgendeiner deiner Brüder in irgendeinem deiner Stadtbereiche in dem Land, das der HERR, dein Gott, dir gibt, dann sollst du nicht hartherzig sein und sollst deinem armen Bruder deine Hand nicht verschließen.«[50] Weiter heißt es dort: »Du sollst ihm etwas geben […] wegen dieser Tat wird dich der HERR, dein Gott, segnen in allem, was du arbeitest, und in allem, was deine Hände schaffen. Die Armen werden niemals ganz aus deinem Land verschwinden. Darum mache ich dir zur Pflicht: Du sollst deinem notleidenden und armen Bruder, der in deinem Land lebt, deine Hand öffnen.«[51] Einmal mehr wird hier deutlich, dass es sich nicht um ein rein ethisches Prinzip für »richtige« Verhaltensweisen handelt, vielmehr handelt es sich um ein göttliches Gebot, eine Mizwa.[52] Zedaka und Gemilut Chessed zählen somit zu den zentralen Wohltätigkeitsbegriffen im Judentum. Vereinfacht ausgedrückt bezieht sich Erstere auf ausgleichende soziale Gerechtigkeit, wohingegen Zweitere Mildtätigkeiten aus Liebe umfasst.[53] Gemilut

---

49 Stemberger, Günter/Strack, L. Hermann, Einleitung in Talmud und Midrasch, 7. Auflage von Günter Stemberger völlig neu überarbeitet, München 1982, 11.
50 Deut 15,7, die Bibel in Einheitsübersetzung [1980], online: https://www.die-bibel.de/bibeln/online-bibeln/lesen/EUE.DEU.15/Deuteronomium-15 [15.12.2022].
51 Deut 15,10-11, die Bibel in Einheitsübersetzung [1980], online: https://www.die-bibel.de/bibeln/online-bibeln/lesen/EUE.DEU.15/Deuteronomium-15 [15.12.2022].
52 Vgl. Gray, Alyssa M., Charity in Rabbinic Judaism. Atonement, Reward and Righteousness, Oxon/New York 2019, 12.
53 Vgl. Lewy, Wilhelm, Wohltätigkeit, in: Georg Herlitz, Bruno Kirschner (Hg.), Jüdisches Lexikon, Band 4.2, Berlin 1930, 1475-1479.

Chessed wird ins Englische auch mit »deeds of love« oder »charity« übersetzt.[54] Diese ähneln deutschen Übersetzungen der abgewandelten Form Gemilut Chassadim in »Wohltat« oder »Gefälligkeit«. Chessed alleine erlangte ähnliche Bedeutung mit »Gunst«, »Gnade« oder »Gefälligkeit«.[55] Die Rabbinerin Antje Yael Deusel weist anhand des Begriffs Chessed auf die Problematik von Übersetzungen, bzw. »Übertragungen« hin, die häufig einen Bedeutungsverlust oder Bedeutungswandel mit sich bringen. In frühen griechischen und lateinischen Übersetzungen wurde Chessed zu »Mitleid«, oder auch zu »Fürsorge, Nächstenliebe« (lat. Caritas). Chessed bezeichnete aber die bedingungslose »absolute Liebe«, nach Deusel weit mehr als die Nächstenliebe.[56] Ganz abgesehen von Auslegungen absoluter Liebe oder Nächstenliebe ist das Konzept der Nächstenliebe nach dem deutschen Reformrabbiner Leo Baeck wesentlich für das Verständnis von Gemilut Chessed. Wie bereits dargelegt, lassen sich Perspektiven auf Wohltätigkeit auf die hebräische Bibel zurückführen. Dort offenbart sich das Verständnis von Nächstenliebe mit der zugrundeliegenden Vorstellung der Gottesebenbildlichkeit des Menschen: Gott schuf den Menschen in seinem Ebenbild, als das Kind Gottes. Das Gebot »Liebe deinen Nächsten wie dich«[57] stellt dabei ein Fundament der Gemilut Chessed dar.[58] Die tieferliegende Bedeutung des Zitats sieht Leo Baeck im Gleichheitsverständnis. Denn eigentlich bedeutet es: »Liebe deinen Nächsten, er ist wie du.«[59] Den dahinterliegenden kosmischen Zusammenhang verdeutlicht Baeck: »Auf diesem ›wie du‹ liegt der ganze Nachdruck. Darin ist jene Einheit alles Menschlichen ausgesprochen, die den Sinn des Erdenlebens erschließt und die weit mehr bedeutet als das unbestimmte Wort von der Liebe.«[60] Gleichzeitig leitet er von dieser abstrakten Idee die halachische soziale Praxis ab, die über das Mitgefühl oder die Identifikation mit dem Nächsten hinausgeht: »Die Überzeugung von der Einheit alles Beseelten, dieser Gedanke vom Nebenmenschen, ist in der Tat der feste Grund der Tora, der Religion, die ihre Forderung stellt. Er gibt erst der Nächstenliebe ihre soziale

---

54 Vgl. Jastrow, Marcus, A Dictionary of the Targumim, the Talmud Babli and Yerushalmi, and the Midrashic Literature, vol. 1, London/New York 1903.
55 Vgl. Lavy, Jaacov, Taschenwörterbuch Deutsch-Hebräisch. Hebräisch-Deutsch, Israel [1991] 2004.
56 Vgl. Deusel, A. Yael, Chesed, Jüdische Allgemeine, 17. Juni 2014, online: https://www.juedische-allgemeine.de/glossar/chesed/ [14.12.2022].
57 Lev 19,18, die Bibel in Einheitsübersetzung [1980], online: https://www.die-bibel.de/bibeln/online-bibeln/lesen/EUE/LEV.19/Levitikus-19 [12.12.2022].
58 Vgl. Hennings, Vera, Religiöse Grundlagen jüdischer Wohltätigkeit. Bedeutung von Religion und Tradition in Zeiten der Modernisierung – Jüdische Wohlfahrtspflege in der Weimarer Republik, in: Medaon. Jüdisches Magazin für Forschung und Bildung, Heft 2, 2008, 1–15, 3f.
59 Baeck, Leo, Gottesebenbildlichkeit und Menschenliebe [1913], in: Brocke, Michael/Jobst, Paul (Hg.), Nächstenliebe und Barmherzigkeit. Schriften zur jüdischen Sozialethik, Köln/Weimar/Wien 2015, 45–49, 47.
60 Ebd.

Bestimmtheit, nur er verhütet es, dass sie in die bloße gerührte Empfindsamkeit zerfließe.«[61]

Gregg E. Gardner geht in seiner Kritik von Übersetzungen weiter als Deusel, und findet die Übertragung eines modernen Wohltätigkeitsverständnisses auf antike Quellen schlicht falsch. Die Übertragung moderner Definitionen auf ein antikes Umfeld und antike Lebensbedingungen scheint nicht zulässig. Im Gegensatz zu einem modernen, breiten Verständnis von Nächstenliebe, definierten spätantike rabbinische Gelehrte diese nämlich nach wesentlich engeren Kriterien. Insofern lässt sich nach Gardner die Bedeutung von Zedaka als Almosen oder Nächstenliebe/Wohltätigkeit in der hebräischen Bibel überhaupt nicht nachweisen. Er führt Wohltätigkeit als Ausdruck rechtschaffenen Verhaltens erst auf die hellenistischen Epoche zurück; das inkludiert Tobit und Hinweise in den Schriftrollen vom Toten Meer, wo Zedaka als Almosengabe ausgelegt wird. Zusammengefasst heißt das: Bei Zedaka in vorrabbinischen Texten handelte es sich vorwiegend um Gerechtigkeit.[62] Obgleich Zedaka auch im eigentlichen (sprachlichen) Sinn Gerechtigkeit bedeutet, wird Zedaka gegenwärtig aber mit Wohltätigkeit übersetzt und auch dementsprechend verstanden. Sprachkundige können anhand der Wortwurzel »z-d-k« einen unmittelbaren Zusammenhang zu Gerechtigkeit herleiten: Ein Zadik ist beispielsweise ein Gerechter; Zedek ist die Gerechtigkeit; Zadak wiederum bedeutet gerecht sein.[63] Nachdem sich die vorliegende Arbeit an einem modernen Verständnis von Zedaka orientiert, gilt es, auf die Transformation des Begriffs Zedaka von Gerechtigkeit hin zu einem gesetzlich festgeschriebenen Begriff der Nächstenliebe oder Wohltätigkeit zu verweisen. Dass das nachbiblische Judentum Wohltätigkeit, die sich per Gesetz an Arme richtet, auf das hebräische Wort Zedaka, oder das Aramäische Wort Zidka zurückführte, hielt etwa Franz Rosenthal 1950 für einen Allgemeinplatz.[64] Erst in der frühen rabbinischen Literatur wird Nächstenliebe zu einer gängigen Definition von Zedaka. Sie wurde später zur vorherrschenden Bedeutung des Begriffs und ist es auch heute noch. Tannaitische Texte – d.h. Texte mischnaischer Lehrer[65] – markierten einen wichtigen Wendepunkt in der Entwicklung von der Rechtschaffenheit zur Nächstenliebe, wie nachstehendes Beispiel unterstreicht. Benno Przybylskis Forschung zu Zedaka in tannaitischen Kompila-

---

61 Ebd.
62 Vgl. Gardner, Gregg E., The Origins of Organized Charity in Rabbinic Judaism, USA 2015, 27 u. 29.
63 Vgl. Jastrow, Marcus, A Dictionary of the Targumim, the Talmud Babli and Yerushalmi, and the Midrashic Literature, vol. 2, London/New York 1903; vgl. Lavy, Jaacov, Taschenwörterbuch Deutsch-Hebräisch. Hebräisch-Deutsch, Israel [1991] 2004; vgl. Gray, Alyssa M., Charity in Rabbinic Judaism. Atonement, Reward and Righteousness, Oxon/New York 2019.
64 Vgl. Rosenthal, Franz, Sedaka, Charity, in: Hebrew Union College annual, no. 23/1, Pennsylvania 1950, 411–430, 411.
65 S. Fußnote 17 im Kapitel »Einblicke in die Antike«.

tionen führte ihn zur Erkenntnis, dass die Hauptbedeutung von Zedaka in der tannaitischen Literatur die des Almosengebens sei, wie es eben in der Tosefta Pea 4,19 definiert ist.[66] Gardner zufolge sieht Przybylski dort die Schlüsselstelle zum Begriff der Zedaka als Nächstenliebe, mit dem die Tannaim Zedaka als finanzielle Unterstützung für lebende Arme benennen.[67] Gemilut Chessed und Zedaka sind hier gleichwertig. Weitere Textstellen – etwa im babylonischen Talmud – unterstreichen gleichzeitig den Wandel des Stellenwertes von Zedaka und Gemilut Chessed, wobei das rabbinische Verständnis Gemilut Chessed als der Zedaka übergeordnet auffasst: »Die Rabbanan lehrten: Durch dreierlei ist die Wohltätigkeit [Gemilut Chessed im hebr. Original] bedeutender als das Almosen [Zedaka im hebr. Original]. Das Almosen erfolgt mit seinem Gelde, die Wohltätigkeit sowohl mit seinem Gelde als auch mit seinem Körper: Almosen nur an Arme, die Wohltätigkeit sowohl an Arme als auch an Reiche; Almosen nur an Lebende, die Wohltätigkeit sowohl an Lebende als auch an Tote.«[68] Eine Erläuterung zu einer weiteren englischen Übersetzung der Gemilut Chessed als »works of kindness« weist einmal mehr auf die zwei Aspekte von Wohltätigkeit hin: »Charity has two aspects: one is giving money and valuables to the needy; […] The other aspect is giving one's time to attend funerals, weddings, visiting the sick and mourners, to work for the public good, and similar deeds.«[69] Darüber hinaus unterstreicht das Zitat exemplarisch den Verständniswandel der Rabbinen, die unter Zedaka zunächst eine bestimmte Art und Weise einer allgemeinen Verpflichtung, ein rechtschaffenen Lebens zu erfüllen, verstanden. Erst spätere rabbinische Texte erweiterten das Zedaka-Verständnis um eine Vielzahl altruistischer oder philanthropischer Handlungsweisen. Darunter fielen Spenden zur Unterstützung von Rabbinern, sakrale Spenden (im Gegensatz zu karitativen Spenden), Spenden für Synagogen und des Weiteren Waisenversorgung, die Beerdigung von Toten, die Mitgift für arme Frauen, Besuche und Pflege von Kranken und älteren Menschen etc. Gardner weist daraufhin, dass für die Tannaim Wohltätigkeit noch ausschließlich für arme Männer bestimmt war.[70] Für die Auseinandersetzung mit

---

66 Vgl. Przybylski, Benno, Righteousness in Matthew and his World of Thought, Cambridge 1980, 66.
67 »Tsedaqah and gemilut hasadim are equal in weight to all the commandments in the Torah. Except that tsedaqah is for the living; gemilut hasadim is for the living and the dead. Tsedaqah is for poor people; gemilut hasadim is for poor people and rich people. Tsedaqah is with one's money; gemilut hasadim is with one's money and body.« Zit. nach: Gardner, Gregg E., The Origins of Organized Charity in Rabbinic Judaism, USA 2015, 27.
68 Babylonischer Talmud, Traktat Sukka 49b, online: https://www.sefaria.org/Sukkah.49b.11?lang=bi [14.12.2022].
69 Zu Erläuterung von »works of kindness« s. Jerusalemer Talmud, Traktat Pea 1,1, online: https://www.sefaria.org/Jerusalem_Talmud_Peah.1.1.1?ven=The_Jerusalem_Talmud,_translation_and_commentary_by_Heinrich_W._Guggenheimer._Berlin,_De_Gruyter,_1999-2015&lang=bi&with=Translations&lang2=en [10.12.2022].
70 Vgl. Gardner, Gregg E., The Origins of Organized Charity in Rabbinic Judaism, USA 2015, 32.

der Frage, inwiefern bei dem Begriff Zedaka ein Bedeutungswandel von einem Gerechtigkeitsbegriff hin zu einem Wohlfahrtsbegriff angenommen werden kann, sind nachstehende Verse für rabbinische Entwicklungen relevant: Sprüche 10,2, Sprüche 11,4 und Daniel 4,24. Einig sind sich Forschende, wie Franz Rosenthal, Moshe Weinfeld u. a. etwa in der Ansicht, dass es sich im Danielvers bei »zidka«, vermutlich bereits im aramäischen Original um »Wohltätigkeit«, »charity« handelt.[71] Vager fomuliert es Gardner, der am Rande erwähnt: »the only instance in which tsedaqah may denote charity is in Aramaic in Dan 4:24.«[72] Er verweist aber auf Arbeiten, wie etwa Gary A. Andersons »Redeem Your Sins by the Giving of Alms: Sin, Debt, and the ›Treasury of Merit‹ in Early Jewish and Christian Tradition«, die in späteren Büchern der hebräischen Bibel, den Bedeutungswandel von Zedaka hin zu materieller Unterstützung Bedürftiger untermauern. Alyssa M. Gray nimmt an, in den Sprüchen wäre Zedaka wohl in der Zeit des Zweiten Tempels als Wohltätigkeit ausgelegt worden. An etlichen Stellen im Tanach und in der Literatur des Zweiten Tempels bedeutet Zedaka auch Gerechtigkeit oder Rechtschaffenheit sowie den Verdienst bei Ausübung gerechter Taten. »[…] we may say that the Hebrew Bible does not view ›charity‹ as the primary meaning of ›tzedaqah,‹ although it links the two in Ezekiel 18[73] and Isaiah 58[74] and does use the Aramaic equivalent ›tzidqah‹ to mean ›charity‹ in Daniel 4:24. ›Tzedaqah‹ in the Hebrew Bible refers to righteousness, justice, the earning of merits before God, and the doing of righteous acts; despite the hints of a link to the concrete act of charity, the Hebrew Bible does not yet see charity as the primary, let alone exclusive meaning of ›tzedaqah.‹«[75]

Martha Keil weist darauf hin, dass der Ansatz der modernen Idee der Hilfe zur Selbsthilfe sich bereits im 12. Jahrhundert in den Schriften des Maimonides

---

71 Vgl. Gray, Alyssa M., Charity in Rabbinic Judaism. Atonement, Reward and Righteousness, Oxon/New York 2019, 10.
72 Gardner, Gregg E., The Origins of Organized Charity in Rabbinic Judaism, USA 2015, 27.
73 Esr 18,5–7 »Wenn jemand gerecht ist und nach Recht und Gerechtigkeit handelt: Er hält keine Opfermahlzeiten auf den Bergen. Er blickt nicht zu den Götzen des Hauses Israel auf. Er schändet nicht die Frau seines Nächsten. Einer Frau tritt er nicht nahe während ihrer Blutung. Er unterdrückt niemanden. Er gibt sein Schuldpfand zurück. Er begeht keinen Raub. Dem Hungrigen gibt er sein Brot und den Nackten bedeckt er mit Kleidung.« Die Bibel Einheitsübersetzung [1980], online: https://www.uibk.ac.at/theol/leseraum/bibel/lev17.html [21.11.2022].
74 Jes 58,2 »Sie suchen mich Tag für Tag/und haben daran Gefallen, meine Wege zu erkennen. Wie eine Nation, die Gerechtigkeit übt/und vom Recht ihres Gottes nicht ablässt, so fordern sie von mir gerechte Entscheide/und haben an Gottes Nähe Gefallen.« Die Bibel Einheitsübersetzung [1980], online: https://www.die-bibel.de/bibeln/online-bibeln/lesen/EUE/ISA.58/Jesaja-58.
75 Gray, Alyssa M., Charity in Rabbinic Judaism. Atonement, Reward and Righteousness, Oxon/New York 2019, 10.

findet.[76] Maimonides spricht in seinem Werk »Mischne Tora« von acht Stufen der Zedaka.[77] Die höchste Stufe stellt dabei jene dar, die den Hilfesuchenden die finanzielle Autonomie ermöglicht, sodass sie der Helfenden nicht mehr bedürfen – ein leitendes Prinzip der Sozialen Arbeit heute. Aus den unterschiedlichen rabbinischen Quellen zur Gabe von Zedaka lässt sich noch keine einheitliche Rangordnung von Vorschriften ableiten. Diese wurden erst mit der Halacha – der Kodifizierung jüdischen Rechts – eingeführt.[78] Die Systematisierung der Halacha erfolgte im Mittelalter eben durch Maimonides, der die Essenz talmudischer Diskurse erstmals in einem transparenten Ordnungssystem strukturierte.[79] Das Fehlen eines einheitlichen Verständnisses von Wohltätigkeit und (ausgleichender) sozialer Gerechtigkeit im Tanach setzt sich in gewisser Weise bis in die Gegenwart fort.

## Wien vor 1938

Mit rund 200 000[80] Personen zählte Wien vor dem Holocaust zu einer der größten jüdischen Gemeinden Europas.[81] Die Heterogenität damaligen jüdischen Lebens fand vor 1938 u. a. in den rund 440 Vereinen unterschiedlichster Ausrichtungen

---

76 Vgl. Keil, Martha, »Denn Zedaka rettet vor dem Tod...«. Gerechte Wohltätigkeit und Armenfürsorge im Mittelalter, in: Hödl, Sabine (Hg.), »Zedaka«, hebr.: Gerechtigkeit: Jüdische Wohlfahrt und Armenfürsorge bis 1938, Institut für jüdische Geschichte Österreichs, Juden in Mitteleuropa, Ausgabe 2020, 2–8, 2.
77 Die Zedaka-Stufen von 1 bis 8 in Mischne Tora Hilchot Mat'not Ani'im 10,7–14 lassen sich beispielsweise nach Rivka und Moshe Ulmer wie folgt zusammenfassen: »Giving an interest-free loan to a person in need; forming a partnership with a person in need; giving a grant to a person in need; finding a job for a person in need; so long as that loan, grant, partnership, or job results in the person no longer living by relying upon others. 2. Giving Tzedakah anonymously to an unknown recipient via a person (or public fund) which is trustworthy, wise, and can perform acts of Tzedakah with your money in a most impeccable fashion. 3. Giving Tzedakah anonymously to a known recipient. 4. Giving Tzedakah publicly to an unknown recipient. 5. Giving Tzedakah before being asked. 6. Giving adequately after being asked. 7. Giving willingly, but inadequately. 8. Giving in sadness (giving out of pity or giving unwillingly).« Ulmer, Rivka/Ulmer, Moshe, Righteous Giving to the Poor: Tzedakah (charity) in Classical Rabbinic Judaism. Including a Brief Introduction to Rabbinic Literature, USA 2014, 127.
78 Vgl. Ulmer, Rivka/Ulmer, Moshe, Righteous Giving to the Poor: Tzedakah (charity) in Classical Rabbinic Judaism. Including a Brief Introduction to Rabbinic Literature, USA 2014, 121.
79 Vgl. Halbertal, Moshe, Maimonides Life and Thought [hebr. Orig. 2009], Princeton/Oxford 2014.
80 Vgl. Moser, Johnny, Demografie der Jüdischen Bevölkerung Österreichs: 1938–1945, Wien 1999.
81 Vgl. Adunka, Evelyn, Die vierte Gemeinde. Die Wiener Juden in der Zeit von 1945 bis heute, Wien/Berlin 2000, 17.

der Israelitischen Kultusgemeinde ihren Niederschlag.[82] Allein die Fürsorgezentrale hatte 60 000 Personen zur Unterstützung registriert, das entsprach 1936 eben etwas mehr als einem Drittel der jüdischen Bevölkerung.[83] Die Gründe dafür waren nicht nur Folge der Wirtschaftskrise sondern auch der osteuropäischen Flüchtlingsbewegung nach Wien. Insgesamt nahmen sich 119 Fürsorgevereine der Bedürftigen an.[84] Erwähnenswert ist der verhältnismäßig hohe Anteil an Frauen- und Wohltätigkeitsvereinen. Bis 1914 werden für Wien 30 bis 35 Frauenvereine aller Orientierungen angenommen.[85] 1938 waren im Verzeichnis des Stillhaltekommissars 50[86] dieser Vereine aufgelistet, die – wie im Prinzip alle jüdischen Vereine – zwangsweise aufgelöst wurden.[87] Die Entwicklung dieser Strukturen seien nachfolgend knapp angeführt.

Der Pauperismus der jüdischen Bevölkerung in Wien hatte sich seit dem 17. Jahrhundert[88] vermehrt im Stadtbild niedergeschlagen.[89] Die von der biblischen Zeit an gewachsenen Zedaka-Strukturen führten mit der wachsenden Zahl tolerierter Jüdinnen und Juden in der zweiten Hälfte des 18. Jahrhunderts zu immer weiter ausdifferenzierten Tätigkeitsfeldern. »So, wie sich aus der religiösen Pflicht zur Zedakah die ›öffentliche‹ Wohltätigkeit der jüdischen Gemeinden entwickelte, entstand aus der religiösen Pflicht der Gemilut Chessed ein ›freiwilliges‹ soziales Engagement füreinander, das schließlich zur Gründung

---

82 Vgl. Rabinovici, Doron, Instanzen der Ohnmacht. Wien 1938–1945. Der Weg zum Judenrat, Frankfurt am Main 2000, 39.
83 Vgl. Freidenreich, Harriet Pass, Jewish Politics in Vienna: 1918–1938, Indiana 1991, 21.
84 Vgl. Rabinovici, Doron, Instanzen der Ohnmacht. Wien 1938–1945. Der Weg zum Judenrat, Frankfurt am Main 2000, 39.
85 Vgl. Hecht, Dieter J., »Du hast Dich ernsten Mädchen zu geschworen«. Jüdische Frauen- und Fürsorgevereine in Wien, in: Adunka, Evelyn/Lamprecht, Gerald/Traska, Georg (Hg.), Jüdisches Vereinswesen in Österreich im 19. und 20. Jahrhundert in Wien, Schriften des Centrums für Jüdische Studien, Band 18, Innsbruck/Wien/Bozen 2011, 59–108, 59.
86 Einzelne Vereine zählten nicht zu Wien, sondern zu den Bundesländern, s. u.
87 Vgl. Duizend-Jensen, Shoshana, Jüdische Gemeinden, Vereine, Stiftungen und Fonds. »Arisierung« und Restitution, Veröffentlichungen der Historikerkommission. Vermögensentzug während der NS-Zeit sowie Rückstellungen und Entschädigungen seit 1945 in Österreich, Band 21/2, Wien/München 2004.
88 Mit der Verbannung von Jüdinnen und Juden aus der Stadt unter Kaiser Ferdinand II. ging die Errichtung des Ghettos im »Unteren Werd« in der heutigen Leopoldstadt einher. Unter Leopold I. wurde die jüdische Bevölkerung im Sommer 1670 endgültig vertrieben. Die Ausweisung betraf auch jene, denen der Verbleib aufgrund ihrer besseren Situiertheit zunächst noch gestattet gewesen war. S. etwa Tietze, Hans, Die Juden Wiens, [Leipzig 1933] Wien 1987; Staudinger, Barbara, Die Zeit der Landjuden und die Wiener Judenstadt 1496–1670/71, in: Wolfram, Herwig (Hg.), Geschichte der Juden in Österreich, Österreichische Geschichte, Ergänzungsband, Wien 2006, 229–337.
89 Vgl. Lind, Christoph, »Das Elend selbst ist auf der Wanderung«. Zedaka und Wanderbettler in Wien bis 1914, in: Hödl, Sabine (Hg.), »Zedaka«, hebr.: Gerechtigkeit: Jüdische Wohlfahrt und Armenfürsorge bis 1938, Institut für jüdische Geschichte Österreichs, Juden in Mitteleuropa, Ausgabe 2020, 38–47, 38.

wohltätiger Vereine führte.«[90] Eines der ersten Beispiele für einen Frauenwohltätigkeitsverein, der sich nicht mehr ausschließlich der Unterstützung der eigenen Gruppe widmete, war die von Fanny von Arnstein mitbegründete »Wohltätige Gesellschaft adeliger Frauen zur Beförderung des Nützlichen und Guten«. »1810 mutete dies revolutionär an, hat sich für die jüdische Grande Dame der Wiener Salonkultur hier doch Zedaka aus dem religiösen Rahmen gelöst und in ein Wertesystem transferiert, das weder auf Juden noch auf jüdisches, sondern auf alle und alles zielt.«[91] Felicitas Heimann-Jelinek führt diesen bemerkenswerten Umstand auf Arnsteins privilegierte Stellung zurück und betont gleichzeitig deren ideologische Haltung, die sich stark an Moses Mendelssohn und seinen aufklärerischen Prinzipien orientierte.[92]

Infolge der Napoleonischen Kriege und der einhergehenden finanziellen Krise, sah sich der Staat gezwungen, in gesellschaftliche Eigenorganisation einzuwilligen, »die allerdings strikt außerhalb der Möglichkeit politischer Mitbestimmung lagen.«[93] Der »Israelitische Frauenwohltätigkeitsverein« wurde 1816 in Befolgung eines Dekretes von Franz I. gegründet, in dem er Frauen zur Bildung solcher Vereine aufrief.[94] Primär sollte dieser Verein und sollten nachfolgende Frauenvereine der Unterstützung von Waisen, Witwen und Armen dienen. Heimann-Jelinek vermutet: »Hätte der Kaiser geahnt, dass etliche dieser Frauenvereine Ende des Jahrhunderts zu Keimzellen der feministischen Bewegung werden sollten, so hätte er diese karitativen Zusammenschlüsse wohl kaum gefördert.«[95] Die Tätigkeit in den Vereinen trug für zahlreiche jüdische Frauen zu einem »Säkularisierungsprozess [bei], der religiöse Werte in Sozialfürsorge transformierte«[96], religionsgesetzliche Pflichten wichen wohltätigem Engage-

---

90 Hennings, Vera, Religiöse Grundlagen jüdischer Wohltätigkeit. Bedeutung von Religion und Tradition in Zeiten der Modernisierung – Jüdische Wohlfahrtspflege in der Weimarer Republik, in: Medaon. Jüdisches Magazin für Forschung und Bildung, Heft 2, 2008, 1–15, 6.
91 Heimann-Jelinek, Felicitas, Zedaka – aus dem religiösen Rahmen gelöst. Jüdische Stifterinnen und Stifter in Wien, in: Hödl, Sabine (Hg.), »Zedaka«, hebr.: Gerechtigkeit: Jüdische Wohlfahrt und Armenfürsorge bis 1938, Institut für jüdische Geschichte Österreichs, Juden in Mitteleuropa, Ausgabe 2020, 10–17, 14.
92 Vgl. ebd.
93 Malleier, Elisabeth, Jüdische Frauen in Wien 1816–1938. Wohlfahrt – Mädchenbildung – Frauenarbeit, Wien 2003, 35.
94 Vgl. ebd., 35f.
95 Heimann-Jelinek, Felicitas, Zedaka – aus dem religiösen Rahmen gelöst. Jüdische Stifterinnen und Stifter in Wien, in: Hödl, Sabine (Hg.), »Zedaka«, hebr.: Gerechtigkeit: Jüdische Wohlfahrt und Armenfürsorge bis 1938, Institut für jüdische Geschichte Österreichs, Juden in Mitteleuropa, Ausgabe 2020, 10–17, 13.
96 Hecht, Dieter J., »Du hast Dich ernsten Mädchen zu geschworen«. Jüdische Frauen- und Fürsorgevereine in Wien, in: Adunka, Evelyn/Lamprecht, Gerald/Traska, Georg (Hg.), Jüdisches Vereinswesen in Österreich im 19. und 20. Jahrhundert in Wien, Schriften des Centrums für Jüdische Studien, Band 18, Innsbruck/Wien/Bozen 2011, 59–108, 62.

ment.[97] Wie bereits angedeutet, fußte dabei die Tatsache der eigenständigen jüdischen Wohlfahrtspflege nicht alleine auf der religiösen Verpflichtung. Maßgebend waren zudem Lebensbedingungen, die für Jüdinnen und Juden von Unsicherheit und mangelndem Schutz durch den Landesherren geprägt waren.[98]

Exemplarisch für Wohltätigkeitseinrichtungen, die bereits vor 1816 und dem damals erfolgten Aufruf des Kaisers existierten, kann etwa die Chewra Kaddischa, wörtlich »heilige Gesellschaft«, die sogenannte Bestattungsbruderschaft angeführt werden.[99] Mit der Konstituierung der Kultusgemeinde im Jahr 1852 oblag dieser schließlich das sogenannte »Aufsichtsrecht mit konfessionellen Zwecken«[100], worunter auch die Frauenvereine fielen. Ab diesem Zeitpunkt oblag der Israelitischen Kultusgemeinde weitgehendes Mitspracherecht hinsichtlich der Vorstandswahl, Statutenänderungen u. Ä.[101]

Ende des 19. Jahrhunderts konzentrierten sich die jüdischen Frauenorganisationen eben nicht mehr allein auf Armenfürsorge, vielmehr etablierten sie spezifische Felder für Frauen, die deren Emanzipationsbestrebungen verdeutlichen: Aus- und Fortbildungsprogramme für Frauen und Mädchen, Milchküchen, Kindergärten, Erholungsheime, Heime für Mütter und Säuglinge etc. Mehrheitlich waren es dennoch traditionelle Vereine, die sich dieser Bereiche, sowie der Kleidervergabe für Kinder widmeten. Ab 1885 übernahmen diese Aufgaben auch zionistische Mädchen- und Frauenvereine, die sich zusätzlich dem Aufbau Erez Israels verschrieben.[102]

Das erste Drittel des 20. Jahrhunderts stellte die jüdische Gemeinschaft vor große Herausforderungen in Bezug auf den Unterstützungsbedarf ihrer Mitglieder. Armutsbetroffen war speziell das orthodoxe Judentum, das zwischen 1910 und 1934 20 bis 30 Prozent der jüdischen Bevölkerung in Wien ausmachte.[103] Die religiöse Praxis, eine Zedaka-Büchse zum Sammeln von Geld für wohltätige Zwecke auch in privaten Haushalten bereit zu stellen, geht dabei auf das Ostjudentum im frühen 19. Jahrhundert zurück, das diese Praxis in die Emigration mitnahm.[104] Zumindest so lange die Fürsorge nicht staatlich organisiert war,

---

97 Vgl. ebd.
98 Vgl. Malleier, Elisabeth, Jüdische Frauen in Wien 1816–1938. Wohlfahrt – Mädchenbildung – Frauenarbeit, Wien 2003, 76.
99 Vgl. ebd., 49.
100 Ebd., 50.
101 Vgl. ebd.
102 Vgl. Hecht, Dieter J., »Du hast Dich ernsten Mädchen zu geschworen«. Jüdische Frauen- und Fürsorgevereine in Wien, in: Adunka, Evelyn/Lamprecht, Gerald/Traska, Georg (Hg.), Jüdisches Vereinswesen in Österreich im 19. und 20. Jahrhundert in Wien, Schriften des Centrums für Jüdische Studien, Band 18, Innsbruck/Wien/Bozen 2011, 59–108, 60.
103 Vgl. ebd., 15.
104 Vgl. Vincent, Alana, Tzedakah, Tikkun: Jewish approaches to social justice, in: Doherty, Jonathan/Fook, Jan/Jarvis, Pam/Mealy, Ann Marie, Everyday Social Justice and Citizenship: Perspectives for the 21st Century, Milton 2018, 42–56, 43.

übernahm die religiöse Gemeinde die Aufgaben der Armutsbekämpfung und Wohlfahrt.[105] Vor dem Ersten Weltkrieg erfuhren etwa 15 Prozent der jüdischen Bevölkerung in Wien kommunale Unterstützung. Jüdische Kriegsflüchtlinge erhielten während der Kriegsjahre zumindest Essenszuteilungen. Spätestens mit 1918 wurden sie jedoch zu »Personae non gratae«. Ab diesem Zeitpunkt erhielten sie ausschließlich durch jüdische Hilfsorganisation, wie etwa das »American Joint Distribution Committee«,[106] monetäre und naturale Zuwendungen.[107] 1908 hatte sich die »Zentralstelle für jüdische Fürsorge« mit dem Ziel einer Zentralisierung etabliert. Diese wurde 1930 in »Fürsorgezentrale der Israelitischen Kultusgemeinde« umbenannt. Mitgliedsbeiträge und Privatspenden ermöglichten die Finanzierung. Die Fürsorge umfasste etwa Kleideraktionen, Ausspeisungen, monetäre Unterstützung, sowie die Finanzierung von Kinderheimen, Altenheimen und Krankenhäusern. Die »Gefährdetenfürsorge« widmete sich Straffälligen und Strafentlassenen. Darüber hinaus wurde bei Berufsumschulungen und in der Arbeitsvermittlung unterstützt und Winterhilfe angeboten.[108] Die Erträge jährlicher Kampagnen der Israelitischen Kultusgemeinde zur Winterhilfe dienten einerseits der Anschaffung von Kleidung und Kohle, andererseits der Zusammenstellung von Essenspaketen und Unterstützung von Suppenküchen.[109] Das Angebot musste mit den Zuwanderungswellen aus dem Osten erweitert werden. Ab 1933 zielte das Leistungsangebot auch auf Flüchtlinge aus Nazideutschland ab.[110]

Die Forderung, dass staatliche Verantwortung die privaten und religiösen Einrichtungen ablösen sollte, lässt sich in das frühe 20. Jahrhundert zurückverfolgen. Die zunehmende Professionalisierung der Fürsorge geht unmittelbar auf die Folgen des Ersten Weltkriegs zurück.[111] Die staatliche Armenfürsorge basierte

---

105 Vgl. Keil, Martha, »Denn Zedaka rettet vor dem Tod…«. Gerechte Wohltätigkeit und Armenfürsorge im Mittelalter, in: Hödl, Sabine (Hg.), »Zedaka«, hebr.: Gerechtigkeit: Jüdische Wohlfahrt und Armenfürsorge bis 1938, Institut für jüdische Geschichte Österreichs, Juden in Mitteleuropa, Ausgabe 2020, 2–8, 2.
106 Das American Jewish Joint Distribution Committee (AJDC oder auch Joint) ist seit 1914 eine vor allem in Europa tätige jüdische US-amerikanische Hilfsorganisation.
107 Vgl. Freidenreich, Harriet Pass, Jewish Politics in Vienna: 1918–1938, Indiana 1991, 20.
108 Vgl. Stelzer, Verena, Israelitische Fürsorge in Wien zur Zeit der Ersten Republik, David. Jüdische Kulturzeitschrift, Ausgabe 72, online: https://davidkultur.at/artikel/israelitische-fursorge-in-wien-zur-zeit-der-ersten-repbulik [14.08.2023].
109 Vgl. Freidenreich, Harriet Pass, Jewish Politics in Vienna: 1918–1938, Indiana 1991, 21.
110 Vgl. Mathae, Michaela/Netopil, Gerda, Die ESRA Sozialberatung. Von der Mizvah zur modernen Sozialarbeit – die Entwicklungsgeschichte der Sozialen Arbeit innerhalb der Israelitischen Kultusgemeinde, in: Psychosoziales Zentrum ESRA, 10 Jahre ESRA: Zentrum für psychosoziale, sozialtherapeutische und sozikulturelle Integration. Ambulanz für Spätfolgen und Erkrankungen des Holocaust- und Migrationssyndroms, Wien 2004, 90–93, 90.
111 Vgl. Moritz, Maria, Soziale Arbeit in Österreich, die Geburt eines Berufs, in: Bakic, Josef/Brunner, Alexander/Musil, Verena (Hg.), Profession Soziale Arbeit in Österreich. Ein Ordnungsversuch mit historischen Bezügen, Wien 2020, 11–24, 11f.

in Wien auf dem Heimatgesetz von 1863. Dieses setzte, unter Beachtung des Subsidiaritätsprinzips, für die Erlangung öffentlicher Unterstützung den Geburtsort Wien voraus. Das Massenelend zwang die damalige Stadtverwaltung jedoch um die Jahrhundertwende die Armenfürsorge zu reformieren, was 1896 zur Lockerung des Heimatrechts führte.[112] Folglich war dieses nicht mehr ausschließlich durch Geburt zu erlangen und mehr Menschen konnten von der Armen- und Altersfürsorge erfasst werden, die sich speziell an Kranke und Kinder richtete.[113] Ganz allgemein sollte die Erlangung des Heimatrechts aber Voraussetzung für kommunale Armenfürsorge bleiben, obgleich über Reformen noch bis 1938 diskutiert wurde.[114] Eine weitere Neuerung in der Armenpflege von 1901 sollte die gezieltere Zusammenarbeit privater Initiativen, die im Wesentlichen staatliche Versäumnisse ausglichen, privater Stiftungen und öffentlicher Armenfürsorge regeln. Die Chronistin des Wiener Jugendamtes Gudrun Wolfgruber weist jedoch auf die Forschung der Wissenschaftler:innen Gerhard Melinz und Susan Zimmermann hin, nach deren Erkenntnissen die Maßnahmen auch die verstärkte Kontrolle von Armutsbetroffenen vorsahen. Dass 1916 ein eigenes Ministerium für Soziale Fürsorge gegründet worden war, kann laut Wolfgruber als Indiz für ein wachsendes, staatliches Verantwortungsbewusstsein verstanden werden.[115] Die ab dem 20. Jahrhundert einsetzende institutionalisierte Hilfe führte zu den Berufsvormundschaften, denen Säuglingspflegestellen und 1917 schließlich die Jugendämter folgten.[116] Staatliche Fürsorge etablierte sich ab 1913 vor allem im Bereich der Kinder- und Jugendhilfe maßgeblich. Die Verabschiedung einiger Gesetze (zwischen 1912 und 1928), die etwa Waisen oder uneheliche Kinder schützen sollten, zählten in diesem Rahmen zu den ersten Errungenschaften.[117] Die Jugendfürsorge galt als Kernaufgabe der Fürsorge, die nicht nur

---

112 Vgl. Wolfgruber, Gudrun, Von der Fürsorge zur Sozialarbeit. Wiener Jugendwohlfahrt im 20. Jahrhundert, Wien 2013, 18 f.
113 Vgl. Weigl, Andreas, Von der Armenpflege zur Sozialhilfe. Kommunale »Daseinsversorgung« in Wien im 19. Jahrhundert bis in die Gegenwart, in: Fejtová, Olga/ Hlavačka, Milan/ Horčáková, Václava (ed.), Poverty, Charity and Social Welfare in Central Europe in the 19th and 20th Centuries, Cambridge 2017, 70–91, 73 f.
114 Vgl. Melinz, Gerhard/Ungar, Gerhard, Wohlfahrt und Krise. Wiener Kommunalpolitik zwischen 1929 und 1938, Wien 1996, 7.
115 Vgl. Wolfgruber, Gudrun, Von der Fürsorge zur Sozialarbeit. Wiener Jugendwohlfahrt im 20. Jahrhundert, Wien 2013, 19 ff; vgl. Melinz, Gerhard/Zimmermann, Susan, Über Grenzen der Armenhilfe. Kommunale und staatliche Sozialpolitik in Wien und Budapest in der Doppelmonarchie, Wien 1991; Kritisch dazu Weigl, Andreas s. o.
116 Vgl. Messinger, Irene, Ausbildung in der Fürsorge 1912 bis 1962. Die ersten 50 Jahre, in: Bakic, Josef/Brunner, Alexander/Musil, Verena (Hg.), Profession Soziale Arbeit in Österreich. Ein Ordnungsversuch mit historischen Bezügen, Wien 2020, 40–53, 41.
117 Vgl. Moritz, Maria, Soziale Arbeit in Österreich, die Geburt eines Berufs, in: Bakic, Josef/ Brunner, Alexander/Musil, Verena (Hg.), Profession Soziale Arbeit in Österreich. Ein Ordnungsversuch mit historischen Bezügen, Wien 2020, 11–24, 11 f.

sozialen Missständen entgegenwirken, sondern auch psychischer und physischer Förderung dienen sollte.[118] Maria Moritz erläutert, Fürsorgerinnen wären hauptsächlich hinzugezogen worden, den Gesundheitszustand sowohl von Kindern als auch von Erwachsenen zu erheben.[119] »Diese Programme standen fast ausschließlich unter ärztlicher Leitung und waren abhängig von deren Expertise und den neu verabschiedeten Sozialgesetzen der Ersten Republik. Die Fürsorgerinnen gerieten immer mehr in die Schere zwischen Hilfe und Kontrolle, zumal die Etikettierung ›Verwahrlosung‹ im Laufe der Jahre nach 1920 sich zum Begriff ›Volksschädling‹ der Nationalsozialisten entwickelte.«[120] Obgleich Ilse Arlt, Pionierin der Sozialen Arbeit und Gründerin der ersten Fürsorgerinnenschule in der k. u. k. Monarchie Anfang des 20. Jahrhunderts, bemüht war, diesen Entwicklungen entgegenzuwirken, nahm die Kindesabnahme mit Verwahrlosungsbegründungen in den 1920er Jahren enorm zu.[121] Wolfgruber führt auf diese Zeit neben sozialpolitischen Neuerungen auch neue pädagogische und psychologische Denkschulen zurück. Dabei verweist sie auf Einflüsse aus der (Kinder-)Psychoanalyse von August Aichhorn oder Anna Freud und der Reformpädagogik Maria Montessoris. Letztlich führten aber auch deren Konzeptionen zu problematischen Entwicklungen in der Jugendwohlfahrt.[122] Der sozialdemokratische Politiker Julius Tandler gilt zurecht als einer der größten Sozialreformer; seine Errungenschaften im Sozial- und Gesundheitswesen waren bahnbrechend. Noch im Winter 1917 erhielt er im Rahmen einer Privataudienz bei Kaiser Karl I. die Möglichkeit, sich hinsichtlich des Kriegselends für ein staatliches Wohlfahrtssystem und die Etablierung eines eigenen Ministeriums auszusprechen, welches die Gesamtbereiche der Sozial- und Gesundheitspolitik umfassen sollte. 1920 übernahm er schließlich das bereits bestehende Amt des amtsführenden Wiener Stadtrats für Wohlfahrts- und Gesundheitswesen. Tandler hatte für die Ablöse willkürlicher Wohltätigkeit plädiert. Unter ihm gelang die Schaffung eines Sozialsystems, welches auf dem Individualrecht auf staatliche Fürsorge basierte.[123] Melinz und Unger formulieren aber auch die

---

118 Vgl. Melinz, Gerhard/Ungar, Gerhard, Wohlfahrt und Krise. Wiener Kommunalpolitik zwischen 1929 und 1938, Wien 1996, 31.
119 Vgl. Moritz, Maria, Soziale Arbeit in Österreich, die Geburt eines Berufs, in: Bakic, Josef/Brunner, Alexander/Musil, Verena (Hg.), Profession Soziale Arbeit in Österreich. Ein Ordnungsversuch mit historischen Bezügen, Wien 2020, 11–24, 11 f.
120 Ebd., 12.
121 Vgl. ebd.
122 Gudrun Wolfgruber nennt als Verantwortungsbereiche des 1916 gegründeten Ministeriums für Soziale Fürsorge die nachstehende Aufgaben: Jugendfürsorge, Kriegsopferfürsorge, Sozialgesetzgebung, Sozialversicherung und Gesundheitswesen. Vgl. Wolfgruber, Gudrun, Von der Fürsorge zur Sozialarbeit. Wiener Jugendwohlfahrt im 20. Jahrhundert, Wien 2013, 28.
123 Vgl. Schwarz, Peter, Julius Tandler. Zwischen Humanismus und Eugenik, Wien 2017, 17–20.

Problematik, die mit programmatischen Ideen Tandlers verbunden ist: Sein »Fürsorge-Konzept [...] orientierte sich an einem produktiven, leistungsfähigen ›Volkskörper‹ als Ganzem, wobei hier sowohl fiskalische wie auf Einzelindividuen bezogene ›Effizienz‹ zentrale Aspekte darstellten. Der Großteil der Investitionen der Fürsorge in den Einzelnen wurde in der Überzeugung getätigt, daß damit das Ziel künftiger Kostenersparnis und effizienter Verwaltung des ›Volkskörpers‹, des ›organischen Kapitals‹, zu erreichen sei.«[124] Melinz und Unger weisen darauf hin, dass Tandlers Konzept letztlich den Preis für die Ablösung einer öffentlichen, unterdrückenden Armenfürsorge mit der Armenpolizei beinhaltet.[125] Differenzen hinsichtlich der Aufgabengebiete der Fürsorge zwischen Tandler und organisierten Fürsorgerinnen – die in den 1920ern meist eine gehobene Ausbildung vorweisen konnten – führten schließlich zur Etablierung der Zweiteilung in »Fürsorgerin« und »Hauptfürsorgerin«.[126] In krassem Widerspruch zu Tandlers Schaffung progressiver, humaner Fürsorge- und Gesundheitsstrukturen im »Roten Wien« stehen seine problematischen Aussagen in Zusammenhang mit Eugenik und »Rassenhygiene«. Der Historiker Wolfgang Neugebauer weist jedoch darauf hin, dass Tandlers dem wissenschaftlichen Mainstream entsprechende, nichtsdestoweniger höchst problematische Aussagen sich weder in seiner Politik widerspiegelten noch auch von der Sozialdemokratie übernommen wurden.[127] Im Gegensatz zu den NS-Ideologen zielte seine Haltung nie auf aktive Vernichtungsmaßnahmen ab.

Der politische und »rassisch« begründete Antisemitismus erstarkte seit dem Ende des 19. Jahrhunderts in Wien und entwickelte sich durch den populistischen Bürgermeister Karl Lueger zu einem Massenphänomen.[128] Dieser Antisemitismus sollte Hitler schließlich als Fundament seiner Weltsicht dienen und zur

---

124 Melinz, Gerhard/Ungar, Gerhard, Wohlfahrt und Krise. Wiener Kommunalpolitik zwischen 1929 und 1938, Wien 1996, 30.
125 Vgl. ebd., 31.
126 In der Öffentlichkeit wurde die häufig als elitär wahrgenommene Herkunft der Fürsorgerinnen kritisiert. Es bestand der Wunsch, auch Frauen aus der Arbeiterschaft den Zugang zu Sozialberufen zu erleichtern, und zusätzlich existierte Personalmangel, insbesondere für Tätigkeiten, für die sich die Fürsorgerinnen als überqualifiziert betrachteten. So entstand 1926 eine neue Berufsgruppe von »Hilfsfürsorgerinnen« ohne höhere Schulbildung. Beide Gruppen arbeiteten in gleichen Bereichen und hatten ähnliche Aufgaben, doch »Hilfsfürsorgerinnen« hatten wesentlich schlechtere Arbeitsbedingungen, was zu Spannungen führte. Im Jahr 1930 erreichten die »Hilfsfürsorgerinnen« eine Aufwertung ihres Titels zu »Fürsorgerin«, während die bisherigen Fürsorgerinnen zu »Hauptfürsorgerinnen« wurden. Vielen Dank an Irene Messinger für die Bereitstellung dieser Information und die freundliche Erlaubnis zur Verwendung.
127 Vgl. Neugebauer, Wolfgang, Vorwort, in: Schwarz, Peter, Julius Tandler. Zwischen Humanismus und Eugenik, Wien 2017, 8–10, 8.
128 Vgl. Rabinovici, Doron, Instanzen der Ohnmacht. Wien 1938–1945. Der Weg zum Judenrat, Frankfurt am Main 2000, 38.

Vernichtung der jüdischen Gemeinde samt ihren Fürsorge-Einrichtungen führen, womit die rassistische Pervertierung der erst kurz davor geschaffenen staatlichen Hilfsstellen einherging. Zedaka hatte im Konzept des NS-Staats keinen Platz.

# Franzi Löw: Eine Fürsorgerin der IKG während und nach der NS-Herrschaft

*Lebensfreude – dies ist eines der Kernstücke der Hilfe, ist das Kriterium, die unumstößliche Zielsetzung statt des bloßen Leidlinderns. Das zweite Kernstück heißt Gegenleistung, nicht im Sinne einer Bezahlung, sondern in der Kunst, der Demütigung vorzubeugen, indem man den Befürsorgten seinerseits irgendwie helfen lässt.*

(Ilse Arlt)

Die jüdische Fürsorgerin Franzi Löw schien vor Doron Rabinovicis Publikation »Instanzen der Ohnmacht. Wien 1938–1945. Der Weg zum Judenrat« beinahe in Vergessenheit geraten gewesen zu sein. Möglicherweise hatte das mit der problematischen Rolle zu tun, die sie als Fürsorgerin der jüdischen Gemeinde während der Nazizeit spielte. Die Kultusgemeinde wurde am 18. März 1938 geschlossen und sollte – am 2. Mai 1938 umstrukturiert – unter Adolf Eichmann »[...] zum Prototyp einer jüdischen Administration unter nationalsozialistischer Herrschaft, zum Vorlaufmodell der späteren ›Judenräte‹ werden.«[129] Doron Rabinovici ermöglichte tiefen Einblick in die Verfolgungssituation, die unter diesem spezifischen Modell nazistischer Herrschaft gegeben war, in welchem Jüdinnen und Juden zu Instrumenten der »Instanzen der Ohnmacht« wurden. Franzi Löw wurde am 02. Januar 1916, gemeinsam mit ihrer Zwillingsschwester Hilde, in Wien geboren.[130] Ihre Kindheit verbrachten sie wohlbehütet in Währing, dem 18. Wiener Gemeindebezirk, wo sie auch den Währinger Tempel in der Schopenhauerstraße besuchten. Die Mutter Hedwig Stern entstammte einer wohlhabenden Kaufmannsfamilie aus Mähren und ehelichte Julius Löw im Jahr 1913; dieser kam ebenso aus Mähren, war jedoch in ärmlichen Verhältnissen aufgewachsen.[131] 1902 konnte er dennoch sein Jurastudium in Wien abschließen, erhielt eine Anstellung bei der Kaiser Ferdinands-Nordbahn und machte Karriere in deren Direktion.[132] Die politische Haltung Julius Löws als Sozialdemokrat

---

129 Rabinovici, Doron, Instanzen der Ohnmacht. Wien 1938–1945. Der Weg zum Judenrat, Frankfurt am Main 2000, 82.
130 Im Geburtsbuch der IKG wurde sie als Franzi Löw und nicht als Franziska Löw registriert. Vgl. Archiv IKG Wien, Bestand Wien, Matriken, Geburtsbuch IKG Wien, Rz. 33/1916.
131 Vgl. Steinhardt, Beatrix, Franzi Löw. Eine jüdische Fürsorgerin im nationalsozialistischen Wien. Unter besonderer Berücksichtigung der NS-Zeit, unveröffentlichte Diplomarbeit, Wien 2012, 17 ff.
132 Vgl. Interview mit Franzi Danneberg-Löw am 25.5.1988 (DÖW, Interviewsammlung, Transkript 515).

und bekennender Zionist prägt die Erziehung der Zwillinge nachhaltig.[133] Die Verköstigung jüdischer Gastkinder etwa, die in Folge der Machtergreifung Hitlers aus Deutschland nach Wien geflohen waren, durch Hedwig Löw ab 1934, unterstreicht diese frühe Prägung und zeigt ihr karitatives Engagement und ihr soziales Selbstverständnis.[134] Konkreten Auswanderungsplänen der Familie Löw selbst stand zunächst die Herzkrankheit und folgende Frühpensionierung des Vaters im Weg, der bereits im Sommer 1938 verstarb.[135] »[...] dann war es schon spät zu irgendeiner Auswanderung für uns.«[136] erinnert sich Löw.

Die Zwillinge besuchten ein Gymnasium »wo mehr Jüdinnen waren als Nichtjuden, wo wir auch Lehrer gehabt haben, die Nazis waren, das hat sich dann nachher herausgestellt.«[137] Nach ihrem Schulabschluss studierte Hilde[138] an der medizinischen Fakultät in Wien, wohingegen Franzi die Ausbildung in der Fürsorgerinnen-Schule von Ilse Arlt absolvierte.[139]

Die Pionierin Ilse Arlt begründete 1912 mit ihren »Vereinigten Fachkursen für Volkspflege«, aus der sich die erste Fürsorgerinnenschule[140] in der österreichisch-ungarischen Monarchie entwickelte, die professionelle Ausbildung der Sozialen Arbeit. Sie hatte die Vision, mit ihrer Schule zur Transformation von Wohltätigkeit in einen wissenschaftlich fundierten Beruf beizutragen: »Solange die Fürsorge aus Menschenliebe und religiösen Motiven floß, war sie wie eine Naturgewalt, in die ein Mensch geriet: Sonnenschein, der ihn kräftigte oder nicht selten versehrte. Um aber ein Bestandteil der öffentlichen Ordnung zu werden, mit obrigkeitlicher Gewalt ausgestattet, mit Rangordnung und Besoldung der Ausübenden, mit feststehenden Budgets und abgegrenzten Wirkungskreisen, bedarf

---

133 Vgl. Steinhardt, Beatrix, Franzi Löw. Eine jüdische Fürsorgerin im nationalsozialistischen Wien. Unter besonderer Berücksichtigung der NS-Zeit, unveröffentlichte Diplomarbeit, Wien 2012, 19.
134 Vgl. Interview mit Franzi Danneberg-Löw am 25.5.1988 (DÖW, Interviewsammlung, Transkript 515).
135 Vgl. Steinhardt, Beatrix, Franzi Löw. Eine jüdische Fürsorgerin im nationalsozialistischen Wien. Unter besonderer Berücksichtigung der NS-Zeit, unveröffentlichte Diplomarbeit, Wien 2012, 19 u. 36.
136 Interview mit Franzi Danneberg-Löw am 25.5.1988 (DÖW, Interviewsammlung, Transkript 515).
137 Ebd.
138 1937 übersiedelte Hilde aufgrund ihrer Eheschließung in die Tschechoslowakei.
139 Vgl. Linsbauer, Franz, Bezirksmuseum 15, Franzi Löw – Aufopfernde Fürsorgerin oder Kollaborateurin der Gestapo, Vortrag vom 22.01.2021, online: https://www.youtube.com/watch?v=jiUgmbGCmn8 [28.09.2021].
140 Die spätere Direktorien der Sozialakademie Maria D. Simon betont rückblickend zwar, dass die ersten Fürsorgerinnen, die von der Gemeinde Wien in der Ersten Republik eingestellt worden waren, aus dieser Schule hervorgegangen waren, doch blieb sie laut ihr dennoch eine »Randerscheinung«. Vgl. Kufner-Eger, Jonathan (Hg.), Aus der Betroffenheit. Zu Leben und Werk von Maria D. Simon, Wien 2023, 135.

die Hilfstätigkeit des theoretischen Aufbaus.«[141] Arlt zufolge konnten die in der Einleitung angeschnittenen religiösen Vorschriften zu Armutsprävention, wie beispielsweise die in der Tora festgelegte gerechte Umverteilung, für sich alleine keine ausreichende Grundlage für nachhaltige und gesamtgesellschaftliche Konzepte bilden. Als Ziel wissenschaftlich begründeter Fürsorge verstand sie nämlich das »Glück Anderer« zu fördern, indem Fürsorge »an der Einlösung des sozialstaatlichen Versprechens mitarbeitet, die individuellen Zugänge auf Grundgüter, das heißt, die allgemeinen Bedingungen für eine individuelle Glücksgestaltung sukzessive gesellschaftlich gerechter zu verteilen.«[142] Es ist nicht verwunderlich, dass sie – diesem Gerechtigkeitsverständnis folgend – mit ihren »Grundlagen der Fürsorge« von 1921 methodisch die sogenannte Einzelfallhilfe in Österreich begründete.[143] Der Sozialarbeiter und Soziologe Peter Pantuček-Eisenbacher führt nicht nur die Entwicklung der Einzelfallhilfe auf die Entstehung des modernen Rechtsstaates zurück, sondern auch deren anhaltende Popularität, wodurch »Individuen eine Fülle von kodifizierten Rechten haben und rechtliche Ansprüche an Merkmale der Sozialen Adresse der Individuen gebunden sind.«[144] Zusammenfassend hält Pantuček-Eisenbacher also fest, dass die Moderne mit dem Ausbau der Individualrechte, sowie dem im 17. Jahrhundert einsetzenden Prozess der Individualisierung die Entwicklung einer theoretisch fundierten Sozialen Arbeit mit ihrer Einzelfallhilfe maßgeblich prägte.[145] In diesem Sinn kann das »Glück Anderer« vielleicht auch als das Glück Einzelner bezeichnet werden. Arlt verwendete aber nicht nur den Begriff des Glücks, sondern auch den des »menschlichen Gedeihens«. Dieser impliziere laut der auf Ilse Arlt spezialisierten Forscherin Maria Maiss bereits das ständige Streben nach Wachstum. Arlt wollte Fürsorge im Sinn einer »angewandten Armutsforschung« verstanden wissen. Das bedeutete für sie, in einem ersten Schritt festzulegen, auf welchen Prinzipien »menschliches Gedeihen« beruhe, um Ist- und Sollzustand dieses Gedeihens vergleichend erheben zu können. Um aber menschliches Gedeihen wissenschaftlich erfassbar zu machen, unterschied Arlt 13 »Gedeihenserfordernisse«, bzw. »zentrale Bedürfnisse«. Diese Bedürfnisse nach Nahrung, Wohnen, Körperpflege, Bekleidung, Erholung, Luft, Erziehung, Geistespflege, Rechtsschutz, Familienleben, Ärztliche Hilfe und Krankenpflege, Unfallverhütung und Erste

---

141 Arlt, Ilse, Wege zu einer Fürsorgewissenschaft, Wien 1958, 57.
142 Maiss, Maria, Ilse Arlt (1876–1960). Gerechtigkeit durch schöpferisches Konsumhandeln, in: Institut für jüdische Geschichte Österreichs, »Zedaka« hebr.: Gerechtigkeit. Jüdische Wohlfahrt und Armenfürsorge bis 1938, Juden in Mitteleuropa, Ausgabe 2020, 28–37, 33.
143 Vereinfacht ausgedrückt handelt es sich bei der Einzelfallhilfe um eine lösungsorientierte Vorgehensweise, die Individuen dabei unterstützt, die Fähigkeit zu entwickeln, ihre Lebenssituation zu verändern. Vgl. Pantuček-Eisenbacher, Peter, Grundlagen der Einzelfallhilfe. Soziale Arbeit mit Methode, Göttingen 2022, 12 u. 19.
144 Ebd., 19.
145 Vgl. ebd., 18f.

Hilfe sowie Ausbildung zu wirtschaftlicher Tüchtigkeit nur unzureichend, oder nur teilweise befriedigen zu können, war nach Arlt die Folge fehlender ökonomischer Partizipationsmöglichkeiten.[146] In diesem Sinn soll Soziale Arbeit zu gesellschaftlicher Teilhabe durch Erfüllung ebendieser Grundbedürfnisse beitragen. Es ist davon auszugehen, dass Franzi Löw nach dem Abschluss ihrer Fürsorgeausbildung bei Arlt im Jahr 1937 zu einem professionellen Verständnis ihres Berufs gefunden hatte.[147] Nach ihrer Ausbildung bewarb sie sich bei der Gemeinde Wien; ihre Anstellung wurde jedoch »aus rassischen Gründen« gar nicht erst in Erwägung gezogen. Obgleich sie dieser Umstand kränkte, schätzte sie sich glücklich, im selben Jahr stattdessen in den Dienst der Israelitischen Kultusgemeinde getreten zu sein.[148] Ihre »richtige Fürsorgearbeit« in der Fürsorgezentrale der IKG Seitenstettengasse 2–4 meinte Löw allerdings erst ab November 1938 mit ihrer Tätigkeit in der Jugendfürsorge aufgenommen zu haben.[149]

Seit den Novemberpogromen versorgten städtische Institutionen keine jüdischen Kinder mehr.[150] Die IKG selbst datierte Löws offiziellen Diensteintritt in die Fürsorgeabteilung auf ihrer Personalkartei allerdings erst mit 01. Juli 1939.[151] Die Abteilung wurde von Rosa Rachel Schwarz geleitet, als Franzi Löw eingeschult wurde (ihr gelang 1940 die Flucht nach Palästina). Lily Reichenfeld, die Leiterin der Jugendfürsorge erteilte Franzi Löw ihre Arbeitsaufträge: »Ich hatte einen großen Sprengel, nämlich die Wiener Stadtbezirke 1 bis 21, zu betreuen, und dazu noch die Aufsicht über die jüdischen Jugendheime. Ich machte also vormittags Parteienverkehr, nachmittags Hausbesuche, und in den Abendstunden war ich in den verschiedenen Jugendheimen mit den Kindern beim Abendessen, Waschen, Gute-Nacht-Sagen zusammen.«[152] Franzi Löw widmete sich insbesondere den Waisenkindern, denn sie musste 200 Vormundschaften

---

146 Vgl. Maiss, Maria, Ilse Arlt (1876–1960). Gerechtigkeit durch schöpferisches Konsumhandeln, in: Institut für jüdische Geschichte Österreichs, »Zedaka« hebr.: Gerechtigkeit. Jüdische Wohlfahrt und Armenfürsorge bis 1938, Juden in Mitteleuropa, Ausgabe 2020, 28–37, 32f.
147 Vgl. Steinhardt, Beatrix, Franzi Löw. Eine jüdische Fürsorgerin im nationalsozialistischen Wien. Unter besonderer Berücksichtigung der NS-Zeit, unveröffentlichte Diplomarbeit, Wien 2012, 28.
148 Vgl. Interview mit Franzi Danneberg-Löw am 25.5.1988 (DÖW, Interviewsammlung, Transkript 515).
149 Vgl. Danneberg-Löw, Franzi, Erzählte Geschichte. Jüdische Schicksale. Berichte von Verfolgten, Dokumentationsarchiv des Österreichischen Widerstandes, online: https://www.doew.at/erinnern/biographien/erzaehlte-geschichte/ns-judenverfolgung-ausgrenzung-entrechtung/franzi-danneberg-loew-dieser-weg-ist-mir-sehr-schwergefallen [27.10.2021].
150 S. dazu näher das Kapitel »Waisenkinder«.
151 Vgl. Archiv IKG Wien, Bestand Wien, A/VIE/IKG/I-III/PERS/Kartei, K11.
152 Danneberg-Löw, Franzi, Erzählte Geschichte. Jüdische Schicksale. Berichte von Verfolgten, Dokumentationsarchiv des Österreichischen Widerstandes, online: https://www.doew.at/erinnern/biographien/erzaehlte-geschichte/ns-judenverfolgung-ausgrenzung-entrechtung/franzi-danneberg-loew-dieser-weg-ist-mir-sehr-schwergefallen [27.10.2021].

übernehmen, welche die Gemeinde Wien im Dezember 1938 niedergelegt hatte. In diesem Zusammenhang lernte sie am Jugendgericht Wilhelm Danneberg kennen, den sie 1948 heiraten sollte. Danneberg wurde kurz darauf aufgrund der ihm vorgeworfenen »Judenfreundlichkeit« suspendiert.[153]

Abb. 2: Seitenstettengasse (Bestand Jüdisches Museum Wien, Inv. Nr. 8164)

Der Jugendfürsorgeabteilung unterstand eine eigene Abteilung für Kinderauswanderung.[154] Daher ist es naheliegend, dass Löw die Mitorganisation von Kindertransporten[155] oblag. Löw gab später an, kurze Beschreibungen erstellt zu

---

153 Vgl. Linsbauer, Franz, Bezirksmuseum 15, Franzi Löw – Aufopfernde Fürsorgerin oder Kollaborateurin der Gestapo, Vortrag vom 22.01.2021, online: https://www.youtube.com/watch?v=jiUgmbGCmn8 [28.09.2021].
154 Vgl. Hofreiter, Gerda, Alleine in die Fremde. Kindertransporte von Österreich nach Frankreich, Großbritannien und in die USA: 1938–1941, Innsbruck 2010, 39.
155 Bis Kriegsausbruch konnten 2 821 Kinder in 43 Transporten flüchten. Die absolute Mehrheit wurde nach England verschickt. Kinder wurden aber ebenso von Belgien, Frankreich, Hol-

haben, welche die Grundlage für die Auswahl der Familien darstellten, die sich dieser Kinder im Exil annahmen.[156] Im Büro für Kinderauswanderung wurden diesbezügliche Anträge zur Registrierung durch Franzi Löw abgegeben. Anschließend übermittelte Löw die Unterlagen zur Weiterbearbeitung an die Aufnahmeländer, beispielsweise nach London an das Refugee Children Movement. Dieses übernahm die Unterkunftssuche und leitete die Unterlagen wiederum an das Innenministerium weiter.[157] Darüber hinaus hatte Löw auch noch die Vormundschaft über 20 weitere Personen[158] mit besonderen Bedürfnissen inne, die in einer privaten Einrichtung im 19. Bezirk untergebracht waren. Aufgrund ihres spezifischen Bedarfs an Unterstützung hatten sie keine Aussicht, in anderen Ländern aufgenommen zu werden. Franzi Löws unermüdlicher Einsatz für sie zeigt sich etwa in folgender Episode: Eines Tages wurde sie durch die Direktorin über den geplanten Transport dieser Gruppe in die Anstalt »Am Steinhof«[159] vorgewarnt. Fünf Jugendliche konnte sie sofort im Rothschildspital[160] unter-

---

land, Schweden, USA und Schweiz aufgenommen. Nach Kriegsbeginn gingen bis Sommer 1941 noch sechs Kindertransporte in die USA. Vgl. Benz, Wolfgang/Curio, Claudia/Hammel, Andrea (Hg.), Die Kindertransporte 1938/39: Rettung und Integration, mit Beiträgen von Ilse Aichinger, Frankfurt am Main 2003; vgl. Apostolo, Sabine, Jugend ohne Heimat. Kindertransporte aus Wien, Ausstellungskatalog – Jüdisches Museum Wien, Wien 2021.

156 Vgl. Interview mit Franzi Danneberg-Löw am 25.5.1988 (DÖW, Interviewsammlung, Transkript 515); vgl. Hofreiter, Gerda, Alleine in die Fremde. Kindertransporte von Österreich nach Frankreich, Großbritannien und in die USA: 1938–1941, Innsbruck 2010, 40.
157 Vgl. ebd. u. 44.
158 Bei diesen handelte es sich um Jugendliche und Erwachsene, die sich laut Franzi Löw auf dem geistigen Niveau von Kindern befanden. Vgl. Interview mit Franzi Danneberg-Löw am 25.5.1988 (DÖW, Interviewsammlung, Transkript 515).
159 Die Landes- Heil- und Pflegeanstalt im 13. Wiener Gemeindebezirk wurde unter dem Namen »Am Steinhof« bekannt und zählte zu einer der größten Kliniken Europas. Die heutige Bezeichnung »Otto-Wagner-Spital« geht auf den Wiener Architekten Otto Wagner zurück. Ab 1938 fungierte die Anstalt als Zentrum der NS-Tötungsmedizin in Wien. Zwischen den Jahren von 1940 bis 1945 befand sich auf dem Areal eine sogenannte »Kinderfachabteilung« »Am Spiegelgrund«. In dieser wurden hunderte Kinder und Jugendliche ermordet. S. dazu die Kapitel »Die Psychiatriereform« u. »Wer waren betreute NS-Überlebende?«.
160 Das Rothschildspital am Währinger Gürtel 95–97 wurde durch die Finanzierung der Stiftung von Anselm Salomon Freiherr von Rothschild bereits 1873 eröffnet. Im Jahr 1925 übernahm der Arzt Arnold Raschkes den Direktionsposten. Seine Funktion übte er während der gesamten NS-Zeit aus. Mit dem »Anschluss« 1938 ging ein Gesetzes-Erlass zur Unterbindung der »Rassenschande« in Krankenanstalten einher. Per se untersagte dieser zwar die Aufnahme jüdischer Kranker nicht, führte de facto aber dazu, dass Spitäler Jüdinnen und Juden nicht mehr aufnahmen. Folglich mussten sich sämtliche jüdischen Patient:innen hilfesuchend an das Rothschildspital wenden. Dadurch war die Krankenanstalt zunächst komplett überlastet: »Zum einen war das Spital infolge der zahlreichen Selbstmordversuche, der Erstellung von Gesundheitsattesten für Emigranten und des erzwungenen Zuzugs von Juden aus der Provinz hoffnungslos überfüllt. Zum anderen gingen zahlreiche Primarärzte und Assistenten in die Emigration. Als die Deportationen begannen, flüchteten sich auch einige zur Deportation Bestimmte ins Spital, was immer wieder zur Razzien der NS-Behörden

bringen. Diejenigen, die sie nicht im Rothschildspital hatte unterbringen können, begleitete sie und setzte sich bei einem der Anstaltsärzte »Am Steinhof« für sie ein.[161] Ihre Vorsprache in der Direktion blieb ihr in deutlicher Erinnerung: »Er [Direktor Alfred Mauczka] hat mir gesagt, ich müsse über jedes Kind einen Lebenslauf machen und ihm den am nächsten Tag um 8 Uhr in der Früh präsentieren. Am nächsten Tag hat man mich nicht mehr zu Herrn Direktor vorgelassen, sondern gesagt, dass diese Jugendlichen bereits abtransportiert worden sind.«[162] Sie wurden in der Euthanasieanstalt im oberösterreichischen Schloss Hartheim ermordet.[163]

Löws Tätigkeiten beschränkten sich aber nicht auf den Bereich der Jugendfürsorge: Sie versorgte Inhaftierte, Deportierte und deren Angehörige beispielsweise auch mit Lebensmittelpaketen.[164] »Wir schickten Zucker, Marmelade,

---

führte.« Als mit Ende September 1938 das Arbeitsverbot für jüdische Mediziner:innen eingeführt worden war, konnten diese ausschließlich mit speziellen Genehmigungen jüdische Patient:innen behandeln. Einer von ihnen war Emil Tuchmann. Tuchmann war zuvor bis 1934 als Arzt in der Wiener kaufmännischen Gebietskrankenkasse und bis 1938 als praktischer Arzt tätig gewesen. 1938 übernahm er dann den ärztlichen Fürsorgedienst der IKG. Als »Vertrauensarzt der Kultusgemeinde für den gesamten Gesundheitsdienst« wurde er mit 1940 eingesetzt. Durch Verfolgung und Ermordung der jüdischen Bevölkerung nahm der Krankenhausbetrieb zusehends ab, weshalb er 1942 in die Malzgasse 16 im zweiten Wiener Gemeindebezirk übersiedeln musste. Vgl. Raggam-Blesch, Michaela, Vom Währinger Gürtel in die Malzgasse: Das jüdische Gesundheitswesen 1938–1942, Wien 2017, in: Hecht, Dieter J./Lappin-Eppel, Eleonore/Raggam-Blesch, Michaela, Topografie der Schoah. Gedächtnisorte des zerstörten jüdischen Wien, 3. überarbeitete Auflage, Wien 2017, 261–267, 261 f; Prokop, Ursula, Das Rothschildspital – Vom Vorzeigeprojekt zum Wartesaal der Hoffnung, David. Jüdische Kulturzeitschrift, Ausgabe 97, Juli 2013, online: https://davidkultur.at/artikel/das-rothschildspital-8211-vom-vorzeigeprojekt-zum-wartesaal-der-hoffnung [09.05.2022].
161 Vgl. Danneberg-Löw, Franzi, Erzählte Geschichte. Jüdische Schicksale. Berichte von Verfolgten, Dokumentationsarchiv des Österreichischen Widerstandes, online: https://www.doew.at/erinnern/biographien/erzaehlte-geschichte/ns-judenverfolgung-ausgrenzung-entrechtung/franzi-danneberg-loew-dieser-weg-ist-mir-sehr-schwergefallen [27.10.2021].
162 Danneberg-Löw, Franzi, Erzählte Geschichte. Jüdische Schicksale. Berichte von Verfolgten, Dokumentationsarchiv des Österreichischen Widerstandes, online: https://www.doew.at/erinnern/biographien/erzaehlte-geschichte/ns-judenverfolgung-ausgrenzung-entrechtung/franzi-danneberg-loew-dieser-weg-ist-mir-sehr-schwergefallen [27.10.2021]; vgl. Raggam-Blesch, Michaela, Die Odyssee jüdischer Heimkinder, in: Hecht, Dieter J./Lappin-Eppel, Eleonore/Raggam-Blesch, Michaela, Topografie der Schoah. Gedächtnisorte des zerstörten jüdischen Wien, 3. überarbeitete Auflage, Wien 2017, 268–287, 283.
163 Franzi Löw erzählt, als Vormund die Todesanzeigen mit den Begründungen des Herzversagens erhalten zu haben. Vgl. Interview mit Franzi Danneberg-Löw am 25.5.1988 (DÖW, Interviewsammlung, Transkript 515); vgl. Raggam-Blesch, Michaela, Die Odyssee jüdischer Heimkinder, in: Hecht, Dieter J./Lappin-Eppel, Eleonore/Raggam-Blesch, Michaela, Topografie der Schoah. Gedächtnisorte des zerstörten jüdischen Wien, 3. überarbeitete Auflage, Wien 2017, 268–287, 283 f.
164 Steinmüller, Peter, Wiens vergessener Engel. Judenretterin Franzi Löw, Spiegel. Geschichte, 30. November 2016, online: https://www.spiegel.de/geschichte/judenretterin-franzi-loew-wiens-vergessener-engel-a-1122578.html [28.09.2021].

Brot, aber auch Kartoffeln und Leibwäsche. Die Empfänger konnten vom KZ aus diese Pakete bestätigen und schrieben mir dann dazu, was sie sich noch wünschten. Diese Sachen haben sie dann auch wirklich bekommen. Diesen Teil der Fürsorge für die KZler hat ausschließlich meine Mitarbeiterin Fräulein Lily Neufeld bearbeitet, weil ich nicht imstande gewesen wäre, auch noch diese Arbeit zu bewältigen. Ich habe gewusst, wie es in einem KZ zugeht. Ich bin einmal in Mauthausen gewesen. Ich habe leider nur ein einziges Mal die Bewilligung von der Gestapo bekommen, dieses KZ zu besuchen. Warum, kann ich heute nicht mehr sagen. In Mauthausen habe ich gesehen, was ich mir in den kühnsten Träumen nicht vorstellen konnte.«[165] Mit der Deportation von Lily Reichenfeld im Jahr 1942 übernahm Franzi Löw gemeinsam mit der hauptsächlich für die Administration zuständigen Lily Neufeld die gesamte Fürsorgeabteilung:[166] »Mehr als zwei Personen hat die Gestapo für die Fürsorgeabteilung nicht erlaubt.«[167] Löw gefährdete ihr eigenes Leben, indem sie auch die Versorgung von »U-Booten« in mehreren Bezirken Wiens übernahm.[168] Nach der Besetzung Ungarns durch Deutschland im Jahr 1944 versorgte Franzi Löw auch noch deportierte ungarisch-jüdische Zwangsarbeiter:innen im Internierungslager in der Hackengasse 11 im 15. Wiener Gemeindebezirk. Zu deren Ankunft berichtete Löw: »Sie können sich nicht vorstellen, es sind in den Viehwaggons die Leute zusammengepfercht gewesen, einige sind uns im Waggon gestorben. Diese Menschen sind dann abtransportiert worden in ca. 42 Lager.«[169] Dass ihre Betreuungstätigkeit in der Hackengasse nicht ungefährlich war, untermauert eine Unterredung bei SS-Obersturmführer Siegfried Seidl.[170] Dieser war als Haupt-

---

165 Danneberg-Löw, Franzi, Erzählte Geschichte. Jüdische Schicksale. Berichte von Verfolgten, Dokumentationsarchiv des Österreichischen Widerstandes, online: https://www.doew.at/erinnern/biographien/erzaehlte-geschichte/ns-judenverfolgung-ausgrenzung-entrechtung/franzi-danneberg-loew-dieser-weg-ist-mir-sehr-schwergefallen [27.10.2021].
166 Vgl. Steinhardt, Beatrix, Franzi Löw. Eine jüdische Fürsorgerin im nationalsozialistischen Wien. Unter besonderer Berücksichtigung der NS-Zeit, unveröffentlichte Diplomarbeit, Wien 2012, 80.
167 Danneberg-Löw, Franzi, Erzählte Geschichte. Jüdische Schicksale. Berichte von Verfolgten, Dokumentationsarchiv des Österreichischen Widerstandes, online: https://www.doew.at/erinnern/biographien/erzaehlte-geschichte/ns-judenverfolgung-ausgrenzung-entrechtung/franzi-danneberg-loew-dieser-weg-ist-mir-sehr-schwergefallen [27.10.2021].
168 Franz Linsbauer verweist darauf, dass die Zahlenangaben der von Franzi Löw betreuten U-Boote großen Schwankungen unterliegen. In jedem Fall kann aber von 30 Personen ausgegangen werden. Vgl. Linsbauer, Franz, Bezirksmuseum 15, Franzi Löw – Aufopfernde Fürsorgerin oder Kollaborateurin der Gestapo, Vortrag vom 22.01.2021, online: https://www.youtube.com/watch?v=jiUgmbGCmn8 [28.09.2021].
169 Interview mit Franzi Danneberg-Löw am 25.5.1988 (DÖW, Interviewsammlung, Transkript 515).
170 Siegfried Seidl wurde als SS-Obersturmführer vom Reichssicherheitshauptamt (RSHA) durch die Adolf Eichmann unterstehende Abteilung IVB4 mit der Errichtung des KZ Theresienstadt beauftragt und leitete es, bis er Anfang Juli 1943 einen Posten im KZ Bergen-

akteur an den Verbrechen des NS-Vernichtungssystems beteiligt.[171] Löw wurde ihm bei einem Besuch vorgeführt. Seidl warf ihr vor, für die Besuche nicht vorab eine Erlaubnis bei ihm eingeholt zu haben. Daraufhin konnte sie jedoch erfolgreich an sein Verständnis von Gruppenloyalität appellieren und erhielt die entsprechende Genehmigung.[172]

Die »Rote Armee« erreichte am 5. April 1945 den Stadtrand Wiens. Acht Tage später endeten die Kämpfe zwischen deutscher Wehrmacht und den sowjetischen Truppen um Wien.[173] Mit dem Eintreffen der »Roten Armee« hielt sich Franzi Löw mit ihrer Mutter ein paar Tage bei Traudl Danneberg, der Tochter ihres späteren Ehemannes versteckt.[174] »Über die Russen hat man nur Schlechtes gehört«[175], wiederholte sie vielfach kolportierte antirussische Propaganda aus diesen Tagen. Als Marschall Tolbuchin, Befehlshaber der Dritten Ukrainischen Front, am 13. April 1945 das Ende der Schlacht ausrief, gehörte das Terrorregime der Vergangenheit an.[176] Am 27. April wurde die Zweite Republik Österreich unter der Führung von Staatskanzler Karl Renner begründet. Dieser unterzeichnete die Unabhängigkeitserklärung mit den Politikern Adolf Schärf von der SPÖ, Leopold Kunschak von der ÖVP und Johann Koplenig von der KPÖ. Damit war der »Anschluss« an Nazi-Deutschland von 1938 für null und nichtig erklärt.[177]

---

Belsen übernahm. Anschließend wurde er nach Mauthausen berufen, um die Deportationen der ungarischen Juden zu organisieren. Mit der Leitung des Sonderkommando-Außenpostens in Debrecen war er für die Deportation ungarischer jüdischer Zwangsarbeiter:innen nach Wien mitverantwortlich. Nachdem er Ungarn verlassen hatte, befand er sich ab Anfang Juli 1944 in Wien und wurde zum Stellvertreter des Sondereinsatzkommandoführers – Außenkommando Wien ernannt. Seidl wurde im Juli 1945 in Haft genommen und am 04. Februar 1947 hingerichtet.

171 Vgl. Fedorovič, Tomáš, Der Theresienstädter Lagerkommandant Siegfried Seidl, in: Milotvá, Jaroslava/Rathgeber, Ulf/Wögerbauer, Michael (Hg.), Theresienstädter Studien und Dokumente, Prag 2003, 162–209.
172 Vgl. Steinhardt, Beatrix, Franzi Löw. Eine jüdische Fürsorgerin im nationalsozialistischen Wien. Unter besonderer Berücksichtigung der NS-Zeit, unveröffentlichte Diplomarbeit, Wien 2012, 83, 85 f.
173 Vgl. Schmölzer, Michael, Die Befreiung Wiens: April 1945. Gespräche mit Überlebenden, Wien 2020, 27.
174 Vgl. Steinhardt, Beatrix, Franzi Löw. Eine jüdische Fürsorgerin im nationalsozialistischen Wien. Unter besonderer Berücksichtigung der NS-Zeit, unveröffentlichte Diplomarbeit, Wien 2012, 90.
175 Interview mit Franzi Danneberg-Löw am 25. 5. 1988 (DÖW, Interviewsammlung, Transkript 515).
176 Vgl. Fraller, Elisabeth/Langnas, Georg (Hg.), Mignon Langnas. Tagebücher und Briefe: 1938–1949, Innsbruck 2010, 166.
177 Vgl. Knight, Robert (Hg.) »Ich bin dafür die Sache in die Länge zu ziehen« die Wortprotokolle der österreichischen Bundesregierung von 1945 bis 1952 über die Entschädigung der Juden, 2. Auflage, Wien/Köln/Weimar 2000, 55.

## Zur unmittelbaren Nachkriegszeit

Im April übersiedelte die IKG, die nach wie vor als »Ältestenrat« funktionierte, aus den bombenbeschädigten Amtsräumen[178] der Seitenstettengasse in Räumlichkeiten am Schottenring 25, ebenfalls im 1. Wiener Gemeindebezirk. Bis zum Sommer 1945 setzte der »Ältestenrat« seine Tätigkeit fort.[179] In diesem Sinn ging auch Franzi Löw wieder ihrer Arbeit in der Fürsorgeabteilung nach. »[…] wir haben nicht lange gebraucht, bis wir wieder begonnen haben zu arbeiten. Da sind die ersten KZ'ler gekommen, aus den Konzentrationslagern, die Hilfe gebraucht haben.[180] Und Leute, die in Wien übrig geblieben sind, die Juden, sind ja auch gekommen und haben Hilfe gebraucht, also wir haben sofort wieder begonnen zu arbeiten. Nur hat die Arbeit dann anders ausgesehen.«[181] Im Mai 1945 wurden 450 Menschen von der IKG durch die Fürsorgeabteilung betreut.[182] Sie erhielten Kleidung, Geld und Möbel.[183]

## Einblicke in die (Versorgungs-)Lage Überlebender

Die Versorgungslage in der Nachkriegszeit war allgemein äußerst prekär. Auch Franzi Löw thematisierte beispielsweise ihren eigenen dauernden Hungerzustand.[184] Kriegsbedingt waren die Ernteergebnisse marginal. Im Jahr 1946/47 konnte Österreich zwar die eigene Bevölkerung zu 60 Prozent ernähren, doch

---

178 Franzi Danneberg-Löw schilderte in einem Interview den Verlust ihrer gesamten Dokumentationen: »[…] jedes Schicksal eines jeden Kindes habe ich auf – nicht nur jedes Kindes, sondern jeder Familie habe ich auf ein Karteiblatt geschrieben. Da konnte man mir ja nichts sagen, denn das waren Gedankenstützen, habe ich gesagt, die ich für meine Arbeit benötigt habe. Und ich habe mir vorgestellt, daß das einmal ein Material sein könnte, dass ich der Nachwelt übergeben würde. Aber das ist leider nicht gegangen, denn dieses ganze Material ist mir [durch einen Bombeneinschlag im Haus der IKG im Jahr 1945] verbrannt. Ich habe nichts von meiner ganzen Kartei übrig behalten.« Interview mit Franzi Danneberg-Löw am 25. 5. 1988 (DÖW, Interviewsammlung, Transkript 515).
179 Vgl. Adunka, Evelyn, Die vierte Gemeinde. Die Wiener Juden in der Zeit von 1945 bis heute, Wien/Berlin 2000, 18.
180 Nähere Zahlenangaben zu KZ-Überlebenden s. im Kapitel »›Rückkehrerheime‹ der IKG«.
181 Interview mit Franzi Danneberg-Löw am 25. 5. 1988 (DÖW, Interviewsammlung, Transkript 515).
182 Vgl. Linsbauer, Franz, Bezirksmuseum 15 – ONLINE: Franzi Löw – Aufopfernde Fürsorgerin oder Kollaborateurin der Gestapo, Vortrag vom 22. 1. 2021, online: https://www.youtube.com/watch?v=jiUgmbGCmn8 [05. 10. 2021].
183 Vgl. Adunka, Evelyn, Die vierte Gemeinde. Die Wiener Juden in der Zeit von 1945 bis heute, Wien/Berlin 2000, 18.
184 Vgl. Linsbauer, Franz, Bezirksmuseum 15 – ONLINE: Franzi Löw – Aufopfernde Fürsorgerin oder Kollaborateurin der Gestapo, Vortrag vom 22. 1. 2021, online: https://www.youtube.com/watch?v=jiUgmbGCmn8 [11. 10. 2021].

lebten viele Menschen weit unter dem »physiologischen Existenzminimum«.[185] Insbesondere Wien war zu 80 Prozent auf ausländische Unterstützung angewiesen. Von der Ernährungslage abgesehen war die Infrastruktur größtenteils zerstört und die Energieversorgung zusammengebrochen. Besonders die Situation der Überlebenden, vor allem die der KZ-Überlebenden ist kaum vorstellbar. Die IKG wies darauf hin, dass die im Sommer zurückkehrenden KZ-Überlebenden keinerlei Unterstützung erfuhren.[186] »Das Selbstverständnis Österreichs als erstes Opfer der NS-Aggression schloß […] die Akzeptanz einer Verantwortung für die jüdischen Überlebenden aus, die Erinnerung an ihr Schicksal war nachhaltig blockiert und nur gegen große Widerstände instrumentalisierbar. ›Wiedergutmachung‹ war kein Thema, die Zweite Republik beschränkte sich auf eine ›freiwillige‹ Opferfürsorge für alle Verfolgten des NS-Regimes – nicht nur für die Juden.«[187] Mit dem »Gesetz über die Fürsorge für die Opfer des Kampfes für ein freies, demokratisches Österreich« von Juli 1945 verpflichtete sich Österreich ausschließlich zur Befürsorgung jener, die dieser spezifischen Kategorie zugewiesen werden konnten. Die Verfolgten, die nicht als aktive Widerstandskämpfer:innen anerkannt wurden, fanden somit bis zum Jahr 1947 überhaupt keine Berücksichtigung. Die Tatsache, dass das erwähnte Gesetz lediglich die Befürsorgung, nicht aber Reparationsverpflichtungen vorsah, verdeutlichte nach Thomas Albrich einmal mehr das Narrativ von Österreich als Opfer.[188] Auch wenn der Kampf um Reparationen im Lichte der schwierigen wirtschaftlichen Bedingungen gesehen werden muss, so ist doch klar, welche Prioritäten gesetzt wurden:[189] »[…] die österreichische Politik der Nachkriegszeit […] war darauf ausgerichtet, Reparationszahlungen weitgehend zu vermeiden und den legitimen Ansprüchen nach Restitutionen von Jüdinnen und Juden entgegenzuarbeiten.«[190] Der Historiker Robert Knight weist nach, dass Restitutionen anfangs abgelehnt wurden, während man später auf Hinhaltetaktiken setzte.[191] In diesem

---

185 Vgl. Serloth, Barbara, Nach der Schoah. Politik und Antisemitismus in Österreich nach 1945, Wien/Berlin 2019, 25f.
186 Vgl. Israelitische Kultusgemeinde Wien, Bericht des Präsidiums der Israelitischen Kultusgemeinde Wien über die Tätigkeit in den Jahren 1945 bis 1948, Wien 1948, 15.
187 Albrich, Thomas, Antisemitismus und Schuldabwehr nach dem Holocaust, in: Steininger, Rolf/Gehler, Michael (Hg.), Österreich im 20. Jahrhundert. Ein Studienbuch in zwei Bänden. Vom Zweiten Weltkrieg bis zur Gegenwart, Band 2, Wien/Köln/Weimar/Böhlau 1997, 39–106, 55.
188 Vgl. ebd., 59f.
189 Vgl. Serloth, Barbara, Nach der Schoah. Politik und Antisemitismus in Österreich nach 1945, Wien/Berlin 2019, 26f.
190 Ebd., 27.
191 Vgl. Knight, Robert, Vorwort zur zweiten Auflage, Loughborough 1999, in: Knight, Robert (Hg.) »Ich bin dafür die Sache in die Länge zu ziehen« die Wortprotokolle der österreichischen Bundesregierung von 1945 bis 1952 über die Entschädigung der Juden, 2. Auflage, Wien/Köln/Weimar 2000, 9–16, 9.

Sinn wurde bereits im Sommer 1945 seitens der österreichischen Regierung festgestellt, etwaige Ansprüche österreichischer Jüdinnen und Juden müssten dem »Deutschen Reich« gegenüber geltend gemacht werden.[192]

Die schwierige Situation von KZ-Überlebenden wurde zeitgenössisch auch von der Krankenschwester Mignon Langnas, die ab dem Jahr 1941 für die IKG tätig gewesen war und mit Franzi Löw in den Kriegsjahren gearbeitete hatte, formuliert. Sie beschrieb in einem Tagebucheintrag vom 27. Juni 1945 die Behördenpraxis und bemitleidete insbesondere die KZ-Überlebenden, die auf den Ämtern kein Gehör fänden, und denen keine Hürden aus dem Weg geräumt würden.[193] Autobiografischen Erinnerungen KZ-Überlebender ist das erlebte Grauen gemeinsam. Sie unterscheiden sich aber hinsichtlich der Bewältigung der Schoa nach dem Überleben. Schilderungen Einzelner, die ihren Erfahrungen und der Verarbeitung Ausdruck zu geben vermochten, können einen kleinen Einblick vermitteln. Primo Levi beispielsweise schrieb 1979, fast acht Jahre vor seinem Suizid, von dem ihm widerfahrenem Glück im Unglück: »Ich habe nach dem Konzentrationslager zufriedene Jahre verlebt, weil ich Glück hatte. Das Erlebnis des Lagers hat mich weder körperlich noch seelisch zerstört, wie das anderen ergangen ist. Ich habe weder meine Familie, noch mein Vaterland oder mein Haus verloren. Wahrscheinlich hätte ich nie geschrieben, hätte ich nicht von diesen Erfahrungen zu erzählen gehabt…«[194] Der bekannte Begründer der Logopädie und Psychiater Viktor Frankl war von 1940 bis zu seiner Deportation nach Theresienstadt im September 1942 Leiter der neurologischen Abteilung im Rothschildspital gewesen. Er hatte sich dort unter anderem mit Franzi Löw für die Rettung von Kindern mit Behinderungen eingesetzt. Frankl wurde von Theresienstadt in das Vernichtungslager Auschwitz deportiert. Befreit wurde er mit Kriegsende in einem Außenlager des KZ Dachau.[195] Seine Gedanken vermitteln einen ganz anderen Eindruck über die Auswirkungen der traumatischen Erfahrungen: »So oder so – einmal kommt der Tag, für jeden der Befreiten, an dem er, rückschauend auf das gesamte Erlebnis des Konzentrationslagers, eine

---

192 Vgl. Albrich, Thomas, Antisemitismus und Schuldabwehr nach dem Holocaust, in: Steininger, Rolf/Gehler, Michael (Hg.), Österreich im 20. Jahrhundert. Ein Studienbuch in zwei Bänden. Vom Zweiten Weltkrieg bis zur Gegenwart, Band 2, Wien/Köln/Weimar/Böhlau 1997, 39–106, 59.
193 In dem Eintrag vom 27. Juni 1945 bedauert Mignon Langnas ebenso Franzi Löws Austritt aus dem Dienst der IKG. Vgl. Fraller, Elisabeth/Langnas, Georg (Hg.), Mignon Langnas. Tagebücher und Briefe: 1938–1949, Innsbruck 2010, 186.
194 Levi, Primo [1979], zit. nach: Anissimov Myriam, Primo Levi, Die Tragödie eines Optimisten. Eine Biografie, [franz. Orig. 1996] Berlin 1999, 9.
195 Vgl. Raggam-Blesch, Michaela, Vom Währinger Gürtel in die Malzgasse: Das jüdische Gesundheitswesen 1938–1942, in: Hecht, Dieter J./Lappin-Eppel, Eleonore/Raggam-Blesch, Michaela, Topografie der Schoah. Gedächtnisorte des zerstörten jüdischen Wien, 3. überarbeitete Auflage, Wien 2017, 261–267, 263 f.

merkwürdige Empfindung hat: er kann es nur selber nicht verstehen, wie er imstande war, all das durchzustehen, was das Lagerleben von ihm verlangt hat. Und wenn es in seinem Leben einen Tag gab – den Tag der Freiheit –, dann kommt einmal der Tag, an dem ihm alles, was er im Lager erlebt, nur mehr wie ein böser Traum erschien. Gekrönt wird aber all dieses Erleben des heimfindenden Menschen von dem köstlichen Gefühl, nach dem Erlittenen nichts mehr auf der Welt fürchten zu müssen – außer seinen Gott.«[196] Wieder einen ganz anderen Eindruck hinterlässt die Überlebende Gertrude Pressburger, mit ihren autobiografischen Erinnerungen: »Zu meinem 88. Geburtstag habe ich mir einen Scherz erlaubt. Meine Tochter und ich suchen im Internet nach Motiven für meine Geburtstagseinladungen, als ich plötzlich auf die Zahl 88, umrahmt von einem Lorbeerkranz, stoße. ›Das Nazisymbol‹, rufe ich, ›was hältst du davon, wenn ich es für meine E-Maileinladung verwende?‹ Christine ist einverstanden. ›Ich lebe noch‹, schreibe ich unter die vom Lorbeerkranz geschmückte Zahl. ›88‹ bedeutet ›Heil Hitler‹, wenn man das Alphabet von vorne bis zum Buchstaben ›H‹ zählt. Für ›SS‹ steht die Zahl, wenn man das Alphabet von hinten hernimmt. Als ich auf ›Senden‹ klicke, verspüre ich, wie damals am Obersalzberg, [bei einem Urlaub in Bayern vor Adolf Hilters ehemaligem Landhaus stehend] ein kleines Triumphgefühl. Ich setzte Hitler gedanklich in CC: ›Ich lebe noch!‹«[197] Der Versuch, die Erlebnisse literarisch zu verarbeiten und der Nachwelt Zeugnisse über die Gräuel zu hinterlassen und nicht zu vergessen, stieß aber auch auf Ablehnung, wie Jean Améry eindrücklich schilderte: »Seien Sie vorsichtig, riet mir ein wohlmeinender Freund, als er von meinem Plan hörte, über den Intellektuellen in Auschwitz zu sprechen. Nachdrücklich empfahl er mir, von Auschwitz möglichst wenig und von den geistigen Fragen möglichst viel zu handeln. Auch meinte er, daß es angezeigt sei, wenn irgend angängig, zu verzichten, das Wort Auschwitz schon im Titel anzuführen: Das Publikum sei allergisch gegen diesen geografischen, geschichtlichen, politischen Begriff. Es gäbe ja schließlich schon genug Auschwitz-Bücher und Auschwitz-Dokumente aller Art, und wer von den Greueln berichte, erzähle damit nichts Neues.«[198] Die Frage, wie den Überlebenden in Österreich begegnet wurde, mit wenigen Sätzen zu beantworten, scheint unmöglich. Pointiert wurde die diesbezügliche Nachkriegsstimmung und der fortlebende latente Antisemitismus in Österreich von Helmut Qualtinger und Carl Merz in »»Der Herr Karl« bloßgelegt: »I maan, schauns, was ma uns da nachher vorgeworfen hat – des war ja alles ganz anders… da war ein Jud im Gemeindebau, der Tennenbaum… sonst a netter Mensch… da habens so Sachen gegen die Nazi geschrieben ghabt

---

196 Frankl, Viktor E., …trotzdem Ja zum Leben sagen, München 1977, 148.
197 Pressburger, Gertrude, Gelebt, erlebt, überlebt, aufgezeichnet von Marlene Groihofer, 3. Auflage, Wien 2018, 192.
198 Améry, Jean, An den Grenzen des Geistes, in: Améry, Jean, Jenseits von Schuld und Sühne. Bewältigungsversuche eines Überwältigten, 9. Auflage, [1966] Stuttgart 2015, 19–50, 19.

auf die Trottoirs… und der Tennenbaum hat des aufwischen müssen…net er allan. De anderen Juden aa… hab i ihn hingfiehrt dass ers aufwischt… und der Hausmaster hat halt zugschaut und glacht… er war immer bei einer Hetz dabei… Nach dem Krieg dann is er zruckkommen, der Tennenbaum. Hab i ihm auf der Strassen getroffen, hab i gsagt: ›Habedieehre Herr Tennenbaum!‹, hat er mi net angschaut. I grüess ihm nochamal, ›diehere, Herr Tennenbaum‹… er schaut mi wieder net an. Hab i ma denkt – na bitte, jetzt is er bees… I maan der Hausmaster war ja aa ka Nazi. Er hats halt selber net wegwischen wollen. Alles was man darüber spricht heute, is ja falsch… war eine herrliche, schöne, – ich möchte diese Erinnerung nicht missen…«[199]

Über die Situation jüdischer überlebender Rückkehrer:innen unmittelbar nach dem Krieg sagte die IKG Mitarbeiterin Franzi Löw selbst: »Na, sie sind, sie haben nichts gehabt, als das, was sie am Leibe gehabt haben. Sie sind also von uns eingekleidet worden, haben von der Gemeinde Wien Wohnungen zugewiesen bekommen und von der Kultusgemeinde und von der Gemeinde Wien Geld bekommen.«[200] Sie fügte sogar hinzu: »Man hat ihnen sehr geholfen, man hat ihnen sofort geholfen. Rasch und reichlich geholfen.«[201] Konfrontiert damit, dass Gegenteiliges von Überlebenden zu hören sei, führte sie sich rechtfertigend aus: »Nein, das bitte ist nicht richtig. Das ist nicht richtig. Was man geben konnte, hat man gegeben. Ich kann Ihnen jetzt nicht sagen, wieviel man gegeben hat. Aber wir haben viel gegeben.«[202] Franzi Löws Perspektive widerspricht vorangegangenen Schilderungen. Das Zitat muss wohl im Kontext gesehen und vor dem Hintergrund der zur Verfügung stehenden Ressourcen verstanden werden. Erste kleine staatliche Hilfeleistungen für jüdische NS-Überlebende setzten mit dem Jahr 1946 langsam ein. Zuvor hatten staatliche Leistungen eben vorwiegend auf »Opfer des Kampfes um ein freies, demokratisches Österreich« abgezielt. Durch das Fehlen staatlicher Leistungen waren speziell KZ-Überlebende auf Fürsorgeleistungen der selbst komplett verarmten IKG angewiesen.[203]

Wie eingangs bereits erwähnt, war Wien vor dem Holocaust eine große jüdische Gemeinde von ungefähr 200 000 Menschen.[204] Über die wenigen Überle-

---

199 Merz, Carl/Qualtinger, Helmut, Der Herr Karl, Originalmanuskript, Wien 1961, online: https://oe99.staatsarchiv.at/20-jh/der-herr-karl/ [11.10.2021].
200 Interview mit Franzi Danneberg-Löw am 25.5.1988 (DÖW, Interviewsammlung, Transkript 515).
201 Ebd.
202 Ebd.
203 Vgl. Graf, Georg/Bailer-Galanda, Brigitte/Blimlinger, Eva/Kowarc, Susanne, »Arisierung« und Rückstellung von Wohnungen in Wien, Veröffentlichungen der Historikerkommission. Vermögensentzug während der NS-Zeit sowie Rückstellungen und Entschädigungen seit 1945 in Österreich, Band 14, Wien/München 2004, 208.
204 Vgl. Adunka, Evelyn, Die vierte Gemeinde. Die Wiener Juden in der Zeit von 1945 bis heute, Wien/Berlin 2000, 17.

benden existieren unterschiedliche Zahlenangaben. Jonny Moser folgend lebten am 15. April 1945 5 512 Menschen in Wien, die – den »Nürnberger Rassegesetzen«[205] zufolge – als Jüdinnen und Juden galten.[206] Helga Embacher spricht in ihrem Buch »Neubeginn ohne Illusionen. Juden in Österreich nach 1945« für Ende Dezember 1945 von 3 955 Mitgliedern der IKG. Diese Zahl umfasste 1 727 Überlebende aus den Konzentrationslagern, 252 Remigrant:innen und 1 927 Jüdinnen und Juden, die sich versteckt hatten, oder die gemäß der NS-Diktion als »Mischlinge« galten, bzw. in »Mischehen« lebten. Sogenannte »privilegierte Juden« waren etwa für den »Ältestenrat« tätig gewesen, bzw. Mitarbeiter:innen jüdischer Sozialeinrichtungen.[207] Von diesen hatten 1 096 als Angestellte des »Ältestenrates« überlebt.[208] In Anlehnung an Jonny Moser zählt Embacher insgesamt 65 459 Jüdinnen und Juden die während des NS-Regimes ermordet worden waren, davon 46 791 in Vernichtungslagern und 1 676 in deutschen Konzentrationslagern.[209] Generell befanden sich in Österreich zum Zeitpunkt des Einmarschs der »Roten Armee« 1,65 Millionen Personen anderer Nationalitäten. Diese setzten sich mehrheitlich aus ehemaligen Zwangsarbeiter:innen, Kriegsgefangenen, KZ-Überlebenden und Geflüchteten aus diversen Regionen, wie

---

205 Am 15. September 1935 wurden die »Nürnberger Gesetze« erlassen. Diese bildeten die rechtliche Legitimation über die Ausgrenzung all jener, auf die fortan die Anwendung des Judenbegriffs zutraf. Das Gesetz setzte sich aus drei einzelnen Gesetzen zusammen: Dem »Reichsflaggengesetz«, dem »Reichsbürgergesetz« und dem »Gesetz zum Schutze des deutschen Blutes und der deutschen Ehre«. Mit dem »Reichsbürgergesetz« wurden Deutsche in »Staatsbürger« und »Reichsbürger« unterteilt, wobei ausschließlich Angehörige »deutschen und artverwandten Blutes« politisches Partizipationsrecht besaßen. Mit der 1. Verordnung zum »Reichsbürgergesetz« ging eine genealogische Ableitung eines graduellen Judenbegriffs einher. Das »Gesetz zum Schutze des deutschen Blutes und der deutschen Ehre« reglementierte die Beziehungen zwischen jüdischen und nichtjüdischen Deutschen, das beispielsweise Eheschließungen zwischen Jüdinnen und Juden und »Staatsangehörigen deutschen Blutes« sowie außerehelichen Geschlechtsverkehr strafrechtlich verfolgte. Vgl. Essner, Cornelia, Reichsbürgergesetz und Gesetz zum Schutze des deutschen Blutes und der deutschen Ehre [»Nürnberger Gesetze«], 15. September 1935, und die beiden ersten Ausführungsbestimmungen, 14. November 1935, Zusammenfassung, 100(0) Schlüsseldokumente zur Deutschen Geschichte im 20. Jahrhundert, online: https://www.1000dokumente.de/index.html?c=dokument_de&dokument=0007_nue&object=pdf&st=&l=de [11.10.2023].
206 Vgl. Moser, Johnny, Demographie der jüdischen Bevölkerung Österreichs 1938–1945, Wien 1999, 56.
207 Vgl. Embacher, Helga, Neubeginn ohne Illusionen. Juden in Österreich nach 1945, Wien 1995, 44.
208 Vgl. Bailer, Brigitte, Überlebende des Holocaust in der Zweiten Republik – eine Skizze, in: Dokumentationsarchiv des österreichischen Widerstandes (Hg.), Feindbilder, Jahrbuch, Wien 2015, 113–139, 115.
209 Vgl. Embacher, Helga, Neubeginn ohne Illusionen. Juden in Österreich nach 1945, Wien 1995, 27f.

Ungarn, Ukraine und Jugoslawien zusammen. Darunter befanden sich zwischen 20 000 und 30 000 jüdische KZ-Häftlinge.[210]

Die Zulassung ausländischer Hilfsorganisationen erfolgte nicht sofort nach der Befreiung, und Wien wies noch keinen Bricha-(Flucht)Standort auf. Insofern fehlte es zunächst noch an organisierter Hilfe sowie illegaler jüdischer Fluchthilfe, deren Zentrum Wien schließlich wurde. Mit der Etablierung der Hauptquartiere zahlreicher Hilfsorganisationen konnte zwar ein breites Unterstützungsnetz aufgebaut werden, doch waren die Kompetenzen dieser Organisationen nicht scharf abgegrenzt von denen der Alliierten, der »United Nations Relief and Rehabilitation Administration« (UNRRA), des »American Joint Distribution Committee« (AJDC) und des »Internationalen Komitees für durchreisende KZ-ler und Flüchtlinge«.[211] Obgleich sich jüdische Institutionen etablierten, dienten diese vornehmlich der Linderung existenzieller Notlagen der Überlebenden. Im mangelnden Glauben an eine jüdische Zukunft sah sich folglich auch der Vorwurf begründet, die Israelitische Kultusgemeinde verkäme zu einem reinen Verwaltungsapparat, besäße kein Herz und Mitgefühl für ihre Mitglieder. Fakt ist, dass die Israelitische Kultusgemeinde nach Kriegsende nur durch die finanzielle Unterstützung amerikanisch-jüdischer Organisationen aufgebaut werden konnte.[212] Speziell US-amerikanische Jüdinnen und Juden trugen durch das American Joint Distribution Committee maßgeblich mit ihren Spenden zur Unterstützung dieser jüdischen Gemeinde bei, die permanent vor pragmatisch zu treffenden Entscheidungen stand und mit der Wiederherstellung einer für das Gemeinwohl funktionierenden Administration und dem Wiederaufbau demokratischer Strukturen einen Weg in die Zukunft suchte.[213]

### Franzi Löw als Kultusrätin und die Folgen der Kollaborationsvorwürfe

Franzi Löw wollte – trotz ihrer vorangegangenen negativen Erfahrungen mit ihrer ersten Bewerbung – unbedingt in den Fürsorgedienst der Gemeinde Wien treten und schickte am 8. Mai 1945 erneut eine Bewerbung an diesen. Dieses Mal wurde

---

210 Vgl. Albrich, Thomas, Exodus durch Österreich. Die jüdischen Flüchtlinge 1945–1948, Band 1, Innsbruck 1987, 12.
211 Vgl. Oertel, Christine, Wien: Tor zur Freiheit? Die Bricha und das Rothschildspital, in: Albrich, Thomas (Hg.), Flucht nach Eretz Israel. Die Bricha und der jüdische Exodus durch Österreich nach 1945, Band 1, Innsbruck/Wien 1998, 49–66, 50.
212 Vgl. Embacher, Helga, Neubeginn ohne Illusionen. Juden in Österreich nach 1945, Wien 1995, 28f.
213 Vgl. Graf, Georg/Bailer-Galanda, Brigitte/Blimlinger, Eva/Kowarc, Susanne, »Arisierung« und Rückstellung von Wohnungen in Wien, Veröffentlichungen der Historikerkommission. Vermögensentzug während der NS-Zeit sowie Rückstellungen und Entschädigungen seit 1945 in Österreich, Band 14, Wien/München 2004, 208.

ihr Ansuchen positiv beschieden.[214] Ihr Dienstverhältnis in der IKG endete am 30. Juni 1945.[215] Es existieren allerdings etliche Dokumente, die ihre anhaltende Tätigkeit in der Fürsorgeabteilung bis Ende 1947 belegen.[216] Wie Doron Rabinovici festhält, zog sich Löw nicht unmittelbar aus allen Agenden zurück: »In der Kultusgemeinde war sie nicht mehr dienstlich tätig, wurde jedoch in den Kultusrat gewählt.«[217] Unter David Brills provisorischer Leitung der Kultusgemeinde konnten am 07. April 1946 die ersten demokratischen Kultuswahlen stattfinden.[218] Löws Wahl in den Kultusvorstand[219] belegt, dass die Beendigung ihres Dienstverhältnisses in der Fürsorgeabteilung keine Auswirkungen auf das Verhältnis zur Kultusgemeinde gehabt hatte.[220] Wilhelm Bienenfeld, der auch nach Kriegsende noch mit der Leitung des »Ältestenrates« betraut war, hatte der Gemeinde Wien sogar seine Empfehlung für Franzi Löw ausgesprochen.[221] Als Mitglied des Kultusvorstandes wurde Löw in das Vertreterkollegium für das Referat der Fürsorge entsandt und äußerte sich zu diesem im Frühjahr 1946 wie folgt: »Solange keine Eingliederung in den Wirtschaftsprozeß erfolgt, werden verhältnismäßig viele Mitglieder der Gemeinde Fürsorge beanspruchen müssen. Diese Tätigkeit in schneller und ausreichender Form zu üben und in unseren Schützlingen nur Menschen und nicht Akten zu sehen, betrachte ich als besondere Aufgabe des Referates.«[222] Manche Dokumente vermitteln jedoch ein unklares Bild über die von Löw bekleideten Positionen. Während einer Kultusratssitzung richtete sich denn auch eine Anfrage auf die Rechte und Pflichten der Referent:innen, die über Abteilungen berichteten. In diesem Zusammenhang wurde im April 1946 etwa darauf verwiesen, dass »scheinbar Frau Löw die

---

214 Vgl. Linsbauer, Franz, Bezirksmuseum 15 – ONLINE: Franzi Löw – Aufopfernde Fürsorgerin oder Kollaborateurin der Gestapo, Vortrag vom 22.1.2021, online: https://www.youtube.com/watch?v=jiUgmbGCmn8 [05.10.2021].
215 Vgl. Archiv IKG Wien, Bestand Wien, A/VIE/IKG/I-III/PERS/Kartei, K11.
216 Vgl. Archiv IKG Wien, Bestand Jerusalem, A/W 4273, Schreiben an Fürsorgeabteilung vom 19.01.1948: W. Krell verweist auf Franzi Löw als Leiterin der Fürsorgeabteilung.
217 Rabinovici, Doron, Instanzen der Ohnmacht. Wien 1938–1945. Der Weg zum Judenrat, Frankfurt am Main 2000, 396.
218 Vgl. Embacher, Helga, Neubeginn ohne Illusionen. Juden in Österreich nach 1945, Wien 1995, 40 u. 42.
219 Der Kultusvorstand stellt das oberste Organ der Israelitischen Kultusgemeinde dar und setzt sich aus Kultusvorstehenden zusammen, die durch die Gemeindemitglieder gewählt werden.
220 Vgl. Israelitische Kultusgemeinde Wien, Bericht des Präsidiums der Israelitischen Kultusgemeinde Wien über die Tätigkeit in den Jahren 1945 bis 1948, Wien 1948, 6f.
221 Vgl. Adunka, Evelyn, Die vierte Gemeinde. Die Wiener Juden in der Zeit von1945 bis heute, Wien/Berlin 2000, 18ff; vgl. Steinhardt, Beatrix, Franzi Löw. Eine jüdische Fürsorgerin im nationalsozialistischen Wien. Unter besonderer Berücksichtigung der NS-Zeit, unveröffentlichte Diplomarbeit, Wien 2012, 95f.
222 Löw, Franzi, Konstituierung der Wiener Israelitischen Kultusgemeinde, in: Der neue Weg, Nr. 15/16, 1. Mai 1946, 2–3, 3.

Agenden der Amtsleiterin und der Referentin aus dem Vertreterkollegium verquickt.«[223] Diese Formulierung deutet zunächst darauf hin, dass es zu diesem Zeitpunkt nicht die Regel war, Referent:in zu sein und gleichzeitig die Amtsleitung einer Abteilung innezuhaben. Löw hat wohl in ihrer Eigenschaft als Kultusvorstehende beide Positionen über ihre Kündigung hinaus behalten, dürfte aber nicht Abteilungsleiterin der Fürsorge gewesen sein. Denn aus der Durchsicht der Angestelltenkarteien ergibt sich, dass Lily Neufeld ab 01. Januar 1946 als erster Nachfolgerin Löws die Leitung der Fürsorgeabteilung oblag, in welcher Position sie für einen Zeitraum von acht Monaten wirkte.[224] Auf Lily Neufeld folgte mit Mitte September 1946 Josefine Reismann. Diese war – im Gegensatz zu Lily Neufeld – überhaupt erst mit Jänner 1946 in den Dienst der Fürsorgeabteilung getreten. Nach ungefähr einem Jahr, am 30. November 1947, wurde ihr Dienstverhältnis aufgelöst.[225] Die Unklarheit, die bezüglich der Funktionen Löws herrscht, hat möglicherweise mit der Personalfluktuation oder auch damit zu tun, dass Positionen und Begrifflichkeiten innerhalb der IKG-Strukturen nicht immer ganz klar definiert waren. Mit Sicherheit war Löw aber durch ihre Ausbildung und Arbeitserfahrung, wegen der Position, die sie während des Krieges innegehabt hatte und wegen ihrer anhaltenden Tätigkeit im Kultusvorstand weiterhin *die* Fachexpertin und Ansprechperson.

Ab 1942 war die Leitung des »Ältestenrats« in den Händen des – nun von der »Roten Armee« als Kollaborateur verhafteten – Josef Löwenherz gelegen.[226] Daher wurde der Internist Heinrich Schur durch Staatssekretär Ernst Fischer zum provisorischen Leiter der IKG ernannt, und der Mittelschullehrer Benzion Lazar wurde Beirat.[227] Schur selbst wies in Ausübung seiner provisorischen Leitungsfunktion darauf hin, dass die herausfordernde Situation der IKG mit dem Fehlen Löwenherz' zu tun habe. Dabei ging es vor allem um die prekäre Versorgungssituation. Da Löwenherz seit 1920 Beauftragter des Joint war und in dieser Position das Vertrauen der Amerikaner:innen genoss, erhoffte sich die IKG durch dessen Popularität und Beziehungen eine Besserung der Versorgungslage für die Wiener

---

223 Archiv IKG Wien, Bestand Wien, A/VIE/IKG/III/AD/VOR/1/1, Protokoll, 18.04.1946.
224 Vgl. Archiv IKG Wien, Bestand Wien, A/VIE/IKG/I-III/PERS/Kartei, K13.
225 Vgl. ebd., K15.
226 Josef Löwenherz verdankten die damaligen Mitarbeiter:innen, allen voran Wilhelm Bienenfeld, ihr Überleben, erläutert Evelyn Adunka. Auch nach der Verhaftung Löwenherz' als Kollaborateur im Mai 1945 durch die »Rote Armee« unterlagen diese Mitarbeiter:innen dem Irrglauben, er würde als Amtsdirektor wiedereingesetzt werden.
227 Heinrich Schur hatte in »Mischehe« überlebt, Benzion Lazar als Zwangsarbeiter. Im Juni 1945 reagierten etliche Angestellte der IKG auf diese Ernennungen jedoch mit einer Protestversammlung. Sie vertraten die Ansicht, dass die Ernennung Schurs und Lazars ungesetzlich sei. Davon abgesehen, plädierten sie für den Fortbestand der Stellenbesetzung durch den immer noch abwesenden Josef Löwenherz.

Jüdinnen und Juden.[228] Im August 1945 wurde Emil Tuchmann vom Joint zum Vertrauensmann für diesen in Wien bestellt. Die Spendenverwaltung musste er allerdings den jüdischen Organisationen überlassen. Tuchmann ernannte Schur zum Präsidenten und sich selbst zum Vizepräsidenten des Joint, legte aber nach Anfeindungen aufgrund der Position, die er während der NS-Zeit innegehabt hatte, bereits im Oktober 1945 diese Funktion zurück.[229]

Löws Zeit im Kultusvorstand war auch durch Misstrauen und Kollaborationsvorwürfe geprägt, die ihr als Angehörige des »Ältestenrates« galten: Paul Steiner machte Franzi Löw nämlich für den Tod seiner Tochter Magdalena und seiner Frau Irene mitverantwortlich. Sein Vorwurf lautete, Franzi Löw hätte die Ausreise seiner Tochter so lange verzögert, bis keine Ausreisemöglichkeit mehr bestanden habe. Die Familie wurde schließlich nach Theresienstadt deportiert. Von dort folgte die Deportation Magdalenas und Irenes nach Auschwitz, wo sie ermordet wurden.[230] Wie Doron Rabinovici richtig anführt: »Paul Steiner unterlag einem allgemeinen, unter vielen Juden Wiens verbreiteten Mißverständnis. Er verstand nicht, daß die Kultusgemeinde nicht schuld an den Fluchtbeschränkungen gewesen war. Ohne Ausreisegenehmigung und Visa hatte Franzi Löw nichts für Magdalena machen können.«[231] Rabinovici weist aber auch auf den Umstand hin, wie schwer es 1945 gewesen war, einem ehemaligen KZ-Häftling zu erklären, weswegen die Fürsorgerin selbst nicht deportiert worden war.[232] Als Aron Moses Ehrlich, ebenfalls Mitglied im Kultusrat und Präsident des Verbandes jüdischer Kaufleute, sich Paul Steiners Anliegen annahm, spitzten sich die Anschuldigungen zu. 1947 folgte eine Anzeige gegen Franzi Löw. Das Verfahren gegen sie wurde allerdings noch im selben Jahr eingestellt.[233] Rabinovici sieht in ihrem folgenden Rückzug aus der IKG eindeutig die Konsequenz.[234] Dass die IKG sich zumindest im August 1947 laut einem Artikel in der

---

228 Vgl. Adunka, Evelyn, Die vierte Gemeinde. Die Wiener Juden in der Zeit von 1945 bis heute, Wien/Berlin 2000, 20 f.
229 Ein Strafverfahren gegen Emil Tuchmann aufgrund von Vorwürfen der Kollaboration mit den Nazis wurde eingestellt. Insofern wurde ihm eine Karriere als Leiter des Wiener Jugendambulatoriums und als Chefarzt der Wiener Gebietskrankenkasse für Arbeiter und Angestellte möglich. Vgl. ebd., 22 f u. 25.
230 Vgl. Steinhardt, Beatrix, Franzi Löw. Eine jüdische Fürsorgerin im nationalsozialistischen Wien. Unter besonderer Berücksichtigung der NS-Zeit, unveröffentlichte Diplomarbeit, Wien 2012, 104.
231 Rabinovici, Doron, Instanzen der Ohnmacht. Wien 1938–1945. Der Weg zum Judenrat, Frankfurt am Main 2000, 398.
232 Vgl. ebd.
233 Vgl. Steinhardt, Beatrix, Franzi Löw. Eine jüdische Fürsorgerin im nationalsozialistischen Wien. Unter besonderer Berücksichtigung der NS-Zeit, unveröffentlichte Diplomarbeit, Wien 2012, 105 u. 107.
234 Vgl. Rabinovici, Doron, Instanzen der Ohnmacht. Wien 1938–1945. Der Weg zum Judenrat, Frankfurt am Main 2000, 398.

Zeitschrift »Der neue Weg« hinter sie gestellt hatte und die Anfeindungen verurteilt und zurückgewiesen wurden, überzeugte offenkundig nicht nachhaltig, wenn Löw zu Beginn 1948 all ihre Agenden niederlegte.[235] Einem Protokoll des Kultusrates ist zu entnehmen, dass sie sich in Folge weiterer interner Auseinandersetzungen im Rahmen der Plenarsitzung der IKG am 08. Januar 1948 zurückzog.[236] Ihr Bruch mit der Fürsorgeabteilung bzw. mit der IKG dürfte dann für manche doch überraschend, vor allem aber endgültig gewesen sein. Das wird etwa auch durch eine Forderung an Franzi Löw nach einem Bericht der Fürsorgeabteilung für die Jahre 1946 bis 1947 unterstrichen. Die Berichte sollten als Grundlage bei der Erstellung einer Publikation dienen.[237] Im Jänner 1948 sah sich die Fürsorgeabteilung allerdings genötigt, ihr Unvermögen, einen derartigen Bericht erstellen zu können, zu begründen: »Durch das Zusammentreffen zweier Umstände, plötzlicher Demission der Referentin und das Ausscheiden der Amtsleiterin ist es uns nicht möglich, einen Tätigkeitsbericht über die beiden Jahre 1946 und 1947 zu geben, der die geleistete Arbeit würdigt.«[238] Das Vertreterkollegium hielt diesbezüglich in einem Sitzungsprotokoll fest: »Das Vertreterkollegium nimmt mit Befremden zur Kenntnis, dass Frl. Löw sich weigert, den ausstehenden Bericht über die Tätigkeit der Fürsorge zu geben.«[239] In der Publikation wurde Löw letztlich nicht erwähnt. Dort wird die fehlende Berichterstattung zur Fürsorgeabteilung mit dem plötzlichen Ableben der Leiterin der Fürsorgeabteilung, Hedwig Schaner, begründet.[240] Alles in Allem hinterließ Franzi Löw mit ihrem endgültigen Weggang offenbar eine enorme Wissenslücke. Zu ihrer Position als Kultusrätin formuliert sie später in einem Interview aus dem Jahr 1988 knapp und unbestimmt, dass sie »eine Zeit lang Mitglied der Kultusgemeinde, des Kultusvorstandes«[241] gewesen war.

Ihre Verdienste als widerständige Fürsorgerin während der NS-Zeit erfuhren erst spät Beachtung, als sie 1966 das Goldene Verdienstzeichen der Republik Österreich erhielt. 1997 verstarb Franzi Danneberg-Löw. Von Seiten der jüdischen Gemeinde waren ihre Leistungen nicht öffentlich gewürdigt worden. Eine Gedenktafel erinnerte an einem Schulgebäude in der Hackengasse an das ehemalige Internierungs- und Zwangsarbeiterlager. Nach dem Abriss des Gebäudes wurde 2015 am Neubau eine neue Plakette samt einer zusätzlichen Tafel ange-

---

235 Vgl. Adunka, Evelyn, Die vierte Gemeinde. Die Wiener Juden in der Zeit von 1945 bis heute, Wien/Berlin 2000, 75.
236 Vgl. Archiv IKG Wien, Bestand Wien, A/VIE/IKG/III/AD/VOR/1/1, Protokoll, 12.01.1948.
237 Vgl. Archiv IKG Wien, Bestand Jerusalem, A/W 4273, Schreiben an F. Löw, 06.01.1948.
238 Ebd., Schreiben Fürsorgeabteilung an W. Krell, 19.01.1948.
239 Archiv IKG Wien, Bestand Wien, A/VIE/IKG/III/AD/VOR/1/1, Protokoll, 02.02.1948.
240 Vgl. Israelitische Kultusgemeinde Wien, Bericht des Präsidiums der Israelitischen Kultusgemeinde Wien über die Tätigkeit in den Jahren 1945 bis 1948, Wien 1948, 28.
241 Interview mit Franzi Danneberg-Löw am 25.5.1988 (DÖW, Interviewsammlung, Transkript 515).

bracht, die an Franzi Löw erinnert. Ein Park im zweiten Wiener Gemeindebezirk wurde ihr ebenso von der Stadt Wien gewidmet.

Abb. 3: Plakette im Andenken an ungarische Zwangsarbeiter:innen

Abb. 4: Gedenktafel Franzi Danneberg-Löw

# Zur Unterbringung der Rückkehrenden und Überlebenden

*Ich rede
von der brennenden Nacht
die gelöscht hat
der Pruth*

*von den Trauerweiden
Blutbuchen
verstummten Nachtigallsang
vom gelben Stern
auf dem wir
stündlich starben
in der Galgenzeit*

*nicht über Rosen
red ich*

*Fliegend
auf einer Luftschaukel
Europa Amerika Europa*

*ich wohne nicht
ich lebe*

(Rose Ausländer, Biographische Notiz)

Obdach- und Wohnungslosigkeit ist ein traditionelles Handlungsfeld der Sozialen Arbeit.[242] Die Abklärung und Vermittlung zählt bis heute zu ihren Tätigkeiten. Manche Konzepte – wie der Anfang der 1990er Jahre aus den USA kommende Ansatz des Housing First –[243] sehen Wohnen sogar als Voraussetzung für professionelle, nachhaltige Betreuung:[244] Erst mit einer Phase der Stabilisierung, für die auch gesicherter Wohnraum wesentlich ist, kann gezielte psychosoziale Betreuung überhaupt angenommen werden. Im Nachkriegsösterreich standen derartige konzeptionelle Überlegungen vermutlich nicht im Vorder-

---

242 Zu Praxis, Forschungsstand und theoretischen Diskursen der Sozialen Arbeit s. etwa folgendes Standardwerk: Otto, Hans-Uwe/Thiersch, Hans/Treptow, Rainer/Ziegler, Holger (Hg.), Handbuch Soziale Arbeit: Grundlagen der Sozialarbeit und Sozialpädagogik, [Handbuch zur Sozialarbeit, Sozialpädagogik], 6. überarbeitete Auflage, München 2018.
243 In internationalen Fachdiskursen stellt Housing First eine Alternative zu den etablierten Stufensystemen dar. Bei diesen wird die »Qualifikation« für eine eigene private Wohnung schrittweise – von Notunterkünften über vorübergehende Wohnungen bis hin zu einer Privatwohnung – unter Beweis gestellt.
244 Vgl. Halbartschlager, Claudia/Hammer, Elisabeth/Martinsson, Sofia/Zierler, Andrea, Housing First – Das Wiener Modell. Fachliche Standards und Rahmenbedingungen für die Umsetzung, Endbericht, Wien 2012, 5.

grund. Es gab wohl eher so etwas wie einen diffusen Konsens über den menschlichen Mindest- oder Grundbedarf: Dazu zählte Obdach. Über die zuständige Verantwortung zur Gewährleistung dieser Bedarfsdeckung für Jüdinnen und Juden waren die Auffassungen von IKG und österreichischer Politik sehr unterschiedlich. Möglicherweise war auch deswegen der Zuständigkeits- und Kompetenzbereich der Fürsorgeabteilung der IKG nicht immer scharf von ihren anderen Referaten zu trennen. Daher werden nachstehend die Abteilungen kurz beleuchtet, die mit der Rückkehr und der Wohnraumbeschaffung der vormals Verfolgten befasst waren.

## Exil und Rückkehr

Exilforschung steht hier zwar nicht im Mittelpunkt, dennoch soll mitgedacht werden, dass schon alleine Begriffe wie Rückkehr oder gar Heimkehr fundamentale Fragen der Exilforschung, aber auch anderer Disziplinen berühren: Was ist Heimat? Ist das ein Ort? Ein Gefühl? Wodurch wird es bestimmt? In welches Heim wird zurückgekehrt? Wohin wird eigentlich zurückgekehrt? Gibt es so etwas wie Rückkehr überhaupt? Nach Jean Améry beinhaltet der Begriff der Rückkehr beispielsweise mehr als einen geografischen Ort:»Wer das Exil kennt, hat manche Lebensantworten erlernt, und noch mehr Lebensfragen. Zu den Antworten gehört zunächst die triviale Erkenntnis, daß es keine Rückkehr gibt, weil niemals der Wiedereintritt in einen Raum auch ein Wiedergewinn der verlorenen Zeit ist.«[245] Nach seinem Verständnis von Rückkehr war eine solche also überhaupt nicht möglich. Auf eine präzise Definition, oder Differenzierung der Begriffe Rück- oder Heimkehr legt sich die vielschichtige Exilforschung mit folgender Begründung nicht fest:»Dass es bei dem Versuch, Remigration begrifflich oder definitorisch in den Griff zu bekommen, notwendig ist, sich auf eine sehr allgemeine, ja vage Position zurückzuziehen, verweist auf eine grundlegende Problemstellung jeglicher Remigrationsforschung, die in der Literatur vielerorts konstatiert wird: Die Komplexität und Heterogenität des Themas erschwert einen systematischen Zugang.«[246] Aufgrund der unterschiedlichen, sehr individuellen Biografien scheitert letztlich die systematische Erschließung.[247] Der Begriff der Rückkehrer:innen schließt hier Personen ein, die in Folge politischer

---

245 Améry, Jean, Wieviel Heimat braucht der Mensch?, in: Améry, Jean, Jenseits von Schuld und Sühne. Bewältigungsversuche eines Überwältigten, 9. Auflage, [1966] Stuttgart 2015, 82–113, 83.
246 Prager, Katharina/Staub, Wolfgang (Hg.), Die Rückkehr der Remigration. Zur Einleitung, in: Prager, Katharina/Staub, Wolfgang (Hg.), Bilderbuch-Heimkehr? Remigration im Kontext, Wien 2016, 9–17, 11.
247 Vgl. ebd.

und antisemitischer Verfolgung zur Flucht ins Exil gezwungen waren, dort überlebten und aus diesem nach Österreich re-migrierten.[248] Der Exilterminus wird meistens als eine Subkategorie von Migration, also verschiedener Wanderbewegungen, verstanden. In diesem Sinn bezieht sich Exil auf erzwungene Flucht, wohingegen Emigration auf Freiwilligkeit beruht.[249] Peter Eppel, dem langjährigen Mitarbeiter des Dokumentationsarchivs des österreichischen Widerstandes, folgend, geht vorliegende Arbeit aber von einem fließenderen Begriffsverständnis aus. Eppel hebt diesbezüglich etwa den Umstand hervor, dass sich zur Flucht gezwungene Personen häufig selbst als Emigrant:innen bezeichnen. Davon abgesehen setzt Exil ihm zufolge auch Rückkehr voraus, wohingegen Emigration einen dauerhaften Charakter aufweist.[250] Es sei angemerkt, dass sich die Vertriebenen nicht notwendigerweise die gesamte Kriegszeit in nur einem Exilland aufhielten. Manche hat es von einem Exilland in ein anderes verschlagen. Fallweise hatten sie davor Deportationen und/oder Internierungen im Exilland erlebt. Den Schwierigkeiten bei einer Rückkehr nach Österreich widmete sich unter anderen Helga Embacher. Die folgende Darstellung der Probleme, vor denen Rückkehrer:innen standen, stützt sich auf ihre Erkenntnisse sowie Zeitzeug:innenberichte und soll vor allem dem Verständnis des Betreuungsbedarfs der Rückkehrer:innen nach 1945 dienen und veranschaulichen, wie die IKG sich für diese Rückkehr-Kollektive einsetzte.

Die gezielte Vertreibungspolitik der Nazis führte innerhalb der ersten zwei Jahre nach ihrer Machtübernahme zur Flucht von etwa 130 000 Jüdinnen und Juden aus Österreich. Jene, denen keine Flucht mehr möglich war, sahen sich der Vernichtungspolitik ausgesetzt.[251] Die unter Adolf Eichmann errichtete »Zentralstelle für jüdische Auswanderung in Wien« sollte zunächst also ab August 1938 die »Auswanderung« vorantreiben. Dabei konnten die Wenigsten ihre Exilländer frei wählen, wie Eppel schildert: »Am Beginn der Flucht stand der Kampf um Besucher-, Einwanderungs- oder Transitvisa, Arbeitserlaubnis, Schiffstickets, gültige Personal- und Reisedokumente, was für Österreicher mit besonderen Schwierigkeiten verbunden war, da sie Bürger eines nicht mehr

---

248 Vgl. Krauss, Marita, Remigrationen – europäische Perspektiven, in: Prager, Katharina/Staub, Wolfgang (Hg.), Bilderbuch-Heimkehr? Remigration im Kontext, Wien 2016, 19–27, 19.
249 S. etwa Bannasch, Bettina/Rochus, Gerhild (Hg.), Handbuch der deutschsprachigen Exilliteratur. Von Heinrich Heine bis Herta Müller, Berlin/Boston 2013.
250 Eppel, Peter, Österreicher im Exil: 1938–1945. Flucht und Vertreibung, in: Tálos, Emmerich/Hanisch, Ernst/Neugebauer, Wolfgang (Hg.), NS-Herrschaft in Österreich 1938–1945, Österreichische Texte zur Gesellschaftskritik, Band 36, Wien 1988, 553–570, 553.
251 Vgl. Garscha, Winfried R., Achtzig Jahre Ungewissheit. Die Nisko-Aktion 1939 und ihre verschollenen Opfer, in: Schindler, Christine (Hg.), Nisko 1939. Die Schicksale der Juden aus Wien, Dokumentationsarchiv des österreichischen Widerstandes, Jahrbuch, Wien 2020, 19.

existierenden Staates waren.«[252] Mit Oktober 1941 wurde die sogenannte »Auswanderung« schließlich verboten.[253]

## Das Tätigkeitsfeld des Wanderungsreferates der IKG

Viktor Matejka, selbst politischer KZ-Überlebender, von der KPÖ als Wiener Stadtrat für Kultur und Volksaufklärung eingesetzt, war einer der wenigen, der sich für die Rückkehr der Vertriebenen einsetzte.[254] Aufforderungen zur Rückkehr fanden sich auch in der Wochenschrift »Österreichisches Tagebuch«. Hierin gab es die Aufforderung an Vertriebene zur Rückkehr. Die politische Ignoranz richtig einschätzend formulierte die Wochenzeitschrift allerdings zynisch »12 Gebote zur Rückkehr« in einer Ausgabe von 1946.[255] Das erste lautete: »Erwarte nicht, daß man dich einlädt oder auffordert, in die Heimat zurückzukehren.«[256]

Da das Geschehene aus Gründen der Staatsraison verleugnet wurde, sollten offizielle Eingeständnisse der Mitschuld noch etwa ein halbes Jahrhundert auf sich warten lassen. 1952 hieß es noch, die Zahl der österreichischen ermordeten Jüdinnen und Juden wäre in Österreich verhältnismäßig klein gewesen – eine Einschätzung die auch der sozialdemokratische Vizekanzler Adolf Schärf propagierte. Aus dieser Tatsachenfälschung ergab sich die Logik, Jüdinnen und Juden Österreichs hätten weniger Leid erfahren als andere, respektive benötigten sie auch keine nennenswerte Unterstützung. Die Angabe der Kultusgemeinde von über 60 000 österreichisch-jüdischen Todesopfern schien den damaligen Ministerrat dann doch zu überraschen.[257]

Die Rückkehr der Flüchtlinge war de facto ohne Unterstützung der Alliierten oder politischer Parteien in den ersten Nachkriegsjahren unmöglich. Einerseits lag das an den von den Alliierten verhängten Reiseeinschränkungen, andererseits an fehlenden Transportmöglichkeiten. Speziellen Herausforderungen sahen sich

---

252 Eppel, Peter, Österreicher im Exil: 1938–1945. Flucht und Vertreibung, in: Tálos, Emmerich/Hanisch, Ernst/Neugebauer, Wolfgang (Hg.), NS-Herrschaft in Österreich 1938–1945, Österreichische Texte zur Gesellschaftskritik, Band 36, Wien 1988, 553–570, 554.
253 Vgl. ebd., 553.
254 Peter Eppel beschreibt Victor Matejkas Einsatz für die Rückkehr geflüchteter Wissenschaftler:innen und Künstler:innen als einmalig.
255 Vgl. R., Die 12 Gebote, Österreichisches Tagebuch. Wochenschrift für Kultur, Politik, Wirtschaft, Nr. 24, Jg. 1946, online: https://tagebuch.at/kultur/die-zwoelf-gebote/ [30.12.2021].
256 Ebd.
257 Vgl. Riedl, Joachim, Willkommen zu Hause? Von wegen!, in: Zeit, Nr. 15, 12. April 2021, online: https://www.zeit.de/2021/15/ns-vertriebene-rueckkehr-oesterreich-feindseligkeit-nationalsozialismus?utm_referrer=https%3A%2F%2Fwww.google.com%2F [30.12.2021].

Exilierte außerhalb Europas ausgesetzt. Erst nach und nach wurde bestimmten Gruppen die Einreise nach Österreich ermöglicht. Jene Österreicher, die etwa freiwillig in den Alliierten Armeen gedient hatten, zählten aber zu den ersten Remigrant:innen.[258]

Als das Wanderungsreferat der Israelitischen Kultusgemeinde seine Tätigkeit im Juni 1946 unter Michael Kohn-Ebner – Mitglied im Weltverband Poale Zion und seit 1919 Mitglied der kommunistischen Partei Österreichs – aufnahm, sollte es sich – wie der Name des Referates schon verrät – zunächst mit sämtlichen »Wanderbewegungen« aller Jüdinnen und Juden innerhalb Österreichs befassen. Dass sich das Wanderungsreferat schließlich auf die Gruppe der Remigrant:innen fokussierte, lag einerseits daran, dass die Hilfsorganisationen »HIAS«, »Hebrew Immigrant Aid Society«, und das »American Jewish Joint Distribution Committee« (kurz Joint) »Displaced Persons«, (DPs) und »Auswanderungswillige« bereits betreuten.[259] Andererseits kann ihr Engagement mit der mangelnden Hilfestellung für die Rückkehr Vertriebener erklärt werden. Dabei war ihre Zahl wahrlich nicht groß. Die IKG ging noch im Jahr 1948 von ungefähr 80 000 Jüdinnen und Juden in Zufluchtsländern aus, von denen der Großteil gar keine Rückkehr in Erwägung zog.[260] An den Fortbestand einer jüdischen Gemeinde in Österreich nach 1945 glaubte kaum jemand. Die aus »rassischen« Motiven Vertriebenen oder Überlebenden dachten zumeist nicht an eine Rückkehr nach Österreich. Zusätzlich gaben im Jänner 1946 zwei Drittel der Wiener Jüdinnen und Juden an, schnellstens emigrieren zu wollen. Embacher nennt Beispiele dafür, dass KZ-Überlebende wie etwa Arno Gasteiger nur in der Hoffnung auf Lebenszeichen von Verwandten nach Wien zurückkehrten und eigentlich nicht die Absicht gehabt hatten zu bleiben.[261] Abgesehen von persönlichen Gründen, die aus unermesslichen Leidensgeschichten resultierten, gab es eine Reihe von Faktoren, die gegen eine Rückkehr sprachen: die allgemeine Lage in Österreich nach dem Krieg, ungelöste Entschädigungsfragen, die zur Farce geratene »Entnazifizierung«, der anhaltende Antisemitismus und viele

---

258 Vgl. Embacher, Helga, Neubeginn ohne Illusionen. Juden in Österreich nach 1945, Wien 1995, 115f.
259 Hebrew Immigrant Aid Society (HIAS), die amerikanisch-jüdische Hilfsorganisation für Flüchtlinge wurde 1902 begründet, wobei Vorgängerorganisationen auf die 1880er und 1890er Jahre zurückgehen, die tätig waren, um Jüdinnen und Juden bei ihrer Flucht vor Pogromen in Russland und Osteuropa zu unterstützen.
260 Vgl. Israelitische Kultusgemeinde Wien, Bericht des Präsidiums der Israelitischen Kultusgemeinde Wien über die Tätigkeit in den Jahren 1945 bis 1948, Wien 1948, 28.
261 Vgl. Embacher, Helga, Neubeginn ohne Illusionen. Juden in Österreich nach 1945, Wien 1995, 29.

mehr.[262] Aus Konzentrationslagern kehrten bis Ende 1945 822 Überlebende zurück. Im selben Jahr gelang 138 Exilierten die Rückkehr. In der anhaltenden Rückkehr sieht sich auch die steigende Mitgliederzahl der IKG von 6 428 Personen im Jahr 1946 begründet, die im Folgejahr bereits 8 769 betrug. Am 1. Jänner 1952 zählten 10 074 Jüdinnen und Juden zu IKG Mitgliedern in Österreich.[263] Bis zum Jahr 1959 kehrten insgesamt etwa 8 000 Geflüchtete von rund 130 000[264] zurück. Genauere Daten existieren nicht, doch hält der im Jahr 1966 zurückgekehrte Albert Sternfeld diese für »akzeptabel«; Er selbst vermutet eine höhere Zahl:[265] Man kann davon ausgehen, dass bis 1970 18 000 bis 22 000 Jüdinnen und Juden für einen längeren Zeitraum nach Österreich zurückgekehrt waren.[266] Von diesen ließen sich, seinen Angaben folgend, letztlich 12 000 bis 15 000 wieder in Österreich nieder. Da es sich bei den Rückkehrenden mehrheitlich um jene der älteren Generation handelte, dürfte die Zahl im Hinblick auf die Sterblichkeit relativ schnell gesunken sein. Sternfeld verweist auf eine »öffentlich nicht verfügbare Statistik« Ende der 1980er Jahre, laut der 1 600 Jüdinnen und Juden, die vor 1938 in Österreich gelebt und Kontakt zur jüdischen Gemeinde gehabt hatten, auch danach in Österreich den Mittelpunkt ihres Lebens sowie Kontakt zur IKG beibehielten. Der Versuch, die Zahl Zurückgekehrter valide aufzuarbeiten, ist aus seiner Perspektive aber gescheitert.[267]

Erwähnt werden muss, dass jene, die sich aus politischen Gründen gezwungen gesehen hatten, ihre Heimat zu verlassen, ihre Zukunft allerdings mehrheitlich in Österreich sahen und die Nachkriegsgesellschaft politisch mitgestalten wollten.[268] Auch an diesen Rückkehrer:innen hatten die Großparteien jedoch kein Interesse. Keine Nachkriegsregierung lud die Vertriebenen offiziell zur Rückkehr nach Österreich ein. Die politische Führung widmete ihr Interesse der Masse der

---

262 Vgl. Neugebauer, Wolfgang/Ganglmair, Siegwald, Remigration, in: Schindler, Christine (Hg.), Schwerpunkt Exil, Dokumentationsarchiv des österreichischen Widerstandes, Jahrbuch, Wien 2003, 96–102, 97 f.
263 Vgl. Sternfeld, Albert, Betrifft: Österreich. Von Österreich betroffen. Mit einem Geleitwort von Anton Pelinka, 2. aktualisierte und erweiterte Auflage, Wien/Köln/Weimar 2001, 102.
264 Von diesen fielen etwa 15 000 Deportationen zum Opfer. Vgl. Bailer, Brigitte, Überlebende des Holocaust in der Zweiten Republik – eine Skizze, in: Dokumentationsarchiv des österreichischen Widerstandes (Hg.), Feindbilder, Jahrbuch, Wien 2015, 113–139, 115.
265 Vgl. Sternfeld, Albert, Betrifft: Österreich. Von Österreich betroffen. Mit einem Geleitwort von Anton Pelinka, 2. aktualisierte und erweiterte Auflage, Wien/Köln/Weimar 2001, 102.
266 Vgl. Bailer, Brigitte, Überlebende des Holocaust in der Zweiten Republik – eine Skizze, in: Dokumentationsarchiv des österreichischen Widerstandes (Hg.), Feindbilder, Jahrbuch, Wien 2015, 113–139, 114.
267 Vgl. Sternfeld, Albert, Betrifft: Österreich. Von Österreich betroffen. Mit einem Geleitwort von Anton Pelinka, 2. aktualisierte und erweiterte Auflage, Wien/Köln/Weimar 2001, 103.
268 Vgl. Neugebauer, Wolfgang/Ganglmair, Siegwald, Remigration, in: Schindler, Christine (Hg.), Schwerpunkt Exil, Dokumentationsarchiv des österreichischen Widerstandes, Jahrbuch, Wien 2003, 96–102, 97 f.

Kriegsteilnehmer:innen, ehemaligen Nazis und marginalisierte die Gruppe der NS-Opfer, Widerstandskämpfer:innen, Remigrant:innen und Emigrant:innen.[269]

## Fluchtort Shanghai

Shanghai stellte für tausende europäische Jüdinnen und Juden die letzte Fluchtmöglichkeit vor den Nazis dar. Im Gegensatz zu allen anderen Ländern unterlag dort die Aufnahme von Flüchtlingen nämlich keinen Quotenregelungen; dadurch gelang rund 20 000[270] Menschen die Flucht aus dem »Deutschen Reich« nach China.[271] Dieses Exil war allerdings Kriegsgebiet und von großer Armut geprägt. Insofern betrachteten viele der Flüchtlinge es zunächst als reines Transitland. Die Hafenstadt Shanghai bot – trotz der äußerst schwierigen Lebensumstände – für manche Vertriebene Existenzmöglichkeiten. Doch waren die meisten Flüchtlinge völlig mittellos und dementsprechend auf Unterstützung angewiesen. Neben Hilfsorganisationen wie dem Joint, der warme Mahlzeiten ausgab, Kleidung verteilte, Arzneien bereitstellte und Sammelunterkünfte errichtete, fanden die Geflüchteten zunächst durch zwei bereits ansässige jüdische Gemeinden Unterstützung.[272] Abgesehen von den knappen Lebensmitteln, den dürftigen Unterkünften, sowie den hygienischen Missständen, belastete vor allem das subtropischen Klima etliche von ihnen schwer.[273] Mit Ausbruch des Pazifikkrieges im Dezember 1941 – zu kriegerischen Auseinandersetzungen mit japanischen Streitkräften in China war es bereits einige Jahre zuvor gekommen – und der Besetzung Shanghais durch Japan war nicht nur der weitere Zuzug jüdischer Flüchtlinge unterbunden worden, auch war die Hoffnung auf Weiterreise endgültig zerschlagen.[274] Mit der Errichtung des Ghettos im Mai 1943 in Hongkou spitzten sich die Lebensbedingungen für Tausende einmal mehr zu.[275] Ein Shanghai Flüchtling berichtete wenige Wochen nach der Befreiung über das Ghetto, dass Flüchtlinge sich nach der Errichtung innerhalb von drei Monaten in

---

269 Vgl. ebd., 99 u. 102.
270 In der Fachliteratur wird von rund 10 000 Österreicher:innen ausgegangen.
271 Vgl. Jim, Tobias, Kofferpacken nach dem Exil, Jüdische Allgemeine, 11. Juni 2019, online: https://www.juedische-allgemeine.de/juedische-welt/kofferpacken-nach-dem-exil/ [06.12.2021].
272 Vgl. Leutner, Mechtild, Letzte Zuflucht Shanghai, Goethe Institut, Yi Magazin, Januar 2021, online: https://www.goethe.de/prj/yim/de/the/has/21803426.html [06.12.2021].
273 Vgl. Eory, Martina, Zur Rolle der Musik für zentraleuropäische jüdische Flüchtlinge in der Diaspora Shanghai, 1939–1949, Masterarbeit, Wien 2009, 19.
274 Vgl. Leutner, Mechtild, Letzte Zuflucht Shanghai, Goethe Institut, Yi Magazin, Januar 2021, online: https://www.goethe.de/prj/yim/de/the/has/21803426.html [06.12.2021].
275 Vgl. Zsolnay, Robert, Shanghai, Zuflucht der Juden, Zeit Online, 1. Februar 2012, online: https://www.zeit.de/reisen/2012-01/shanghai-juden?utm_referrer=https%3A%2F%2Fwww.google.com%2F [06.08.2023.].

diesem einzufinden hatten und lediglich »Spezialpassierscheine« das Verlassen desselben zu Arbeitszwecken ermöglichten.[276] Im Laufe der Zeit nahmen die Schwierigkeiten zu; auch kam es zu Schikanen: »Diese [Spezialpassierscheine] wurden von einem eigenen Büro, dem ›staatenlosen Flüchtlingsbüro‹, ausgegeben und einige der Beamten dieses Büros benahmen sich gleich Wilden. Leute, die sich dorthin begaben, um ein Ansuchen abzugeben, wurden furchtbar geschlagen, weil es einem der Beamten beispielsweise einfiel, zu behaupten, der Betreffende hätte sich nicht tief genug vor ihm verbeugt, als er an ihm auf der Straße vorüberging.«[277] Die Flüchtlinge waren also der Willkür der Behörden im Ghetto ausgeliefert. Trotz der Kapitulationsunterzeichnung Japans vom 2. September 1945 saßen die Flüchtlinge aufgrund restriktiver Aus- und Einreisemöglichkeiten noch lange in Shanghai fest.[278]

Rückkehr am Beispiel Shanghais: wie und wohin?

Auch wenn die Flüchtlinge Shanghai gerne verlassen hätten, gab es große Unsicherheit: »Unsere Gedanken beschäftigen sich jetzt vor allem mit einem Problem: Wohin? Sollen wir bleiben, nach Palästina gehen oder gar nach Wien zurückkehren? Diese Fragen von größter Wichtigkeit bewegen unser aller Herzen und wir können sie noch nicht beantworten.«[279] Obgleich diese Fragen alle gleichermaßen betrafen, wurden die Entscheidungen individuell und nach unterschiedlichen Gesichtspunkten getroffen. Letztlich stand die Beantwortung dieser Fragen aber auch in Zusammenhang mit den beschränkten reellen Möglichkeiten.

Im Mai 1946 sollen ungefähr 16 300[280] Menschen auf ihre Ausreise aus Shanghai gewartet haben.[281] Diese relativ hohe Zahl beruhte nicht zuletzt auf den dortigen instabilen politischen Verhältnissen.[282] Einen Einblick in konkrete Re-Migrationsabsichten gab etwa eine Registrierung durch die »Austrian Residents Association«, (ARA) im Auftrag der »United Nations Relief and Rehabilitation

---

276 Vgl. F., Briefe aus Shanghai, in: Der neue Weg, Nr. 3/4, 1. Februar 1946, 15–16, 15.
277 Zit. nach: ebd.
278 Vgl. National Archives Foundation, Japanese Instrument of Surrender, online: https://www.archivesfoundation.org/documents/japanese-instrument-surrender-1945/ [06.08.2023]; vgl. Presser, Ellen, Überleben in Fernost, Jüdische Allgemeine, 12. Dezember 2016, online: https://www.juedische-allgemeine.de/juedische-welt/ueberleben-in-fernost/ [06.12.2021].
279 F., Briefe aus Shanghai, in: Der neue Weg, Nr. 3/4, 1. Februar 1946, 15–16, 16.
280 Davon bekannten sich 87 Prozent zum Judentum.
281 Vgl. Presser, Ellen, Überleben in Fernost, Jüdische Allgemeine, 12. Dezember 2016, online: https://www.juedische-allgemeine.de/juedische-welt/ueberleben-in-fernost/ [06.12.2021].
282 Vgl. Eory, Martina, Zur Rolle der Musik für zentraleuropäische jüdische Flüchtlinge in der Diaspora Shanghai, 1939–1949, Masterarbeit, Wien 2009, 82.

Administration«[283], (UNRRA) im Jahr 1945. Diese sollte die Alliierten vor allem bei der Repatriierung der »Displaced Persons« unterstützen. Erst mit der Gründung der »Austrian Residents Association« im Herbst 1945, der nach damaligen Angaben ungefähr 85 Prozent aller österreichischen Shanghaier:innen beitraten, gelang ein Überblick über die Anzahl der Österreicher:innen in Shanghai. Insgesamt meldeten sich zu diesem Zeitpunkt 4 647 Personen,[284] von denen 1 350 als primäres Wunschziel die Rückkehr nach Österreich angaben.[285] Für andere sprach die Mittäterschaft Österreichs an der Verfolgung und Ermordung gegen eine Rückkehr und für Migration in andere Länder: »Hinter dieser nüchternen Feststellung [andere Zielländer als Österreich zu bevorzugen] steht das tragische Geschick jener Menschen, die nicht zuletzt aus Österreichs Verschulden in die Fremde fliehen mußten, wo sie, wie im Falle der nach Shanghai Emigrierten, durch die japanischen Aggressoren ein nicht um vieles milderes Schicksal erdulden mußten, als es sie in Europa ereilt hätte.«[286] Obgleich die Schicksale der Exilierten nicht mit jenen verglichen werden können, denen die Flucht nicht mehr gelungen war, belegt die Aussage das Ringen um die Anerkennung der leidvollen Exilerfahrungen. Dazu kam die psychische Belastung, welche die Rückkehr in die Täter:innengesellschaft mit sich brachte. Das Misstrauen gegenüber der Republik Österreich spiegelt sich auch in Prophezeiungen Überlebender wider, dass nach Abzug der Alliierten die Vernichtung der Jüdinnen und Juden wieder aufgenommen würde. All diese Umstände machten die Entscheidung für eine Heimkehr egal woher nicht leichter.[287] Das Exil Shanghai unterschied sich aber hinsichtlich der politischen und militärischen Lage von anderen Fluchtländern, die einen Verbleib nicht wirklich ermöglichte: Bis 1950 gehörte die dort entstandene Exilgemeinschaft fast völlig der Vergangenheit an.[288] Aus Großbritannien und Westeuropa kehrten vergleichsweise

---

283 Die United Nations Relief and Rehabilitation Administration (UNRRA) wurde als Welthilfsorganisation im Oktober 1943 in den USA begründet und 1945 von der United Nations Organization übernommen. Ihr Fokus lag vor allem auf der Erfassung, Betreuung und Repatriierung von Personen aus den Mitgliedstaaten der UNO. Vgl. Wetzel, Juliane, United Nations Relief and Rehabilitation Administration (URRA), Historisches Lexikon Bayerns, 25. Juni 2012, online: https://www.historisches-lexikon-bayerns.de/Lexikon/United_Nation s_Relief_and_Rehabilitation_Administration_(UNRRA) [27.12.2021].
284 Diese Zahl inkludiert keine österreichischen Jüdinnen und Juden, die nach Shanghai flüchteten und bis 1938 in Österreich lebten aber staatenlos waren.
285 Vgl., o. A., Die Österreicher in Schanghai, in: Der neue Weg, Nr. 43/44, 1. Dezember 1946, 12, 12.
286 Po., 1300 österreichische Juden wollen aus Schanghai zurück, in: Der neue Weg, Nr. 45/46, 15. Dezember 1946, 10, 10.
287 Vgl. Philipp, Oskar, Der Weg zurück, in: Der neue Weg, Nr. 4, Anfang März 1947, 1–2, 1f.
288 Vgl. Anderl, Gabriele, Vertrieben. Zurückgekehrt?, in: Sperl, Gerfried/Steiner, Michael (Hg.), Was für Zeiten – O Jubel, O Freud! Schatten und Schimären eines Jubiläumslandes, Band 4, Wien/Graz 2005, 15–36, 15.

Wenige zurück. Peter Eppel begründet diesen Umstand wie folgt: »Weil man nicht die Kinder entwurzeln, nicht mühsam erworbene berufliche Positionen und Freunde aufgeben wollte; weil man dem Immigrationsland gegenüber Dankbarkeit und Wertschätzung empfand; weil Aus- sowie Einreisebewilligung zu erhalten anfangs mit Schwierigkeiten verbunden war, Österreich in den Nachkriegsjahren arm und besetzt war; weil die Erinnerungen an in der alten Heimat erlittenes Unrecht und Leid mit der berechtigten Angst verbunden waren, zumindest erneut auf Ablehnung zu stoßen.«[289] Oskar Phillip hingegen nannte andere Beweggründe, das Exil China zu verlassen und nach Österreich zurück zu kehren. Er war an Bord des ersten Schiffes, der »Marine Falcon« gewesen, die nach 23 Tagen Fahrt mit über 700 Rückkehrer:innen aus Shanghai in Neapel eintraf.[290] Er führte nicht nur die Sehnsucht nach Familienangehörigen und die klimatischen Bedingungen in Shanghai an, sondern auch die Abneigung gegen »halbkultivierte Länder«, der Wunsch nach dem bekannten »Kulturkreis«. Heute müssen solche Perspektiven als eurozentristisch zurückgewiesen werden. Phillip gab auch den Glauben an ein freies Österreich an, in dem Gleichberechtigung für alle gewährleistet würde.[291] Abgesehen von allgemeinen Beweggründen zu einer Rückkehr, kehrten Frauen nach der Historikerin Siglinde Bolbecher häufig mit ihren Partnern aus dem Exil zurück. Bolbecher schätzt die Zahl männlicher und weiblicher Rückkehrer:innen anhand vorübergehend zurückgekehrter Schriftsteller:innen insgesamt relativ gleich ein.[292]

Die Vorstellung von Rückkehr war die eine Sache, die Realität jedoch eine ganz andere. Das »zweite Gebot« in der bereits genannten Publikation im »Österreichischen Tagebuch« gibt einen treffenden Einblick: »Willst du freiwillig zurückkommen, so beginne mit den Rück- und Einreisebewilligungsbemühungen einige Jahre vor deiner Heimreise und versuche zweitens zu vertuschen, daß du ein Antifaschist bist.«[293] Mit der Wiederherstellung der Postverbindungen trafen in Österreich täglich Briefe mit der Bitte um Beschaffung der notwendigen

---

289 Eppel, Peter, Österreicher im Exil: 1938–1945. Flucht und Vertreibung, in: Tálos, Emmerich/Hanisch, Ernst/Neugebauer, Wolfgang (Hg.), NS-Herrschaft in Österreich 1938–1945, Österreichische Texte zur Gesellschaftskritik, Band 36, Wien 1988, 553–570, 564f.
290 Zu konkreten Personaldaten aller Passagiere der Marine Falcon s. Joint Distribution Committe, JDC Archives, online: https://search.archives.jdc.org/multimedia/Documents/Names%20Databank/Shanghai%20Repatriates/Vienna/Additional%20Links/Complete_ShanghaiRepatriates_Vienna.pdf [19.07.2023]. Die angegebene Personenanzahl weicht geringfügig von den Angaben der IKG sowie Helga Embacher ab.
291 Vgl. Philipp, Oskar, Der Weg zurück, in: Der neue Weg, Nr. 4, Anfang März 1947, 1–2, 1f.
292 Vgl. Bolbecher, Siglinde, Die Rückkehr nach Österreich als ein zweites Exil. Integration aus der Perspektive von Frauen: 1934–1945, in: Oberlechner, Manfred, Die missglückte Integration? Wege und Irrwege in Europa, Wien 2006, 101–118, 106.
293 R., Die 12 Gebote, Österreichisches Tagebuch. Wochenschrift für Kultur, Politik, Wirtschaft, Nr. 24, Jg. 1946, online: https://tagebuch.at/kultur/die-zwoelf-gebote/ [30.12.2021].

Einreisepapiere ein.[294] Neben diesen blieben auch die Anfragen seitens der ARA, die Ende 1945 dem Bundesministerium für Inneres 2 200 Rückkehrer:innen auflistete, unbeantwortet. Genau genommen wurden diese Ansuchen fast ein Jahr, nämlich bis Dezember 1946 trotz mehrmaliger Anfragen der ARA, nicht bearbeitet.[295] Diese Umstände führten unter Anleitung des Wanderungsreferates der IKG zur Gründung des »Komitees der Angehörigen und Freunde der nach Schanghai ausgewanderten Juden«, eine Interessensgemeinschaft bestehend aus Verwandten und Freund:innen. Die Tatsache, dass die Interessen der Geflohenen für die Bundesregierung nachrangig waren, zeigt auch eine Anfrage des Bundesministeriums für soziale Verwaltung an Gewerkschaften, Ärztekammer etc. nach einem Treffen mit der IKG im Jahr 1946.[296] Beispielsweise wurden die Handwerksinnungen um die Beurteilung ersucht, inwiefern »nicht durch die eventuell zurückkehrenden jüdischen Professionisten eine ernste Konkurrenzgefahr entstünde?!«[297] Davon abgesehen bestand auch die Sorge vor dem möglichen Anspruch auf »arisierte« Wohnungen und »arisiertes« Eigentum der Rückkehrer:innen.[298] Vermeintliche Bedenken hinsichtlich der Wirtschaftslage sollten aber auch Jahrzehnte später politische Argumente gegen die Unterstützung von Rückkehrer:innen bilden, wie Eppel echauffiert aufzeigte: »Es ist richtig, daß der Repatriierungsmöglichkeit in der unmittelbaren Nachkriegszeit – hinsichtlich Einreiseerlaubnis, Wohnungsbeschaffung und Verwendungsmöglichkeit – natürliche Grenzen gesetzt waren, aber wie kann Nationalratspräsident Heinz Kienzl 1986 behaupten, daß die Aufforderung zur Rückkehr der Vertriebenen in den Jahren 1945 bis 1955 aufgrund der damals herrschenden wirtschaftlichen und politischen Verhältnissen verantwortungslos gewesen wäre?«[299]

Im Mai 1946 konnte aufgrund zahlreicher Interventionen das Prinzip festgelegt werden, dass allen Rückkehrer:innen die Einreise auch ohne entsprechende Einreisedokumente gestattet werden müsste.[300] Allein die Beharrlichkeit der IKG ermöglichte die Rückkehr der Vertriebenen: »In langen mühevollen Verhand-

---

294 Vgl., o. A., Die Österreicher in Schanghai, in: Der neue Weg, Nr. 43/44, 1. Dezember 1946, 12, 12.
295 Vgl. Embacher, Helga, Neubeginn ohne Illusionen. Juden in Österreich nach 1945, Wien 1995, 124.
296 Vgl. Po., 1300 österreichische Juden wollen aus Schanghai zurück, in: Der neue Weg, Nr. 45/46, 15. Dezember 1946, 10, 10.
297 Ebd.
298 Vgl. ebd.
299 Eppel, Peter, Österreicher im Exil: 1938–1945. Flucht und Vertreibung, in: Tálos, Emmerich/Hanisch, Ernst/Neugebauer, Wolfgang (Hg.), NS-Herrschaft in Österreich 1938–1945, Österreichische Texte zur Gesellschaftskritik, Band 36, Wien 1988, 553–570, 565.
300 Vgl. Embacher, Helga, Neubeginn ohne Illusionen. Juden in Österreich nach 1945, Wien 1995, 124.

lungen gelang es, bürokratische Bedenken des Ministeriums des Inneren und den antisemitisch gefärbten Widerstand verantwortlicher Funktionäre im Ministerium des Äußeren zu überwinden und zu erreichen, daß unsere Regierung ihre Bereitschaft ausspracht, den österreichischen Staatsbürgern die Einreise zu gewähren, und der ›ARA‹ die Vollmacht erteilte, die Staatszugehörigkeit der Heimkehrwilligen gegenüber der UNRRA zu bezeugen.«[301] Mit dem positiven Ausgang der politischen Verhandlungen wurde die Einreise de facto möglich. Dennoch wurde den Hilferufen der Flüchtlinge erst Ende 1948 organisiert mit internationalen Transportmitteln begegnet.[302]

Begleitung und Unterbringung der Rückkehrer:innen

Die praktische Umsetzung der Rückkehr unterlag auf IKG Seite dem Wanderungsreferat. Wegen geringer Ressourcen mit nur zwei Angestellten betonte dieses, ausschließlich mit Hilfe des Shanghai Komitees die Betreuung der Rückkehrer:innen überhaupt ermöglicht zu haben. Einerseits gewährleistete das Referat die telegrafische und telefonische Begleitung während der gesamten Reise, andererseits mussten Versorgung, Transport, sowie Empfang organisiert werden.[303] Welchen Einsatz das Shanghai Komitee leistete, wird deutlich, wenn es heißt: »Einige [vom Komitee] waren an die Grenze vorgesendet, andere wochenlang Tag und Nacht in einem ständigen Bereitschaftsdienst eingesetzt worden.«[304] Die enge Zusammenarbeit mit der Repatriierungskommission im Innenministerium zählte ebenso zu ihren zahlreichen Aufgaben.[305] Am 25. Jänner 1947 traf schließlich die erste Gruppe von 38 Personen in Wien ein.[306] Die Rückkehrer:innen wurden durch die UNRRA bis zur österreichischen Grenze betreut.[307] Diese Aufgabe bezeichnete die UNRRA nach ihren eigenen Guidelines aus dem Jahr 1946 als eine wesentliche in Europa und ging von einer zunehmenden Bedeutung aus: »In Deutschland und Österreich übernimmt die UNRRA in Verbindung mit den Alliierten Militärbehörden in wachsendem Umfang die

---

301 Israelitische Kultusgemeinde Wien, Bericht des Präsidiums der Israelitischen Kultusgemeinde Wien über die Tätigkeit in den Jahren 1945 bis 1948, Wien 1948, 28 f.
302 Vgl. Anderl, Gabriele, Vertrieben. Zurückgekehrt?, in: Sperl, Gerfried/Steiner, Michael (Hg.), Was für Zeiten – O Jubel, O Freud! Schatten und Schimären eines Jubiläumslandes, Band 4, Wien/Graz 2005, 15–36, 22.
303 Vgl. Israelitische Kultusgemeinde Wien, Bericht des Präsidiums der Israelitischen Kultusgemeinde Wien über die Tätigkeit in den Jahren 1945 bis 1948, Wien 1948, 29.
304 Ebd.
305 Vgl. o. A., Heimkehrer aus Shanghai, in: Der neue Weg, Nr. 3, Mitte Februar 1947, 5–6, 5.
306 Vgl. Israelitische Kultusgemeinde Wien, Bericht des Präsidiums der Israelitischen Kultusgemeinde Wien über die Tätigkeit in den Jahren 1945 bis 1948, Wien 1948, 29.
307 Vgl. o. A., Heimkehrer aus Shanghai, in: Der neue Weg, Nr. 3, Mitte Februar 1947, 5–6, 5.

Betreuung und Rückführung der Verschleppten.«[308] »Der neue Weg« schrieb die Gewährleistung der Reise und Unterbringung der ersten Gruppe außerdem der Unterstützung des Joint zu.[309] Diese Hilfeleistungen wurden aber nicht nur positiv beurteilt. Scharfe Kritik an der Betreuung durch das Shanghai UNRRA-Büro kann beispielsweise einem Bericht eines Rückkehrers entnommen werden. Dieser sah die klare Benachteiligung der Shanghai Rückkehrer:innen gegenüber jenen aus Fluchtländern wie den USA, Australien oder Südamerika.[310] Er empörte sich darüber, dass die Shanghai Rückkehrer:innen keinen Reisezuschuss und darüber hinaus »größtenteils nur alte, ausrangierte Flieger- und Marineuniformstücke […]«[311] erhielten. Nicht nur die Deckung der Grundbedürfnisse auf der Rückreise war mangelhaft. Auch beschwerte er sich über die Einschiffung und die Verladung des Gepäcks und beschrieb sie als desorganisiert, mit langen Wartezeiten, die vor allem die alten Menschen belasteten. Ebenso sah er in der Zuweisung der Schiffsplätze eindeutige Ungerechtigkeiten, seien doch häufig jene ohne ärztliche Atteste bevorzugt worden. Obgleich die »Marine Falcon« ein modernes Schiff war, gab der Rückkehrer an, dass diese Transportmöglichkeit nur in Folge der Proteste gegen zuvor obwaltende Reiseumstände bereitgestellt worden war. Im ersten Transport waren die Rückkehrer:innen nämlich unter gesundheitsgefährdenden Umständen im Laderaum untergebracht worden.[312] Die Energie, die hier auf Details verwendet wird, mag auf eine Kanalisierung von Emotionen aufgrund des Erlebten und Erlittenen hindeuten. Möglicherweise verliert man sich in die Auseinandersetzung mit alltäglichen Ungerechtigkeiten, wenn man gegenüber den unfassbaren, lebenszerstörenden Ungerechtigkeiten machtlos gewesen ist. Eine Rückkehr in Würde war dies aber mit Sicherheit nicht.

Neben der Ankunft der ersten 38 Rückkehrer:innen und der folgenden größeren Gruppe von 764 Personen am 13. Februar organisierte das Wanderungsreferat im Lauf des Sommers 1947 außerdem die Rückkehr weiterer kleinerer Gruppen aus Shanghai.[313] Die Reisen waren immer wieder mit unvorhersehbaren Hindernissen verbunden, die zu Verzögerungen führten. So können etwa die am 26. und 27. August 1947 aus Shanghai, beziehungsweise Palästina eintreffenden Rückkehrer:innen angeführt werden:[314] Diese wurden aufgrund eines Anschlags

---

308 Informationsbureau UNRRA Mission in Österreich, U.N.R.R.A. Eine Internationale Hilfsorganisation, Wien 1946, 6.
309 Vgl. o. A., Heimkehrer aus Schanghai, in: Der neue Weg, Nr. 3, Mitte Februar 1947, 5–6, 5.
310 Vgl. Oslipp, Kritik eines repatriierten DP an der Tätigkeit des Shanghaier UNRRA-Büros, in: Der neue Weg, Nr. 5, Mitte März 1947, 5–6, 5.
311 Ebd.
312 Vgl. ebd.
313 Vgl. Israelitische Kultusgemeinde Wien, Bericht des Präsidiums der Israelitischen Kultusgemeinde Wien über die Tätigkeit in den Jahren 1945 bis 1948, Wien 1948, 29.
314 Vgl. o. A., Heimkehrer aus Shanghai und Palästina, in: Der neue Weg, Nr. 8., Mitte September 1947, 8, 8.

durch die Untergrundorganisation »Irgun« auf einen britischen Militärzug in Kärnten an der österreichischen Grenze strengen Kontrollen durch die britischen und österreichischen Behörden unterzogen, die die Einreise maßgeblich hinauszögerten.[315] Auch wenn diese Personen schließlich im Wiedner Spital durch Vertreter der Öffentlichkeit wie etwa Bürgermeister Theodor Körner, IKG Präsident David Brill, IKG Amtsdirektor Wilhelm Krell oder den Wanderungsreferatsleiter Michael Kohn-Ebner willkommen geheißen wurden, so änderte dies nichts an den ihnen bevorstehenden Herausforderungen. Von diesen Heimkehrer:innen konnten 70 Personen bei ihren Familien unterkommen, 84 wurden in Hotelzimmern und 102 im Spital im vierten Wiener Gemeindebezirk in der Favoritenstraße 32[316] untergebracht. Ein Einblick in die generell zunehmend prekäre Unterbringungssituation kann anhand vergleichbarer Zahlen gewonnen werden. Mussten im April 1948 noch 700 Personen im Wiedner Spital untergebracht werden,[317] waren es bereits 900 Personen im Jahr 1949.[318] Die Wohnungslosen setzten sich aus »Ausgebombten, Heimkehrern und anderen«[319] zusammen, die 1947 zu 42st und 1949 bereits in Sälen mit fünfzig Betten schliefen.[320] Die Wissenschaftlerin Gabriele Anderl zitiert die Rückkehrerin Ingeborg Guttmann, die von ihrer »Repatriierung« aus Shanghai mit etwa 240 weiteren Personen im Januar 1949 berichtet. Guttmann erinnert sich bei der Ankunft in Wien im April 1949 ebenso an die Anwesenheit der Vertreter der Öffentlichkeit, nicht aber daran willkommen geheißen worden zu sein. Ihre Beschreibung über den Transport in das Wiedner Spital in der Favoritenstraße und die Unterbringung weicht hinsichtlich der Personenanzahl von obiger Angabe zwar ab, unterstreicht aber einmal mehr die bedrängte Situation und die fehlende Privatsphäre: in Sälen für 20 bis 30 Personen waren sie einquartiert, wo sie auf Eisenbetten schliefen und Latrinen sowie offene Duschkabinen zur Verfügung gestellt bekamen.[321] Die »Österreichische Zeitung« beschrieb das Obdachlosenheim düster, obgleich es neu gestrichen war: »Aber kaum betritt man

---

315 Vgl. Buckard, Christian, Verwechslung. Der doppelte Moshe, Jüdische Allgemeine, 1. Juni 2010, online: https://www.juedische-allgemeine.de/kultur/der-doppelte-moshe/ [20.12.2021]; vgl. o. A., Heimkehrer aus Shanghai und Palästina, in: ebd.
316 Das entspricht heute der Favoritenstraße 40. Vgl. o. A., Heimkehrer aus Shanghai und Palästina, in: ebd.
317 Vgl. o. A., Die Endstation der Obdachlosen. Das Massenquartier in der Kastanienallee, in: Österreichische Volksstimme, Nr. 80, 4. April 1948, 7, 7.
318 Vgl. P. K., Das Wiedner Krankenhaus, in: Österreichische Zeitung, Nr. 182, 07. August 1949, 3, 3.
319 Ebd.
320 Vgl. ebd.; vgl. Israelitische Kultusgemeinde Wien, Bericht des Präsidiums der Israelitischen Kultusgemeinde Wien über die Tätigkeit in den Jahren 1945 bis 1948, Wien 1948, 30.
321 Vgl. Anderl, Gabriele, Vertrieben. Zurückgekehrt?, in: Sperl, Gerfried/Steiner, Michael (Hg.), Was für Zeiten – O Jubel, O Freud! Schatten und Schimären eines Jubiläumslandes, Band 4, Wien/Graz 2005, 15–36, 23.

das Innere, so tritt auch hier das ganze Elend zutage. Eine herrschsüchtige Hausverwaltung erschwert noch das Leben der hier Wohnenden. Haustorschlüssel gibt es nicht.«[322] In Bezug auf den Unterstützungsbedarf der Shanghai Rückkehrer:innen betonte die IKG, dass gerade diese Gruppe mehrheitlich aufgrund ihrer gesundheitlichen, wirtschaftlichen und sozialen Lage nach Österreich zurückgekehrt war.[323] Im Wiedner Spital waren aber auch Rückkehrer:innen untergebracht, die dem Bildungsbürgertum angehörten,[324] sich aber den Bezug eines Hotelzimmers – die »Österreichische Zeitung« ging damals von 300.– Schilling[325] aus – oder ein möbliertes Zimmer einfach nicht leisten konnten. Allen gemein war in jedem Fall der Bedarf an Wohnraum. Das zynische »sechste Gebot« im »Österreichischen Tagebuch« riet den Heimkehrer:innen: »Bei deinen Bemühungen, in den Genuß von Wohnräumlichkeiten zu gelangen, gehst du am besten allen Spuren deiner einmal innegehabten Wohnung und der dir gestohlenen Einrichtungsgegenstände aus dem Wege. Denn der Versuch, dieses wieder in deinen rechtmäßigen Besitz zu bringen, kann dich etliche Jahre deines Lebens und den guten Ruf kosten.«[326] Susanne Bock, selbst Exilierte, die ihre Erfahrungen über das Leben Zurückgekehrter teilen wollte, beschrieb in ihrem »Heimgekehrt und fremd geblieben. Eine alltägliche Geschichte aus Wien 1946 bis 1955«, die Lage der mehrheitlich Zurückgekehrten aus Shanghai im Jahr 1947 wie folgt: Die Erstversorgung wurde mit der Anmietung von Hotelzimmern übernommen, die das Wohnungsamt der Stadt Wien für sie organisierte. Auch

---

322 P. K., Das Wiedner Krankenhaus, in: Österreichische Zeitung, Nr. 182, 07. August 1949, 3, 3.
323 Vgl. Israelitische Kultusgemeinde Wien, Bericht des Präsidiums der Israelitischen Kultusgemeinde Wien über die Tätigkeit in den Jahren 1945 bis 1948, Wien 1948, 31.
324 Aus Shanghai war im August 1947 etwa der Violinist Ferdinand Adler zurückgekehrt. Ihm gelang nach seiner Deportation nach Dachau die Flucht nach Shanghai im Jahr 1939, wo er Konzertmeister des Shanghai Municipal Orchestra und Professor für Violine am Shanghai National Conservatory of Music wurde. Adler konnte nach seiner Rückkehr an seine musikalische Karriere anschließen und wurde Konzertmeister des Wiener Staatsopernorchesters in der Wiener Volksoper. Die Ärztin Edith und ihr Ehemann der Arzt Heinrich Kent, die beide ab 1940 im Sanitätsdienst des Roten Kreuzes in China tätig gewesen waren, waren ebenso im Sommer 1947 aus Shanghai zurückgekehrt. Auch der Generalsekretär der Austrian Residents Association Hans Albin, sowie die Sekretärin der ARA, Liselotte Rosenbaum, oder der Rechtsanwalt Jakob Lechner entschieden sich für die Heimkehr. Vgl. Exilarte, Zentrum für Verfolgte Musik, Ferdinand Adler, online: https://exilarte.org/nachla esse/ferdinand-adler [20.12.2021]; vgl. Dokumentationsarchiv des österreichischen Widerstandes, beschriftete Fotografie, online: http://de.doew.braintrust.at/popup.php?t=img &hl=Morzinplatz%20(1951)&id=766 [20.12.2021]; vgl. o. A., Heimkehrer aus Shanghai und Palästina, in: Der neue Weg, Nr. 8., Mitte September 1947, 8, 8.
325 Für welchen Zeitraum (die 300.– Schilling zu entrichten waren) geht aus dem Zeitungsartikel nicht hervor. Vgl. P. K., Das Wiedner Krankenhaus, in: Österreichische Zeitung, Nr. 182, 07. August 1949, 3, 3.
326 R., Die 12 Gebote, Österreichisches Tagebuch. Wochenschrift für Kultur, Politik, Wirtschaft, Nr. 24, Jg. 1946, online: https://tagebuch.at/kultur/die-zwoelf-gebote/ [30.12.2021].

berichtet sie von Großwohnungen, die sich Familien teilen mussten und weist darauf hin, dass weitere Unterstützungsmaßnahmen gänzlich fehlten.[327]

War nach Helga Embacher die Unterbringung der ersten Gruppe von 38 Rückkehrer:innen noch relativ reibungslos vor sich gegangen, eskalierte die ohnehin angespannte Situation zwischen Wohnungsamt und IKG mit dem Wohnbedarf für die Gruppe der 764 Shanghai Rückkehrer:innen. Die Historikerin kritisierte die Unterlassung des Wohnungsamtes trotz einer sechsmonatigen Vorlaufzeit, Vorkehrungen für deren Unterbringung getroffen zu haben. Die Gruppe wurde daraufhin auf Kosten des Joint im Hotel Continental untergebracht. Nur nach zahlreichen Interventionen der IKG, wie auch bei Bürgermeister Theodor Körner, der dem Shanghai Komitee die vorrangige Unterbringung der Rückkehrer:innen, insbesondere der Verwandtschaftslosen, zugesagt hatte, stellte die Gemeinde Wien auch tatsächlich Unterkünfte bereit.[328] Ein Präsidiumsbericht der IKG belegt die Widerstände des Wohnungsamtes einmal mehr: »Erst nach sehr mühevollen Verhandlungen gelang es uns, bei der Gemeindeverwaltung Wien das Prinzip durchzusetzen, daß sie verpflichtet ist, Heimkehrern, soweit sie Österreicher sind, entsprechende Unterkunft zu verschaffen.«[329] Bis dahin war das Wohnungsamt der direkten Aufforderung Körners, sich um die Unterbringung der Rückkehrer:innen zu kümmern nicht nachgekommen. Stadtrat Albrecht wies nämlich diese Verpflichtung von sich und sah die Unterbringung der Heimkehrer:innen in der Verantwortung des Innenministeriums. Dass er gar nicht befugt war, über die Unterbringung zu entscheiden, revidierte er zwar kurze Zeit später, doch schob er dann ausstehende Verhandlungen mit den Alliierten über von diesen in Anspruch genommenen Wohnraum vor.[330] Im Februar 1948 waren von 852 Rückkehrer:innen aus Shanghai 20 Personen in Quartieren der Stadt Wien untergebracht, 21 Personen lebten in Heimen der IKG, 131 Personen wohnten in Hauptmietverhältnissen und der Großteil von 543 Personen lebte in Untermiete.[331] Als am 12. April 1949 nach monatelanger Reise weitere 270 Personen aus Shanghai in Wien eintrafen, mangelte es nach wie vor an klaren Richtlinien zu ihrer Unterbringung. Davon abgesehen schienen sich die Bedingungen verschlechtert zu haben, wenn es heißt, dass von der Unterbringung in Hotelzimmern ganz abgesehen wurde. Rück-

---

327 Bock, Susanne, Heimgekehrt und fremd geblieben. Eine alltägliche Geschichte aus Wien 1946 bis 1955, Wien 2003, 77.
328 Vgl. Embacher, Helga, Neubeginn ohne Illusionen. Juden in Österreich nach 1945, Wien 1995, 125 f.
329 Israelitische Kultusgemeinde Wien, Bericht des Präsidiums der Israelitischen Kultusgemeinde Wien über die Tätigkeit in den Jahren 1945 bis 1948, Wien 1948, 29.
330 Vgl. o. A., Heimkehrer aus Schanghai, in: Der neue Weg, Nr. 3, Mitte Februar 1947, 5–6, 5 f.
331 Vgl. Israelitische Kultusgemeinde Wien, Bericht des Präsidiums der Israelitischen Kultusgemeinde Wien über die Tätigkeit in den Jahren 1945 bis 1948, Wien 1948, 32.

kehrer:innen, die nicht privat unterkamen, wurden im Wiedner Spital und in der Reitzes-Villa[332] in Gemeinschaftssälen zu 14 bis 20 Personen untergebracht. Einzelne kamen sogar in den Badekabinen des Obdachlosenheimes in der Meldemannstraße 27 unter.[333] Obgleich das Männerheim in der Meldemannstraße vermutlich einfach als eines der damaligen zur Verfügung stehenden Obdachlosenheime bereitgestellt worden war,[334] sei hier auf seine prominente Geschichte verwiesen, deren Anfänge in das 20. Jahrhundert zurückreichen: Wien allein wies damals 80 000 Bettgeher:innen auf. So veranlasste die hauptsächlich vom jüdischen Bürgertum getragene »Kaiser Franz Josef I. Jubiläums-Stiftung für Volkswohnungen und Wohlfahrts-Einrichtungen« den Bau modernerer Logierhäuser nach dem Vorbild Englischer Rowton-Häuser. Diese hoben sich vor allem durch die getrennten Schlaf- und Tagräume hervor. Die Architekten Leopold Ramsauer und Otto Richter wurden nach der Ausschreibung mit der für damalige Verhältnisse revolutionären Gestaltung des Männerwohnheims beauftragt. Dieses wurde schließlich im Jahr 1905 eröffnet. Unter der armen Bevölkerung kursierten etliche Geschichten über das Heim dieser besonderen Art, heißt es.

---

332 Der Architekt Wilhelm Fraenkel plante im Auftrag der Familie Reitzes die Villa an der Sieveringer Straße 245 im 19. Wiener Gemeindebezirk. Im Jahr 1938 wurde die Villa »arisiert« und eine Außenstelle der Deutschen Reichspost eingerichtet. Nach Ende des Krieges wurde die Villa nicht an die Familie Reitzes restituiert. Sie diente lange als Fernmeldezentrale. Vgl. Prokop, Ursula, Wilhelm Fraenkel (1844–1916), David. Jüdische Kulturzeitschrift, Ausgabe 107, Dezember 2015, online: https://davidkultur.at/artikel/wilhelm-fraenkel-1844-1916 [3.01.2022].
333 Vgl. K., M., Heimkehrer aus Shanghai, in: Der neue Weg, Nr. 8, Ende April 1949, 9–10, 9f.
334 Das Magistrat der Stadt Wien listete in einem Handbuch aus dem Jahr 1947 als Obdachlosenheime die Arsenalstraße 9 und den Schoberplatz 1, die aufgrund von Kriegsschäden aber nicht verwendbar, bzw. völlig zerstört waren, sowie die Kastanienallee 2, das als Dauerheim geführt wurde, das Altersheim Meldemannstraße 27–29, die Pfeilgasse 42 und das Altersheim Mauerbach mit einer Belegzahl von 480 Betten, auf. Dieser Auflistung hätten nach obigen und folgenden Schilderungen zur Unterbringung der Rückkehrenden für das Jahr 1947 aber noch die Odoakergasse 48, die Sieveringer Straße 245 und das Wiedner Spital in der Favoritenstraße 40 hinzugefügt werden müssen. Vgl. Wiener Magistrat, Handbuch für den ehrenamtlichen Fürsorgerat: kleiner Wegweiser durch das Wohlfahrts- und Gesundheitswesen der Stadt Wien, Wien 1947.

Männerheim (Wien, XX. Bezirk, Meldemannstraße Nr. 27).

Fig. 1. Hauptfront.

Fig. 2. Schnitt A—B.

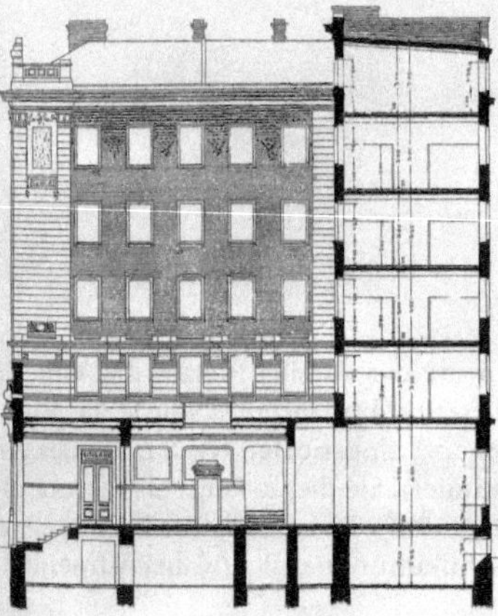

Fig. 3. Schnitt C—D.

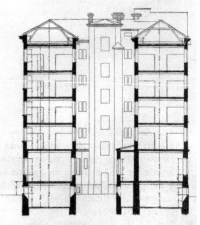

# Männerheim (Wien, XX. Bezirk, Meldemannstraße Nr. 27).

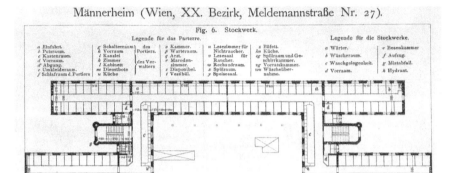

Fig. 6. Stockwerk.

Legende für das Parterre.

- a Einfahrt.
- b Putzraum.
- c Kastenraum.
- d Vorraum.
- e Umkleideraum.
- f Schlafraum d. Portiers

- g Schalterraum } des
- h Vorraum } Portiers.
- i Kanzlei
- k Zimmer } des Ver-
- l Kabinett } walters
- m Dienstbote
- n Küche

- o Kammer.
- p Warteraum.
- q Arzt.
- r Marodenzimmer.
- s Disponibel.
- t Vestibül.

- u Lesezimmer für Nichtraucher.
- v Lesesaal für Raucher.
- w Rechaudraum.
- x Spülraum.
- y Speisesaal.

- z Büfett.
- bu Küche.
- zy Spülraum und Geschirrkammer.
- vy Vorratskammer.
- wu Wäscheüberuahme.

Legende für die Stockwerke.

- a Wärter.
- b Wäscheraum.
- c Waschgelegenheit.
- d Vorraum.

- e Besenkammer
- f Aufzug.
- g Mistabfall.
- h Hydrant.

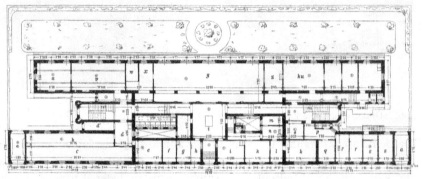

Fig. 5. Parterre.

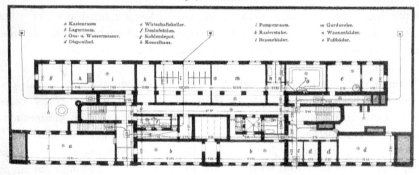

Fig. 4. Souterrain.

- a Kastenraum
- b Lagerraum.
- c Gas- u. Wassermesser.
- d Disponibel

- e Wirtschaftskeller.
- f Desinfektion.
- g Kohlendepot.
- h Kesselhaus.

- i Pumpenraum.
- k Rasierstube.
- l Brausebäder.

- m Garderobe.
- n Wannenbäder.
- o Fußbäder.

Abb. 5: Obdachlosenunterkunft Meldemannstraße, 1906

Die Gemeinschaftsräume waren nicht nur komfortabel, es gab außerdem fließendes Wasser, elektrisches Licht und Betten, die nicht geteilt werden mussten und zum Preis eines Teilzeitbettes vergeben wurden. Jeder Bewohner der insgesamt 544 Schlafplätze hatte Anspruch auf vier Quadratmeter. Es gab sogar eine Bibliothek. Von Armut Betroffene wohnten in der Meldemannstraße somit unter relativ günstigen Umständen. Erwähnenswert ist die Tatsache, dass der Großteil der dort beherbergten Männer, wie etwa einer Statistik aus dem Jahr 1910 entnommen werden kann, einer Beschäftigung nachging.[335] Interessant ist im Rahmen vorliegender Arbeit außerdem der neunprozentige Anteil jüdischer Bewohner. Bekanntheit erlangte das Heim wohl aber durch Adolf Hitler. Dieser lebte ganze drei Jahre, nämlich zwischen 1910 bis 1913 in dem Männerheim, welches sonst durchschnittlich 37 Tage von einem Bewohner genutzt wurde.[336] Vor der Machtübernahme der Nazis ging die Meldemannstraße in das Eigentum der Stadt Wien über und wurde in ein sogenanntes Versorgungshaus umge-

---

335 Pantuček, Peter, verweist auf den Jahresbericht von 1910 der Kaiser Franz Josef I. Jubiläums-Stiftung.
336 Vgl. Pantuček, Peter, Die Meldemannstraße – Ein Straßenname für ein Haus, in: Hurnaus, Herta/Kerbel, Bernhard/Pantuček, Peter/Paterno, Wolfgang (Hg.): Haus Meldemannstraße, gekürzte Version, Wien 2003, online: http://www.pantucek.com/texte/meldemann/meldemann_kurz.htm [03.01.2022].

widmet. Es folgte 1940/41 die Umbenennung in das Wiener städtische Altersheim Zwischenbrücken. Erst nach dem Krieg wurde es im Juli 1945 rückgewidmet und auch wieder als Heim für Wohnungs- und Obdachlose geführt.[337] Anscheinend sollte das Heim planmäßig erst mit Jänner 1946 wieder zusätzlich für diese Zielgruppe eingerichtet werden.[338] Die Übersiedlungen der dortigen Heimbewohner:innen in andere Altersheime stieß nicht bei allen auf Zustimmung und wurde etwa 1947 infolge von Protesten »bis auf weiteres« abgewendet.[339] Der Platz für Wohnungs- und Obdachlose reichte jedoch nicht aus, und 1948 sollten die Räumlichkeiten des Altersheimes letztlich doch zugunsten der Unterkunftslosen geräumt werden.[340] Der Stellenwert des Heimes nahm nach dem Krieg zusehends ab: »[…] eine lange Phase von Ruhe und Nichtbeachtung begann. […] Während der Wohnstandard in Wien sich stetig verbesserte, blieb hier alles auf dem Stand von 1905. Aus dem Musterheim wurde eine immer elendere Behausung. Ein Asyl im schlechten Sinne, geführt von ›Aufsehern‹.«[341]

Rückkehrer:innen in provisorischen Herbergen und Obdachlosenunterkünften, wie etwa der Meldemannstraße einzuquartieren belegt einmal mehr den fehlenden Einsatz der Stadt Wien, adäquaten Wohnraum zur Verfügung zu stellen. Die Soziologin Friederike Wilder-Okladek sieht mit dem Jahr 1952 die Rückkehr aus Shanghai abgeschlossen. Obgleich sich die IKG folglich nicht mehr für neue Rückkehrer:innen aus dieser Region einsetzen musste, handelte es sich bei diesen insgesamt und proportional um die größte Zahl an Rückkehrer:innen, wodurch von einem entsprechend hohen weiteren Betreuungsaufwand ausgegangen werden muss.[342]

Fragwürdig war auch die professionelle Betreuung in den Heimen der Stadt Wien. Ab 1948 war Walter Kraus als Beamter der Fürsorgeabteilung der IKG für die Reitzes-Villa in der Sieveringerstraße 245 und das Wiedner Spital, in der Favoritenstraße 40 zuständig. Wenngleich dessen damit verbundene reale Tätigkeitsbereiche hier nicht mehr nachvollzogen werden können, wurde somit

---

337 Vgl. ebd.
338 Vgl. K., H., Publikumswechsel im Obdachlosenheim, in: Österreichische Zeitung, Nr. 289, 18. Dezember 1946, 3, 3.
339 Vgl. o. A., Der Dank der Alterspfleglinge, in: Österreichische Volksstimme, Nr. 262, 11. November 1947, 3, 3.
340 Vgl. o. A., Selbstmord wegen einer Übersiedlung, in: Neues Österreich, Nr. 919, 28. April 1948, online: https://anno.onb.ac.at/cgi-content/anno?aid=nos&datum=19480428&seite=2&zoom=33&query=%22Meldemannstrasse%22&ref=anno-search [24.07.2023].
341 Pantuček, Peter, Die Meldemannstraße – Ein Straßenname für ein Haus, in: Hurnaus, Herta/Kerbel, Bernhard/Pantuček, Peter/Paterno, Wolfgang (Hg.): Haus Meldemannstraße, gekürzte Version, Wien 2003, online: http://www.pantucek.com/texte/meldemann/meldemann_kurz.htm [03.01.2022].
342 Vgl. Wilder-Okladek, F., The Return Movement of Jews to Austria after the Second World War. With special consideration of the return from Israel, Netherlands 1969, 25.

eine Ansprechperson der IKG für die Bewohner:innen bestimmt.[343] Das belegt zumindest das Bewusstsein über spezifischen Betreuungsbedarf.

Rückkehr und Unterbringung am Beispiel Palästinas/Israels und der ehemaligen Sowjetunion

Helga Embachers Begründung für die relativ späte, aber dringend nötige allgemeine Rückkehrunterstützung, ergänzt vorangegangene Schilderungen hinsichtlich fehlender Unterstützung der Exilierten, denen erst mit den Satzungsänderungen der UNRRA geholfen werden konnte. Mit der Einstufung österreichischer Emigrant:innen als Angehörige eines Feindeslandes war das bis zum Sommer 1946 nicht möglich gewesen.[344]

Nach Palästina, damals Britisches Mandatsgebiet, flüchteten aus Österreich zwischen den Jahren 1938 und 1941 9 195 Jüdinnen und Juden. Die Einreisemöglichkeiten richteten sich wie zumeist nach einem Quotensystem.[345] Erwähnenswert ist speziell der große soziale Druck und die Verurteilung denen sich Rückkehrer:innen nach Österreich und auch Deutschland in Israel ausgesetzt sahen. Den Staat Israel – der die Existenz jüdischen Lebens sicherstellen sollte – nach seiner Gründung zu verlassen, um in die Länder der Vernichtung dieses Lebens zurückzukehren, barg besondere ideologische und moralische Herausforderungen.[346] Im Vergleich zu anderen Exilländern kehrte dennoch auch aus Palästina, bzw. dem späteren Israel, wie eben aus Shanghai, eine relativ große Zahl nach Österreich zurück. Die Gruppe von ursprünglich 400 Menschen, die sich 1947 für eine Rückreise bei der UNRRA registriert hatten, wurde aus politischen Gründen mehrere Wochen im Wüstenlager El Schatt in der Nähe des Suez-Kanals festgehalten. Zeitzeug:innen berichteten über das ehemalige Militärlager, in dem die Ernährungslage sowie die hygienischen Bedingungen katastrophal waren.[347] Von diesen 400 Personen gelangten in drei Wellen zunächst nur 174 Rückkehrer:innen mit dem ersten Transport von Palästina Ende April 1947 nach Wien. Hinsichtlich des Betreuungsbedarfes der Rückkehrer:innen war

---

343 Vgl. Archiv IKG Wien, Bestand Jerusalem, A/W 4276, Protokoll Besprechung Fürsorgeabteilung vom 15.07.1948, 16.07.1948.
344 Vgl. Embacher, Helga, Neubeginn ohne Illusionen. Juden in Österreich nach 1945, Wien 1995, 128.
345 Vgl. ebd., 127.
346 Vgl. Wilder-Okladek, F., The Return Movement of Jews to Austria after the Second World War. With special consideration of the return from Israel, Netherlands 1969, 11.
347 Vgl. Graf, Georg/Bailer-Galanda, Brigitte/Blimlinger, Eva/Kowarc, Susanne, »Arisierung« und Rückstellung von Wohnungen in Wien, Veröffentlichungen der Historikerkommission. Vermögensentzug während der NS-Zeit sowie Rückstellungen und Entschädigungen seit 1945 in Österreich, Band 14, Wien/München 2004, 225.

Das Tätigkeitsfeld des Wanderungsreferates der IKG 83

die Beurteilung der Kultusgemeinde zu Zusammensetzung und psychosozialem Zustand relevant: Im Gegensatz zu den Shanghai-Rückkehrer:innen handelte es sich bei diesen um jüngere und gesündere Personen. Das durchschnittliche Alter lag bei 43 Jahren. Insgesamt setzte sich die Gruppe aus 8 Kindern, 123 Männern und 43 Frauen zusammen.[348] Generell war aber auch hier der Großteil aus ökonomischen, sozialen und gesundheitlichen Gründen zurückgekehrt.[349] Die ersten Palästina-Rückkehrer:innen wurden direkt vom Bahnhof in ihre Unterkünfte gebracht.[350] Die IKG gibt an, dass es sich fast ausschließlich um Hotelzimmer handelte. Dass die Mehrheit der Rückkehrenden aus Palästina/Israel letztlich in Untermiete lebte, belegen folgende Zahlen: Im Februar 1948 waren von 281 Rückkehrer:innen 56 Personen in Herbergen der Stadt Wien, 63 in Hotels, 7 in Hauptmiete und 155 in Untermietverhältnissen untergebracht.[351] Die weiteren Rückkehrer:innen hoben den Altersschnitt deutlich. Von den bis 1952 zurückgekehrten 787 Personen zählte die Mehrheit von 390 Personen zur Gruppe der über 63jährigen.[352] Palästina und Israel wurden nach 1945 von den Exilierten aber nicht nur verlassen: Vor allem Flüchtlinge aus Shanghai und einzelne Überlebende – diese meist aus Gründen der Familienzusammenführung – ließen sich dort nieder.[353]

Kitty Schrotts Biografie belegt nicht nur die Einwanderung nach 1945, wenngleich diese bloß temporär war, sondern auch die Relevanz der Unterstützung durch Privatpersonen bei der Rückkehr nach Wien. Kitty Schrott, geborene Drill, kam im Dezember 1934 zur Welt.[354] Die Kriegsjahre hatte sie nach erfolglosem Einreiseversuch nach Palästina mit ihrer Familie in einem britischen Lager auf Mauritius verbracht.[355] Mit Kriegsende konnten sie schließlich nach Palästina einreisen. Im Jahr 1947 kehrte sie aber mit einem Teil ihrer Familie nach Österreich zurück. Ihr Onkel Ernst stand als treibende Kraft hinter dieser Rückkehrentscheidung. Schrotts kurz davor verstorbene Mutter war gegen eine Rückkehr nach Österreich gewesen: Sie wollte ihre Tochter nicht in Wien auf-

---

348 Vgl. o. A., Rückkehr aus Palästina, in: Der neue Weg, Nr. 9, Mitte Mai 1947, 9, 9.
349 Vgl. Israelitische Kultusgemeinde Wien, Bericht des Präsidiums der Israelitischen Kultusgemeinde Wien über die Tätigkeit in den Jahren 1945 bis 1948, Wien 1948, 31.
350 Vgl. o. A., Rückkehr aus Palästina, in: Der neue Weg, Nr. 9, Mitte Mai 1947, 9, 9.
351 Vgl. Israelitische Kultusgemeinde Wien, Bericht des Präsidiums der Israelitischen Kultusgemeinde Wien über die Tätigkeit in den Jahren 1945 bis 1948, Wien 1948, 32.
352 Vgl. Embacher, Helga, Neubeginn ohne Illusionen. Juden in Österreich nach 1945, Wien 1995, 131.
353 Vgl. ebd., 127.
354 Vgl. Schrott, Kitty, Interview, 21.02.2022.
355 Die Briten hatten mehrere hundert (die Zahlenangaben schwanken zwischen 1 500 und 1 580) Flüchtlinge vor der Küste Palästinas abgefangen und auf der Pazifikinsel Mauritius interniert.

wachsen sehen.[356] Schrotts Erinnerungen an die Reise gibt sie wie folgt wider: »Mit dem Schiff fuhren wir von Haifa nach Alexandria. […] wir [hatten] eine Kabine, und ich war seekrank. Im Hafen von Alexandria stiegen sehr schöne Frauen ein. Die wohnten oben am Deck, wir wohnten unten. Mein Vater sagte: ›Wenn wir Israel wieder besuchen, dann werden wir auch Erster Klasse reisen.‹ Er ist nie mehr nach Israel gereist, und ich dann nicht mehr mit dem Schiff, sondern schon mit dem Flugzeug. Von Alexandria fuhren wir nach Genua und von Genua mit der Bahn nach Wien. Ich glaube, fünf Tage dauerte die Reise. Wir fuhren mit dem Zug abends aus Genua weg und waren vormittags in Wien. Wir überfuhren am Semmering die Demarkationslinie, kamen in russisches Gebiet, und am Bahnhof hörte ich Kinder, die Tee verkauften und deutsch miteinander sprachen. Das war komisch für mich, denn die Kinder, mit denen ich zusammen war, sprachen ivrit [hebräisch] miteinander. Ich hatte einen Hut und einen Mantel bekommen, bevor die Reise losging. Mein Papa hatte gesagt, in Wien würde es mir gut gehen, aber es war fremd. Als es kalt wurde, wartete ich auf den Schnee, denn ich glaubte, bei null Grad muss es schneien.«[357] Nach ihrer Rückkehr wurden sie alle gemeinsam von einem Bekannten im 5. Wiener Gemeindebezirk aufgenommen. Kitty Schrott hat keine schlechten Erinnerungen an diese Unterbringung. Anschließend mieteten sie für alle Familienmitglieder eine große Wohnung mit fünf Zimmern und drei Kabinetten im 4. Wiener Gemeindebezirk, am Brahmsplatz. Kitty Schrott beschreibt sie als sehr schöne, große Wohnung und hebt hervor, so auch immer mit ihrer ganzen Familie gemeinsam gewohnt haben zu können. Als ihr Onkel Ernst 1949 Anna, gebürtige Holzer, heiratete, zog diese auch zu ihnen. Anna wurde 1920 gemeinsam mit ihrer Zwillingsschwester Edith geboren.[358]

Das Verwandtschaftsverhältnis zu Anna Drill und Edith Auerhahn ist im Hinblick auf deren soziale Tätigkeiten relevant, auf die an späterer Stelle noch eingegangen werden wird; hier aber noch so viel: Anna wurde chirurgische Schwester im Spital und Edith war in der Fürsorgeabteilung und Kassa der Israelitischen Kultusgemeinde beschäftigt.[359]

Kitty Schrott zog ihre Kinder in Wien groß und reflektierte im Jahr 2002 zu ihrem Verbleib in Wien: »Um Österreich irgendwann einmal wieder zu verlassen, war ich wahrscheinlich zu bequem. Als gefährdet empfand ich mein Leben in Österreich eigentlich nie, auch in politischen Krisen, wie der Waldheim-Affäre

---

356 Vgl. Schrott, Kitty, Interview, Mai 2002, centropa, online: https://www.centropa.org/de/biography/kitty-schrott [20.07.2023].
357 Ebd.
358 Vgl. Schrott, Kitty, Interview, 21.02.2022.
359 Vgl. Schrott, Kitty, Interview, Mai 2002, centropa, online: https://www.centropa.org/de/biography/kitty-schrott [20.07.2023].

oder der Blau- Schwarzen Regierung mit [Jörg] Haider nicht.«[360] Nichtsdestotrotz sagte sie: »Zu Hause fühle ich mich in Österreich nicht, nur in meiner Wohnung bin ich zu Hause.«[361]

Abb. 6: Anna Drill und Edith Auerhahn (Privatbesitz Kitty Schrott)

Im Sommer 1946 nahm die IKG nach eigenen Angaben erneut ihre Bemühungen hinsichtlich Rückführungen der Flüchtlinge aus der Sowjetunion auf.[362] Der aktuelle Forschungstand geht für die Zeit zwischen 1938 und 1939 von 2 400 bis 2 550 österreichischen Auswandernden in der Sowjetunion aus. Diese setzten sich aus etwa 700 politischen Flüchtlingen, 400 bis 500 jüdischen Flüchtlingen in den baltischen Republiken und 1 300 oder 1 350 sogenannten Nisko-Deportierten zusammen, über welche weiter unten mehr Information folgt.[363] Im März 1946 trafen schließlich 208 Personen aus Karaganda, im heutigen Kasachstan, in Wien ein. Jüdinnen und Juden aus Karaganda waren nach Embacher zunächst in die baltischen Republiken geflüchtet.[364] Der Historiker Jonny Moser ging von 385 Jüdinnen und Juden aus, die zwischen 1938 und 1939 aus Österreich in die

---

360 Ebd.
361 Ebd.
362 Vgl. Israelitische Kultusgemeinde Wien, Bericht des Präsidiums der Israelitischen Kultusgemeinde Wien über die Tätigkeit in den Jahren 1945 bis 1948, Wien 1948, 34.
363 Vgl. Garscha, Winfried R., Achtzig Jahre Ungewissheit. Die Nisko-Aktion 1939 und ihre verschollenen Opfer, in: Schindler, Christine (Hg.), Nisko 1939. Die Schicksale der Juden aus Wien, Dokumentationsarchiv des österreichischen Widerstandes, Jahrbuch, Wien 2020, 19–160, 138.
364 Vgl. Embacher, Helga, Neubeginn ohne Illusionen. Juden in Österreich nach 1945, Wien 1995, 131.

baltischen Republiken geflüchtet waren. Es kann allerdings nicht mehr nachvollzogen werden, wie viele österreichische Flüchtlinge sich insgesamt während des Zweiten Weltkriegs in den baltischen Republiken aufhielten, bzw. wie vielen die Flucht in weitere Exilländer gelungen war.[365] 1940 war mit der Annexion dieser Republiken durch die Sowjetunion die Flucht in weitere Exilländer kaum mehr möglich. Mit Kriegsausbruch zwischen Nazi Deutschland und der Sowjetunion im Frühsommer 1941 gingen auch die Deportationen jüdischer Flüchtlinge einher. Vermehrt wurden sie nach Nordrussland, Sibirien oder Zentralasien verbracht.[366] Nachdem österreichische Jüdinnen und Juden als Deutsche galten, wurden sie entsprechend als Kriegsgefangene interniert. Die Zustände in den Zwangsarbeitslagern waren verheerend und so starben in Sibirien allein im Winter 1942/1943 etliche an den Folgen von Unterernährung.[367] Über den Verbleib etwaiger Überlebender hatte die IKG keinerlei Informationen. Insofern fehlten auch Einschätzungen zu konkreten Zahlenangaben. Folglich regte das Wanderungsreferat bei der Regierung den Ausbau eines Suchdienstes an. Der Einsatz der IKG hatte sich gelohnt: »In den letzten Monaten hat sich dankenswerterweise die österreichische Vertretung in Moskau in den Dienst der Sache gestellt und gibt allen, die sie auffindet, oder die sich bei ihr melden, den Reisepaß und ist auch bereit, die Reisekosten zu bezahlen. In diesem Punkt wenigstens haben wir den Widerstand unserer Behörden überwunden.«[368]

Das Schicksal der Flüchtlinge in der Sowjetunion ist nur teilweise erschlossen. Bis in die Gegenwart fehlt es im Besonderen an Aufarbeitungen über den Verbleib der Nisko-Deportierten, von denen etwa 6 Prozent nach Österreich zurückkehrten.[369]

Im Rahmen der Vertreibungspolitik plante das Reichssicherheitshauptmann 1939 die Errichtung eines »Judenreservates« in Polen, Nisko am San.[370] Adolf

---

365 Je nach Definition von Österreicher:innen, sowie dem Einbezug legaler und illegaler Migration unterliegen die Zahlenangaben Schwankungen. Beispielsweise hatte ein nicht unwesentlicher Teil der zwischen 1938 und 1939 aus Deutschland nach Lettland Geflüchteten bis März 1938 die österreichische Staatsbürgerschaft besessen. Vgl. Garscha, Winfried R., Achtzig Jahre Ungewissheit. Die Nisko-Aktion 1939 und ihre verschollenen Opfer, in: Schindler, Christine (Hg.), Nisko 1939. Die Schicksale der Juden aus Wien, Dokumentationsarchiv des österreichischen Widerstandes, Jahrbuch, Wien 2020, 19–160, 137.
366 Vgl. ebd.
367 Vgl. Embacher, Helga, Neubeginn ohne Illusionen. Juden in Österreich nach 1945, Wien 1995, 131.
368 Israelitische Kultusgemeinde Wien, Bericht des Präsidiums der Israelitischen Kultusgemeinde Wien über die Tätigkeit in den Jahren 1945 bis 1948, Wien 1948, 31.
369 Vgl. Garscha, Winfried R., Achtzig Jahre Ungewissheit. Die Nisko-Aktion 1939 und ihre verschollenen Opfer, in: Schindler, Christine (Hg.), Nisko 1939. Die Schicksale der Juden aus Wien, Dokumentationsarchiv des österreichischen Widerstandes, Jahrbuch, Wien 2020, 19–160, 138.
370 Vgl. Moser, Jonny, Nisko. Die ersten Judendeportationen, Wien 2012, 43.

Eichmann war mit diesem Projekt betraut worden und zwang die IKG zur Zusammenstellung der Transportlisten. Josef Löwenherz sollte »arbeitsfähige« Männer für den Bau eines Lagers auswählen. Dieses sollte als Drehscheibe für anzusiedelnde jüdische Familien fungieren. Umgesetzt wurde dieses Vorhaben letztlich aber nicht.[371] Realisiert wurden in diesem Rahmen die Zwangsumsiedlungen von 4800 bis 4900 Juden aus dem mährischen Ostrau, Wien und Kattowitz nach Nisko. Diese markierten nach dem Historiker Winfried R. Garscha bereits den Übergang zwischen Vertreibungs- und Vernichtungspolitik der Nazis.[372] Vom Wiener Aspangbahnhof deportierte der ersten Zug 912 Männer am 20. Oktober und der zweite 672 Männer am 27. Oktober 1939.[373] Nach ihrer Ankunft mussten sie in das Dorf Zaracecze marschieren, wo die Minderheit der Gruppe in einem dortigen Lager unterkam. Einzelne fanden noch Unterkunftsmöglichkeiten in umliegenden Orten, mehrheitlich wurden die Männer jedoch über die Demarkationslinie auf sowjetisches Gebiet gejagt. Auch sie wurden aufgrund ihrer Nationalität als Feinde der Sowjetunion interniert und ab 1940 mehrheitlich in sowjetische Lager verbracht. Erhielten sie anfänglich noch die behördlichen Genehmigungen sich in der Wolgarepublik niederzulassen, wurden sie mit Auflösung dieser nach Sibirien und Kasachstan »umgesiedelt«. Darüber hinaus wurden 198 Wiener im April 1940 noch aus ihrer Haft entlassen und konnten nach Österreich zurückkehren, doch überlebte der Großteil von ihnen erneute Deportationen nicht.[374]

Der Versuch der IKG, sich nach Kriegsende für diese Gruppe einzusetzen, wird auch an der im Oktober 1947 neu gegründeten Nisko-Kommission deutlich. Diesem Komitee gehörten fünf Personen an.[375] Vier von ihnen waren heimgekehrte Deportierte und einer ein Vertreter der Kultusgemeinde.[376] Sie hatten es sich unter Angabe einer wöchentlichen Sprechstunde zur Aufgabe gemacht, im

---

371 Vgl. Kuretsidis-Haider, Claudia, »Du darfst nicht glauben, dass ich mutlos bin.« Biografische Skizzen zu Nisko-Deportierten aus Wien, in: Schindler, Christine (Hg.), Nisko 1939. Die Schicksale der Juden aus Wien, Dokumentationsarchiv des österreichischen Widerstandes, Jahrbuch, Wien 2020, 161–206, 161 f.
372 Vgl. Garscha, Winfried R., Achtzig Jahre Ungewissheit. Die Nisko-Aktion 1939 und ihre verschollenen Opfer, in: ebd., 19–160, 20.
373 Vgl. Moser, Jonny, Nisko. Die ersten Judendeportationen, Wien 2012, 53 u. 70.
374 Vgl. Garscha, Winfried R., Achtzig Jahre Ungewissheit. Die Nisko-Aktion 1939 und ihre verschollenen Opfer, in: Schindler, Christine (Hg.), Nisko 1939. Die Schicksale der Juden aus Wien, Dokumentationsarchiv des österreichischen Widerstandes, Jahrbuch, Wien 2020, 19–160, 26 u. 138.
375 Vgl. o. A., An die Angehörigen von NISKO-Deportierten, in: Der neue Weg, Nr. 19, Mitte Oktober 1947, 12, 12.
376 Vgl. Garscha, Winfried R., Achtzig Jahre Ungewissheit. Die Nisko-Aktion 1939 und ihre verschollenen Opfer, Wien 2020, in: Schindler, Christine (Hg.), Nisko 1939. Die Schicksale der Juden aus Wien, Dokumentationsarchiv des österreichischen Widerstandes, Jahrbuch, Wien 2020, 19–160, 145.

Wanderungsreferat Auskunft über den Verbleib der Deportierten zu geben, bzw. Informationen zu sammeln.[377] Garscha betont in diesem Zusammenhang die ausschließliche Listung der bis dahin zurückgekehrten 58 Personen mit Namen und Adressen in der Zeitschrift der »Mahnruf« datiert mit November 1947.[378] Allerdings markierte die Gründung des Komitees anscheinend sehr wohl den Beginn namentlicher Auflistungen inklusive Adressen der Überlebenden in »Der neue Weg«. In dieser Zeitschrift wurden bereits im Oktober 1947 erstmals die Namen sämtlicher Überlebenden sowie deren Adressen aufgelistet.[379] Darüber hinaus folgte in der Ausgabe einen Monat später eine Richtigstellung der vorangegangenen Auflistungen, sowie einzelne neue Namens- und Adressangaben. Mit den Meldungen einzelner Rückkehrer wurde fortgefahren. Das Komitee bekundete seine Hoffnung, mit der Listung die Suche nach Verschollenen zu vereinfachen und plante daher die regelmäßige Veröffentlichung weiterer Daten Überlebender in dem Medium.[380] Zusätzlich übernahm das Nisko-Komitee auch die Weitergabe wichtiger Informationen und ließ diese in der »Der neue Weg« drucken. Die Überlebenden wurden etwa aufgefordert, nötige Unterlagen, wie Identitätsnachweise im Wanderungsreferat abzugeben, sofern sie die Aufnahme in den KZ-Verband beantragt hatten.[381] Vernetzungsmöglichkeiten im Rahmen eines monatlichen Jour fixe im Café Parkring wurden mit Anfang 1948 in der Zeitschrift ausgeschrieben. An der Ausschreibung ist die Unterzeichnung des Komitees als Karaganda- und Nisko-Komitee auffällig, sowie die explizite In-

---

377 Vgl. o. A., An die Angehörigen von NISKO-Deportierten, in: Der neue Weg, Nr. 19, Mitte Oktober 1947, 12, 12.
378 Vgl. Garscha, Winfried R., Achtzig Jahre Ungewissheit. Die Nisko-Aktion 1939 und ihre verschollenen Opfer, Wien 2020, in: Schindler, Christine (Hg.), Nisko 1939. Die Schicksale der Juden aus Wien, Dokumentationsarchiv des österreichischen Widerstandes, Jahrbuch, Wien 2020, 19–160, 145.
379 Vgl. o. A., An die Angehörigen von NISKO-Deportierten, in: Der neue Weg, Nr. 19, Mitte Oktober 1947, 12, 12.
380 Vgl. o. A., Nachtragsliste, in: Der neue Weg, Nr. 21, Mitte November 1947, 11, 11.
381 Nach Kriegsende erfolgte die Gründung diverser Zusammenschlüsse ehemals im Widerstand tätigen und Verfolgter. Schließlich wurde im September 1946 der »Bund der politisch Verfolgten« gegründet. Dieser stellte eine überparteiliche Interessensvertretung als österreichischer Dachverband der Widerstandskämpfer:innen- und Opferorganisationen dar. Infolge politischer Auseinandersetzungen wurde er allerdings im März 1948 aufgelöst. Anschließend reaktivierten politische Fraktionen bestehende Verbände, bzw. gründeten Neue: Die ÖVP konstituierte unmittelbar nach Auflösung die »ÖVP Kameradschaft der politisch Verfolgten«, 1949 wurde der »Bund sozialistischer Freiheitskämpfer und Opfer des Faschismus« und der KPÖ-nahe »KZ-Verband« (Kurzbezeichnung), gegründet. Es dauert bis 1968, bis sich die einzelnen Verbände wieder als eine Arbeitsgemeinschaft zusammenschlossen. Vgl. Berger, Karin/Dimmel, Nikolaus/Forster, David/Spring, Claudia/Berger, Heinrich, Vollzugspraxis des »Opferfürsorgegesetzes«. Analyse der praktischen Vollziehung des einschlägigen Sozialrechts, Veröffentlichungen der Historikerkommission. Vermögensentzug während der NS-Zeit sowie Rückstellungen und Entschädigungen seit 1945 in Österreich, Band 29/2, Wien/München 2004, 75.

kludierung Karaganda-Überlebender, da sie die Zusammengehörigkeit dieser Zielgruppen belegt.[382] Eine Statistik der Israelitischen Kultusgemeinde aus dem Jahr 1952 verzeichnete insgesamt 167 Rückkehrer:innen aus »Nisko and Karaganda Camps«.[383] Die Diskrepanz zu den oben angeführten 208 Rückkehrer:innen aus Karaganda im Jahr 1946 ließe sich möglicherweise wie folgt erklären: Entweder waren diese Rückkehrer:innen nicht alle in Lagern in Karaganda interniert gewesen, oder die Anzahl der Rückkehrer:innen umfasste ausschließlich jene, die 1952 tatsächlich in Wien lebten. Eventuell berücksichtigte die Statistik also Migration und Todesfälle, wodurch die Anzahl bis 1952 wieder gesunken war.

Die Unterbringung dieser Rückkehrer:innen verlief auch nicht reibungslos. Entsetzt hob das Wanderungsreferat der IKG den Umstand hervor, dass Rückkehrer:innen aus Palästina, sowie Karaganda von der Stadt Wien teilweise in Massenquartieren untergebracht worden waren.[384] Eine vorliegende undatierte Namensliste gibt Auskunft über die konkreten Quartiere und nennt etwa in der Meldemannstraße untergebrachte sogenannte Russland-Rückkehrer:innen.[385]

Die bereits erwähnte Susanne Bock war 1946 ohne Hilfe und ohne Papiere selbst aus dem englischen Exil nach Wien zurückgekehrt und betreute mit ihrem Arbeitswechsel zum Joint im Jahr 1947 jüdische Flüchtlinge. »Sie erlebte ganz persönlich, wie die jüdischen Heimkehrer aus den Arbeitslagern in Karaganda (Sowjetunion) behandelt wurden – so wurden sie im Obdachlosenquartier in der Meldemannstraße einquartiert –, was als einer der größten Skandale anzusehen ist.«[386] schrieb die Historikerin Siglinde Bolbecher. Davon abgesehen belegen die Namenslisten auch die Unterbringung in dem 1947 errichteten Obdachlosenheim Odoakergasse 48 im 16. Wiener Gemeindebezirk, sowie die Unterbringung in der städtischen Herberge Kastanienallee 2 im 12. Wiener Gemeindebezirk, dessen Errichtung noch in die Zeit der Ersten Republik fiel.[387]

Im Zusammenhang mit der Unterbringung in öffentlichen Einrichtungen wurde zumindest anfänglich zwischen sogenannten Dauermieter:innen und Flüchtlingen unterschieden. Alleinstehenden wurden je nach Geschlecht ge-

---

382 Vgl. o. A., Nisko-Heimkehrer!, in: Der neue Weg, Nr. 23, Mitte Dezember 1947, 12, 12; vgl. o. A., Achtung!, in: ebd., Nr. 4, Anfang Februar 1948, 4, 4.
383 Vgl. Wilder-Okladek, F., The Return Movement of Jews to Austria after the Second World War. With special consideration of the return from Israel, Netherlands 1969, 108.
384 Vgl. Israelitische Kultusgemeinde Wien, Bericht des Präsidiums der Israelitischen Kultusgemeinde Wien über die Tätigkeit in den Jahren 1945 bis 1948, Wien 1948, 30.
385 Vgl. Archiv IKG Wien, Bestand Jerusalem, A/W 4446, Namensliste Rückkehrer:innen Meldemannstraße, Odoakergasse, Kastanienallee.
386 Bolbecher, Siglinde, Die Rückkehr nach Österreich als ein zweites Exil. Integration aus der Perspektive von Frauen: 1934–1945, in: Oberlechner, Manfred, Die missglückte Integration? Wege und Irrwege in Europa, Wien 2006, 101–118, 112.
387 Vgl. Archiv IKG Wien, Bestand Jerusalem, A/W 4446 Namensliste Rückkehrer:innen Meldemannstraße, Odoakergasse, Kastanienallee.

trennte Tagesräume und Schlafsäle zugewiesen. Eine Waschküche und Gasrechauds wurden zur Verfügung gestellt. Je nach Verdienst entrichteten die Bewohner:innen dabei einen Pauschalbetrag für Verköstigung, Licht und Beheizung.[388] Dieses Heim zählte mit einer Belegung von 480 Personen im April 1948 zum zweitgrößten nach dem Wiedner Spital. Aber auch die Odoakergasse, sowie die Meldemannstraße und weitere Heime hatten zu diesem Zeitpunkt keine freien Kapazitäten mehr.[389] Den Umstand der Unterbringung der Rückkehrer:innen in derartigen Heimen sah das Wanderungsreferat der Einstellung des Wohnungsamtes der Stadt Wien geschuldet.[390] Es war vor allem der Zustand dieser Massenquartiere, die das Wanderungsreferat in seiner Ohnmacht bemängelte: »Wir mussten es uns gefallen lassen, daß sie [die 208 Rückkehrer:innen aus Karaganda] in einigen sehr schlechten Obdachlosheimen der Gemeinde Wien untergebracht wurden. Erst nach mehreren Monaten fanden sie in der sogenannten Reitzes-Villa, XIX, Sieveringerstraße 245, Unterkunft.«[391] Das Wanderungsreferat signalisierte die Bereitschaft, vorübergehende Unterbringung in Massenquartieren zu akzeptieren, lehnte diese aber als permanente Unterkünfte entschieden ab. Bei den Rückkehrer:innen aus Karaganda sprach die IKG im Februar 1948 von 189 Personen. Davon waren zu diesem Zeitpunkt 45 in Herbergen der Stadt Wien untergebracht, eine Person in einem Heim der IKG, 69 befanden sich in Hauptmietverhältnissen und 74 in Untermiete. Von den Nisko-Deportierten waren laut Statistik der IKG 76 Personen zurückgekommen. 17 lebten in Herbergen der Stadt Wien, 10 in Heimen der IKG, 31 in Haupt- und 18 in Untermiete. Das Wanderungsreferat schrieb die verhältnismäßig große Zahl der Rückkehrer:innen in Hauptmiete den unermüdlichen Bemühungen des Komitees zu.[392] »Um jede Wohnung für Heimkehrer muß lange gekämpft werden, nicht nur gegen die jetzigen Besitzer, zum größten Teil Nazi und Ariseure, sondern gegen passive Resistenz und zuweilen die offene Feindseligkeit der kompetenten Faktoren.«[393] Dass die Bemühungen der IKG um Rückkehrer:innen auch im Jahr 1955 nicht abgeschlossen waren, belegt ein erneuter Versuch der

---

388 Vgl. K., H., Publikumswechsel im Obdachlosenheim, in: Österreichische Zeitung, Nr. 289, 18. Dezember 1946, 3, 3.
389 Vgl. o. A., Die Endstation der Obdachlosen. Das Massenquartier in der Kastanienallee, in: Österreichische Volksstimme, Nr. 80, 4. April 1948, 7, 7.
390 Vgl. Israelitische Kultusgemeinde Wien, Bericht des Präsidiums der Israelitischen Kultusgemeinde Wien über die Tätigkeit in den Jahren 1945 bis 1948, Wien 1948, 30.
391 Ebd. Offenkundig handelte es sich zu diesem Zeitpunkt bei der Unterbringung in der Sieveringer Straße nicht mehr um ein »schlechtes Obdachlosenheim der Gemeinde Wien«. Ein Sitzungsprotokoll des Vertreterkollegiums belegt das, indem über die Besichtigung des Rückkehrerheims in der Sieveringer Straße 245 durch die IKG berichtet wird und ein Kostenvoranschlag für die Adaptierung zweier Zimmer vorgelegt werden soll. Vgl. Archiv IKG Wien, Bestand Wien, A/VIE/IKG/III/AD/VOR/1/1, Protokoll, 01.12.1948.
392 Vgl. ebd., 32.
393 Ebd. 30.

IKG, Nisko-Deportierte überhaupt ausfindig zu machen. Der Ausgang dieses Unterfangens ist nicht bekannt. Bestätigt ist jedoch, dass 16 Personen ausfindig gemacht werden konnten, die anscheinend noch lebten. Der Aufenthaltsort von vier Personen in unterschiedlichen Lagern konnte ermittelt werden. Obgleich sich die IKG für diese Gruppe verantwortlich fühlte, war nicht nur sie zuständig; inzwischen war auch der Internationale Suchdienst des Roten Kreuzes zur Anlaufstelle für diese Deportierten geworden.[394]

Rückkehr aus weiteren Ländern

Der Vollständigkeit halber seien an dieser Stelle knapp Rückkehrer:innen abseits der oben genannten Länder erwähnt, die sich als Einzelpersonen aus europäischen, sowie Überseestaaten ebenso hilfesuchend an das Wanderungsreferat wandten. Obgleich der Großteil zu diesem Zeitpunkt Westeuropa und Italien zugeordnet werden konnte, war ein Anstieg der Anfragen aus Rumänien bereits 1948 zu verzeichnen.[395] Bis 1952 registrierte die IKG 1 003 Rückkehrer:innen aus Westeuropa.[396] Es kann angenommen werden, dass die IKG bei diesen mit einem geringeren Betreuungsaufwand rechnete, wenn sie hervorhob: »Sie wiesen einen wesentlich günstigeren Alters- Gesundheitszustand auf; die jüngeren Jahrgänge bilden hier den stärksten Teil und die sozietären Eigenschaften der aus England und Frankreich Rückkehrenden, ihr Wille, sich in die Gesellschaft einzufügen, produktiv zu arbeiten, sichert ihnen eine bedeutende Rolle in der Zukunft unserer Gemeinschaft. Aus den letztgenannten Ländern sind im Laufe der letzten zwei Jahre rund 1000 Personen zurückgekommen.«[397] Neben größeren Transporten kamen im Jahr 1948 auch mehrere hundert Personen in kleineren Gruppen aus Nord- und Südamerika, Indien und Afrika. Teilweise wurden auch sie in Massenherbergen untergebracht. Darüber hinaus wohnten manche auch in Quartieren der IKG in der See- und Tempelgasse, sowie der Unteren Augartenstraße.[398]

---

394 Vgl. Garscha, Winfried R., Achtzig Jahre Ungewissheit. Die Nisko-Aktion 1939 und ihre verschollenen Opfer, in: Schindler, Christine (Hg.), Nisko 1939. Die Schicksale der Juden aus Wien, Dokumentationsarchiv des österreichischen Widerstandes, Jahrbuch, Wien 2020, 19–160, 146f.
395 Vgl. Israelitische Kultusgemeinde Wien, Bericht des Präsidiums der Israelitischen Kultusgemeinde Wien über die Tätigkeit in den Jahren 1945 bis 1948, Wien 1948, 32.
396 F. Wilder-Okladek weist auf die der Statistik nicht zu entnehmende Angabe der Interpretation des Begriffs »Rückkehr« und Rückkehrer:innen hin, wodurch die Zahlen kritisch gesehen werden müssen.
397 Israelitische Kultusgemeinde Wien, Bericht des Präsidiums der Israelitischen Kultusgemeinde Wien über die Tätigkeit in den Jahren 1945 bis 1948, Wien 1948, 32.
398 Vgl. ebd., 33.

Zu dieser Zeit verhandelte die IKG auch mit der IRO, der »International Refugee Organization«, die als Nachfolgeorganisation der United Nations Relief and Rehabilitation Administration etabliert worden war, die Frage nach organisierter Unterstützung für die Rückkehr Geflüchteter aus Südamerika. Bei diesen wurde von mindestens 500 Personen ausgegangen, die aus eigenen Mitteln keine Rückkehr finanzieren konnten. Das Wanderungsreferat sah es in der Zusammenarbeit mit anderen Referaten der Kultusgemeinde als gemeinsame Verantwortung für ihre »Befürsorgung und Wohnsicherung sowie zu ihrer Eingliederung in das Leben Österreichs« zu sorgen und formulierte einen wesentlichen Gedanken, wenn sie in den Rückkehrer:innen die Basis für die Sicherung des Überlebens der Gemeinde sah.[399]

Versorgung der Rückkehrer:innen

Die Versorgungslage Überlebender wurde im entsprechenden Kapitel bereits angeschnitten und soll hier erneut zur Vertiefung der Erkenntnisse hinsichtlich der Rückkehrenden aufgegriffen werden. Zur benötigten Grundversorgung der Rückkehrer:innen gehörte nicht nur die Unterbringung. Einem Präsidiumsbericht der IKG von 1948 kann etwa die Versorgung der Rückkehrer:innen mit Nahrungsmitteln in den Quartieren der Gemeinde Wien und durch die Gemeinde Wien für die Dauer ihrer Erwerbslosigkeit entnommen werden.[400] Das deckt sich mit Angaben der Stadt Wien von 1947 denen zufolge »unterstandslosen Personen« neben der Unterkunft, Mittel zur Reinigung, sowie Abendessen und Frühstück zur Verfügung gestellt wurden. Im Unterschied dazu erhielten »mindererwerbsfähige Personen« für die Dauer ihrer »Obdachlosigkeit« in Familienherbergen, bzw. Dauerheimen (so lange diese Unterscheidung vorgenommen wurde) »Verköstigung und die notwendige Bekleidung«, wie es unspezifisch heißt.[401] Es kann davon ausgegangen werden, dass die Verpflegung von den jeweiligen Rahmenbedingungen im Heim und den Einkommensverhältnissen der Bewohner:innen abhing. Es ist eine Tatsache, dass die allgemeinen Fürsorgetätigkeiten der Stadt Wien – im Gegensatz zu prophylaktischen Konzepten – auf Linderung bestehender Notlagen mit Schwerpunkt auf gesundheitliche und medizinische Versorgung abzielten.[402] Selbst dieser Bedarf konnte jedoch nicht für alle gedeckt werden, wie zusätzlich implementierte Angebote für

---

399 Vgl. ebd., 34.
400 Vgl. ebd., 30.
401 Vgl. Wiener Magistrat, Handbuch für den ehrenamtlichen Fürsorgerat: kleiner Wegweiser durch das Wohlfahrts- und Gesundheitswesen der Stadt Wien, Wien 1947, 85.
402 Vgl. Wolfgruber, Gudrun, Von der Fürsorge zur Sozialarbeit. Wiener Jugendwohlfahrt im 20. Jahrhundert, Wien 2013, 93.

## Das Tätigkeitsfeld des Wanderungsreferates der IKG

Hilfsbedürftige belegen: »Wir bemühen uns, alle Heimkehrer, die sich nicht gekochte Nahrung beschaffen können, wenigstens im ersten Monat in der ›Joint‹- und in der Koscherküche auszuspeisen.«[403] schrieb die IKG. Sie »bemühte« sich eigenen Schilderungen zufolge auch um die »erste Nahrungsmittelversorgung« der Rückkehrenden. Davon abgesehen hätten sogenannte »Heimkehrer« eine öffentliche Fürsorgeunterstützung in der Höhe von 50.– Schilling erhalten, ein Betrag der später auf 75.– Schilling erhöht wurde.[404] Von einer unbürokratischen Verteilung dieser Geldbeträge an sämtliche »Heimkehrer« ist nicht auszugehen. Schließlich setzte der Bezug von öffentlichen Fürsorgeleistungen Hilfsbedürftigkeit voraus, die bei Antragstellung durch das Magistrat überprüft wurde.[405] Zusätzlich zu einmaligen finanziellen Unterstützungen der Gemeinde Wien erhielten (ausschließlich) bedürftige Rückkehrer:innen auch durch die IKG einen zusätzlichen Betrag von 100.– Schilling. Bei Erwerbslosigkeit oder Krankheit unterstützte die Fürsorgeabteilung der IKG die Rückkehrer:innen darüber hinaus über einen längeren Zeitraum mit weiteren kleinen finanziellen Beträgen.[406] Das unterstreicht das Vorgehen der IKG, sich an den Fürsorgestrukturen der Stadt Wien zu orientieren, die Hilfsbedürftigen einmalige Geld- oder Sachleistungen oder eben Dauerleistungen gewähren konnte.[407] Trotz der äußerst knappen Mittel bemühte sich die IKG außerdem Kleidung, Schuhe und Decken auszugeben. Die Interventionen der IKG für die Bekleidung der Nisko-Deportierten und Karaganda-Internierten beim Joint waren besonders erfolgreich.[408] Dazu gehörten auch sogenannte »Sofortbedarfsartikel« wie Rasierapparate und Hygieneartikel.[409] Als Erfolg deutete das Wanderungsreferat auch die Verhandlungen mit dem Hauptwirtschaftsamt der Stadt Wien, durch die dieser Gruppe 300 Bezugsscheine für Schuhe und Strümpfe zugeteilt werden konnten.[410] Die Verteilung von 82 471 Hilfspaketen an Heimkehrer:innen im Jahr 1947 belegt einmal mehr die weitreichende Abhängigkeit der Gemeindemitglieder von Un-

---

403 Israelitische Kultusgemeinde Wien, Bericht des Präsidiums der Israelitischen Kultusgemeinde Wien über die Tätigkeit in den Jahren 1945 bis 1948, Wien 1948, 30.
404 Inwiefern es sich dabei um einmalige oder regelmäßige Unterstützungen handelte, geht aus dem Bericht der IKG nicht hervor. Laufende Unterstützung durch die öffentliche Hand wurden in der Regel genehmigt, sofern die Notlage nicht vorübergehend war. Vgl. ebd.
405 Vgl. Wiener Magistrat, Handbuch für den ehrenamtlichen Fürsorgerat: kleiner Wegweiser durch das Wohlfahrts- und Gesundheitswesen der Stadt Wien, Wien 1947.
406 Vgl. Israelitische Kultusgemeinde Wien, Bericht des Präsidiums der Israelitischen Kultusgemeinde Wien über die Tätigkeit in den Jahren 1945 bis 1948, Wien 1948, 30.
407 Vgl. Wiener Magistrat, Handbuch für den ehrenamtlichen Fürsorgerat: kleiner Wegweiser durch das Wohlfahrts- und Gesundheitswesen der Stadt Wien, Wien 1947, 43f.
408 Vgl. Israelitische Kultusgemeinde Wien, Bericht des Präsidiums der Israelitischen Kultusgemeinde Wien über die Tätigkeit in den Jahren 1945 bis 1948, Wien 1948, 31.
409 Vgl. Archiv IKG Wien, Bestand Jerusalem, A/W 4312, Anfrage W. Krell an AJDC, 15.02.1948.
410 Vgl. Israelitische Kultusgemeinde Wien, Bericht des Präsidiums der Israelitischen Kultusgemeinde Wien über die Tätigkeit in den Jahren 1945 bis 1948, Wien 1948, 31.

terstützungsleitungen.[411] Dennoch konnten nicht sämtliche Bedürfnisse befriedigt werden. Ein Heimkehrer aus Karaganda beschwerte sich beispielsweise im Winter 1947: »Ich habe keine Verständigung erhalten, mir einen Mantel abholen zu können, obwohl ich schon längst bei allen Stellen ersuchte, mir einen Mantel zu geben, sobald diese eintreffen.«[412] Die Verteilungsschlüssel der IKG waren für die Bedürftigen nicht immer transparent. Sie prangerten tatsächliche oder vermeintliche Benachteiligung an: »Andere Leute, die über genügend warme Kleidung verfügen, haben aber sofort die Verständigung erhalten, einen Mantel abholen zu können. Ich bin nicht geneigt, dies so ohne weiteres hinzunehmen. Eine Ausgabe, die mich ausschließt, ist unobjektiv [...].«[413] Diese Beschwerde war kein Einzelfall. Daher bat Michael Kohn, Leiter des Wanderungsreferates, die Fürsorgeabteilung im September 1947 zur Vermeidung von Übervorteilungen und Benachteiligungen die Ausgabe von Kleidungsstücken an Rückkehrer:innen nur vorzunehmen, wenn er oder die Mitglieder der entsprechenden Komitees diese veranlasst hätten.[414] Diese Vorgangsweise wurde mindestens bis in das Frühjahr 1948 praktiziert. Das heißt, die Kompetenz der konkreten Bedarfserhebung lag beim Wanderungsreferat, nicht bei der Fürsorgeabteilung.[415] Die Zuständigkeiten waren aber auch zwischen AJDC und der IKG immer wieder neu zu verhandeln. Als im Februar 1948 12 weitere Personen aus Karaganda in Wien erwartet wurden, wandte sich Amtsdirektor Wilhelm Krell mit der Frage der Zuteilung von Kleidung und Sofortbedarfsartikeln an den Joint. Abgesehen von Koordinationsfragen wird damit die drei Jahre nach Kriegsende weiterhin nötige Unterstützung der IKG durch den Joint unterstrichen.[416]

Für einen Umzug aus einer provisorischen Unterkunft in eine Wohnung mussten Rückkehrer:innen etliche Hürden überwinden. Das Wanderungsreferat machte diesen Umstand am Unwillen der österreichischen Politik fest, die keinen Gesetzesentwurf für den Rückerhalt geraubter Wohnungen vorlegte. Erhielten Rückkehrer:innen aber Wohnungszuweisungen, benötigten sie häufig weitere Unterstützungen in Form von Möbeln.[417] Die Kultusgemeinde »[...] hat alle alten aus der Nazizeit verbliebenen Bestände an Möbeln verteilt. Die von ihr ge-

---

411 Vgl. Bailer, Brigitte, Überlebende des Holocaust in der Zweiten Republik – eine Skizze, in: Dokumentationsarchiv des österreichischen Widerstandes (Hg.), Feindbilder, Jahrbuch, Wien 2015, 113–139, 117.
412 Archiv IKG Wien, Bestand Jerusalem, A/W 4301, Beschwerdeschreiben an Fürsorgeabteilung, 22.11.1947.
413 Ebd.
414 Vgl. ebd., A/W 4303, Bittschreiben Wanderungsreferat an Fürsorgeabteilung, 25.09.1947.
415 Vgl. ebd., Ausfolgungs-, Befürsorgungs-, und Unterstützungsbitten, 12.01.1948, 08.10.1947 u. 03.05.1948.
416 Vgl. ebd., A/W 4312, Anfrage W. Krell an AJDC, 15.02.1948.
417 Vgl. Israelitische Kultusgemeinde Wien, Bericht des Präsidiums der Israelitischen Kultusgemeinde Wien über die Tätigkeit in den Jahren 1945 bis 1948, Wien 1948, 33.

meinsam mit dem Bundesverband der politisch Verfolgten geschaffene Möbelkommission bemüht sich, zu helfen, und schließlich hat auch das Möbelreferat der Gemeinde Wien einigen Heimkehrern Einrichtungsgegenstände überlassen.«[418] Das Wanderungsreferat erkannte nicht nur den allgemeinen Fürsorgeumfang; es machte auch auf den Anleitungsbedarf gegenüber dem Behördendschungel aufmerksam. Die Rückkehrer:innen benötigten eine Drehscheibe, die sie entsprechend ihren Bedürfnissen kompetent an die zuständigen Stellen verwies und sie begleitete. Das Wanderungsreferat zählte die weitreichenden und notwendigen Unterstützungtätigkeiten beispielhaft auf: Interventionen beim Wohnungsamt, im Heimatrechtsamt der IKG, bei verschiedenen Ministerien wie dem Innen- und Außenministerium, beim Arbeitsamt oder bei den Alliierten. Die Zusammenarbeit mit den eigenen Referaten und dem Joint erwies sich im Gegensatz zur Zusammenarbeit mit den staatlichen und Gemeindebehörden als unkompliziert.[419] Die Benachteiligung der Verfolgten gegenüber den Kriegsgefangenen wird deutlich: »die Kriegsgefangenen seien die Heimkehrer, für die alles getan werden müsse, die alle Privilegien in Anspruch nehmen können, während unsere Leute nur Rückwanderer seien, die freiwillig zurückgekommen sind, die es lieber hätten nicht machen sollen und die keinesfalls Ansprüche auf besondere Vorzugsbehandlungen machen dürfen. Daß es sich dort zum Teil um Nazi oder um Helfershelfer, in unserem Falle aber um Naziopfer handelt, will man vergessen.«[420] Die Logik, dass vor dem Krieg etwa 60 000 Wohnungen Jüdinnen und Juden entzogen worden waren und daher die Unterbringung der wenigen Rückkehrenden und Überlebenden keine Herausforderung darstellen sollte, ging nicht auf. Die politische Führung dachte nämlich nicht daran, mit Rückstellungsverpflichtungen den Verlust von zahlreichen Wähler:innenstimmen für die verhältnismäßig geringe Anzahl Überlebender zu riskieren.[421] 1949 wurde von 1 500 Personen ausgegangen, die keine eigene Wohnung bewohnten. Von diesen waren nach wie vor Personen in den damaligen Obdachlosenasylen in Wien untergebracht.[422] Ein Beitrag in »Der neue Weg« belegt beispielsweise noch 1952 die Unterbringung von Rückkehrer:innen in diesen provisorischen Unterkünften.[423]

---

418 Ebd.
419 Vgl. ebd.
420 Ebd.
421 Vgl. Bailer, Brigitte, Überlebende des Holocaust in der Zweiten Republik – eine Skizze, in: Dokumentationsarchiv des österreichischen Widerstandes (Hg.), Feindbilder, Jahrbuch, Wien 2015, 113–139, 124.
422 Vgl. o. A., Wir klagen an!, in: Der neue Weg, Nr. 17, Mitte September 1949, 10, 10.
423 Vgl. o. A., Heraus mit den arisierten Wohnungen und Betriebsstätten, in: ebd., o. Nr., Jänner 1952, 4, 4.

## »Rückkehrerheime« der IKG

Einleitend soll für dieses Kapitel erneut auf die Zahl nach Wien zurückgekehrter KZ-Überlebender von 1 727 Personen – das Geschlechterverhältnis war relativ ausgeglichen – Ende 1945 verwiesen werden.[424] Das Wanderungsreferat folgte der heute allgemeingültigen Einschätzung zur Rückkehr dieser Gruppe im Sommer 1945.[425] Auf diese früh zurückkehrenden Überlebenden wies das Referat vor allem hinsichtlich der gänzlich fehlenden Unterstützung hin.[426] Die IKG stellte zwar Unterbringungsmöglichkeiten bereit, doch stießen diese anscheinend schnell an ihre Kapazitätsgrenzen, seien die Heime in der Seegasse, Augartenstraße und Tempelgasse von den genannten Rückkehrer:innen und Überlebenden »überfüllt« gewesen. Die Agenda des Wanderungsreferates wird deutlich, wenn es schreibt: »Das war aber auch die einzige Hilfe, die ihnen seitens der jüdischen Gemeinschaft zuteil geworden war.«[427] Denn nach eigenen Angaben setzte sich die IKG erst mit der Gründung des Wanderungsreferates im Frühsommer 1946 für eben diese Gruppe ein.[428] Abgesehen von Schilderungen, die bereits das vorangegangene Kapitel enthält, belegen weitere Zeugnisse das reale Fehlen einer zuständigen Stelle für notwendige Unterstützungen im Zusammenhang mit einer Rückkehr. Am 10. Mai 1945 schrieb beispielsweise ein Überlebender aus Theresienstadt in der Hoffnung, die Leitung der IKG könnte für die Rückkehr Sorge tragen: »Sehr geehrter Herr Amtsdirektor, endlich sind wir frei und nur ein kleines Häuflein von ca. 1200 Österreichern von 18.000 zurückgeblieben. Ich wende mich persönlich an Sie, weil ich im Interesse aller hier zurückgebliebenen darunter ca. 400 Alter und Kranker eine Aktion zum Abtransport unternehmen will. [...] Wir werden nur durch Hilfe von auswärts und durch eigene Kraft von hier wegkommen, wobei noch große Schwierigkeiten zu überwinden sein dürften. [...] Die Abreise von Theresienstadt ist ohne weiters möglich, wenn die Unterbringung im Ankunftsort, sowie die dafür nötigen Beförderungsmittel sichergestellt sind. [...] Theresienstadt befindet sich bereits in Auflösung nur die Österreicher und Reichsdeutschen sitzen hier ohne dass sich jemand um sie kümmert. [...].«[429] Die erste größere Rückführung aus Theresienstadt fand allerdings erst zwei Monate später statt; diese Menschen trafen am

---

424 Vgl. Wilder-Okladek, F., The Return Movement of Jews to Austria after the Second World War. With special consideration of the return from Israel, Netherlands 1969, 114.
425 Einzelne KZ-Überlebende kehrten bereits im Frühjahr 1945 zurück. Vgl. Interview mit Anna Drill/Edith Holzer am 9.2.1989 (DÖW, Interviewsammlung, Transkript 495).
426 Israelitische Kultusgemeinde Wien, Bericht des Präsidiums der Israelitischen Kultusgemeinde Wien über die Tätigkeit in den Jahren 1945 bis 1948, Wien 1948, 28.
427 Ebd.
428 Vgl. ebd.
429 Archiv IKG Wien, Bestand Jerusalem, A/W 4035, Brief eines Überlebenden an IKG-Leitung, 10.05.1945.

07. Juli 1945 in Österreich ein.[430] Überlebende aus Theresienstadt wurden für einige Wochen in den Heimen der »Volkssolidarität« untergebracht.[431] In Wien angekommen waren sie insbesondere auf Unterstützung bei der Wohnraumbeschaffung angewiesen. Mit der fehlenden Bereitstellung an ausreichenden Wohnmöglichkeiten war die IKG genötigt, die Überlebenden in ihren erwähnten Rückkehrerheimen unterzubringen. An dieser Stelle muss jedoch noch angemerkt werden, dass die Bezeichnungen der Quartiere, in denen Rückkehrer:innen lebten, nicht einheitlich und somit auch nicht vergleichbar waren. Der Leiter des Wanderungsreferates nannte etwa auch das Wiedner Spital in der Favoritenstraße Rückkehrheim-Favoritenstraße.[432] Am Wohnraummangel hatte sich auch zur Zeit der Reorganisation der Fürsorgeabteilung der IKG im Jahr 1948 nichts geändert. Sofern sich in Abklärungsgesprächen mit den Befürsorgten keine anderen Wohnmöglichkeiten ergaben, bemühte sie sich um die Unterbringung in den eigenen Heimen.[433]

## Seegasse

Das Areal mit den Räumlichkeiten der Seegasse 9–11 im 9. Wiener Gemeindebezirk, das traditionell einen jüdischen Friedhof beherbergte, wurde der Israelitischen Kultusgemeinde nach Kriegsende erneut zur Verfügung gestellt.[434] Es

---

430 Vgl. Anthony, Elisabeth/Rupnow, Dirk, Seegasse IX: Ein österreichisch-jüdischer Geschichtsort, in: Nurinst – Jahrbuch: Beiträge zur deutschen und jüdischen Geschichte Schwerpunktthema: Leben danach – Jüdischer Neubeginn im Land der Täter, Wien 2010, 13.
431 Vgl. Bailer, Brigitte, Wiedergutmachung kein Thema. Österreich und die Opfer des Nationalsozialismus, Wien 1993, 138.
432 Vgl. Archiv IKG Wien, Bestand Jerusalem, A/W 4303, Befürsorgungsansuchen Wanderungsreferat an Fürsorgeabteilung, 12.02.1948.
433 Vgl. Israelitische Kultusgemeinde Wien, Die Tätigkeit der Israelitischen Kultusgemeinde Wien. In den Jahren 1952–1954, Wien 1955, 55.
434 Die jüdische Vergangenheit der Seegasse 9–11 geht mit der Errichtung eines jüdischen Friedhofs auf das Ende des 15., bzw. in den Anfang des 16. Jahrhunderts zurück. Um den Fortbestand des Friedhofs nach der Ausweisung der Juden aus Niederösterreich und Wien durch Kaiser Leopold I. im Jahr 1670 zu sichern, hinterlegte Koppel Fränkel für seinen Erhalt einen hohen Geldbetrag. In der Folge konnten sich Juden nur aufgrund von Einzelprivilegien in Wien niederlassen. Der Hoffaktor Samuel Oppenheimer erwarb 1696 das inzwischen verwüstete Areal und ließ vor dem ehemaligen Friedhof ein Spital mit Siechenheim und Armenasyl errichten. Nach einer Hochwasserkatastrophe musste es Ende des 18. Jahrhunderts erneuert werden. Mit Mitte des 19. Jahrhunderts folgte die Errichtung eines angrenzenden Siechenhauses, sowie die Sanierung des ehemaligen Friedhofs, und bis 1890 wurde statt des Spitalbaus ein Altersversorgungshaus fertiggestellt. Die zahlreichen Renovierungen, Zu- und Ausbauten wurden bis in das Jahr 1935 fortgeführt. Bis 1936 wies das Altersheim 454 Betten sowie eine angeschlossene Krankenabteilung auf. Bis 1938 beherbergten etliche städtische Institutionen alternde Jüdinnen und Juden. Die Betreuungssituation jüdischer Einrichtungen änderte sich 1938 mit der Ausweisung jüdischer Bewohner:innen aus

diente bis 1950 und teilweise bis 1953 der Unterbringung KZ-Überlebender.[435] Genau genommen zählte das unversehrte Haus im Juli 1945 zu einem der bis zu diesem Zeitpunkt vier jüdischen Displaced-Persons-Lagern in Wien.[436] Der Joint betreute ab Sommer 1945 DPs und Flüchtlinge in den von der US-Armee eingerichteten DP-Lagern.[437] Das Rückkehrerheim in der Seegasse im neunten Wiener Gemeindebezirk war als »Jüdisches Heim der K.-Z.-Rückkehrer« für die Unterbringung von 300 Personen ausgerichtet.[438] Diese Anzahl wurde in den Nachkriegsjahren jedoch meistens überschritten.[439] Aus Lebensmittelanspruchslisten für die Zeit zwischen Oktober und November 1945 lässt sich ein deutlicher Überbelag für diesen Zeitraum herauslesen.[440] Im Juli 1947 waren hier sogar bis zu 500 Personen beherbergt. Für lange Zeit war das Rückkehrerheim in der Seegasse die größte Unterkunft für Überlebende. Darüber hinaus etablierte sich an dieser Adresse die anfänglich einzige koschere Großküche, auf deren Lieferung die an-

---

städtischen Pflegeheimen dramatisch: Deren Betreuung war dem »arischen« Personal nicht »zumutbar«, lauteten die Begründungen. Obgleich sich die IKG im Sommer 1942 gezwungen sah, das Gebäude in der Seegase 9 »zum ›Zwecke der Einquartierung der Waffen-SS‹ [zu] verkaufen«, existierte es noch bis Mai 1943 als Altersheim. Die Deportation von insgesamt 133 Bewohner:innen aus den letzten beiden jüdischen Altersheimen Seegasse 6 und 19 nach Theresienstadt führte zur endgültigen Auflösung. Vgl. Anthony, Elisabeth/Rupnow, Dirk, Seegasse IX: Ein österreichisch-jüdischer Geschichtsort, in: Nurinst – Jahrbuch: Beiträge zur deutschen und jüdischen Geschichte Schwerpunktthema: Leben danach – Jüdischer Neubeginn im Land der Täter, Wien 2010, 2 u. 12 f; vgl. Gerhartl, Gertrud, Geschichte der Juden in Wiener Neustadt, in: Gold, Hugo, Geschichte der Juden in Österreich. Ein Gedenkbuch, Fol-4, Tel-Aviv 1971, 91–100, 96; Raggam-Blesch, Michaela, Von der Seegasse in die Malzgasse, in: Hecht, Dieter J./Lappin-Eppel, Eleonore/Raggam-Blesch, Michaela, Topografie der Schoah. Gedächtnisorte des zerstörten jüdischen Wien, 3. überarbeitete Auflage, Wien 2017, 240–260, 259; vgl. Corbett, Tim, Die Grabstätten meiner Väter. Die jüdischen Friedhöfe in Wien, Wien 2021, 156–163 u. 539–558; Zu Hoffaktoren s. Ries, Rotraud, Hoffaktoren, in: Diner, Dan (Hg.), Enzyklopädie jüdischer Geschichte und Kultur, Band 3 He-Lu, Deutschland 2016, 84–89.
435 Vgl. Israelitische Kultusgemeinde Wien, Die Tätigkeit der Israelitischen Kultusgemeinde Wien. In den Jahren 1952–1954, Wien 1955, 64.
436 Die vier jüdischen DP-Lager waren zunächst: Seegasse, Rothschildspital, Frankgasse und Strudlhofgasse.
437 Vgl. Anthony, Elisabeth/Rupnow, Dirk, Seegasse IX: Ein österreichisch-jüdischer Geschichtsort, in: Nurinst – Jahrbuch, 2010: Beiträge zur deutschen und jüdischen Geschichte Schwerpunktthema: Leben danach – Jüdischer Neubeginn im Land der Täter, Wien 2010, 1–16, 12; vgl. Rolinek, Susanne, Jüdische Lebenswelten 1945–1955. Flüchtlinge in der Amerikanischen Zone Österreichs, Innsbruck 2007, 33.
438 »Jüdisches Heim der K.-Z.-Rückkehrer« war die gängige Bezeichnung des Heims. Vgl. etwa Archiv IKG Wien, Bestand Jerusalem, A/W 4545, Aufnahmegesuch, 13.03.1945.
439 Vgl. Anthony, Elisabeth/Rupnow, Dirk, Seegasse IX: Ein österreichisch-jüdischer Geschichtsort, in: Nurinst – Jahrbuch: Beiträge zur deutschen und jüdischen Geschichte Schwerpunktthema: Leben danach – Jüdischer Neubeginn im Land der Täter, Wien 2010, 1–16, 12 f.
440 Vgl. Archiv IKG Wien, Bestand Jerusalem, A/W 4543, Lebensmittelanspruchsliste, Oktober bis 3. November 1945.

deren Heime angewiesen waren. In der Seegasse waren also österreichische KZ-Überlebende sowie jüdische DPs untergebracht. Vom Dezember 1945 wissen wir, dass 90 Prozent der Bewohner:innen ehemalige österreichische Staatsangehörige und 80 Prozent jüdischen Glaubens waren. Die Frage nach einer spezifischen Betreuung der Überlebenden jenseits ihrer Unterbringung scheint in Anbetracht der fehlenden Ressourcen obsolet. Der Mangel etwa an personellen und finanziellen Ressourcen wird beispielsweise an der Gebäudeinstandhaltung durch KZ-Überlebende selbst evident. Die größte Herausforderung lag in der Lebensmittelversorgung. Ab Herbst 1945 verwaltete in Wien die DP Section der US Forces Austria die DP-Lager gemeinsam mit einem UNRRA Team von 350 Personen. Der Fokus lag dabei eindeutig auf der Erfüllung der Grundbedürfnisse: Bis 1950 finanzierte die amerikanische Armee mehrheitlich die Lageraktivitäten und stellte Nahrungsmittel bereit. Ab 1950 gab sie schließlich die Verwaltung der noch existenten Lager an Österreich ab. Allerdings hatte die Rolle der US-Amerikanischen Armee als »Schutzmacht« jüdischer Flüchtlinge und Überlebender bereits nach der letzten großen osteuropäischen Fluchtbewegung 1946/1947 geendet. Zur Verteilung der Nahrungsmittel zählten auch die speziellen Zuteilungen für jüdische Feiertage. Die amerikanische Armee finanzierte überdies den Einbau einer Zentralheizung sowie die Reparatur sämtlicher Fenster. Auch das American Joint Distribution Committee unterstützte das Heim mit seinen Spenden.[441] Allerdings deckte das alles nicht den Organisationsbedarf ab. Zusätzlich brauchte es ebenso Strukturen auf der Mikroebene: »Intern funktionierte das Rückkehrerheim durch die Mitarbeit seiner Bewohner, die mit Geld oder Punkten, die sie im Lager-System nutzen konnten, entlohnt wurden.«[442]

Nach welchen Kriterien in den ersten Jahren konkret über die Heimaufnahme entschieden wurde, kann nicht eindeutig nachvollzogen werden. Ein Aufnahmegesuch des Herrn Lazarowitsch,[443] Verwalter des Heims in der Seegasse 9, aus

---

441 Vgl. Anthony, Elisabeth/Rupnow, Dirk, Seegasse IX: Ein österreichisch-jüdischer Geschichtsort, in: Nurinst – Jahrbuch: Beiträge zur deutschen und jüdischen Geschichte Schwerpunktthema: Leben danach – Jüdischer Neubeginn im Land der Täter, Wien 2010, 1–16, 12 f; vgl. Rolinek, Susanne, Jüdische Lebenswelten 1945–1955. Flüchtlinge in der Amerikanischen Zone Österreichs, Innsbruck 2007, 32.
442 Anthony, Elisabeth/Rupnow, Dirk, Seegasse IX: Ein österreichisch-jüdischer Geschichtsort, in: Nurinst – Jahrbuch: Beiträge zur deutschen und jüdischen Geschichte Schwerpunktthema: Leben danach – Jüdischer Neubeginn im Land der Täter, Wien 2010, 1–16, 13.
443 Teilweise auch Lazarowitzc geschrieben. In den Personalakten der IKG findet sich ein Simon Lazarovici, der 1942 als Hilfsarbeiter der IKG geführt wurde. Zwischen 1943 und Frühling 1946 sind keine Tätigkeiten nachvollziehbar. Ab 11. März 1946 war er im Amt der rituellen Küche beschäftigt und ab April 1946 ist seiner Kartei auch unbestimmt »Leitung« zu entnehmen. Mit Mai 1949 wurde Lazarovici als Bürokraft ausgewiesen. Ende März 1951 schied er aus dem Dienst der IKG aus. Es wird hier davon ausgegangen, dass es sich bei dem Heimverwalter der Seegasse um Simon Lazarovici handelte. Vgl. Archiv IKG Wien, Bestand Wien, A/VIE/IKG/I-III/PERS/Kartei, K 11.

dem Jahr 1946 für zwei KZ-Überlebende an Amtsdirektor Bernhard Braver belegt aber zumindest die Rücksprache über diese mit der IKG Leitung.[444] Dieses Vorgehen beweist die fallweise anfängliche Involvierung der IKG-Führung.[445]

Erstmalige Beratungsangebote vor Ort zu initiieren, ist auf eine entsprechende Anweisung des Referatsleiters der Fürsorgeabteilung Jakob Bindel im Jahr 1948 zurückzuführen. Durch dieses angedachte Angebot sollte den Bewohner:innen monatlich Beratung durch einen Fürsorgebeamten ermöglicht werden.[446] Konkret wurde kurz darauf, nämlich im Juli, der Fürsorgebeamte Rudolf Baumann der Seegasse zugewiesen.[447] Offenkundig wurden diese Beratungsstunden, in denen es um die Information in Bezug auf Rentenansprüche gehen sollte, nicht in Absprache mit dem Heim etabliert. Das heißt, es gab zwischen Heim und Fürsorgeabteilung keine direkte institutionelle Kommunikation.[448]

Mit der Übernahme des Gebäudekomplexes durch die IKG im Jänner 1950 ging zunächst die Planung einer Altersheimerrichtung einher. Als im Jahr 1951 der Beschluss der IKG folgte, das jüdische Notspital in der Malzgasse im zweiten Wiener Gemeindebezirk aufzulassen, jedoch ein eigenes Spital für die jüdische Gemeinde zu erhalten, sollte die Seegasse, in welche das Altersheim bereits übersiedelt war, wieder seiner ursprünglichen Funktion dienen.[449] Von Wohnungssuchenden geräumt war das Gebäude aber erst 1953. Das war auf den Umstand zurückzuführen, dass zum Zeitpunkt der Übernahme des Hauses noch 187 Personen in dem Rückkehrerheim wohnten. Die IKG betonte in einem Präsidiumsbericht, der Großteil dieser Bewohner:innen seien KZ-Überlebende, die seit 1945 dort untergebracht waren.[450] »Es war ein besonders schwieriges Problem, die 105 Räume und 5 Säle, in welchen Rückkehrer untergebracht waren, nach und nach frei zu machen. Jedem der untergebrachten Rückkehrer mußte eine entsprechende Wohnung verschafft werden.«[451] Die Mehrheit konnte aufgrund von Interventionen des damaligen Präsidenten der IKG Emil Maurer und des damaligen Amtsdirektors Wilhelm Krell bei Bürgermeister Franz Jonas und Franz Koci, Stadtrat für das Wohnungswesen, in Wohnungen vermittelt werden. Bei diesen handelte es sich vorwiegend um Gemeindewohnungen. Für 36 Personen ergab sich die direkte Übernahme in das bestehende Altersheim in der

---

444 Vgl. Archiv IKG Wien, Bestand Jerusalem, A/W 4308, Anfrage von Emil Schindler an Verwalter Lazarowitsch, 25.05.1948.
445 Vgl. ebd., A/W 4545, Aufnahmegesuch, 13.03.1946.
446 Vgl. ebd., A/W 4276, Protokoll, Besprechung der Fürsorgeabteilung vom 16.06.1948, 18.07.1948.
447 Vgl. ebd., Protokoll, Besprechung Fürsorgeabteilung vom 15.07.1948, 16.07.1948.
448 Vgl. ebd., A/W 4273, Schreiben von J. Bindel an Amtsdirektion 15.07.1948.
449 Vgl. Israelitische Kultusgemeinde Wien, Die Tätigkeit der Israelitischen Kultusgemeinde Wien. In den Jahren 1952–1954, Wien 1955, 64.
450 Vgl. ebd.
451 Ebd., 84.

Seegasse. 43 Personen wanderten aus, der Großteil in die USA. 26 Personen fanden in Untermietverhältnissen einen Wohnplatz. Neun Personen verstarben zwischen 1950 und 1953.[452] Zur Zeit der Auflösung des Rückkehrerheims existierte nach wie vor der Bedarf an Wohnraum. In Einzelfällen wurde diesem Bedarf anscheinend – zumindest vorübergehend – mit der Aufnahme in das Altersheim Seegasse begegnet. Dieses Vorgehen wird anhand eines Fürsorgeakts ersichtlich. Dieser belegt die am 26. Oktober 1939 erfolgte Deportation eines Überlebenden nach Nisko. Er war im Alter von ungefähr 40 Jahren im Jahr 1957 nach Wien zurückgekehrt. Obgleich seine Aufnahme in die Seegasse also aus Altersgründen ausgeschlossen werden kann und sein Fürsorgeakt keine gesundheitlichen Einschränkungen nennt, die auf einen nötigen Spitalsaufenthalt hinweisen, erwog die Fürsorgeabteilung die dortige Unterbringung. Diese dokumentierte zwar die Beweggründe für seine Rückkehr nicht, hielt jedoch seine völlige Mittellosigkeit fest. Möglicherweise erklärt die unmittelbare Notwendigkeit nach einer raschen und zumindest vorübergehenden Unterbringung sowie der Mangel an Alternativen dieses Vorgehen.[453] Wenn auch ehemalige und vereinzelt neuere Rückkehrer:innen kurzfristig in der Seegasse aufgenommen wurden, gehörte das Rückkehrerheim als solches 1953 der Vergangenheit an.

Tempelgasse, Untere Augartenstraße und Krummbaumgasse

Das Heim in der Tempelgasse 3 im zweiten Wiener Gemeindebezirk war nach der Auflösung des Rückkehrerheims in der Seegasse das größte seiner Art.[454] Ein Präsidiumsbericht aus den 1960er Jahren hob die – im Vergleich zur Seegasse – besseren Raumverhältnisse in dem ebenfalls im zweiten Bezirk, in der Unteren Augartenstraße 35[455] gelegenen Rückkehrerheim hervor. Diese ermöglichten teilweise die Unterbringung Alleinstehender in Einzelzimmern.[456] Das Heim hatte aber mit 8 Zimmern und 5 Kabinetten die geringste Aufnahmekapazität. Waren 1952 37 Personen in der Augartenstraße untergebracht, wohnten in der

---

452 Vgl. ebd., 85.
453 Vgl. Archiv IKG Wien, Bestand Wien, SOZ Akten 80er u. 90er (temp.), Erhebungsbogen, 6.11.1957.
454 Vgl. Israelitische Kultusgemeinde Wien, Die Tätigkeit der Israelitischen Kultusgemeinde Wien. In den Jahren 1952–1954, Wien 1955, 83.
455 An dieser Adresse befand sich das von Gisela Kornfeld geleitete jüdische Kinderheim. Vgl. Raggam-Blesch, Michaela, Die Odyssee jüdischer Heimkinder, in: Hecht, Dieter J./Lappin-Eppel, Eleonore/Raggam-Blesch, Michaela, Topografie der Schoah. Gedächtnisorte des zerstörten jüdischen Wien, 3. überarbeitete Auflage, Wien 2017, 268–287, 279; s. auch das Kapitel »Waisenkinder«.
456 Vgl. Israelitische Kultusgemeinde Wien, Die Tätigkeit der Israelitischen Kultusgemeinde Wien. In den Jahren 1960–1964, Wien 1964, 133.

Tempelgasse insgesamt 63 Personen. Ein Jahr später hatte sich an der Anzahl mit 64 Bewohner:innen gegenüber 39 Personen fast nichts geändert. Eine Renovierung der Heime im Jahr 1953 verbesserte die Zustände maßgeblich.[457]

1952 musste vorübergehend ein weiteres Rückkehrerheim eröffnet werden. Dieses wurde in der Krummbaumgasse 8 im zweiten Wiener Gemeindebezirk eingerichtet. Zwölf Personen wurden in drei Zimmern und zwei in Kabinetten untergebracht. Es handelte sich dabei um Rückkehrer:innen aus Israel, Shanghai und Australien. »Allmonatlich kommen neue Rückkehrer aus der Emigration zurück; es sind dies zumeist alte und kranke Leute, die das Klima der betreffenden Länder nicht länger vertragen können. Sie werden jeweils in freigewordenen Räumen der Rückkehrerheime untergebracht. So ist in den Rückkehrerheimen eine stete Bewegung von Ab- und Zuwanderern zu verzeichnen.«[458] Zu Beginn des Jahres 1954 befanden sich noch elf Personen in diesem Heim, welches in weiterer Folge aufgelöst wurde. Möglicherweise besteht ein kausaler Zusammenhang zwischen der Auflösung des Heims in der Krummbaumgasse und der niedrigen Belagszahl in der Augartenstraße von 31 Personen mit dem im Jahr 1954 höchsten Bewohner:innenstand in der Tempelgasse seit dem Jahr 1945. Das Heim beherbergte damals insgesamt 71 Personen. Es wies 17 Zimmer und 7 Kabinette auf, wobei die Unterbringung der Bewohner:innen in Gemeinschaftsräumen die Realität war.[459] Über die »Anzahl der bewohnten Räume« notierte ein Mitarbeiter der Fürsorgeabtilung in seinen Erhebungen zu einem damaligen Bewohner noch vor der Renovierung im Jahr 1949 beispielsweise »Bett im Rückkehrerheim«. Weitere Angaben im Fürsorgeakt geben genauen Aufschluss über die räumlichen Verhältnisse: Er bewohnte ein Zimmer mit fünf weiteren Personen.[460] Von diesen Räumlichkeiten abgesehen, konnten die Bewohner:innen auf neun Gaskocher für die Essenszubereitung zugreifen.[461] Im Zusammenleben der Bewohner:innen war die Absprache über deren Nutzung wohl Voraussetzung für die Vermeidung von Konflikten. Eine Heimordnung aus den 60er Jahren belegt den Bedarf eines Regelwerkes: »Für die Heiminsassen gilt eine den bestehenden Notwendigkeiten und ihren eigenen Interessen dienende Heimordnung.«[462] So wurde beispielsweise auch die Nutzung der Badestube im

---

457 Vgl. Israelitische Kultusgemeinde Wien, Die Tätigkeit der Israelitischen Kultusgemeinde Wien. In den Jahren 1952–1954, Wien 1955, 82f.
458 Ebd., 86.
459 Vgl. ebd., 82 u. 85f.
460 Vgl. Archiv IKG Wien, Bestand Wien, SOZ Akten 80er u. 90er (temp.), Rechercheursbericht, 25.11.1949.
461 Vgl. Israelitische Kultusgemeinde Wien, Die Tätigkeit der Israelitischen Kultusgemeinde Wien. In den Jahren 1952–1954, Wien 1955, 82.
462 Israelitische Kultusgemeinde Wien, Die Tätigkeit der Israelitischen Kultusgemeinde Wien. In den Jahren 1960–1964, Wien 1964, 131.

dritten Stock reglementiert.[463] Aus vorangegangenen Schilderungen lässt sich der Mangel an Privatsphäre erkennen. Allerdings besaßen Alleinstehende in den ersten Jahren des Bestehens zumindest das Privileg einen eigenen Waschraum nutzen zu können.[464] Einschätzungen zu weiteren Lebensumständen der Bewohner:innen können aus einer »Liste der Insassen, Wien II. Tempelgasse 3« von 50 Bewohner:innen im Jahr 1946 gewonnen werden. Die Bezeichnung der Bewohner:innen als »Insassen« entspricht zwar dem damaligen Zeitgeist, ruft heute aber eindeutig unangenehme Assoziationen hervor. Die Liste ist nicht allein aufgrund der expliziten Namensnennung der Bewohner:innen ein relevantes Zeitdokument, vielmehr gibt sie Einblick in die Berufs-, bzw. Selbsterhaltungsfähigkeit der Bewohner:innen. Deren Einkommenssituationen waren äußerst divers. Unter ihnen waren Angestellte der IKG, arbeitsunfähige und durch die IKG Befürsorgte. Die knappen Dokumentationen lauteten etwa: »Musiker, verdient derzeit«, »Hilfsarbeiterin, II. Malzgasse 16«, »Hilfsarbeiter b. Konzertdir. Wachsler-Taussig«, »Beamtin d. Bundesminist. d. Inn., hat bereits eine Wohnung«, »Pensionist«, »bekommt Opferfürsorge«, »verdient als Schneiderin, will nur ein Zimmer in Hauptmiete«, »leidend«, oder »befür. ½ K.G. ist arbeitsfähig«. Teilweise mangelte es an Objektivität: »aus Bequemlichkeit, wegen seines hohen Alters im Heim, kann sich ein Zimmer leisten.«, »keinerlei Unterstützung, arbeitsunwillig«, »Unterstützt ½ IKG u. Magistrat ist T.B.C. sitzt den ganzen Tag im Kaffeehaus, hat bereits ein Zimmer, will nicht ausziehen.«[465]

Ein Aufnahmegesuch für das Heim in der Tempelgasse von Februar 1945 an Gisela Kornfeld[466] belegt, dass die Fürsorgeabteilung mit dem Bedarf offenkundig sie als Leiterin des Heims konfrontierte.[467] Ein weiteres Aufnahmegesuch drei Jahre später bestätigt dieses Vorgehen.[468] Mit dem bereits erwähnten Beschluss der Fürsorgeabteilung, in allen Einrichtungen der IKG monatliche Beratungsgespräche ihrer Beamt:innen anzubieten, wurde Josefine Spatz 1948 mit dieser Aufgabe betraut. Die Betreuung der Unteren Augartenstraße (gemeinsam mit

---

463 Vgl. ebd.
464 Vgl. Israelitische Kultusgemeinde Wien, Die Tätigkeit der Israelitischen Kultusgemeinde Wien. In den Jahren 1952–1954, Wien 1955, 83.
465 Archiv IKG Wien, Bestand Jerusalem, A/W 4545, Bewohner:innenliste Tempelgasse, 1946.
466 Gisela Kornfeld war bereits mit 1.08.1939 in der IKG in der »Notunterkunft« tätig und später im Kinderheim angestellt. Von 1.04.1945 bis zum Jahr 1951 war sie als Leiterin des Rückkehrerheims in der Tempelgasse beschäftigt. Im Juni 1951 trat sie in Folge einer »Sondervereinbarung« mit der IKG freiwillig aus. Vgl. Archiv IKG Wien, Bestand Wien, A/VIE/IKG/I-III/PERS/Kartei, K24; vgl. ebd., A/VIE/IKG/III/AD/VOR/1/21, Protokoll, 28.03.195; vgl. ebd., 1374 FS AH Jugendbewegungen 50er, 60er (temp.), Personalakt.
467 Das Aufnahmegesuch war fälschlicherweise an Ella Kornfein, eigentlich Gisela Kornfeld gerichtet. (Sie selbst unterzeichnete mit »Ella« Kornfeld.) Vgl. Archiv IKG Wien, Bestand Jerusalem, A/W 4307, Aufnahmegesuch Tempelgasse, 16.02.1945.
468 Vgl. ebd., A/W 4308, Aufnahmegesuch Tempelgasse, 07.01.1948.

der Malzgasse) sollte durch Edith Auerhahn und Lotte Weinstock erfolgen.[469] Im Laufe der folgenden Jahre konnte aufgrund mangelnder Ressourcen die Betreuung nicht professionalisiert werden: »Für die Verwaltung der beiden Rückkehrerheime wird von der Kultusgemeinde (um Kosten zu sparen) kein eigener Angestellter beschäftigt, vielmehr besorgt diese Angelegenheiten einer der tüchtigsten Angestellten der Kultusgemeinde außerhalb seiner üblichen Arbeitszeit. Dieser Heimverwalter besucht zweimal wöchentlich die Heime und hört sich Wünsche und Beschwerden der Heiminsassen an. In den meisten Fällen können kleine Schwierigkeiten, die sich in einem Gemeinschaftsheim zwischen den Insassen zwangsläufig ergeben müssen, an Ort und Stelle geschlichtet werden, es gibt aber auch Fälle, die einer langwierigen und geduldigen Behandlung bedürfen.«[470]

Von 1960 bis 1964 waren im Rückkehrerheim in der Tempelgasse zwischen 37 und 49 Personen untergebracht.[471] In diesem Zeitraum belief sich die Bewohner:innenzahl in der Unteren Augartenstraße auf 24 bis 29 Personen.[472] Aus den Angaben wird der abnehmende Bedarf an diesen Unterkünften ersichtlich. Das nahm die IKG zum Anlass, den Umbau dieser Heime in reguläre Wohnhäuser anzudenken: »Ein Teil der Heiminsassen würde in den neugeschaffenen Wohnungen verbleiben, für die restlichen Heiminsassen müßten von der Kultusgemeinde in Neubauten der Gemeinde Wien Wohnungen beschafft werden. Die Realisierung dieser Pläne erfordert Zeit und Geduld. Der neu zu wählende Kultusvorstand wird diesbezüglich die entsprechenden Beschlüsse zu fassen haben.«[473] Die Tatsache, dass die Tempelgasse noch 1969 als Rückkehrerheim bezeichnet wurde, unterstreicht wohl die Langwierigkeit des Prozesses.[474]

## Das Wohnungsreferat der IKG

Die Zerstörungen in Wien wirkten sich nach 1945 auch auf den Wohnungsmarkt aus. Felix Slavik, damals Stadtrat, wies noch auf zusätzliche Faktoren hin, die zur Wohnungsnot beitrugen: Erstens waren während der NS-Herrschaft die Bautätigkeiten nahezu komplett zum Erliegen gekommen. Zweitens bedurfte es der Unterbringungsmöglichkeiten für die Soldaten der Alliierten: Im Jahr 1946 be-

---

469 Vgl. ebd., A/W 4276, Protokoll Besprechung Fürsorgeabteilung am 16.06.1948, 18.07.1948; vgl. ebd., A/W 4276, Protokoll, Besprechung Fürsorgeabteilung, 15.07.1948, 16.07.1948.
470 Israelitische Kultusgemeinde Wien, Die Tätigkeit der Israelitischen Kultusgemeinde Wien. In den Jahren 1960–1964, Wien 1964, 133.
471 Vgl. ebd., 131 f.
472 Vgl. ebd., 133.
473 Ebd., 134.
474 Vgl. Archiv IKG Wien, Bestand Wien, A/VIE/IKG/III/AD/VOR/6/18, Protokoll, 25.11.1969.

deutete das im Durchschnitt 3 000 Personen mehr pro Bezirk.[475] Hier soll einmal mehr auf den Umstand hingewiesen werden, dass die IKG sich ab Sommer 1945 speziell mit der Frage der Unterbringung KZ-Überlebender und in weiterer Folge mit den Rückkehrer:innen aus den Exilländern konfrontiert sah.[476] Dabei war es der IKG ein besonderes Anliegen, KZ-Überlebende nicht in den eigenen Rückkehrerheimen untergebracht zu sehen, wie sie in einem ihrer Tätigkeitsberichte festhielt: Die adäquate Unterbringung in Wohnungen stellte zumindest einen der wesentlichen Aspekte der Forderung nach der Gewährleistung eines »menschenwürdigen Daseins« dar.[477] Ganz abgesehen von der moralischen und humanitären Verantwortung den Verfolgten gegenüber schien diese in Anbetracht der geraubten, »arisierten« Wohnungen nur legitim.

Um einen Überblick in die Wohnungssituation Überlebender nach 1945 in Wien zu erlangen, wurden die Daten von 55 personenbezogenen Akten des Wohnungsreferates der Israelitischen Kultusgemeinde Wien exemplarisch herangezogen.[478] Im Folgenden sollen diese Daten als Einblick für einige Zahlenangaben in Bezug auf die Wohnumstände der Überlebenden dienen. Die personenbezogenen Akten verdeutlichen zwar, dass die Kategorien der Wohnungssuchenden nicht immer scharf zu trennen waren; allerdings handelte es sich bei den gesichteten Fällen ausschließlich um Personen, die während der Nazi-Herrschaft gezwungen waren, ihre ehemaligen Wohnungen zu verlassen und diese nach Kriegsende wieder beziehen wollten.[479]

Fragebögen zu Wohnungsangelegenheiten – datiert zwischen Sommer 1946 und Herbst 1947 – dienten der Evaluierung mehrerer Faktoren, wie weiter unten noch ersichtlich werden wird. Unter anderem gaben sie Auskunft über die Wohnform zum Zeitpunkt, an dem diese ausgefüllt wurden. Von den insgesamt 55 Personen lebten 17 Personen in Untermiete, meist in einem Zimmer. Vier Personen waren in Hotels untergebracht. Eine Person gab an, bei Verwandten zu

---

475 Vgl. Graf, Georg/Bailer-Galanda, Brigitte/Blimlinger, Eva/Kowarc, Susanne, »Arisierung« und Rückstellung von Wohnungen in Wien, Veröffentlichungen der Historikerkommission. Vermögensentzug während der NS-Zeit sowie Rückstellungen und Entschädigungen seit 1945 in Österreich, Band 14, Wien/München 2004, 155 u. 157.
476 Vgl. Israelitische Kultusgemeinde Wien, Bericht des Präsidiums der Israelitischen Kultusgemeinde Wien über die Tätigkeit in den Jahren 1945 bis 1948, Wien 1948, 28.
477 Vgl. o. A., Amtliche Mitteilungen der Israelitischen Kultusgemeinde Wien. Wohnungszuweisungen im Wege der Israelitischen Kultusgemeinde, in: Der neue Weg, Nr. 11/12, 1. April 1946, 13, 13.
478 Der Gesamtbestand umfasst 1.471 personenbezogene Akten. Knappe vier Prozent dieser Akten wurden gemäß Zufallsstichprobe gesichtet.
479 Mit September 1947 wurde das Wohnungsreferat der IKG reorganisiert. Die Reorganisation zielte auf eine neue Falleinteilung bezüglich der Wohnungssuche ab: Jene, die ihre ehemaligen Wohnungen beantragten, solche die sich um andere Wohnung bemühten, diejenigen die um Untermiete ansuchten und in sogenannte Dringlichkeitsfälle, die die größte Kategorie ausmachten.

wohnen und eine weitere machte Angaben zu einer Gemeinschaftswohnung. 27 Fragebögen zu Wohnungsangelegenheiten ist die konkrete Wohnform leider nicht zu entnehmen. Informationen darüber, inwiefern die Personen in Wien überlebt hatten, oder zu welchem Zeitpunkt sie woher und aus welchen Umständen zurückkehrten, kann den Fragebögen nur in einzelnen Fällen entnommen werden. Drei Personen gaben etwa an, als U-Boote überlebt zu haben und zwei Personen überlebten als Zwangsarbeiter in Wien. 15 Personen machten dezidierte Angaben, ein oder mehrere KZs überlebt zu haben. Die unzureichenden Kategorien des Fragebogens ermittelten zwar gezielt die Deportation in ein KZ, allerdings wurden keine anderen Umstände des Überlebens während des Krieges erfragt. Manche Überlebenden machten dennoch Angaben über ihre Einzelgeschichte: So befand sich unter den Überlebenden eine Person, die »Nisko«[480] auf dem Fragebogen vermerkte und auch eine, die angab in Sibirien interniert gewesen zu sein. Andere machten Angaben zu ihrer Rückkehr aus den Fluchtländern Shanghai, Palästina, Italien, Schweiz, Holland, England, Frankreich und USA. Teilweise fragten Geflüchtete noch aus den jeweiligen Fluchtländern nach Wohnmöglichkeiten. Einzelne dieser Anfragen zur Vorbereitung der Rückkehr werden nachstehend noch genauer beleuchtet. Ebenso wird die etwaige Belastung der Hauptmieter:innen in den ehemaligen Wohnungen der Überlebenden im Zusammenhang mit dem Verbotsgesetz[481] weiter unten näher ausgeführt. An dieser Stelle sei der Vollständigkeit halber jedoch darauf hingewiesen, dass den Akten mehrheitlich keine diesbezüglichen Unterlagen beiliegen. Allerdings weisen von den 55 Akten elf Dokumente zur Belastung und genauso viele Akten Dokumente zur Entlastung der damals aktuellen Mietparteien auf.

---

480 Ein Teil der »Nisko«-Deportierten, die über die deutsch-sowjetische Demarkationslinie gejagt wurden, und mit den sowjetischen Behörden zwecks Möglichkeiten zur Rückkehr in Kontakt traten, wurden als »politisch unzuverlässig« eingestuft und in Zwangsarbeitslager interniert. Bis 1957 kehrten aus diesen etwa 100 Männer nach Wien zurück. Näheres zu Nisko s. im Kapitel »Rückkehr und Unterbringung am Beispiel Palästinas/Israels und der ehemaligen Sowjetunion«. Vgl. Dokumentationsarchiv des österreichischen Widerstandes, Die ersten Deportationen nach Polen 1939 (Nisko-Aktion), Ausstellung – Dokumentationsarchiv des österreichischen Widerstandes, online: https://ausstellung.de.doew.at/m17s m145.html [17.11.2021]; vgl. red.wien.ORF.at/Agenturen, Nisko-Deportationen: DÖW sucht Dokumente, Wien ORF, 20. Oktober 2019, online: https://wien.orf.at/stories/3018023/ [17.11.2021].
481 Das Verfassungsgesetz vom 8. Mai 1945 über das Verbot der NSDAP (Verbotsgesetz) und umfassende Novelle zum Bundesverfassungsgesetz vom 06. Februar 1947 über die Behandlung der Nationalsozialisten (Nationalsozialistengesetz) regelten im Wesentlichen die gesetzlichen Grundlagen für das Verbot der NSDAP und der »Entnazifizierung«.

## »Arisierung« von Wohnungen

Unmittelbar nach dem »Anschluss« im März 1938 setzten Hausdurchsuchungen, Plünderungen und Beschlagnahmungen jüdischen Eigentums, die sogenannte »Arisierung«[482], ein. Die Durchführung von »Wohnungsarisierungen« war unterschiedlich, da solche anfänglich nicht geplant gewesen waren.[483] Speziell in Wien wurden aber Delogierungen und Zwangsumsiedelungen der jüdischen Bevölkerung in andere Stadtteile rasch vorgenommen. Das belegen Kündigungen jüdischer Mieter:innen aus Gemeinde- und Sozialwohnungen der Stadt Wien mit Sommer 1938. Jüdische Hauptmieter:innen wurden zudem bereits nach dem Novemberpogrom gezwungen, selbst Delogierte in Untermiete aufzunehmen – wesentlich früher als im Rest des »Deutschen Reiches«.[484] Somit war die Stadt Wien noch vor der rechtlichen Aufhebung des Mieterschutzes für Jüdinnen und Juden dazu übergegangen, jüdische Mieter:innen aus ihren Gemeindewohnungen mit dem Kündigungsgrund »Nichtarier« zu vertreiben.[485] Josef Löwenherz' Meldung an den Polizeipräsidenten von Wien im Oktober 1938 unterstreicht den zunehmenden Terror vor dem Novemberpogrom: Neben religiösen Institutionen wurden auch andere Einrichtungen der IKG zur Zielscheibe der Angriffe, wie

---

482 Georg Graf u. a. merken an, dass keine allgemein rechtlich gültige Definition des Begriffs »Arisierung« vorliegt. Im Wesentlichen bezeichnet er den Raub an den Verfolgten, der mit dem Genozid an den europäischen Jüdinnen und Juden einherging. Einerseits bezieht er sich auf die ökonomische Verdrängung und Vernichtung und andererseits auf den Besitzwechsel in einen sogenannten »arischen« Besitz. Vgl. Graf, Georg/Bailer-Galanda, Brigitte/Blimlinger, Eva/Kowarc, Susanne, »Arisierung« und Rückstellung von Wohnungen in Wien, Veröffentlichungen der Historikerkommission. Vermögensentzug während der NS-Zeit sowie Rückstellungen und Entschädigungen seit 1945 in Österreich, Band 14, Wien/München 2004.
483 Vgl. Raggam-Blesch, Michaela, »Sammelwohnungen« für Jüdinnen und Juden als Zwischenstation vor der Deportation, Wien 1938–1942, in: Dokumentationsarchiv des österreichischen Widerstandes (Hg.), Forschung zu Vertreibung und Holocaust, Wien 2018, 81–100, 83.
484 Vgl. Schellenbacher, Wolfgang/Schindler, Christine, Delogiert und Ghettoisiert. Jüdinnen und Juden vor der Deportation, in: Dokumentationsarchiv des österreichischen Widerstandes, Mitteilungen, Folge 251, Juni 2022, 1–7, 1.
485 Diese Möglichkeit bestand, da Wohnungen die zwischen 1917 und 1938 errichtet worden waren – de facto der Großteil – keinen mietgesetzlichen Kündigungsbeschränkungen unterlagen. Insofern konnten Mieter:innen leicht und ohne weitere Angaben mit einer Frist von zwei Wochen mittels Bescheid des Wohnungsamtes der Stadt Wien gekündigt werden. Obgleich die Einbringung von Einsprüchen möglich war, verzeichneten diese in Realität wenig Erfolg. Vgl. Graf, Georg/Bailer-Galanda, Brigitte/Blimlinger, Eva/Kowarc, Susanne, »Arisierung« und Rückstellung von Wohnungen in Wien, Veröffentlichungen der Historikerkommission. Vermögensentzug während der NS-Zeit sowie Rückstellungen und Entschädigungen seit 1945 in Österreich, Band 14, Wien/München 2004, 120f; vgl. Raggam-Blesch, Michaela, »Sammelwohnungen« für Jüdinnen und Juden als Zwischenstation vor der Deportation, Wien 1938–1942, in: Dokumentationsarchiv des österreichischen Widerstandes (Hg.), Forschung zu Vertreibung und Holocaust, Wien 2018, 81–100, 83.

beispielsweise die Ausspeisungsstelle in der Krummbaumgasse 8. Diese verpflegte in Folge zunehmender Verarmung der jüdischen Bevölkerung täglich mehrere tausend Personen. Löwenherz schilderte dem Polizeipräsidenten, wie zubereitete Mahlzeiten ausgeleert, Lebensmittelvorräte vernichtet und mit Glasscherben der eingeschlagenen Fenster vermischt wurden. Darüber hinaus berichtete er auch über das gewaltsame Eindringen in Wohnungen.[486] Der Höhepunkt der gewaltsamen Übergriffe war jedoch mit dem Novemberpogrom zu verzeichnen:[487] »Das Vordringen in die Privatsphäre der Mieterinnen und Mieter bedeutete nicht nur schwere Rechtsverletzungen, sondern auch den Beginn der Verletzungen der Menschenwürde an sich. Wer Menschen frühmorgens ohne Vorankündigung aus dem Schlaf reißt, Gegenstände und Möbel beschlagnahmt – und das in der ersten Phase, jedenfalls bis hin zum Novemberpogrom, ohne richterliche, polizeiliche oder sonstige rechtliche Grundlage – und die Betroffenen abführt, sie dem öffentlichen Spott preisgibt, sie physisch und psychisch attackiert, der trägt maßgeblich dazu bei, die Gewaltbereitschaft in der Bevölkerung zu erhöhen.«[488] Der Schoa-Überlebende Otto Horn hatte mit seiner Familie am Stadtrand Wiens in einem Siedlungshaus gewohnt und berichtete später von dem einschneidenden Erlebnis der plötzlichen Wohnungsbeschlagnahmung: »Das war ein Tag im März 1939, ich kam gerade von der Zeugnisverteilung heim, meine Eltern begleiteten mich. Als wir zu unserem Siedlungshaus kamen, sahen wir, dass unsere Möbel auf der Straße standen. Ein paar SA-Leute hatten sie herausgeholt, nachdem sie die Tür aufgebrochen hatten, und ein illegaler Nazi hatte bereits das Haus bezogen. Wir riefen die Polizei, ein Polizist kam auch und sagte, dass das eine unrechtmäßige Aktion sei. Er ging aber wieder weg. Ich hielt ihn zurück und fragte: ›Was tun Sie jetzt, was geschieht?‹ Darauf hat er geantwortet: ›Ich habe den Leuten das Unrechtmäßige ihres Tuns vorgehalten, zu mehr bin ich nicht befugt.‹ Wir wurden vom zuständigen Ortsgruppenleiter der NSDAP in eine jüdische Villa in Dornbach eingewiesen, wo wir bis zum Jahre 1941 blieben.«[489] Raub und Enteignung ließen sich aber nicht ausschließlich auf

---

486 Vgl. Mettauer, Phillipp, Die »Judenumsiedlung« in Wiener Sammelwohnungen: 1939–1942, Wiener Geschichtsblätter, 73. Jahrgang, Heft 1, Jg. 2018, online: https://www.geschichte-wien.at/wp-content/uploads/2012/02/WGBll_2018-1_Mettauer.pdf [18.08.2023].
487 Vgl. Raggam-Blesch, Michaela, »Sammelwohnungen« für Jüdinnen und Juden als Zwischenstation vor der Deportation, Wien 1938–1942, in: Dokumentationsarchiv des österreichischen Widerstandes (Hg.), Forschung zu Vertreibung und Holocaust, Wien 2018, 81–100, 83.
488 Graf, Georg/Bailer-Galanda, Brigitte/Blimlinger, Eva/Kowarc, Susanne, »Arisierung« und Rückstellung von Wohnungen in Wien, Veröffentlichungen der Historikerkommission. Vermögensentzug während der NS-Zeit sowie Rückstellungen und Entschädigungen seit 1945 in Österreich, Band 14, Wien/München 2004, 114.
489 Horn, Otto, Eine unrechtmäßige Aktion, Erzählte Geschichte. Jüdische Schicksale. Berichte von Verfolgten, Dokumentationsarchiv des Österreichischen Widerstandes, online: https://

organisierte Aktionen durch Mitglieder der NSDAP und SA zurückführen. Nachbar:innen beteiligten sich daran genauso. Jüdische Mieter:innen wurden durch diese und andere Privatpersonen häufig gezwungen ihre Wohnungen zu räumen. Entweder mussten sie der Forderung nach Wohnungsräumung unmittelbar nachkommen oder es wurden willkürliche Auszugsfristen verhängt. Meist waren das zwischen zwölf und 24 Stunden. Die von Nachbar:innen ausgehende Gefahr, enteignet zu werden, war eine reale und oft auf deren Hoffnung auf mehr bzw. besseren Wohnraum zurückzuführen.[490] Der Holocaust Überlebende Rudolf Gelbard erzählte etwa: »Unsere ursprüngliche Wohnung ist 1939 ›arisiert‹ worden, von jemandem aus unserem Haus. Ich kann mich an den Namen nicht mehr erinnern, ich glaube, die haben Weigel geheißen. Die haben gesagt: ›Wir haben jahrelang in einem nassen Kammerl gewohnt. Jetzt zieht ihr dort ein.‹ Wir haben eine Zeit lang dort gewohnt [...].«[491] Darüber hinaus waren die zahlreichen Denunziationsmeldungen von Nachbar:innen bei städtischen Wohnhausverwaltungen ein wirksames Mittel der Vertreibung.[492] Neben den »wilden Arisierungen« von Wohnraum – nach dem Novemberpogrom folgten die planmäßigen Massenkündigungen und Zwangsumsiedelungen des Wohnungsamtes der Stadt Wien – konnten jüdische Mieter:innen eben auch durch ihre Vermieter:innen gekündigt werden.[493] Theoretisch war das erst mit der »Verordnung zur Einführung des Gesetzes über Mietverhältnisse mit Juden in der Ostmark vom 10. Mai 1939«[494] möglich. Praktisch vorgenommen wurden diese Kündigungen jedoch bereits vor der Verordnung. Kündigungen wurden

---

www.doew.at/erinnern/biographien/erzaehlte-geschichte/ns-judenverfolgung-ausgrenzung-entrechtung/otto-horn-eine-unrechtmaeszige-aktion [17.11.2021].
490 Vgl. Graf, Georg/Bailer-Galanda, Brigitte/Blimlinger, Eva/Kowarc, Susanne, »Arisierung« und Rückstellung von Wohnungen in Wien, Veröffentlichungen der Historikerkommission. Vermögensentzug während der NS-Zeit sowie Rückstellungen und Entschädigungen seit 1945 in Österreich, Band 14, Wien/München 2004, 112–116.
491 Gelbard, Rudolf, Zurückgedrängt, zusammengedrängt, eingeschüchtert, Erzählte Geschichte. Jüdische Schicksale. Berichte von Verfolgten, Dokumentationsarchiv des Österreichischen Widerstandes, online: https://www.doew.at/erinnern/biographien/erzaehlte-geschichte/ns-judenverfolgung-ausgrenzung-entrechtung/rudolf-gelbard-zurueckgedraengt-zusammengedraengt-eingeschuechtert [17.11.2021].
492 Vgl. Raggam-Blesch, Michaela, »Sammelwohnungen« für Jüdinnen und Juden als Zwischenstation vor der Deportation, Wien 1938–1942, in: Dokumentationsarchiv des österreichischen Widerstandes (Hg.), Forschung zu Vertreibung und Holocaust, Wien 2018, 81–100, 81 f.
493 Vgl. Mettauer, Phillipp, Die »Judenumsiedlung« in Wiener Sammelwohnungen: 1939–1942, Wiener Geschichtsblätter, 73. Jahrgang, Heft 1, Jg. 2018, online: https://www.geschichte-wien.at/wp-content/uploads/2012/02/WGBll_2018-1_Mettauer.pdf [18.08.2023].
494 Reichsgesetzblatt, Jahrgang 1939, Teil 1, Verordnung zur Einführung des Gesetzes über Mietverhältnisse mit Juden in der Ostmark vom 10. Mai 1939, online: https://alex.onb.ac.at/cgi-content/alex?apm=0&aid=dra&datum=19390004&seite=00000906&zoom=2 [11.08.2023].

häufig mit dem Ziel der Profitsteigerung durch die Vermieter:innen auch nur angekündigt, um in Folge die Mietpreise zu erhöhen. Keineswegs von Kündigungen ausgenommen waren Mieter:innen in Haft oder Deportierte.[495] Die erste sogenannte »Judenumsiedlungsaktion« fand im Frühjahr 1939 statt. Das Wohnungsamt der Stadt Wien sendete 13 600 Aufforderungen an Hauseigentümer:innen, jüdische Mieter:innen zu kündigen.[496] Zum Zeitpunkt der Legalisierung der reichsweiten Delogierungen im Frühling 1939 – letztlich mit dem Ziel der Segregation – waren in Wien bereits 44 000 Wohnungen »arisiert« worden.[497] Bis zum Ende des Jahres 1939 wurden zusätzlich ungefähr 2 000 Gemeindewohnungen in Wien »arisiert«.[498] Die Wohnungslosen wurden infolge in Wohnungen in Stadtteilen eingewiesen, die bereits vor 1938 einen hohen jüdischen Bevölkerungsanteil aufgewiesen hatten.[499] Die gekündigten Mieter:innen benötigten dringend Wohnalternativen. Diese stellten den Übergang, eine Zwischenstation zu den Vernichtungslagern, dar. Über die vorübergehenden Unterbringungen erzählte der oben zitierte Rudolf Gelbard, nachdem sie aus ihrer Wohnung vertrieben und zunächst noch im selben Haus wohnten: »[…] und dann ging's durch den 2. Bezirk. Wir haben ein paar Quartiere mit anderen jüdischen Familien zusammen gehabt, es haben ja immer mehrere Familien in einer Wohnung leben müssen, wir sind immer mehr zusammengedrängt worden. Unser vorletztes Quartier war ein Gassenlokal in der Rotenkreuzgasse, die ist da bei der Pfarrgasse im 2. Bezirk. Ich konnte nach 1945 viele Jahre nicht in den 2. Bezirk gehen, weil die Erinnerungen so stark waren. […] Damals wussten wir schon: Wir

---

495 Vgl. Graf, Georg/Bailer-Galanda, Brigitte/Blimlinger, Eva/Kowarc, Susanne, »Arisierung« und Rückstellung von Wohnungen in Wien, Veröffentlichungen der Historikerkommission. Vermögensentzug während der NS-Zeit sowie Rückstellungen und Entschädigungen seit 1945 in Österreich, Band 14, Wien/München 2004, 119f.
496 Schellenbacher, Wolfgang/Schindler, Christine, Delogiert und Ghettoisiert. Jüdinnen und Juden vor der Deportation, in: Dokumentationsarchiv des österreichischen Widerstandes, Mitteilungen, Folge 251, Juni 2022, 1–7, 1.
497 Georg Graf u. a. verweisen auch auf Gerhard Botz, der bis zum Ende des Jahres 1939 im Rahmen der »wilden Arisierungen« von etwa 45 000–48 000 Wohnungen ausgeht; vgl. Raggam-Blesch, Michaela, »Sammelwohnungen« für Jüdinnen und Juden als Zwischenstation vor der Deportation, Wien 1938–1942, in: Dokumentationsarchiv des österreichischen Widerstandes (Hg.), Forschung zu Vertreibung und Holocaust, Wien 2018, 81–100, 87.
498 Vgl. Graf, Georg/Bailer-Galanda, Brigitte/Blimlinger, Eva/Kowarc, Susanne, »Arisierung« und Rückstellung von Wohnungen in Wien, Veröffentlichungen der Historikerkommission. Vermögensentzug während der NS-Zeit sowie Rückstellungen und Entschädigungen seit 1945 in Österreich, Band 14, Wien/München 2004, 143.
499 Vgl. Raggam-Blesch, Michaela, »Sammelwohnungen« für Jüdinnen und Juden als Zwischenstation vor der Deportation, Wien 1938–1942, in: Dokumentationsarchiv des österreichischen Widerstandes (Hg.), Forschung zu Vertreibung und Holocaust, Wien 2018, 81–100, 84.

sind Bürger fünfter Klasse.«[500] So entstanden gerade im zweiten Wiener Gemeindebezirk zahlreiche Sammellager, Sammelwohnungen, sowie Baracken- und Lagerwohnungen, aber auch in Stadtteilen entlang des Donaukanals.[501] Von diesen Sammelwohnungen wurden die Menschen zu den Bahnhöfen gebracht und deportiert.[502]

### Die Wiederaufnahme und Vorgangsweise der Tätigkeit des Wohnungsamtes der Stadt Wien

Der bereits erwähnte Sozialdemokrat Felix Slavik war zwischen 1945 und 1946 als Stadtrat für Wohnungswesen ganz wesentlich am Wiederaufbau beteiligt.[503] Seine Prioritäten in Hinblick auf Wohnungsansuchen schienen zunächst eindeutig: »[…] die Unterbringung der vom Faschismus schwer geschädigten Menschen, der Häftlinge, der KZler und der Freiheitskämpfer. […] wir können sagen, daß wir die Wohnungsanforderungen dieser Opfer laufend und als dringend behandeln.«[504] Wie im Kapitel zu Exil und Rückkehr bereits erwähnt, kehrten bis zum Ende des Jahres 1945 ungefähr 1 000 Jüdinnen und Juden aus den KZs und dem Ausland zurück.[505] Dass zu diesem Zeitpunkt nur 153 Ansuchen von Häftlingen, KZ-Überlebenden und Widerstandskämpfer:innen offen waren, hob er positiv hervor und führte diesen Umstand auf die rasche Erledigung solcher Fälle zurück.[506] An Slaviks zumindest anfängliches Engagement erinnern sich

---

500 Gelbard, Rudolf, Zurückgedrängt, zusammengedrängt, eingeschüchtert, Erzählte Geschichte. Jüdische Schicksale. Berichte von Verfolgten, Dokumentationsarchiv des Österreichischen Widerstandes, online: https://www.doew.at/erinnern/biographien/erzaehlte-geschichte/ns-judenverfolgung-ausgrenzung-entrechtung/rudolf-gelbard-zurueckgedraengt-zusammengedraengt-eingeschuechtert [17. 11. 2021].
501 Vgl. Raggam-Blesch, Michaela, »Sammelwohnungen« für Jüdinnen und Juden als Zwischenstation vor der Deportation, Wien 1938–1942, in: Dokumentationsarchiv des österreichischen Widerstandes (Hg.), Forschung zu Vertreibung und Holocaust, Wien 2018, 81–100, 91; vgl. Graf, Georg/Bailer-Galanda, Brigitte/Blimlinger, Eva/Kowarc, Susanne, »Arisierung« und Rückstellung von Wohnungen in Wien, Veröffentlichungen der Historikerkommission. Vermögensentzug während der NS-Zeit sowie Rückstellungen und Entschädigungen seit 1945 in Österreich, Band 14, Wien/München 2004, 132 f.
502 Vgl. ebd., 136.
503 ORF, Felix Slavik: Engagiert im Wiederaufbau, Österreichischer Rundfunk – ORF History, 12. 10. 1980, online: https://tvthek.orf.at/history/Buergermeister-und-Politik/13557866/Felix-Slavik-Engagiert-im-Wiederaufbau/13937619 [18. 11. 2021].
504 Slavik, Felix, Wie komme ich zu einer geeigneten Wohnung? Ein offenes Wort an die Bevölkerung, Wien 1945, 4 f.
505 Vgl. Graf, Georg/Bailer-Galanda, Brigitte/Blimlinger, Eva/Kowarc, Susanne, »Arisierung« und Rückstellung von Wohnungen in Wien, Veröffentlichungen der Historikerkommission. Vermögensentzug während der NS-Zeit sowie Rückstellungen und Entschädigungen seit 1945 in Österreich, Band 14, Wien/München 2004, 158.
506 Vgl. ebd., 157 f.

auch die bereits erwähnten Zwillinge Edith Auerhahn und Anna Drill im Rahmen eines persönlichen Treffens mit Slavik positiv zurück. Von Theresienstadt waren sie im Oktober 1944 nach Auschwitz deportiert worden. Aus dem Vernichtungslager Auschwitz-Birkenau wurden sie in das Konzentrationslager Groß-Rosen verbracht, wo sie schließlich befreit wurden. Nach dreimonatiger Heimreise kamen sie bereits am 20. April nach Wien zurück und gaben an, mit zwei anderen somit die allerersten KZ-Rückkehrerinnen in Wien gewesen zu sein. Ihren Schilderungen folgend, hatte Slavik ihnen kurz nach ihrer Rückkehr aus dem KZ umgehend eine Wohnung zugewiesen. Diese dürften sie wohl nicht angenommen haben, wenn sie schwer unternährt, an Typhus und TBC erkrankt, bis zu ihrer Genesung im Rothschildspital gepflegt wurden und danach auf Empfehlung des Arztes in ihren ursprünglichen Heimatort Reichenau an der Rax in Niederösterreich zurückkehrten und erst zu einem späteren Zeitpunkt wieder nach Wien übersiedelten.[507]

Die Wiederaufnahme der Tätigkeit des städtischen Wohnungsamtes kann erst auf den 5. Juni 1945 datiert werden. Bis zu diesem Zeitpunkt wurde bei der Wohnungsvergabe nicht nach einheitlichen Richtlinien vorgegangen. Vielmehr waren zwischen dem 7. April 1945 und dem 5. Juni 1945 rund 25 000 Wohnungen durch verschiedenste Funktionsträger wie Bezirksbürgermeister oder auch Alliierte einfach vergeben worden.[508] Das kann etwa am Beispiel eines Shanghai-Rückkehrers veranschaulicht werden. Dieser bemühte sich im Jahr 1947 um die Zuweisung seiner ehemaligen Wohnung.[509] In diese waren nach der Flucht des Hauptmieters, eines ehemaligen NSDAP-Mitglieds, per 02. Mai 1945 Personen durch das Bürgermeisteramt für den II. Bezirk eingewiesen worden.[510] Seit Frühsommer 1945 wurden solche Einweisungen auf ihre Rechtmäßigkeit überprüft. Zu diesem Zweck wurde eine von drei politischen Parteien beschickte Kommission eingesetzt, die über Wohnungszuweisungen entschied.[511] »Diese

---

507 Vgl. Interview mit Anna Drill/Edith Holzer am 9.2.1989 (DÖW, Interviewsammlung, Transkript 495).
508 Inwiefern diese Vergabe nach den Richtlinien des Wohnungsamtes gerechtfertigt war, hatte nachträgliche Überprüfungen dieser Einweisungen durch die Behörde zur Folge. Zur Gewährleistung gerechterer Verteilung wurde daher eine Kommission – beschickt durch drei politischen Parteien – für die Entscheidung jener scheinbar wahllos vergebenen Wohnungen eingesetzt. Vgl. Graf, Georg/Bailer-Galanda, Brigitte/Blimlinger, Eva/Kowarc, Susanne, »Arisierung« und Rückstellung von Wohnungen in Wien, Veröffentlichungen der Historikerkommission. Vermögensentzug während der NS-Zeit sowie Rückstellungen und Entschädigungen seit 1945 in Österreich, Band 14, Wien/München 2004, 155 u. 157.
509 Vgl. Archiv IKG Wien, Bestand Wien, A/VIE/IKG/III/WOHN/1/2, Fragebogen für Wohnungsangelegenheiten, 21.02.1947.
510 Vgl. ebd., Bescheinigung vom 02.05.1945 für eine vorübergehende Einweisung.
511 Vgl. Graf, Georg/Bailer-Galanda, Brigitte/Blimlinger, Eva/Kowarc, Susanne, »Arisierung« und Rückstellung von Wohnungen in Wien, Veröffentlichungen der Historikerkommission.

Kommission wurde auch unter Stadtrat Albrecht beibehalten und lediglich sie führte die Wohnungsvergabe durch. Das Ergebnis der Wohnungsüberprüfungen war unzureichend, konnten doch die einzelnen Wohnungen nicht kontrolliert werden. Die Informationen mussten entweder beim Hausbesorger oder beim Hausvertrauensmann eingeholt werden.«[512] Von den anfänglichen Einweisungen abgesehen, bezogen Wiener:innen auch in Eigenregie einfach leer stehende Wohnungen.[513] Auch wenn positive Herangehensweisen in Bezug auf schnelle Vergabe von Wohnungen an Überlebende nach Kriegsende durch das Wohnungsamt zu verzeichnen waren, kann Kritik am Wohnungsamt eineinhalb Jahre nach der Wiederaufnahme seiner Tätigkeit einem Artikel in »Der neue Weg« entnommen werden: »Zum größten Bedauern mußte festgestellt werden, daß das Wiener Wohnungsamt nur eine Improvisation war, die praktisch durch den unrichtigen technischen Aufbau einerseits und durch noch nicht eliminierte Nazis andererseits keine Erfolge verzeichnen konnte.«[514] Noch im Dezember 1945 hatte Stadtrat Slavik den Prozess der »Entnazifizierung« ganz anders dargestellt. Er hatte die »radikale Reinigung seines Beamtenapparates« betont. Er hätte »›die Nationalsozialisten‹ aus dem Amt entfernt und neue organisatorische Grundlagen geschaffen.«[515]

Der bürokratische Weg, den Menschen gehen mussten, die über das Wohnungsamt eine Unterkunft suchten, war sehr steinig. Die Veröffentlichung eines Heftes unter Slavik im Jahr 1945, das als Wegweiser durch den bürokratischen Dschungel gedacht war, lässt das erkennen. Auch sollte es der Zurückweisung etwaiger Vorwürfe der Bevor- oder Benachteiligung dienen. Die Anleitung enthielt genau geregelte Vorgehensweisen für den Wohnungserwerb: Zunächst musste ein »Wohnungswerberblatt« in der Bezirksvorstehung beschafft werden. Anschließend musste das ausgefüllte Formular per Post an das Wohnungsamt geschickt werden. Dieses Prozedere zielte auf die Unterbindung des direkten Kontaktes der Wohnungssuchenden mit dem Personal ab: »Es gehört nicht zur Aufgabe des Beamten sich in langwierige Unterhaltungen mit der Partei einzulassen. Der Beamte hat nichts anderes zu tun, als jene allein entscheidenden Auskünfte zu überprüfen, welche der Wohnungswerber auf die sehr gut überlegten Fragen zu geben hat, die ihm auf dem Formular gestellt werden. Denn es

---

Vermögensentzug während der NS-Zeit sowie Rückstellungen und Entschädigungen seit 1945 in Österreich, Band 14, Wien/München 2004, 157.
512 Ebd., 158.
513 Vgl. ebd., 157f.
514 O. A., Amtliche Mitteilungen der Israelitischen Kultusgemeinde Wien. Wohnungszuweisungen im Wege der Israelitischen Kultusgemeinde, in: Der neue Weg, Nr. 11/12, 1. April 1946, 13, 13.
515 Slavik, Felix, Das Wohnungsamt der Stadt Wien, Amtsblatt der Stadt Wien, Nr. 9, Jg. 50, 05.12.1945, 1–2, 1, online: https://www.digital.wienbibliothek.at/wbrobv/periodical/pagevie w/1686790 [5.10.2023].

kommt nicht auf die mehr oder minder eindringliche Überredungsgabe des Wohnungssuchenden, sondern eben nur auf die Ermittlung der entscheidenden Umstände an, unter denen er gegenwärtig wohnt!«[516] Überlebenden Gehör zu schenken, hatte offenkundig keine Priorität bei der Ermittlung der für die Wohnungsvergabe entscheidenden Umstände. Einzelne schriftliche Schilderungen auf den »Fragebögen für Wohnungsangelegenheiten« unter der Kategorie »Raum für allfällige Mitteilungen und Wünsche« können im Einzelfall Einblick in die Verfolgungsgeschichte und in die erlebte Entrechtung geben. Ein Überlebender notierte etwa: »Wurde mit d. ›Nisko Aktion‹ 20/X. 1939 im Auftrage d. Gestapo nach Polen geschickt. Dort wurden von d. dortigen S.S. Gepäck, Geld u. Dokumente abgenommen u. über die Grenze gejagt. Von dort wurden wir von den Sicherheitsorganen als Ausländer nach Sibirien interniert (bis 1946). Meine Frau lebte von 1942–1945 als U-Boot in Wien. Das Haus war im jüdischen Besitz und wurde [...] arisiert.«[517] Ein anderer Überlebender schreibt: »Sehr geehrte Herrn, ich bin aus Holland, wohin ich nach dem Einzug der Nazis Zuflucht nahm. Im Jahre 1943 via Westerbork nach Auschwitz deportiert worden und von da aus nach Buchenwald wo ich am 11. April 1945 von den Amerikanern befreit wurde, und nach Holland zurückgebracht wurde. Meine Frau ist ermordet, mein Bruder und meine Schwester aus Wien ebenfalls ermordet. Ich bin Theaterunternehmer, Schauspieler und Regisseur, in diesen Eigenschaften als Direktor der Hoofdstadoperette in Amsterdam im Augenblick tätig und ersuche um Rückgabe meiner Wohnung da ich bei der Rückkehr nach Wien, welche ich plane, [...] meine einstige Wohnung, weil ich mir dieselbe im Jahre 1936 bei der Firma Mamorek umbauen liess und unter anderem eine Küche u. ein Badezimmer einbauen liess, [wieder beziehen möchte]. Die Erkundigungen über die Wahrheit meiner Worte u. Angaben werden Ihnen sicher nicht schwer sein.«[518]

Mit dem Einlangen der geforderten Unterlagen im Wohnungsamt, wies eine Empfangsbestätigung inklusive einer Aktenzahl den Wohnungssuchenden die Bearbeitung ihres Falles aus. In weiterer Folge kam es zur Überprüfung der Angaben durch das Wohnungsamt und anschließender Punktevergabe.[519] In Slaviks Wegweiser sollte die Auflistung der Punkte zur Transparenz des Systems beitragen. Die Absicht, Überlebenden allein durch die Vergabe einer höheren Punkteanzahl »gerecht« zu werden, geht aus der Formulierung hervor »[...] daß die Nationalsozialisten bei der Wohnungswerbung durch Abzugspunkte von

---

516 Slavik, Felix, Wie komme ich zu einer geeigneten Wohnung? Ein offenes Wort an die Bevölkerung, Wien 1945, 8.
517 Archiv IKG Wien, Bestand Wien, A/VIE/IKG/III/WOHN/2/24, Fragebogen für Wohnungsangelegenheiten, 30.09.1946.
518 Ebd., A/VIE/IKG/III/WOHN/2/17, Fragebogen für Wohnungsangelegenheiten, 06.06.1947.
519 Vgl. Slavik, Felix, Wie komme ich zu einer geeigneten Wohnung? Ein offenes Wort an die Bevölkerung, Wien 1945, 8f.

vornherein hintangestellt werden und daß Opfern des Faschismus durch Gutpunkte der gebührende Vorrang gesichert ist.«[520] Wer waren aber die hier gemeinten »Opfer des Faschismus«? Einem heute gültigen Verständnis folgend zählten zu diesem Personenkreis von Verfolgung und Vernichtung Betroffene. Die Verfolgungsmotive umfassten antisemitische gegenüber Jüdinnen und Juden und sogenannte »jüdisch Versippte«, rassistische gegenüber »Zigeuner:innen«, bestimmte ethnische Gruppen und Nationalitäten, oder politische gegenüber Regimekritiker:innen, homophobe gegenüber Homosexuellen, eugenische gegenüber »Behinderten«, religiöse gegenüber einzelnen Glaubensgemeinschaften und kriminalisierende gegenüber »Asozialen«.[521] Dem stand realiter ein System von Kategorien gegenüber, das zu anderen Definitionen führte.

Beispiele der Punktevergabe können Hinweise auf das Narrativ der Verfolger und Verfolgten im Jahr 1945 geben und sollen beispielhaft angeführt werden: 75 Punkte wurden etwa für »Illegalität der NSDAP« und 30 Punkte für »Parteigenossen« abgezogen. Erworben werden konnten hingegen 50 Zusatzpunkte für die Internierung im »KZ oder Gefängnis aus politischen Gründen von mehr als drei Jahren« werden.[522] Abgesehen davon, dass ein Anspruch erst ab dreijähriger Internierung zugestanden wurde – als ob das erlebte Grauen in Kalenderblättern messbar wäre – wird erkennbar, dass die aus politischen Gründen Verfolgten im Vordergrund des öffentlichen Interesses der jungen Zweiten Republik standen. Die Punktevergabe widerspiegelt das erste Opferfürsorgegesetz von 1945, das auf einen äußerst eng definierten Personenkreis ausgerichtet war.[523] Es betraf nur diejenigen, welche aktiven Widerstand geleistet hatten und »Als Opfer des Kampfes um ein unabhängiges, demokratisches und seiner geschichtlichen Aufgabe bewusstes Österreich, insbesondere gegen die Ideen und Ziele des Nationalsozialismus mit der Waffe in der Hand gekämpft oder sich rückhaltlos in Wort und Tat eingesetzt haben […].«[524] Somit waren etwa Jüdinnen und Juden,

---

520 Ebd., 9.
521 Vgl. Berger, Karin/Dimmel, Nikolaus/Forster, David/Spring, Claudia/Berger, Heinrich, Vollzugspraxis des »Opferfürsorgegesetzes«. Analyse der praktischen Vollziehung des einschlägigen Sozialrechts, Veröffentlichungen der Historikerkommission. Vermögensentzug während der NS-Zeit sowie Rückstellungen und Entschädigungen seit 1945 in Österreich, Band 29/2, Wien/München 2004, 38f.
522 Vgl. Slavik, Felix, Wie komme ich zu einer geeigneten Wohnung? Ein offenes Wort an die Bevölkerung, Wien 1945, 10.
523 Vgl. Berger, Karin/Dimmel, Nikolaus/Forster, David/Spring, Claudia/Berger, Heinrich, Vollzugspraxis des »Opferfürsorgegesetzes«. Analyse der praktischen Vollziehung des einschlägigen Sozialrechts, Veröffentlichungen der Historikerkommission. Vermögensentzug während der NS-Zeit sowie Rückstellungen und Entschädigungen seit 1945 in Österreich, Band 29/2, Wien/München 2004, 38f.
524 Bundesgesetzblatt, Gesetz vom 17. Juli 1945 über die Fürsorge für die Opfer des Kampfes um ein freies, demokratisches Österreich, § 1 Abs. 1, online: https://www.ris.bka.gv.at/Dokumente/BgblPdf/1945_90_0/1945_90_0.pdf [18.11.2021].

die aus »rassischen« Motiven ins KZ deportiert worden waren, einfach nicht anspruchsberechtigt, während etwa auch »versorgungsberechtigte Angehörige von Justifizierten, in der Haft gestorbenen, als Partisanen gefallenen Freiheitskämpfern« die für eine Opferkategorie maximale Punktezahl von 50 Punkten erhielten. Abgesehen von den genannten Beispielen wurden sogenannte »Gutpunkte« aber auch durch andere Faktoren, wie etwa durch »Heimatrecht in Wien« erworben.[525] Das Heimatrechtgesetz von 1863 regelte bereits das Heimatrecht, welches ausschließlich österreichischen Staatsbürger:innen zustand, und umfasste neben dem Aufenthaltsrecht auch die Armenversorgung, wie bereits in der Einleitung erwähnt. Als die provisorische Staatsregierung im Mai 1945 das Bundesverfassungsgesetz von 1920 in der Fassung von 1929 wieder in Kraft setzte, erhielten alle Personen, die vor dem 13. März 1938 österreichische Staatsbürger:innen gewesen waren und zwischen 1938 und 1945 keine andere Staatsbürgerschaft angenommen hatten, die österreichische Staatsbürgerschaft. Folglich verloren vor dem NS-Terror Geflüchtete die österreichische Staatsbürgerschaft, sofern sie die ihres Fluchtlandes angenommen hatten. Konnte ein Wohnsitz in Österreich zu gewissen Stichtagen allerdings nachgewiesen werden, war ein erleichterter »Rückerwerb« vorgesehen.[526] Die Wiedererlangung wurde allerdings durch die Staatsbürgerschaftsgesetznovelle von 1949 ermöglicht, sofern die Annahme der anderen Staatsbürgerschaft vor dem 19. Januar 1950 erfolgt war. Wurde die Staatsbürgerschaft des Exillandes erst nach dem Stichtag im Jahr 1950 angenommen, unterlag die Wiedererlangung der österreichischen Staatsbürgerschaft den allgemeinen Verleihungsvoraussetzungen der österreichischen Staatsbürgerschaft.[527]

Weitere »Gutpunkte« für den Wohnungserwerb wurden auch für Krankheiten, wie alle Fälle von TBC, vergeben.[528] Gemäß der Punkteanzahl wurde anschließend durch das Wohnungsamt die Zuteilung in eine von drei Gruppen vorgenommen. Erhielten Personen bis zu 25 Punkten, wurde ihr Ansuchen abgelehnt. Zwischen 25 und 50 Punkten galten sie als »berücksichtigungswürdig«. Als sogenannte Zuweisungsfälle wurden Personen mit über 50 Punkten bezeichnet. Nur wer letzter Gruppe angehörte, wurde in das städtische Wohnungsamt zu einem Termin eingeladen.[529] Die Zuteilung der Punkte basierte

---

525 Vgl. Slavik, Felix, Wie komme ich zu einer geeigneten Wohnung? Ein offenes Wort an die Bevölkerung, Wien 1945, 14.
526 Vgl. Demokratiezentrum Wien, Entwicklung der Staatsbürgerschaft in Österreich, Wien 2015, online: http://www.demokratiezentrum.org/wissen/timelines/entwicklung-der-staatsbuergerschaft.html [22. 11. 2021].
527 Vgl. Mrkvicka, Milena, Identitätsproblematik jüdischer Remigranten im Vergleich Österreich und BRD, unveröffentlichte Diplomarbeit, Wien 2012, 81f.
528 Vgl. Slavik, Felix, Wie komme ich zu einer geeigneten Wohnung? Ein offenes Wort an die Bevölkerung, Wien 1945, 10.
529 Vgl. ebd., 11 u. 15.

nicht ausschließlich auf den Angaben der Wohnungssuchenden, sondern bedurfte Nachweisen. Erkrankungen mussten beispielsweise per Attest belegt werden. Zynisch war die Forderung nach Beweisen zu Gründen deportierter KZ-Überlebender »[…] es muss sich klarstellen lassen, ob es sich um einen politischen oder um einen kriminellen KZ Insassen handelt. Denn es besteht natürlich ein sehr großer Bewertungsunterschied zwischen einem politisch Verfolgten und einem KZ Häftling, der aus rein kriminellen Gründen in das Konzentrationslager aufgenommen worden war, ein Fall der oft genug zu verzeichnen war.«[530] Diese seine Perspektive steht scheinbar im Widerspruch zur eingangs geschilderten Haltung Slaviks, welche die Unterbringung der vom Faschismus schwer geschädigten Menschen priorisierte. Letztlich schwingt in der Formulierung eine Legitimierung der Verbringung von Kriminalisierten in Konzentrationslager nach.

## Fehlende rechtliche Grundlagen für die Entrechteten

Die rechtliche Lage ehemaliger jüdischer Mieter:innen wurde in einem Artikel in der Zeitschrift »Der neue Weg« eindeutig beurteilt: »Jeder aus einer Wohnung mit Gewalt entfernte jüdische Mieter ist nach wie vor der legale Wohnungsbesitzer, da er entweder überhaupt nicht gekündigt wurde oder aber aus rassischen Gründen eine Kündigung erhielt, die außer im Dritten Reich in keinem Lande der Welt möglich war. Jeder Nachfolger in dieser Wohnung kann demnach nur als vorübergehender Untermieter betrachtet werden. Selbstverständlich mußte dieser Nachfolger damit rechnen, daß er nur als Nutznießer eines Gewaltregimes in diese Wohnung gelangte, und daher bei Aufhören dieses Regimes nicht darin weiterverbleiben konnte.«[531] Dieser Artikel zeigt die im Jahr 1946 fehlenden rechtlichen Bestimmungen im Sinne der Verfolgten auf und berührt die de facto inexistenten Restitutionsvorhaben bzw. völlige Ablehnung von Entschädigungen der Zweiten Republik. Ihre Argumente beruhten einerseits auf der Haltung, Österreich hätte nichts »gut zu machen« und andererseits wurde Forderungen nach Restitutionsverhandlungen mit dem Argument beggenet, Österreich hätte zum Zeitpunkt der Vermögensentziehungen nicht einmal bestanden. Wenn die Politik Zusagen machte, zog sie diese im Weiteren wieder zurück. Dass diese Vorgehensweise überhaupt möglich war, war dem Umstand der schwachen Verhandlungsposition jüdischer Vertretungen sowie unzureichender internationaler Unterstützung geschuldet.[532]

---

530 Ebd., 14.
531 Allwell, Wie wir die Wohnungsfrage beurteilen, in: Der Neue Weg, Nr. 33/34 Festnummer, Jg. 1946, 4, 4.
532 Vgl. Serloth, Barbara, Nach der Schoah. Politik und Antisemitismus in Österreich nach 1945, Wien 2019, 259f.

Im Rahmen »entzogener Bestandsrechte« besaß das Wohnungsanforderungsgesetz vom August 1945 besondere Relevanz. Dieses regelte nämlich die Möglichkeit der Gemeinden Wohnungen »anzufordern« und sie im Weiteren an Wohnungssuchende – vorrangig den »Opfern des Nationalsozialismus« – zuzuweisen. Besonders wesentlich war die Bestimmung, Wohnungen von Personen »anfordern« zu können, die nach §17 Verbotsgesetz belangt wurden, oder aber durch ein Volksgericht verurteilt worden waren.[533] Die Kündigungsmöglichkeiten durch Vermieter:innen und Hausverwaltungen beruhten auf etwaigen Belastungen der Mieter:innen gemäß dem Verbotsgesetz §17 aus dem Jahr 1945.[534] Dieses Gesetz war durch die konkrete Auflistung des belasteten Personenkreises unmissverständlich.[535] Generell gilt das durch die provisorische Staatsregierung implementierte Verbotsgesetz als erste Maßnahme zur Entnazifizierung Österreichs; es verbot die NSDAP einschließlich ihrer Wehrverbände. Obendrein regelte es die Registrierung sämtlicher Nazis. Das umfasste Parteimitglieder, Anwärter:innen und auch Illegale und jene, die schon während des Austrofaschismus der NSDAP angehört hatten und sich somit des Hochverrates schuldig gemacht hatten. Diese letztere Gruppe wurde schließlich als staatsgefährdend eingestuft, da sie ideologisch der Eliminierung Österreichs anhing.[536] Bestrebungen, das Verbotsgesetz aufzuweichen, können bereits Protokollen der Kabinettsratssitzungen im August 1945 entnommen werden. So äußerte sich etwa Karl Renner: »Ich finde, daß wir in Bezug auf die Behandlung des Naziproblems in eine kritische Situation kommen. Ich will nicht behaupten, dass ich damit recht habe, aber die Sache ist doch so, daß alle diese kleinen Beamten, diese kleinen Bürger und Geschäftsleute bei dem seinerzeitigen Anschluß an die Nazi gar nicht weittragende Absichten gehabt haben – höchstens, daß man den Juden etwas tut – vor allem aber nicht daran gedacht haben, einen Weltkrieg zu provozieren.«[537] Weiters bemühte man sich um eine prophylaktische Deeskalation:

---

533 Vgl. Graf, Georg/Bailer-Galanda, Brigitte/Blimlinger, Eva/Kowarc, Susanne, »Arisierung« und Rückstellung von Wohnungen in Wien, Veröffentlichungen der Historikerkommission. Vermögensentzug während der NS-Zeit sowie Rückstellungen und Entschädigungen seit 1945 in Österreich, Band 14, Wien/München 2004, 80 f.
534 Vgl. Slavik, Felix, Wie komme ich zu einer geeigneten Wohnung? Ein offenes Wort an die Bevölkerung, Wien 1945, 18.
535 Vgl. Bundesgesetzblatt, Bundesverfassungsgesetz vom 06. Februar 1947 über die Behandlung der Nationalsozialisten, 1947/25, online: https://www.ris.bka.gv.at/Dokumente/Bgbl Pdf/1947_25_0/1947_25_0.pdf [25.10.2021].
536 Vgl. Schwarz, Ursula, Das Wiener Verlagswesen der Nachkriegszeit: Eine Untersuchung der Rolle der öffentlichen Verwalter bei der Entnazifizierung und bei der Rückstellung arisierter Verlage und Buchhandlungen, Diplomarbeit, Wien 2003, 23.
537 Protokoll der 28. Kabinettssitzung vom 29. August 1945, (TOP 12) Renner zur »Nazifrage«, Renner Protokolle II, zit. nach: Knight, Robert (Hg.), »Ich bin dafür die Sache in die Länge zu ziehen« die Wortprotokolle der österreichischen Bundesregierung von 1945 bis 1952 über die Entschädigung der Juden, 2. Auflage, Wien/Köln/Weimar 2000, 387–392, 84.

»Wenn nun diese Leute schwer bestraft werden und ihre Stellung verlieren, so appellieren sie an das Mitleid und das Gerechtigkeitsgefühl der Menschen und es kann sein, dass dann die Stimmung umschlägt;«[538] Er kannte die Volksseele, wenn er fürchtete: »Ich weiß nicht, wie das werden wird, wenn die Heimkehrer dazukommen, die ihre Wohnungen von anderen besetzt finden oder denen ihre Wirtschaften von der Militärverwaltung unter dem Vorwand, daß sie Nazis seien, weggenommen worden sind.«[539] Eine Novelle aus dem Jahr 1947, mit der die Kategorien »Belastete« und »Minderbelastete«, wie etwa NSDAP-Mitglieder ohne bestimmte Funktionen, eingeführt wurden, lockerte die Kündigungsbestimmungen maßgeblich.[540] Wohnungen »Minderbelasteter« konnten zwar noch angefordert werden, doch konnten sie Wohnungssuchenden nicht einfach zugewiesen werden. Davon abgesehen, dass »Minderbelastete« auch Einspruch erheben konnten, benötigte eine Zuweisung der bereits erwähnten Zustimmung der Kommission, deren Etablierung eben dem Bürgermeister oblag.[541]

Zurück zu den Kündigungsbestimmungen nach dem Verbotsgesetz von 1945 unter Slavik, der die Kündigungsvornahme als Pflicht der Eigentümer:innen und Verwalter:innen sah. Die Überprüfung der Realisierung dieser Kündigungen durch die Hausbesitzer:innen und Hausverwaltungen hätte nach seiner Auffassung die Kapazitäten des Wohnungsamtes gesprengt. Daher sah er die Bevölkerung als Unterstützung gefordert. Die Gemeinde würde zwar gemäß ihrer Befugnis die Kündigungen vornehmen, sofern das gewisse Hausverwaltungen verabsäumten, doch bedeutete das auch die Erfüllung bestimmter Voraussetzungen, wie Slavik darlegte: »[...] dazu benötigen wir erst ausreichende Unterlagen und dann auch Personen, die sich als Zeugen für uns zur Verfügung stellen. Es ist uns nicht damit gedient, wenn man uns nur anonyme Anzeigen zukommen läßt [...].«[542] Nazis konnten folglich nur mit stichhaltigen Beweisen, dass sie nach dem Verbotsgesetz belangt werden konnten, durch das Wohnungsamt gekündigt werden.[543] Diese Beweisbeschaffung war komplex und konnte wohl nur schwer umgesetzt werden. In welcher Form sich das Wohnungsreferat der Israelitischen Kultusgemeinde, dessen Etablierung weiter unten näher erläutert wird, unterstützend für die Wiedererlangung der Wohnungen im Sinne der Verfolgten

---

538 Ebd., 85.
539 Ebd.
540 Vgl. Graf, Georg/Bailer-Galanda, Brigitte/Blimlinger, Eva/Kowarc, Susanne, »Arisierung« und Rückstellung von Wohnungen in Wien, Veröffentlichungen der Historikerkommission. Vermögensentzug während der NS-Zeit sowie Rückstellungen und Entschädigungen seit 1945 in Österreich, Band 14, Wien/München 2004, 83.
541 Vgl. Israelitische Kultusgemeinde Wien, Bericht des Präsidiums der Israelitischen Kultusgemeinde Wien über die Tätigkeit in den Jahren 1945 bis 1948, Wien 1948, 26.
542 Slavik, Felix, Wie komme ich zu einer geeigneten Wohnung? Ein offenes Wort an die Bevölkerung, Wien 1945, 18.
543 Vgl. ebd., 19.

einsetzte, soll knapp anhand des Falles J. F. aufgezeigt werden. Zunächst suchte das Wohnungsreferat der IKG bei der Registrierungsstelle um die »Bekanntgabe der politischen Belastung« des Hauptmieters in der ehemaligen Wohnung von J. F. an und bat gleichzeitig um Information, inwiefern der Registrierungsauszug bereits rechtskräftig war.[544] Durch die Anfrage konnte die Vorlage eines rechtskräftigen Bescheides erwirkt werden, der den Hauptmieter als »Minderbelasteten« auswies. Das Wohnungsreferat empfahl J. F., sich diesbezügliche Dokumente der Registrierungsstelle ausfertigen zu lassen und anschließend erneut im Wohnungsreferat vorzusprechen.[545] Diesem Rat war J. F. wohl gefolgt, denn ungefähr zwei Monate später wandte sich das Wohnungsreferat der IKG an das Wohnungsamt der Stadt Wien und fasste den Sachverhalt in Kürze zusammen: Am 15. April 1947 hatte die IKG eine Anzeige an die Anforderungsgruppe des entsprechenden Wohnbezirkes gestellt. Laut Bescheid der Registrierungsstelle war der Hauptmieter nach dem Verbotsgesetz von 1947 »minderbelastet«. Trotzdem versuchte die IKG durch die Schilderung persönlicher Umstände die Entscheidung positiv zu beeinflussen: »Herr J[...] F[...] wohnte 30 Jahre hindurch dort selbst und wurde durch die NSDAP gewaltsam delogiert. Nach den derzeit geltenden Anforderungsbestimmungen ist mit Rücksicht auf den in Rechtskraft erwachsenen Belastungsbescheid des Herrn A[...] B[...], eine Anforderung durchführbar. Wir ersuchen Sie daher, dieselbe zu veranlassen, da unsere Partei eine Wohnung dringlichst zum Aufbau seiner Existenz benötigt. Wir hoffen, dass Sie mit Rücksicht auf die gegebenen Tatbestände Herrn F[...] zu seinem Recht verhelfen werden [...].«[546] Die reale Einflussmöglichkeit der IKG war aufgrund der Gesetzesvorgaben allerdings erheblich eingeschränkt. Erst im September 1946 wurde die Vermögensentziehungs-Anmeldeverordnung (VEAV) in Folge des 1945 beschlossenen Gesetzes über die Erhebung von »arisierten« Vermögenschaften installiert. Diese Verordnung ermöglichte die Erfassung und Meldung des enteigneten Vermögens durch Betroffene.[547] Die Tatsache, dass in der Frage, inwiefern Mietrechte aber zu den Vermögensrechten zählten, die nach der Vermögensentziehungs-Anmeldeverordnung angemeldet werden mussten, Uneinigkeit herrschte, belegt etwa eine Stellungnahme in »Der neue Weg« von Oktober 1946: »Hierzu wird festgestellt, daß von den gegenwärtigen Inhabern

---

544 Vgl. Archiv IKG Wien, Bestand Wien, A/VIE/IKG/III/WOHN/1/9, Anfrage Wohnungsreferat an Registrierungsstelle, 20.01.1948.
545 Vgl. ebd., Schreiben Wohnungsreferat, 25.02.1948.
546 Ebd., Schreiben Wohnungsreferat an Dringlichkeits-Referat des Wohnungsamtes, 22.04.1948.
547 Vgl. Graf, Georg/Bailer-Galanda, Brigitte/Blimlinger, Eva/Kowarc, Susanne, »Arisierung« und Rückstellung von Wohnungen in Wien, Veröffentlichungen der Historikerkommission. Vermögensentzug während der NS-Zeit sowie Rückstellungen und Entschädigungen seit 1945 in Österreich, Band 14, Wien/München 2004, 162.

einer Wohnung oder eines Geschäftslokales alle jene als Inhaber eines entzogenen Vermögensrechtes anzusehen sind, die selbst oder deren Rechtsvorgänger an Stelle des Geschädigten unmittelbar in die Berechtigung eingetreten sind, das Mietverhältnis also durch Verdrängung des ursprünglichen Mieters entstanden und daher mit dem Mietverhältnis im Zeitpunkt der Entziehung gleich (ident) anzunehmen ist. Solche Wohnungs- beziehungsweise Geschäftsinhaber sind zur Anmeldung nach Vermögensentziehungsanmeldeverordnung verpflichtet.«[548] Abgesehen von divergierenden Perspektiven auf Rechtsauslegungen wurde mit der Verschleppung entsprechender Maßnahmen »[…] zusätzlich den ›Ariseuren‹ und anderen Profiteuren der Beraubung in vielfacher Hinsicht in die Hände«[549] gespielt. Einzelne Überlebende verschriftlichen ihren Frust auf den Fragebögen für Wohnungsangelegenheiten der IKG: »Ich […] erwähne hier bloß, dass ich Sternträger war, dass ich seit 1942 und meine Frau seit 1939 zwangsverpflichtet war, dass ich all meine Verwandten, meine Existenz und meinen Besitz restlos verloren habe und heute nach 1½ Jahren in keinem einzigen Punkt der Wiedergutmachung vorwärtsgekommen bin. […] Ich möchte doch wenigstens meine eigene, kleine Wohnung wiederhaben und mit meiner Frau wieder richtiggehend wohnen können. Wenn ich nicht meine eigene Wohnung haben kann, doch wenigstens eine gleichwertige.«[550] Im Sommer 1946 lagen bereits Entwürfe zum 3. Rückstellungsgesetz vor. Entgegen allen vorherigen Hoffnungen war die Wohnungsrückstellung ausgenommen und blieb es auch in der endgültigen Fassung von Februar 1947.[551] Dass einzelne Wohnungen im Rahmen des Zivilrechts im Jahr 1946 an Deportierte und Geflüchtete zurückgegeben werden konnten, war Folge der formal nicht aufgelösten Mietverträge. Diese Spruchpraxis schränkte der Oberste Gerichtshof allerdings zu Lasten der Verfolgten im Jahr 1947 ein.[552] In Bezug auf die Wohnungen war die Realität, dass nach Kriegsende Fremde in den Wohnungen lebten. Ein Überlebender der Konzentrationslager Dachau und Buchenwald legte etwa im Herbst 1946 dar, dass sich in

---

548 O. A., Mietrechte, die als Vermögensentziehung gelten, in: Der neue Weg, Nr. 37/38, Jg. 1946, 2, 2.
549 Graf, Georg/Bailer-Galanda, Brigitte/Blimlinger, Eva/Kowarc, Susanne, »Arisierung« und Rückstellung von Wohnungen in Wien, Veröffentlichungen der Historikerkommission. Vermögensentzug während der NS-Zeit sowie Rückstellungen und Entschädigungen seit 1945 in Österreich, Band 14, Wien/München 2004, 162 u. 168.
550 Archiv IKG Wien, Bestand Wien, A/VIE/IKG/III/WOHN/2/24, Fragebogen für Wohnungsangelegenheiten, 30.09.1946.
551 Vgl. Graf, Georg/Bailer-Galanda, Brigitte/Blimlinger, Eva/Kowarc, Susanne, »Arisierung« und Rückstellung von Wohnungen in Wien, Veröffentlichungen der Historikerkommission. Vermögensentzug während der NS-Zeit sowie Rückstellungen und Entschädigungen seit 1945 in Österreich, Band 14, Wien/München 2004, 164.
552 Vgl. ebd., 211.

seiner ehemaligen Wohnung »Ariseure« befänden.[553] Die Belastung dieser bzw. des Hauptmieters gemäß dem Verbotsgesetz konnte in Folge von Recherchen durch das Wohnungsreferat der Israelitischen Kultusgemeinde auch nachgewiesen werden. Eine Zuweisung wäre somit möglich gewesen. Bemerkenswert ist in diesem Fall außerdem die Tatsache, dass dieser KZ-Überlebende nicht nur Mieter, sondern auch Hauseigentümer war.[554]

Unter Stadtrat Gottfried Albrecht, Nachfolger Slaviks, kam es vermehrt zu Konflikten mit der IKG, welche den Behörden vorwarf, dass Wohnungseinweisungen lange dauerten oder gar nicht erst erfolgten und diesbezügliche Versprechen nicht eingelöst worden waren.[555] Deutlich wird der Eindruck der Unrechtsbehandlung in Bezug auf die Entscheidungen des Wohnungsamtes wenn es heißt: »Hierbei wurde an der Stelle des Ariseurs der jüdische Wohnungsbesitzer als Untermieter behandelt und ihm in vielen Fällen sogar zugemutet, die Wohnung zugunsten dieses Ariseurs zu räumen, weil auf denselben angeblich gewisse gesetzliche Voraussetzungen nicht zutreffen. Damit werden wir uns nie und nimmer einverstanden erklären.«[556] Jüdische Rückkehrer:innen blicken daher auf schlechte Erfahrungen mit dem Wohnungsamt zurück. Das Vorhaben Albrechts, jüdische Rückkehrer:innen in etwaigen Barackensiedlungen unterzubringen, löste heftige Proteste aus. Bei einer Aussprache mit der IKG wies der Vertreter Wilhelm Popper auf die Versäumnisse des Wohnungsamtes im Sommer 1946 hin, »arisierte« Wohnungen entgegen Ankündigungen nicht an die Opfer vergeben zu haben.[557]

---

553 Vgl. Archiv IKG Wien, Bestand Wien, A/VIE/IKG/III/WOHN/1/7, Fragebogen für Wohnungsangelegenheiten, 03.11.1946.
554 Vgl. ebd., Schreiben vom Wohnungsreferat an die Anforderungsgruppe, 05.08.1947.
555 Gottfried Albrecht war von 14. Februar 1946 bis 8. März 1949 Amtsführender Stadtrat für Wohnungs-, Siedlungs- und Kleingartenwesen; vgl. Graf, Georg/Bailer-Galanda, Brigitte/Blimlinger, Eva/Kowarc, Susanne, »Arisierung« und Rückstellung von Wohnungen in Wien, Veröffentlichungen der Historikerkommission. Vermögensentzug während der NS-Zeit sowie Rückstellungen und Entschädigungen seit 1945 in Österreich, Band 14, Wien/München 2004, 211 u. 159.
556 Allwell, Wie wir die Wohnungsfrage beurteilen, in: Der neue Weg, Nr. 33/34 Festnummer, Jg. 1946, 4, 4.
557 Vgl. Graf, Georg/Bailer-Galanda, Brigitte/Blimlinger, Eva/Kowarc, Susanne, »Arisierung« und Rückstellung von Wohnungen in Wien, Veröffentlichungen der Historikerkommission. Vermögensentzug während der NS-Zeit sowie Rückstellungen und Entschädigungen seit 1945 in Österreich, Band 14, Wien/München 2004, 211.

## Die Etablierung des Wohnungsreferates der IKG

Das Wohnungsreferat der IKG wurde im Sommer 1946 eingerichtet und als Referent Wilhelm Popper bestellt.[558] Bereits 1945 war eine Schnittstelle zum Wohnungsamt eingerichtet worden, die vor allem zwischen Wohnungssuchenden und Wohnungsamt vermittelte. Als Erfolg wurde gewertet, dass durch diese Vermittlung im August fünf, einen Monat später acht, im Oktober 16, im November 23 und im Dezember 15 Wohnungen zugewiesen werden konnten.[559] Durch die Konstituierung des Wohnungsreferates war es der IKG durch ein Abkommen mit Stadtrat Albrecht zunächst möglich, Vorschläge in Bezug auf Zuweisungen vorzunehmen. Dabei handelte es sich ausschließlich um Wohnungen von Belasteten. Eine schnelle Abwicklung sollte anscheinend durch eine von der IKG dem Wohnungsamt der Stadt Wien bereitgestellten Beamtin gewährleistet werden. Darüber hinaus waren vier weitere Personen mit Recherchetätigkeiten beschäftigt. Durch diese Vorgehensweise erhielten im Herbst 1946 bereits 90 Personen eine Einweisung. Kurze Zeit später wurde die Vereinbarung mit der IKG seitens des Wohnungsamtes der Stadt Wien jedoch aufgelöst.[560] Das Wohnungsamt »verwies die IKG auf den gleichen Rechtsweg, der den anderen Wohnungssuchenden auf Grund der Wohnungsanforderungsbestimmungen des Verbotsgesetzes 1945 zustand. Mit Rücksicht auf die zu diesem Zeitpunkt durchgeführte Novellierung des Verbotsgesetzes konnte eine Anforderung vielfach nur theoretisch vorgenommen werden, wodurch die Zahl der Zuweisungen an jüdische Wohnungswerber erheblich herabgesetzt wurde.«[561] Insofern war das Wohnungsreferat der IKG vorrangig rechtsberatend tätig und legte den Fokus auf die Recherche in Zusammenhang mit »arisierten« Wohnungen. Bei positiven Ergebnissen wurden die entsprechenden Adressen an die Wohnungssuchenden weitergegeben.[562] In Folge stellte die IKG dann »eine Anforderung, wobei sie nebst einer genauen Schilderung des Tatbestandes die jeweiligen Belastungsauszüge von der Staatspolizei dem Innenministerium und der Registrierungsstelle übermittelte.«[563]

---

558 Vgl. Israelitische Kultusgemeinde Wien, Bericht des Präsidiums der Israelitischen Kultusgemeinde Wien über die Tätigkeit in den Jahren 1945 bis 1948, Wien 1948, 25.
559 Vgl. o. A., Amtliche Mitteilungen der Israelitischen Kultusgemeinde Wien. Wohnungszuweisungen im Wege der Israelitischen Kultusgemeinde, in: Der neue Weg, Nr. 11/12, 1. April 1946, 13.
560 Vgl. Israelitische Kultusgemeinde Wien, Bericht des Präsidiums der Israelitischen Kultusgemeinde Wien über die Tätigkeit in den Jahren 1945 bis 1948, Wien 1948, 26.
561 Ebd.
562 Vgl. ebd.
563 Ebd.

Fallbeispiele

Anhand der personenbezogenen Akten des Wohnungsreferates der Israelitischen Kultusgemeinde am Schottenring 25 kann das Vorgehen des Referates nachvollzogen werden. Die Akten alleine geben allerdings keinen Aufschluss über das Ergebnis der Bemühungen des Referates. Erst zusätzliche Recherchen könnten Auskunft darüber geben, inwiefern wohnungssuchende Personen also ihre ehemaligen Wohnungen oder vergleichbare beziehen konnten. Was aus den Akten hervorgeht, soll exemplarisch anhand einiger Fallbeispiele veranschaulicht werden.

F. B. wurde durch das Wohnungsreferat für einen Termin am 09. September 1947 unter Mitnahme sämtlicher Unterlagen eingeladen.[564] Dem Fragebogen für Wohnungsangelegenheiten kann nicht nur seine Fluchtgeschichte entnommen werden – dreimonatige »Schutzhaft« im Landesgericht, Flucht nach Palästina im Sommer 1938, Rückkehr nach Wien im Juni 1947 –, sondern es erschließen sich auch seine Wohnumstände zum damals aktuellen Zeitpunkt: Er wohnte in einem Zimmer zur Untermiete. Im August 1938 war er gezwungen gewesen seine Wohnung zu verlassen. Diese hatte aus zwei Zimmern, einem Kabinett, einem Bad, einer Küche, einem sogenannten Dienstbotenraum und einem Vorzimmer bestanden. Nach seiner Rückkehr ermittelte das Wohnungsreferat seinen Wunsch, seine ehemalige Wohnung wieder beziehen zu wollen. F. B. gab auf dem Fragebogen außerdem an, mit der Wohnungssuche unter Druck zu stehen, da seine Tochter und seine Frau sich unmittelbar vor der Rückreise aus Palästina nach Wien befänden.[565] Dem zusätzlichen Erhebungsbericht des Wohnungsreferates – einem weiteren Formular – können erneut Eckdaten wie Adresse, Zimmeranzahl etc. über die ehemalige Wohnung entnommen werden. Wesentlich scheinen aber die möglichen Angaben über den Hauptmieter zum Zeitpunkt der Erstellung des Erhebungsberichtes. Im Fall von F. B. war der Hauptmieter seit 1938 mit seiner Frau an der Adresse des Rückkehrers gemeldet. Vorgefertigte Fragestellungen der Erhebungsberichte zielten darauf ab, in Erfahrung zu bringen, ob Jüdinnen und Juden vor dem Stichtag am 13. März 1938 an den angegebenen Adressen gelebt hatten. Ebenso wurde nach den Hauptmieter:innen und deren etwaiger Belastung im Zusammenhang mit dem Verbotsgesetz gefragt.[566] Betreffs F. B. wurde dieser Frage im September 1947 nachgegangen, als das Wohnungsreferat eine Anfrage an die Zentrale Kartei der Nationalsozialisten in München stellte: »Mit Rücksicht auf den in Wien nicht vorhandenen Belastungsnachweis über H. K[...], [...], ersuchen wir Sie um Auskunft, ob Obenge-

---

564 Die Durchsicht 55 personenbezogener Akten ergab, dass die Personen in Schüben eingeladen wurden und der erste Termin am 09.09.1947 gewesen sein dürfte. Vgl. Archiv IKG Wien, Bestand Wien, A/VIE/IKG/III/WOHN/1/4, Einladung Wohnungsreferat, 05.09.1947.
565 Vgl. ebd., Fragebogen für Wohnungsangelegenheiten, 23.07.1947.
566 Vgl. ebd., Erhebungsbericht, o. D.

nannter bei Ihnen registriert ist und falls ja, uns dies bekanntzugeben.«[567] Die Belastung des Hauptmieters wurde in Folge dieser Abfrage festgestellt.[568] Das weitere Vorgehen des Wohnungsreferates bei Vorliegen von Belastungsnachweisen kann am Beispiel eines anderen Überlebenden verdeutlicht werden. »Auf Grund des Bescheides der Registrierungsstelle für Nationalsozialisten für den 4./5. Bezirk ist Herr K[…] R[…] Angehöriger des §17 Absatz 3 des Verbotsgesetzes 1947, wodurch wir, wenn das Verfahren rechtskräftig abgeschlossen ist, sofort eine Anforderung vornehmen können. Wir ersuchen Sie uns Ihre Punktebewertung und die entsprechenden Stempelgebühren zu erbringen, damit wir die Weiterleitung an das Wohnungsamt vornehmen können.«[569] Wenige Tage später richtete das Wohnungsreferat ein Schreiben an die Anforderungsgruppe, der sie laut Schreiben den Belastungsnachweis beilegten und gleichzeitig um Rückforderung der Wohnung von dem Belasteten ansuchten.[570]

Der Akt von R. B. zeigt, dass die Arbeit des Wohnungsreferates der IKG unter Umständen zu der Erkenntnis geführt hat, dass Wohnungsmieter:innen »minderbelastet« oder gar nicht belastet waren. In diesen Fällen konnten die Rückkehrer:innen auch keine Rechtsansprüche stellen. R. B. bemühte sich um den Wiedererhalt seiner ehemaligen Wohnung in der Koppreiterstraße. Dem Erhebungsbericht zufolge lebte in dieser seit 1942 jedoch die Mieterin J. S.[571] Zu einer Einweisung des ehemaligen Mieters R. B. erklärte sich der Hausverwalter in einem Schreiben am 24. Juni 1947 prinzipiell bereit. Er fügte jedoch hinzu, dass ihm eine etwaige belastende Parteizugehörigkeit der zu diesem Zeitpunkt in der Wohnung wohnenden Frau J. S. nicht bekannt war.[572] Das Wohnungsreferat richtete wohl standardgemäß wenige Tage später schriftliche Fragen an die Hausverwaltung mit der Bitte um Beantwortung, da der ehemalige Hauptmieter R. B. Ansprüche auf seine Wohnung stellte. Die vorliegenden Antworten der Hausverwaltung auf die nicht mehr beiliegenden Fragestellungen geben Aufschluss darüber, dass R. B. bis zum 13. März 1938 Hauptmieter war und »Herr R. B[…] mußte aus rassischen Gründen die Wohnung verlassen und zwar vom Gericht aus Veranlassung der N.S.D.A.P.«[573] Der Hausverwalter bestätigte die darauffolgende und damalige Einweisung von J. S. durch das Wohnungsamt.[574] Nach Erhalt dieser Informationen recherchierte das Wohnungsreferat, um eine

---

567 Ebd., Anfrage vom Wohnungsreferat an Zentrale Kartei der Nationalsozialisten, 11.09.1947.
568 Vgl. ebd., Schreiben vom Bundesministerium für Inneres an Wohnungsreferat, 31.07.1947.
569 Ebd., A/VIE/IKG/III/WOHN/1/7, Schreiben Wohnungsreferat, 26.02.194[?].
570 Vgl. ebd., Schreiben vom Wohnungsreferat an Anforderungsgruppe III., 05.08.1947.
571 Vgl. Archiv IKG Wien, Bestand Wien, A/VIE/IKG/III/WOHN/1/8, Erhebungsbericht, 27.06.1947.
572 Vgl. ebd., Einverständniserklärung Hausverwaltung, 24.06.1947.
573 Ebd., Schreiben Hausverwaltung an Wohnungsreferat, 02.07.1947.
574 Vgl. ebd.

Be- oder Entlastung zu ermitteln. In diesem Fall entlastete die behördliche Abfrage J. S., die somit Anrecht auf die ehemalige Wohnung des R. B. hatte.[575] Das Ende dieses langwierigen Prozesses bedeutete für R. B. somit, keinen Anspruch auf seine ehemalige Wohnung zu haben, die er erzwungenermaßen verlassen hatte müssen.

Ein Schreiben eines Mieters in der Wolfgang Schmälzlgasse im zweiten Wiener Gemeindebezirk von Oktober 1946 an die IKG beleuchtet beginnendes Prozedere in Bezug auf Wohnungen, die nicht mehr seitens ehemaliger jüdischer Mieter:innen beansprucht wurden. Dieser ausführliche Brief enthält den Hinweis darauf, dass in dem von ihm bewohnten Haus vor dem genannten Stichtag in sieben Wohnungen jüdische Mieter:innen gelebt hätten. Er vertrat offenbar die Meinung, Überlebende hätten Anspruch auf Mietwohnungen und machte – um die Wohnungsknappheit wissend – auf die betreffenden Wohnungen aufmerksam: »Nachdem Sie im Sinne der Wiedergutmachung für Ihre Heimkehrer bestimmt viel zu wenig Wohnungen haben werden, so möchte ich Sie vielmals bitten, auch auf diese Wohnungen Ihr Augenmerk zu lenken.« Ebenso offenkundig verband er damit aber auch ein sehr persönliches Anliegen: »Meiner Wohnung vis-a-vis ist ein registrierter Nazi der mir schon seit eh und je ein Dorn im Auge war. Nicht genug, dass man sich von diesen Leuten während der Naziherrschaft alles gefallen lassen musste, aber dass sie jetzt noch so frech sind, und fortwährend bespitzeln, das ist mir dann doch zu arg.«[576] Dieser Mieter war darüber hinaus überzeugt, dass sechs weitere Wohnungen in dem Gebäude ebenso anzufordern wären, nachdem sie vor 1938 von Jüdinnen und Juden bewohnt gewesen waren. Ironisch charakterisiert er die weltanschauliche Neuorientierung der ehemaligen Nazis in seinem Haus: »Natürlich sind sie heute keine Nazi sind auch keine gewesen.«[577] Die IKG antwortete ihm mit der Bitte um Übermittlung der Namen der Mieter:innen, der Türnummern und eventuell der Geburtsdaten, um überhaupt weitere Recherchen vornehmen zu können.[578] Kurz darauf übermittelte der Mieter postalisch eine Liste der Türnummern und die ihm bekannten Namen. Im Falle der Wohnung gegenüber der seinen gab er zusätzlich an, dass es sich bei dem Mieter R. W. um einen registrierten Nazi handelte.[579] Am 09. Juli 1947 richtete das Wohnungsreferat eine diesbezügliche Anfrage an das Magistratische Bezirksamt, die »Registrierstelle für die Nationalsozialisten«.[580] Die behördliche Abfrage wies die Parteimitgliedschaft des

---

575 Vgl. ebd., Entlastungsnachweis, o. D.
576 Ebd., Schreiben an IKG, 14.10.1946.
577 Ebd., Schreiben Hausverwaltung an Wohnungsreferat, 02.07.1947.
578 Vgl. ebd., Antwortschreiben, 25.10.1946
579 Vgl. ebd., Antwortschreiben, 02.11.1946.
580 Vgl. ebd., Anfrage Wohnungsreferat an Registrierstelle f. d. Nationalsozialisten, 09.07.1947.

Herrn R. W. ab dem Jahr 1940 nach.[581] Dadurch konnte die Wohnung einem bedürftigen Anspruchsberechtigten zugewiesen werden. Nachdem der weiter oben genannte R. B. seine ehemalige Wohnung nicht beziehen konnte, schlug das Wohnungsreferat im Juli diese Wohnung für ihn vor: »Für diese Wohnung schlagen wir Herrn R[...] B[...] samt Frau, derzeit in Untermiete [...], vor. Herr B[...] ist laut beiliegender ärztlicher Bestätigung ein Kriegsinvalide, TBC krank und steht in ärztlicher Behandlung. Er ist in Klasse I mit 48 Punkten eingereiht. Seine eigene Wohnung [...] kann er nicht zurückbekommen, da laut amtlicher Recherchen der Hauptmieter unbelastet ist.«[582] Eindeutig geht aus dem Schreiben die weisungsfehlende Position des Wohnungsreferates hervor und seiner Handlungseinschränkung auf Recherchen.

*Karl Farkas*

Abb. 7: Karl Farkas, 1946 (Bestand Jüdisches Museum Wien, Inv. Nr. 8361)

»...Und dann – nach Wien ... Hat man dort wohl begriffen, Was die ›Gesinnung‹ an dem Volk verbrach? Hofft man vielleicht – trotzdem die Trümmer rauchen – Noch immer auf ›mir wer'n kann Richter brauchen‹, Obzwar der Richter längst sein Urteil sprach? Sind Volksgenossen jetzt schon wieder Spezi? Schreit man schon ›Rotfront‹

---

581 Vgl. ebd., Belastungsnachweis, o. D.
582 Ebd., Anforderungsschreiben vom Wohnungsreferat, 23.07.1947.

oder noch ›Siegheil‹? Gebraucht man ›Küss' die Hand‹ und ›Euer Gnaden‹ Oder mehr Phrasen á la Berchtesgaden? …Das ist mein letzter Abend in New York – Was dann folgt, ist im Nebelgrau verborgen …Drum wend' ich nicht nach vorwärts meinen Blick – Ich kehre lieber um und geh' zurück – Ins Morgen …«[583]

Wie weitreichend der Bedarf an Unterstützung für den Wohnungserwerb war, können auch Biografien prominenter Persönlichkeiten belegen. Dazu zählen etwa solche, die noch vor Kriegsausbruch öffentliches Ansehen genossen hatten und unter der Nazi Herrschaft verfolgt worden waren, wie etwa der Kabarettist und Schauspieler Karl Farkas. Den Ausschlag für seine Entscheidung zur Rückkehr nach Wien aus der Emigration in New York gab wohl seine Familie. Von seiner Frau Anny und seinem Sohn Robert, kurz Bobby, die in Březnice überlebt hatten, war er nämlich jahrelang getrennt gewesen: Robert entsprach mit seiner Behinderung nach einer Gehirnhautentzündung nicht den Aufnahmekriterien der USA. In New York selbst hatte Karl Farkas Fuß fassen können und äußerte sich insgesamt sehr positiv zu seinem Exilland, wo er ab 1941 lebte. Obgleich er mit Kriegsende nur noch zwei Jahre bis zum Erhalt der amerikanischen Staatsbürgerschaft hätte abwarten müssen, entschied er sich also für die Rückkehr. Bis er allerdings die tatsächlich nötigen Dokumente für eine Ausreise besaß, verging letztlich ein Jahr.[584] Das Ankunftsszenario zeigt einmal mehr, wie Rückkehrer:innen aufgenommen wurden: »Als Farkas am Westbahnhof [im Mai 1946] ankommt, wo noch die Ruinen der ausgebrannten Bahnhofshalle stehen, wird er von niemandem erwartet.«[585] Für seine Unterbringung musste er selbst Sorge tragen. Er bezog im schwer beschädigten Hotel Krantz ein Zimmer. Für die endgültige Wiedervereinigung mit seiner Familie benötigte er jedoch eine Wohnung. Diese war trotz Zusagen diverser Stellen aber nicht erhältlich. Im Juli 1946 hatte Farkas zwar immer noch keine Wohnung, doch wurde er auf Initiative des Kulturstadtrates Viktor Matejka öffentlich willkommen geheißen. Seine Ankunft wurde dabei so inszeniert, als käme er geradewegs von New York. Farkas hatte sich im Mai noch schriftlich mit seinem Rückkehrwunsch an Matejka gewandt. Neben dem Ansuchen um eine Wohnung liest sich das Schreiben beinahe wie eine Bewerbung. Farkas schilderte nämlich nicht nur seine beruflichen Ambitionen in Wien, sondern berief sich auch auf Werke, die er im Exil verfasst

---

583 Farkas, Karl, Zurück ins Morgen, New York 1946, zit. nach: Heimann-Jelinek, Felicitas, Hier hat Teitelbaum gewohnt. Ein Gang durch das jüdische Wien in Zeit und Raum, in: Jüdisches Museum der Stadt Wien (Hg.), Hier hat Teitelbaum gewohnt. Ein Bedenkbuch, Wien 1993, 12–22, 22.
584 Vgl. Zeillinger, Gerhard, Fortgehen und Wiederkommen, in: Weber, Andreas (Hg.), Einer, der nicht hassen konnte: Karl Farkas. Emigration und Heimkehr, Beiträge zu Leben und Werk, Band 1, St. Pölten 2015, 15–68, 44ff.
585 Ebd., 52.

hatte und die sich dort bereits bewährt hatten.[586] Obgleich ihm zu Ehren eine verspätete Willkommensfeier stattgefunden hatte, wohnte er bis November 1946 im Hotel Krantz. So zählte Farkas zu jenen Personen, die sich hilfesuchend an das Wohnungsreferat der Israelitischen Kultusgemeinde wandten. Zum Zeitpunkt als er den Fragebogen für Wohnungsangelegenheiten ausfüllte, gab er an, in Untermiete am Franz Josefskai 49 zu wohnen.[587]

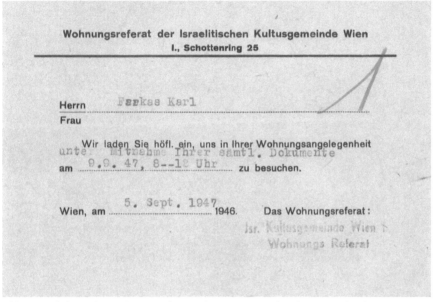

Abb. 8: Einladung des Wohnungsreferates der IKG an Karl Farkas, 1947 (Archiv IKG Wien, Bestand Wien, A/VIE/IKG/III/WOHN/1/1)

---

586 Vgl. ebd.
587 Vgl. Archiv IKG Wien, Bestand Wien, A/VIE/IKG/III/WOHN/1/1, Fragebogen für Wohnungsangelegenheiten, o. D.

1319

**Israelitische Kultusgemeinde**
WIEN I.
Schottenring 25

Sprechstunden des Hauptreferenten:
Dienstag, Mittwoch, Donnerstag
und Freitag von 12—13 Uhr

Wohnungsamt
4. Stock

# Fragebogen für Wohnungsangelegenheiten

1. Name und Adresse: KARL FARKAS
2. Wo wohnen Sie jetzt: (Untermieter) Wien, I. Frz Josfskai 49
   Wie groß ist Ihre Wohnung?
   Wieviel Punkte stehen Ihnen zu? 51
3. Wo haben Sie früher, also bis zum 11. III. 1938 gewohnt? IV. Heubergring 8

   Wie groß war Ihre frühere Wohnung? 4 Zimmer Nebenräume
4. Auf wieviel Räume haben Sie Anspruch? (2 Personen = 1 Raum) 3 ½
5. Wollen Sie Ihre frühere Wohnung zurück? Ja. Oder eine andere
6. Gab es im gleichen Hause andere jüdische Wohnungen?
7. a) Wie groß sind diese Wohnungen?
   b) Wer wohnt jetzt in diesen Wohnungen?

8. Welche Schritte haben Sie bisher unternommen? Wohnungsamt, Bürgermeister.

9. Welche Resultate haben Sie bisher erzielt? Vertröstungen. Seit 8 Monaten!

10. Sind Sie in einem Konzentrationslager gewesen? Ja

11. Sind Sie Mitglied des KZ-Verbandes?

12. Wie sind Ihre Familienverhältnisse? verheiratet

13. Kennen Sie freiwerdende Wohnungen? •

Der meiner Vorwohnung: Haeflinger, angeblich Schweizer, wohnt ständig in der Schweiz, soll jetzt sogar in U.S.A. sein, bezieht keine Lebensmittelkarten. Hat seine [illegible] Jos. Hartmann die Wohnung übergeben. → III. Arenbergring 8/9

14. Raum für allfällige Mitteilungen und Wünsche: Meine frühere Wohnung: (Hausherr: Pöll, I. Tegetthoffstr. 7.) Hatte außerdem eine Einweisung = Zwangseinweisung XVIII. Elslergasse 29. Der frühere Bewohner ein Herr Rokker, von der NSDAP Kreisleitung, 12 Monate Kriegsverbrecher-Gefangenschaft, Reichsdeutscher, hat die Wohnung rasch den Engländern übergeben, um sie mir vorzuenthalten. Nach Abzug der Engländer müßte ich die Wohnung eigentlich bekommen. Doch hat das Wohnungsamt inzwischen die Einweisung zurückgezogen. Warum?

Datum:

Unterschrift

Abb. 9: Fragebogen für Wohnungsangelegenheiten – Karl Farkas

Näher führt Gerhard Zeillinger die damaligen Wohnumstände aus: »Farkas muss mit seiner Frau und seinem Sohn vorerst in der Pension am Franz-Josefs-Kai bleiben, in die alte Wohnung in Wien-Landstraße können sie nicht zurück, es ist nach wie vor schwierig eine Wohnung zu bekommen.«[588] Aus welchen Gründen ein Bezug der ehemaligen nicht möglich war, führt Zeillinger selbst nicht näher aus, doch kann ein Anforderungsschreiben des Wohnungsreferates der IKG über das Bemühen des Wiedererwerbes Aufschluss geben: »Wir bitten die Wohnung in Wien III., Arenbergring 8/9 als ehemalige jüdische Wohnung des Vormieters Karl Farkas nach § 5 Abs. 3 und 4 anzufordern. In der Wohnung des Hauptmieters ist ein Herr […], der in der Schweiz eine Wohnung besitzt und nur im Laufe eines Jahres ein oder zweimal diese Wohnung als Absteigequartier benützt. Ausserdem ist die Wohnung nur von Untermietern bewohnt und von ihm fast gar nicht. Nachdem diese Wohnung bis heute dem ehem. Hauptmieter Herrn Karl Farkas von der Hausverwaltung Clemens Pöll in Wien X., […] niemals aufgekündigt worden ist, macht der ehemalige Wohnungsinhaber seine Hauptmietrechte geltend.«[589] Möglicherweise wurde einer Einweisung aufgrund fehlender Belastungsnachweise nach dem Verbotsgesetz nicht nachgekommen. Vor diesen konkreten Schritten seitens des Wohnungsreferates erhielt die Familie im April 1947 eine Zuweisung durch das Wohnungsamt der Stadt Wien Magistratsabteilung 50, in eine Wohnung in der Neustiftgasse. Dies führte jedoch auch zu keinem Einzug in dieselbe. Die Mieter:innen der anscheinend »arisierten« Wohnung weigerten sich einfach auszuziehen. Erst mit Oktober 1948 konnte Familie Farkas endlich die Wohnung beziehen.[590] Dass selbst prominente Persönlichkeiten wie Karl Farkas um den Wohnungserwerb ringen mussten, lässt Rückschlüsse auf die Situation der Mehrheit der Rückkehrenden zu.

Anfang 1947 betonte Präsident David Brill bereits die theoretisch erfolgreiche Arbeit des Referates, das de facto nur Misserfolge aufzuweisen hatte. Er stellte deshalb dessen Auflassung zur Diskussion, wenngleich er sich bereit zeigte »den Kampf weiter mit allen Mitteln auszufechten.«[591] Ende Dezember 1947 waren etwa 1 000 Personen im Referat gemeldet, wovon 341 der eingangs erwähnten »Dringlichkeits-Kategorie« angehörten. 148 davon waren in Heimen der IKG untergebracht, der Rest lebte in Pensionen, Hotels und städtischen Herbergen.

---

588 Zeillinger, Gerhard, Fortgehen und Widerkommen, in: Weber, Andreas (Hg.), Einer, der nicht hassen konnte: Karl Farkas. Emigration und Heimkehr, Beiträge zu Leben und Werk, Band 1, St. Pölten 2015, 15–68, 57.
589 Archiv IKG Wien, Bestand Wien, A/VIE/IKG/III/WOHN/1/1, Schreiben Wohnungsreferat an Anforderungsgruppe, 31.07.1947.
590 Vgl. Zeillinger, Gerhard, Fortgehen und Widerkommen, in: Weber, Andreas (Hg.), Einer, der nicht hassen konnte: Karl Farkas. Emigration und Heimkehr, Beiträge zu Leben und Werk, Band 1, St. Pölten 2015, 15–68, 57.
591 Archiv IKG Wien, Bestand Wien/ A /IKG/III/AD/VOR/1/ 1, Protokoll, 22.01.1947.

Mit Ende 1947 wurde das Wohnungsreferat der IKG in das Wiedergutmachungsreferat eingegliedert.[592] »Dies geschah vor allem deswegen, weil die im Laufe der eineinhalb Jahre gegebenen Versprechungen des Wohnungsamtes der Stadt Wien selten eingehalten worden sind, und wir uns daher entschließen mußten, den Schwerpunkt unserer Arbeit auf die legislatorische Behandlung des Problems zu verlagern.«[593]

Im Jahr 1964 schrieb die IKG, dass das Wohnungsproblem der jüdischen Bevölkerung im Großen und Ganzen gelöst sei. Nur einzelne Anfragen der Kultusgemeinde zielten auf den Versuch der Erlangung von Wohnungen durch die Kultusgemeinde ab. Anscheinend handelte es sich da häufig um Anfragen von Heimkehrer:innen, die in den Rückkehrerheimen der IKG untergebracht waren, und um Delogierungen.[594]

---

592 Vgl. Israelitische Kultusgemeinde Wien, Bericht des Präsidiums der Israelitischen Kultusgemeinde Wien über die Tätigkeit in den Jahren 1945 bis 1948, Wien 1948, 27.
593 Israelitische Kultusgemeinde Wien, Die Tätigkeit der Israelitischen Kultusgemeinde Wien in den Jahren 1960 bis 1964, Wien 1964, 199.
594 Vgl. ebd.

# Die Fürsorgeabteilung nach 1945

Der Betreuungsbedarf innerhalb der jüdischen Gemeinde betraf zunächst Überlebende und Rückgekehrte. Vorangegangene Kapitel haben bereits erste Einblicke in die vielen Tätigkeitsbereiche der Fürsorgeabteilung der ersten Nachkriegsmonate- und Jahre ermöglicht, sowie auch deren Zusammenarbeit mit anderen Referaten der IKG oder auch mit dem Joint beleuchtet. Um aber die konkrete praktische Unterstützung darzustellen, soll nun näher auf spezifische Aufgabenbereiche eingegangen werden.

## Reorganisation – Professionalisierung – Subsidiaritätsprinzip

Was als Unterstützung verstanden wird, ist gar nicht so leicht zu definieren. Speziell die Definitionen von Empfangenden und »Gebenden« können völlig konträr sein. Als Abteilung der IKG unterlagen die Leistungen des Fürsorgereferates einem bestimmten institutionellen Auftragsverständnis. Dieses kann anhand eines unsignierten Tätigkeitsberichtes von 1947 nachvollzogen werden: »Der wesentliche Zweck der Erwachsenenfürsorge durch regelmäßige Geldunterstützungen ist darin gelegen, kranke oder wirtschaftlich herabgekommene Personen zu befürsorgen und darüber hinaus auch noch all jenen Glaubensgenossen, die in Wien das Hitlerregime überlebten, die aus den K.-Z. Lagern wieder nach Wien zurückkehrten und die aus der Emigration wieder in ihre Wiener Heimatgemeinde kommen, eine Ueberbrückung zu schaffen, bis ihnen die Eingliederung in den Wirtschaftsprozess und der selbständige Erwerb des Lebensunterhaltes gelungen ist.«[595] Die Erwachsenenfürsorge zielte – (im Gegensatz zur Jugendfürsorge) in Anlehnung an die öffentlichen Fürsorgeleistungen der Stadt Wien – also auf eine vorübergehende finanzielle Unterstützung ab.[596] Ein

---

[595] Archiv IKG Wien, Bestand Jerusalem, A/W 4312, Bericht der Fürsorgeabteilung, 17.10.1947.
[596] Vgl. Wiener Magistrat, Handbuch für den ehrenamtlichen Fürsorgerat: kleiner Wegweiser durch das Wohlfahrts- und Gesundheitswesen der Stadt Wien, Wien 1947.

früherer und detaillierterer Bericht liegt anscheinend nicht vor: Die Fürsorgeabteilung sah sich – wie bereits angemerkt – nach eigenen Angaben zu Jahresbeginn 1948 nämlich außer Stande, über die Jahre 1946 und 1947 einen durch die IKG Führung geforderten detaillierten Tätigkeitsbericht vorzulegen.[597] Dieses Unvermögen begründete sie einerseits mit dem Tod Hedwig Schaners und andererseits mit dem Ausscheiden Franzi Löws.[598] Mit diesem Personal- und Führungswechsel war ein radikaler Bruch im Anschluss zu den Arbeitsweisen vor dem Krieg und während des Krieges zu verzeichnen. Gänzlich neu richtete sich das Referat aber dennoch nicht aus, sondern folgte wieder anderen Kontinuitäten. Dass sich die Leitung der Israelitischen Kultusgemeinde nicht nur an der Wiener Wohlfahrtsstruktur orientierte, sondern in der Wohlfahrts- und Gesundheitspolitik des Roten Wien unter dem einstigen Gesundheitsstadtrat Julius Tandler ihr Vorbild sah,[599] wird darin deutlich, dass sie 1948 bekannte: »Die Fürsorge muss getreu unseren Geboten, der sozialen Ethik und Gerechtigkeit in reinster Form geleitet werden. Hinsichtlich Organisation soll jenem musterhaften Beispiel und jenen musterhaften Richtlinien gefolgt werden, wie sie in der Gemeinde Wien von einem Julius Tandler geschaffen wurden.«[600] Während Tandlers Reformen im allgemeinen Fürsorgewesen als beispielhaft gesehen wurden, blieb er als theoretischer Befürworter der Eugenik hier unerwähnt.[601]

Die Besetzung des Referates mit dem Kultusvorstand Jakob Bindel scheint für die Umsetzung der Prinzipien Tandlers schlüssig, wie ein paar biografische Eckdaten veranschaulichen sollen: Jakob Bindel wurde am 14. Januar 1901 als Sohn eines Kleingewerbetreibenden in Wien geboren. Sein Leben und Wirken steht in unmittelbarem Zusammenhang mit den Österreichischen Kinderfreunden. Die Etablierung des Reichsvereins der Kinderfreunde geht auf das Jahr 1917 zurück. Die Initialisierung muss im Kontext mit der heute unfassbaren Kinderarmut um die Wende vom 19. zum 20. Jahrhundert gesehen werden. Bindels Karriere als Sozialdemokrat begann, als er mit 22 Jahren die Ausbildung zum Erzieher in der sogenannten »Schönbrunner Schule«[602] absolvierte. Zunächst arbeitete Bindel auch im entsprechenden Berufsfeld als Erzieher. Danach war er als Sekretär des Kreises Wiener Neustadt tätig, bis er schließlich niederösterreichischer Falkenführer wurde und als Landessekretär in der Landesorganisation Niederösterreich beschäftigt war. Der Verein der Kinderfreunde hatte sich Mitte der 20er Jahre bereits zu einer renommierten Organisation entwickelt.

---

597 S. dazu das Kapitel »Franzi Löw als Kultusrätin und die Folgen der Kollaborationsvorwürfe«.
598 Vgl. Archiv IKG Wien, Bestand Jerusalem, A/W 4273, Schreiben Fürsorgeabteilung an W. Krell, 19.01.1948.
599 Zu Julius Tandler s. das Kapitel »Wien vor 1938«.
600 Archiv IKG Wien, Bestand Wien, A/VIE/IKG/III/AD/VOR/1/2, Protokoll, 18.05.1948.
601 S. etwa Schwarz, Peter, Julius Tandler. Zwischen Humanismus und Eugenik, Wien 2017.
602 Die Schule für Erzieher war im Jahr 1919 gegründet worden.

Mit der Machtübernahme der Austrofaschisten ging eine kurze Haft Bindels im Jahr 1934 einher. 1938 folgte eine weitere Inhaftierung. Anschließend gelang ihm mit seiner Frau die Flucht nach Palästina, wo er ein paar Jahre in der britischen Armee diente. Im Jahr 1947 kehrte er nach Österreich zurück, wo er zum Bundessekretär der »Freie-Schule-Kinderfreunde-Bundesorganisation« für Österreich bestellt wurde. Außerdem setzte er sich unermüdlich für den Wiederaufbau der Kinderfreunde ein. Bundeskanzler Bruno Kreisky hob während einer Rede aus dem Anlass von Bindels 80. Geburtstag nicht nur sein Engagement für diese Bewegung hervor, sondern vielmehr unterstrich er auch Bindels Ideenreichtum, seine Hilfsbereitschaft, sowie seine Verlässlichkeit als Genosse.[603] Bindel leitete überdies bis in das Jahr 1960 den »Jungbrunnen«, den Kinder- und Jugendbuchverlag der Kinderfreunde.

Abb. 10: Jakob Bindel, 1960. V. li. n. re: Ernst Kothbauer, Josef Holaubek, Jakob Bindel, Karl Wlasak (Bestand Kinderfreunde – kinderfreunde.topothek.at)

---

603 Vgl. Bindel, Jakob (Hg.), 75 Jahre Kinderfreunde: 1908–1983; Skizzen, Erinnerungen, Berichte, Ausblicke, Wien/München 1982, 15 ff.

In Würdigung Bindels unermüdlichen Engagements wurde er 1976 zum Ehrenvorsitzenden der Kinderfreunde gewählt. Für seine Errungenschaften und Verdienste war er bereits im Jahr 1973 mit dem Goldenen Ehrenzeichen der Republik ausgezeichnet worden. Neben all dem soll nicht unerwähnt bleiben, dass Jakob Bindel Obmann des Bundes Werktätiger Juden sowie von 1947 bis 1952 auch Vizepräsident der IKG war.[604]

Einer der ersten ausführlichen Tätigkeitsberichte der Fürsorgeabteilung der Nachkriegszeit, datiert mit November 1950, gewährt nicht nur einen Einblick in die Arbeitsweisen der Abteilung ab dem 01. Juni 1948, sondern markiert auch den beginnenden Prozess der Reorganisation, mit der Jakob Bindel betraut wurde. Offiziell wurde er am 20. Mai 1948 als Kultusvorstand für das Referat der Fürsorge bestellt.[605] Das Begleitschreiben zu diesem Tätigkeitsbericht betont die »schwere und verantwortungsvolle« Tätigkeit, was die Binnenperspektive erkennen lässt.[606] Mit Kritik an den vorherigen Zuständen in der Abteilung wird dabei nicht gespart, es werden sogar schwere Vorwürfe erhoben: »Seit BINDEL haben Beeinflussung der FÜRSORGE, Visitenkarten und Protektion aufgehört. Nach einem Regulativ und nach objektiven Grundsätzen werden die Fälle behandelt.«[607] Abgesehen von der damit offenbar werdenden Tendenz, im Eigeninteresse auf die Verfehlungen anderer hinzuweisen, handelte es sich bei der Übernahme der Fürsorgeabteilung durch Jakob Bindel tatsächlich um einen wesentlichen Einschnitt hinsichtlich ihrer Professionalisierung, was nicht zuletzt aus der im Zitat festgestellten Implementierung von spezifischen Standards hervorgeht. Dem erwähnten Bericht selbst lässt sich von nun an der Fokus auf eine transparente Verwendung der vom Joint[608] bezogenen Geldmittel entnehmen.[609] Inwiefern das vor der Reorganisation im Sinne des Joint Praxis war, gilt es tatsächlich in Frage zu stellen. Fakt ist, dass die Fürsorgeabteilung weder vor noch nach ihrer Umstrukturierung die Berechtigung besaß, eigenständige Verhandlungen mit dem Joint zu führen.[610] Dieser hatte verständlicherweise großes Interesse am Verwendungszweck seiner finanziellen Mittel. Infolge der eingangs

---

604 Vgl. Dasrotewien.at, Bindel, Jakob, Weblexikon der Wiener Sozialdemokratie, online: http://www.dasrotewien.at/seite/bindel-jakob [28.08.2021].
605 Vgl. Archiv IKG Wien, Bestand Wien, A/VIE/IKG/III/AD/VOR/1/2, Protokoll, 20.05.1948.
606 Vgl. ebd., A/VIE/IKG/III/SOZ/6/10, Begleitschreiben (zwar ist anzunehmen, dass es von Bindel selbst stammt, jedoch fehlt eine Unterschrift) zum Tätigkeitsbericht der Fürsorgeabteilung (1948–1950), November 1950.
607 Ebd.
608 Wie in der Einleitung bereits geschrieben: Das American Joint Distribution Committee ist eine jüdische US-amerikanische Hilfsorganisation, die ab dem Ersten Weltkrieg v.a. in Europa tätig wurde.
609 Vgl. Archiv IKG Wien, Bestand Wien, A/VIE/IKG/III/SOZ/6/10, Tätigkeitsbericht der Fürsorgeabteilung (1948–1950), November 1950.
610 Vgl. Archiv IKG Wien, Bestand Jerusalem, A/W 4273, Schreiben W. Krell an die Fürsorgeabteilung, 30.01.1948.

erwähnten Tatsache, dass der IKG sowie jüdischen Vereinen während der NS-Zeit ihr Vermögen entzogen worden war, war die Kultusgemeinde nach 1945 auf Spenden und Subventionen angewiesen, welche 1946 und 1947 mehr als ein Drittel der Mittel ausmachten, über welche sie verfügte. 1952 und 1953 trugen der Joint und die Claims Conference alleine 23 und 27 Prozent des Gesamtbudgets der IKG.[611] Ohne weitere Nennung von Gründen ordnete die Wohlfahrtsbeauftragte des Joint, Sophie Linden, sogar die »gänzliche Reorganisation des Fürsorgeapparates« an.[612] Insofern lagen aus Perspektive des Joint zu behebende Mängel vor. Diese aber auf intransparente Arbeitsweisen einzelner Personen zurückzuführen, wäre eine unzulässige Vereinfachung. Die Aufforderung des Joint, die Nachvollziehbarkeit der Tätigkeiten zu gewährleisten, geht aus einem Brief der Fürsorgeabteilung vom Juli 1948 an Referatsleiter Jakob Bindel hervor, demzufolge die Mitarbeiter:innen die Erstellung der Tätigkeitsberichte mitinitiiert zu haben scheinen.[613] Mit der Erstellung von Tätigkeitsberichten verfolgte die IKG selbstverständlich auch eigene Interessen. Die Berichte sollten etwa den Bedarf an Leistungen sowie die Errungenschaften aufzeigen und als Grundlage zur Erstellung von Publikationen dienen.[614] Mit der Forderung nach Tätigkeitsberichten geht die Forderung nach Transparenz einher, die Professionalität einfordert und suggeriert, die Fürsorgeabteilung wäre zuvor nicht »zeitgemäß« gewesen. Im Bericht 1948–1950 selbst heißt es sogar abwertend: »Vielleicht kann man die Fürsorgeabteilung vor dem Juni 1948 mit Recht als eine Almosenverteilungsstelle bezeichnen.«[615] Eindeutig geht hier die Sichtweise auf den Auftrag der Fürsorgeabteilung hervor, nicht in planloser Mildtätigkeit willkürlich Geldzahlungen oder Sachleistungen zu verteilen. Einem anderen Bericht aus dem Monat nach der beginnenden Umstrukturierung kann aber ebenso das Zugeständnis entnommen werden, dass die neue Ausgestaltung keineswegs abgeschlossen sei.[616] Ursprünglich hatte Bindel die Beendigung der Reorganisation mit August 1948 angesetzt.[617] Dieses Vorhaben war zu optimistisch, wie ein von der Wohlfahrtsbeauftragen des Joint Sophie Linden verfasstes Memorandum über die Reorganisation der Fürsorgeabteilung unterstreicht. In ihrem Begleit-

---

611 Vgl. Bailer, Brigitte, Überlebende des Holocaust in der Zweiten Republik – eine Skizze, in: Dokumentationsarchiv des österreichischen Widerstandes (Hg.), Feindbilder, Jahrbuch, Wien 2015, 113–139, 116f.
612 Vgl. Archiv IKG Wien, Bestand Jerusalem, A/W 4276, Memorandum, 03.06.1948.
613 Vgl. Archiv IKG Wien, Bestand Wien, A/VIE/IKG/III/SOZ/6/10, Schreiben Fürsorgeabteilung an J. Bindel, 23.07.1948.
614 Vgl. Archiv IKG Wien, Bestand Jerusalem, A/W 4273, Schreiben IKG an F. Löw, 06.01.1948.
615 Archiv IKG Wien, Bestand Wien, A/VIE/IKG/III/SOZ/6/10, Tätigkeitsbericht der Fürsorgeabteilung (1948–1950), November 1950.
616 Vgl. ebd., Tätigkeitsbericht der Fürsorgeabteilung (Juni 1948), 26.07.1948.
617 Vgl. Archiv IKG Wien, Bestand Jerusalem, A/W 4276, Protokoll der Fürsorgeabteilung, 16.07.1948.

schreiben zum Memorandum an den Amtsdirektor der IKG vom November 1948 drückt sie nämlich ihre Hoffnung auf eine rasche Umsetzung des Reorganisationsplans aus. Beiläufig erwähnte sie auch Bindels Einverständnis.[618] Das lässt sich vermutlich auf die oben erwähnte alleinige Verhandlungsbefugnis der Führungsspitze der IKG zurückführen und wird durch nachstehende Anweisung des Amtsdirektors spezifiziert: »Die Fürsorgeabteilung ist des weiteren nicht berechtigt, dem Joint direkte Aufstellungen zu übergeben oder Korrespondenzen mit dem Joint zu führen. Dies alles hat über die Amtsdirektion zu gehen.«[619] Die Tatsache, dass das Begleitschreiben über den Rahmen der Verhandlungen betreffend der neuen Ausgestaltung der Fürsorgeabteilung zwischen Referatsleiter Bindel und der Wohlfahrtsbeauftragten des Joint Sophie Linden nichts verrät, ist daher nicht verwunderlich. Auch wenn Amtsdirektor Willhelm Krell einräumte: »Von dieser Regelung wird selbstverständlich eine Zusammenarbeit, beziehungsweise mit Mrs. L i n d e n wenn sie in der Fürsorgeabteilung erscheint, nicht betroffen. (Mündliche Auskünfte, usw.)«[620] Demzufolge konnte Sophie Linden in der Fürsorgeabteilung mündliche Informationen einholen und sich mit den Mitarbeiter:innen austauschen. Die Involvierung Sophie Lindens in die Belange der Fürsorgeabteilung wird einmal mehr durch ihre aktive Teilnahme an Teamsitzungen deutlich. Wie häufig und über welchen Zeitraum sie anwesend war, kann nicht mit Sicherheit festgestellt werden. In jedem Fall handelte es sich um reguläre Sitzungen, in denen verschiedene organisatorische und klient:innenbezogene Probleme abgearbeitet wurden.[621] Mit der einsetzenden Reorganisation forderte Jakob Bindel die Mitarbeiter:innen der Fürsorgeabteilung auf, im Rahmen einer Teambesprechung Verbesserungsvorschläge vorzubringen. Das zumindest deutet auf die Möglichkeiten der Partizipation dieser Personen an dem Reorganisationsprozess hin.[622] Obgleich die Umsetzung der Reorganisation auf die Fürsorgeabteilung selbst zurückgeht, fußte sie offensichtlich nicht ausschließlich auf internen Überlegungen. So gesehen musste ihr damaliges Auftragsverständnis auch maßgeblich von ihren Förder:innen geprägt gewesen sein.

Die Fälle nach »objektiven Grundsätzen« und »einem Regulativ« zu behandeln, bedeutete u. a. die Etablierung finanzieller Richtsätze. Die maximale Höhe und Zusammensetzung einer zugesprochenen Leistung unterlag also bestimmten Vorgaben. Bei neuen Ansuchen bedurfte es somit keiner Verhandlungen über diese. Fixiert wurden diese Sätze gemäß folgenden Gesichtspunkten: »Das Re-

---

618 Vgl. Archiv IKG Wien, Bestand Wien, A/VIE/IKG/III/SOZ/6/10, Begleitschreiben S. Linden an W. Krell, 08.11.1948.
619 Archiv IKG Wien, Bestand Jerusalem, A/W 4273, Schreiben W. Krell an die Fürsorgeabteilung, 30.01.1948.
620 Ebd.
621 Vgl. ebd., A/W 4276, Protokoll der Fürsorgeabteilung, 23.02.1949.
622 Vgl. ebd., A/W 4274, Protokoll der Fürsorgeabteilung, 08.06.1948.

gulativ für Befürsorgte wurde festgesetzt unter Berücksichtigung der Wirtschaftslage, wobei jeder Befürsorgte einer Familiengemeinschaft einen entsprechenden Betrag für Lebensmittel, Zins, Licht und Gas, für Reparaturen der Kleider und einen kleinen Betrag als Taschengeld erhielt.«[623] Diese Bestimmungen wurden in Absprache mit dem Joint festgelegt.[624] Hinsichtlich der allgemeinen Fürsorgeleistung (zusätzlich konnten auch noch spezifische Leistungen erhalten werden) bedeutete das im Jahr 1949 beispielsweise für eine Person ein Maximum von 210.– Schilling.[625] Der höchste Betrag wurde mit 77.– Schilling für Zins, Gas und Licht gewährt, dem folgte der Betrag von 69.– Schilling für Lebensmittel und Kleidung, das Taschengeld umfasste 34.– Schilling und der niedrigste Beitrag von 30.– Schilling war für Kleiderreparaturen veranschlagt.[626] Reparaturscheine aus den Jahren 1945 zeigen nicht nur, dass dieses Angebot angenommen wurde, sondern auch, dass diese Möglichkeit bereits nach Kriegsende bestand.[627]

Mit der Einführung des Regulativs lagen aber nicht ausschließlich nur Richtsätze für Bedürftige vor. Darüber hinaus war die Kultusgemeine bestrebt, nach dem Subsidiaritätsprinzip vorzugehen. Darin sehen sich die Bemühungen, alle Fälle bei denen ein Anspruch auf die öffentliche Fürsorge geltend gemacht werden konnte, eben an jene Stellen der zuständigen Gemeinde zu verweisen, begründet. Für die Fürsorgeabteilung war daher die Anzahl der zu Befürsorgenden in der IKG zwischen den Jahren 1948 bis 1950 rückläufig.[628] Allerdings betonte sie ihr Engagement bei der Vermittlung an die jeweiligen öffentlichen Stellen und ihre Bereitschaft Kontakte herzustellen.[629] Ein leitendes Prinzip sollte bei der Vermittlung eben nicht der Fokus auf eine reine Verlagerung der Bedürftigen sein, vielmehr »will die Fürsorge konstruktiv arbeiten. Sie will es ermöglichen, dass die Befürsorgten in die Lage kommen, auf die Hilfe der Fürsorge verzichten zu können.«[630] Hier wird der erwähnte geltende Grundsatz der Sozialen Arbeit formuliert: nämlich sich selbst abzuschaffen. Dieser Grundsatz folgt der sogenannten »Hilfe zur Selbsthilfe« und ist mit der höchsten Stufe der Zedaka gleichzusetzen, die es den Hilfesuchenden ermöglicht, Autonomie zu erlangen.

---

623 Archiv IKG Wien, Bestand Wien, A/VIE/IKG/III/SOZ/6/10, Tätigkeitsbericht der Fürsorgeabteilung (1948–1950), November 1950.
624 Vgl. ebd., Tätigkeitsbericht der Fürsorgeabteilung (Juni-Juli 1948), 1948.
625 Die Beträge von Paaren, bzw. jeder weiteren Person im Haushalt wurden gestaffelt. S. dazu gegenwärtige staatliche Leistung: Österreichgv.at, Sozialhilfe/Mindestsicherung, online: https://www.oesterreich.gv.at/themen/soziales/armut/3/2.html [05.10.2023].
626 Vgl. Archiv IKG Wien, Bestand Wien, A/VIE/IKG/III/SOZ/6/10, Regulativsätze ab 01.06.1949.
627 Vgl. ebd., FS Studenten 1949/50 (temp.), Reparaturschein, 17.07.1945.
628 Vgl. ebd., A/VIE/IKG/III/SOZ/6/10, Tätigkeitsbericht der Fürsorgeabteilung (1948–1950), November 1950.
629 Vgl. ebd., Tätigkeitsbericht der Fürsorgeabteilung (Juni-Juli 1948), 1948.
630 Ebd., A/VIE/IKG/III/SOZ/6/1, Tätigkeitsbericht der Fürsorgeabteilung (Juni-Juli 1948), 1948.

Im Jahr 1950/1951 verzeichnete die Statistik erneut einen Rückgang der Fürsorgefälle in der IKG, führte das aber auf die hohen Zahlen der Einreichungen von Ansprüchen nach dem Opferfürsorgegesetz[631] zurück.[632]

Die Einführung des Regulativs wurde allerdings auch kritisch gesehen. »Das ›heilige‹ Regulativ« heißt es in einer Ausgabe der Zeitschrift »Neue Weg« zynisch »und besonders der eifervolle Ehrgeiz, unter allen Umständen zu sparen, auch wenn unsere Unterstützung auf das erbärmliche Niveau der Altersfürsorge der Gemeinde Wien herabsinkt und die berechtigte Erbitterung der auf sie Angewiesenen hervorruft, sind die obersten, den Fürsorgeangestellten gestellten Ziele.«[633] Nicht nur der Vorwurf ist deutlich, auch kann dem Ausschnitt die Angleichung der Richtsätze an jene der Gemeinde Wien entnommen werden. Diese sah in den Richtsätzen lediglich einen »Maßstab für die Bemessung des unterdurchschnittlichen Lebensverhältnissen laufend erforderlichen Lebensunterhaltes Hilfsbedürftiger« und betonte, diese wären keine »Unterstützungssätze (weder Höchst- noch Mindestsätze), sondern ein Hilfsmittel zur Bemessung des Bedarfes«, der eben in besonderen Fällen auch über- oder unterschritten werden könne.[634] Dass die IKG auch dieser Auslegung folgte, ist anzunehmen, soll aber noch an späterer Stelle aufgegriffen werden. Von dem Regulativ abgesehen, weist der Artikel auf fehlendes Verständnis den Hilfesuchenden gegenüber hin. Die Fürsorgeabteilung würde jene als »professionelle Schnorrer« und nicht vorrangig das Leid dieser Menschen sehen, die unter den unterschiedlichsten Umständen überlebt hätten.[635] Das mag stimmen oder auch nicht. Jedenfalls führt es zu der Fragestellung, ob es sich nicht etwa um eine Sichtweise Betroffener und/oder Außenstehender handelt, die in Erscheinung tritt, sobald sich Hilfssysteme professionalisieren? Denn diese gewinnen damit eben nicht immer nur an Qualität, es werden ihnen auch enge Grenzen gesetzt.

## Tätigkeitsfelder und Unterstützungskategorien

Betreffs der Frage nach dem Rückgang der Anzahl der Fürsorgefälle müssten für eine fundierte Antwort mehrere Faktoren evaluiert werden. Dennoch scheint die Perspektive in dem Tätigkeitsbericht des Jahres 1954 realistisch zu sein, wenn es

---

631 Als »Kernstück der Leistungen nach dem OFG« wird die Gewährung von Renten gesehen. Näheres s. in den Kapiteln »Tätigkeitsfelder des Personals und die Re-Organisation(sstruktur)«, »Wer waren betreute NS-Überlebende?« u. »ESRA als Traumazentrum«.
632 Vgl. ebd., Tätigkeitsbericht der Fürsorgeabteilung (1949–1954), 28.10.1954.
633 O. A., der Almosen-Automat, in: Neuer Weg, Nr. 9, Dezember 1951, 5–6, 5.
634 Vgl. Wiener Magistrat, Handbuch für den ehrenamtlichen Fürsorgerat: kleiner Wegweiser durch das Wohlfahrts- und Gesundheitswesen der Stadt Wien, Wien 1947, 26.
635 Vgl. o. A., der Almosen-Automat, in: Neuer Weg, Nr. 9, Dezember 1951, 5–6, 5.

heißt, die Zahlen wären zwar insgesamt rückläufig, der Stand würde sich jedoch in den kommenden Jahren kaum verändern. Die Prognose lautete nämlich, es käme lediglich zu einer Verschiebung innerhalb der Unterstützungskategorien.[636] Neben der allgemeinen Fürsorge gewährte die IKG nämlich ihren Klient:innen verschiedenen Kategorien gemäß finanzielle Unterstützung. »Die jüdische Bevölkerung Wien's ist überaltert, so dass ein Grossteil von ihnen in der nächsten Zeit aus dem Arbeitsprozess fallen und bis zur Erreichung von anderen Renten die Kultusgemeinde belasten wird.«[637] Die Feststellung rückt die Kategorien als Spiegel gesellschaftlicher Realitäten ins Blickfeld. Im Allgemeinen richteten sie sich nach dem Bedarf der jüdischen Bevölkerung, der sich eben verlagerte, nicht aber grundsätzlich änderte. Die Realität der »überalterten« jüdischen Bevölkerung wird mit einer Statistik zu den Gemeindemitgliedern untermauert: 29 Prozent waren bereits über 60 Jahre alt. Gefolgt von 30,5 Prozent, die zwischen 46 und 60 waren. Dabei sah sich, wie bereits in vorangegangenen Kapiteln aufgezeigt, die Rückkehr jüdischer Überlebender nicht in dem Wunsch nach einem Neubeginn in Wien begründet. Vielmehr verweist Helga Embacher auf das Phänomen dieser Rückkehrer:innen aufgrund ihres Alters und/oder der Gesundheit.[638]

Es ist nur schlüssig, dass sich die Kategorien ebenso an einem Richtsatz orientierten. Beispielsweise lassen sich zum Zeitpunkt der Reorganisation einer Statistik der Fürsorgeabteilung vom August 1948 zehn verschiedene Kategorien entnehmen: »Aged over 60, Temporarily unemployable, Permanently unemployable, Returnees, One-time assistance, Supplementary assistance, Unemployed, Prisoners, Child Welfare, Medical assistance«.[639] Wenngleich im August 1948 die Summe der Gesamtausgaben für über 60jährige die anderen Ausgaben nicht wesentlich überschritt, handelte es sich statistisch um die Kategorie mit der höchsten Personenanzahl. In der Kategorie »medizinische Assistenz« wurden mit fünf Personen die wenigsten Anträge gestellt. Mit einem Betrag von 270.– Schilling zählte(n) die Ausgabe(n) für Kinderwohlfahrt zum vergebenen Höchstsatz, wobei die Unterstützungen mit 20.– Schilling für über 60jährige dem niedrigsten Satz zugerechnet werden müssen.[640]

---

636 Vgl. Archiv IKG Wien, Bestand Wien, A/VIE/IKG/III/SOZ/6/10, Tätigkeitsbericht der Fürsorgeabteilung (1949–1954), 28.10.1954.
637 Ebd.
638 Vgl. Embacher, Helga, Neubeginn ohne Illusionen. Juden in Österreich nach 1945, Wien 1995, 45.
639 Archiv IKG Wien, Bestand Wien, A/VIE/IKG/III/SOZ/6/10, Statistik Fürsorgeabteilung: 1.–31.08.1948.
640 Der Statistik ist nicht zu entnehmen, inwiefern es sich bei dem Satz von 270.– Schilling um eine einmalige, oder mehrmalige Auszahlung genannten Betrags handelt. Vgl. ebd.

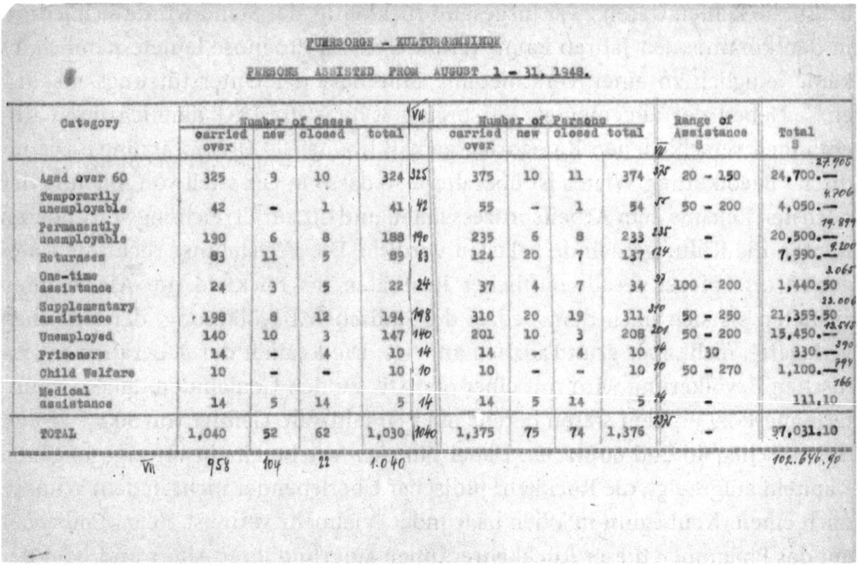

FUERSORGE - KULTUSGEMEINDE

PERSONS ASSISTED FROM AUGUST 1 - 31, 1948.

| Category | Number of Cases: carried over | new | closed | total | VII | Number of Persons: carried over | new | closed | total | VII | Range of Assistance $ | Total $ | VII |
|---|---|---|---|---|---|---|---|---|---|---|---|---|---|
| Aged over 60 | 325 | 9 | 10 | 324 | 325 | 375 | 10 | 11 | 374 | 375 | 20 - 150 | 24,700.— | 27.905 |
| Temporarily unemployable | 42 | - | 1 | 41 | 42 | 55 | - | 1 | 54 | 55 | 50 - 200 | 4,050.— | 4.706 |
| Permanently unemployable | 190 | 6 | 8 | 188 | 190 | 235 | 6 | 8 | 233 | 235 | - | 20,500.— | 19.899 |
| Returnees | 83 | 11 | 5 | 89 | 83 | 124 | 20 | 7 | 137 | 124 | - | 7,990.— | 9.200 |
| One-time assistance | 24 | 3 | 5 | 22 | 24 | 37 | 4 | 7 | 34 | 37 | 100 - 200 | 1,440.50 | 3.065 |
| Supplementary assistance | 198 | 8 | 12 | 194 | 198 | 310 | 20 | 19 | 311 | 310 | 50 - 250 | 21,359.50 | 23.006 |
| Unemployed | 140 | 10 | 3 | 147 | 140 | 201 | 10 | 3 | 208 | 201 | 50 - 200 | 15,450.— | 13.545 |
| Prisoners | 14 | - | 4 | 10 | 14 | 14 | - | 4 | 10 | 14 | 30 | 330.— | 390 |
| Child Welfare | 10 | - | - | 10 | 10 | 10 | - | - | 10 | 10 | 50 - 270 | 1,100.— | 794 |
| Medical assistance | 14 | 5 | 14 | 5 | 14 | 14 | 5 | 14 | 5 | 14 | - | 111.10 | 166 |
| TOTAL | 1,040 | 52 | 62 | 1,030 | 1040 | 1,375 | 75 | 74 | 1,376 | 1375 | - | 97,031.10 | |
| VII | 958 | 104 | 22 | 1.040 | | | | | | | | | 102.646.90 |

Abb. 11: Statistik der Fürsorgeabteilung, August 1948

Obgleich die Kategorien nicht mit jenen der Stadt Wien ident waren, folgte die IKG sichtlich ihrem Vorbild.[641] Gesetzlich waren vorläufige Regelungen der öffentlichen Fürsorge und Jugendwohlfahrt erst mit dem Landesgesetz vom 23. Dezember 1948 verankert worden. Somit waren bis zu diesem Zeitpunkt die Bestimmungen gemäß der Verfassung unter der provisorischen Staatsregierung in Kraft.[642]

Die finanziellen Unterstützungsleistungen der IKG reichten aber zur Deckung der Grundbedürfnisse nicht aus. Das hatte die Fürsorgeabteilung erkannt und hielt bereits 1947 v. a. im Hinblick auf die Kinder- und Jugendfürsorge fest: »Die Kinder und Jugendlichen sind auch durch die seelischen Erlebnisse nach den gemachten Erfahrungen viel tiefer geschädigt als die Erwachsenen. Die Fürsorge steht vor Problemen, die weit über den Bereich der materiellen Unterstützungen hinausgehen. Liebevolles Eingehen auf die Lage des Einzelnen, Beratung der Eltern und Aussprache mit den Jugendlichen, Nachholung unterbrochener Bildungslehrgänge oder überhaupt einer Schulbildung und Wiedergewinnung des

641 Zu den öffentlichen Unterstützungen der Stadt Wien vgl. Statistisches Amt der Stadt Wien, Statistisches Jahrbuch der Stadt Wien 1948, Band 9, Wien 1950, online: https://www.digital.wienbibliothek.at/wbrobv/periodical/pageview/2178997 [05.09.2023].

642 Vgl. Landesgesetzblatt Wien, 11/1949, Gesetz vom 23. Dezember 1948, über die vorläufige Regelung der öffentlichen Fürsorge und Jugendwohlfahrt, online: https://www.wien.gv.at/recht/landesrecht-wien/landesgesetzblatt/jahrgang/1954ua/pdf/lg1949005.pdf [05.09.2023].

Gefühls der freien Persönlichkeit.«[643] Speziell bemängelte die Fürsorgeabteilung das Fehlen eines jüdischen Kinderheimes. Gerade Alleinerziehende hätten solche Betreuungsmöglichkeit nötig, um einer Berufstätigkeit nachzugehen.[644] Die Priorität, in Kinder- und Jugendliche, in deren Bildung und Ausbildung zu investieren, manifestierte sich auch am Stellenwert der »Studentenfürsorge«: »Hier bedarf es grösster regelmässiger Geldunterstützungen, um den Lebensunterhalt zu decken, Studiengelder und Logis sicherzustellen.«[645] Den pädagogischen Ansprüchen der Fürsorgeabteilung konnte sie selbst wohl kaum gerecht werden. In der Realität war die Beschaffung von Wäsche und Kleidung, woran enormer Bedarf bestand, den die Abteilung nur unzulänglich abdecken konnte, eines ihrer hauptsächlichen Tätigkeitsfelder. Ebenso in diese Kategorie der Grundbedürfnisbefriedigung fielen auch die sogenannten Lebensmittelzubußen. Diese erhielten Bedürftige ganz abgesehen von Joint-Paketen und staatlichen Zuteilungen von Lebensmitteln an Arme und Kranke.[646] Auch was die Kategorie der Gefangenenfürsorge betrifft, dürfte sich diese von Seiten der Fürsorgeabteilung im Wesentlichen auf die Zuteilung von Lebensmittel beschränkt haben, sofern entsprechende Genehmigungen der Institutionen vorlagen.[647]

Ernst Schindler,[648] damaliger Leiter des Wiener Joint Komitees, wies darauf hin, dass die Lebensmittelpaketzuteilung des Joint (von KZ-Überlebenden abgesehen) erst im August 1945 eingesetzt hatte.[649] Und noch im Oktober 1945 war die Ernährungslage der jüdischen Bevölkerung prekär. Die Deckung des Lebensmittelbedarfs blieb auch in den darauffolgenden Jahren ein wesentlicher

---

643 Archiv IKG Wien, Bestand Jerusalem, A/W 4312, Bericht der Fürsorgeabteilung, 17. 10. 1947.
644 Vgl. ebd.
645 Ebd.
646 Die Verteilungsstelle der IKG war nach eigenen Angaben damit betraut, durch das American Joint Distribution Committee erhaltene Waren an verschiedene »Betreuungsgruppen« zu verteilen, die sie »in Evidenz« zu halten hatte. Dazu zählten: die Joint-Paketausgaben, die Fürsorgeausgaben, die Amerikanische Rote-Kreuz-Ausgaben (die Betreuung aller geschädigten Personen der amerikanischen Zone bis Ende Juni 1947), das Hilfskomitee (die Betreuung aller Personen, die konvertiert waren), die Schwedenpaketaktion, die Namenspakete und die Soforthilfe. Im Jahr 1947 verteilte die IKG an bedürftige Mitglieder 82.741 Hilfspakete. Vgl. Israelitische Kultusgemeinde Wien, Bericht des Präsidiums der Israelitischen Kultusgemeinde Wien über die Tätigkeit in den Jahren 1945 bis 1948, Wien 1948, 19; vgl. Bailer, Brigitte, Überlebende des Holocaust in der Zweiten Republik – eine Skizze, in: Dokumentationsarchiv des österreichischen Widerstandes (Hg.), Feindbilder, Jahrbuch, Wien 2015, 113–139, 117; vgl. Archiv IKG Wien, Bestand Jerusalem, A/W 4312, Bericht der Fürsorgeabteilung, 17. 10. 1947.
647 Vgl. Archiv IKG Wien, Bestand Jerusalem, A/W 4312, Bericht der Fürsorgeabteilung, 17. 10. 1947.
648 Es ist davon auszugehen, dass es sich um Ernst Schindler handelt, der gemäß Personalakten der IKG am 1.03.1947 seinen Dienst in der IKG im Amt der Verteilungsstelle antrat. Vgl. Archiv IKG Wien, Bestand Wien, A/VIE/IKG/I–III/PERS/Kartei, K 17.
649 Vgl. Adunka, Evelyn, Die vierte Gemeinde. Die Wiener Juden in der Zeit von 1945 bis heute, Wien/Berlin 2000, 27.

Bestandteil der Fürsorge: »Auch hier erfordert die besondere Lage, in der sich die Wiener Glaubensgenossen befinden, grosse Aufwendungen, weil alle Juden seit 1938 in einem progressiv zunehmenden Zustand der Unterernährung (weit hinausgehend über die allgemeine Unterernährung der Wiener Bevölkerung) gehalten wurden und ausserdem durch die Schikanen der Verfolgung, die Martern der K.-Z., den Tod vieler Familienangehöriger, körperlich und seelisch in einem Zustande der äussersten Schwächung sich befinden.«[650] 1949 hatte sich die Lebensmittellage laut Joint derart verbessert, dass dieser die Reduzierung von 12 000 Paketen auf 8 000 vorsah. Einen Verteilungsmodus vorzuschlagen, oblag jedoch der Kultusgemeinde.[651] Daraufhin wurden verschiedene Möglichkeiten gerechter Verteilung diskutiert. Sprachen sich die Einen beispielsweise für die Einschränkung von Paketen für Familien mit mehr Mitgliedern aus, sahen Andere gerade bei diesen einen höheren Unterstützungsbedarf.[652] Der damalige Präsident David Schapira wollte anscheinend die Diskussionen um Einsparungsmotive des Joint unterbinden, wenn seine diesbezügliche Sichtweise in einem Sitzungsprotokoll wie folgt festgehalten wurde: »Die Gemeinde wird endlich auch einmal auf eigenen Beinen stehen müssen. Man brauche nicht zu fragen, für welchen Zweck der Joint die ersparten Beträge, die sich aus der Einschränkung der Paketausgabe ergeben, verwendet. Der Joint braucht die Ersparnisse für Israel [...].«[653] Letztlich einigte man sich darauf, in einem ersten Schritt die Haushalte anzuschreiben und Verzichts-, bzw. Bedarfsmeldungen einzuholen. Mit diesem Vorgehen sollte dort reduziert werden, wo Personen freiwillig von der Zuteilung absahen. Nachdem im März 1949 knapp 8 400 Personen der Kultusgemeinde mitgeteilt hatten, nicht zu verzichten, ungefähr 1 500 Personen von Paketen absahen und 2 000 Personen nicht geantwortet hatten, sah der Joint gemäß eines Protokolls des Kultusvorstandes die Einschränkung der Berechtigungskriterien vor. Gemäß diesem sollten mit Juli 1949 ausschließlich befürsorgte Personen beteilt werden, deren »Einkommen das Doppelte des Fürsorgesatzes nicht übersteigt«. Zu jenem Zeitpunkt waren das 195.- Schilling pro Monat für Alleinstehende und 300.- Schilling für Ehepaare ohne Kinder.[654] Die 195.- Schilling von 1949 entsprachen im Jahr 2023 206 Euro.[655] Die damalige Armut war enorm.

---

650 Archiv IKG Wien, Bestand Jerusalem, A/W 4312, Bericht der Fürsorgeabteilung, 17. 10. 1947.
651 Vgl. Archiv IKG Wien, Bestand Wien, A/VIE/IKG/III/AD/VOR/1/2, Protokoll, 04. 01. 1949.
652 Vgl. ebd., Protokoll, 11. 01. 1949.
653 Ebd.
654 Vgl. ebd., Protokolle, 27. 04. 1949 u. 06. 03. 1949.
655 Im Juni 1949 hat ein Kilo Brot 1,90.- Schilling gekostet, ein Ei 1,25.- Schilling. Wie gering der Betrag von 195.- Schilling war, wird bei einem Vergleich deutlich: In Wien beträgt die Bedarfsorientierte Mindestsicherung für eine Alleinstehende im Jahr 2024 1.155,84.- Euro und ein Kilo Mischbrot kostet im Supermarkt ca. 3.- Euro.

Einige Kultusvorstände kritisierten diese Vorgaben auch noch nach deren Implementierung im Winter 1949 und forderten diesbezügliche Gespräche mit dem Joint ein. Auf Grundlage vorliegender Protokolle kann trotz der Proteste nicht von einer Kursänderung ausgegangen werden.[656]

In dem weiter unten folgenden Zitat findet außerdem in einem Tätigkeitsbericht aus dem Jahr 1948 die Verteilung von Krankenpaketen durch die Fürsorge knappe Erwähnung.[657] Dabei bedeutete dieses Angebot, dass durch eine Vereinbarung der IKG mit dem Joint neben Lebensmittelpaketen zusätzlich Krankenpakete an Bedürftige vergeben werden konnten, offenkundig einen hohen Arbeitsaufwand. Mit der Anweisung Bernhard Bravers, des damaligen Amtsdirektors der IKG, an das jüdische Spital in der Malzgasse ging im März 1946 der Versuch der Ausgabeeinschränkung einher. Er bat darum, »nur solchen Kranken eine Bestätigung auszustellen, die eine ernstliche Krankheit [...]«[658] hätten. Braver zählte auch tatsächlich einzelne Krankheiten auf, die nicht berücksichtigt werden sollten, und wies darauf hin, dass auch Fälle von Unterernährung – mit Ausnahme von besonders schweren Fällen – nicht berücksichtigt werden könnten, da der Großteil der Bevölkerung an Unterernährung leide.[659] Den Bezugsbedarf ließen sich Klient:innen aber nicht ausschließlich durch das jüdische Spital bestätigen. Auch praktische Ärzt:innen attestierten Bezugsbedarf. Im Fall einer Klientin, die an Gelbsucht litt, bemühte sich ihr Hausarzt wie folgt um weitere Zusatznahrung für sie: »Die eingereichten Lebensmittel wurden von der Krankenstelle wie folgt bewilligt: tägl. 1/4 l Milch und 250 g Gries pro Woche. Da es sich gerade bei diesem Fall von Gelbsucht um einen besonders hartnäckigen Fall handelt und außerdem Frau D[...] als ehemalige KZ Insassin unterernährt ist, ist die zusätzliche Ausgabe von Lebensmitteln, insbesondere Zucker und etwas Butter dringend zu befürworten.«[660] Diese Bestätigung etwa wurde von der Fürsorgeabteilung berücksichtigt. Das zeigt die am darauffolgenden Tag dokumentierte Entgegennahme von zusätzlichen Lebensmitteln durch die Ansuchende: Sie erhielt laut Lieferschein vom 7. Jänner 1946 je eine Box mit gesüßter Kondensmilch, ungesüßter Kondensmilch, Kompott und Schachtelkäse.[661] An diesem Beispiel wird deutlich, dass die geforderten Lebensmittel nicht immer vorhanden waren und eben je nach Bestand ausgegeben wurden.[662]

---

656 Vgl. ebd., Protokoll, 08.11.1949.
657 Vgl. Archiv IKG Wien, Bestand Wien, A/VIE/IKG/III/SOZ/6/10, Tätigkeitsbericht der Fürsorgeabteilung (Juni 1948), 26.07.1948.
658 Archiv IKG Wien, Bestand Jerusalem, A/W 4307, Informationsschreiben Amtsdirektor B. Braver an Spital der Israelitischen Kultusgemeinde, 29.03.1946.
659 Vgl. ebd.
660 Ebd., A/W 4287, Arztbescheinigung, 23.01.1946.
661 Vgl. ebd., Lieferschein AJDC an Fürsorgeabteilung, 07.01.1946.
662 Vgl. ebd., Ausgabeschein, 24.01.1946.

Den Bezug dieser Krankenpakete dokumentierte die Fürsorgeabteilung selbstverständlich: Im Frühjahr 1948 bezogen beispielsweise realiter jene Personen, die etwa an TBC, Magen-, Gallen-, Nieren-, oder Zuckererkrankungen litten, Krankenpakete. Eine nähere Differenzierung möglicher Erkrankungen lag nicht vor, wodurch von einer großzügigen Auslegung ausgegangen werden kann. Neben Zuschüssen aufgrund von Krankheit erhielten diese Pakete aber auch Alte oder Mütter in besonderen Lebenslagen.[663] Wie unterschiedlich die Lebenssituationen der Bedürftigen waren, unterstreicht das Ansuchen eines Klienten aus Klagenfurt, den die Fürsorgeabteilung in der Vergangenheit bereits unterstützt hatte: »Ich erlaube mir nochmals Sie ebenso höflichst als dringlichst zu bitten mir ein Lebensmittelpaket sowie ein Stück Toilettenseife und Rasierseife herzusenden. Wie Ihnen bekannt ist, bin ich schwer zuckerkrank hier im Spital und befinde mich außerdem hier in Haft. Da ich Niemand habe, der mich besucht und mir etwas bringt, so bitte ich Sie herzlichst, mir nochmals mit einem Paket zu helfen.«[664] Diese Pakete wurden scheinbar zwei Jahre nach der Reorganisation durch reine Geldmittel abgelöst: »Mit dem Aufbau der Krankenpakete im Februar 1950 wurde für bestimmte Kategorien von Kranken (schwerer T.B.C, Zuckerkrankheit, Magenkrankheit) Krankenpaketersatz in Form von Geldzuschüssen eingeführt [...].«[665] Die finanzielle Ablöse der Krankenpakete wird auch durch ein Protokoll der Plenarsitzung des Kultusvorstandes bestätigt. Durch die eingestellten Unterstützungen des Joint sah sich die Fürsorgeabteilung gezwungen, die bis März 1951 noch voll ausbezahlten »Krankenpaket-Ablösen« zu reduzieren. Der höchste Satz von 150.- Schilling wurde auf 100.- Schilling herabgesetzt und der niedrigste Satz von 70.- Schilling auf 35.- Schilling. Die Einsparung von insgesamt 8.000.- Schilling war damit gewährleistet.[666] Die Leistungen wurden wenige Zeit später weiter eingeschränkt: Ab Juli 1951 durfte diese Unterstützung ausschließlich werdenden Müttern und Personen mit aktiver Tuberkulose bewilligt werden.[667]

Die Tatsache, dass die Unterstützungskategorien über die Jahre im Wesentlichen bestehen blieben und lediglich adaptiert wurden, zeigt sich auch im Hinblick auf den Verweis der Fürsorgeabteilung, sie basiere insgesamt auch 1959 noch auf den Reorganisationsplänen vom 1. Juni 1948.[668] Daher scheint es sinnvoll, die Entwicklungsgeschichte der Kategorien von 1948 mit jenen aus dem

---

663 Vgl. ebd., A/W 4312, Stand über Personenanzahl an »Krankenzubussenpaketen«, 03.05.1948.
664 Ebd., A/W 4280, Ansuchen an Fürsorgeabteilung, 1.08.1947.
665 Archiv IKG Wien, Bestand Wien, A/VIE/IKG/III/SOZ/6/10, Tätigkeitsbericht der Fürsorgeabteilung (Juni 1948–1950), November 1950.
666 Vgl. ebd., A/VIE/IKG/III/AD/VOR/1/22, Protokoll, 19.04.1951.
667 Vgl. ebd., A/VIE/IKG/III/AD/VOR/1/25, Protokoll, 28.06.1951.
668 Vgl. ebd., A/VIE/IKG/III/SOZ/6/8, Tätigkeitsbericht der Fürsorgeabteilung (1955–1958), Mai 1959.

Bericht von 1959 zu vergleichen, lässt sich damit doch ein Entwicklungsprozess von ungefähr zehn Jahren nachzeichnen. Die in der Statistik der Fürsorgeabteilung angeführte Kategorie der Heimkehrer:innen, bzw. der Rückkehrer:innen (Returnees), die bis in das Jahr 1949 extra geführt wurde, ging letztlich in den übrigen Kategorien auf;[669] besser gesagt, die aufgrund der zeithistorischen Umstände sehr vulnerable und spezifische Klient:innengruppe wurde auf andere Kategorien aufgeteilt. Laut einem Tätigkeitsbericht unterlag die Fürsorgeabteilung anfänglich der völlig realitätsfremden Annahme, diese Gruppen der Heimkehrer:innen seien bald wieder selbsterhaltungsfähig. Doch musste die Fürsorgeabteilung »feststellen, dass der grösste Teil dieser Menschen ohne Geldmittel und mit gesundheitlichen Schäden zurückkam, so dass eine längere Befürsorgung immer wieder notwendig wurde.«[670] Die Hintergründe für die psychische und physische Verfasstheit dieser Menschen blieben unerwähnt. Interessant ist die Tatsache, dass in einem späteren Bericht die Etablierung der Kategorie der »Heimkehrer« auf das Jahr 1957 zurückgeführt wird. In diesem Zusammenhang wird betont, es seien in den Jahren 1957 bis 1958 71 Personen zurückgekehrt.[671] War in Vergessenheit geraten, dass eine derartige Kategorie bereits in der Vergangenheit bestanden hatte? Die IKG hatte doch selbst die Rückkehr der ersten Heimkehrer:innengruppen, die Überlebende aus den befreiten KZs, sowie Rückkehrer:innen aus Shanghai, England, Schweden, Palästina, Südamerika, UdSSR etc. umfassten, als abgeschlossen erklärt. Dass es sich wohl um eine andere Kategorie von Heimkehrer:innen gehandelt haben muss, kann aber nur sekundär erschlossen werden.

Eine Kategorie, die tatsächlich erst später, nämlich im Jahr 1952, hinzugefügt wurde, war die der an TBC erkrankten Personen, bei denen es sich hauptsächlich um Rückkehrer:innen handelte. Laut dem Tätigkeitsbericht von 1959 wurde die Kategorie der an Tuberkulose Erkrankten aber bis 1956 zu der Kategorie »Medikamente und Heilbehelfe« gezählt.[672] Wohl in Anlehnung an das »allgemeine TB-Bekämpfungsprogramm in Österreich« bezeichnete die Fürsorgeabteilung es als TB Programm.[673] Unterstützungsbeiträge aus dieser Sparte konnten, wie andere auch, supplementär genehmigt werden. Ein Röntgennachweis war die Voraussetzung für den Bezug.[674] Beispielsweise erhielten 1964 34 Personen im

---

669 Vgl. ebd., A/VIE/IKG/III/SOZ/6/10, Statistik Fürsorgeabteilung: 1.–31.08.1948.
670 Ebd., Tätigkeitsbericht der Fürsorgeabteilung (1949–1954), 28.10.1954.
671 Vgl. ebd., A/VIE/IKG/III/SOZ/6/8, Tätigkeitsbericht der Fürsorgeabteilung (1955–1958), Mai 1959.
672 Vgl. ebd.
673 Vgl. ebd., A/VIE/IKG/III/SOZ/6/10, Tätigkeitsbericht der Fürsorgeabteilung (1948–1950), November 1950.
674 Vgl. ebd., 1373 FS Pessach, Mazzot, Ungarnhilfe, Tbc 50er (temp.), Schreiben Fürsorge AJDC med. Department, 19.07.1951.

Rahmen des TB Programms monatliche Unterstützungsbeträge in der Höhe von 50.- Schilling bis 300.- Schilling.[675] Das entsprach zu diesem Zeitpunkt etwa fünf Prozent der Klient:innen.[676] Für Bezugsberechtigte wurden im Weiteren Karteikarten angelegt. Von diesen waren nicht nur persönliche Daten und monatlich erhaltene Unterstützungsbeträge abzulesen, sondern auch die vorgenommenen ärztlichen Kontrollen. In der Kartei von O. H. beispielsweise sind bei einem fast durchgehenden Bezug von 1952 bis 1963 halbjährliche Kontrollen abzulesen. Ein Vergleich mit anderen Karteikarten gibt Auskunft darüber, dass derartige Überprüfungen standardmäßig etwa ein bis zweimal im Jahr stattfanden. Wegen eines fünfmonatigen Aufenthaltes in einer Heilanstalt bezog oben genannter Klient keine Leistungen. Diese wurden auch nicht nachträglich ausbezahlt.[677] Möglicherweise wurde mit diesem Vorgehen einer bis heute gültigen Sichtweise gefolgt, Tagsätze für die Aufenthaltsdauer der Unterbringung in Institutionen zu reduzieren oder ganz einzustellen, solange für Verpflegung nicht selbst Sorge zu tragen wäre. Was waren aber Gründe ganz auszuscheiden? Im Zeitraum von der Etablierung der Kategorie bis 1963 lässt sich das Ausscheiden von 53 Personen nachvollziehen. Davon waren 16 verstorben.[678] Rentenbezüge und damit bessere Einkommensverhältnisse zählten bei einigen aber auch zu den Beendigungsgründen der Unterstützungsleistungen. Die Integrierung in den Arbeitsmarkt führte ebenfalls zur Einstellung von Bezügen, so keine Hilfsbedürftigkeit mehr vorlag. Zwei Personen waren nach Brasilien und eine weitere war unter der Angabe »freiwillig ausgeschieden« nicht mehr im Programm.[679]

Eine andere Gruppe war jene, in der seit 1952 arbeitslose und arbeitsunfähige Personen erfasst wurden, die noch keine Altersrente bezogen, aber auch keine Ansprüche aus anderen Kategorien geltend machen konnten. Als Ursache für ihre Erwerbsunfähigkeit nannte die IKG psychische und physische gesundheitliche Verfassungen.[680] Obgleich die »seelischen Erlebnisse« während der Kriegszeit Kinder und Jugendliche viel »tiefer geschädigt« hätten als Erwachsene, wie die Fürsorgeabteilung nach Kriegsende konstatierte, bezeugt die Kategoriebeschreibung einmal mehr ihre Anerkennung psychischer Krankheit. Inwieweit psychische Erkrankungen als Folgen des Krieges verstanden wurden, ist anhand gesichteter Quellen aber nicht nachzuvollziehen. Dieser Personenkreis könnte wohl mit den

---

675 Vgl. ebd., Namenliste – TB Fälle, Stand: Januar 1964.
676 Vgl. Israelitische Kultusgemeinde Wien, Die Tätigkeit der Israelitischen Kultusgemeinde Wien. In den Jahren 1960–1964, Wien 1964, 116.
677 Vgl. Archiv IKG Wien, Bestand Wien, 1373 FS Pessach, Mazzot, Ungarnhilfe, Tbc 50er (temp.), TB-Kartei.
678 Die Todesursachen lassen sich den Karteikarten nicht entnehmen.
679 Vgl. ebd., TB-Karteien Ausgeschiedener (1952–1963).
680 Vgl. ebd., A/VIE/IKG/III/SOZ/6/10, Tätigkeitsbericht der Fürsorgeabteilung (1949–1954), 28. 10. 1954.

oben angeführten Gruppen »Permanently unemployable« und »Temporarily unemployable« aus der Statistik des Jahres 1948 verglichen werden. Weiterhin Bestand hatten auch die einmalig gewährten Unterstützungen, die im Hinblick auf »produktive Fürsorge« zu verstehen waren. Sie diente etwa Existenzgründungen. Beispielsweise wurde häufig um Unterstützung für den Ankauf einer Nähmaschine gebeten, ein Ansuchen, welches gerne bewilligt wurde.[681]

Hinsichtlich der Kategorie der Arbeitslosen können die sinkenden Zahlen aus dem Jahr 1949/1950 hervorgehoben werden, die seitens der Fürsorgeabteilung in Zusammenhang mit einer Arbeitsvermittlungsstelle gebracht wurde.[682] Diese war infolge steigender Fürsorgezahlen auf Antrag Bindels im Jänner 1949 eingerichtet worden.[683] Obwohl die sinkenden Zahlen durchaus für den Erfolg der Drehscheibe sprach, wurde sie nach einiger Zeit geschlossen. Dem Bericht ist weder der Grund noch Zeitpunkt der Schließung zu entnehmen.[684]

Bei dem Vergleich der Kategorien von 1948 und 1959 ist vor allem die präzisere Ausformung derselben im Jahr 1959 sowie ihre genauere Beschreibung offenbar. Möglicherweise waren diese Beschreibungen relevant, so die Kategorien nicht immer selbsterklärend waren. Beispielsweise existierte weiterhin die Kategorie »Alt und über 60« (aged over 60) Jahre, die nach wie vor Personen einschloss, die aufgrund ihres Alters keiner Arbeit mehr nachgehen konnten. Jene, die aber keiner Arbeit nachgehen konnten, obgleich sie unter 60 waren, zählten zu der Kategorie der »Arbeitsunfähigen«, nicht zu verwechseln mit denen, die »Arbeitslos« waren und somit nur vorübergehend nicht beschäftigt waren, jedoch als arbeitsfähig eingestuft wurden. Die Kategorie »Alt und unter 60« scheint in sich widersprüchlich. In diese Kategorie wurden Personen eingeschlossen, die weder das Rentenalter besaßen, noch arbeitsunfähig waren, allerdings über 50 Jahre alt und auf dem Arbeitsmarkt nicht mehr vermittelbar waren.[685]

Jüdinnen und Juden, die in österreichischen Strafanstalten inhaftiert waren, wurden nach wie vor im Rahmen der Kategorie »Häftlingsfürsorge« betreut. Ihnen stand der Leistungsbezug des Taschengeldes zu. Darüber hinaus konnte an das Landesgericht zu den hohen Feiertagen koscheres Essen geliefert werden, welches zuvor im Altersheim der IKG zubereitet worden war. In einem Tätigkeitsbericht wird ferner festgehalten, die Häftlinge hätten zusätzlich an den anderen Feiertagen, wie etwa Chanukka oder Purim, die Möglichkeit, Essens-

---

681 Vgl. ebd.
682 Vgl. ebd.
683 Vgl. ebd., A/VIE/IKG/III/AD/VOR/1/2, Protokoll, 24.01.1949.
684 Vgl. ebd., A/VIE/IKG/III/SOZ/6/10, Tätigkeitsbericht der Fürsorgeabteilung (1949–1954), 28.10.1954.
685 Vgl. ebd., A/VIE/IKG/III/SOZ/6/8, Tätigkeitsbericht der Fürsorgeabteilung (1955–1958), Mai 1959.

pakete mit Früchten und Süßigkeiten zu erhalten.[686] Es ist zu hoffen, dass die Betreuung nicht ausschließlich aus obigen Aufzählungen bestand.

Ab dem Jahr 1957 wurde eine neue Unterstützungskategorie mit dem Namen »Erholungsaktion für alte Leute« geschaffen. Diese Leistung ermöglichte alten und kranken Menschen einen Zuschuss für einen Erholungsurlaub.[687] Etliche Rentner:innen reichten in Folge Ansuchen um Zuschüsse ein, so auch Frau A., die seit 1949 finanzielle Unterstützung der Fürsorgeabteilung erhielt. Anhand ihres Aktes wird der jährliche Bezug für einen Erholungsurlaub im Zeitraum von 1957 bis 1969 deutlich.[688] Das lässt sich aufgrund eines Stempels »Alters-Erholungs-Aufenthalt« (AEA) in ihrer Kartei nachvollziehen, in der sämtliche Auszahlungen der Fürsorgeabteilung an Klient:innen vermerkt wurden.[689]

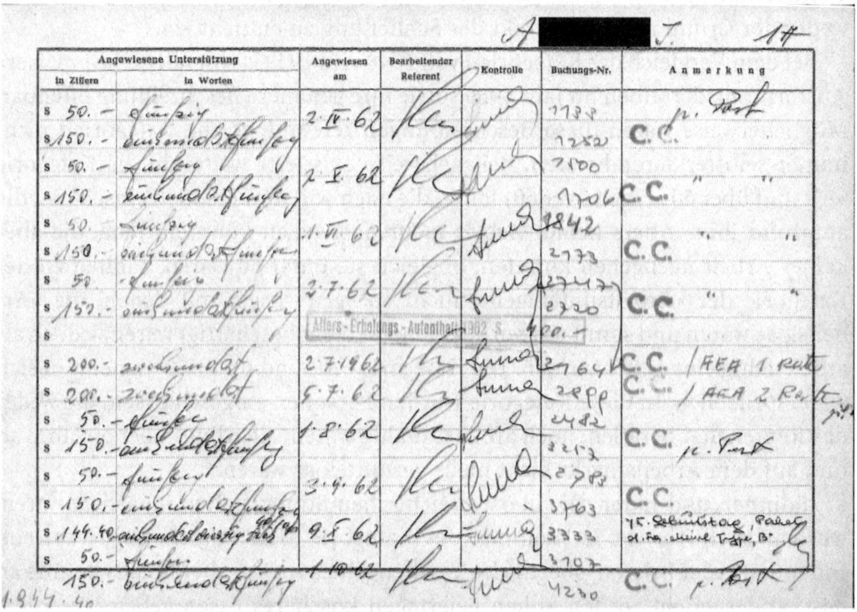

Abb. 12: Fürsorgekartei, 1962

Inwiefern die Ansuchen auf einen Urlaubszuschuss bewilligt wurden, entschied dabei die Fürsorgekommission.[690] Ein Sitzungsprotokoll vom 15. Mai 1961 ver-

---

686 Vgl. ebd.
687 Vgl. ebd.
688 Vgl. ebd., A/VIE/IKG/III/SOZ/6/16, Kartei.
689 Vgl. Archiv IKG Wien, Bestand Wien, A/VIE/IKG/III/SOZ/FS/3/9, Kartei.
690 Näheres zur Entwicklungsgeschichte der Fürsorgekommission s. im Kapitel »Die Sozialkommission: Vom Wirken der Sozialkommission bis zur Entstehung der Subkommission ESRA«.

weist beispielsweise auf 219 Anträge, von denen 217 bewilligt wurden. Weiters erfahren die Leser:innen bei Durchsicht des Protokolls, dass die Zuschüsse für zwei oder drei Wochen gewährt wurden. Aufklärung verschafft auch die nachvollziehbare Begründung der Ablehnung für die zwei Personen von den insgesamt 219 Anträgen. In dem einen Fall bezog sich die Ablehnung nämlich auf das zu junge Alter von 58 Jahren und in dem anderen Fall überschritt das Familieneinkommen das Höchstregulativ.[691] Eine Entscheidung die Ansuchen um Urlaubszuschüsse betreffend konnte auch wie folgt lauten: »3 Personen mit Pensionen, welche nur geringfügig über dem Mindestpensionssatz liegen, bekommen ebenfalls«[692] so viel wie die ständig betreuten Klient:innen. Unterschieden wurde jedoch stets zwischen erstmaligen Ansuchen und jenen Klient:innen, die in der Vergangenheit bereits Urlaubszuschüsse erhalten hatten. Dieser Unterschied manifestierte sich in der Dauer, nämlich den oben erwähnten zwei oder drei Wochen, für die die Unterstützung gewährt wurde.[693] Wie in einem Tätigkeitsbericht betont wird, blieb den Befürsorgten die Wahl des Urlaubsortes »außerhalb von Wien« frei überlassen.[694]

Sofern Zuschüsse gewährt wurden, konnten diese variieren und individuell zuerkannt werden. Dennoch stellte Frau A. bestimmt eine Ausnahme dar, denn sie lag nach einer Angleichung vonseiten der Gemeinde Wien mit ihrer Rente von 348.– Schilling im Jahr 1951 über der Einkommensobergrenze, von der die IKG ausging, was im Prinzip das Ausscheiden aus der Fürsorge zur Konsequenz hätte haben müssen, und nicht nur die Ablehnung eines Urlaubszuschusses. Durch die Intervention der Fürsorgeabteilung bei der Amtsdirektion – »Wir ersuchen des hohen Alters wegen und ihres schweren Augenleidens einen monatlichen Sonderzuschuss von 100.– Schilling trotz Rentenerhöhung zu bewilligen [...]«[695] – wurde die Zuwendung anscheinend genehmigt. Eine kurze Beschreibung der Abteilung zeichnete ein mitleiderregendes Bild von Frau A.: »79 Jahre alt, hat bis vor kurzem noch als Weissnäherin gearbeitet; heute ist sie vollkommen erblindet und lebt von einer kleinen Gemeinde-Wien-Rente und ist zusätzlich von uns betreut. Durch Erblindung seelisch gebrochen und nicht in der Lage, sich selbst etwas zu machen.«[696] Die Fürsorger:innen wurden mit Juli 1948 explizit dazu angehalten, sogenannte »Sonderauszahlungen« »nur dann durchzuführen, wenn

---

691 Vgl. ebd., A/VIE/IKG/III/SOZ/6/3, Protokoll der Fürsorgekommission (15.05.1961), 26.05.1961.
692 Ebd., Protokoll der Fürsorgekommission (12.05.1981), 22.05.1981.
693 Vgl. ebd., Protokoll der Fürsorgekommission (20.05.1969), 22.05.1969.
694 Vgl. ebd., A/VIE/IKG/III/SOZ/6/8, Tätigkeitsbericht der Fürsorgeabteilung (1955–1958), Mai 1959.
695 Ebd., A/VIE/IKG/III/SOZ/FS/1/16, Ansuchen Fürsorgeabteilung an Amtsdirektion, 22.11.1951.
696 Ebd., Situationsbeschreibung, o. D.

der Präsident gemeinsam mit dem Referenten der Fürsorgeabteilung die Anweisung unterzeichnet.«[697] Eine derartige Kategorie wurde aber nicht geführt. Insofern ist nicht nachvollziehbar, welcher Kategorie die Unterstützung von Frau A. zugeordnet wurde. Die Vorgabe, derartige Leistungen genehmigen zu lassen, war bestimmt nicht neu. Das belegt eine von zahlreichen durch den Präsidenten und die Leitung der Fürsorge gezeichnete Anweisung zur Sonderunterstützung noch vor der Reorganisation. In herangezogenem Fall erging eine Anweisung des Präsidiums an die Fürsorgeabteilung im April 1948, einer Klientin den Betrag von 55.- Schilling für ihre Schuhreparatur auszuhändigen.[698] Die Beispiele zeigen einerseits, dass die IKG konkrete Vorgaben hatte, andererseits bei begründetem Bedarf auch von diesen absah.

Erstmals konnte ab dem Jahr 1957 eine Leistung im Rahmen der Kategorie »Geistesgestörten – Programm« bezogen werden. Die abwertende Bezeichnung entspricht dem damaligen Zeitgeist.[699] Gemeint waren Personen, die an psychischen Krankheiten litten, laut ärztlichen Gutachten allerdings »nicht unbedingt in einer geschlossenen Anstalt gehalten werden müssen.«[700] Die Fürsorgeabteilung zahlte diesen Menschen zusätzlich zu den regulären Fürsorgebeträgen monatlich einen »Sonderbetrag« aus und begründete dies wie folgt: »Dadurch erfahren diese bedauernswerten Menschen, welche fast alle vollkommen alleinstehend sind und deren Erkrankung zumeist als Folgeerscheinung der in der Nazizeit durchgemachten Erlebnisse zu bezeichnen ist, eine wesentliche Erleichterung ihrer Lage.«[701] Der Bedarf an Unterstützung für Jüdinnen und Juden, die an Folgen der NS-Verbrechen litten, wird durch die Unterstützungskategorie der IKG »Geistesgestörten – Programm« sieben Jahre nach Kriegsende einmal mehr unterstrichen. Erwähnung findet im Tätigkeitsbericht auch der zeitliche Aufwand, den die Betreuung dieser Menschen im Rahmen des genannten Programmes mit sich brachte. Es handelte sich eben nicht bloß um finanzielle Zubußen, vielmehr bedurften die Menschen, die in dieser Kategorie erfasst wurden, besonderer Zuwendung. Die Fürsorger:innen gaben explizit an, dass sie häufiger vorsprachen, dass ihnen Mut zugesprochen werden musste und dass sie beruhigt werden mussten.[702]

Die Ansuchen um medizinische Heilbehelfe bearbeitete mit der Reorganisation der Fürsorgeabteilung die medizinische Abteilung des Joint.[703] Im Frühjahr

---

697 Archiv IKG Wien, Bestand Jerusalem, A/W 4275, Protokoll der Fürsorgeabteilung, 08.07.1948.
698 Vgl. ebd., A/W 4274, Anweisung Präsidium an Fürsorgeabteilung, 20.04.1948.
699 Vgl. Archiv IKG Wien, Bestand Wien, A/VIE/IKG/III/SOZ/6/8, Tätigkeitsbericht der Fürsorgeabteilung (1955–1958), Mai 1959.
700 Ebd.
701 Ebd.
702 Vgl. ebd.
703 Vgl. Archiv IKG Wien, Bestand Jerusalem, A/W 4275, Protokoll der Fürsorgeabteilung, 22.06.1948.

1948 befürsorgte der Joint selbst noch Teile der jüdischen Bevölkerung. Die IKG sprach sich allerdings für die Betreuung aller aus.[704] Durch die Einstellung der Unterstützungsleistungen in Bezug auf Heilbehelfe und Medikamente seitens des Joint im Jahr 1951 sah sich die IKG überdies gefordert, die damit entstandene Lücke zu schließen, wodurch das Budget zwar belastet wurde, doch konnten »durch Übereinkommen mit Apotheken und einschlägigen Geschäften an Befürsorgte die notwendigen Medikamente und Heilbehelfe ausgefolgt«[705] werden. Möglicherweise lässt sich die gute Zusammenarbeit zwischen den Apotheken und der IKG auf bereits bestehende erfolgreiche Vereinbarungen zurückführen. Beispielsweise konnte bereits 1948 eine Übereinkunft mit der Margaretenapotheke getroffen werden.[706] Durch diese wurde die Einreichung von Rezepten befürsorgter Gemeindemitglieder erleichtert, indem die Fürsorgeabteilung die Rezepte abstempelte und die Klient:innen gegen Vorlage des abgestempelten Rezepts die benötigten Medikamente erhielten. Die Gesamtrechnung wurde am Ende des Monats durch die IKG beglichen.[707]

Bis 1952 führte der Joint außerdem ein Zahnambulatorium. Danach wurden auch die Kosten für zahnerhaltende Maßnahmen durch die IKG übernommen.[708] Die Auflösung der Zahnambulanz durch den Joint und eine mögliche Übernahme dieser durch die IKG wurde bereits 1951 seitens des Kultusvorstandes diskutiert. Aufgrund der hohen monatlichen Kosten sprachen sich nämlich nicht alle für eine Übernahme aus.[709] Wie die Kategorie »TBC-Fürsorge« wurde auch die der »Zahnbehandlungen« bis 1956 unter »Medikamente und Heilbehelfe« subsummiert.[710]

Das »Notstandsprogramm« wurde im Jahre 1957 als eine weitere Kategorie etabliert. Es ermöglichte in Notfällen wie plötzlicher Erkrankung, Delogierung etc., Unterstützung seitens der IKG zu erhalten.[711] Erneut sei erwähnt, dass sämtliche genannten Unterstützungen unabhängig von der allgemeinen Fürsorge bezogen wurden.[712]

---

704 Vgl. Archiv IKG Wien, Bestand Wien, A/VIE/IKG/III/AD/VOR/1/2, Protokoll, 27.05.1948.
705 Ebd., A/VIE/IKG/III/SOZ/6/10, Tätigkeitsbericht der Fürsorgeabteilung (1949–1954), 28.10.1954.
706 Die Margaretenapotheke ist nach der Margaretenstraße im 5. Wiener Gemeindebezirk benannt.
707 Vgl. Archiv IKG Wien, Bestand Jerusalem, A/W 4273, Schreiben Amtsdirektion an Fürsorgeabteilung, 09.03.1948.
708 Vgl. Archiv IKG Wien, Bestand Wien, A/VIE/IKG/III/SOZ/6/10, Tätigkeitsbericht der Fürsorgeabteilung (1949–1954), 28.10.1954.
709 Vgl. ebd., A/VIE/IKG/III/AD/VOR/1/22, Protokoll, 19.04.1952.
710 Vgl. ebd., A/VIE/IKG/III/SOZ/6/8, Tätigkeitsbericht der Fürsorgeabteilung (1955–1958), Mai 1959.
711 Vgl. ebd.
712 Vgl. ebd., A/VIE/IKG/III/SOZ/6/10, Tätigkeitsbericht der Fürsorgeabteilung (1949–1954), 28.10.1954.

Die Vergabe von Kohlebeihilfen zählte – zumindest seit der Reorganisation – in den kalten Jahreszeiten zu einer enorm wichtigen Unterstützung armutsbetroffener Gemeindemitglieder. So wurden etwa im Rahmen der »Kohleaktion 1952/1953« mehrere hundert Kilo an Kohlebriketts im Wert von 73.000 Schilling an Befürsorgte, Gleichgestellte und Stipendiaten nach Hause geliefert.[713]

Wie bereits festgestellt, konnten die Unterstützungen durch die Fürsorgeabteilung auch über die Kategorien hinausreichen und beispielsweise auf die Schaffung von Wohnplätzen in den Heimen der IKG abzielen. Alternativ kamen kurzfristige Unterbringungen in Hotels in Frage, sofern andere Optionen erschöpft waren. Gerade in den ersten Jahren nach dem Krieg waren die Heimkehrer:innen natürlich eine wesentliche Gruppe der zu Befürsorgenden. Ein Tätigkeitsbericht der Fürsorgeabteilung über den Zeitraum 1948 bis 1950 gibt – ohne Benennung eines exakten Zeitraums – an, zu Höchstzeiten hätten die Rückkehrer:innen knappe 10 Prozent der Befürsorgten ausgemacht.[714]

Eine traditionelle Aufgabe der Fürsorgeabteilung ist es bis in die Gegenwart zu den Pessach Feiertagen an sämtliche Klient:innen Mazzot, sowie Mazzot-Mehl und koscheres Fett auszugeben.[715] Diese Lebensmittel konnten auch durch Nicht-Befürsorgte bezogen werden.[716] Die Auswahl der Bezugsberechtigten wurde dabei nicht ausschließlich durch die Fürsorgeabteilung vorgenommen. Ein gewisses Kontingent der Anweisungen für die Zuteilung an jene,[717] die das Pessach-Fest nach strengen Glaubensregeln feiern wollten, stellte beispielsweise der damalige Oberrabbiner Akiba Eisenberg auf Ansuchen der Fürsorgeabteilung aus.[718] Damit konnten wohl Menschen erreicht werden, deren Fälle in der Fürsorgeabteilung gar nicht oder weniger bekannt waren. Eisenberg leitete der Fürsorgeabteilung zusätzlich Informationen über Inhaftierte weiter. Diese sollten über die Feiertage ebenso mit entsprechender Nahrung versorgt werden. Beispielsweise waren der Gemeinde im Jahr 1954 19 Fälle von Strafgefangenen bekannt, die in drei verschiedenen Haftanstalten einsaßen.[719] Der administrative Aufwand für die Beteilung scheint insgesamt enorm gewesen zu sein. Schließlich mussten nicht nur logistische Prozesse der Bestellung und Lagerung berücksichtigt werden. Vielmehr lag es auch an der Fürsorgeabteilung, die Ausgabe-

---

713 Vgl. ebd., A/VIE/IKG/III/AD/VOR/2/7, Protokoll, 04.11.1952.
714 Vgl. ebd., A/VIE/IKG/III/SOZ/6/10, Tätigkeitsbericht der Fürsorgeabteilung (1948–1950), November 1950.
715 Für die Jahre von 1952 bis 1969 liegen Dokumente zur Mazzotausgabe und den Sederabenden vor. Vgl. Archiv IKG Wien, Bestand Wien, A/VIE/IKG/III/SOZ/6/10, Tätigkeitsbericht der Fürsorgeabteilung (1949–1954), 26.10.1954; vgl. Archiv IKG Wien, Bestand Wien, 1373 FS Pessach, Mazzot, Ungarnhilfe, Tbc 50er (temp.).
716 Vgl. ebd., Ausgabeliste: Nicht-Befürsorgte, 1969.
717 Vgl. ebd., Korr. Fürsorgeabteilung an A. Eisenberg, 16.03.1961.
718 Vgl. ebd., 36 Anweisungen für das Jahr 1961.
719 Vgl. ebd., Schreiben A. Eisenberg an Fürsorgeabteilung, 09.04.1954.

Bons an die entsprechenden Klient:innen zu verteilen und die Ausgabe per Unterschriftenlisten zu dokumentieren.[720] Darüber hinaus wurden Alleinstehende zu Seder-Abenden eingeladen. Die Fürsorgeabteilung gab 1954 an, dass es sich dabei jährlich etwa um 120 Personen handelte.[721] Ein Vergleich von Teilnehmer:innenlisten aus den Jahren 1953 und 1969 belegt, dass diese Personenanzahl über die Jahre ungefähr gleich blieb.

Was beschreiben die Tätigkeitsberichte der Fürsorgeabteilung abseits der Unterstützungskategorien? Die jeweiligen Berichte der Abteilung zeichnen ein vielfältiges Bild. Über die tägliche Arbeit ist zu lesen: »Der Fürsorgebeamte schreibt auch eventuelle Kleiderzuteilungen aus, sowie zusätzliche Lebensmittel. Er überprüft das Einkommen des Beifürsorgten und setzt danach die Höhe der Fürsorgesumme fest. Im Bedarfsfalle weist er die Partei zur kostenlosen Behandlung an einen Arzt, stellt einen Antrag an den Joint um kostenlose Beistellung von Heilbehelfen und Arzneien. Dem Fürsorger ist auch die Betreuung der Studenten und die Ausschreibung der Stipendien übertragen.«[722] Die Tätigkeiten der Fürsorger:innen waren also so vielfältig wie die Bedürfnisse der Beifürsorgten. Die mannigfaltigen Beschreibungen sehen sich neben dem Auftrag der Institution auch im individuellen Fürsorgeverständnis begründet.[723] In manchen Tätigkeitsberichten fasste die Fürsorgeabteilung ihre Aufgabenbereiche etwas weiter: »Der Wirkungskreis der Fürsorge umfasst die Auszahlung der finanziellen Unterstützung, Auszahlung von Stipendien an Studenten, Kleiderhilfe, Krankenpakete und Heilbehelfe.«[724] Diese Beschreibung vermittelt allerdings den Anschein, bei der Fürsorgeabteilung handle es sich nach wie vor um eine Abteilung, die vor allem Geldmittel auszahle. Just diese Kritik ist den Berichten aber im Hinblick auf die Abteilung vor der Reorganisation zu entnehmen und zieht sich durch, wie auch in einem zwei Monate nach der Neustrukturierung verfassten Bericht zu lesen ist: »Der Apparat der Fürsorge war bis zum Juni 1948 derart aufgebaut, dass er mit einer Verteilerstelle von Geldern verglichen werden konnte.«[725] Vielleicht wollte sich die Fürsorgeabteilung nicht selber derartiger Kritik aussetzen und hob deswegen die beratenden Tätigkeiten im genannten Bericht hervor. Dort ist die Zahl von 50 bis 60 Personen vermerkt, die pro Tag in der Abteilung beraten wurden. Eine Klient:innenzahl, die auf keinen Fall einer wirklich

---

720 Vgl. ebd., handschriftliche Aufteilung der Bons: Baumann, Spatz, Schmid.
721 Vgl. ebd., A/VIE/IKG/III/SOZ/6/10, Tätigkeitsbericht der Fürsorgeabteilung (1949–1954), 26.10.1954.
722 Ebd.
723 Vgl. Archiv IKG Wien, Bestand Jerusalem, A/W 4273, Anfrage Fürsorgeabteilung an Präsidium und Amtsdirektion, 08.04.1948.
724 Archiv IKG Wien, Bestand Wien, A/VIE/IKG/III/SOZ/6/10, Tätigkeitsbericht der Fürsorgeabteilung (Juni-Juli 1948), 1948.
725 Ebd.

eingehenden Beratung entsprechen konnte. Mit Juni 1948 zählte die Fürsorgeabteilung fünf Fürsorgebeamt:innen, die mit der Arbeit betraut waren.[726] In den Tätigkeitsberichten drängt zwar Finanzielles – wohl wegen seiner besseren Quantifizierbarkeit – in den Vordergrund, es zeigt sich aber, dass die Fürsorgeabteilung, so gut es eben ging, dem Bedarf an Betreuung und Beratung nachkam. Die Beibehaltung oder Etablierung verschiedener Unterstützungskategorien durch die IKG zeigt ihre Reaktion auf vorhandenen Bedarf innerhalb der Gemeinde. Einerseits ging es dabei also um herkömmliche Aufgabengebiete, während – andererseits – sehr wohl neue Herausforderungen wahrgenommen wurden, denen die IKG mit der Schaffung von neuen Kategorien zu begegnen trachtete.

## Organisationsstruktur und Bezugsvoraussetzungen

Nach einem aktuellen Verständnis Sozialer Arbeit kann die Aufteilung der Klient:innen in der Fürsorgeabteilung mit einem sogenannten Bezugsbetreuungssystem verglichen werden. Sobald Klient:innen durch eine:n Fürsorger:in angenommen wurden, galten Letztere bis zu ihrem Ausscheiden als Fallführende. Nach gegenwärtigem Verständnis waren sie somit primäre Bezugsbetreuende. Die Zuweisung geschah dabei nicht zufällig, wurde sie doch durch eine administrative Kraft getätigt, die auch für die Erstellungen der Statistiken zuständig war.[727] Aus einer dieser Statistiken kann die tägliche Vorsprache von 15 bis 20 Klient:innen im Juni 1948 abgeleitet werden. Auf die Fürsorger:innen aufgeteilt deckt sich die Anzahl der Befürsorgten dieser Statistik mit der weiter oben genannten Gesamtanzahl der Klient:innen die täglich in der Fürsorgeabteilung vorsprachen. Die Fürsorger:innen schienen jedoch hinsichtlich der Reduktion dieser Kontakte zuversichtlich und meinten: »Hier wird Erziehungsarbeit helfen können.«[728] Zweifellos verstehen die Beamt:innen das Anliegen, erwachsene Menschen »erziehen zu können« als legitim. Geplant war anfänglich mindestens ein Vorsprache-Termin pro Monat, wie sich aus einem der frühesten Tätigkeitsberichte ableiten lässt. Das scheint sinnvoll, konnten so doch die periodischen Unterstützungsleistungen ausgezahlt werden, während gleichzeitig im Bedarfsfall weitere Abklärungen stattfinden konnten.[729] Die Zuversicht der Fürsorger:innen, die Klient:inenzahlen reduzieren zu können war berechtigt, wenngleich sich die Zahlen von Juni 1948 von 1 679 Personen bis Dezember desselben Jahres zunächst um einige hundert Personen erhöhten; bis 1951 san-

---

726 Vgl. ebd.
727 Vgl. Archiv IKG Wien, Bestand Wien, A/VIE/IKG/III/SOZ/6/10, Tätigkeitsbericht der Fürsorgeabteilung (Juni-Juli 1948), 1948.
728 Ebd.
729 Vgl. ebd., Tätigkeitsbericht der Fürsorgeabteilung (Juni 1948), 23. 07. 1948.

Organisationsstruktur und Bezugsvoraussetzungen                                    **159**

ken sie aber erheblich. Jakob Bindel nahm das zum Anlass, mit Stolz darauf hinzuweisen, dass weit weniger Menschen zu befürsorgen seien, als das bei seiner Abteilungsübernahme der Fall gewesen war.[730] In einem weiteren Tätigkeitsbericht der Fürsorgeabteilung, der zwei Monate nach einsetzender Umstrukturierung verfasst wurde, heißt es konkret, eine von sechs jüdischen Personen in Wien hätte auf die Unterstützung der IKG zurückgegriffen.[731] Folglich entsprach das etwa 17 Prozent der Gemeindemitglieder. Diese Statistiken repräsentieren aber ausschließlich den zahlenmäßigen Bedarf jener Gemeindemitglieder, die sich hilfesuchend an die Fürsorgeabteilung wandten. Abseits dieser Statistiken sollten Falldokumentationen zur Transparenz beitragen. Das setzte wiederum eine einheitliche und standardisierte Struktur voraus und so wurde eine neue Organisationsstruktur implementiert, die seitens der Fürsorgeabteilung als wesentlicher Teil der Reorganisation und als wesentlicher Unterschied zur Zeit vor Juni 1948 betont wurde: Der komplexeren Dokumentation wichen die vorher geführten einfachen Karteiblätter.

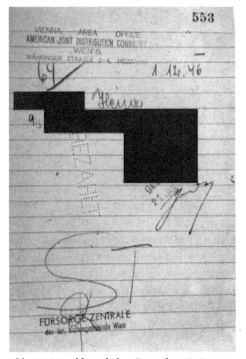

Abb. 13: Auszahlungsbeleg, Dezember 1946

---

730 Vgl. ebd., Tätigkeitsbericht der Fürsorgeabteilung (1948–1950), November 1950.
731 Vgl. ebd., Tätigkeitsbericht der Fürsorgeabteilung (Juni-Juli 1948), 1948.

Frühe Auszahlungsbelege untermauern das auch, wie die Abbildung belegt, der die entsprechende Unterstützungskategorie in Form einer Abkürzung zu entnehmen ist.[732]

Aus der Kartothek lassen sich neben den Unterstützungsleistungen für Student:innen (»ST«, Stipendiate) auch andere Unterstützungskategorien, wie für an Tuberkulose Erkrankte oder auch Kleiderbedarf ableiten.[733] Die nachstehende Schilderung hebt die peniblen Ordnungssysteme hervor, die es nach der Reorganisation gab: »Dieses System wurde sofort auf ein Mappen-System umgestellt. In jeder Mappe ist ein Karteiblatt, welches nicht nur die Auszahlungen, sondern auch die Beurteilung des Fürsorgers beinhaltet, ausserdem der erste Erhebungsbogen und jede auf die Fürsorge bezugnehmende Post. Gleichzeitig wurde eine Straßenkartei angelegt, deren einzelne Karteiblätter den Namen des Befürsorgten und seines Fürsorgers zeigen.«[734] Im ersten Moment mag das Hervorheben dieser spezifischen Systeme vielleicht befremdlich anmuten, letztlich verweisen sie hiermit aber auf die Standardisierung, die ihrerseits als professioneller Fortschritt angesehen wird. Durch die bessere Nachvollziehbarkeit der Tätigkeit (die ja auch durch den Joint gefordert wurde) und die damit einhergehende Darstellung messbarer Leistungen der Fürsorgeabteilung, erwies diese zugleich die Notwendigkeit ihrer Existenz. Bindel selbst hatte aber auch insofern Interesse daran, die Reorganisation voranzutreiben, als er in dieser eine erhebliche Arbeitserleichterung sah.[735] Als Referatsleiter oblag ihm die Verantwortung für die konkrete Umsetzung der neuen Strukturen durch die Mitarbeiter:innen. Ein Rundschreiben an diese verdeutlicht, wie gewissenhaft er seiner Aufgabe nachging. In diesem bat er die Fürsorgebeamt:innen nicht nur um Einsicht in sämtliche Klient:innenakten, vielmehr legte er auch einen Plan zur Durchsicht vor: »Um ein reibungsloses Arbeiten zu ermöglichen, bitte ich die einzelnen Fürsorger mir jeweils 5 Akten, die augenblicklich nicht benötigt werden, zu geben, die dann in längstens 48 Stunden von mir rückgestellt werden.«[736] Nähere Begründungen für diese Falldurchsichten Bindels liegen zwar nicht vor, vermutlich wird es aber um die Gewährleistung ordnungsgemäßen Vorgehens der Fürsorgeabteilung und die Überprüfung der »Rechtmäßigkeit« des Bezugs von Unterstützungen durch die Klient:innen gegangen sein. Das war bestimmt nicht so einfach zu beurteilen, mussten doch für die Dauer und den Umfang der Unterstützung individuelle sowie finanzielle Umstände nach Faktoren wie Alter,

---

732 Vgl. Archiv IKG Wien, Bestand Jerusalem, A/W 4288, Auszahlungsbeleg, 1.12.46.
733 Vgl. ebd., Kartothek, 1.12.1946 u. 9.12.1946.
734 Archiv IKG Wien, Bestand Wien, A/VIE/IKG/III/SOZ/6/10, Tätigkeitsbericht der Fürsorgeabteilung (Juni 1948), 26.07.1948.
735 Vgl. Archiv IKG Wien, Bestand Jerusalem, A/W 4275, Protokoll der Fürsorgeabteilung, 22.06.1948.
736 Ebd., Schreiben J. Bindel an Fürsorgeabteilung, 13.12.1948.

familiäre Verhältnisse sowie Beruf und etwaige Wiedereingliederungsmöglichkeiten in den Arbeitsmarkt beurteilt werden.[737] Manche Personen waren jahrelang auf die Unterstützung der IKG angewiesen. So bezog beispielsweise ein Klient in einem Zeitraum von September 1948 bis April 1974 monatlich zwischen 15.- und 150.- Schilling bis zu seinem Tod.[738] Andere fanden nur über einen kürzeren Zeitraum Unterstützung, wie etwa eine KZ-Überlebende und Witwe eines Schoa-Opfers, die sie im Jahr 1949 als Überbrückung bis zum Erhalt von Leistungen nach dem Opferfürsorgegesetz bezog.[739]

Nachdem die Bedürftigkeit etlicher Jüdinnen und Juden aus verschiedenen Perspektiven im Vorangegangenen angeschnitten wurde, sollen die Voraussetzungen für den Bezug näher evaluiert werden. Selbstverständlich galt die Zugehörigkeit zur jüdischen Religionsgemeinschaft zunächst als primäre Bedingung für den Bezug von Leistungen der Israelitischen Kultusgemeinde. Die Zugehörigkeit wurde seitens der Abteilung auch überprüft und fand in Zusammenarbeit mit der Abteilung Bevölkerungswesen statt.[740]

Abb. 14: Bestätigung des Bevölkerungswesens, August 1949

Der Forderung über einen (schriftlichen) Nachweis wurde tatsächlich in der Praxis nachgegangen: Den relativ unscheinbaren Bestätigungen ist Name, Geburtsdatum der Person(en) sowie Ausstellungsdatum zu entnehmen. Zusätzlich weisen sie einen Stempel der Abteilung Bevölkerungswesen auf. Einzig der fett

---

737 Vgl. Archiv IKG Wien, Bestand Wien, A/VIE/IKG/III/SOZ/6/10, Tätigkeitsbericht der Fürsorgeabteilung (1948–1950), November 1950.
738 Vgl. ebd., A/VIE/IKG/III/SOZ/FS/1/32, Kartei.
739 Vgl. ebd., A/VIE/IKG/III/SOZ/FS/78/4, Fürsorgeakt, 1949.
740 Vgl. ebd., A/VIE/IKG/III/SOZ/6/8, Tätigkeitsbericht der Fürsorgeabteilung (1955–1958), Mai 1959.

gedruckte Vermerk, die Bestätigung sei nur für den internen Gebrauch, hebt sich ab.[741]

Mit den nazistischen Gesetzgebungen wurden etliche fremddefinierte Begriffe für Jüdinnen und Juden bzw. Personen jüdischer Wurzeln etabliert, die auch gegenwärtig alltägliche Sprach- und Denkmuster prägen. Mit der Machtübernahme der Nazis lebten etwa 201 000 Menschen in Österreich, die per NS-Definition als Jüdinnen und Juden galten. Davon zählten 181 882 als Mitglieder der Kultusgemeinde zu den sogenannten »Glaubensjuden«. Rassenideologische Konstruktionen sollten Menschen definieren, die innerhalb des nazistischen Denksystems nicht ganz so einfach zu kategorisieren waren:[742] »Die Tatsache, dass letztendlich auf konfessionelle Kriterien zurückgegriffen werden musste, um rassenideologische Prämissen festmachen zu können, unterstreicht die Absurditäten [...]«[743] dieser Weltsicht, wie Michaela Raggam-Blesch auf den Punkt bringt. Die selbstverständliche Weiterführung von Begriffen wie »Glaubensjude« wird auch in der Nachkriegsgemeinde ersichtlich.

Abgesehen von der logischen Voraussetzung für den Bezug von Leistungen Gemeindemitglied sein zu müssen, galt als weiteres Kriterium natürlich die Bedürftigkeit. Bei der Frage nach dieser verließ sich die Fürsorgeabteilung nicht allein auf die Auskunft der Klient:innen, wie weiter unten noch genauer ausgeführt werden soll. Die Überprüfung der Aussagen entsprach dem normalen Prozedere jedes Amtes und jeder Fürsorgeinstitution. Es ist schließlich ein zeitloses Phänomen, dass sich von Armut betroffene Menschen dem Generalverdacht ausgesetzt sehen, sich Leistungen erschleichen zu wollen. In den ersten Jahren nach der Übernahme der Fürsorgeabteilung bedeutete die Bedürftigkeit de facto die Betreuung aller Jüdinnen und Juden seitens der Fürsorgeabteilung, die sich nicht selbständig oder durch familiäre Unterstützung erhalten konnten.[744] Auch wenn die Vermittlung von Klient:innen durch die Fürsorgeabteilung an andere Ämter der Realität entsprach, entwickelte sich das Ansuchen bei öffentlichen Behörden – gemäß dem Subsidiaritätsprinzip – zu einer Voraussetzung für den Bezug. Die mehrmals erwähnte Edith Auerhahn war eine der Fürsorger:innen, aus deren Antwortschreiben auf ein Fürsorgeansuchen bei der IKG das Vorgehen nach diesem Prinzip evident wird: »Wir müssen Sie ersuchen, sich innerhalb der nächsten Tage an das Fürsorgeamt der Gemeinde Wien zu wenden,

---

741 Vgl. ebd., A/VIE/IKG/III/SOZ/FS/78/1, Bestätigung Bevölkerungswesen, 02.08.1949.
742 Vgl. Raggam-Blesch, Michaela, »Mischlinge« und »Geltungsjuden«. Alltag und Verfolgungserfahrungen von Frauen und Männern »halbjüdischer« Herkunft in Wien, 1938–1945, in: Löw, Andrea/Bergen, Doris L./Hájková, Anna, Alltag im Holocaust. Jüdisches Leben im Großdeutschen Reich: 1941–1945, München 2013, 81–98, 83.
743 Ebd., 81.
744 Vgl. Archiv IKG Wien, Bestand Wien, A/VIE/IKG/III/SOZ/6/10, Tätigkeitsbericht der Fürsorgeabteilung (1948–1950), November 1950.

da wir erst nach erfolgter Einstufung durch diese Stelle Ihren Fall positiv erledigen können. Ohne obengenannte Einreichung ist es uns ganz unmöglich Ihnen auch nur den geringsten Betrag zur Auszahlung zu bringen.«[745] Der Zeitpunkt, ab dem das Ansuchen als Prämisse galt, kann zwar anhand des Briefes nicht eindeutig festgestellt werden, doch wurde diese Voraussetzung bereits im Juli 1948 in einem Protokoll der Fürsorgeabteilung verschriftlicht. Zusätzlich lässt sich diesem die obligatorische Meldung beim Arbeitsamt bzw. Vorlage eines ärztlichen Attests über Arbeitsunfähigkeit entnehmen.[746] Dass diese Voraussetzungen auch in die Praxis umgesetzt wurden, kann beispielsweise anhand eines Aktes aus dem Jahr 1950 nachvollzogen werden. Dieser weist die Bescheinigung eines Fürsorgeamtes der Gemeinde Wien darüber auf, dass bereits um Fürsorge angesucht worden sei.[747]

Die Bindung der Leistungsgewährung an die Ausschöpfung staatlicher Mittel korrespondiert mit dem Usus der IKG, sich an den Kategorien und Leistungsschemata der öffentlichen Fürsorge zu orientieren.

Wie verhielt es sich aber mit Personen die generell nicht anspruchsberechtigt waren, da sie keine österreichischen Staatsbürger:innen waren? Zu den bezugsberechtigen Displaced Persons zählten: Student:innen, jene, die in keinem DP-Lager untergebracht und nachweislich einer Beschäftigung nachgingen und jene, die aus »sanitären Gründen« nicht im Rothschildspital wohnen konnten und ein ärztliches Attest besaßen.[748] Nahe arbeitsunfähige Angehörige von Displaced Persons, welche studierten, wurden gemäß einer Vorgabe aus dem Jahr 1949 betreut.[749] Die Fürsorgeabteilung hatte auch die Zuständigkeit der Betreuung des Joint für durchreisende Jüdinnen und Juden bereits zwei Jahre zuvor konstatiert.[750] Die strenge Überprüfung der Staatszugehörigkeit der Ansuchenden wurde mit Juni 1948 von der Fürsorgeabteilung explizit vorgegeben. Die eindeutigen Vorgaben richteten sich vor allem an DPs: »Ausländer, die im Lager waren und aus irgendeinem Grund das Lager verlassen haben und jetzt um eine Unterstützung einreichen, sind zu prüfen, ob sie nicht eine Wohnung in Wien genommen haben, um lediglich die Fürsorge in Anspruch zu nehmen.«[751] Solches Tun dürfte wohl nicht einfach nachzuweisen gewesen sein, doch gab die Für-

---

745 Ebd., A/VIE/IKG/III/SOZ/FS/36/10, Antwortschreiben der Fürsorgeabteilung, 19.09.[?].
746 Vgl. Archiv IKG Wien, Bestand Jerusalem, A/W 4275, Protokoll der Fürsorgeabteilung, 15.07.1948.
747 Vgl. Archiv IKG Wien, Bestand Wien, A/VIE/IKG/III/SOZ/FS/36/16, Bescheinigung Fürsorgeamt IX. Wien, 24.05.1950.
748 Vgl. Archiv IKG Wien, Bestand Jerusalem, A/W 4275, Protokoll der Fürsorgeabteilung, 24.12.1948.
749 Vgl. ebd., A/W 4276, Protokoll der Fürsorgeabteilung, 05.01.1949.
750 Vgl. ebd., A/W 4312, Bericht der Fürsorgeabteilung, 17.10.1947.
751 Ebd., A/W 4275, Protokoll der Fürsorgeabteilung, 22.06.1948.

sorgeabteilung an, in solchen Fällen den Bezug umgehend einzustellen.[752] Um das Jahr 1950 war der Leistungsbezug von Jüdinnen und Juden aus anderen Staaten an eine Genehmigung des Joint gebunden.[753] Es kann also angenommen werden, dass die bezugsberechtigten DPs ab 1950 zusätzlich eine schriftliche Bestätigung vom Joint benötigten.

Nach der Darlegung der allgemeinen Bezugskriterien nun noch ein etwas genauerer Blick auf die Einstellung der Bezüge: Diese unterlag zahlreichen Möglichkeiten, im besten Fall schied die Person infolge der Erlangung ihrer Selbsterhaltungsfähigkeit aus. In der Regel wurden die Gründe des Bezugsendes auf den Karteien knapp vermerkt. Beispielsweise lautete ein häufiger Grund: »Ausgeschieden, da Ausreise in die U.S.A«[754]. Nur in sehr seltenen Ausnahmefällen wurde der weitere Bezug im Ausland genehmigt.[755] In wenigen Akten der Sozialabteilung befinden sich Erklärungen über die Mittellosigkeit der Klient:innen. Im Jahr 1949 wurde eine solche mit folgendem Wortlaut unterzeichnet: »Ich erkläre hiermit an Eidesstatt, dass ich tatsächlich vermögenslos bin, d. h. weder über Vermögen, noch über Vermögenswerte verfüge und daher derzeit nicht in der Lage bin, meinen Lebensunterhalt zu bestreiten. Ich nehme zur Kenntnis, dass unrechtmässiger Bezug von Leistungen rückzuerstatten ist.«[756] Dass Rückforderungen auf Klient:innen zukommen konnten, besagt auch ein Dokument der Fürsorgeabteilung, das einem Klienten die Einstellung der Bezüge mitteilte, da die Ehefrau seit einigen Monaten zusätzlich Rente bezöge. Durch ihren Bezug sei das Regulativ überschritten: »Wir haben Sie daher mit sofortiger Wirksamkeit aus unserer Fürsorge ausgeschieden und behalten es uns vor, die zu Unrecht bezogenen Beträge von Ihnen zurückzufordern.«[757] Die Frage nach Konsequenzen unrechtmäßigen Bezugs beschäftigte die Amtsdirektion verständlicherweise. Dennoch befremdet der in dem folgenden Zitat geäußerte Vorschlag, Klient:innen öffentlich zu blamieren: »Was hielten Sie davon, wenn auf dem schwarzen Brette in der FUERSORGE und im Amtsgebäude am Schottenring jene Personen – mögen es Fürsorgeempfänger oder Stipendisten sein [...] – welche in betrügerischer Weise unsere Fürsorge missbrauchen, namentlich angeführt werden [...], unter kurzer Anführung des Tatbestandes und der verhängten Sanktionen?«[758] Von diesem Vorgehen sei sowohl »abschreckende« als auch »erzieherische« Wirkung zu erwarten. Die diesbezügliche

---

752 Vgl. ebd.
753 Vgl. Archiv IKG Wien, Bestand Wien, A/VIE/IKG/III/SOZ/6/10, Tätigkeitsbericht der Fürsorgeabteilung (1948–1950), November 1950.
754 Ebd., A/VIE/IKG/III/SOZ/FS/1/1, Kartei.
755 Vgl. ebd., Fürsorgeakt, 1978–1981.
756 Ebd., A/VIE/IKG/III/SOZ/FS/78/23, Erklärung, 19. 02. 1949.
757 Ebd., A/VIE/IKG/III/SOZ/FS/36/1, Abmeldungsschreiben, 04. 02. 1954.
758 Ebd., A/VIE/IKG/III/SOZ/FS/3/26, Schreiben Amtsdirektion an J. Bindel, 03. 11. 1950.

Haltung der Fürsorgeabteilung geht aus Bindels handschriftlichem Vermerk auf dem Schreiben der Amtsdirektion eindeutig hervor: »Bitte lieber nicht.«[759] Es ist davon auszugehen, dass Bindels Sichtweise gefolgt wurde.

Selbstverständlich waren sich die Fürsorger:innen der besonders prekären Umstände bewusst, denen sich die jüdische Bevölkerung ausgesetzt sah; so hebt denn auch ein Tätigkeitsbericht hervor, »dass die jüdischen Befürsorgten im Gegensatz zu den nicht jüdischen Befürsorgten, insofern schlechter gestellt sind, als der grösste Teil von ihnen ohne Wohnung und den notwendigsten Hausrat dasteht. (Ein hoher Prozentsatz wohnt in Untermiete). Sie haben deshalb einen bedeutend höheren Zinsaufwand, sowie aussertourliche Ausgaben für die dringlichsten Anschaffungen der täglichen Gebrauchsgegenstände.«[760]

## Zu den Beamt:innen

Der Wechsel des Personals von einer Abteilung der IKG in eine andere war wohl eher die Regel als die Ausnahme, wie zahlreiche Fälle belegen, die weiter unten angeführt werden. Die Postenbelegung ist daher auch nicht immer leicht nachvollziehbar. Ganz gleich, in welcher Abteilung und Funktion die Personen innerhalb der IKG jedoch tätig waren, ihr Überleben und das Ringen um den Wiederaufbau einer eigenen Existenz einte sie.

Beispielsweise war Erna Patriasz am 1. Oktober 1946 als Bürokraft für die Fürsorgeabteilung angestellt worden. Im Frühjahr 1948 wechselte sie aber in das »Wiedergutmachungsreferat«.[761] Emil Schindler wurde im September 1946 als »Bürodiener« in der Fürsorgeabteilung eingestellt.[762] Allerdings wurde er auf Anweisung des Präsidenten David Brill von dieser nach etwa einem Jahr wieder abgezogen.[763] Aus dem Dienst der Kultusgemeinde schied er aber erst 1958 ganz aus.[764] Andere waren ausschließlich in den Dienst der Fürsorgeabteilung getreten und beendeten mit ihrem dortigen Weggang ihre Arbeit für die IKG überhaupt. Therese Liebermann oder Mala Schneid mögen als Beispiele dafür dienen.[765] Leopold Scherl dürfte 1947 seine Tätigkeit aufgenommen haben, erhielt er im

---

759 Ebd.
760 Ebd., A/VIE/IKG/III/SOZ/6/10, Tätigkeitsbericht der Fürsorgeabteilung (1949–1954), 28.10.1954.
761 Vgl. Archiv IKG Wien, Bestand Wien, A/VIE/IKG/I-III/PERS/Kartei, K13.
762 Vgl. ebd., K25.
763 Vgl. Archiv IKG Wien, Bestand Jerusalem, A/W 4304.
764 Vgl. Archiv IKG Wien, Bestand Wien, A/VIE/IKG/III/AD/VOR/3/2, Protokoll, 11.09.1958.
765 Therese Liebermann war von 12.09.1946 bis 31.10.1947 in der Fürsorgeabteilung tätig. Mala Schneid war von 1.02.1947 bis 12.06.1947 in der Fürsorgeabteilung tätig. Vgl. ebd., A/VIE/IKG/I-III/PERS/Kartei, K11 u. K17.

Jahr 1972 doch eine Prämie für sein 25jähriges Jubiläum.[766] Hedwig Schaner war im Sommer 1946 eigentlich als Bürokraft für das »Wiedergutmachungsreferat« eingestellt worden, zwischen Jänner und März 1948 hatte sie aber die Leitung der Fürsorgeabteilung inne.[767] Elsa Spiss fing 1947 in der Fürsorgeabteilung als Bürokraft an, wechselte jedoch im Oktober 1948 in eine andere Abteilung der IKG und war in der Folge im Bevölkerungswesen, im Steueramt und in der Bemessungsabteilung tätig.[768] Josefine Spitzer, geborene Spatz, hatte ursprünglich in der Kleiderkammer gearbeitet und ging ab Februar 1948 bis 1955 ihrer Beschäftigung in der Fürsorgeabteilung nach.[769] Eine andere zeitweilige Mitarbeiterin war etwa Senta Weihs, die ab 1. Februar 1947 bis zur Reorganisation der Fürsorgeabteilung für diese tätig war. Danach wechselte sie in das »Wiedergutmachungsreferat« und anschließend in das damalige Rechtsbüro.[770] Eine ehrenamtliche Mitarbeiterin war Sima Draxler. Im Mai 1948 hatte sie aufgrund ihrer finanziellen Lage jedoch um ein fixes Anstellungsverhältnis angesucht. Im Dezember 1947 war sie selbst aus Shanghai zurückgekehrt, wo sie nach eigenen Angaben als Pharmazie-Absolventin der Universität Wien mehrere Jahre für den Joint in der »Central Pharmacy« tätig gewesen war.[771] Die Frage nach dem Vorhandensein unterschiedlicher Tätigkeitsprofile von Ehrenamtlichen und Angestellten kann nicht eindeutig beantwortet werden. Allerdings weist etwa ein an die Fürsorgeabteilung zu Händen Sima Draxlers gestelltes Ansuchen des Wanderungsreferates um Versorgung einer Familie keinen Unterschied zu anderen Ansuchen an Angestellte auf.[772] Mit Sicherheit kann jedoch festgehalten werden, dass mit der Reorganisation Ehrenamtliche in dieser Form nicht mehr tätig waren. Der Referatsleiter Jakob Bindel verzichtete nämlich auf die Dienste Draxlers. Seinem Antrag, sie entsprechend für ihre Dienste zu entschädigen, wurde stattgegeben.[773] Die Übernahme in die Fürsorgeabteilung von Elsa Spiss, Josefine Spitzer und Leopold Scherl kann mit Gewissheit angenommen werden. Das Fehlen von Hinweisen auf eine Amtsleitung nach sukzessiver Referatsübernahme durch Bindel erklärt sich vermutlich durch dessen Meinung, diese sei überflüssig.[774]

Nach eigenen Angaben der Fürsorgeabteilung waren bis April 1948 sieben Angestellte und drei Freiwillige in der Fürsorgeabteilung tätig. Zu diesem Zeitpunkt suchte das Referat bei der Amtsdirektion um zusätzliches Personal an. Das

---

766 Vgl. ebd., A/VIE/IKG/III/AD/VOR/9/5, Protokoll, 05.09.1972.
767 Vgl. ebd., A/VIE/IKG/I-III/PERS/Kartei, K13.
768 Vgl. ebd., K25.
769 Vgl. ebd.; vgl. ebd., A/VIE/IKG/III/AD/VOR/2/25, Protokoll, 28.06.1955.
770 Vgl. ebd., A/VIE/IKG/I-III/PERS/Kartei, K20.
771 Vgl. Archiv IKG Wien, Bestand Jerusalem, A/W 4301, Ansuchen S. Draxler an Fürsorgeabteilung, 26.05.1948.
772 Vgl. ebd., A/W 4303, Ansuchen Wanderungsreferat an S. Draxler, 03.05.1948.
773 Vgl. Archiv IKG Wien, Bestand Wien, A/VIE/IKG/III/AD/VOR/1/2, Protokoll, 27.05.1948.
774 Vgl. ebd., Protokoll, 27.05.1948.

damalige Ansuchen begründete die Abteilung mit dem Anwachsen der Klient:innenzahlen, weshalb sie sich nicht mehr in der Lage sehe, ihre Aufgaben mit dem bisherigen Personalstand zu bewältigen:[775] Eine Überstundenauflistung vom Jänner 1948 belegt bereits für diesen Zeitraum die über die Normalarbeitszeit geleistete Tätigkeit, obgleich sie nicht unbedingt ein vollständiges Bild über die Mitarbeiter:innenanzahl und deren Anstellungsverhältnis vermittelt. Demnach waren zum damaligen Zeitpunkt nämlich acht Mitarbeiter:innen verzeichnet, die Überstunden geleistet hatten: Hedwig Schaner, Erna Patriasz, Elsa Spiss, Ella Matyas,[776] Elisabeth Müller, Josefine Spitzer, Ernst Blaha und Leopold Scherl.[777] Von einer temporären Überbelastung kann auch bei nachstehender Schilderung zu vorherrschender Arbeitssituation an die Amtsdirektion nicht ausgegangen werden: »Aus dem Bericht der Mitarbeiter geht hervor, dass sie gesundheitlich nicht dauernd den Dienst über die normale Bürozeit hinaus leisten können,«[778] erklärend wird im Weiteren auf die herausfordernde Tätigkeit verwiesen, »denn der Verkehr mit den Parteien, die man vertrösten und wegschicken muss, [...] ist eine schwere nervliche Arbeit, denn das Publikum benötigt [...] die kleinen finanziellen Zuwendungen sofort ab 1. jedes Monates und es ist unbedingt notwendig, dass diese nervliche Belastung aus der Welt geschafft [...] wird.«[779] Die Fürsorgeabteilung bemühte sich sichtlich, periodische Unterstützungsleistungen zeitgerecht auszubezahlen und agierte auch hinsichtlich der ohnehin schon prekären Personalsituation und begründete zusätzlichen Bedarf an Personal mit dem längeren Krankenstand der Mitarbeiterin Erna Patriasz.[780] Bindels bald darauffolgender Antrag im Mai 1948, drei seiner Mitarbeiter:innen[781] sowie die damalige Amtsleitung zu versetzen, scheint all dem zu widersprechen, doch wurde ihm stattgegeben. Diese Entscheidung gründete selbstverständlich nicht in Personalüberhang. Es sollten nämlich unter der Voraussetzung der Übernahme der Personalkosten durch den Joint bis September desselben Jahres wieder drei bis vier neue Mitarbeiter:innen angestellt werden.[782] Aus einem Schreiben des Personals der Fürsorgeabteilung an seinen Referatsleiter Jakob Bindel kann von neun Mitarbeiter:innen der Abteilung ausgegangen werden, die ab der Reorganisation fix angestellt waren. Einem Tätigkeitsbericht zufolge be-

---

775 Vgl. Archiv IKG Wien, Bestand Jerusalem, A/W 4273, Schreiben Fürsorgeabteilung an Amtsdirektion, 16.04.1948.
776 Ella Matyas (teilweise Mattyasz geschrieben) wanderte nach Israel aus. Vgl. Archiv IKG Wien, Bestand Wien, A/VIE/IKG/III/AD/VOR/1/2, Protokoll, 19.12.1949.
777 Vgl. Archiv IKG Wien, Bestand Jerusalem, A/W 4277, Überstundenauflistung der Fürsorgeabteilung: Jänner 1948.
778 Ebd., A/W 4273, Schreiben Fürsorgeabteilung an Amtsdirektion, 16.04.1948.
779 Ebd.
780 Für einen Zeitraum zwischen April und Mai 1948. Vgl. ebd.
781 Erna Patriasz, Ella Matyas und Ernst Blaha.
782 Vgl. Archiv IKG Wien, Bestand Wien, A/VIE/IKG/III/AD/VOR/1/2, Protokoll, 27.05.1948.

stand das Personal aus fünf Fürsorgebeamt:innen, einer Sekretärin, einem Buchhalter, einer administrativen Kraft und einem Beamten, der am Empfang tätig war.[783] Die relativ stabile Postenbesetzung nach der Reorganisation wird bei Durchsicht der Fürsorgeakten erkennbar. »Relativ stabil« impliziert Ausnahmen.[784] Anfänglich waren die Fürsorger:innen Edith Auerhahn, Rudolf Baumann, Walter Kraus, Josefine Spitzer und Lotte Weinstock tätig.[785] Allerdings beendete Letztere im Winter 1949 ihr Dienstverhältnis in der Fürsorgeabteilung,[786] während Rudolf Baumann später als Angestellter der Opferfürsorge tätig war.[787] Vom Abteilungsleiter des Steueramtes wechselte er 1967 zum Verwalter der Anstalten Altersheim und Spital.[788] Walter Kraus war von Juli 1948 bis April 1950 als Beamter der Fürsorgeabteilung tätig.[789] Eigentlich hätte er mit Juni 1950 aus dem Dienst austreten sollen. Inwiefern sein frühzeitiger Austritt im April des genannten Jahres in Zusammenhang mit Anschuldigungen eines Kultusvorstehers steht, er habe sich einer Partei gegenüber herablassend verhalten, kann nicht mehr nachvollzogen werden. Jakob Bindel wies die Anschuldigungen gegen Kraus jedenfalls zurück.[790] Hermine Kinsbrunner verstärkte das Team ab 1949.[791] Den Fürsorgeakten lässt sich auch ihr jahrelanger Verbleib in der Abteilung entnehmen. Ihrer Anstellung wurde durch das Vertreterkollegium gemeinsam mit der Anstellung von Nelly Adler, Otto Ehrlich, Georg Feiner und Alfred Scholder zu Beginn des Jahres 1949 zugestimmt, als die Klient:innenzahlen laut Fürsorgeabteilung erneut stark anstiegen.[792]

---

783 Vgl. ebd., A/VIE/IKG/III/SOZ/6/10, Tätigkeitsbericht der Fürsorgeabteilung (Juni 1948), 26.07.1948.
784 Zu diesen Ausnahmen zählten beispielsweise Oskar Spielmann, der im Winter 1948 für knappe zwei Monate als Bürokraft tätig war und Alfred Scholder, der im Jahr 1949 ausschließlich für zwei Wochen in der Fürsorgeabteilung arbeitete. Vgl. Archiv IKG Wien, Bestand Wien, A/VIE/IKG/I-III/PERS/Kartei, K18 u. K17.
785 Vgl. ebd., A/VIE/IKG/III/SOZ/6/10, Gehaltsliste Fürsorgeabteilung, August 1948; vgl. Archiv IKG Wien, Bestand Jerusalem, A/W 4273, Mitteilung J. Bindel: namentliche Auflistung der Postenbesetzung in der Fürsorgeabteilung an Amtsdirektion, 17.06.1948.
786 Anstelle von Lotte Weinstock, die ihr Dienstverhältnis mit 1.11.1949 beendete, sollte eine Fr. Nussbaum (vorerst auf ein Probemonat beschränkt) angestellt werden. Vgl. Archiv IKG Wien, Bestand Wien, A/VIE/IKG/III/AD/VOR/1/2, Protokoll, 25.10.1949; vgl. ebd., Protokoll, 14.10.1949.
787 Vgl. ebd., A/VIE/IKG/III/AD/VOR/4/18, Protokoll, 16.06.1965.
788 Aufgrund von »langanhaltender Krankheit« schied er nach mehr als 20 Jahren aus dem Dienst aus. Vgl. ebd., A/VIE/IKG/III/AD/VOR/5/17, Protokoll, 16.11.1967; vgl. ebd., A/VIE/IKG/III/AD/VOR/7/7, Protokoll, 01.07.1970.
789 Teilweise Krauss geschrieben. Vgl. ebd., A/VIE/IKG/I-III/PERS/Kartei, K10.
790 Vgl. ebd., A/VIE/IKG/III/AD/VOR/1/8, Protokoll, 27.04.1950.
791 Vgl. ebd., A/VIE/IKG/I-III/PERS/Kartei, K24.
792 Nelly Adler wechselte noch im selben Jahr in das Wanderungsreferat der IKG. Vgl. ebd., A/VIE/IKG/III/AD/VOR/1/2, Protokoll, 25.10.1949; vgl. ebd., Protokoll, 02.03.1949.

Personalentscheidungen wurden wohl nach mehreren Gesichtspunkten getroffen. Angenommen, einzelne Personen eigneten sich tatsächlich nicht für diese Tätigkeit oder passten vielleicht einfach aus Gründen der teamparitätischen Dynamik nicht in die Abteilung, so war es der IKG doch ein Anliegen, das Personal in anderen Tätigkeitsfeldern zu halten, schließlich teilten die Fürsorgebeamt:innen die Verfolgungserfahrungen der Klient:innen.

Edith Auerhahns Biografie mag exemplarisch einen Einblick in die Lebensgeschichten der Beamt:innen der Fürsorgeabteilung geben. Sie war als Krankenschwester im jüdischen Altersheim in der Malzgasse 16 bis zur Schließung desselben im Jahr 1942 tätig. Ihr Ehemann, Felix Auerhahn hatte dessen Verwaltung und anschließend die des dort eingerichteten jüdischen Spitals inne.[793] Obgleich Edith Auerhahn von 1. Dezember 1942 bis 1. November 1943 als Angestellte im Kinderheim in der »Mohapelgasse« geführt wurde,[794] war sie wohl vorwiegend als Krankenschwester tätig,[795] wie sich Kitty Schrott, ihre Nichte, an Erzählungen erinnert: »Edith Auerhahn und ihre Zwillingsschwester Anna Drill waren beide im Rothschildspital als Krankenschwestern tätig. Es habe damals geheißen, dass man sich zur Krankenschwester ausbilden lassen könne, um weniger gefährdet zu sein. Das war auch der Fall. Als aber ihre Eltern nach Theresienstadt deportiert wurden, beschlossen Edith und Anna, die Eltern nicht alleine zu lassen. Die Eltern sind umgekommen […].«[796] Die Zwillinge überlebten Theresienstadt, Auschwitz-Birkenau und Groß-Rosen. Obgleich sie unmittelbar nach der Befreiung nach Österreich zurückkehrten, zogen sie erst 1947 von

---

793 Vgl. Raggam-Blesch, Michaela, Zwischen Rettung und Deportation. Jüdische Gesundheitsversorgung unter der NS-Herrschaft in Wien, in: Czech, Herwig/Weindling, Paul (Hg.), Österreichische Ärzte und Ärztinnen im Nationalsozialismus, Dokumentationsarchiv des österreichischen Widerstandes, Jahrbuch, Wien 2017, 67–88, 78.
794 Vgl. Archiv IKG Wien, Bestand Wien, A/VIE/IKG/I-III/PERS/Kartei, K23.
795 »Nach dem Abschluss der großen Deportationen im Oktober 1942 konnte nur ein verschwindend kleiner Teil der jüdischen Bevölkerung in Wien verbleiben, der entweder durch ›arische‹ Familienmitglieder geschützt war oder eine berufliche Funktion in den noch verbliebenen Institutionen des ›Ältestenrates‹, der Nachfolgeorganisation der Israelitischen Kultusgemeinde (IKG), ausübte. Das Überleben war jedoch auch für diese Gruppe bis zum Schluss nicht gesichert.« Ein Ausbildungslehrgang für Krankenschwestern begann noch im Februar 1942. Die Kursteilnehmerinnen hofften mit der Kursbelegung geschützt zu sein, wie beispielsweise die Kursteilnehmerin Alma Klüger, Mutter der Schriftstellerin Ruth Klüger. Raggam-Blesch, Michaela, Zwischen Rettung und Deportation. Jüdische Gesundheitsversorgung unter der NS-Herrschaft in Wien, in: Czech, Herwig/Weindling, Paul (Hg.), Österreichische Ärzte und Ärztinnen im Nationalsozialismus, Dokumentationsarchiv des österreichischen Widerstandes, Jahrbuch, Wien 2017, 67–88, 67; vgl. Raggam-Blesch, Vom Währinger Gürtel in die Malzgasse: Das jüdische Gesundheitswesen 1938–1942, Wien 2017, in: Hecht, Dieter J./Lappin-Eppel, Eleonore/Raggam-Blesch, Michaela, Topographie der Schoah. Gedächtnisorte des zerstörten jüdischen Wien, 3. überarbeitete Auflage, Wien 2017, 261–267, 266.
796 Schrott, Kitty, Interview, 21.02.2022.

Niederösterreich gemeinsam nach Wien.[797] Durch den Ortswechsel war ein Anstellungsverhältnis in der IKG möglich.

Edith Auerhahn

Abb. 15: Fürsorgerin Edith Auerhahn (Bestand »Die Gemeinde«, Nr. 235)

Über Edith Auerhahns Motivation, sich in der Fürsorgeabteilung beruflich zu betätigen, kann Kitty Schrott nur dahingehend spekulieren, dass sie wohl primär ein Einkommen benötigt hatte. Das stand aus ihrer Perspektive aber nicht im Widerspruch zu Ediths beruflicher Eignung. Sie sah in ihrer Tante etwa diejenige, der sie sich selbst in ihrer Pubertät anvertrauen konnte. Darüber hinaus beschreibt sie Edith als charismatische Frau, deren Klient:innen sie auch neben ihrer Funktion in der Fürsorgeabteilung außerhalb ihrer Dienstzeit beschäftigten: »Ob sie bestimmt hat, wer welche Leistungen erhält und wer nicht, das weiß ich nicht. Sie war aber diejenige, die die Leute betreut und ausbezahlt hat. Edith hat oft von den Studenten erzählt, die zu ihr gekommen sind, insbesondere von Leon Zelman [...].«[798] Leon Zelman war im Zeitraum vom 23. Mai 1947 bis Juli 1954 von der Fürsorgeabteilung finanziell unterstützt worden.[799] Obgleich er teilweise auch aus anderen Unterstützungskategorien Leistungen bezog, machte die größte Unterstützung sein durchgehendes Stipendium aus.[800] Neujahrswünsche aus Schweden an Auerhahn mit dem Auftrag, auch an andere namentlich genannte Mitarbeiter:innen sowie an Bindel Grüße auszurichten, be-

---

797 Vgl. Interview mit Anna Drill/Edith Holzer am 9.2.1989 (DÖW, Interviewsammlung, Transkript 495).
798 Schrott, Kitty, Interview, 21.02.2022.
799 Vgl. Archiv IKG Wien, Bestand Wien, A/VIE/IKG/III/SOZ/STIP/10/38, Schreiben Fürsorgeabteilung an Amtsdirektion über Gesamtbezug L. Zelman, 04.12.19[?]6.
800 Vgl. ebd., Kartei.

stätigen nicht nur sein gutes Verhältnis zu diesen, sondern belegt auch seine Kontakte in der Abteilung.[801]

Abb. 16: Postkarte L. Zelman an E. Auerhahn, August 1951

Abb. 17: Postkarte L. Zelman an E. Auerhahn, August 1953

---

801 Vgl. ebd., Postkarte, 06.08.1953.

Vermutlich war sein Verhältnis zur Fürsorgeabteilung aber auch maßgeblich durch seine Position als Sozialreferent und später Präsident der damaligen Jüdischen Hochschülerschaft geprägt.[802]

Weniger positiv schildert die ehemalige Stipendiatin Adrienne Korn ihre Erfahrungen in der Fürsorgeabteilung. Korn kann sich explizit nur an den direkten Kontakt mit Auerhahn erinnern. Sie hatte sich zwar auf die Unterstützung von Auerhahn verlassen, doch nie eine persönliche Beziehung zu ihr aufgebaut: »Sie war nicht angenehm. Sie hat nie gelächelt und auch nie ein wenig mit uns geplaudert, wenn es nicht streng zum Ritual gehört hat. Aber sie war die Frau Auerhahn, sie war die Nabelschnur. Und das war bis zum Ende so.«[803] Korns Biografie als Auschwitz-Überlebende verdeutlicht einmal mehr, dass sich die Verfolgungsgeschichten, die erlittenen Traumata der Betreuenden und der Betreuten letztlich ähnelten.

Edith Auerhahn blieb bis zu ihrer Pensionierung in der IKG tätig.[804] 1971 übernahm sie jedoch die Führung der Hauptkassa.[805] Dass sie mit der Aufnahme dieser Funktion ihre Arbeit als Fürsorgerin beinahe völlig niedergelegt hatte, bestätigt auch ein Protokoll, in dem Susanne Schmid eine Zulage für »Besondere Überlastung durch das fast gänzliche Ausscheiden von Frau Auerhahn aus der Fürsorgeabteilung.«[806] erhielt. Mit der Reorganisation war Susanne Schmid[807] – anfänglich als Sekretärin – in der Fürsorgeabteilung eingestellt worden. Allerdings muss von ihrem baldigen Wechsel zur Fürsorgerin ausgegangen werden.[808] Neben den personenbezogenen Akten, denen dieselbe Tätigkeit wie die der anderen Fürsorger:innen entnommen werden kann, findet sich ein eindeutiger

---

802 Vgl. Jewish Welcome Service, Leon Zelman, online: https://jewish-welcome.at/de/zelman-preis/leon-zelman-s-a/ [26.04.2022].
803 Korn, Adrienne, Interview, 21.02.2022.
804 1970 wurde ihr 25. Dienstjubiläum durch den Kultusvorstand honoriert. Vgl. Archiv IKG Wien, Bestand Wien, A/VIE/IKG/III/AD/VOR/7/7, Protokoll, 01.07.1970; vgl. Schrott, Kitty, Interview, 21.02.2022.
805 Vgl. Archiv IKG Wien, Bestand Wien, A/VIE/IKG/III/AD/VOR/8/6, Protokoll, 19.05.1971.
806 Ebd.
807 Teilweise auch Susanne Schmidt geschrieben. Eine Mitteilung Jakob Bindels an die Amtsdirektion bestätigt ihre Tätigkeit als Sekretärin sowie ihre Personalkartei: Laut dieser war sie am 20.05.1948 als Bürokraft für die Fürsorgeabteilung eingestellt worden. Vgl. Archiv IKG Wien, Bestand Jerusalem, A/W 4273, J. Bindel an Amtsdirektion, 07.06.1948; vgl. Archiv IKG Wien, Bestand Wien, A/VIE/IKG/I-III/PERS/Kartei, K25.
808 Bei Durchsicht einer zusätzlich vorliegenden Gehaltsliste aus demselben Jahr im Dezember fällt auf, dass die Fürsorgerin Josefine Spatz die, wie oben erwähnt bis 1955 in der Fürsorgeabteilung tätig war, auf dieser nicht mehr aufscheint, in den Tätigkeitsberichten jedoch nach wie vor von fünf Fürsorger:innen die Rede ist. Möglicherweise übernahm Susanne Schmid mit ihrem vorübergehenden Weggang ihren Posten. Vgl. Archiv IKG Wien, Bestand Wien, A/VIE/IKG/III/SOZ/6/10, Gehaltsliste Fürsorgeabteilung, Dezember 1948; vgl. Archiv IKG Wien, Bestand Jerusalem, A/W 4275, Protokoll der Fürsorgeabteilung, 09.02.1949.

Nachweis schließlich in einem Protokoll der Fürsorgeabteilung aus dem Jahr 1949, in welchem sie als Fürsorgerin aufgelistet wurde.[809]

Bei den Fürsorger:innen handelte es sich nicht um Personen mit entsprechender Berufsqualifikation. Sie waren Beamt:innen, die laut Bindel durch die Fürsorgeabteilung organisierte Schulungen absolviert hatten.[810] Über das Bestreben Jakob Bindels, das Personal weiterzubilden, gibt auch sein Schreiben an die Direktion der Fürsorgeschule der Stadt Wien Auskunft. In diesem bittet er um Bekanntgabe etwaiger Vorträge und Fortbildungen, an welchen die »Angestellten und Laienfürsorger« seiner Fürsorgeabteilung teilnehmen könnten.[811] Diese Schulungen galten nicht nur als Legitimation für die Postenbelegung. Laut Jakob Bindel gab es überhaupt keine Alternative, da ausgebildete Fürsorger:innen einfach nicht zu finden waren. Inwiefern er den Mangel von Fürsorger:innen hierbei auf das Fehlen von IKG-Mitgliedern mit entsprechender Qualifikation bezog oder ob er den generellen Mangel an Fürsorger:innen meinte, geht aus den Tätigkeitsberichten nicht hervor.[812] Das Bestreben der Fürsorgeabteilung, ausgebildetes Personal anzustellen, wird auch anhand eines Informationsschreibens evident. Aus diesem wird die Möglichkeit der Absolvierung einer zweijährigen Fürsorger:innenschule der Stadt Wien mit etwaiger Stipendienunterstützung der IKG ersichtlich. Das Angebot richtete sich ausschließlich an Frauen und Mädchen.[813] Zumindest vereinzelt besuchten Überlebende in den ersten Nachkriegsjahren auch die Fürsorgerinnenschule der Stadt Wien. Dazu zählte etwa die im Jahr 1929 in Wien geborene Lizzi Mirecki. Kurz vor Kriegsausbruch wurde sie mit einem Kindertransport nach Liverpool geschickt. Nachdem sie bei Kriegsende noch nicht volljährig war, wurde sie nach Österreich repatriiert.[814] Ihre Einreiseerlaubnis war durch die zuständige Behörde in London bereits im September 1946 ausgestellt worden.[815] Ihr Sohn Andreas Mirecki sagte zu ihrer Rückkehr: »Sie ist durchaus nicht freiwillig ins zerbombte Wien zurückgekehrt.«[816] Zunächst lebte sie aber bei einem Verwandten in Vorarlberg, bis sie etwa im Jahr 1947 nach Wien zog und 1948 ihre Ausbildung als Fürsorgerin

---

809 Vgl. ebd.
810 Vgl. Archiv IKG Wien, Bestand Wien, A/VIE/IKG/III/SOZ/6/10, Begleitschreiben zum Tätigkeitsbericht der Fürsorgeabteilung (1948–1950), 1950.
811 Vgl. Archiv IKG Wien, Bestand Jerusalem, A/W 4275, Schreiben J. Bindel an Fürsorgeschule der Stadt Wien, 17.06.1948.
812 Vgl. Archiv IKG Wien, Bestand Wien, A/VIE/IKG/III/SOZ/6/10, Begleitschreiben zum Tätigkeitsbericht der Fürsorgeabteilung (1948–1950), 1950.
813 Vgl. Archiv IKG Wien, Bestand Jerusalem, A/W 4275, Informationsschreiben, 15.06.1948.
814 Vgl. Mirecki, Andreas, Interview, 24.02.2022.
815 Vgl. Mirecki, Andreas, In memoriam Lizzi Mirecki. Leben und Entwicklung einer Sozialarbeiterin im 20. Jahrhundert. Eine biografische Skizze, in: Österreichische Vereinigung für Supervision und Coaching – ÖVS news, 3/2015 Wien, 21–22, 21.
816 Mirecki, Andreas, Interview, 24.02.2022.

in Wien begann, die sie zwei Jahre später absolvierte, womit sie sich ihren Berufswunsch erfüllte. Die Fürsorgerinnenschule von Ilse Arlt zu besuchen, hatte sie vermutlich nicht einmal in Erwägung gezogen. Aufgrund ihres Strebens nach einer Beschäftigung im Dienst der Stadt Wien, lag es nahe, sich auch städtischerseits ausbilden zu lassen. Das Hinarbeiten auf ein mögliches Anstellungsverhältnis bei der Kultusgemeinde, deren Fortbestand ungewiss war, schien damals relativ aussichtslos.[817] Andreas Mirecki gibt diesbezüglich zu bedenken: »Das jüdische Leben in Deutschland und Österreich war 1945 jedenfalls tot. Europäisches Judentum wurde wirklich ausgerottet.«[818] Lizzi Mirecki konnte laut seiner Erinnerung sogar auf eigene Erfahrungen mit dem Fürsorgereferat in der IKG zurückgreifen, war sie dort doch zeitweilig tätig gewesen, allerdings nicht im Rahmen eines regulären Arbeitsverhältnisses.[819] Eine berufliche Zukunft sah sie aber nicht in der IKG. Mit ihrer Emigration nach Israel im Jahr 1951 übte sie dort ihre Profession aus, bis sie schließlich 1956 nach Wien zurückkehrte. Ihre inzwischen erworbene Expertise brachte sie erst in eine Tätigkeit am Jugendamt der Stadt Wien ein, wo sie noch im selben Jahr eine Anstellung erhielt. Ihre Tätigkeit als psychiatrische Fürsorgerin nahm sie drei Jahre später im Institut für Erziehungshilfe auf und ging ihr bis zu ihrer Pensionierung nach. Neben einer Lehrtätigkeit an der Abendakademie der Caritas engagierte sie sich vielfältig und war etwa auch im Rahmen der Bewährungshilfe aktiv.[820]

Verschiedene Tätigkeitsbereiche: Von Sekretariat und Recherche

Die Tätigkeitsprofile der Angestellten der Fürsorgeabteilung, die rein administrative Arbeit leisteten, werden in den Berichten bei weitem nicht so häufig angesprochen wie die der fünf Fürsorger:innen. Abgesehen von Leopold Scherl, der als Empfangsbeamter arbeitete, dem aber auch die Gefangenenfürsorge oblag, geht es hier vor allem um herkömmliche Sekretariatstätigkeit, die erst von Susanne Schmid und ab Dezember 1948 allem Anschein nach von Paula Berliner wahrgenommen wurde.[821] Als administrative Leitung wird Elsa Spiss genannt.[822]

---

817 Vgl. ebd.
818 Ebd.
819 Die personenbezogene Stichwortsuche in der Datenbank des Archivs der IKG Wien blieb ergebnisoffen.
820 Vgl. Mirecki, Andreas, In memoriam Lizzi Mirecki. Leben und Entwicklung einer Sozialarbeiterin im 20. Jahrhundert. Eine biografische Skizze, in: Österreichische Vereinigung für Supervision und Coaching – ÖVS news, 3/2015 Wien, 21–22, 21.
821 Weniger spezifisch wurde Leopold Scherl als »worker« auf zitierter Gehaltsliste aufgelistet, er befand sich auch noch im Winter 1948 in der Abteilung. Sogar 1965 wird er in einem Protokoll des Kultusvorstandes noch unspezifisch als Angestellter der Bereiche »Friedhof« und »Fürsorge« erwähnt. Vgl. Archiv IKG Wien, Bestand Wien, A/VIE/IKG/III/SOZ/6/10,

Zu den Beamt:innen 175

Es kann angenommen werden, dass noch 1948 Otto Ehrlich diese Aufgabe übernahm.[823] Walter Silzer wurde als Buchhalter aufgelistet. Ihm oblag auch die Überprüfung der Karteien. Silzer zählte zu jenen, die auf Erfahrungen in mehreren Abteilungen zurückgreifen konnten.[824]

---

Gehaltsliste Fürsorgeabteilung, August 1948; vgl. ebd., Tätigkeitsbericht der Fürsorgeabteilung (Juni 1948), 26.07.1948; vgl. ebd., Gehaltsliste Fürsorgeabteilung, Dezember 1948; vgl. ebd., A/VIE/IKG/III/AD/VOR/4/18, Protokoll, 16.06.1965; vgl. Archiv IKG Wien, Bestand Jerusalem, A/W 4273, Schreiben Fürsorgeabteilung an Amtsdirektion, 17.06.1948;
822 Elsa Spiss erscheint zwar auf der Gehaltsliste von August 1948, aber nicht mehr auf der Gehaltsliste von Dezember 1948. Vgl. ebd., Gehaltsliste Fürsorgeabteilung, August 1948; vgl. ebd., Gehaltsliste Fürsorgeabteilung, Dezember 1948; vgl. ebd., Schreiben Fürsorgeabteilung an Amtsdirektion, 17.06.1948.
823 Otto Ehrlich trat sein Dienstverhältnis in der Fürsorgeabteilung zwar im Dezember 1948 an, bekleidete ab Mai 1951 jedoch andere Ämter, wie etwa die in der »Wiedergutmachung«, im Steueramt, oder in der Gebäudeverwaltung der Kultusgemeinde. Vgl. Archiv IKG Wien, Bestand Wien, A/VIE/IKG/I-III/PERS/Kartei, K23.
824 Walter Silzer hatte ursprünglich 1946 in der Kleiderkammer angefangen und war danach in die Fürsorgeabteilung gewechselt. Als Angestellter in der Fürsorgeabteilung erhielt er im März 1949 noch eine Gehaltserhöhung. Als Buchhalter der Gebäudeverwaltung und Tempeldiener schied er 1965 ganz aus dem Dienst der IKG aus. Vgl. ebd., A/VIE/IKG/III/SOZ/6/10, Gehaltsliste Fürsorgeabteilung, August 1948; vgl. ebd., A/VIE/IKG/I-III/PERS/Kartei, K25; vgl. ebd., A/VIE/IKG/III/AD/VOR/1/2, Protokoll, 11.05.1949; vgl. ebd., A/VIE/IKG/III/AD/VOR/4/18, Protokoll, 15.06.1965.

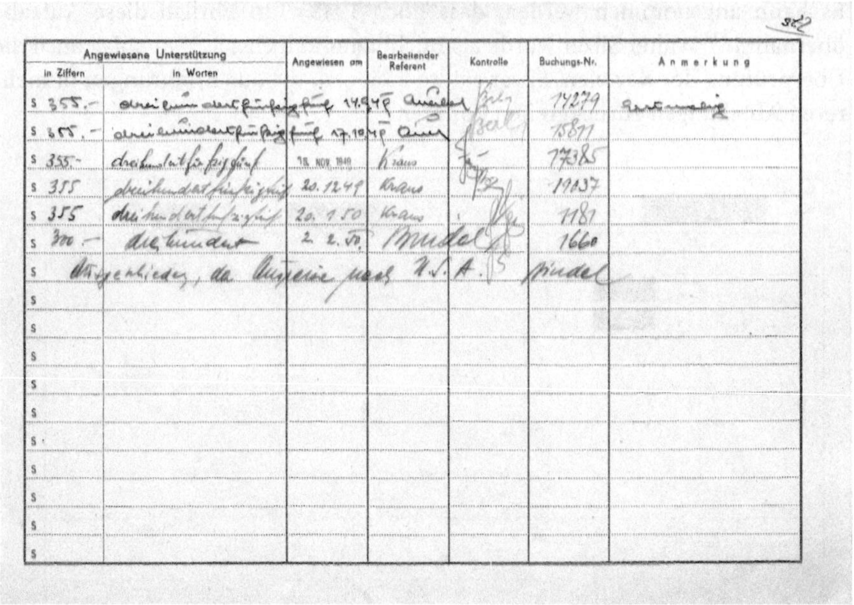

Abb. 18: Fürsorgekartei, 1949–1950 (Archiv IKG Wien, Bestand Wien, A/VIE/IKG/III/SOZ/FS/1/1)

Dem weiter oben erwähnten Memorandum der Wohlfahrtsbeauftragten des Joint, Sophie Linden, lässt sich die Beschreibung der Aufgaben der sogenannten Rechercheure entnehmen, deren zwei für die Abteilung benötigt würden.[825] Dementsprechend erscheint ein eigener Ausgabeposten »Investigators« auf einer der Gehaltslisten von Sommer 1948.[826] Bindel informierte die Mitarbeiter:innen wohl über die Anstellung von sechs Studenten für Hausrecherchen ab Juli 1948, aber bereits im Winter desselben Jahres weist ein Protokoll der Fürsorgeabteilung nur noch drei Rechercheure aus, von denen allerdings lediglich einer vollbeschäftigt war.[827] Die Einstellung von sogenannten Rechercheuren markiert jedoch nicht den Beginn einsetzender Hausbesuche. Diese wurden zwar auch vor der Reorganisation, aber nicht durch eigens dafür eingestelltes Personal vorgenommen.[828]

Die Einstellung der »Investigators« kann auf den Beschluss des Joint zurückgeführt werden, die Förderungen zu erhöhen, sofern umfassende Recherchen vorgenommen wurden.[829]

---

825 Vgl. Archiv IKG Wien, Bestand Wien, A/VIE/IKG/III/SOZ/6/10, Memorandum über Reorganisation der Fürsorge, 31.10.1948.
826 Vgl. ebd., Gehaltsliste Fürsorgeabteilung, August 1948.
827 Vgl. Archiv IKG Wien, Bestand Jerusalem, A/W 4275, Protokoll der Fürsorgeabteilung, 22.06.1948; vgl. ebd., Protokoll der Fürsorgeabteilung, 23.12.1948.
828 Vgl. ebd., A/W 4282, dokumentierter Hausbesuch vom 25.07.1947.
829 Vgl. ebd., A/W 4276, Memorandum, 05.06.1948.

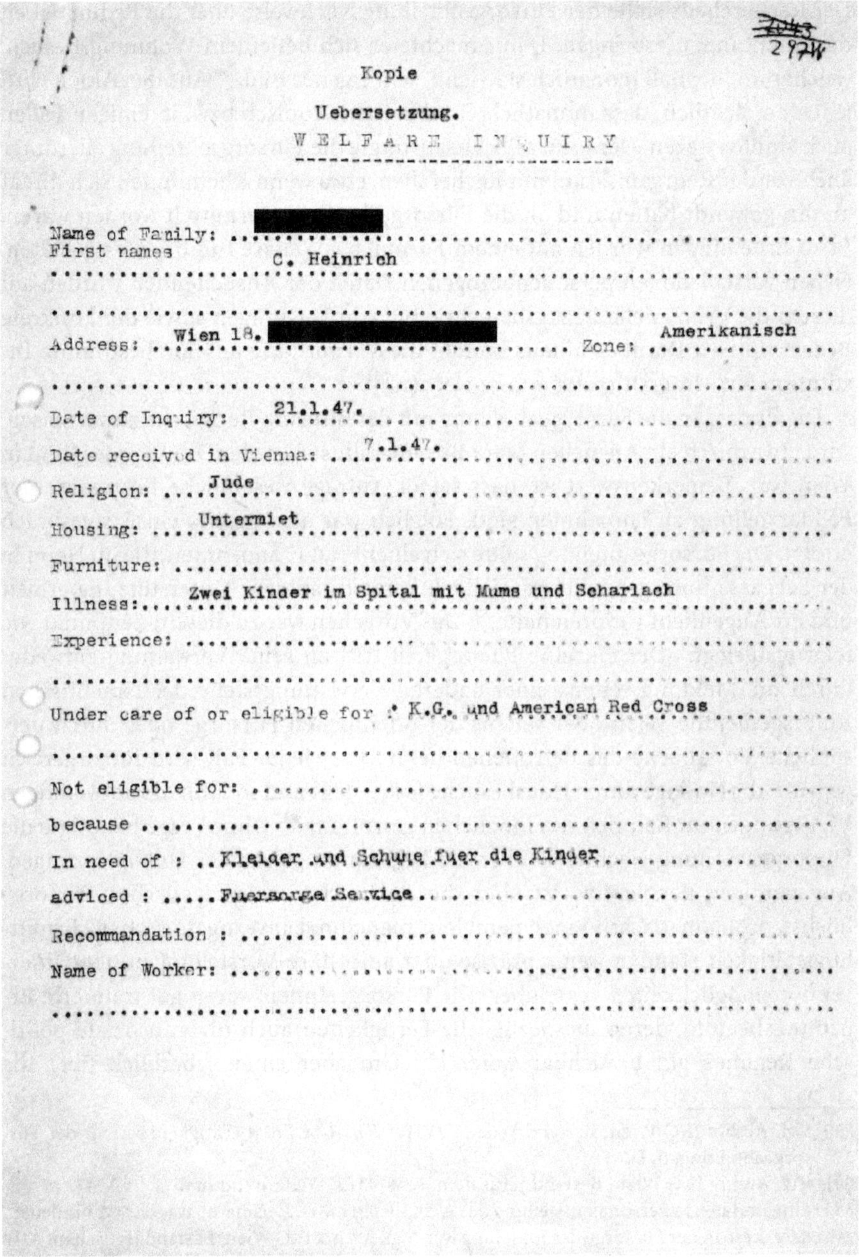

Abb. 19: Welfare Inquiry, Januar 1947

Der Rechercheur sollte der Fürsorgeabteilung Nachweise über die Bedürftigkeit der Klient:innen erbringen. Dafür machte er sich bei einem Wohnungsbesuch, welcher im Idealfall monatlich stattfand, sein eigenes Bild.[830] Aus den Akten wird jedoch ersichtlich, dass monatliche Recherchen utopisch bzw. in einigen Fällen auch sinnlos waren. Der Joint selbst beauftragte die Fürsorgeabteilung allerdings auch vor der Reorganisation mit Recherchen, etwa wenn Klient:innen sich direkt an ihn gewandt hatten und an die Fürsorgeabteilung vermittelt worden waren. Erste Erhebungen wurden auf einem Formular »Welfare Inquiry« festgehalten. Neben verschiedenen personenbezogenen Daten der Ansuchenden wurden auf diesem die prinzipielle Bezugsberechtigung von Leistungen sowie der konkrete Bedarf notiert. Darüber hinaus konnte die Vermittlung an eine bestimmte Institution zur Unterstützung erfasst werden.[831]

Die Praxis, an die Fürsorgeabteilung mit der Bitte um Recherche zu verweisen, wird etwa durch ein Ansuchen Mark Breslows illustriert, der Direktor des Joint in Wien war. Bemerkenswert ist, dass seiner Anfrage wesentliche Eckpunkte der Falldarstellung zu entnehmen sind. Folglich war also bereits ein Erstgespräch erfolgt: Die Fürsorgeabteilung sollte sich einer Frau F. annehmen, die im Heim in der Seegasse untergebracht war, jedoch keine finanzielle Unterstützung erhielt und ihr Augenlicht verloren hatte.[832] Das Vorgehen war zu diesem Zeitpunkt wie folgt festgelegt: »Der einzelne Fürsorgefall tritt an seine Verwaltung entweder durch die Meldung seitens einer anderen Verwaltungsstelle der Israelitischen Kultusgemeinde Wien oder seitens der öffentlichen Fürsorge oder durch persönliche Vorsprache des Betroffenen heran. [...] Jeder Fall wird fürsorgerisch geprüft, die Notlage durch Hausbesuche festgestellt und sodann die notwendigen Verfügungen im Rahmen des Möglichen getroffen.«[833] Ohne Frage benötigte die Fürsorgeabteilung Nachweise über die Legitimität geleisteter Unterstützungen. Aus heutiger Perspektive ist aber die Recherchepraxis klassischer Fürsorge höchst problematisch: »Einer peniblen, manchmal investigatorischen, Ermittlungstätigkeit standen wenig präzise oder autoritäre Vorstellungen über Interventionsmöglichkeiten gegenüber. Die FürsorgerInnen waren gut trainierte Erhebungsbeamte, deren diesbezügliche Fertigkeiten auch für antisoziale politische Regimes gut brauchbar waren.«[834] Um aber einen Überblick über die

---

830 Vgl. Archiv IKG Wien, Bestand Wien, A/VIE/IKG/III/SOZ/6/8, Tätigkeitsbericht der Fürsorgeabteilung, o. D.
831 Vgl. Archiv IKG Wien, Bestand Jerusalem, A/W 4312, Welfare Inquiry, 21.01.1947.
832 Eine undatierte Personalaufstellung des AJDC listetet Mrs. Reismann, was darauf hindeutet, dass diese in der Fürsorge des Joint tätig war. Vgl. Archiv IKG Wien, Bestand Jerusalem, A/W 4312; vgl. ebd., A/W 4282, Ansuchen M. Breslow (gezeichnet Lipscher) an Fr. Reissmann, 01.10.1947.
833 Ebd., Bericht der Fürsorgeabteilung, 17.10.1947.
834 Pantuček, Peter, Soziale Diagnose. Möglichkeiten und Grenzen eines relativ selbständigen Abschnitts »Diagnose« im Family Casework, Kurzfassung eines Referats von Peter Pantuček

Recherchen zu erhalten, wurden die Fürsorger:innen ab Juli 1948 angehalten, diesbezüglich spezifische Listen zu führen. Diese sollten Informationen zu der Anzahl recherchierter Fälle enthalten und positive Erhebungen sowie auch negative Ergebnisse dokumentieren, wobei »negativ« das Offenbarwerden unwahrer Angaben von Klient:innen bedeutete.[835] Im Dezember 1948 beschloss die Fürsorgeabteilung, dass bereits Ende Jänner 1948 Recherchen zu sämtlichen Klient:innen verfügbar sein sollten.[836] Offenkundig fielen mit der Reorganisation der Fürsorgeabteilung Recherchen zu allen Klient:innen auf einmal an. Im Prinzip sollte die Hausrecherche jedoch erst nach Vorlage der notwendigen Dokumente während eines »Interviews« mit einem:r Fürsorger:in stattfinden. In diesem Rahmen wurde auch der Erhebungsbogen ausgefüllt.[837] Die Fürsorgerin Edith Auerhahn machte aufgrund eines derartigen Interviews auf der Gesamtbeurteilung eines Erhebungsbogens beispielsweise nachstehenden Eintrag: »18.III.55: Herr A. hat die ganze Zeit gearbeitet, hat auch gleichzeitig eine Zusatz Opferfürsorgerente bekommen. Wurde im Jahre 1953 in Haft genommen u. [ist] 1 Jahr [in Haft] gesessen. Sodann Entzug d. Amtsbestätigung[838] etc. Hat bei Fa. Volk gearbeitet (6 Wochen) und ersucht um U. [Unterstützung], hat gar kein Einkommen. Alosen-U [Arbeitslosenunterstützung] war vor der Haft Notstands-U. sodann hat er nicht mehr die nötige Zeit gearbeitet um wieder in Bezug d. Alos-U.[839] zu kommen.«[840]

---

auf der Jahrestagung des Bundessozialamtes/Mobile Beratungsdienste in Werfenweng/Salzburg am 19. 5. 1999, online: http://www.pantucek.com/texte/swt_diagnose.html [24.04.2023].
835 Vgl. Archiv IKG Wien, Bestand Jerusalem, A/W 4275, Schreiben an Fürsorgeabteilung, 16.07.1948.
836 Vgl. ebd., Protokoll der Fürsorgeabteilung, 23.12.1948.
837 Vgl. Archiv IKG Wien, Bestand Wien, A/VIE/IKG/III/SOZ/6/8, Tätigkeitsbericht der Fürsorgeabteilung (o. D.).
838 Eine allgemeine Voraussetzung für den Erhalt einer Leistung gemäß des Opferfürsorgegesetzes stellte die Amtsbescheinigung bzw. der Opferausweis dar. Der Anspruch auf eine Amtsbescheinigung konnte allerdings aufgrund einer strafbaren Handlung, die zu einer Verurteilung und Haft von über sechs Monaten führte, verwirkt werden. Vgl. Berger, Karin/Dimmel, Nikolaus/Forster, David/Spring, Claudia/Berger, Heinrich, Vollzugspraxis des »Opferfürsorgegesetzes«. Analyse der praktischen Vollziehung des einschlägigen Sozialrechts, Veröffentlichungen der Historikerkommission. Vermögensentzug während der NS-Zeit sowie Rückstellungen und Entschädigungen seit 1945 in Österreich, Band 29/2, Wien/München 2004.
839 Generell wird gegenwärtig Notstandshilfe nach Beendigung der Ansprüche auf Arbeitslosengeld gewährt und ist geringer als Arbeitslosengeld. Der Anspruch auf Arbeitslosengeld richtet sich u. a. nach den Zeiten, die einer arbeitslosenversicherungspflichten Beschäftigung nachgegangen wurde. S. zu Ansprüchen: Österreich.gv.at, Arbeitslosengeld – Anspruchsdauer, online: https://www.oesterreich.gv.at/themen/steuern_und_finanzen/unterstuetzungen_bzw_beihilfen_fuer_arbeitsuchende_sowie_arbeitgeber/1/1/Seite.3610011.html [21.05.2021].
840 Archiv IKG Wien, Bestand Wien, A/VIE/IKG/III/SOZ/FS/3/2, Erhebungsbogen, 18.3.1955.

Die detaillierte Situationsbeschreibung beinhaltete sämtliche Informationen, die zunächst einmal die finanzielle Notlage des Klienten nachvollziehbar macht. Nach einem Absatz dokumentiert Auerhahn weiter »EH. [Einmalige Hilfe od. Erstmalige Hilfe] 100.– S., erst Recherche, dann eventuelle weitere U.[nterstützung.]«[841] Wir erfahren nicht nur von der Erstmaligen Hilfe, die ein Resultat des ersten Gesprächs mit der Fürsorgerin ist, vielmehr wird auch die zeitliche Abfolge der Recherche nach dem Erstgespräch durch den zweiten Eintrag dokumentiert.

Seine gesammelten Eindrücke verschriftlichte der Rechercheur auf einem Formular, das er anschließend der zuständigen Fürsorgeperson übergab.[842] Wie häufig die Recherchen tatsächlich stattfanden, dürfte von verschiedenen Faktoren abhängig gewesen sein und ist aus heutiger Perspektive nur mehr schwer nachzuvollziehen. Auf der Außenseite mancher Mappen lässt sich ein oder lassen sich mehrere Vermerke eines Recherchetermins entnehmen.[843] In der Regel liegen den Akten jedoch die teilweise mit Datum versehenen Formulare der ersten Recherche bei. In seltenen Fällen sind es mehrere Formulare. Ihr Wortlaut und die Art und Weise, sie auszufüllen, wichen dabei voneinander ab. So vermittelt beispielsweise ein Akt den Eindruck von einer auf das Wesentliche reduzierten Recherche: Unter »Eindrücke von dem Milieu der Wohnung« ist nur der knappe Vermerk »sehr armselig« zu lesen. Unter der Rubrik »Erbetene Hilfe« steht etwa »U« als Abkürzung für Unterstützung.[844]

---

841 Ebd., Erhebungsbogen, Eintrag 18. 3. 1955.
842 Vgl. ebd., A/VIE/IKG/III/SOZ/6/10, Memorandum über Reorganisation der Fürsorge, 31. 10. 1948.
843 Vgl. ebd., A/VIE/IKG/III/SOZ/FS/78/16, Mappen Umschlag.
844 Vgl. ebd., A/VIE/IKG/III/SOZ/FS/3/2, Bericht des Rechercheurs, o. D.

BERICHT DES RECHERCHEURS :

Name .... ▓▓▓▓▓▓▓ Wilhelm

Adresse: ..27.▓▓▓▓▓▓▓▓▓▓▓▓▓▓▓▓

Anzahl der im Haushalt lebenden Personen: ... 3 .......

Anzahl der bewohnten Räume: 2 Zimmer Küche......

Kochmöglichkeit: ..... ja ...... nein ......

Beschäftigte Personen in der Familie:

Eindrücke von dem Milieu der Wohnung: ..........
...... unruhig ...................
........................

Erbetene Hilfe (aufzählen) ...............
....... U ................

Von der Familie angegebene Probleme : ...........
........................
........................

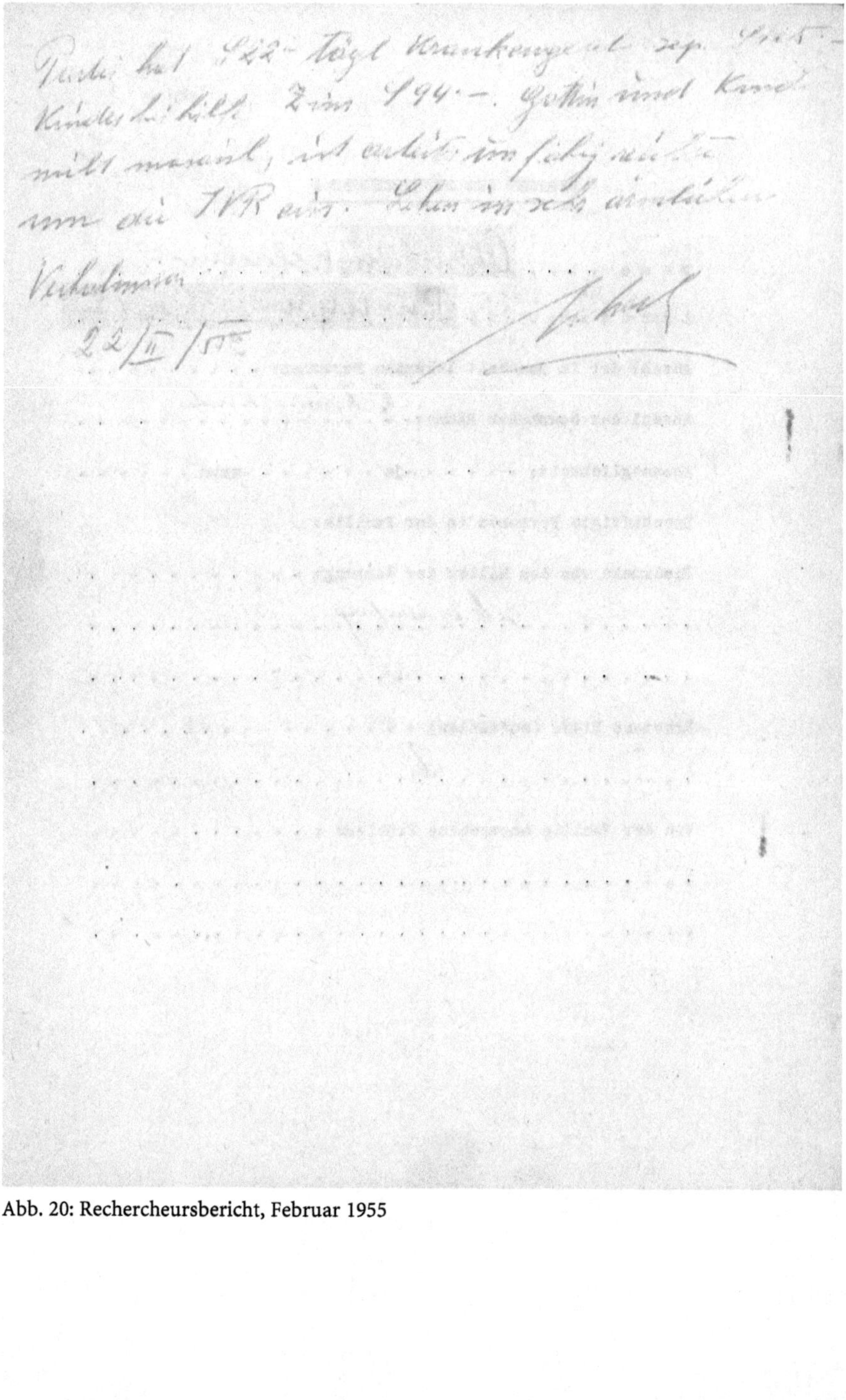

Partei hat S 22.- tägl. Krankengeld exp. S 15.- Kinderbeihilfe. Zins S 94.-. Gattin und Kind nicht versichert, ist arbeitsunfähig, sucht um die TVR an. Leben in sehr ärmlichen Verhältnissen

22/II/55

Abb. 20: Rechercheursbericht, Februar 1955

Eine andere Recherche aus dem Sommer 1949 mündet in die Befürwortung einer dreimonatigen Unterstützung.[845] Der Empfehlung geht der Bericht voraus: »P.[artei] ist in Notlage, hat Reserven aufgebraucht. Keine Verdienstmöglichkeit, will auswandern.«[846] Über die Gründe einer mehr oder weniger ausführlichen Recherche sowie konkreter Vorgehensweisen lässt sich nur spekulieren. Mit Sicherheit kann jedoch festgehalten werden, dass die persönlichen Umstände der Klient:innen berücksichtigt und neu evaluiert wurden. In konkretem Fall lässt sich der Kartei der sechsmonatige Bezug einer Unterstützung durch die Klientin bis zu ihrer Ausreise entnehmen.[847]

Ganz allgemein scheint die Vorgehensweise vor der Reorganisation weniger standardisiert gewesen zu sein. Sehr wohl wurden aber Hausbesuche vorgenommen und auch dokumentiert. Das Fehlen vorgefertigter Rechercheböğen stellt dabei den wesentlichsten Unterschied dar. Inhaltlich ähneln die Erhebungen vor und nach der Reorganisation einander. Es wurden nicht nur die Lebensumstände und die konkrete Einkommenssituation ermittelt, sondern auch Empfehlungen betreffs weiterer Unterstützung der Klient:innen angeschlossen.[848] Eine Einschätzung lautet etwa: »Herr D., österr. Staatsangehöriger, von Beruf Tischler arbeitet derzeit, monatlicher Verdienst S. 1240.–. Herr B. bewohnt derzeit mit seiner Frau, welche Nichtjüdin ist 1 Zimmer, Vorzimmer, Küche. Sein Sohn bewohnt ein Zimmer in der gleichen Wohnung, sein monatlicher Verdienst beträgt S. 150.–. Der Wohnungszins beträgt S. 30.– monatlich. U.[nterstützung] derzeit nicht angezeigt.«[849] Die abgelehnte Unterstützung des Klienten muss auf das Einkommen des Vaters zurückgeführt werden. Der unterschiedliche Arbeitsstil der Rechercheure spiegelt sich aber in den Dokumentationen wider. Manchmal gingen sie über die reine Faktenermittlung hinaus und lieferten persönlichere, nähere Einblicke in die Lebensrealität der Klient:innen. So hielt etwa Ella Matyas über ihren Hausbesuch vom 30. März 1948 fest: »Frau H. wohnt derzeit bei ihrer Tochter, Frau L. F. Der Mann der Frau L. ist öffentlicher Verwalter in einem Lebensmittelgeschäft, sein monatliches Einkommen beträgt S1000.–. Frau L. muss ihrem Mann im Geschäft helfen und ist daher gezwungen die Mutter oft ganze Tage einzusperren. Die andere Tochter Frau F. M. ist mit ihrem Manne aus der Emigration zurückgekehrt, und wohnt derzeit im Rückkehrerheim in der Tempelg. 3. Der Mann verdient monatlich S600.– ist bei der Montana beschäftigt. Die finanzielle Lage der beiden Familien scheint eine Gute

---

845 Vgl. Archiv IKG Wien, Bestand Wien, A/VIE/IKG/III/SOZ/FS/1/1, Bericht des Rechercheurs, 23.08.1949.
846 Ebd.
847 Vgl. ebd., Kartei.
848 Vgl. Archiv IKG Wien, Bestand Jerusalem, A/W 4282, dokumentierter Hausbesuch vom 25.07.1947.
849 Ebd., dokumentierter Hausbesuch vom 23.07.1947.

zu sein und es wäre absolut möglich für die alte Dame zu Hause eine Pflegeperson zu halten. Andererseits habe ich den unbedingten Eindruck, dass die Kinder der Frau H. dieselbe nicht zu Hause behalten wollen, nicht das Interesse und auch nicht die Zeit haben sich der Mutter zu widmen. So, dass es angezeigt wäre die Partei ins Altersheim zu geben, wo sie ihre Freundinnen hat mit denen sie die furchtbare Zeit im Konzentrationslager Theresienstadt zugebracht hat.«[850] Solche Niederschriften wurden offenkundig erst nach erfolgtem Hausbesuch angelegt. Eine Vorgehensweise, die beibehalten wurde. Die einem Memorandum der Wohlfahrtsbeauftragten abzulesende Anweisung, das Rechercheurformular nicht im Beisein der Klient:innen auszufüllen,[851] ist durchaus nachvollziehbar: Die Rechercheure sollten dabei wohl keinem Rechtfertigungsdruck ausgesetzt sein. Primär ging es aber sicher um den Schutz sowohl der Klient:innen als auch der Rechercheure – das Eskalationspotential sollte so gering wie möglich gehalten werden. Eine objektive, klare und nicht verurteilende Situationsbeschreibung sollte Klient:innen zwar direkt offengelegt werden können, dafür bedarf es aber eines professionellen Handlungsverständnisses. Das Fehlen eines solchen wird deutlich, wenn gefordert wird: »Es ist sowohl für ihn, als auch für die Fürsorgerin wichtig, seine Eindrücke von der Lage der Klienten oft mit ihr zu besprechen und evtl. Vorurteile mit Bezug auf den Klienten zu unterdrücken. Soweit wie möglich, sollen die Rechercheure objektiv sein.«[852] Auch wenn es eher um den Abbau als um die Unterdrückung der Vorurteile hätte gehen sollen, sei auf den reflexiven Charakter hingewiesen.

### Gelebte Praxis – Fallbeispiel(e)

Die praktische Arbeit in der Fürsorgeabteilung soll anhand der Bearbeitung einzelner Fälle – vom Ansuchen angefangen bis zum Ausscheiden – im Folgenden detailliert beschrieben werden. Für Klient:innen, die in der Fürsorgeabteilung vorsprachen und für ihr Anliegen Gehör fanden, wurde ein Akt nach einer Methode angelegt, die man in der Fürsorgeabteilung ab Juni 1948 als »Mappen-System« bezeichnete. Zunächst wurde eine Gesamtbeurteilung des Ansuchens der Klientin oder des Klienten auf dem sogenannten Erhebungsbogen festgehalten.

---

850 Ebd., dokumentierter Hausbesuch vom 30.03.1948.
851 Vgl. Archiv IKG Wien, Bestand Wien, A/VIE/IKG/III/SOZ/6/10, Memorandum über Reorganisation der Fürsorge, 31.10.1948.
852 Ebd.

## ISRAELITISCHE KULTUSGEMEINDE WIEN
### FÜRSORGE-ABTEILUNG

Wien, am 18. II. 55

# Erhebungsbogen

#### I. Personalien des Befürsorgten:

| | |
|---|---|
| Familien- und Vorname: | Wilhelm Leopold |
| Adresse: | 21. |
| Geboren am: | Staatsangehörigkeit: Österr. |
| in: Wien | |
| Laut Dokument: Meldezettel | Laut Dokument: |
| Stand: verh. | Seit wann in Wien? Frankreich KZ / 1945 sein |
| Beruf: Händler – Ausrufer | Letztes Arb.-Verh. beendet am: 10.X.54 | Warum? bei Walter Polk (Kohlen-händler) Arbeiter |

#### II. Einkünfte des Befürsorgten:

| Einkommen | Täglich Wöchentlich Monatlich | Netto | Beleg angeschlossen Bescheid Nr. — Datum |
|---|---|---|---|
| Lohn- oder Gehaltsbezug | | | |
| Krankengeld | | | |
| Rente | | | |
| Sonstige Einkommen (Angabe der Art) | | | |
| Fallweise Unterstützungen | | | |
| Dauer-Unterstützungen | | | |

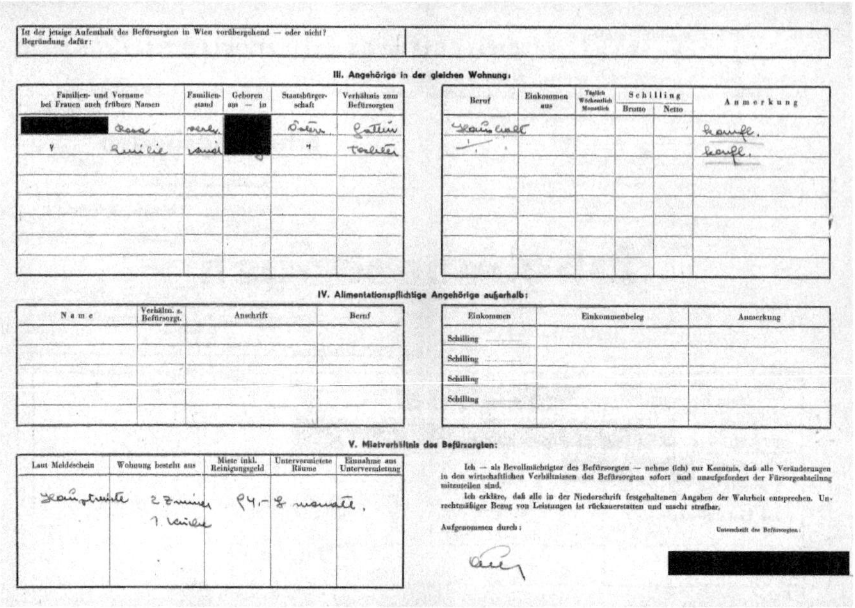

| Ist der jetzige Aufenthalt des Befürsorgten in Wien vorübergehend — oder nicht? Begründung dafür: | |
|---|---|

III. Angehörige in der gleichen Wohnung:

| Familien- und Vorname bei Frauen auch frühere Namen | Familienstand | Geboren am — in | Staatsbürgerschaft | Verhältnis zum Befürsorgten |
|---|---|---|---|---|
| [redacted] Rosa | verh. | [redacted] | Österr. | Gattin |
| " Emilie | [illegible] | | " | Tochter |

| Beruf | Einkommen aus | Täglich Wöchentlich Monatlich | Schilling Brutto | Schilling Netto | Anmerkung |
|---|---|---|---|---|---|
| Haushalt | | | | | kaufl. |
| — | | | | | kaufl. |

IV. Alimentationspflichtige Angehörige außerhalb:

| Name | Verhältn. z. Befürsorgt. | Anschrift | Beruf |
|---|---|---|---|

| Einkommen | Einkommenbeleg | Anmerkung |
|---|---|---|
| Schilling | | |
| Schilling | | |
| Schilling | | |
| Schilling | | |

V. Mietverhältnis des Befürsorgten:

| Laut Meldeschein | Wohnung besteht aus | Miete inkl. Reinigungsgeld | Untervermietete Räume | Einnahme aus Untervermietung |
|---|---|---|---|---|
| Hauptmiete | 2 Zimmer 1 Küche | 84.– S monatl. | | |

Ich — als Bevollmächtigter des Befürsorgten — nehme (ich) zur Kenntnis, daß alle Veränderungen in den wirtschaftlichen Verhältnissen des Befürsorgten sofort und unaufgefordert der Fürsorgeabteilung mitzuteilen sind.

Ich erkläre, daß alle in der Niederschrift festgehaltenen Angaben der Wahrheit entsprechen. Unrechtmäßiger Bezug von Leistungen ist rückzuerstatten und macht strafbar.

Aufgenommen durch: Unterschrift des Befürsorgten:

[redacted]

Abb. 21: Erhebungsbogen, März 1955 (Archiv IKG Wien, Bestand Wien, A/VIE/IKG/III/SOZ/FS/3/2)

Der Erhebungsbogen war – wie obigen Abbildungen zu entnehmen ist – als solcher ausgewiesen und enthielt auf der ersten Seite Spalten, um die Personalien sowie etwaige Einkünfte eintragen zu können. Nachdem die meisten Personen mittellos waren, fielen die Einträge zu den Einkünften spärlich aus, wenn es überhaupt welche gab. Die fallführenden Fürsorger:innen waren schnell zu identifizieren, da ihre Nachnamen nicht nur auf den Flügelmappen zu lesen waren, sondern meist auch handschriftlich an den oberen Ecken des Erhebungsbogens sowie der Kartei vermerkt wurden. Wurde der Erhebungsbogen aufgeschlagen, konnten weitere Informationen zu den Klient:innen eingetragen werden, wie zum Beispiel die Daten Angehöriger, die in der gleichen Wohnung lebten, meistens waren das die Ehegatt:innen. Eintragungen zu Angehörigen, denen gegenüber Alimentationspflicht bestand, sowie weitere Mietverhältnisse konnten zusätzlich vorgenommen werden. Wesentlich scheint das Kleingedruckte, welches Klient:innen abschließend aufklären sollte: »Ich […] nehme zur Kenntnis, daß alle Veränderungen in den wirtschaftlichen Verhältnissen des Befürsorgten sofort und unaufgefordert der Fürsorgeabteilung mitzuteilen sind. Ich erkläre, daß alle in der Niederschrift festgehaltenen Angaben der Wahrheit entsprechen. Unrechtmäßiger Bezug von Leistungen ist rückzuerstatten und macht strafbar.«[853] Aus den im Rahmen dieser Arbeit durchgesehenen Akten

853 Ebd., A/VIE/IKG/III/SOZ/FS/78/1, Erhebungsbogen, 02.08.1949.

ergaben sich allerdings keine Hinweise auf konkrete Fälle unrechtmäßigen Bezugs und folgender strafrechtlicher Verfolgung. Wenngleich der zitierte Passus nachvollziehbarerweise der Absicherung der IKG und vielleicht auch ein wenig der Abschreckung diente, ist an dieser Aufklärung bemerkenswert, dass sie über 70 Jahre später kaum vom Wortlaut einschlägiger Hinweise der MA40, des Amts für Soziales, Sozial- und Gesundheitsrecht zu unterscheiden ist. Die Wahrheitstreue der Angaben bezeugten die Klient:innen am Ende des Bogens mit ihrer Unterschrift. Die Niederschrift wurde durch die Signatur der Beamt:innen offiziell. Die Notlage, die Menschen dazu bewogen hatte, in der Fürsorgeabteilung vorzusprechen, konnte schließlich in der Gesamtbeurteilung auf der Rückseite des Erhebungsbogens in Erfahrung gebracht werden. Auch wenn das Mappen-System erst mit der Reorganisation eingeführt wurde, waren die Erhebungsbögen keine neue Erfindung.[854] Je nachdem, wie oft die Klient:innen im Weiteren zu Terminen erschienen, waren ein- oder mehrmalige Einträge der Fürsorger:innen in den sogenannten Gesamtbeurteilungen zu lesen. Diesen Einträgen ließ sich im Allgemeinen das Datum sowie die Unterschrift der zuständigen Fürsorgerin, des zuständigen Fürsorgers entnehmen, alles hatte seine Ordnung. Je nach Anliegen und Darstellungen gestalteten sich diese Einträge sehr unterschiedlich. Doch bestimmt ließen sie sich treffender als Situationserhebungen bezeichnen. Um die Biografie einer Klientin nachzuzeichnen, ist in einem Eintrag beispielsweise zu lesen: »P.[artei] ist Mischling, dadurch während Naziregime in Wien. War als Zwangsarbeiterin bis 1945 beschäftigt.«[855] Der selbstverständliche Rückgriff auf die Diktion der Nürnberger Rassengesetze ist auffällig und entspricht bereits aufgezeigten anderen Beispielen. Die unreflektierte Verwendung der Bezeichnung »Mischling«, welche den Verbleib der Klientin während der NS-Diktatur in Wien erklären soll, verdeutlicht einmal mehr die zur Normalität gewordene judenfeindliche und rassistische Sprache. Der Eintrag lautet weiter: »Lebte hernach 2 Jahre in C.S.R [Tschechoslowakische Republik] mit Unterbrechung. Kam [am] 15.II.1947 ständig nach Wien, konnte wegen eines Herzleidens erst im Juni 1948 Arbeit aufnehmen. Bis September 1948 in Arbeit gewesen, [...] Posten wegen Arbeitsmangel [...] verloren. P. bekommt durch Wohnungsamt eine Wohnung zugewiesen, diese muss [aus]gemalt werden und Fensterscheiben an 5 äußeren Fenstern sind einzusetzen. Ersucht um einmalige Aush.[ilfe]«[856] Die Gesamtbeurteilungen ähnelten denen vor der Reorganisation, wie etwa eine von Franzi Löw

---

854 Das belegen Datierungen solcher Erhebungsbögen, die etwa durch Franzi Löw unterzeichnet wurden und teilweise mit 1947 datiert sind, oder aber keine Datierung aufweisen. (Davon abgesehen waren diese Bögen auch keine Erfindung der Fürsorgeabteilung der IKG.) Vgl. Archiv IKG Wien, Bestand Jerusalem, A/W 4281.
855 Archiv IKG Wien, Bestand Wien, A/VIE/IKG/III/SOZ/FS/120/5, Erhebungsbogen, 19.01.1949.
856 Ebd.

verdeutlicht: »Der Befürsorgte lebte von 1941–1944 in Czernowitz im Ghetto. Dann emigrierte er nach Palästina, wo er die Staatsbürgerschaft erwarb. Er maturierte 1946 in Tel-Aviv, es gelang ihm von dort aus an der Genfer Universität Medizin zu inskribieren. Er besuchte dann 2 Semester hindurch die Genfer Universität. Dann waren angeblich seine Geldmittel in der Schweiz zu Ende, außerdem kamen seine Eltern aus Bukarest nach Wien, so besorgte er sich ein österr. Reisevisum mit dem er hierher kam. Er möchte hier fertig studieren und dann nach Palästina fahren.«[857] Nach dem Abschnitt zu seinem beruflichen Werdegang hielt Löw die Wohn- und Einkommensverhältnisse der Familie fest: »Der Befürsorgte bewohnt gemeinsam mit seinen Eltern 2 Zimmer in Untermiete, für die sie angeblich 4000 S. monatlich Miete bezahlen. Der Vater verdient als Arzt 1200 S. monatlich.«[858] Offenkundig stellte sie den Wahrheitsgehalt der finanziellen Ausgaben in Frage. Abschließend folgte ihre subjektive Falleinschätzung: »Der Befürsorgte macht einen sehr erwachsenen, selbstständigen Eindruck, scheint jedoch nicht sehr bedürftig zu sein. Er ist sehr selbstsicher in seinen Forderungen, die er bisher anscheinend immer erfüllt bekam.«[859] In einem anderen Fall vermerkte sie am Ende der Gesamtbeurteilung zu einem Studenten, der 1947 als österreichischer Staatsbürger wieder nach Wien zurückgekehrt war: »Sehr ungünstige Wohnverhältnisse. Unheizbares Zimmer in einem Stundenhotel. Keine Koch oder Waschmöglichkeit.«[860] Obgleich sie diese zwei Fälle in ihrer Beschreibung unterschiedlich beurteilte, wurde in beiden Fällen eine Unterstützungsleistung ohne weitere Angabe von Gründen – genehmigt. Weitere Einträge, oder Angaben zu Unterstützungsleistungen sind beiden Erhebungsbögen nicht zu entnehmen. Andere Erhebungsbögen weisen mehrere Einträge in der Gesamtbeurteilung auf. Wie etwa eine später datierte Gesamtbeurteilung, die außerdem Einblick in eine völlig unterschiedliche Lebenslage gibt: »P.[artei] aus Rumänien mit Frau illegal gekommen. Kann im [DP-]Lager wegen seiner Krankheit nicht wohnen, ersucht lt. ärztl. Bestätigung für 4 Wochen, die er auß[er[halb] des [DP-]Lagers wohnen [wird], um U.[nterstützung] [an]. Hat von Polizeikommissariat Döbling eine Aufforderung wegen illegalen Grenzübertrittes [...] eine Strafe [i.d.H.v.] S. 88 [bekommen und die Aufforderung sie] binnen 14 Tagen zu bezahlen.«[861] Welchen Stellenwert die Absicherung über die IKG Mitgliedschaft der Klient:innen als Voraussetzung für den Leistungsbezug hatte, wird in diesem Fall durch die Ausstellung der Bestätigung der Abteilung Be-

---

857 Archiv IKG Wien, Bestand Jerusalem, A/W 4281, Erhebungsbogen, o. D.
858 Ebd.
859 Ebd.
860 Ebd.
861 Archiv IKG Wien, Bestand Wien, A/VIE/IKG/III/SOZ/FS/78/1, Erhebungsbogen, 02.08.1949.

völkerungswesen an die Fürsorge noch am selben Tag ersichtlich.[862] Dass die Fürsorger:innen Rücksprache mit dem Referatsleiter Bindel hielten, wird durch einen weiteren Eintrag auf demselben Erhebungsbogen zwei Tage später deutlich. Dieser besagt, der Klient bekäme vorläufig einen halben Unterstützungsbetrag; des Weiteren werde auf eine Entscheidung des Referatsleiters gewartet. Nachdem dieser Eintrag auch die Unterschrift Jakob Bindels aufweist, kann von einer weiterhin positiven Beurteilung ausgegangen werden.[863] Die Rücksprache mit Bindel wird zusätzlich durch die zumindest anfänglich wöchentlichen Teambesprechungen bestätigt. In diesen sollte er über die Hausbesuche informiert werden. Darüber hinaus waren die Fürsorger:innen angehalten, ausgewählte Fälle darzulegen. Es kann davon ausgegangen werden, dass der Referatsleiter in diesen Besprechungen Unterstützungen genehmigte und Abläufe sowie Vorgehensweisen anhand der Fallbeispiele durchbesprochen wurden, um die Standardisierung voranzutreiben.[864] Bindels Entscheidungsbefugnis selbst war jedoch begrenzt. Das Vertreterkollegium hielt mit seiner Referatsübernahme die ausschließliche Genehmigung sämtlicher »Sonderfälle« (jener Unterstützungen über 100.– Schilling) durch den Amtsdirektor nach erledigter Recherche und anschließender Antragsstellung durch den Referenten fest.[865] Auch in einem Tätigkeitsbericht heißt es, die Fürsorger:innen berieten sich in besonders herausfordernden Fällen in wöchentlichen Sitzungen gemeinsam. Zwei wöchentlich angebotene Sprechstunden des Referatsleiters können möglicherweise als eine Art Ombudsstelle bezeichnet werden.[866]

Zurück zum beschriebenen Fall: Am selben Tag machte die zuständige Fürsorgerin einen weiteren und sehr ähnlichen Eintrag im Karteibogen des Klienten. Dieser Eintrag ist vor allem hinsichtlich der zusätzlichen Information interessant, der Klient würde auf die Unterstützung seines Bruders warten.[867] Anhand seines Aktes kann die Bestandsaufnahme des Rechercheurs bereits auf einen Tag nach dem ersten Besuch des Klienten in der Fürsorgeabteilung datiert werden. Er beschreibt das »Milieu der Wohnung« mit »einfach«. Die »erbetene Hilfe« lautet »U.«, also Unterstützung und in der Frage nach den Problemen notierte der Rechercheur, dass es sich um »Flüchtlinge aus Rumänien« handle. Aus dem »sonstigen Bericht« geht erneut hervor, dass es sich um Flüchtlinge handelt, die in Rumänien keiner Arbeit nachgehen konnten und daher mittellos seien.[868]

---

862 Vgl. ebd., Bestätigung Bevölkerungswesen, 02.08.1949.
863 Vgl. ebd., Erhebungsbogen, 04.08.1949.
864 Vgl. Archiv IKG Wien, Bestand Jerusalem, A/W 4281, Protokoll der Fürsorgeabteilung, 08.07.1948.
865 Vgl. Archiv IKG Wien, Bestand Wien, A/VIE/IKG/III/AD/VOR/1/2, Protokoll, 27.05.1948.
866 Vgl. ebd., A/VIE/IKG/III/SOZ/6/8, Tätigkeitsbericht der Fürsorgeabteilung, o. D.
867 Vgl. ebd., A/VIE/IKG/III/SOZ/FS/78/1, Kartei, 04.08.1949.
868 Vgl. ebd., Rechercheursbericht, 03.08.1949.

Auch auf die Krankheit des Mannes wird näher eingegangen: »Hat ein Magenleiden u. kann im [DP-]Lager nicht wohnen.«[869] Darüber hinaus zeigt sich, dass der Bruder, auf dessen Hilfe gehofft wurde, sich in den USA befand. Der Rechercheur empfiehlt in diesem Fall Unterstützung und gibt an, der Klient »scheint glaubw[ürdig]«.[870] Die Glaubwürdigkeit unter Beweis zu stellen war Gegenstand der Hausbesuche, wie auch vorangegangene Beurteilungen der Rechercheure nahelegen. Dokumente, die das Anliegen der Klient:innen unterstützen, trugen ebenso zur Beurteilung der Situation bei. So befindet sich in diesem Akt eine ärztliche Bestätigung vom 28. Juli 1949, die untermauert, der Patient müsse aufgrund seines Leidens vier Wochen in der Stadt wohnen.[871] Die Fürsorgerin, Josefine Spatz, schloss sich anscheinend der Beurteilung des Rechercheurs an und dem Klienten wurde Unterstützung gewährt.

Wie bereits angeschnitten, wurden die Auszahlungen von Seiten der Fürsorgeabteilung an Klient:innen mit dem Datum, dem Kürzel einer Fürsorger:in und einer weiteren Kontrollperson auf der Kartei vermerkt. Das System war genau durchdacht und brachte folgenden Ablauf mit sich: »Überprüfung des Zahlungsbeleges und dessen Eintragung auf der Karte durch den Kontrollbeamten, Weiterleitung an die Buchhaltung. Übergabe einer Juxte an die Partei, mit welcher sie am Kassenschalter ihren Unterstützungsbetrag einlöst.«[872]

Wurden die Klient:innen aufgenommen, sprachen sie in regelmäßigen Abständen bei den zuständigen Fürsorger:innen vor. »Persönliche Rücksprache über allgemeine Familienverhältnisse, Anhören seiner momentanen Wünsche und Beschwerden und abermalige Überprüfung seiner finanziellen Lage.«[873] So lautete die Tätigkeitsbeschreibung der Fürsorger:innen. Anschließend wurde ein neuer Termin vereinbart, ein neuer Zahlungsbeleg ausgestellt und ein Kassenbeleg ausgegeben. Der Klient des dargestellten Fallbeispiels erhielt jedoch nur zweimal finanzielle Unterstützung. Die auf der Kartei verzeichnete Beendigung seines Bezugs sah sich in der dokumentierten Gewährung der Unterstützung für ein Monat begründet.[874] Klient:innen galten – wie das angeführte Fallbeispiel zeigt – als solche, solange sie finanzielle Unterstützung der Fürsorgeabteilung erhielten. Das Selbstverständnis der Abteilung war noch stark vom Gedanken der Fürsorge geprägt, die sich auf eine rein finanzielle Hilfe konzentrierte. Auch wenn die Abteilung nach eigenen Angaben bemüht war, zur Autonomie der Klient:innen beizutragen, reichte die finanzielle Unterstützung dafür nicht aus. Noch fehlte das Verständnis nachhaltiger und ganzheitlicher Betreuung.

---

869 Ebd.
870 Vgl. ebd., A/VIE/IKG/III/SOZ/FS/78/1, Rechercheursbericht, 03. 08. 1949.
871 Vgl. ebd., Arztbestätigung, 28. 07. 1949.
872 Ebd., A/VIE/IKG/III/SOZ/6/8, Tätigkeitsbericht der Fürsorgeabteilung, o. D.
873 Ebd.
874 Vgl. ebd., A/VIE/IKG/III/SOZ/FS/78/1, Kartei.

## Stipendien

### Bezugsvoraussetzungen-, Gewährung und Ende

Zu den regelmäßigen Unterstützungsleistungen der Fürsorgeabteilung zählten die Stipendien. Mit 380 zugänglichen personenbezogenen Akten macht das nicht ganz acht Prozent des Gesamtbestandes der Fürsorgeakten im Archiv der IKG aus. Mit diesen finanziellen Aushilfen für Ausbildungen versprach sich die IKG, in die Erlangung wirtschaftlicher Autonomie der Betreuten zu investieren. Der hohe Anteil von Stipendien verdeutlicht ihren hohen Stellenwert.

Die Voraussetzung für den Erhalt eines Stipendiums unterschied sich im Wesentlichen nicht von den anderen Unterstützungsleistungen. Auch hier galt selbstverständlich die Bedürftigkeit der Ansuchenden als Voraussetzung. Der Bezug muss als eigene Unterstützungskategorie der Fürsorgeabteilung verstanden werden.[875] Obgleich ein Tätigkeitsbericht die Aufteilung der sogenannten Stipendiaten auf alle Fürsorger:innen betont, ist die häufige Nennung Edith Auerhahns als fallführende Fürsorgerin bei Durchsicht der Fürsorgeakten auffällig.[876] Dass sie hauptsächlich Student:innen betreute, wird auch durch ihre Nichte Kitty Schrott unterstrichen. Diese konnte sich an kein weiteres konkretes Tätigkeitsfeld ihrer Tante erinnern als das der Betreuung der Student:innen.[877] Die Erzählungen der ehemaligen Stipendiatin Adrienne Korn, 1929 als Adrienne Widder geboren, bestätigen Auerhahns Präsenz: »Vor mir taucht zwar auch eine andere Gestalt auf, die Edith Auerhahn gelegentlich vielleicht nur vertreten hat. Ich weiß auch nicht mehr, wie die Person hieß. Erst während unseres Gesprächs ist ihr Bild plötzlich wieder aufgetaucht. Nichtsdestotrotz war Frau Auerhahn die zuständige Referentin.«[878] Auch wenn einzelne Erinnerungen verblasst sind – ihr erstmaliger Bezug eines Stipendiums in der Fürsorgeabteilung geht auf den Juli 1949 zurück –[879] gibt sie überzeugt wider: »Ich weiß nur: Frau Auerhahn war die wichtigste Person.«[880]

Rückwirkende Stipendienauszahlungen waren durch eine Anweisung des Joint an die Fürsorgeabteilung zumindest im Jahr 1947 möglich.[881] In einem Tätigkeitsbericht aus dem Jahr 1955 wird zwischen der Kategorie »Studienbeihilfe« und »Stipendien« unterschieden. Erstere bezieht sich auf finanzielle Un-

---

875 Vgl. ebd., A/VIE/IKG/III/SOZ/6/10, Tätigkeitsbericht der Fürsorgeabteilung (Juni 1948), 23.07.1948.
876 Vgl. ebd.
877 Vgl. Schrott, Kitty, Interview, 21.02.2022.
878 Korn, Adrienne, Interview, 21.02.2022.
879 Vgl. ebd.
880 Ebd.
881 Vgl. Archiv IKG Wien, Bestand Jerusalem, A/W 4312, Stipendiengewährung AJDC J. Mendelsson-Fischer an Fürsorgeabteilung, 1.12.1947.

terstützungsbeträge für Schul- und Berufsausbildungen für Personen »deren Lebensunterhalt durch Familieneinkommen bestritten wird.«[882] Im Wesentlichen deckte die Fürsorgeabteilung in diesen – wenigen – Fällen lediglich Schulgelder ab. Die Stipendien hingegen sollten auch den Lebensunterhalt abdecken.[883] Ganz allgemein zählten ab 1949/1950 Personen zum anspruchsberechtigten Personenkreis, die vorhatten einen Beruf, eine Ausbildung oder ein Handwerk zu erlernen, sofern sie nicht jünger als 14 und nicht älter als 35 Jahre alt waren. Zum damaligen Zeitpunkt durften Student:innen 150.– Schilling zusätzlich zu einem Stipendium verdienen. Der durchschnittliche Satz eines Stipendiums lag bei 312.– Schilling pro Monat.[884] Korn erinnert sich an ihren eigenen Bezug von 335.– Schilling und den ihres näheren Umfelds in derselben Höhe.[885] Die monatlichen Stipendienbeträge unterlagen aber stets leichten Schwankungen. Die tatsächliche Anhebung von Korns Unterstützungsleistung im Laufe der Bezugszeit lässt sich anhand ihres Fürsorgeaktes nachvollziehen. Die Höhe ihrer allerersten Unterstützungsleistung betrug laut ihrem Fürsorgeakt 338.– Schilling.[886] »Das Geld bekamen wir in bar. Die Kultusgemeinde war damals am Schottenring. Und ich erinnere mich daran, dass ich mir als große Belohnung nach dem Empfang des Stipendiums immer zwei Leberpasteten-Semmeln gekauft habe.«[887]

Bei der Abwägung, ob ein Stipendium zu gewähren oder abzulehnen sei, wurde selbstverständlich die individuelle Lebenssituation der Student:innen berücksichtigt: Die Psychiaterin Tea Genner stellte beispielsweise für eine ihrer Patient:innen eine »Bestätigung zwecks Erlangung eines Stipendiums« aus. Mit dieser bezeugte sie nicht nur die laufende psychotherapeutische Behandlung ihrer Patientin, sondern beglaubigte über die Anführung von Honorarnoten, welche die Patientin noch nicht beglichen hatte, auch deren Mittellosigkeit. Der Bestätigung lassen sich monatlich anfallende Therapiekosten in der Höhe von 300.– Schilling entnehmen. Das wurde letztlich gewährt.[888]

Wie erwähnt, dienten die finanziellen Förderungen den Ausbildungen und zielten auf die Erlangung der Selbsterhaltungsfähigkeit ab. Offenbar aber gab es Studienrichtungen, die – zumindest zeitweise – nicht gefördert wurden. Eine Stipendienablehnung aus dem Jahr 1951 wurde beispielsweise wie folgt be-

---

882 Archiv IKG Wien, Bestand Wien, A/VIE/IKG/III/SOZ/6/10, Tätigkeitsbericht der Fürsorgeabteilung (1952–1954), September 1955.
883 Vgl. ebd.
884 Vgl. ebd., Tätigkeitsbericht der Fürsorgeabteilung, o. D.
885 Vgl. Korn, Adrienne, Interview, 21.02.2022.
886 Vgl. Archiv IKG Wien, Bestand Wien, A/VIE/IKG/III/SOZ/STIP/10/27, Kartei.
887 Korn, Adrienne, Interview, 21.02.2022.
888 Vgl. Archiv IKG Wien, Bestand Wien, A/VIE/IKG/III/SOZ/STIP/4/4, Arztbestätigung, 02.08.1948.

gründet: »Das Ansuchen [...] wurde [...] abgelehnt, da für Musikstudien kein Stipendium bewilligt wird.«[889] Korn vertritt allerdings die Ansicht, alle Ansuchenden hätten Stipendien beziehen können, aber »Ein sogenanntes ›nutzloses Orchideenfach‹ hat, glaube ich, ohnedies niemand studiert. Es waren damals sehr viele Technikstudenten, sehr viele Mediziner.«[890] Dass sehr wohl auch für einzelne andere Fächer Stipendien vergeben wurden, belegt ein Schreiben der Fürsorgeabtilung an den Amtsdirektor der IKG, Wilhelm Krell: »Partei war bei uns vom 3.06.1948–10.1949 stipendiert. [...] Durch das Stipendium wurde es Herrn L. ermöglicht, die vollkommene Ausbildung in Musik am Konservatorium zu geniessen.«[891] Der konkrete Fall lässt erkennen, dass weitere Befürsorgung auch nach erfolgreichem Abschluss eines Studiums möglich war: »Es wurde ihm [diesem Studenten] vom Joint nahegelegt auszuwandern, in diesem Fall wäre er bis zur Ausreise befürsorgt worden.«[892] Ganz allgemein unterstützte die Abteilung in Zusammenarbeit mit dem Joint bei dem Vorhaben auszuwandern.

Im Juli 1948 verzeichnete die Abteilung lediglich 338 Stipendienfälle.[893] Danach dürfte die Zahl weiter angestiegen sein, da die Fürsorgeabteilung einen Ausgabenrückgang für Stipendien um 23 Prozent zwischen 1949 und 1950 verzeichnete, was 1 243 Student:innen entsprach. Die Fürsorgeabteilung begründete die abnehmenden Zahlen wie folgt: »Die Senkung dieser Ziffern ist durchaus nicht darauf zurückzuführen, dass etwa so viele Studenten ihr Studium abgeschlossen haben, sondern, dass zu diesem Zeitpunkt eine Studien-Ueberprüfungs-Kommission zusammentrat, die die einzelnen Studierenden auf den Fortgang und die Ernsthaftigkeit ihres Studiums, wie auch auf die finanzielle Bedürftigkeit laufend überprüfte.«[894] Das ernsthafte Betreiben eines Studiums wurde an den erbrachten, nachweisbaren Leistungen gemessen. Die über die Verleihung eines Stipendiums entscheidende Kommission setzte sich aus Vertreter:innen der Israelitischen Kultusgemeinde, Student:innen, sowie Mitarbeiter:innen des Joint zusammen.[895] Nachdem im Jahr 1949 allen Ansuchenden ein Stipendium gewährt wurde, mussten Einschränkungen folgen. Bei dem Versuch die Vergabe einzugrenzen, sollte sich die Praxis durchsetzen, Höhersemestrigen den Vorzug zu geben, genau genommen Student:innen, die sich zwei Semester vor dem voraussichtlichen Studienende befanden. Lagen »besondere Begabun-

---

889 Ebd., A/VIE/IKG/III/SOZ/STIP/7/1, Schreiben J. Bindel an K. Heitler, 28.05.1951.
890 Korn, Adrienne, Interview, 21.02.2022.
891 Archiv IKG Wien, Bestand Wien, A/VIE/IKG/III/SOZ/STIP/7/1, Schreiben der Fürsorgeabteilung an W. Krell, 23.08.1950.
892 Ebd.
893 Vgl. Archiv IKG Wien, Bestand Wien, A/VIE/IKG/III/SOZ/6/10, Tätigkeitsbericht der Fürsorgeabteilung (Juni 1948), 23.07.1948.
894 Ebd., Tätigkeitsbericht der Fürsorgeabteilung (1949–1954), 28.10.1954.
895 Vgl. ebd.

gen« vor, wie Jakob Bindel in einem Tätigkeitsbericht schreibt, genehmigte die Kommission aber Verlängerungen. Als Voraussetzungen für die Verlängerung eines Stipendiums musste der Studienerfolgsnachweis vorgelegt werden. Über den Nachweis einer spezifischen möglichen Begabung findet sich kein Hinweis mehr in dem Tätigkeitsbericht.[896] Derartige Vorgehensweisen kann Korn nicht bestätigen. Vage erinnert sie sich an die Erbringung ihrer Leistungsnachweise: »Ich nehme an, dass ich meine Prüfungszeugnisse hergezeigt habe.«[897] Auf die Praxis, Studierenden ein Stipendium ohne Vorlage eines Leistungsnachweises auszuzahlen, lässt eine an die Fürsorgeabteilung gerichtete, nicht signierte Anweisung aus dem Jahr 1948 schließen, die fordert, dies zu unterlassen.[898] Die in weiterer Folge etablierte Überprüfungskommission besaß die Entscheidungsbefugnis im Hinblick auf sämtliche Anträge. Somit inkludierten ihre Beschlüsse österreichische Staatsbürger:innen, jene, die im Besitz anderer Staatsbürgerschaften waren, und Staatenlose. Als etwa Adrienne Korn 1949 die Ausreise aus der Tschechoslowakei gelang, gab sie, in Wien angekommen, ohne zu zögern ihre tschechoslowakische Staatsbürgerschaft auf: »Und es wurde uns empfohlen, oder auch mehr oder weniger verlangt, dass wir uns bei den Amerikanern als DPs melden.«[899] Eine diesbezügliche Befragung sollte die Lebenssituation unter kommunistischer Herrschaft ermitteln. Anschließend erhielt Korn einen staatenlosen Pass. »Wir mussten dort den Verzicht auf die tschechoslowakische Staatsbürgerschaft unterschreiben. Das war überhaupt keine Sache für mich. Also waren wir staatenlos und bekamen eine Aufenthaltserlaubnis von den Österreichern, jeweils für ein Jahr.«[900]

Die Amtsdirektion schätzte offenbar nichtösterreichische Stipendiat:innen vulnerabler als die österreichischen Bezieher:innen ein, wie aus einer Weisung der Amtsdirektion – bei »ungünstiger Kassalage […] zuerst ausländische Studenten zu betreuen« – hervorging.[901] Nach Vorgaben der Kommission sollte der Bezug ausschließlich für ein Semester gewährt werden. Sofern jedoch ein guter Studienerfolg nachgewiesen werden konnte, waren durchaus Verlängerungen möglich.[902] Die Zusammenarbeit des Joint als genehmigender Stelle mit der Fürsorge als durchführender Institution war mit organisatorischen Herausforderungen verbunden. Manche Vorgehensweisen und Entscheidungen des Joint

---

896 Vgl. ebd., Tätigkeitsbericht der Fürsorgeabteilung (1948–1950), November 1950.
897 Korn, Adrienne, Interview 21.02.2022.
898 Vgl. Archiv IKG Wien, Bestand Jerusalem, A/W 4275, Schreiben an Fürsorgeabteilung, 02.08.1948.
899 Korn, Adrienne, Interview, 21.02.2022.
900 Ebd.
901 Vgl. Archiv IKG Wien, Bestand Jerusalem, A/W4274, Schreiben Fürsorgeabteilung an IKG-Präsidium, 31.03.1948.
902 Vgl. Archiv IKG Wien, Bestand Wien, A/VIE/IKG/III/SOZ/6/10, Tätigkeitsbericht der Fürsorgeabteilung (1948–1950), November 1950.

in Bezug auf Leistungsgewährungen waren beispielsweise für die Fürsorgeabteilung nicht immer nachvollziehbar, wenngleich sie sich an die Weisung des Joint hielt: »Wir [...] haben auf den Karteikarten des Herrn H[...] und A[...] [deren] Vorschüsse vermerkt. Auf jeden Fall wollen wir Ihnen zur Kenntnis bringen, dass es im beiderseitigen Interesse wäre, wenn Sie vor Erteilung eines Vorschusses unsere Stelle anfragen würden. In der Causa H[...]haben wir [ihn] über Ihre Weisung [...]mit S.400.– [...] bevorschusst. Darauf hat Herr H[...] bis zum heutigen Tage 3 Raten á S. 25.– [...] bezahlt und diese auch nur jedesmal mit Widerstand. Wir merken vor, dass Sie ihm einen neuerlichen Vorschuss von S. 303.– [...] gegeben haben. Wir bitten um Mitteilung, welche Raten wir monatlich auf die Restschuld von S. 628.– [...] bei Herrn H[...] in Abzug bringen sollen.«[903]

Die strikten (Termin-)Vorgaben der Beamt:innen führten nach Korn immer wieder zu Schwierigkeiten: »Ich glaube, ich habe irgendwann gesagt: ›Da habe ich aber einen Kurs‹ oder so etwas. Daraufhin folgte dann eine Häkelei.«[904] Was dann konkret entschieden wurde, erinnert sie sich nicht mehr, betont aber noch: »Sie [Edith Auerhahn] war trotzdem eine gütige Person.«[905] Die Verpflichtung, jene Leistungsnachweise und Bestätigungen zu erbringen, die für den Erhalt von Unterstützungsleistungen der Fürsorgeabteilung benötigt wurden, empfanden manche Klient:innen als Schikane. Dieser Umstand geht aus einem Protokolleintrag der Fürsorgeabteilung über einen Vorfall mit einem Klienten hervor. Dieser hätte laut Abteilung in Abwesenheit seines Bezugsbetreuers Rudolf Baumann folgendes gemeint: »Sollten dem Herrn [Fürsorger Rudolf Baumann] diese Unterlagen nicht genügen, so soll er mir den Buckel herunterrutschen und mit der Zunge bremsen.«[906] Die Anwesenden – ein weiterer Student und der Fürsorger Walter Kraus – bezeugten den Vorfall und unterzeichneten ein Protokoll: »Dies[e] Aeusserung wurde in einem derart frechen und imperdinenten [sic!] Ton gebracht, dass der anwesende Student [...] und Referent Kraus derart empört waren, dass sie ihn zur Rede stellten.«[907] Die sichtlich frustrierenden Strukturen und das Hierarchiegefälle werden anhand dieser Dokumentation fassbar. In einer Ausgabe der Zeitschrift »Neuer Weg« heißt es sogar, die Fürsorgeabteilung hätte sich seitens der jüdischen Bevölkerung viel Hass zugezogen. Pauschalisierend wird begründet »wegen der aller sozialen Einsicht widersprechenden Prinzipien ihrer Tätigkeit, wie wegen der groben, erniedri-

---

903 Archiv IKG Wien, Bestand Jerusalem, A/W 4312, Schreiben Fürsorgeabteilung an Joint J. Mendelsson-Fischer, 06.05.1948.
904 Korn, Adrienne, Interview, 21.02.2022.
905 Ebd.
906 Archiv IKG Wien, Bestand Wien, A/VIE/IKG/III/SOZ/STIP/4/4, Protokoll der Fürsorgeabteilung, 13.08.1948.
907 Ebd.

genden, berechtigten Zorn erweckenden Behandlungen durch die Beamten.«[908] Korns Erzählung vermittelt einen etwas differenzierteren Einblick: »Ich weiß, dass sie [Edith Auerhahn] auch extrem streng war. Wahrscheinlich hat sie geglaubt, dass das so sein muss. Im Grunde genommen hat sie uns immer ein bisschen so behandelt, als ob wir nur deshalb studieren würden, damit wir das Geld kriegen. Das war das Grundverhalten. Aber nicht unfreundlich. Und es ist durchaus möglich, dass sie dazu bei manchen den Grund gehabt hat. Aber nichtdestotrotz war es eigentlich nie angenehm hinzugehen. [...] Ich habe mich immer beschuldigt gefühlt, ohne schuldig zu sein, sagen wir es so. Aber andererseits hatten wir doch, oder hatte ich das sichere Gefühl, es kann mir nichts passieren. Und das war das Wesentliche. Vom ersten Tag an habe ich gewusst: Es kann mir nichts passieren. Die Kultusgemeinde wird alles richten. Wenn ich etwas haben sollte, das Gefühl war da: die Kultusgemeinde und die Frau Auerhahn sind da.«[909]

Dass sich die Anzahl der Antragsteller:innen für ein Stipendium in den Jahren ab 1949 massiv verringerte, wurde weiter oben bereits angeschnitten. Einer Statistik können konkrete Zahlen entnommen werden: 1952 zählte die Fürsorgeabteilung 846 Student:innen, im Jahr darauf 512 und 1954 war die Anzahl bereits auf 289 Stipendienbezieher:innen gesunken. Dadurch unterschritten die Stipendienfälle den angeführten Stand von 338 Fällen im Sommer 1948.[910] Die Fürsorgeabteilung begründete diesen Umstand unzureichend: »Dies ist darauf zurückzuführen, dass ein Teil der Stipendierten durch Beendigung ihres Studiums und der andere Teil durch Abwanderung aus unserer Betreuung ausscheidet.«[911] Etliche Vermerke in den Karteien weisen in der Tat Auswanderungen als Grund für das Ausscheiden aus der Fürsorgeabteilung auf. Neben dem beliebten Auswanderungsziel Kanada finden sich am häufigsten die Einträge: »Ausreise nach U.S.A«[912]. Überraschender scheinen hingegen wiederkehrend dokumentierte Umzüge nach Graz.[913] Sonstige Ausscheidungsgründe gestalteten sich unterschiedlich und sollen exemplarisch dargelegt werden. In einer Kartei heißt es beispielsweise: »Lt. Studentensitzung v. 17.04.1950 ausgeschieden, da [Student:in] die notwendigen Prüfungen (Nachprüfungen) nicht gemacht hat.«[914]

---

908 O. A., der Almosen-Automat, in: Neuer Weg, Nr. 9, Dezember 1951, 5–6, 5.
909 Korn, Adrienne, Interview, 21.02.2022.
910 Vgl. Archiv IKG Wien, Bestand Wien, A/VIE/IKG/III/SOZ/6/10, Statistik: 1.01.1952–31.12. 1954, September 1955.
911 Ebd., Tätigkeitsbericht der Fürsorgeabteilung (1952–1954), September 1955.
912 Ebd., A/VIE/IKG/III/SOZ/STIP/1/8, Kartei, 04.07.1949.
913 Vgl. ebd., A/VIE/IKG/III/SOZ/STIP/1/19, Kartei, 24.10.1949.
914 Ebd., A/VIE/IKG/III/SOZ/STIP/1/17, Kartei, 28.04.1950.

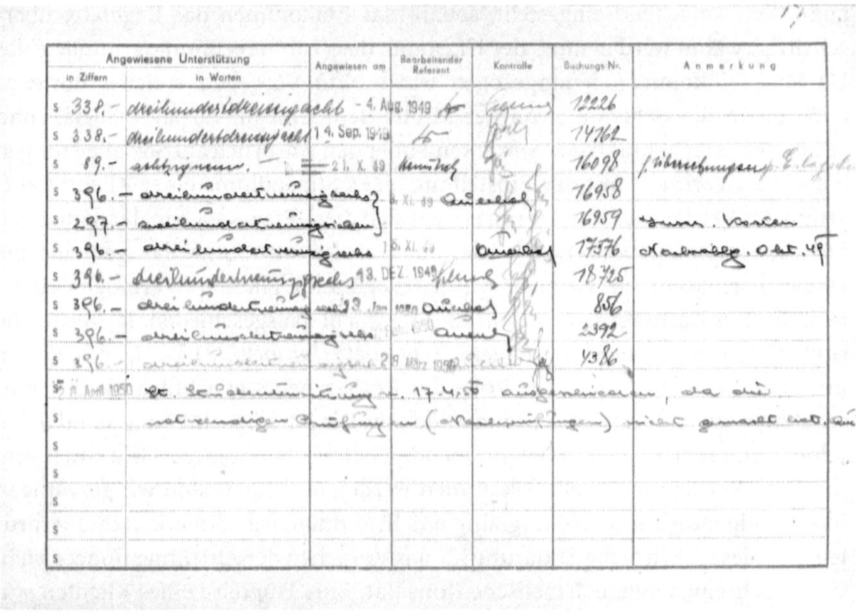

Abb. 22: Fürsorgekartei, April 1950

Dass effizientes Studieren aus der Perspektive der Studien-Überprüfungs-Kommission Bezugsvoraussetzung war, manifestiert sich in der strengen Auslegung: »Lt: Studienkommissions-Sitzung v. 2.1.52 auszuscheiden, da nicht die notwendigen vorgeschriebenen Fächer inskribierte, so daß sich sein Studium, [...] noch um mindestens 1 bis 2 Semester verlängert.«[915] Diese Voraussetzung dürfte aber im Sinn der Mehrheit der Studierenden gewesen sein, wenn Korn schildert: »Das Medizinstudium war eine ganztags und [zusätzlich] eine halbnachts Beschäftigung, damit man so rasch wie möglich studiert, weil das hatten wir alle vor. Sämtliche Studenten. Ich erinnere mich, zumindest in meinem Bekanntenkreis, gab es keinen Einzigen, der irgendwie gebummelt hätte.«[916]

Selbst wenn die Stipendien aufgrund der vorgeschriebenen Studienzeit eingestellt wurden, war es jedoch später durchaus möglich, nochmals Leistungen der Fürsorgeabteilung zu beziehen. Am Beispiel von Herrn R. sieht sich das bestätigt. Nach seinem Ausscheiden im März 1955 wurde ihm nämlich noch finanzielle Unterstützung in der Höhe von 307.- Schilling für das Verfassen und Binden seiner Dissertation im selben Monat ausbezahlt.[917] Leistungen wurden

---

915 Ebd., A/VIE/IKG/III/SOZ/STIP/10/37, Kartei, 30.01.1952.
916 Korn, Adrienne, Interview, 21.02.2022.
917 Vgl. Archiv IKG Wien, Bestand Wien, A/VIE/IKG/III/SOZ/STIP/7/25, Kartei, 10.03.1955 u. Unterstützungsansuchen an die Fürsorgeabteilung, 26.04.1955.

außerdem umgehend eingestellt, sobald das Einkommen das Regulativ überschritt. Erwähnt werden muss der Umstand, dass zur Berechnungsgrundlage das Haushaltseinkommen herangezogen wurde. Ein Vorgehen, welches übrigens auch bis in die Gegenwart von der MA40, dem Amt für Soziales, Sozial- und Gesundheitsrecht praktiziert wird, wenn über den Anspruch auf Sozialleistungen entschieden wird.[918] Mit der Einstellung eines Stipendiums einer Klientin aufgrund des Verdienstes ihres Mannes sieht sich diese Praxis auch in der damaligen Fürsorgeabteilung bestätigt.[919] Allerdings zählte nicht nur das gemeinsame Haushaltseinkommen, vielmehr wurde das gesamte familiäre Vermögen eingerechnet. Ein Karteivermerk macht dies deutlich: »ausgeschieden, lt. Recherche sind d. Eltern d. Partei vermögend (Geschäft Tempelg. 3).«[920] Durch diesen Eintrag wird einmal mehr die Rolle des Rechercheurs ersichtlich, dessen Einschätzung ursächlich für das Bezugsende war. Die Fürsorgeabteilung stand dabei selber unter Druck: »Da wir im kommenden Jahr weitaus weniger Geldmittel vom Joint zur Verfügung gestellt bekommen werden als bisher, sind wir gezwungen unsere Stipendienbezieher sorgfältig auf Ihre finanzielle Situation zu überprüfen.«[921] Diese schriftliche Erklärung für das Vorgehen der Abteilung findet sich in einem Schreiben an das Israelische Konsulat. Eine Flugreise eines Klienten von Israel nach Wien ging der Kontaktaufnahme voraus. Es hatte sich um einen Stipendiaten gehandelt, der seine Eltern in Israel besucht hatte. Nun legte der Flug in den Augen der Fürsorgeabteilung zumindest einen gewissen familiären Wohlstand nahe. Folglich wandte sich die Abteilung an das Konsulat mit der Bitte um Auskunft: »Wir wären Ihnen sehr dankbar, wenn Sie in diesem und ähnlichen Fällen uns behilflich sein könnten zu erfahren, ob das Einkommen des Vaters ein Studium des Sohnes in Israel ermöglichen würde.«[922] Ein Antwortschreiben findet sich in dem Akt nicht. Wäre die Anfrage positiv beantwortet worden, wäre die Konsequenz mit Sicherheit die sofortige Einstellung des Stipendiums gewesen. Auf der anderen Seite gaben Klient:innen natürlich bereitwillig Auskunft über veränderte Lebensbedingungen, die ein Ende des Bezugs nach sich zogen. So kann beispielsweise gelesen werden: »Mit Beginn des Sommersemesters 1949 muss ich das Studium aufgeben, da meine Frau schwanger ist und dadurch nicht mehr imstande ist, für unseren Lebensunterhalt mit zu sorgen, es uns aber an-

---

918 Vgl. Mindestsicherung, online: https://www.wien.gv.at/amtshelfer/gesundheit/gesundheitsrecht/sozialhilfe/mindestsicherung.html [16.06.2021].
919 Vgl. Archiv IKG Wien, Bestand Wien, A/VIE/IKG/III/SOZ/STIP/7/31, Kartei, 23.03.1949.
920 Ebd., A/VIE/IKG/III/SOZ/STIP/7/21, Kartei, 21.09.1949.
921 Ebd., A/VIE/IKG/III/SOZ/STIP/7/3, Auskunftsgesuch der Fürsorgeabteilung an das Israelische Konsulat, 16.11.1950.
922 Ebd.

dererseits nicht möglich ist, von dem gewährten Stipendium allein zu leben. Ich danke Ihnen für die mir bisher zuteilgewordene Befürsorgung.«[923]

Akten: Formales und (individuelle) Ansuchen

Die Fürsorgeakten der Student:innen unterschieden sich im Wesentlichen nicht von den bereits beschriebenen regulären Fürsorgeakten. Auch sie enthielten einen Erhebungsbogen, oft ist dessen Gesamtbeurteilung allerdings keine Situationsbeschreibung zu entnehmen. Fallweise sind stattdessen Geldbeträge neben Ausgabeposten, wie etwa »Wäsche, Lebensmittel, Miete, Skripten, Fahrten« aufgelistet.[924] Der Gesamtbetrag deckt sich beispielsweise in einem Fall mit den ausbezahlten periodischen Unterstützungsbeträgen in der Höhe von 396 Schilling.[925] Insofern übernahm die Fürsorgeabteilung die tatsächlichen Kosten für Lebensunterhalt und Studium. Mit 396 Schilling lag die Unterstützung übrigens etwas über dem Durchschnittssatz von 312 Schilling. Auch wenn die konkrete Stipendienhöhe sich an den Lebenshaltungskosten orientierte, war der mögliche Berechnungsspielraum für die Betragshöhe relativ gering. Adrienne Korn erinnert sich, dass der alleinige Stipendienbezug für sie nicht ausgereicht hätte. Schon ihre damalige Untermiete betrug für sie und ihre Zimmerkollegin pro Person 75 Schilling.[926] »Also davon [von dem Stipendium] konnte man eigentlich nicht leben.«[927] Allerdings führt sie auch die Übernahme von größeren Ausgaben, die in direktem Zusammenhang mit dem Studium standen, durch die Fürsorgeabteilung an. Medizinstudent:innen erhielten etwa eine Ärzt:innentasche mit Stethoskop, Blutdruckmessgerät etc. Darüber hinaus bekamen Absolvent:innen auch Promotions-Geschenke wie etwa berufsrelevante Ausstattung.[928] Korns Akt selbst kann ein derartiges Geschenk zu ihrem Studienabschluss aber nicht entnommen werden, wenngleich sie bis über diesen hinaus an die Abteilung angebunden war. Im Januar 1955 genehmigte der Joint ihr nämlich noch für zwei Monate die Stipendienzahlung. Anschließend wurde ihr im März 1955 die »Erwachsenenunterstützung für Personen unter 60« in der Höhe von 270 Schilling sowie die »Kohleunterstützung« in der Höhe von 100 Schilling bewilligt. Diese Leistungen bezog sie noch bis zu ihrem Ausscheiden am 1. Dezember 1955.[929] Korn war bis zu ihrer Pensionierung als Medizinerin tätig.[930]

---

923 Ebd., A/VIE/IKG/III/SOZ/STIP/4/10, Ausscheidungsschreiben, 28.03.1949.
924 Vgl. Archiv IKG Wien, Bestand Wien, A/VIE/IKG/III/SOZ/STIP/1/1, Erhebungsbogen, 21.06.1949.
925 Vgl. ebd., Kartei.
926 Vgl. Korn, Adrienne, Interview, 21.02.2022.
927 Ebd.
928 Vgl. ebd.
929 Vgl. Archiv IKG Wien, Bestand Wien, A/VIE/IKG/III/SOZ/STIP/10/27, Kartei.

200 Die Fürsorgeabteilung nach 1945

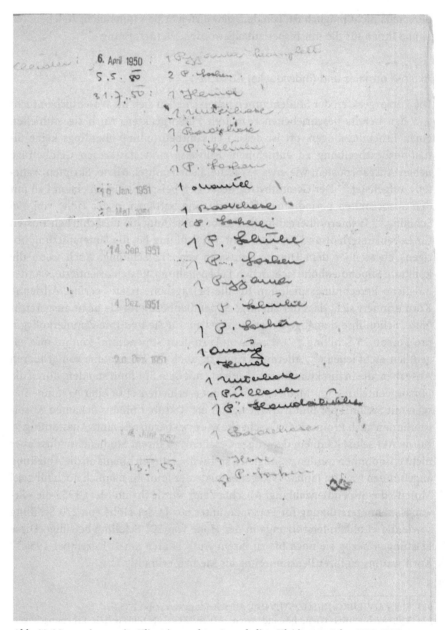

Abb. 23: Mappeninnenseite Klient:innenakt – Ausgabeliste Kleidungsstücke, 1950–1953

---

930 Vgl. Korn, Adrienne, Interview, 21.02.2022.

Die Mittellosigkeit zahlreicher Student:innen wird neben finanziellen Unterstützungen auch durch den Bezug von Sachleistungen wie Kleidung evident. Die Ausgabe von Kleidungsstücken wurde dabei immer wieder in der Mappeninnenseite der Fürsorgeakten verzeichnet.[931]

Obgleich Korn gar keine Erinnerungen mehr an eine Kleiderkammer der IKG hat, wurden – laut Fürsorgeakt – diverse Kleidungsstücke an sie ausgegeben.[932]

Lebensunterhaltskosten waren vielseitig und wurden häufig nicht durch obige Aufzählung von laufenden Kosten wie Wäsche, Lebensmitteln etc. abgedeckt. Das veranschaulicht ein Ansuchen eines Stipendiaten, welcher der Fürsorgeabteilung einen Kostenvoranschlag für diverse Tischlerarbeiten zur Reparatur und Sanierung seiner Wohnung vorlegte. Diese wären für den Wärmeschutz unbedingt notwendig.[933] Wie umfassend die Bedürfnisse der Ansuchenden waren, veranschaulicht auch nachfolgendes Ansuchen: »Ich [...] ersuche höflichst, entweder um einen monatlichen Stipendiumszuschuss von S. 250.– auf die Dauer von 3 Monaten oder dass man mir die Möglichkeit bietet in der Seegasse zum selben Preis wie in der K.Z. Küche, Diätkost zu erhalten.«[934] Eine Bestätigung über die Mehrkosten für die Diätkost bestätigt die sogenannte »K.Z. Küche« – deren Mittagstisch in der Kleinen Pfarrgasse 8 im zweiten Wiener Gemeindebezirk,[935] von Überlebenden und Rückkehrenden auch als Treffpunkt frequentiert wurde – mit dem hohen Betrag von 90.– Schilling pro Woche.[936] Auch Adrienne Korn nutzte diese Möglichkeit, eine preiswerte Mahlzeit erhalten zu können. »Gratis war das Essen zwar nicht, doch es war sehr, sehr wenig, entweder zwei, oder drei Schilling für das Mittagessen. [...] Viele Studenten waren nicht dort, es waren sehr viele ältere Menschen. Ob das jetzt Flüchtlinge waren oder Wiener, das weiß ich nicht.«[937]

---

931 Vgl. Archiv IKG Wien, Bestand Wien, A/VIE/IKG/III/SOZ/STIP/1/11, Ausgabeliste Kleidungsstücke, 1950–1953.
932 Näheres zu Kleiderausgabe s. im Kapitel »Kleiderkammer«; Ausfolgescheine der Kleiderkammer an Adrienne Widder decken sich mit den Daten auf der Mappen-Innenseite und wurden durch Edith Auerhahn unterzeichnet. Vgl. ebd., A/VIE/IKG/III/SOZ/STIP/10/27, Kartei.
933 Vgl. ebd., A/VIE/IKG/III/SOZ/STIP/1/11, Kostenvoranaschlag, 20.04.1949.
934 Ebd., A/VIE/IKG/III/SOZ/STIP/7/13, Ansuchen an Fürsorgeabteilung, 14.01.1952.
935 Auch während des Krieges unterhielt der »Ältestenrat« in der Kleinen Pfarrgasse 8 eine Notausspeisung. Vgl. Duizend-Jensen, Shoshana, Jüdische Gemeinden, Vereine, Stiftungen und Fonds. »Arisierung« und Restitution, Veröffentlichungen der Historikerkommission. Vermögensentzug während der NS-Zeit sowie Rückstellungen und Entschädigungen seit 1945 in Österreich, Band 21/2, Wien/München 2004, 92f.
936 Vgl. Organ des Bundes sozialdemokratische Freiheitskämpfer und Opfer des Faschismus (Hg.), Sachverhaltsdarstellung: Heimkehr nach Wien, in: Der Sozialdemokratische Kämpfer, Nr. 3/4, Jg. 1995, 10–11, 11; vgl. Archiv IKG Wien, Bestand Wien, A/VIE/IKG/III/SOZ/STIP/7/13, Kostenbestätigung K.Z.-Küche, 16.01.1952.
937 Korn, Adrienne, Interview, 21.02.2022.

Auf obiges Ansuchen, günstige Diätkost oder einen Stipendienzuschuss zu erhalten, folgte einige Wochen später die Bitte des Referatsleiters Jakob Bindel an die Amtsdirektion, dieses im Vertreterkollegium zu behandeln. Diese Bitte macht deutlich, wie eng der Handlungsspielraum der Fürsorgeabteilung bei Ansuchen war, welche von der üblichen Vergabe von Leistungen für Stipendiat:innen und deren Ansprüchen abwichen. Zwar handelte es sich im betreffenden Fall um einen Philosophiestudenten, doch bezog dieser als Religionslehrer bereits ein monatliches Gehalt von 260 Schilling.[938] Trotz seiner Anstellung erhielt er eine schnelle erste finanzielle Unterstützung, über die die Fürsorgeabteilung allerdings nicht autonom entscheiden konnte: »Wir haben ihm zu diesem Zweck [für seine Diätkost] bis zur endgültigen Erledigung dieser Angelegenheit durch das Vertreterkollegium, mit Bewilligung des Amtsdirektors einen Betrag von S. 200.- als erstmalige Hilfe für den Monat Februar ds.J. ausbezahlt.«[939] Alle Beträge, die 200 Schilling überschritten, mussten beim Vertreterkollegium beantragt werden.[940] Abgesehen von studienspezifischen Ausgaben wie etwa Kurskosten, erhielt auch Adrienne Korn anlassbezogen weitere zusätzliche Leistungen durch die Fürsorgeabteilung. Beispielsweise wurden Rezeptgebühren oder medizinische Heilmittel, wie durch einen Arzt verschriebene Schuheinlagen durch die IKG übernommen.[941]

Nachdem Rechercheure auch in Fällen von Ansuchen für Stipendien tätig waren, finden sich in den Akten auch deren Bögen. Teilweise kursierten Formulare, die speziell für »Studenten – Rechercheure« ausgewiesen waren. Die darauf vorgesehenen Rubriken zielten auf die Erstellung eines Haushaltsbudgets ab.[942]

---

938 Vgl. Archiv IKG Wien, Bestand Wien, A/VIE/IKG/III/SOZ/STIP/7/13, Schreiben J. Bindel an Amtsdirektion, 13.03.1952.
939 Ebd.; Zu den Organen der IKG s. die Kapitel »Franzi Löw als Kultusrätin und die Folgen der Kollaborationsvorwürfe« und »Die Sozialkommission: Vom Wirken der Sozialkommission bis zur Entstehung der Subkommission ESRA«.
940 Vgl. Archiv IKG Wien, Bestand Jerusalem, A/W 4275, Protokoll der Fürsorgeabteilung, o. D.
941 Vgl. Archiv IKG Wien, Bestand Wien, A/VIE/IKG/III/SOZ/STIP/10/27, Fürsorgeakt.
942 Vgl. ebd., A/VIE/IKG/III/SOZ/STIP/1/5, Rechercheursbericht, 14.06.1949.

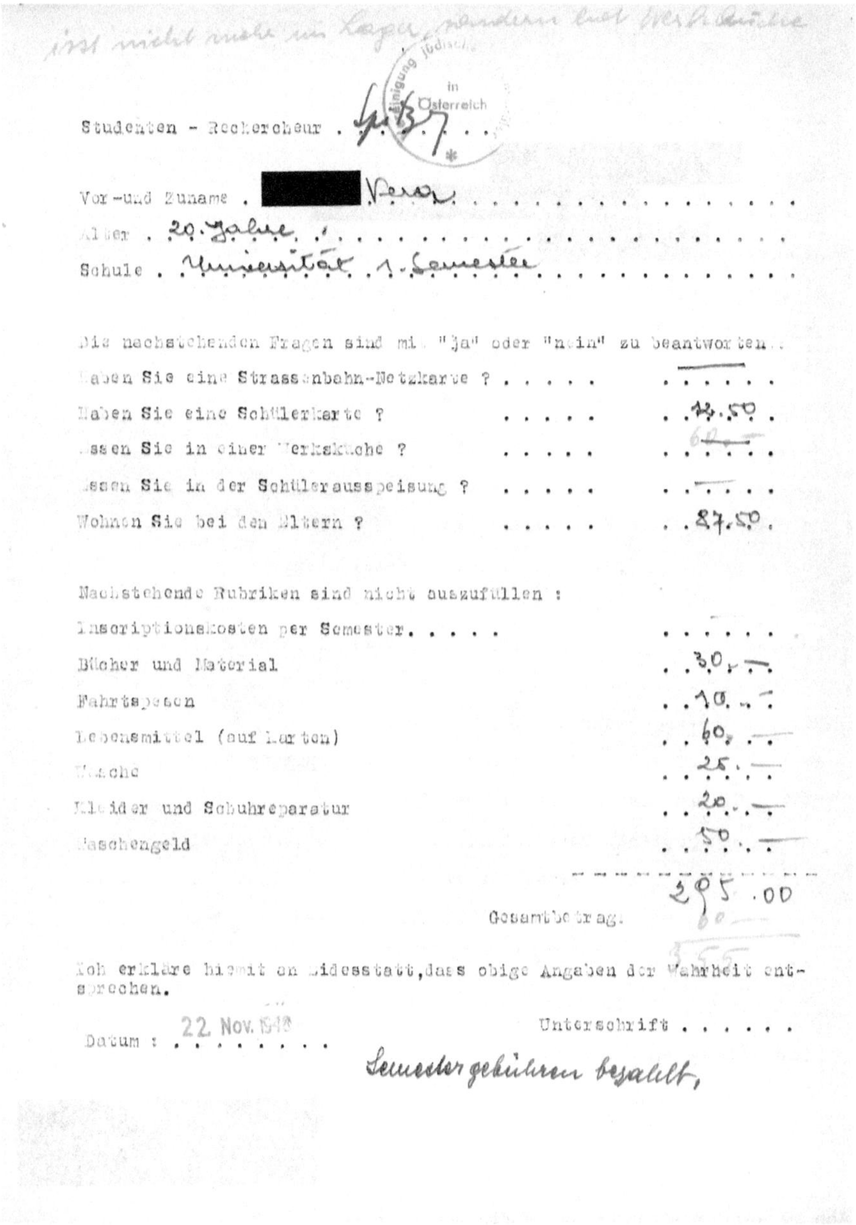

Abb. 24: Formular »Studenten – Rechercheur«, November 1948 (Archiv IKG Wien, Bestand Wien, A/VIE/IKG/III/SOZ/STIP/1/5)

Datum..................

Ansuchen um Studienbeihilfe.

Name . ███████████████ . . . Vorname . . . *Otto* . . .
Adresse . *N.* ███████████████
geboren am ███████ in *Czernowitz* . . . Land . *Bukowina*
Staatsbürgerschaft *Staatenlos* . . . . . Verh. *ledig* . . Kinder. —
Erlernter Beruf . . . . . . . . . . . . . . . . . . . . . . . . . .
Seit wann in Wien . . *21/IV 49*
Woher zugereist . . *aus Prag* . . . . . . . . . . . . . . .
Wo waren Sie in der Zeit von 1938-1945? *Czernowitz bis 1945 dann Prag*
An welcher Schule studieren Sie? *Universität Wien – Medizinische Fak.*
Welches sind Ihre Vorstudien? . *Mittelschule*
Volksschule . . . . . . . . . . . . wieviel Klassen? . *4*
Mittelschule . . . . . . . . . . . . wieviel Klassen? . *8*
~~Gymnasium~~ . . . . . . . . . . . . wieviel Klassen?
Hochschule . . . . . . . . . . . welche Dauer? . *6 Semester*
Studienplan und Dauer . *10 Semester*
Welchen Beruf wollen Sie nach dem Studium ergreifen? . *Arzt*
Wollen Sie in Oesterreich bleiben? . . . . . . . . . . .
Auswanderungsplaene: Israel? . . . . . . . . . . . . . .
                     Andere Länder? . . . . . . . . . . . .
Womit begründen Sie Ihr Ansuchen um Studienbeihilfe? . .
. . . *Völlige Mittellosigkeit. Flüchtling* . . . . . . . .
. . . . . . . . . . . . . . . . . . . . . . . . . . . . . . . .

Ich erkläre an Eidesstatt, dass alle Angaben der Wahrheit entsprechen.

Unterschrift:
███████████████

Abb. 25: Formular »Ansuchen um Studienbeihilfe«, o. D.

Wurde das Formular »Studenten-Rechercheur« gewissenhaft ausgefüllt, wäre eine Auflistung wie »Wäsche, Lebensmittel, Miete, Skripten, Fahrten« – wie bereits angeführt – in der Gesamtbeurteilung eigentlich überflüssig gewesen.[943] Manche Rechercheursbögen waren mit einem roten Stempel »ST« für »Student:in« gekennzeichnet.[944] Ein weiterer Unterschied zu den regulären Fürsorgeakten bestand im Beiliegen eines Formulars über ein »Ansuchen um Studienbeihilfe«. Darauf wurde das Gesuch dann beispielsweise mit völliger Mittellosigkeit aufgrund eines Flüchtlingsstatus begründet. Die diversen Rubriken auf diesen Formularen ermöglichten detaillierte Angaben. In ihnen wurden persönliche Daten erfasst. Eine Rubrik fragt nach dem Aufenthalt zwischen 1938 und 1945, eine andere danach, ob Student:innen vorhaben, nach Israel oder in ein anderes Land auszuwandern.[945] Auch der Akt Adrienne Korns weist ein derartiges Ansuchen um Studienbeihilfe auf. Dieses stellt in ihrem Akt das einzige Zeugnis über ihr Überleben von Auschwitz dar.[946]

### Rückforderungen

Die Fürsorgeabteilung der IKG konnte vielen ihrer Mitglieder in der Krisenzeit nach 1945 durch Hilfe zur Selbsthilfe, insbesondere eben durch die Unterstützung von Ausbildungen zur Seite stehen. Es gab aber auch spezifische Problemfelder: Die Studienbeihilfe »wurde von der Israelitischen Kultusgemeinde [...] als zinsfreies Darlehen bewilligt.«[947]

Die vertraglich geregelten Rückforderungen zwischen Klient:innen und der IKG konnten einerseits bei Austritt aus der jüdischen Religionsgemeinschaft und andererseits bei Zumutbarkeit aufgrund verbesserter wirtschaftlicher Verhältnisse geltend gemacht werden.[948]

---

943 Vgl. Archiv IKG Wien, Bestand Wien, A/VIE/IKG/III/SOZ/STIP/1/1, Erhebungsbogen, 21.06.1949.
944 Vgl. ebd., A/VIE/IKG/III/SOZ/STIP/1/5, Rechercheursbericht, 08.03.1950.
945 Vgl. ebd., A/VIE/IKG/III/SOZ/STIP/1/1, Formular: Ansuchen um Studienbeihilfe, o. D.
946 Vgl. ebd., A/VIE/IKG/III/SOZ/STIP/10/27, Formular: Ansuchen Stipendienhilfe, 29.06.1949.
947 Archiv IKG Wien, Bestand Wien, A/VIE/IKG/III/SOZ/STIP/1/4, Formular: Rückforderung, 09.02.1951.
948 Vgl. ebd.

Wien, am .9...2../9.5/.

An die

ISRAELITISCHE KULTUSGEMEINDE WIEN,

Wien I.,

Mir, Unterfertigten, ............ *Karoline* ...............
wurde von der Israelitischen Kultusgemeinde Wien ein Studienbeitrag für die Dauer meiner Studien als zinsenfreies Darlehen bewilligt.

Ich verpflichte mich, den erhaltenen Gesamtbetrag an die Israelitische Kultusgemeinde Wien oder an eine von dieser mir namhaft zu machenden Stelle im In- oder Ausland zurückzuzahlen, sobald eine der genannten Stellen wegen Rückzahlung an mich herantritt.

Pflicht zur Rückzahlung ist gegeben, wenn

    a) der Geldempfänger aus der jüdischen Religionsgemeinschaft austritt, oder

    b) dem Geldempfänger auf Grund seiner wirtschaftlichen Verhältnisse die Rückzahlung zugemutet werden kann.

Ich habe vom *11. October 1950* bis heute *10. Jänner 1951* durch die Israelitische Kultusgemeinde Wien die Summe von S. ............. erhalten.

Weiterhin ausbezahlte Stipendienbeträge werden in die rückzuzahlende Summe einbezogen.

Abb. 26: Formular Rückzahlungsverpflichtung, Februar 1951

Der Umstand, dass sich bei der stichprobenartigen Durchsicht der Akten keine Rückforderungen aufgrund »zumutbarer wirtschaftlicher Verhältnisse« finden, muss betont werden.[949] Dennoch kam es zu Rückforderungen, allerdings aufgrund von Austritten aus der Kultusgemeinde. Die Einleitung rechtlicher Schritte bei Vertragsbruch wird im Fall eines ehemaligen Stipendiaten durch ein Schreiben der Fürsorgeabteilung an das Rechtsbüro veranschaulicht: »Wie aus beiliegender Mitteilung des Matrikelamtes vom 21. 10. 1964 hervorgeht, ist Herr [...] am 5.X.1964 aus dem Judentum ausgetreten. Wir legen Ihnen die eigenhändig unterschriebene Erklärung bei, in welcher sich der Obengenannte verpflichtet, bei Austritt aus dem Judentum die bezogenen Stipendienbeträge zurückzuzahlen.«[950] Weiters geht aus dem Schreiben der genaue Bezugszeitraum des Klienten von 17. Juni 1947 bis 2. Juni 1953, sowie der bezogene Leistungsbetrag von insgesamt 25.112 Schilling hervor.[951] Um Rückforderungen stellen zu können, musste der Austritt also nicht unmittelbar nach dem Zeitpunkt des Studienabschlusses vollzogen worden sein. Dargelegtes Exempel stellt kein singuläres Ereignis dar, wie weitere ähnliche Fälle verdeutlichen. In einem Fall wies die Fürsorgeabteilung in Abstimmung mit der Amtsdirektion die Rechtsabteilung im Jänner 1966 bezüglich einer Rückforderungsverpflichtung an, mit einem Klienten Kontakt aufzunehmen. Dieser hatte ebenso in den Jahren zwischen 1947 und 1953 ein Stipendium erhalten und war im Dezember 1955 aus der Kultusgemeinde ausgetreten.[952] Anders verhielt es sich bei den Rückforderungsansprüchen an den Klienten F. Dieser hatte von 1950 bis 1957 ein Stipendium in der Höhe von insgesamt 52.988 Schilling bezogen.[953] Zwar gründete die Rückforderung wie in den vorangegangenen Fällen auf seinem Austritt aus dem Judentum, doch konnte dieser auf einen Zeitpunkt zurückgeführt werden, der noch vor der Beantragung eines Stipendiums lag. In einem detaillierten Schreiben an Rechtsanwalt Horst Ringer schildert der damalige Präsident der IKG Ernst Feldsberg den Sachverhalt: Stipendiat F. »[...] wurde laut Geburtsschein im Jahr 1944 nach röm.kath. Ritus getauft; Trotzdem liess er sich im Jahre 1950 bei der Kultusgemeinde als Student registrieren, zu dem Zweck, damit er ein Stipendium erhalte.«[954] Schlussfolgernd erläutert er weiter: »Herr [...] [F.] hat also die Kultusgemeinde bewusst in Irrtum geführt, um auf diese Weise in den Besitz eines

---

949 Stichprobenartige Durchsicht der insgesamt 380 Akten.
950 Ebd., A/VIE/IKG/III/SOZ/STIP/1/6, Schreiben der Fürsorgeabteilung an das Rechtsbüro, 30. 10. 1964.
951 Vgl. ebd.
952 Vgl. ebd., A/VIE/IKG/III/SOZ/STIP/4/9, Schreiben der Fürsorgeabteilung an das Rechtsbüro, 16. 01. 1956.
953 Vgl. ebd., A/VIE/IKG/III/SOZ/STIP/4/7, Schreiben der Fürsorgeabteilung an das Rechtsbüro, 18. 04. 1968.
954 Ebd., Schreiben E. Feldsberg an H. Ringer, 15. 01. 1969.

Stipendiums zu kommen. Der Tatbestand des Betrugs steht außer Zweifel […]«[955], lautet das Urteil des Präsidenten. Obgleich die Taufe im Jahr 1944 vollzogen wurde, kann einem Dokument der offizielle Vermerk des Austritts aus der Israelitischen Religionsgemeinschaft in Roznava, Slowakei erst am 06. April 1946 entnommen werden.[956] Dem wissentlichen Handeln des Studenten maß Feldsberg wohl hohe Bedeutung bei, betonte er die Austrittsumstände doch mehrmals ausführlich: »Aus dieser Karteikarte [die anlässlich der Registrierung des Stipendiaten als IKG Mitglied erstellt wurde] wollen Sie [Herr Ringer] ersehen, dass sich […] [der Stipendiat], geboren […] in Roznava, Staatsbürgerschaft österr., als Glaubensjude angemeldet hat. Die Anmeldung erfolgte am 08. März 1950. Das Karteiblatt wurde aus der Kartei der Angehörigen der Israelitischen Kultusgemeinde Wien herausgenommen und abgelegt, nachdem festgestellt worden war, dass […] [er] nachgewiesenermassen der jüdischen Glaubensgemeinschaft seit 06. 09. 1944 nicht mehr angehört, da er an diesem Tag in Jelsava nach röm.-kath. Ritus getauft wurde.«[957] Ferner ist den Unterlagen die Verhandlung des Falles vor dem Landesgericht zu entnehmen. Über den Ausgang lässt sich aus dem Fürsorgeakt allerdings nichts mehr erfahren.[958] Die Rückforderungsansprüche wurden in der Regel gerichtlich durchgesetzt.[959] In Einzelfällen wurden Begründungen für den Austritt aus der IKG in der Hoffnung auf Rückzahlungserlass verschriftlicht: »Als ich daher nach jahrelangen [sic!] vergeblichen Ringen um einen Opferausweis als die Hauptschuldigen an dem Scheitern meiner Bemühungen die Vertreter der I.K.G. zu erkennen glaubte war ich darüber sehr verbittert und trat aus der I.K.G. aus. Ich dachte weder an einen Glaubenswechsel noch daran daß ab diesem Augenblick seitens der I.K.G. eine Rückforderung eines von mir seinerzeit empfangenen Stipendiums erhoben wird. Daß man in solchen Augenblicken an keine Konsequenzen denkt, ist ja begreiflich.«[960] Wenngleich individuelle Motive für einen Austritt bestimmt in einigen Fällen nachvollziehbar waren, unterlag jedoch nicht das Motiv der Beurteilung. Daher wurde von der Klage im Weiteren auch nicht abgesehen.[961] Der überraschende und angestrebte Ausgang des eben geschilderten Falles ist in einer Abschrift eines Telefongesprächs zwischen den Rechtsanwälten zu lesen: »Mein Klient wird die nachgesuchte Wiederaufnahme in die israelitische Kultusgemeinde wieder betreiben […] und Sie, […] und ich dann nach Erhalt des Ver-

---

955 Ebd.
956 Vgl. ebd.
957 Ebd.
958 Vgl. ebd.
959 Vgl. ebd., A/VIE/IKG/III/SOZ/STIP/4/26, Schreiben Amtsdirektion an Buchhaltung, 18. 10. 1971.
960 Ebd., A/VIE/IKG/III/SOZ/STIP/10/12, Schreiben an E. Maurer, 09. 05. 1957.
961 Vgl. ebd., Vermerk vom 14. 05. 1957 auf dem Schreiben an E. Maurer, 09. 05. 1957.

handlungstermines dieselbe nicht besuchen, sodass prozessuales Ruhen des Verfahrens eintritt unter Wahrung der beiderseitigen Rechte, bis feststeht, dass mein Klient endgültig und rechtskräftig in die israelitische Kultusgemeinde aufgenommen erscheint.«[962] Die Geltendmachung der Rückforderungsansprüche wäre wohl mit der Wiederaufnahme in die IKG als hinfällig betrachtet worden. Selbstverständlich wurde die Frage der Wiedereintritte – ganz abseits von Rückforderungen – in die IKG innerhalb der Gemeinde diskutiert. Helga Embacher führt den Diskurs auf das Frühjahr 1948 zurück und zitiert eine Ausgabe der kommunistischen jüdischen Zeitschrift »Der neue Weg«. Dieser lässt sich entnehmen, dass die Wiedereintritten gegenüber ursprünglich ablehnende Haltung der Bereitschaft gewichen war, all jene willkommen zu heißen, die sich dem Judentum zugehörig fühlten.[963] Die höchst komplexen Fragen rund um die Zugehörigkeit zur Gemeinde nach der Schoa berührt Embacher, indem sie auf die vielfältigen Motivationen, der Kultusgemeinde wieder oder neu beizutreten, verweist: »Schockiert vom wahren Ausmaß der Katastrophe, fühlten sich manche wieder mehr dem Judentum verbunden, und sie wollten durch ihre Zugehörigkeit zur Israelitischen Kultusgemeinde ihre Solidarität mit den Verfolgten beweisen.«[964] Auch enttäuschte Assimilationswilligkeit spielte bei den Wiedereintritten eine Rolle: »Getaufte Juden erfuhren, daß die feindliche Umwelt auch diese Form der Assimilation nicht anerkannt hatte«[965]; wie Helga Embacher den Schriftsteller Jean Améry sinngemäß wiedergibt, »wollte sie die Gesellschaft als Juden, und es gab kein Entrinnen mehr.«[966] Manche Wiedereintretende hofften wohl auch einfach nur auf die Unterstützung der IKG.[967]

---

962 Ebd., Schreiben F. Adam an K. Schenk, 26. 3. 1957.
963 Vgl. Embacher, Helga, Neubeginn ohne Illusionen. Juden in Österreich nach 1945, Wien 1995, 49.
964 Ebd., 48 f.
965 Ebd., 49.
966 Ebd.
967 Vgl. ebd.

# Waisenkinder

Jüdische Säuglinge und Kleinkinder, die vor dem Zweiten Weltkrieg in städtischen Einrichtungen untergebracht waren, wurden ab 1939 vermehrt in jüdische abgeschoben.[968] Zu Beginn desselben Jahres hatte die Stadt Wien nämlich die Vormundschaften jüdischer Kinder zurückgelegt.[969] Kinder und Jugendliche, die nicht in die Obhut der Eltern übergeben werden konnten, mussten fortan von der Kultusgemeinde versorgt werden.[970] Dazu zählten jüdische Waisen oder uneheliche Kinder, die entweder aus anderen Heimen entlassen wurden oder aber alleine zurückgeblieben waren. Darüber hinaus waren ebenso Adoptivkinder betroffen, die nach den »Nürnberger Gesetzen« als jüdisch galten, christliche Pflegeltern hatten und diesen entrissen wurden.[971] Wie drängend die Platznot war, zeigt die Tatsache, dass das Haus Untere Augartenstraße 35,[972] welches dem jüdischen Theresien-Kreuzer-Verein zur Verfügung stand, der IKG im März 1939 »für Zwecke einer Notunterkunft für jüdische Säuglinge und Kleinkinder zugewiesen« wurde.[973] Als die IKG im August 1939 Gisela Kornfeld einstellte, wurde

---

968 Vgl. Duizend-Jensen, Shoshana, Jüdische Gemeinden, Vereine, Stiftungen und Fonds. »Arisierung« und Restitution, Veröffentlichungen der Historikerkommission. Vermögensentzug während der NS-Zeit sowie Rückstellungen und Entschädigungen seit 1945 in Österreich, Band 21/2, Wien/München 2004, 73.
969 Zu Vormundschaftsübernahme s. das Kapitel »Franzi Löw: Eine Fürsorgerin der IKG während und nach der NS-Herrschaft«.
970 Vgl. Raggam-Blesch, Michaela, Die Odyssee jüdischer Heimkinder, in: Hecht, Dieter, J./ Lappin-Eppel, Eleonore/Raggam-Blesch, Michaela, Topographie der Schoah. Gedächtnisorte des zerstörten jüdischen Wien, 3. Überarbeitete Auflage, Wien 2017, 268–287, 270.
971 Vgl. Fraller, Elisabeth/Langnas, Georg (Hg.), Mignon Langnas. Tagebücher und Briefe: 1938–1949, Innsbruck 2010, 112.
972 An dieser Adresse wurden nach 1945 Rückkehrer:innen untergebracht. S. dazu das Kapitel »Tempelgasse, Untere Augartenstraße und Krummbaumgasse«.
973 Vgl. Duizend-Jensen, Shoshana, Jüdische Gemeinden, Vereine, Stiftungen und Fonds. »Arisierung« und Restitution, in, Veröffentlichungen der Historikerkommission. Vermögensentzug während der NS-Zeit sowie Rückstellungen und Entschädigungen seit 1945 in Österreich, Band 21/2, Wien/München 2004, 73.

diese mit der Leitung des Kleinkinderheims betraut.[974] Da die Liegenschaft aber vom »Stillhaltekommissar«[975] im Januar 1941 entzogen und an die Stadt Wien verkauft wurde, blieb die Notunterkunft in dieser Form nicht lange bestehen. Bis zu ihrer Deportation waren die Kinder aber noch dort untergebracht. Obgleich das Heim eigentlich für 57 Kinder konzipiert war, beherbergte es im Jänner 1942 – nach bereits erfolgten Deportationen – 75 Kinder bis zum Alter von sechs Jahren. Mit der tatsächlichen Schließung der Notunterkunft im September 1942 wurde mit der Verlegung der verbliebenen Kinder in die Tempelgasse dort ein Kinderheim etabliert.[976] Die Kindertagesheimstätte »Piper-Heim« war ebenso im November 1939 von der Aspernbrückengasse im 2. Wiener Gemeindebezirk in die Tempelgasse 3 übersiedelt und blieb bis Kriegsende bestehen. 1940 war der dortige Kindergarten in Folge der Schließung eines Waisenhauses in der Bauernfeldgasse 40 im 19. Wiener Gemeindebezirk im Winter 1940 einem Jugendheim gewichen. Mit der Auflassung der Notunterkunft in der Unteren Augartenstraße wurde dieses Jugendheim aber geschlossen und am 31. August 1942 wurden von dort 28 Jugendliche nach Maly Trostinec deportiert und ermordet. Die Mehrheit der Heimkinder wurde während der Großen Deportationen nach Theresienstadt oder in Ghettos und Lager im Osten deportiert. Waisenkinder wurden in Gruppen deportiert: Am 14. September 1942 erfolgte ein großer Transport aus den letzten zwei bestehenden Heimen in der Grünentorgasse 26 und der Haasgasse 10. 33 Buben und 42 Mädchen wurden in Maly Trostinec unmittelbar nach ihrer Ankunft am 18. September 1942 ermordet.[977]

Auch offiziell wurde oben erwähnte Gisela Kornfeld am 1. November 1942 durch den »Ältestenrat« weiterhin zur Leitung des Kinderheims bestellt.[978] Dieses

---

974 Vgl. Archiv IKG Wien, Bestand Wien, 1374 FS AH Jugendbewegungen 50er, 60er (temp.), Protokoll – Personalakt: Gisela Korn.

975 Zum Entzug von Vereinen s. die Kapitel »Wien vor 1938« und »Wohltätiges Vereinswesen«. Der Stillhaltekommissar (Stiko) führte den systematischen Entzug von Vereinsvermögen im NS-Staat durch. Er wurde für Vereine, Organisationen und Verbände im März 1938 in Österreich als Dienststelle für die »Gleichschaltung« des Vereinswesens eingerichtet. Vgl. Gesetzblatt für das Land Österreich vom 17. Mai 1938, Nr. 136, online: https://alex.onb.ac.at/cgi-content/alex?apm=0&aid=glo&datum=19380004&seite=00000403&zoom=2 [17.10.2023].

976 Vgl. Fraller, Elisabeth, Die Kinder der Tempelgasse. Das jüdische Kinderheim Wien in der NS-Zeit, online: https://homepage.univie.ac.at/elisabeth.fraller/Tempelgasse3/geschichte.html [21.06.2021].

977 Vgl. Raggam-Blesch, Michaela, Die Odyssee jüdischer Heimkinder, in: Hecht, Dieter, J./Lappin-Eppel, Eleonore/Raggam-Blesch, Michaela, Topographie der Schoah. Gedächtnisorte des zerstörten jüdischen Wien, 3. Überarbeitete Auflage, Wien 2017, 268–287, 272, 275 ff u. 279 f.

978 Vgl. Archiv IKG Wien, Bestand Wien, 1374 FS AH Jugendbewegungen 50er, 60er (temp.), Protokoll – Personalakt: Gisela Korn.

Heim in der Tempelgasse 3, – damals Mohapelgasse[979] – existierte bis 1945 als Kinderheim des »Ältestenrates«.[980] Die Fürsorgerin Franzi Löw erinnert sich, dass die restlichen Kinderheime aufgrund der Deportationen im Jahr 1942 aufgelöst wurden. »Es haben dreißig Kinder überlebt, circa dreißig Kinder. Die anderen sind alle deportiert worden und sind alle in die Gaskammern gegangen. Da sind eigene Transporte der Heimkinder direkt von hier in die Gaskammern gegangen [...].«[981] Im Jahr 1942 wohnten noch 70 Kinder und Jugendliche im Kinderheim des »Ältestenrates«.[982] Die am Kriegsende Verbliebenen waren gemäß »Nürnberger Rassengesetze« sogenannte »Halbjuden« und hatten als solche in der Mohapelgasse überlebt.[983] »Von diesen 30 Kindern haben wir entweder gewußt, daß sie einen nichtjüdischen [Eltern-]Teil haben und da habe ich den Auftrag bekommen, einen Ariernachweis für diesen nichtjüdischen Teil zu verschaffen, damit ich beweisen kann, daß das nichtjüdische Kinder sind, daß das arische Väter oder Mütter waren.«[984] Franzi Löw erzählt weiter, wie sie mit der Ausstellung von Taufscheinen das Leben mancher Kinder rettete. Eines von diesen war etwa der spätere Bodybuilder Harry Gelbfarb. »Und die anderen, wo nicht gestanden ist, wer der Vater oder die Mutter war, habe ich so gemacht, daß ich dem Vormundschaftsgericht geschrieben habe, daß der Vater des Kindes so und so heißt, habe ich irgendeinen Namen genommen und habe in einem Taufbuch nachgeschaut, wann der geboren war und wo er geboren war. Habe mir einen Taufschein des Vaters besorgt, der nicht der wirkliche Vater war und habe mir dann durch den einen Taufschein die Dokumente der Eltern verschafft und habe so bewiesen, daß die Kinder einen nichtjüdischen Elternteil haben.«[985]

Die »Jugendwohlfahrtsverordnung« vom 20. März 1940 bildete auch nach Kriegsende die gesetzliche Grundlage kommunaler Jugendfürsorge. Das nazistische Gedankengut wurde offiziell aus dem Staatsgesetzblatt gestrichen, womit

---

979 Zwischen 1939 und 1945 wurde die Tempelgasse nach Josef Mohapel benannt. Dieser war zwar 1925 verstorben, wurde aber als illegaler Nazi posthum verehrt.
980 Vgl. Duizend-Jensen, Shoshana, Jüdische Gemeinden, Vereine, Stiftungen und Fonds. »Arisierung« und Restitution, Veröffentlichungen der Historikerkommission. Vermögensentzug während der NS-Zeit sowie Rückstellungen und Entschädigungen seit 1945 in Österreich, Band 21/2, Wien/München 2004, 73.
981 Interview mit Franzi Danneberg-Löw am 25. 5. 1988 (DÖW, Interviewsammlung, Transkript 515).
982 Vgl. ebd.
983 Vgl. Weiss, Alexia, Die Kinder der Tempelgasse. Das psychosoziale Zentrum Esra zeigt bis 25. Juni eine Fotoausstellung über das jüdische Kinderheim Wien in der NS-Zeit, Wiener Zeitung, 04. April 2015, online: https://www.wienerzeitung.at/nachrichten/politik/wien-politik/750066_Die-Kinder-der-Tempelgasse.html?em_cnt_page=1 [27.06.2021].
984 Interview mit Franzi Danneberg-Löw am 25. 5. 1988 (DÖW, Interviewsammlung, Transkript 515).
985 Ebd.

mit der NS-Jugendfürsorge gebrochen sein sollte.[986] Auch die Aufgaben des Amtes blieben bestehen und »umfassten den gesetzlichen Auftrag von Kontrolle und Überwachung der Mündel, sowie des sogenannten Maßnahmenvollzuges zum ›Schutz des Kindes‹.«[987]

Im Jahr 1949 startete die IKG in Absprache mit dem Joint eine Suche nach jüdischen Waisenkindern. Einem Bericht der IKG an die Wohlfahrtsbeauftragte des Joint Sophie Linden lässt sich die Information entnehmen, dass ungefähr 30 Kinder während der NS-Herrschaft in Pflegefamilien christlicher Konfession aufgenommen worden waren. Dabei hielt der Bericht fest, es handle sich »um Kinder, deren jüdische Eltern deportiert wurden oder verschollen sind, dessen ein Elternteil nichtjüdisch und der andere jüdisch war, und die, nachdem der jüdische Teil deportiert oder ums Leben gekommen war, vom nichtjüdischen Teil nicht behalten wurden, usw.«[988] Die IKG zeigte sich bestrebt, auf verschiedenen Wegen Informationen über diese Kinder zu erhalten. Eine diesbezügliche Anfrage an das Matrikelamt, ob ihm Informationen zu Kindern in Pflegefamilien vorlägen, wurde zwar negativ beantwortet, dennoch bemühte sich das Amt weiterzuhelfen. Aufgrund der persönlichen Kenntnisse einer Mitarbeiterin des Matrikelamts konnte dieses die Namen dreier Kinder weitergeben, die während der NS-Zeit im Kinderheim untergebracht und anschließend von nichtjüdischen Pflegefamilien aufgenommen worden waren.[989] Die Fürsorgeabteilung konnte in weiterer Folge mit diesen in Kontakt treten. In einem Fall handelte es sich um ein Kind, das während der NS-Diktatur laut Erhebung der Fürsorgeabteilung »zeitweise« im Kinderheim untergebracht war.[990] Aus dem kurzen Sozialbericht der Fürsorgeabteilung geht nicht hervor, um welche Zeitspanne es sich dabei handelte und wo das Kind die restliche Zeit über untergebracht war. Im Juni 1945 wurde es schließlich in die Obhut einer Pflegefamilie übergeben. Die Pflegemutter war 1938 zum Katholizismus konvertiert. Sie hatte das Kind auf Anraten einer Nonne, es solle später selbst entscheiden, jedoch nicht taufen lassen.[991] Die Fürsorgeabteilung kommentierte: »[Die] Pflegeeltern hängen sehr an [dem] Kind [und bezeichnen es als] (›Sonnenscheinchen‹). [Sie]Brauchen von der IKG nichts. Frau T[…] macht einen ausserordentlich guten Eindruck, ist aber eine

---

986 Vgl. Wolfgruber, Gudrun, Von der Fürsorge zur Sozialarbeit. Wiener Jugendwohlfahrt im 20. Jahrhundert, Wien 2013, 77.
987 Ebd.
988 Archiv IKG Wien, Bestand Wien, A/VIE/IKG/III/SOZ/1/1, Bericht Amtsdirektion an S. Linden, 20.06.1949.
989 Vgl. ebd., Schreiben Matrikelamt an Amtsdirektion, 09.05.1949.
990 Bei Maria Gabrielsens Besuch (im November 2022) des ehemaligen Heims in der Tempelgasse 3, wo sie selbst untergebracht war, berichtet sie von Kindern, die aufgrund fehlender Betreuung halb- oder ganztags im Heim waren. S. zu ihrer Autobiografie: Gabrielsen, Maria, Angezeigt von Mama. Die Geschichte einer Denunziation, Berlin 2018.
991 Vgl. Archiv IKG Wien, Bestand Wien, A/VIE/IKG/III/SOZ/1/1, Registerblatt, 24.05.1949.

resolute Frau.«[992] Bei den zwei weiteren Kindern, die durch das Matrikelamt genannt worden waren, handelte es sich um ein Geschwisterpaar. Dessen Pflegeeltern sprachen in weiterer Folge ebenso in der IKG vor. Darüber hinaus empfahl das Matrikelamt die Kontaktaufnahme mit Renée Herzka.[993] Diese hatte als Erzieherin in der »Mohapelgasse« gearbeitet und hätte in dieser Angelegenheit folglich Hinweise geben können müssen.[994] Die IKG folgte der Empfehlung und wandte sich mit der Bitte um Auskunft an sie.[995] Inwiefern sie die Anfrage beantwortete, lässt sich nicht mehr nachvollziehen. Parallel wandte sich die IKG mit dem gleichen Bittschreiben an Gisela Kornfeld, die wie bereits in einem vorangegangenen Kapitel erwähnt, zu diesem Zeitpunkt als Leiterin des Rückkehrerheims in der Tempelgasse tätig war.[996] Ihr seien keine Kinder bekannt, die während der NS-Herrschaft in Pflegefamilien versteckt worden seien, gab sie in einem Antwortschreiben an. Allerdings leitete sie die Namen und Kontaktdaten dreier Kinder weiter, die sich ihres Wissens nach 1945 in Pflege bei nichtjüdischen Eltern befanden. Diese sind ident mit jenen, die das Matrikelamt bereits genannt hatte.[997] Gisela Kornfeld besaß vermutlich nicht alleine aufgrund ihrer langjährigen Leitungsfunktionen Kenntnis über die Biografien der Kinder, sondern auch aufgrund ihres gleichzeitigen Wohnsitzes in der Augartenstraße und der damaligen Mohapelgasse.[998] Mehrmalige vergleichbare Anfragen an Franzi Löw scheinen unbeantwortet geblieben zu sein.[999] Die Sinnlosigkeit einer versuchten Kontaktaufnahme der IKG mit Löw unterstrich auch das Matrikelamt, wenn es heißt: »Eine Fühlungnahme mit Franzi Löw, die Auskunft geben könnte, ist nicht möglich, da Frau Löw in ihrem Amte nie anzutreffen ist.«[1000]

Nachdem bisherige Unternehmungen, die Kinder weitreichend ausfindig zu machen, gescheitert waren, versuchte die IKG die Suche besser zu organisieren. In verschiedenen Zeitungen sollte ein Inserat geschaltet werden. Dieses enthielt den Aufruf, dass Pflegeeltern der oben genannten 30 Kinder am 8. Mai 1949

---

992 Ebd.
993 Teilweise auch Renée, Renee, Herzig oder Hertzka geschrieben. Renee Herzka hatte ihr Dienstverhältnis am 06.11.1940 in der »Notunterkunft« Untere Augartenstraße im 2. Wiener Gemeindebezirk angetreten. Nachdem dieses 1942 aufgelöst wurde, war sie laut Personalakt bis 1943, wo sie bis Sommer 1945 erneut einem Anstellungsverhältnis in der IKG nachging, ehrenamtliche Mitarbeiterin im »Heim«. Vgl. ebd., A/VIE/IKG/I-III/PERS/Kartei, K8.
994 Vgl. ebd., A/VIE/IKG/III/SOZ/1/1, Schreiben Amtsdirektion an R. Hertzka, 11.05.1949.
995 Vgl. ebd., Schreiben Matrikelamt an Amtsdirektion, 09.05.1949.
996 Vgl. ebd., Schreiben Amtsdirektion an G. Kornfeld, 11.05.1949.
997 Vgl. ebd., Schreiben G. Kornfeld an Amtsdirektion, 24.05.1949.
998 Vgl. Archiv IKG Wien, Bestand Wien, 1374 FS AH Jugendbewegungen 50er, 60er (temp.), Protokoll IKG und Protokoll – Personalakt: Gisela Korn.
999 Vgl. etwa Archiv IKG Wien, Bestand Wien, A/VIE/IKG/III/SOZ/1/1, Schreiben Amtsdirektion an F. Löw, 25.02.1949.
1000 Ebd., Schreiben Matrikelamt an Amtsdirektion, 09.05.1949.

zwecks einer fürsorgerischen Abklärung in der IKG vorsprechen sollten.[1001] Durch ein persönliches Einladungsschreiben der IKG für den 8. Mai 1949 an eine Pflegefamilie, kann angenommen werden, dass der IKG manche Pflegeltern zu diesem Zeitpunkt bereits bekannt waren und dass neben den Annoncen auch zusätzlich Einladungen für den genannten Termin versendet wurden.[1002] Erwähnenswert ist ebenso ein weiteres Inserat vom 12. Mai 1949, welches in den Zeitungen »Weltpresse«, »Der Abend«, »Arbeiter-Zeitung«, »Das kleine Volksblatt«, »Österreichische Zeitung«, »Neues Österreich« und »Österreichische Volksstimme« platziert werden sollte. Möglicherweise lässt sich das Vorhaben, ein neuerliches Inserat zu schalten, mit der Hoffnung erklären, zusätzliche Personen ausfindig zu machen. Dieser Aufruf wich von vorherigem nur unmerklich ab: »Das Präsidium d.Israel.Kultusgemeinde Wien I. Schottenring 25, II.Stock, ersucht alle Personen, welche vor 1938 bis jetzt jüd. Waisenkinder, deren Eltern verschollen sind, in Pflege und Obhut hatten, sich zu melden. Anträge und Ansuchen auch schriftlich an obige Adresse.«[1003]

Belegbar ist, dass aufgrund des ersten Aufrufes, sich am 08. Mai 1949 in der IKG persönlich zu melden, 15 Kinder ausfindig gemacht werden konnten.[1004] Abklärungen der Fürsorgeabteilung fanden im Einvernehmen mit den Pflegeltern statt. In Rücksprache mit diesen wurde ein sogenanntes Registerblatt mit den nötigen Informationen zu den Kindern erstellt, die kurzen Sozialberichten gleichen.[1005] Die Fälle waren äußerst divers. Einem Registerblatt lässt sich etwa die Biografie eines Kindes entnehmen, welches außerehelich geboren wurde. Bis der Vater nach Theresienstadt deportiert wurde und dort im Jahr 1942 verstarb, lebte das Kind bei ihm in Iglau, Tschechien. Danach scheint es bis 1945 bei der Schwester des Verstorbenen, die als Vormund geführt wurde, in Iglau gewohnt zu haben. Der Bericht der Fürsorgeabteilung ist in der Zeitenabfolge nicht ganz nachvollziehbar. Daher kann nur angenommen werden, das Kind habe sich ab 1945 in Obhut der leiblichen Mutter befunden, nach deren Angaben es eine römisch-katholische Erziehung erhielt, wenngleich es in der Kultusgemeinde in Iglau eingetragen war. Die Mutter dürfte in den Jahren zwischen 1945 und 1949 keine nennenswerte Bindung zu dem Kind aufgebaut haben. So stimmte sie der Obsorge Übertragung ihres Kindes an die IKG zu.[1006] Der nachvollziehbare Fokus der IKG bei der Suche nach diesen Kindern wird im Folgenden deutlich erkennbar: »Wir glauben, nicht betonen zu müssen, welche hohe und heilige

---
1001 Vgl. ebd., Bericht Amtsdirektion an S. Linden, 20.06.1949.
1002 Vgl. ebd., Einladung der IKG, 06.05.1949.
1003 Ebd., Inserat, 12.05.1949.
1004 Auch wenn der Abklärungstermin am 08.05. stattgefunden hatte, bleibt unklar, ob weitere Termine folgten. Fest steht die Datierung sämtlicher Registerblätter mit 24.05.1949.
1005 Vgl. ebd., Bericht Amtsdirektion an S. Linden, 20.06.1949.
1006 Vgl. ebd., Registerblatt, 24.05.1949.

Aufgabe wir hiermit zu erfüllen versuchen, solche jüdische Kinder für das Judentum zurückzugewinnen.«[1007] Bei Zustimmung des Vormundes bzw. der gerichtlichen Zustimmung der Vormundschaftsübertragung an die IKG plante diese, die Kinder zum Zweck der Bildung und Erziehung entweder in ein Schweizer Internat zu schicken oder nach Israel.[1008] Dass manche Erziehungsberechtigte auf keinen Fall die Kinder aus ihrer Obhut entlassen wollten, geht aus einem anderen Registerblatt hervor. In diesem Fall lebte das Kind bei seiner Tante und seinem Onkel. Sie waren Rückkehrer:innen aus Palästina und das Kind hatte in Nizza überlebt. Die Schwester der Tante, Mutter des Kindes und deren Mann waren im KZ umgekommen. Hier zeigt sich, dass sich nicht ausschließlich Pflegeeltern christlicher Konfession auf den Aufruf der IKG hin meldeten. Ein weiteres Beispiel zeigt wiederum die Aufnahme eines Säuglings durch eine Pflegemutter, die das Kind römisch-katholisch erzog. Über die Eltern ist lediglich zu erfahren, dass die Mutter nichtjüdisch, der Vater hingegen jüdisch war. In diesem Fall willigte die Pflegemutter in die Erziehung des Kindes in der Schweiz ein.[1009] An einem anderen Beispiel lässt sich die Betreuung der Pflegeeltern ablesen, die ein 1947 geborenes Kind aufnahmen, nachdem die jüdischen Eltern beide Österreich verlassen hatten. Die Fürsorgeabteilung sprach sich in diesem Fall für die Ausbezahlung eines Pflegebeitrags an die christlichen Pflegeeltern aus, »nachdem durch unsere Recherche festgestellt wurde, dass das Kind sich in guter Pflege befindet.«[1010] Neben dieser positiven Beurteilung berücksichtigte die Fürsorgeabteilung in diesem Fall auch den Umstand, die biologischen Eltern hätten die Pflegeeltern selbst ausgewählt.[1011] Eine andere Biografie schildert das Schicksal eines Waisenjungen, dessen Mutter nach der Flucht vor den Nazis in England Suizid beging. In einem Quäkerheim lernte die Mutter die nichtjüdische spätere Pflegemutter des Kindes kennen.[1012] Die IKG beschrieb sie als »Typus der abgehärteten, abgearbeiteten, jedoch intelligenten Kinderpflegerin.«[1013] Wie sehr sie an dem Kind hing, geht aus der Dokumentation der Fürsorgeabteilung hervor: »Wird das Kind niemals hergeben. Will es jüdisch erziehen lassen. Würde das Kind in der Schweiz in ein Kinderheim geben, jedoch nur dann, wenn sie in der Nähe des Kindes sein kann und einen Posten als Pflegerin bekäme, was bei ihren Fachkenntnissen ohne weiteres möglich ist.«[1014] Wie aus den vorangegangenen Schilderungen ersichtlich, entschied die IKG primär im Sinne des Kindeswohls

---

1007 Ebd., Bericht Amtsdirektion an S. Linden, 20.06.1949.
1008 Vgl. ebd.
1009 Vgl. ebd., Registerblätter, 24.05.1949.
1010 Ebd., Schreiben Fürsorgeabteilung an Amtsdirektion, 05.04.1949.
1011 Vgl. ebd.
1012 Vgl. ebd., Registerblatt, 24.05.1949.
1013 Ebd.
1014 Ebd.

und das jenseits ihrer etwaigen Übernahme der Obsorge. Die auf den Registerblättern verzeichneten, geplanten Hausbesuche untermauern diese Einschätzung. Dementsprechend blieb es nicht bei den Erstkontakten mit den Situationserhebungen für die Erstellung der Registerblätter. Die Beamt:innen vergewisserten sich offensichtlich vor Ort über adäquate Unterbringung und kindgerechte Erziehung. Die Gewährleistung des Kindesschutzes wurde priorisiert. Die Suche nach Waisenkindern und Erhebungen bezüglich ihrer Unterbringung und Erziehung zählten zu den Aufgabenbereichen der Fürsorgeabteilung der IKG, in denen der Fokus nicht auf finanziellen Unterstützungsleistungen lag. Sie konnte dabei – ebenso wie die öffentliche Fürsorge – keinen prophylaktischen Ansätzen folgen, sondern widmete sich in den schwierigen Nachkriegsjahren der unmittelbaren Linderung wirtschaftlicher Notlagen sowie der Existenzsicherung.[1015]

---

1015 Vgl. Wolfgruber, Gudrun, Von der Fürsorge zur Sozialarbeit. Wiener Jugendwohlfahrt im 20. Jahrhundert, Wien 2013, 93.

# Die Kleiderkammer – zur praktischen Vergabe in den ersten Nachkriegsjahren

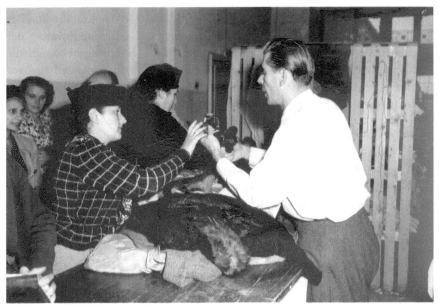

Abb. 27: Rothschildspital – Ausgabe von Kleidung u. Schuhen, September 1946 (Bestand Jüdisches Museum Wien, Inv. Nr. 26391)

In der Einleitung wurde bereits auf die Vergabe von Kleidungsstücken durch die Fürsorgeabteilung verwiesen. Es handelt sich dabei um ein Tätigkeitsfeld, das auf ihre erste Vorgängerin, die 1908 etablierte »Zentralstelle für jüdische soziale Fürsorge« zurückgeht. Damals kam die Finanzierung der Zentralstelle durch Beiträge der IKG, des American Joint Distribution Committees, von Vereinen sowie durch Spenden und Sammelaktionen zusammen.[1016] Das änderte sich auch

---

1016 Vgl. Stelzer, Verena, Israelitische Fürsorge in Wien zur Zeit der Ersten Republik, David.

später nicht wesentlich. Speziell nach dem Zweiten Weltkrieg war die IKG aber auf die Unterstützung durch ausländische Hilfsorganisationen angewiesen. Hinsichtlich der dramatischen Ernährungslage erfuhr Wien von zahlreichen öffentlichen und privaten Hilfsorganisationen Unterstützung. Dazu zählten v. a. Aktionen der Schweiz, Schwedens, Dänemarks, Großbritanniens, Belgiens, der Niederlande, der USA und des Roten Kreuzes.[1017] Diese Initiativen beschränkten sich nicht auf Lebensmittel, sondern beinhalteten ebenso Kleideraktionen.

Die Fürsorgeabteilung bestand aus zwei Verwaltungsbereichen. Nämlich dem der Fürsorge und dem der Kleiderkammer, die sich zunächst ebenso in der Seitenstettengasse 2–4 befand.[1018] Für die Kleiderkammer war eine eigene Kommission zuständig. Darauf, dass die Bereiche nicht völlig getrennt voneinander agierten, wurde bereits hingewiesen. Dass die Bereiche Hand in Hand gingen, erklärt wohl auch Jakob Bindels Mitgliedschaft in der Kommission der Kleiderkammer Ende 1948.[1019] Für die Deckung der Grundbedürfnisse der Überlebenden und der Rückkehrer:innen war die Kleiderausgabe durch die Kleiderkammer der IKG ganz maßgeblich. Die Fürsorgeabteilung stellte personenbezogene Anweisungsscheine für die benötigten Kleidungsstücke aus.[1020] Die Tatsache, dass die Kleiderkammer bei der Vergabe Prioritäten setzen musste, wird durch nachstehendes Zitat deutlich: »Leider kann dem geradezu ungeheuren Bedarf in dieser Richtung nur ganz unzulänglich entsprochen werden, weil eine systematische Beschaffung des notwendigen Materials im Inland überhaupt nicht möglich ist, auch nicht mit den größten Geldmitteln und die Fürsorge daher einzig und allein auf dasjenige angewiesen ist, was an Spenden nicht immer nach dem dringendsten Bedarf aussortiert […]«[1021] wird. Aufgrund der allgemeinen Ressourcenknappheit war die IKG also ganz wesentlich auf Kleiderspenden angewiesen. Über die Verteilerstelle der IKG konnten gespen-

---

Jüdische Kulturzeitschrift, Ausgabe 72, März 2007, online: https://davidkultur.at/artikel/israelitische-fursorge-in-wien-zur-zeit-der-ersten-repbulik [12.10.2023].
1017 Vgl. Milchram, Gerhard, Care for Austria, Wien Museum, Magazin, 17. September 2020, online: https://magazin.wienmuseum.at/internationale-anstrengungen-zur-linderung-der-not-in-wien [12.10.2023].
1018 Ein Informationsschreiben des Amtsdirektors Krell über den Kleidungsbestand in der Seegasse belegt die Existenz eines dortigen Magazins. Vgl. Archiv IKG Wien, Bestand Wien, A/VIE/IKG/III/SOZ/6/10, Mitteilung der Amtsdirektion, 4.01.1949.
1019 Zu Kultusvorstehendem Jakob Bindel s. auch das Kapitel »Die Fürsorgeabteilung nach 1945«; Ende 1948 gehörten der Kommission der Kleiderkammer zusätzlich etwa Josef Bittmann, Jakob Bindel, Jaroslav Goldschmidt, Otto Hermann, Michael Kohn, Josef Ludmerer, Josef Stappler und Richard Toch von der IKG und Valentin Lindner als Vertreter des Joint an. Vgl. Archiv IKG Wien, Bestand Wien, A/VIE/IKG/III/AD/VOR/1/2, Protokoll, 02.12.1948.
1020 Vgl. ebd., FS Studenten 1949/50 (temp.), Anweisungsschein, 11.10.1945.
1021 Archiv IKG Wien, Bestand Jerusalem, A/W 4312, Bericht der Fürsorgeabteilung, 17.10.1947.

dete Kleidungsstücke der Kleiderkammer zugeteilt werden, die in verschiedenen Ländern gesammelt worden waren.[1022] Nicht datierte, leere Anweisungsscheine bezüglich schwedischer Kleiderspenden belegen etwa Spenden von dort.[1023] Ausfolgescheine über Spenden der »American Federation of Jews from Austria, World Jewish Congress, New-York« verraten – abgesehen von der Spenderin – auch etwas über das Ausgabeprozedere: Auf den für die Kleiderkammer bestimmten Ausfolgescheinen wurden die benötigten Kleidungsstücke benannt und die Namen der Personen vermerkt, an welche die Sachen auszugeben waren.[1024] Die Klient:innen bestätigten die Übernahme der Kleidungsstücke auf separaten Blättern, denen ihre persönliche Daten und die konkreten Ausfolgungen zu entnehmen waren.[1025] In einem Bericht der Fürsorgeabteilung wird die Praxis folgendermaßen beschrieben: »Die Kleiderkammer ist nach Art eines Warenhauses organisiert, die einlangenden Spenden werden sortiert und den Besuchern zur Schau gestellt, die sich nach Bedarf und Geschmack selbst auswählen können was sie brauchen.«[1026] Als Teilbereich der Fürsorgeabteilung sah sich auch die Kleiderkammer mit dem Vorwurf konfrontiert, protektionistisch vorzugehen und antwortete auf ein entsprechendes Beschwerdeschreiben: »Was unsere Kleiderkammer betrifft, können wir nur wiederholen, dass wir nur die Dinge ausfolgen können, die wir zugewiesen erhalten. Sie mögen sogar Recht haben, dass dann und wann ein besseres Stück dabei ist und jemand das Glück hat, dieses zu erhalten. Aber völlig lehnen wir ab, dass Protektion geübt wird.«[1027]

Für den Zeitraum zwischen 1945 und 1948 liegen zahlreiche Empfangsbestätigungen der Kleiderkammer vor.[1028] Insofern kann davon ausgegangen werden, dass sich diese Form der Organisation bewährt hatte. Die minimalen Abweichungen in Bezug auf die Dokumentation der Ausgabe waren formaler Natur. So wurde die Ausgabe einzelner Kleidungsstücke einer Bekleidungsspendenaktion des World Jewish Congress (WJC) im Frühling 1947 beispielsweise direkt auf Lieferscheinen des WJC mit Unterschrift der Entgegennehmenden verzeich-

---

1022 Vgl. ebd., A/W 4304, Schreiben an Verteilungsstelle IKG – Dir. Schindler, 23.10.1947. Es handelt sich bei Dir. Schindler wohl um Ernst Schindler. Dieser war ab 1.03.1947 als Amtsleiter in der Verteilungsstelle eingesetzt. Ab 1.1.1948 »Zur besonderen Verw.« und ab 01.06.1948 im Steueramt. Vgl. Archiv IKG Wien, Bestand Wien, A/VIE/IKG/I-III/PERS/Kartei, K17.
1023 Vgl. Archiv IKG Wien, Bestand Wien, A/VIE/IKG/III/SOZ/KK/1/1, Anweisungsscheine Schwedischer Kleiderspenden, 1945–1950.
1024 Vgl. ebd., A/VIE/IKG/III/SOZ/KK/1/2, Ausfolgeschein, 14.07.1947.
1025 Vgl. ebd., Empfangsbestätigung, 24.10.1945.
1026 Archiv IKG Wien, Bestand Jerusalem, A/W 4312, Bericht der Fürsorgeabteilung, 17.10.1947.
1027 Ebd., A/W 4301, Antwortschreiben E. Schindler, 24.05.1948.
1028 Vgl. Archiv IKG Wien, Bestand Wien, A/VIE/IKG/III/SOZ/KK/1/3, Empfangsbestätigung, 01.10.1945.

net.[1029] In jedem Fall wurde sorgfältig dokumentiert, wie auch anhand einer Schweizerischen Kleiderspende ersichtlich wird: Die Scheine enthielten nicht nur Informationen zu Spender:innen, sondern gleichzeitig Felder zur Angabe über Anweisung, Ausfolgung und Entgegennahme der Bekleidungsgegenstände, die die Kleiderkammer verteilte.[1030]

Für Zwecke der Dokumentation wurde also verwendet, was vorhanden war: mitgelieferte Ausfolgescheine, Empfangsbestätigungen oder eben Lieferscheine. Häufig waren den von der Spenderorganisation bereitgestellten Empfangsbestätigungen auch noch detaillierte Angaben zu der jeweiligen karitativen Institution zu entnehmen.[1031]

Wie etwa eine kanadische Kleiderspende des Jahres 1946 zeigt, handelte es sich mitunter um derart umfangreiche Sammlungen, dass hunderte Personen mit Kleidungsstücken beteilt werden konnten.[1032]

Die Länder spendeten häufig mehrmals, wie etwa den Anweisungsscheinen einer Schweizer Kleiderspende aus dem Jahr 1947 entnommen werden kann.[1033]

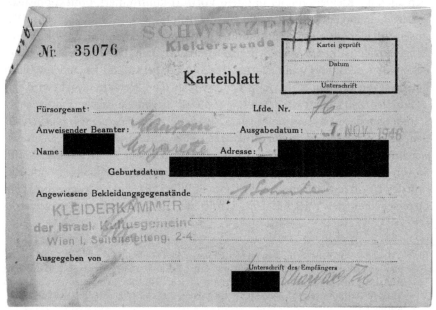

Abb. 28: Karteiblatt Kleiderkammer, November 1946

---

1029 Vgl. ebd., A/VIE/IKG/III/SOZ/KK/2/1, Lieferscheine Kleiderspende WJC, 1947.
1030 Vgl. ebd., A/VIE/IKG/III/SOZ/KK/1/5, Karteiblatt, 07.11.1946.
1031 Vgl. ebd., A/VIE/IKG/III/SOZ/KK/1/ 3, Empfangsbestätigung/Ausfolgeschein, 28.10.1947.
1032 Vgl. ebd., A/VIE/IKG/III/SOZ/KK/1/4, Karteikarten/Ausfolgungen Kanadischer Spende, 1946.
1033 Vgl. ebd., A/VIE/IKG/III/SOZ/KK/1/6, Anweisungsscheine Schweizer Kleiderspende, 1947.

Die Dokumentationen machten die Ausgabe an einzelne Bedürftige transparent und entsprang wohl der Absicht einer möglichst gerechten Zuteilung. Um ganz allgemein den Bestand zu dokumentieren, verzeichnete die Kleiderkammer sämtliche Ein- und Ausgänge inklusive Datum auf Karteikarten.[1034] Die akribische Dokumentation steht hier wohl in Zusammenhang mit der direkten Anweisung des Joint, monatliche Statistiken zu übermitteln.[1035] Die dieser Anforderung entsprechend aufgestellten Listen wiesen dabei die genaue Anzahl der ausgegebenen Kleidungsstücke auf.[1036] Auch diese Aufstellungen enthielten Anmerkungen, denen allgemeine Informationen über die Herkunft der Spenden entnommen werden können, beispielsweise »Bekleidungsstücke wurden zu 90 % aus UNRRA Spenden entnommen«[1037]. Einmal mehr wird hier die Abhängigkeit der IKG und die enge Zusammenarbeit des Joint mit der IKG deutlich.

Anweisungsscheine der Emigrationsabteilung des AJDC aus den Jahren zwischen 1948 und 1950, denen die Fürsorgeabteilung zu entsprechen hatte, unterstreichen erneut die breite Befugnis des Joint.[1038] Eine Anordnung im Zusammenhang mit der Ausgabe von Kleidungssets an Auswander:innen lautete: »Wir ersuchen Sie, jedem Auswanderer, der sich mit einer Anweisung von der Emigrationsabteilung des AJCD bei Ihnen meldet, mit ein- oder mehreren Standard Ausrüstungen [...] ausrüsten zu wollen.«[1039] Zu diesen Sets gab es detaillierte Vorgaben bezüglich der Kleidungsstücke je nach Alter und Geschlecht der auszustattenden Person.[1040] Das obige Zitat zeigt, dass dem Joint daran gelegen war, die Befürsorgung speziell den Auswander:innen zuteil werden zu lassen. Gemäß den Vorgaben des Joint auch jedem und jeder nichtjüdischen Ehepartner:in, sofern er während des NS-Terrors »zu seiner jüdischen Ehehälfte gestanden hat«[1041].

Nicht alle Bedürftigen wandten sich mit ihrem Kleiderbedarf an die Fürsorgeabteilung. Einige suchten etwa direkt beim Joint an. Diese Ansuchen behielt der Joint anscheinend im Auge. Die Weiterleitung eines solchen von S. Lipscher, »welfare worker«, an die Fürsorgeabteilung der IKG belegt das: »Der obengenannte [Bedürftige] bewarb sich bei AJDC um einen Anzug. Seinen Brief lege ich bei und ersuche Sie, mir zu berichten, was er erhalten hat und wie groß seine

---

1034 Vgl. ebd., A/VIE/IKG/III/SOZ/KK/2/7, Standlisten Kleiderkammer zwischen 1947 und 1949.
1035 Vgl. Archiv IKG Wien, Bestand Jerusalem, A/W 4312, Schreiben AJDC H. Hendl, Statistics Departement an Fürsorgeabteilung, 08.03.1948.
1036 Vgl. ebd., Aufstellungsliste der im Februar 1948 durch die KK ausgegebene Damen- und Herrenbekleidung.
1037 Ebd.
1038 Vgl. Archiv IKG Wien, Bestand Wien, A/VIE/IKG/III/SOZ/KK/2/2, Anweisungsschein AJDC, 12.03.1949.
1039 Archiv IKG Wien, Bestand Jerusalem, A/W4275, Schreiben AJDC, 16.11.1948.
1040 Vgl. ebd.
1041 Ebd., Protokoll Fürsorgeabteilung, 30.06.1948.

Bedürftigkeit ist.«[1042] Das Antwortschreiben folgte zeitnahe: »Genannter hat aufgrund seiner Vorsprache bei uns ein ›Soforthilfe Lebensmittelpaket‹ bekommen. Was die angeforderten Kleidungsstücke betrifft, sind wir ausserstande, ihm momentan zu helfen, haben wiederholt an Ihre Stelle uns gewendet, uns Kleidungsstücke zuzuteilen, was bis zum heutigen Tage trotz öfterer Urgenz nicht geschehen ist.«[1043] Die Abhängigkeit von der Ressourcenzuteilung durch den Joint wird hier evident.

Die Fürsorgeabteilung der IKG erhielt aber auch Ausfolgungsbitten der eigenen Leitung. Präsident David Brill bat etwa in einem Schreiben an die Fürsorgeabteilung um die Ausfolgung eines Wintermantels an M. P. und begründete die Ausgabe damit, dass dieser keinen besaß. Ein Vermerk der Fürsorgeabteilung über die tatsächliche Erledigung geht allerdings erst auf April 1948 zurück.[1044] Die Ausgabe zeigt zwar, dass der Ausfolgungsbitte nachgegangen wurde, doch ist das Prozedere bis zur Ausfolgung nicht mehr nachzuvollziehen.

Die Fürsorgeabteilung nahm allerdings nicht als einzige Bedarfserhebungen vor. Die diesbezügliche Involvierung verschiedener Komitees wurde weiter oben bereits angeschnitten. Ein Beschwerdeschreiben der Komitees der Shanghai-, Nisko-, Karaganda-, und Palästina-Heimkehrer an David Brill, sowie in CC an das Wanderungsreferat, die Fürsorgeabteilung und den AJDC, zeigt neben den vielen in die Kleiderausgabe involvierten Parteien auch den organisatorischen Aufwand, den dieser Aufgabenbereich mit sich brachte. Laut einem an Brill gerichteten Beschwerdeschreiben war zwischen den genannten Komitees und Franzi Löw – stellvertretend für die Fürsorgeabteilung – das Abkommen getroffen worden, bedürftige Heimkehrer:innen einzukleiden. »Die Vereinbarung lautet, dass jeder einzelne Fall von uns genauest zu prüfen ist, was auch durchgeführt wurde. Nunmehr sind sämtliche Vorarbeiten seit mehr als einer Woche abgeschlossen, d. h. das[s] nicht nur die Listen in den Händen der Fürsorgeabteilung sind, es sind auch die notwendigen Bekleidungsstücke durch den Joint der Fürsorgeabteilung angewiesen worden und zwar spezielle für die Versorgung unserer Heimkehrer.«[1045] Franzi Löw habe die Komitees nach mehrmaligen Anfragen auf die Zeit nach der bevorstehenden Übersiedlung der Fürsorgeabteilung vertröstet, hieß es in der Beschwerde. Die Komitees wiesen darin entrüstet auf die kalte Jahreszeit hin, in der die Ausgabe der Winterkleidung noch erfolgen sollte.[1046] Die Bedeutung der Angelegenheit wird in der der Beschwerde unmittelbar folgenden Einladung der Komitees und Franzi Löws durch den Direktor

---

1042 Ebd., A/W 4312, Schreiben AJDC S. Lipscher an E. Schindler Fürsorgeabteilung, 06.04. 1948.
1043 Ebd.
1044 Vgl. ebd., A/W 4274, Ausfolgebitte Amtsdirektion, 3.12.1947.
1045 Ebd., Beschwerdeschreiben an D. Brill, 18.11.1947.
1046 Vgl. ebd.

des AJDC, Mark Breslaw, deutlich. Löw wollte das Schreiben der Komitees nicht unkommentiert lassen und verschriftlichte ihre Perspektive in einem Schreiben an Brill. Einleitend gibt sie Auskunft, sie sei gerade auf dem Weg zu einem Termin mit Breslaw gewesen, als sie die Kopie des an Brill gerichteten Beschwerdeschreibens erhalten habe. Sie sei zwar noch der Einladung Breslaws gefolgt, habe diesem aber dargelegt, dass sie sich vor einer gemeinsamen Unterredung mit den Komitees erst mit einer eigenen Stellungnahme an den Präsidenten wenden haben wolle. Breslaw habe sich verständnisvoll gezeigt. Die Entrüstung Löws kommt in ihrem Schreiben deutlich zum Ausdruck: »[...]dieser Brief ist – ich wiederhole es noch einmal – eine Ungeheuerlichkeit, die man nur als bewusste Schikane der Komitees gegenüber den Ihrer Verwaltung unterstehenden Institutionen der I.K.G. bezeichnen kann.«[1047] Sie fühlte sich sichtlich hintergangen und bezeichnete das Vorgehen des Komitees als »krass«, »aufreizend« und als Akt der »Illoyalität«, da sie sich teilweise mehrmals täglich mit den Mitgliedern der Komitees ausgetauscht hätte. Sie betonte ihren persönlichen Einsatz, speziell für die Anliegen der Heimkehrer:innen, sofern das nicht zur Benachteiligung anderer Gruppen, wie etwa die der K.Z. Überlebenden führte. Eindeutig klingt zusätzlich ihre persönliche Kränkung durch die Vertreter des Komitees durch, sich nicht ehrlich und im Wissen um ihre Bemühungen und Herausforderungen auf einer direkten Ebene mit ihr auseinandergesetzt zu haben.[1048] Darüber hinaus sah sie in deren Beschwerde auch einen fachlichen Angriff: »Sie werden verstehen, Herr Präsident, dass ich in der Absendung dieses Briefes überhaupt und in dem Ton des Briefes im besonderen liegenden Beleidigung der Tätigkeit I h r e r Fürsorgeabteilung durch verwaltungsfremde Personen als eine völlig ungerechte und unerträgliche Herabsetzung der Institutionen der I.K.G. empfinde, die ich mir ebensowenig gefallen lassen kann, wie ich die darin liegende persönliche Beleidigung auf Grund ganz falscher Darstellung der Tatsachen [unkommentiert stehen lassen kann].«[1049] Sie schließt mit der Feststellung, dass ihr eine Ausgabe noch gar nicht möglich gewesen sei, da sie die Bedarfslisten der Komitees dafür nicht rechtzeitig erhalten habe.[1050] Abgesehen von Löws nachvollziehbaren Beweggründen, sich an ihre Leitung zu wenden, hinterlässt das Schreiben den Eindruck, dass es ihr an Rückhalt mangelte.

Die Kleiderausgabe wurde noch mehr formalisiert, indem 1948 an alle Bedürftigen eine sogenannte Kleiderkarte zum Bezug von notwendigen Kleidungsstücken ausgegeben wurde. Von da an sollte ausschließlich in »besonders berücksichtigungswürdigen Gründen« Kleidung zugeteilt werden, schreibt Jakob

---

1047 Ebd., Schreiben F. Löw an D. Brill, 19.11.1947.
1048 Vgl. ebd.
1049 Ebd.
1050 Vgl. ebd.

Bindel in einem Tätigkeitsbericht der IKG.[1051] In den ersten Jahren wäre der Abteilung eine 80prozentige Bedürfnisbefriedigung der Klient:innen gelungen.[1052] Die Kleidungsstücke wurden nach Vorgabe des Joint gemäß einem Punktesystem bewertet.[1053] Dabei wurden im Jahr 1948 die Listen nach Standardoutfits für Babies von null bis sechs sowie sechs bis zwölf Monaten, Buben von eins bis 16, Mädchen von eins bis 16 und Männern und Frauen über 16 kategorisiert. Zum Standardoutfit eines Babies zählten neben Kleidung etwa sechs Windeln. Dass sich die Kleidervergabe an traditionellen Bekleidungsvorstellungen orientierte, manifestierte sich in den vorgegebenen Standardoutfits, wo sich der Rock und das Kleid vom Anzug und der Hose in der Vergabe für das jeweilige Geschlecht unterschied.[1054] Auf den personalisierten Punktekarten wurde im Weiteren das ausgegebene Kleidungsstück mit entsprechender Punktezahl vermerkt.[1055] Die tatsächliche Ausgabe wurde durch das Personal der Kleiderkammer vorgenommen.[1056] Ab 1956 hatte die Fürsorgeabteilung die Möglichkeit Kleidung neu anzukaufen. Dadurch konnten pro Jahr bis 1959 ungefähr 500 Personen mit neuen Kleidungsstücken Unterstützung erfahren, so Bindel. Gleichzeitig waren noch gebrauchte Kleidungsstücke aus dem Bestand

---

1051 Vgl. Archiv IKG Wien, Bestand Wien, A/VIE/IKG/III/SOZ/6/10, Tätigkeitsbericht der Fürsorgeabteilung (1948–1950), November 1950.
1052 Vgl. ebd.
1053 Vgl. ebd., Begleitbrief S. Linden an J. Bindel: Kleiderausgabeliste, 05.08.1948.
1054 Vgl. ebd., Kleiderausgabeliste Standardoutfits, 26.07.1948.
1055 Vgl. ebd., A/VIE/IKG/III/SOZ/3/1, Punktekarte, 28.04.1949.
1056 Im August 1948 zählten etwa folgende Personen zu den Angestellten der Kleiderkammer: Heinrich Brandweiner, »Head of C.M. [Clothing Magazine]«, Max Stern, Helene Wolf, Walter Blum und Irene Frischmann. Im Dezember desselben Jahres wurde das Personal mit Moses Broczyner, Oskar Spielmann, Wilhelm Fessel, Amalie Friedländer und Arnold Sessel weiter aufgestockt. Das Dienstverhältnis Walter Blums endete aber wieder mit Mai 1950. Kurz darauf traten auch Heinrich Brandweiner, Helene Wolf und Wilhelm Fessl aufgrund von Personalabbau in der Kultusgemeinde mit Juni 1950 aus. Ein Jahr später sollten die Kündigungen Frischmanns und Broczyners folgen, welche im Kultusvorstand ohne weitere Angaben von Gründen beschlossen wurden. Etliche Standlisten der Kleiderkammer wurden durch Friedrich Rotter unterzeichnet. Dieser wurde im November 1946 für die Kleiderkammer angestellt, war bald darauf aber u. a. als Buchhalter tätig. Somit war in der Kleiderkammer eine Person mehr als in der Fürsorgeabteilung tätig. Werden die Gehälter der Fürsorgeabteilung mit jenen der Kleiderkammer verglichen, fallen keine nennenswerten Unterschiede auf. Von einer nahezu gleichen Entlohnung – die Gehaltsangaben weisen allerdings keine Nennung über das Beschäftigungsausmaß auf – ist also auszugehen. Vgl. Archiv IKG Wien, Bestand Wien, A/VIE/IKG/III/SOZ/6/10, Liste der Fürsorgeangestellten, August 1948; vgl. ebd., Gehälter u. Löhne der Fürsorgeabteilung und Kleiderkammer, Dezember 1948; vgl. ebd., A/VIE/IKG/III/AD/VOR/1/9, Protokoll, 30.05.1950; vgl. ebd., A/VIE/IKG/III/AD/VOR/1/8, Protokoll, 27.04.1950; vgl. ebd., A/VIE/IKG/III/AD/VOR/1/21, Protokoll, 28.03.1951; vgl. ebd., A/VIE/IKG/I-III/PERS/Kartei, K24.

vergeben worden.[1057] Die Anschaffung von First Hand-Kleidung belegt den Bedürfniswandel und den Aufbruch in ein neues Zeitalter.

Obgleich der Kleidungsbedarf der ersten Nachkriegsjahre in dieser Form in den folgenden Jahrzehnten natürlich nicht bestehen blieb, wurde die Kleiderkammer erst in den 2000er Jahren endgültig aufgelassen. Gerda Netopil, die Leiterin der Sozialabteilung von ESRA, bezeichnete sie als »Kind der Zeit«, das den aktuellen Bedürfnissen der Klient:innen nicht mehr entsprach und dessen weiterer Fortbestand eben nicht mehr zeitgemäß war. Mit der Umsiedlung von ESRA in die Tempelgasse wurde die Kleiderkammer zwar noch in der Czerningasse weitergeführt, zunehmend wurde der dortige Raum jedoch als Möbeldepot verwendet. Obgleich einzelne Klient:innen fallweise Kleidungs- oder Möbelstücke benötigten und den Bestand sichteten, rentierte sich der Arbeitsaufwand, den die Bereitstellung der Spenden mit sich brachte, nicht mehr. Der Umstand, dass Angebote und Nachfrage immer weniger zusammenpassten, sprach zunehmend für die Umwidmung der Räumlichkeiten.[1058]

---

1057 Vgl. ebd., A/VIE/IKG/III/SOZ/KK/6/8, Tätigkeitsbericht der Fürsorgeabteilung (1955–1958), Mai 1959.
1058 Vgl. Netopil, Gerda, Interview, 27.04.2021.

# Die Fürsorgeabteilung ab den 1960ern

## Erhebung psychiatrischer Patient:innen in jüdischen Gemeinden

In den vorangegangenen Kapiteln stand die während der unmittelbaren Nachkriegsjahre auf die Deckung der Grundbedürfnisse an Nahrung, Kleidung und Wohnung gerichtete Tätigkeit der Fürsorgeabteilung im Vordergrund. Die Auseinandersetzung mit psychischen Bedürfnissen der Klient:innen fiel aber ebenso in den Kompetenzbereich der Fürsorgeabteilung. Das geht aus ihrer Beteiligung an einer Studie bezüglich psychiatrischer Patient:innen in jüdischen Gemeinden Deutschlands, Italiens und Österreichs im Jahr 1963 hervor. Damit folgten die genannten Länder ähnlichen Studien, die 1961 in Paris, Paris Umgebung, Belgien und Holland durch den Joint und die Claims Conference[1059] realisiert worden waren.[1060] Mit der Gründung einer psychosozialen Ambulanz zur Betreuung von Holocaust-Überlebenden im holländischen Amersfoot im Jahr 1960 wurde dort ein spezifisches Angebot für Shoa-Opfer etabliert, das anderen vergleichbaren Organisationen später als Vorbild dienen sollte.[1061] Von dem erhöhten Unterstützungsbedarf dieser Gruppe über Hollands Grenzen hinaus war damals schon auszugehen. Der Schlussbericht zu der Studie von 1963 macht deutlich, worum es dabei ging: »Ebenso wie den Autoren der früheren Studien ging es uns darum, eine Übersicht über Vorgeschichte, Milieu, Erlebnisse während der Verfolgungszeit, Art und Verlauf der Erkrankung sowie deren

---

1059 Die Claims Conference (Conference on Jewish Material Claims Against Germany) wurde 1951 von Vertreter:innen internationaler jüdischer Organisationen für die materielle Entschädigung von Holocaust-Überlebenden gegründet.
1060 Vgl. Archiv IKG Wien, Bestand Wien, A/VIE/IKG/III/SOZ/5/1, Bericht, Erhebung über psychiatrische Patienten in den jüdischen Gemeinden von Deutschland und Österreich, Genf 1964.
1061 Vgl. Draxl, Katrin/Schneebauer, Wilhelmine/Schürmann-Emanuely, Alexander/Vyssoki, David, Child Survivors der NS-Verfolgung in Österreich nach 1945. Mental Health Promotion bei schwerst traumatisierten Menschen. Eine Studie zur Erhebung von ressourcenstärkenden Bewältigungsstrategien, unveröffentlichter Endbericht, Wien 2008, 70.

Einfluss auf die weitere Lebensgeschichte der Patienten zu gewinnen.«[1062] Das wissenschaftliche Interesse an den traumatischen Lager-Erfahrungen hatte zuvor schon Untersuchungen motiviert: So etwa wurde das sogenannte »KZ-Syndrom« 1954 durch Knud Hermann und Paul Thygesen definiert.[1063] Dieser Begriff schloss jedoch noch nicht alle Opfer des NS-Terrors mit ein. 1961 benannte William Niederland das »Holocaust-Syndrom«,[1064] und wenige Jahre später, nämlich 1966,[1065] wurden durch Vivian Rakoff Folgeerkrankungen sowie die Übertragung des Syndroms auf die Nachkriegsgenerationen dokumentiert.[1066] Die Erhebung zur Situation psychiatrischer Patient:innen muss wohl auch im Zusammenhang mit der wachsenden Kritik an psychiatrischen Großanstalten und der einsetzenden Psychiatriereform der 1960er und 1970er Jahre gesehen werden. Diese sollte primär der inhumanen »Verwahrung« ein Ende bereiten. Dem neuen Verständnis nach führten die in den Anstalten herrschenden Verhältnisse zur Verschlechterung der Krankheitsverläufe. »Erste Arbeiten auf dem Gebiet der Sozialwissenschaften konnten zeigen, daß sich die psychiatrische Versorgung [...] [besser] durch soziologische und psychologische Indikatoren bestimmen ließ als durch medizinische Kriterien [...].«[1067]

In Österreich nahm sich die Israelitische Kultusgemeinde Wien der praktischen Durchführung der Studie an. Der Schwerpunkt der Erhebung lag generell auf Wien und Umgebung, was sich in der verhältnismäßig geringen Anzahl von Jüdinnen und Juden in den Bundesländern begründet sah. Der Bericht geht

---

1062 Archiv IKG Wien, Bestand Wien, A/VIE/IKG/III/SOZ/5/1, Bericht, Erhebung über psychiatrische Patienten in den jüdischen Gemeinden von Deutschland und Österreich, Genf 1964.
1063 Vgl. Hermann, Knud, Die psychischen Symptome des KZ-Syndroms, in: Michel, Max (Hg.), Gesundheitsschäden durch Verfolgung und Gefangenschaft und ihre Spätfolgen, Frankfurt 1955, 41–71; vgl. Thygesen, Paul, Allgemeines über die Spätfolgen, in: ebd., 21–29.
1064 Vgl. Niederland, G. William, The Problem of the Survivor. Part 1: Some Remarks on the Psychiatric Evaluation of Emotional Disorders in Survivors of Nazi Persecution, in: Journal of Hillside Hospital, no. 10, yr. 1961, 233–247.
1065 Vgl. Rakoff, Vivian, A long term effect of the concentration camp experience, Viewpoints, no. 1, yr. 1966, 17–22; vgl. Rakoff, Vivian/Sigal, John J./Epstein, Nathan B. Epstein, Children and families of concentration camp survivors, Canadas Mental Health, no. 14.4, yr. 1966, 24–26.
1066 Vgl. Vyssoki, David/Tauber, Traude/Strusievici, Stefan/Schürmann-Emanuely, Alexander, Trauma bei den Opfern der NS-Verfolgung, in: Friedmann, Alexander/Hoffmann, Peter/Lueger-Schuster, Brigitte/Steinbauer, Maria/Vyssoki, David, Psychotrauma. Die Posttraumatische Belastungsstörung, Wien 2004, 197–211, 200.
1067 Schmidl, Richard/Rudas, Stephan, Die Entwicklung organisierter psychiatrischer Hilfen in Wien, in: Keintzel, Brigitta/Gabriel, Eberhard (Hg.), Gründe der Seele. Die Wiener Psychiatrie im 20. Jahrhundert, Wien 1999, 209–230, 216.

nämlich von insgesamt 10 000[1068] Jüdinnen und Juden aus, wovon 9 000 in Wien und Umgebung lebten.[1069]

Der Erkenntnisgewinn setzte mehrere Schritte voraus: Zunächst galt es selbstverständlich die Patient:innen ausfindig zu machen. Die Personengruppe sollte sich dabei aus psychisch Erkrankten in stationärer sowie in ambulanter Betreuung zusammensetzen.[1070] Erwähnenswert ist die Tatsache, dass der IKG sämtliche Teilnehmer:innen bereits im Vorfeld bekannt waren. Sie wären »durch ihr Benehmen und Lebenswandel meist schon früher als geisteskrank oder neurotisch aufgefallen.«[1071], lautete die herablassende Feststellung. Im Weiteren sollten »die psychiatrischen und fürsorglichen Bedürfnisse dieser Patienten«[1072] erhoben werden. Auf der Basis der solcherart gewonnenen Erkenntnisse wurde ein Paket von Richtlinien erstellt, das »in Form von Empfehlungen an die Gemeinden eine wirksame Betreuung dieser Kranken ermöglichen könnte.«[1073] Die medizinische Leitung in Wien oblag dem Psychiater und Neurologen Peter Berner,[1074] welcher mit der medizinischen Abteilung des Joint in Genf Hand in Hand arbeitete.[1075] Die Erstellung sozialer Anamnesen solle ein umfassendes Verständnis für die Patient:innen generieren, heißt es in dem Bericht. Inwiefern dafür tatsächlich den Kriterien der Methode der Sozialen Diagnostik gefolgt wurde, die auf ein ganzheitliches bio-psycho-soziokulturelles Verständnis der Lebensrealität abzielt, bleibt offen. Die Anfänge Sozialer Diagnostik reichen zwar in das frühe

---

1068 Mit Stand vom 31. Dezember 1963 waren 9 166 Personen bei der Israelitischen Kultusgemeinde Wien gemeldet. Vgl. Israelitische Kultusgemeinde Wien, Bericht des Präsidiums der Israelitischen Kultusgemeinde Wien über die Tätigkeit in den Jahren 1945 bis 1948, Wien 1948, 148.
1069 Vgl. Archiv IKG Wien, Bestand Wien, A/VIE/IKG/III/SOZ/5/1, Bericht, Erhebung über psychiatrische Patienten in den jüdischen Gemeinden von Deutschland und Österreich, Genf 1964.
1070 Vgl. ebd.
1071 Ebd.
1072 Ebd.
1073 Ebd.
1074 Der 1924 geborene Ernst Peter Berner war als Assistenzarzt an der Psychiatrisch-neurologischen Universitätsklinik Wien tätig und wurde Ende der 1950er Jahre Oberarzt. Zu Beginn der 1960er Jahre arbeitete er auch als »Mental Health Adviser« bei UNHCR (United Nations High Commissioner for Refugees). Nach dem Tod des renommierten Psychiaters und Neurologen Hans Hoff, übernahm er die Leitung der Psychiatrisch-neurologischen Universitätsklinik, die er bis zu seiner Emeritierung 1991 leitete. Im Jahr 1971 erfolgte seine Berufung zum Ordentlichen Professor für Psychiatrie und er wurde Vorstand des Universitätsklinikums. Vgl. Medizinische Universität Wien, Trauer um Peter Berner, 20. November 2012, online: https://www.meduniwien.ac.at/web/ueber-uns/news/detail/trauer-um-peter-berner/ [17.10.2023]. Zu Leben und Wirken Hans Hoffs s. Berner, Ernst Peter [Text]/Christian, Hans [Sprecher], in Memoriam Universitätsprofessor Hans Hoff, 1969 [?], Österreichische Mediathek, online: https://www.mediathek.at/katalogsuche/suche/detail/?uid=110A8D72-148-00041-00000E38-1109D8E0 [17.10.2023].
1075 Vgl. ebd.

20. Jahrhundert zurück, doch waren damalige Fachleute der jüdischen Gemeinde vertrieben und ermordet worden. Mit der Durchführung der Anamnese in Zusammenarbeit mit dem Joint wurden die bereits erwähnten Beamtinnen der Fürsorgeabteilung Edith Auerhahn, Susanne Schmid und Hermine Kinsbrunner betraut.[1076] Somit kann die Studie als interdisziplinärer Arbeitsprozess verstanden werden. Dabei dürfte die Fürsorgeabteilung Berner zugearbeitet haben. Darauf verweist ein Schreiben der Fürsorgeabteilung an Rosenfeld, Direktor der Heil- und Pflegeanstalt in Ybbs an der Donau. In diesem bat die Fürsorgeabteilung um die Vorbereitung diverser Krankenakten von Patient:innen für den kommenden Besuch Berners in der Pflegeanstalt in Ybbs. Diesem Bittschreiben war eine Namensliste der Patient:innen beigefügt, in deren Akten Berner Einsicht nehmen wolle.[1077] Die methodische Grundlage stellte ein äußerst ausführlicher Fragebogen dar. Nachdem dieser nicht ganz selbsterklärend war, erstellte der Joint zusätzlich eine »Anleitung zum Ausfüllen des Fragebogens«. Diese zeigt einmal mehr die Relevanz der interdisziplinären Kooperation als Voraussetzung für die Bewältigung der Studie, da nämlich explizit darauf verwiesen wird, dass die Fragen 1 bis 43 von einem »Sozialfürsorger« ausgefüllt werden sollen, wohingegen die Fragen 44 bis 59/60 von einem Psychiater zu beantworten seien.[1078] Wie für einen Fragebogen allgemein üblich deckten die ersten Fragen persönliche Daten wie Geburtsjahr, Familienstand etc. ab. Die folgenden Fragen betrafen alle möglichen Lebensbereiche und richteten sich etwa auch auf die »Aufenthaltsdauer im Land«.[1079] Erwähnenswert ist der Umstand, dass »in Österreich eine zeitweilige Abwesenheit aus dem Lande, besonders in den Jahren 1938–1945, nicht berücksichtigt«[1080] wurde. Allgemeine Angaben zu Kindern und Verwandten konnten ebenso gemacht werden. Diese Fragen dienten der Evaluierung des Grades der Isolierung der Patient:innen. Wie sich zeigte war es der Hälfte der Patient:innen möglich, ihre Sozialkontakte zu Verwandten aufrechtzuerhalten. In völliger Isolation lebten hingegen 20 Teilnehmer:innen. Weitere Fragen erhoben beispielsweise Bildungsweg, Sprachkenntnisse, Beruf und etwaige Rentenleistungen. Explizit wurde auch nach dem Wohnsitz zwischen 1933 und 1945 gefragt. Eine ganz konkrete Frage richtete sich auf eine etwaige Internierung in einem K.Z., wobei zwischen deutschen, italienischen und anderen Lagern unterschieden wurde. Daraufhin folgte eine Rubrik zu Deportationsangaben naher Verwandter. Abschließend folgten noch Fragen zu den Krankheiten der Patient:innen. Sie bezo-

---

1076 Vgl. ebd.
1077 Vgl. ebd., Schreiben Fürsorgeabteilung an Doktor Rosenfeld, 09.07.1963.
1078 Vgl. ebd., JDC Genf Medizinische Abteilung, Anleitung zum Ausfüllen des Fragebogens, Februar 1963.
1079 Vgl. ebd., Fragebogen zur Erhebung über psychiatrischer Patient:innen.
1080 Ebd., Bericht, Erhebung über psychiatrische Patienten in den jüdischen Gemeinden von Deutschland und Österreich, Genf 1964.

gen sich auf Prädispositionen, Krankheitsverläufe, Besuche sozialer Organisationen während eines Krankenhausaufenthaltes und eventuelle Zwangseinweisungen.[1081] Lediglich ein Fünftel der Patient:innen hatte sich noch nie in stationärer Behandlung befunden. Bei denjenigen, die bereits Spitalsaufenthalte hinter sich hatten, »überwiegen die mehrmaligen Aufnahmen, was für die Chronizität des Patientenmaterials spricht.«[1082] Im Anschluss an die genannten Fragekomplexe wurde der psychische Zustand ermittelt, was Aufgabe eines Psychiaters war. Die ersten Fragen dieses Bereiches betrafen die Funktion der Sinnesorgane und die Bewegungsfähigkeit. In einer Rubrik bezüglich Sprache konnte zwischen »normal«, »behindert« und »unverständlich« gewählt werden, während eine Frage nach der Intelligenz der Patient:innen die Wahl mehrerer Stufen zwischen »sehr begabt« und »geistesschwach« ließ.[1083] Der Psychiater sollte ferner den »Gemütszustand«, »Wahnvorstellungen« und »pathologisches Benehmen« erheben. Das Formular sah neun Diagnosen vor, die eine »vereinfachte Version der WHO-Klassifizierung« darstellen.[1084] Sie sind teilweise veraltet und die Posttraumatische Belastungsstörung[1085] zählte selbstverständlich noch nicht dazu: »Schizophrenia und Paraphrenia«, »Manisch-depressives Irresein«, »Paranoia«, »senile Psychosen«, »organische Psychosen«, »andere Psychosen«, »Neurose«, »Psychopathie« und »Schwachsinn«.[1086] Auf »Schizophrenie« lautete die häufigste Diagnose. Demgegenüber wurde bei nur fünf Personen von insgesamt 79 »Depression« diagnostiziert. Das wurde mit der mangelnden Datenlage bezüglich depressiver Persönlichkeiten begründet. Ein wesentlicher Teil der Informationen für die Studie (persönliche Daten, psychische Verfassung etc.) wurde nämlich Sozialakten entnommen, so sie vorhanden waren. Die Behauptung jener, die die Studie durchführten, depressive Personen würden weniger häufig Sozialbetreuung beanspruchen, weshalb entsprechend weniger depressive Personen in der Studie aufschienen, ist nicht nachvollziehbar. Allgemein beruhten die Diagnosen auf Untersuchungen Berners. Lediglich in 18 Fällen konnte ausschließlich auf Spitalsberichte zurückgegriffen werden. In 51 Fällen wurden ebenso etwaige zusätzliche Berichte aus »Heilanstalten«, privater Psychiater, Hausärzt:innen, sowie Fürsorger:innen herangezogen.[1087] Etliche undatierte kurze derartige Berichte zu Patient:innen liegen vor. Sie scheinen von der Fürsorgeabteilung erstellt worden

---

1081 Vgl. ebd., Fragebogen zur Erhebung über psychiatrischer Patient:innen; vgl. ebd.
1082 Ebd.
1083 Vgl. ebd., Fragebogen zur Erhebung über psychiatrischer Patient:innen.
1084 Ebd., JDC Genf Medizinische Abteilung, Anleitung zum Ausfüllen des Fragebogens, Februar 1963.
1085 Zu Trauma und Traumafolgestörungen s. das Kapitel »ESRA als Traumazentrum«.
1086 Vgl. ebd., Fragebogen zur Erhebung über psychiatrischer Patient:innen.
1087 Da die 18 und 51 Fälle nicht der Gesamtzahl von 79 entsprechen, muss von einem Fehler ausgegangen werden. Vgl. ebd., Bericht, Erhebung über psychiatrische Patienten in den jüdischen Gemeinden von Deutschland und Österreich, Genf 1964.

zu sein, denn sie weisen keine Evaluierungen mit psychiatrischem Schwerpunkt auf, sondern verraten eher biografische Details: »Hat mit Mutter, die Christin war, während der Hitlerzeit in Wien gelebt, Vater im K.Z. umgekommen. Mutter 1957 gestorben, lebt seither vollkommen allein, ist mit kleinen Unterbrechungen als Hilfsarbeiter tätig. Ist geistig zurückgeblieben.«[1088] Die Lebensgeschichten der Patient:innen waren sehr unterschiedlich und so befanden sich auch Patient:innen unter den Teilnehmer:innen, deren Erkrankungen nicht im Zusammenhang mit der NS-Zeit und der damit einhergehenden Verfolgung von Jüdinnen und Juden standen. So heißt es etwa in einem Bericht: »Kd. V. [Kindsvater] vor einem halben Jahr verstorben, lebt mit Mutter und wird von dieser betreut. Kretin seit Geburt.«[1089] Ein anderer Sozialbericht beleuchtet hingegen wieder die NS-Zeit und die Folgen: »War von 1938–1939 einige Monate in Dachau, ist dann ausgewandert – Ungarn-Italien-Frankreich-England; hat in der Engl.Armee gedient.«[1090] Aus dem Bericht geht hervor, dass der Patient nach dem Ende des Krieges in England als Vertreter beschäftigt gewesen war. Gesundheitliche Gründe hatten ihn jedoch gezwungen, seine Beschäftigung aufzugeben und 1959 nach Österreich zu emigrieren. Einer Arbeit konnte er in Wien nicht mehr nachgehen und wurde seither von der IKG unterstützt. Eine kurzzeitige Einweisung in die Klinik Hoff spricht für den psychisch labilen Zustand des Mannes.[1091]

Der Fragebogen endet mit »Auswertung und Empfehlung«. Einerseits konnten stationäre Behandlungen von kurz- bis langfristig angegeben werden und andererseits bestand die Option, »geschützte Unterkünfte« zu empfehlen. Das beinhaltete Wohnheime, Pflege in der Familie, Altersheime etc.[1092] Die Empfehlungen richteten sich jedoch nicht nach vorhandenen Möglichkeiten.[1093]

Die Studie erfasste »vorwiegend chronische, vereinsamte Patienten«.[1094] »Man muss sich im Klaren sein, dass auch häufige Besuche von Fürsorgern und Betreuern zwar Rat und Hilfe bringen, die mitmenschliche Umgebung aber nicht verändern können.«[1095] Die Studie sprach sich für die Unterbringung etlicher Patient:innen in psychiatrischen Wohnheimen anstelle eines stationären Aufenthalts in psychiatrischen Krankenhäusern aus. Die gleiche Empfehlung galt natürlich für Personen in ambulanter Betreuung, die augenscheinlich ebenfalls

---

1088 Ebd., Sozialbericht, o. D.
1089 Ebd.
1090 Ebd., Sozialbericht, o. D.
1091 Vgl. ebd.
1092 Vgl. ebd., Fragebogen zur Erhebung über psychiatrischer Patient:innen.
1093 Vgl. ebd., JDC Genf Medizinische Abteilung, Anleitung zum Ausfüllen des Fragebogens, Februar 1963.
1094 Ebd., Bericht, Erhebung über psychiatrische Patienten in den jüdischen Gemeinden von Deutschland und Österreich, Genf 1964.
1095 Ebd.

in einem Wohnheim besser aufgehoben gewesen wären.[1096] Zuversicht kann der Prognose bezüglich ambulant Betreuter entnommen werden: »Dass gerade diese Patienten so weit anstaltsbedürftig werden, dass man sie in einem psychiatrischen Spital unterbringen muss, ist in Anbetracht dessen, was über die Stabilisierung ihres Leidens auf einem Defektniveau gesagt wurde, nicht anzunehmen.«[1097] Mit Kritik an den faktischen Wohnverhältnissen nach der Entlassung aus stationären Behandlungen wurde nicht gespart. So wäre es zwar häufig zu keinen weiteren Einweisungen gekommen, doch konnte bei den wenigsten Patient:innen von einer adäquaten Unterbringung, geschweige denn von gesellschaftlicher Inklusion gesprochen werden. Die abschließenden Empfehlungen der Studie zielten also auf die bestmögliche Betreuung der Patient:innen ab. Dabei wurden mehrere Vorschläge gemacht: Einer sah die Etablierung psychiatrischer Beratungs- und Fürsorgestellen vor. Unter der Leitung eines Psychiaters sollten fürsorgerische sowie medizinische Aufgabenbereiche in einem Beratungssetting abgedeckt werden. Nicht überraschend ist die optionale Empfehlung der Unterbringung in einem Wohnheim für 15 bis 20 Personen. Ziel war es, die stationäre Aufnahme zu verhindern und Patient:innen in prekären Wohnverhältnissen eine Wohnmöglichkeit anbieten zu können. Die Empfehlungen gingen aber insofern darüber hinaus, als sie die Errichtung von geschützten Arbeitsplätzen anregten. Die Initiierung zusätzlicher therapeutischer Maßnahmen wurde begrüßt.[1098] Im Jahr 1964 lag der IKG der vollständige Bericht vor. Aufgrund der Bitte des Joint um Rückmeldung suchte die Amtsdirektion unter anderem bei der Fürsorgeabteilung um eine Stellungnahme zu dem Bericht an.[1099] In einem ausführlichen Antwortschreiben an die Amtsdirektion befürwortete sie die Errichtung eines Heims für psychisch kranke Personen und begründete das auch mit dem Verweis auf die eigenen Erfahrungen mit Erkrankten und dem Wissen um fehlende adäquate Unterbringung zahlreicher Klient:innen. Ebenso verschriftlichte sie bereits konkrete Vorschläge zur Ausgestaltung, die eine geschulte Leitung sowie die Unterbringung aller Personen in Einzelzimmern vorsah. Die Betonung der vorgesehenen uneingeschränkten Bewegungsfreiheit der Klient:innen in diesem Wohnheim sagt indirekt, dass das Wegsperren psychisch Erkrankter ansonsten damals noch gang und gäbe war.[1100] Über weitere Konsequenzen, die aus der Studie gezogen worden wären, lässt sich den Quellen bedauerlicherweise nichts Konkretes entnehmen. Ein eigenes Heim wurde jedenfalls nicht errichtet.

---

1096 Vgl. ebd.
1097 Ebd.
1098 Vgl. ebd.
1099 Vgl. ebd., Schreiben Amtsdirektion an Doktor J. Mandl, Doktor O. Wolken, P. Bernstein u. Fürsorgeabteilung, 24.08.1964.
1100 Vgl. ebd., Schreiben Fürsorgeabteilung an Amtsdirektion, 15.09.1964.

## Die Unterstützungskategorien: Entwicklungstrends und einige Zahlen

Die Entwicklung der unterschiedlichen Unterstützungskategorien der Fürsorgeabteilung von 1948 bis etwa Ende der 1950er Jahre wurde bereits detailliert dargelegt. Inwiefern diese Kategorien in den darauffolgenden Jahrzehnten aber Bestand hatten, soll nachstehend knapp erörtert werden. Zu diesem Zweck wird zunächst die bereits herangezogene Statistik der Fürsorgeabteilung aus dem Jahr 1959 mit einem Tätigkeitsbericht der IKG von 1964 und einer Statistik der Fürsorgeabteilung von 1976 verglichen: Personen, die »alt und über 60« waren, fanden durchgehend in dieser Kategorie Unterstützung. Im Jahr 1958 betraf das 4 531 Personen.[1101] Diese Anzahl sank unter der Gesamtbezeichnung »Alt« im Jahr 1976 auf 2 500 Klient:innen.[1102] Der Rückgang dürfte sich zum Teil in der Einführung der Unterstützungskategorie »Hilflosenzuschüsse für Personen über 80« im Jahr 1962 begründet sehen,[1103] schließlich fielen 1976 immerhin 625 Menschen in diese Rubrik.[1104] Auf einen im Rahmen einer Kultusvorstandssitzung angenommenen Antrag[1105] konnten in dieser Kategorie 150 Schilling pro Monat bezogen werden.[1106] Wie die Benennung »Hilflosenzuschüsse« bereits verrät, sollten mit dieser Maßnahme (Hoch-)Betagte finanziell entlastet werden.[1107] In der Etablierung dieser neuen (Unter-)Kategorie schlagen sich eindeutig demografische Entwicklungen nieder. Mit der Einführung der »Hilflosenzuschüsse« ging ebenso »die Einführung einer 14. Fürsorgerente für Befürsorgte, die eine solche Rente von keiner anderen Seite«[1108] erhielten, einher. Es scheint nicht weiter verwunderlich, dass die Gruppe der alten Menschen und der Arbeitslosen in den 1960er Jahren nach wie vor die zwei größten Gruppen der Hilfsbedürftigen ausmachten: 3 442 Personen zählten im Jahr 1963 zu denjenigen, die »Über 60 Jahre alt« waren und unterstützt wurden, wobei die Gesamtzahl der Mitglieder 9 166 betrug, von denen wiederum 3 804 älter als 60 Jahre waren.[1109] 168 hilfs-

---

1101 Vgl. Archiv IKG Wien, Bestand Wien, A/VIE/IKG/III/SOZ/6/8, Statistik: Gesamtausgaben Fürsorgeabteilung (1955–1958), Mai 1959.
1102 Vgl. ebd., A/VIE/IKG/III/SOZ/6/1, Bericht über die Leistungen der Sozialabteilungen (1976), März 1977.
1103 Vgl. Israelitische Kultusgemeinde Wien, Die Tätigkeit der Israelitischen Kultusgemeinde Wien. In den Jahren 1960–1964, Wien 1964, 121.
1104 Vgl. Archiv IKG Wien, Bestand Wien, A/VIE/IKG/III/SOZ/6/1, Bericht über die Leistungen der Sozialabteilungen (1976), März 1977.
1105 Von Kultusvorstand Paul Bernstein.
1106 Vgl. ebd., A/VIE/IKG/III/AD/VOR/3/27, Protokoll, 12.04.1962.
1107 Vgl. ebd., A/VIE/IKG/III/SOZ/6/1, Bericht über die Leistungen der Sozialabteilungen (1976), März 1977.
1108 Ebd., A/VIE/IKG/III/AD/VOR/3/27, Protokoll, 12.04.1962.
1109 Vgl. Israelitische Kultusgemeinde Wien, Die Tätigkeit der Israelitischen Kultusgemeinde Wien. In den Jahren 1960–1964, Wien 1964, 148.

bedürftige Personen waren »unter 60 Jahre alt«. Als »Arbeitslos« waren 1963 188 Personen registriert, wohingegen aber 698 Personen in die Kategorie »Arbeitsunfähig« fielen.[1110] Ein paar Jahre zuvor, 1958, hatten die Zahlen der »Arbeitslosen« und der »Arbeitsunfähigen« noch 754 und 899 betragen.[1111] 1976 hingegen beschränkte sich die Anzahl beider bereits auf 190 Personen.[1112]

Ein Tätigkeitsbericht der Fürsorgeabteilung von 1955 unterschied zwischen den Kategorien »Studienbeihilfe« und »Stipendien«. Erstere bezog sich ausschließlich auf Unterstützungen für Schul- und Berufsausbildungen und Zweitere auf Hochschulbildung.[1113] Wurden im Jahr 1958 38 Stipendien und vier Studienbeihilfen vergeben und 1963 33 Studienbeihilfen, beliefen sich die Studienbeihilfen im Jahr 1976 auf 48, während Stipendien nicht als eigene Kategorie erwähnt wurden.[1114] Die alleinige Betrachtung all dieser Zahlen lässt selbstverständlich noch keinen Rückschluss auf Ursachen dieser Rückgänge zu. In Zusammenhang mit den Unterstützungen für Ausbildungen höherer Bildung begründete die IKG in den 1960ern die relative Geringfügigkeit der Ausgaben allerdings selbst wie folgt: »Diese ist vor allem darauf zurückzuführen, daß nach der großen Immatrikulationswelle an den Wiener Hochschulen die Studenten durchwegs ihr Studium abgeschlossen haben. Der spätere Zuzug an die Hochschulen war, da die Anzahl der jüdischen Kinder nach 1945 außerordentlich gering war, gleichmäßig klein.«[1115]

Wieder andere einzelne Kategorien wurden gänzlich abgeschafft. Bekamen 1958 noch 43 Personen Leistungen im Rahmen der »Heimkehrhilfe« ausbezahlt,[1116] so waren es 1963 nur noch 16 Personen;[1117] und eine solche Auszahlungskategorie lässt sich der Statistik 1976 gar nicht mehr entnehmen.[1118] Speziell zeitlich begrenzte Leistungen wie die »Heimkehr- oder Rückkehrhilfe«, die in den

---

1110 Vgl. ebd., 120.
1111 Vgl. Archiv IKG Wien, Bestand Wien, A/VIE/IKG/III/SOZ/6/8, Statistik: Gesamtausgaben Fürsorgeabteilung (1955–1958), Mai 1959.
1112 Vgl. ebd., A/VIE/IKG/III/SOZ/6/1, Bericht über die Leistungen der Sozialabteilungen (1976), März 1977.
1113 Vgl. ebd., A/VIE/IKG/III/SOZ/6/10, Tätigkeitsbericht der Fürsorgeabteilung (1952–1954), September 195.
1114 Vgl. ebd., A/VIE/IKG/III/SOZ/6/8, Statistik: Gesamtausgaben Fürsorgeabteilung (1955–1958), Mai 1959; vgl. ebd., A/VIE/IKG/III/SOZ/6/1, Bericht über die Leistungen der Sozialabteilungen (1976), März 1977.
1115 Israelitische Kultusgemeinde Wien, Die Tätigkeit der Israelitischen Kultusgemeinde Wien. In den Jahren 1960–1964, Wien 1964, 123.
1116 Vgl. Archiv IKG Wien, Bestand Wien, A/VIE/IKG/III/SOZ/6/8, Statistik: Gesamtausgaben Fürsorgeabteilung (1955–1958), Mai 1959.
1117 Vgl. Israelitische Kultusgemeinde Wien, Die Tätigkeit der Israelitischen Kultusgemeinde Wien. In den Jahren 1960–1964, Wien 1964, 120.
1118 Vgl. Archiv IKG Wien, Bestand Wien, A/VIE/IKG/III/SOZ/6/1, Bericht über die Leistungen der Sozialabteilungen (1976), März 1977.

ersten Nachkriegsjahren zu den essentiellen Unterstützungskategorien zählte, machen deutlich, dass sich an der Entwicklung der Kategorien Veränderungen des Bedarfs und gesamtgesellschaftlicher Phänomene ablesen lassen. In diesem Zusammenhang ist die Einführung der Kategorie »Zusätzliche Hilfe für Ausländer« im Jahr 1962 erwähnenswert. Bis zu diesem Zeitpunkt hatte der Joint diese Gruppe betreut.[1119] Die sogenannte »Russenhilfe« wurde im August 1976 für Einwander:innen aus der Sowjetunion eingeführt.[1120] Der Bedarf an dieser Kategorie wird etwa in einem Vergleich der Ausgaben deutlich, die sich von 1976 bis in das Jahr 1982 bereits vervielfacht hatten.[1121] Die Zuwanderung aus der UdSSR nach Österreich setzte ab den 1970ern ein,[1122] wobei Jüdinnen und Juden dort bereits ab den 1940er Jahren staatlichen Diskriminierungen ausgesetzt waren.[1123] Unter Josef Stalins Diktatur wurden außerdem die Ausübung der jüdischen Religion und das Leben jüdischer Kultur unterbunden.[1124] »Alles Jüdische, das diffamiert werden sollte, wurde unter dem negativ gemeinten Schlagwort Zionismus angegriffen.«[1125] Infolge des Sechstagekrieges im Jahr 1967 und des Sieges Israels setzten sich unterschiedliche jüdische Gruppierungen in der UdSSR für die Schaffung von Ausreisemöglichkeiten ein. Waren diese de facto bis 1968 nicht gegeben gewesen, gab es von da an eine Chance nach Israel emigrieren zu können.[1126] »Seit den späten sechziger Jahren begann das Judentum in der Welt auf die problematische Lage der ihrer Freiheit beraubten sowjetischen Juden, denen die Behörden jahrelang die ersehnte Ausreise verweigerten, aufmerksam zu werden. Es verstärkte

---

1119 Mit der Etablierung der eigenen Kategorie »Zusätzliche Hilfe für Ausländer« konnten der IKG jedoch die entsprechenden Ausgaben durch den Joint rückvergütet werden. Vgl. Israelitische Kultusgemeinde Wien, Die Tätigkeit der Israelitischen Kultusgemeinde Wien. In den Jahren 1960–1964, Wien 1964, 123.
1120 Vgl. Archiv IKG Wien, Bestand Wien, A/VIE/IKG/III/SOZ/6/1, Auszahlungsliste Soziabteilung, 09.02.1976.
1121 Vgl. ebd., Auszahlungsliste Soziabteilung: 1.01.–30.04.1982, 14.05.1982.
1122 Vgl. Friedmann, Alexander, Zur Psychosozialen Versorgung einer Gemeinde nach dem Trauma, in: Friedmann, Alexander/Glück, Elvira/ Vyssoki, David (Hg.), Überleben der Shoah – und danach. Spätfolgen der Verfolgung aus wissenschaftlicher Sicht, Wien 1999, 198–208, 202.
1123 Vladimir Vertlib hebt etwa den rassistischen Vermerk der Religionszugehörigkeit in sowjetischen Reisepässen unter der Rubrik »Nationalität« hervor. Die »Nationalität« hing allein von der Abstammung ab. Jüdinnen und Juden unterlagen aufgrund ihrer zugewiesenen »Nationalität« Diskriminierung in allen relevanten Lebensbereichen, wie dem Bildungssektor oder dem Arbeitsmarkt.
1124 Vgl. Vertlib, Vladimir, Osteuropäische Zuwanderung nach Österreich (1976–1991) unter besonderer Berücksichtigung der jüdischen Immigration aus der ehemaligen Sowjetunion. Quantitative und Qualitative Aspekte, Institut für Demografie, Österreichische Akademie der Wissenschaften, 15. Forschungsbericht, Wien 1995, 44.
1125 Ebd.
1126 Vgl. ebd., 45.

seinen politischen und medialen Druck auf die Sowjetunion [...].«[1127] Aufgrund der verhältnismäßig liberalen Einwanderungspolitik und Vergabe von Arbeitsbewilligungen bis zu Beginn der 1990er Jahre reisten in den Jahren zwischen 1971 und 1989 über Österreich insgesamt 250 000 Jüdinnen und Juden nach Israel, in die USA, nach Kanada und in andere Länder aus. Österreich wurde somit zur Drehscheibe jüdischer Emigration aus der Sowjetunion.[1128] Vor diesem Hintergrund lässt sich die Etablierung sowie die rasche Zunahme in der Kategorie der sogenannten »Russenhilfe« erklären. Demgegenüber muss auch die Kategorie der »Iranischen Flüchtlinge«, die das Land wegen der Revolution von 1979 verlassen hatten, Berücksichtigung finden. Budgetierte die IKG für die »Russenhilfe« Mitte der 1980er 150.000 Schilling, so waren das im Vergleich – als erstmalige Veranschlagung – 21.500 Schilling für die spezifische Gruppe »Iranische Flüchtlinge«.[1129] Stieg die Budgetierung für die sogenannte »Russenhilfe« 1987 auf 385.000 Schilling an, sank die Zahl für »Iranische Flüchtlinge« aber bereits auf 5.000 Schilling.[1130] Der Rückgang muss in Zusammenhang mit mehreren Faktoren gesehen werden. Mit Sicherheit steht er in Relation zu der Tatsache, dass Österreich vorwiegend Transitland für Jüdinnen und Juden auf ihrer Flucht in die USA und Israel war. Zwischen den 1980er-Jahren bis 2017 waren rund zehntausend iranische Jüdinnen und Juden durch Wien gereist. Neben der russischen Auswanderung wurde ab 1979/80 ebenso ein Hilfsprogramm durch den Joint für jüdische Iraner:innern eingerichtet,[1131] das im wesentlichen Familienzusammenführungen in den USA diente.[1132] Der Umstand, dass Österreich hauptsächlich Durchreiseland war, wurde beispielsweise durch den Titel der Ausstellung »Transit. Die Iraner in Wien. Fotografien von Christine de Grancy« im jüdischen Museum der Stadt Wien unterstrichen. Die Fotografin hielt Anfang der 1990er Jahre die Lebenswelt dieser Flüchtlinge fest, die sich nicht unbedingt hilfesuchend an die IKG, sondern an die Synagoge in der Großen Schiffgasse wandten.[1133] Der durch

---

1127 Adunka, Evelyn, Die vierte Gemeinde. Die Wiener Juden in der Zeit von 1945 bis heute, Wien/Berlin 2000, 374.
1128 Vgl. Vertlib, Vladimir, Osteuropäische Zuwanderung nach Österreich (1976–1991) unter besonderer Berücksichtigung der jüdischen Immigration aus der ehemaligen Sowjetunion. Quantitative und Qualitative Aspekte, Institut für Demografie, Österreichische Akademie der Wissenschaften, 15. Forschungsbericht, Wien 1995, 46f.
1129 Vgl. Archiv IKG Wien, Bestand Wien, A/VIE/IKG/III/AD/VOR/14/27, Protokoll, 17.04.1986.
1130 Vgl. ebd., A/VIE/IKG/III/AD/VOR/15/25, Protokoll, 06.06.1988.
1131 Dabei handelte es sich mehrheitlich um »Familienzusammenführungen« in den USA.
1132 Vgl. Halpert, Marta, »Der Joint arbeitet wie eine Ziehharmonika.« Eine unentbehrliche jüdische US-Hilfsorganisation schließt nach 100 Jahren ihre Pforten in Wien – vorläufig, Wina. Das jüdische Stadtmagazin, Februar 2020, online: https://www.wina-magazin.at/der-joint-arbeitet-wie-eine-ziehharmonika/ [19.10.2023].
1133 Die sogenannte Schiffschul selbst wurde im Novemberpogrom zerstört. Das ehemalige Verwaltungsgebäude dient heute als Bethaus.

Rabbiner Schmuel Aharon Pressburger mit seinem Sohn Michoel wiederbegründete Bethausverein wurde zur Anlaufstelle für diese Gemeinschaft.[1134]

Die weiter oben genannte und 1957 etablierte Unterstützungskategorie »Erholungsaktion für alte Leute« konnte durch Sondersubventionen der Claims Conference auch in den folgenden Jahren weitergeführt werden. Ebenso aus Mitteln der Claims Conference und des Joint wurden die »Kinderferienaktionen« finanziert.[1135] Diese Kategorie wurde bisher noch nicht erwähnt, obgleich sie laut Bericht der Fürsorgeabteilung für die Jahre 1949 bis 1954 »eine sehr notwendige Belastung« für das Budget darstellte, indem jährlich für etwa 160 bedürftige Kinder in einem »von der Kultusgemeinde« kontrollierten Heim Ferienaufenthalte ermöglicht wurden.[1136] Diese Kategorie löste wohl die bereits genannte Kategorie »child welfare« ab. Damit wurden Kinder zu direkten Nutznießern der finanziellen Unterstützungen. Für diese »Kinderferienaktionen« mieteten die unterschiedlichsten Kinder- und Jugendorganisationen der IKG Kinderferienheime an. Diese Subventionierungen der Claims Conference und des Joint zielten laut deren Richtlinien jedoch ausschließlich auf Ferienaufenthalte in Österreich ab.[1137] 1958 organisierte die religiös-zionistische Jugendorganisation »Bnei Akiba« beispielsweise eine Ferienaktion im Waldviertel in Niederösterreich. Aber auch die zionistisch-sozialistische Jugendorganisation »Hashomer Hazair« bot jährlich Ferienaufenthalte an. Im Jahr 1954 mietete der Schomer[1138] etwa ein Ferienhaus in Niederösterreich.[1139] Am ersten Turnus von 8. Juli bis 3. August nahmen dieses Angebot 50 Kinder wahr.[1140] Teilnehmer:innenzahlen der Folgejahre bewegen sich in einer ähnlichen Größenordnung. Für Teilnehmende legte die Fürsorgeabteilung eigens Erhebungsbögen an und dokumentierte so hauptsächlich die finanziellen Beitragsmöglichkeiten der Familien.[1141] Auf einem Bogen hieß es zur Kostenbeitragsmöglichkeit eines Elternteils beispielsweise: »War in Haft, kann angeblich nur 200.– bezahlen.«[1142] Die konkreten Fördergeber:innen und Beträge können den Namenslisten der teilnehmenden Kinder für

---

1134 Vgl. Wiener Zeitung, Ausstellungskritik. Verborgene Dokumente. Das Jüdische Museum spürt der Flucht aus Persien 1979 nach, Wiener Zeitung, Wien 2015, online: https://www.wienerzeitung.at/nachrichten/kultur/kunst/746438_Verborgene-Dokumente.html [31.10.2022].
1135 Die Parteien der IKG trugen zusätzlich zu den Subventionierungen bei.
1136 Vgl. Archiv IKG Wien, Bestand Wien, A/VIE/IKG/III/SOZ/6/10, Tätigkeitsbericht der Fürsorgeabteilung (1949–1954), 28.10.1954.
1137 Vgl. Israelitische Kultusgemeinde Wien, Die Tätigkeit der Israelitischen Kultusgemeinde Wien. In den Jahren 1960–1964, Wien 1964, 126.
1138 Deutsche Schreibweise von Schomer.
1139 In der Nähe von Mönichkirchen.
1140 Vgl. Archiv IKG Wien, Bestand Archiv IKG, FS Jugendbewegungen 1378 (temp.), Bericht Ferienlager, 10.08.1954.
1141 Vgl. ebd., Erhebungsbogen, 26.06.1954.
1142 Ebd., A/VIE/IKG/III/SOZ/1/6, Erhebungsbogen, 1958.

die jeweilige Ferienaktion entnommen werden.[1143] Ganz allgemein ermöglichten diese Unterstützungen die Teilhabe aller. Voraussetzung war lediglich eine ärztliche Untersuchung durch den Vertrauensarzt der IKG.[1144]

Abgesehen von bereits genannten Unterstützungskategorien hatte die der »Batlen-Aushilfen« Ende der 1950er und Anfang der 1960er noch nicht bestanden und muss hier als neu geschaffene Kategorie genannt werden. Das jiddische Wort »Batlen« ist hebräischen Ursprungs und bedeutet übersetzt soviel wie Müßiggänger oder Nichtsnutz.[1145] In diesem Zusammenhang ist die Haltung der Fürsorgeabteilung erwähnenswert: Bei etwaigem Bedarf eine Gegenleistung von langjährig Befürsorgten für die Fürsorge einfordern zu können, sah die Fürsorgeabteilung offenkundig als Selbstverständlichkeit an. Das belegt eine Korrespondenz bezüglich einer Anfrage bei sechs Personen, als Minje-Mann in der Synagoge einzuspringen:[1146] »Sie erhalten von uns seit vielen Jahren (längerer Zeit) eine monatliche Fürsorge-Unterstützung. Wir müssen Sie ersuchen, in unserem Stadttempel als Minje-Mann tätig zu sein. Bitte wenden Sie sich nach Erhalt dieses Schreibens an unsere Sozialabteilung, wo Sie alles Nähere erfahren.«[1147] Inwiefern es sich bei den angefragten Personen möglicherweise um »Batlen-Aushilfe«-Empfänger gehandelt hatte, kann hier nicht nachvollzogen werden. Die Abteilung erhielt keine positive Rückmeldung. Von einer Konsequenz für die Befürsorgten kann jedoch nicht ausgegangen werden.

Die Kategorien in den 80er Jahren wiesen im Großen und Ganzen keine nennenswerten Unterschiede zu den Jahren davor auf. Wenngleich weitere Unterstützungskategorien hinzukamen, wie etwa die der »Kindergartenbeiträge«, »Mietzuschüsse«, »Stipendien f. Jüd. Schule«, »Essen auf Rädern«, »Stipendien f.

---

1143 Vgl. Archiv IKG Wien, Bestand Wien, A/VIE/IKG/III/SOZ/1/7, Teilnehmer:innenliste Ferienaktion Bnei Akiba, 06.07.1959.
1144 Vgl. Israelitische Kultusgemeinde Wien, Die Tätigkeit der Israelitischen Kultusgemeinde Wien. In den Jahren 1960–1964, Wien 1964, 126.
1145 Sol Steinmetz führt in seiner Definition zu »Batlen« näher aus: »A Hebrew-origin term, usually used in the plural batlanim, that literally means ›man of leisure,‹ and was historically an honorific title applied to any Jew who refrained from ordinary work to devote himself to study, prayer, and community service. In the Talmud *(Megillah 3b)* a city is defined as one that had at least ten batlanim. The function of these men ranged from serving as a permanent minyan of the men at synagogue services to rendering decisions on religious, legal, and ethical questions. In later times, as the value of men who lacked a job or trade depreciated, the term became pejorative. Thus in Yiddish, a batlen (plural batlonim) came to mean first an idle person, a loafer, and later any clumsy or ineffectual person, a clod. This sense passed from Yiddish to the Hebrew word. The literal meaning of batlan is ›one who ceases doing;‹ the root is batel, to ›cease, stop, be idle.‹« Steinmetz, Sol, Dictionary of Jewish Usage. A Guide to the Use of Jewish Terms, Oxford 2005.
1146 Minjan bezeichnet die bestimmte Anzahl von Personen, die für den Gemeindegottesdienst Voraussetzung sind. In der Orthodoxie macht das zehn erwachsenen Männern aus.
1147 Archiv IKG Wien, Bestand Wien, A/VIE/IKG/III/SOZ/6/1, Schreiben S. Schmid an Fr. Kuselbauer, 28.03.1977.

Chabad Lubawitsch«,[1148] »Übern.[ahme] v. Mietrückständen«, »Allijah [Auswanderung] nach Israel« oder auch »Sozialwohnungen«,[1149] deuten diese lediglich auf die steigende Ausdifferenzierung des Bedarfs innerhalb der jüdischen Gemeinde hin,[1150] nicht aber auf eine völlige Umstrukturierung.

Zusammenfassend waren manche Kategorien also zeitlos, während andere hingegen eben nur für einen bestimmten Zeitraum Gültigkeit besaßen. Dass sich die Ausgaben bloß verlagerten, insgesamt aber nicht verringerten, gilt auch für die darauffolgenden Jahrzehnte. Das wird beispielsweise anhand eines Vergleichs der Gesamtausgaben der Fürsorgeabteilung evident. Diese beliefen sich Jahr 1958 auf 1.612.520 Schilling zuzüglich 368.720 Schilling für weitere »Sonderauszahlungen«, nämlich die »Kohleaktion und Bekleidungsaktion«.[1151] Zu der »Sonderhilfsaktion« der IKG zählten 1963 neben den Leistungen der allgemeinen Fürsorge die »Kohlenaktion«, die »Kleideraktion«, die »Pessachaktionen« und der »Seniorenclub«.[1152] Dem Seniorenclub gehörte eine Gruppe von älteren Menschen an, denen in der Seitenstettengasse an fünf Nachmittagen der Woche Räumlichkeiten zur Freizeitgestaltung bereitgestellt wurden. Neben Angeboten zur Freizeitgestaltung wurde täglich eine Jause hergerichtet. Davon abgesehen wurden in diesem Rahmen zu diversen Feiertagen wie Chanukka oder Purim auch Feste veranstaltet.[1153] 1976 wurden unter dem Begriff der »weiteren Zuwendungen« die »Erholungsaktion f. alte Leute« und die »Heizzuschüsse« in der Höhe von 368.000 Schilling zusammengefasst.[1154] 1981 hatte die Fürsorgeabteilung 1.888.574,47 Schilling exklusive der »Heizkostenzuschüsse« in Höhe von 183.400 Schilling aufgewendet. Im Jahr darauf wurde mit insgesamt 2.130.000 Schilling ähnlich budgetiert.[1155] Demnach wurden unter etwas voneinander abweichenden Begriffen Leistungen, die nicht unter reguläre Unterstützungskategorien fielen, zusätzlich separat finanziert. Wie dargelegt, variierten nicht nur die Bezeichnungen dieser Extraleistungen minimal, sondern auch die Zuteilung vereinzelter Kategorien zu diesen.

---

1148 Chabad-Lubawitsch wurde Ende des 18. Jahrhunderts als eine religiöse, chassidische Strömung im Judentum begründet.
1149 Die IKG bemühte sich der Linderung der Wohnungsnot mit der Vergabe von Wohnungen mit sehr niedrigem Mietzins zu begegnen. Zu den Folgen der Wohnungsvergabe durch die IKG s. das Kapitel »Von der Konzeptentwicklung zu ESRAs Initialisierung.«
1150 Vgl. Archiv IKG Wien, Bestand Wien, A/VIE/IKG/III/AD/VOR/15/25, Protokoll, 06.06. 1988.
1151 Vgl. ebd., A/VIE/IKG/III/SOZ/6/8, Statistik: Gesamtausgaben Fürsorgeabteilung (1955– 1958), Mai 1959.
1152 Vgl. Israelitische Kultusgemeinde Wien, Die Tätigkeit der Israelitischen Kultusgemeinde Wien. In den Jahren 1960–1964, Wien 1964, 127.
1153 Vgl. ebd., 129.
1154 Vgl. Archiv IKG Wien, Bestand Wien, A/VIE/IKG/III/SOZ/6/1, Bericht über die Leistungen der Sozialabteilungen (1976), März 1977.
1155 Vgl. ebd., Budget Fürsorgeabteilung (1981–1982), o. D.

Abschließend soll einmal mehr die Tatsache hervorgehoben werden, dass die Etablierung und Einstellung diverser Unterstützungskategorien die Reaktion der Fürsorgeabteilung auf den spezifischen Bedarf innerhalb der Gemeinde belegt.

## Tätigkeitsfelder des Personals und die Re-Organisation(sstruktur)

Die Tätigkeitsfelder der Fürsorgeabteilung in den ersten Nachkriegsjahren wurden im Vorangegangen bereits erörtert. In diesem Kapitel soll nun der Frage nachgegangen werden, inwiefern sich diese Tätigkeiten im Laufe der Jahrzehnte weiterentwickelten. Zu ihrer Beantwortung und der besseren Vergleichbarkeit halber sollen auch hier wieder Berichte der Fürsorgeabteilung für sich sprechen.

Abb. 29: Fürsorgerin Hermine Kinsbrunner (Archiv IKG Wien, Bestand Wien, Fotos Zeitschrift »Die Gemeinde« 1958–1979)

Die IKG wies in den 1960er Jahren darauf hin, dass die allgemeinen Grundsätze ihres Fürsorgewesens 1948 etabliert worden waren und nach wie vor galten. Im Wesentlichen zielten diese auf das Subsidiaritätsprinzip, auf die Einstufung der Bedürftigen in bestimmte Unterstützungskategorien (gemäß den Richtlinien zur Vermeidung von Willkür) sowie auf Hilfestellungen bei der Wiedereingliederung in den Wirtschaftsprozess ab. Primäre Voraussetzung für den Leistungserhalt blieb selbstverständlich die Zugehörigkeit zur Israelitischen Kultusgemeinde.[1156]

---

1156 Vgl. Israelitische Kultusgemeinde Wien, Die Tätigkeit der Israelitischen Kultusgemeinde Wien. In den Jahren 1960–1964, Wien 1964, 116.

Bis 1960 hatte sich die Zahl der Beamt:innen in der Fürsorgeabteilung reduziert. Zu diesen zählten schon mehrfach erwähnte Personen wie Edith Auerhahn, Susanne Schmid und Hermine Kinsbrunner.[1157]

Zusätzlich wurde ein Rechercheur halbtags beschäftigt.[1158] Bei dieser Mitarbeiter:innenzahl blieb es auch in den darauffolgenden Jahren, was nur etwa einem Drittel des Personalstands der Jahre nach dem Krieg entsprach.[1159] Wie lassen sich diese Personalkürzungen begründen? Fehlte es an Personal? Waren die Aufgaben weniger geworden, oder etwa die Klient:innenzahlen gesunken?

Susanne Schmids 1969 verfasster Tätigkeitsbericht gibt Einblicke in die Aufgabenbereiche der Fürsorgeabteilung. Abgesehen von dem täglich abzuhaltenden Parteienverkehr erwähnt sie darin die hinsichtlich laufender Auszahlungen zu treffenden Vorbereitungen, welche sicherlich mit hohem Arbeitsaufwand verbunden waren. Thematisch passend listet Schmid anschließend die finanziellen Unterstützungen auf, welche bei etwaigen Veränderungen von staatlichen Fürsorge- und Pensionsleistungen neu zu berechnen wären. Auch die allgemeine Erwähnung von Besprechungen, deren Gegenstand die sogenannten Sonderfälle und Neuaufnahmen waren, ist als Tätigkeitsfeld aus anderen, bereits dargelegten Berichten bekannt. Nach wie vor treffe sie auch Vorbereitungen hinsichtlich folgender Hilfeleistungen:[1160] Kohle-, Kinderferien-, Urlaubs- und Pessachaktionen.[1161] Gemäß den Vorgaben der IKG sei ab 1962 auf Wunsch der Klient:innen – anstelle der direkten Belieferung der Haushalte mit Heizmaterial – allen Befürsorgten der Heizzuschuss in Form von Bargeld gewährt worden.[1162] Schmids Schilderungen zufolge handelte es sich im Zusammenhang mit den angeführten Hilfsaktionen vorwiegend um organisatorische Tätigkeiten und Berechnungen. So ging es etwa im Falle der Kinderferienaktionen darum, wie ärztliche Untersuchungen zu koordinieren und finanzielle Zuschüsse festzulegen seien. Die Pessach-Aktionen umfassten Ende der 1960er Jahre nach wie vor die Beteilung mit Mazzot- und Mehl, bzw. die Verteilung von Mazzot-Bons, die Aussendung von Einladungen zu Seder-Abenden – die im Altersheim stattfanden – sowie die Vergabe von Tempelkarten für die Teilnahme an Gottesdiensten

---

1157 Hermine Kinsbrunner ging von den drei Fürsorgerinnen 1975 als erste in Pension. Vgl. Archiv IKG Wien, Bestand Wien, A/VIE/IKG/A/VIE/IKG/III/AD/VOR/10 /14, Protokoll, 24.06.1975.
1158 Vgl. ebd., A/VIE/IKG/III/AD/VOR/3/21, Budget Voranschlag für 1961.
1159 Vgl. ebd., A/VIE/IKG/III/AD/VOR/3/27, Budget Voranschlag für 1962; vgl. ebd., A/VIE/IKG/III/AD/VOR/4/1, Budget Voranschlag für 1964.
1160 Zu den »Sonderhilfsaktionen« zählten zwischen 1960 und 1963 die Kohle-, Urlaubs-, Pessach- und Kleideraktion sowie der Seniorenclub.
1161 Vgl. ebd., A/VIE/IKG/III/SOZ/6/2, Tätigkeitsbericht Fürsorgeabteilung, 22.12.1969.
1162 Vgl. Israelitische Kultusgemeinde Wien, Die Tätigkeit der Israelitischen Kultusgemeinde Wien. In den Jahren 1960–1964, Wien 1964, 128.

zu den hohen Feiertagen.[1163] Der Fortbestand der genannten Arbeitsschwerpunkte wird ebenso anhand eines weiteren Tätigkeitsberichts von Susanne Schmid aus dem Jahr 1982 ersichtlich. Diesen hatte sie auf Ansuchen des damaligen Amtsdirektors Avshalom Hodik vorgelegt.[1164] Vage umreißt Schmid dort eingangs die Betreuung der Klient:innen »in finanzieller und sonstiger Hinsicht«. Die Anzahl der zu Betreuenden belaufe sich etwa auf 300 Personen monatlich.[1165] Die zahlenmäßigen Unterschiede von 1982 zu den 1960er Jahren scheinen auf den ersten Blick nicht allzu groß gewesen zu sein. Eine Statistik von Jänner 1960 gab nämlich 388 Befürsorgte an, und im Dezember 1960 listete sie 367 befürsorgte Personen auf.[1166] Gemäß dieser Statistik war die Anzahl im Gegensatz zum Jahr 1948 – von den bereits erwähnten 50 bis 60 Personen pro Tag – also erheblich gesunken.[1167] Das würde auch die Personalreduktion erklären. Dagegen spricht ein anderer Bericht, der sich auf die Jahre zwischen 1960 und 1964 bezieht und demzufolge die Fürsorgeabteilung monatlich mehr Personen betreute, als der oben angeführten Statistik zu entnehmen ist.[1168]

Zurück zu dem Bericht von 1969: Abgesehen von Klient:innenzahlen führte Schmid weitere Arbeitsfelder an, so etwa die Gefangenenfürsorge, und das – wie auch in vorherigen Berichten üblich – ohne nähere Tätigkeitsbeschreibung. Unspezifisch erwähnt sie ebenso Hausbesuche, Recherchen und Spitalsbesuche. Die ausdrückliche Nennung der Botengänge zur Post deutet eventuell auf hohen Zeitaufwand hin.[1169]

Klient:innen, die erstmalig in der Fürsorgeabteilung um Unterstützung ansuchten, müssten ihre Einkommens- und Arbeitsverhältnisse offenlegen.[1170] Über diesbezügliche Recherchen zu Wohn- und Einkommensverhältnissen lässt sich einem (an anderer Stelle bereits zitierten) Tätigkeitsbericht der IKG von 1964 entnehmen: »[…] in jedem Fall [wird] – damit auch ein Bild über das häusliche Milieu gewonnen werden kann – ein Hausbesuch durch einen hierfür besonders vorgebildeten Angestellten der Kultusgemeinde durchgeführt.«[1171] Eine nähere Erläuterung über die Bedeutung dieser Vorbildung fehlt. In Schmids Bericht von

---

1163 Vgl. Archiv IKG Wien, Bestand Wien, A/VIE/IKG/III/SOZ/6/2, Tätigkeitsbericht Fürsorgeabteilung, 22.12.1969.
1164 Vgl. ebd., A/VIE/IKG/III/SOZ/6/1, Schreiben A. Hodik an Sozialabteilung, 17.03.1982.
1165 Vgl. ebd., Tätigkeitsbericht Sozialabteilung, 22.03.1982.
1166 Darüber hinaus betreute die Abteilung im Auftrag des Joint im selben Jahr zusätzlich 207 Personen. Vgl. ebd., A/VIE/IKG/III/AD/VOR/3/21, Budget Voranschlag für 1961.
1167 Vgl. ebd., A/VIE/IKG/III/SOZ/6/1, Tätigkeitsbericht Sozialabteilung, 22.03.1982.
1168 Vgl. Israelitische Kultusgemeinde Wien, Die Tätigkeit der Israelitischen Kultusgemeinde Wien. In den Jahren 1960–1964, Wien 1964, 116.
1169 Vgl. Archiv IKG Wien, Bestand Wien, A/VIE/IKG/III/SOZ/6/2, Tätigkeitsbericht Fürsorgeabteilung, 22.12.1969.
1170 Vgl. ebd.
1171 Israelitische Kultusgemeinde Wien, Die Tätigkeit der Israelitischen Kultusgemeinde Wien. In den Jahren 1960–1964, Wien 1964, 117.

1969 finden zusätzlich die Besuche in Heilanstalten und psychiatrischen Krankenhäusern Erwähnung. So betreue die Fürsorgeabteilung etwa im Krankenhaus Ybbs durchschnittlich 15 bis 20 Personen, die etwa auf zehn Pavillons verteilt seien. Abgesehen von dem Aufsuchen der »schwerkranken Patienten, von denen manche aggressiv sind« obliege den Fürsorgebeamt:innen die Rücksprache mit dem zuständigen medizinischen Personal.[1172] Nach Schmids Wortwahl zu urteilen, nahm sie diese Tätigkeit wohl als Belastung wahr. Sie hielt außerdem fest, dass die Situationen in anderen Kliniken so wie etwa in der Heil- und Pflegeanstalt Steinhof, der Klinik Hoff und der Wiener Universitätsklinik für Psychiatrie und Neurologie ähnlich seien. Abgesehen von der (emotionalen) Anstrengung, welche diese Besuche vor Ort mit sich brachten, erwähnte sie die vorab zusammenzustellenden Geschenkpakete, die mitzubringen seien.[1173]

Wie an anderer Stelle bereits erwähnt, stellte der Erhalt finanzieller Unterstützungsleistungen von Seiten der Fürsorgeabteilung keine Voraussetzung für die Anbindung an diese Einrichtung dar. Folglich konnten (vorübergehend) Institutionalisierte auch ohne finanziellen Leistungsbezug zu den Klient:innen der Fürsorgeabteilung zählen. Das zeigt beispielsweise der folgende Fall: A. V. bezog als Klientin der Fürsorgeabteilung im Jahr 1948 zunächst sehr wohl finanzielle Unterstützung. Mit Anfang 1949 wurde ihre finanzielle Unterstützung aber aufgrund des Bezugs einer Opferrente eingestellt, weil ihr Einkommen nun über dem Richtsatz lag (dazu Näheres weiter unten). Erst im Jahr 1969 sind ihrem Akt – ohne dass sie finanzielle Ansprüche in der Fürsorgeabteilung hätte stellen können – wieder Einträge zu entnehmen: Damals war sie nämlich für mehrere Monate »Am Steinhof« untergebracht. Die Fürsorgeabteilung hielt sie offensichtlich für psychisch stabil genug, um ihr aufgrund ihres Alters stattdessen einen Platz im Altersheim der jüdischen Gemeinde anzubieten. Diesen lehnte A. V. aber dankend ab. Nach ihrer Entlassung wolle sie lieber wieder in ihre eigene Wohnung zurück, lautete der Aktenvermerk.[1174] In dem Tätigkeitsbericht aus dem Jahr 1982 führte Schmid einmal mehr die Betreuung in Spitälern bzw. psychiatrischen Krankenhäusern an und erwähnte auch Pflege- und Pensionistenheime. Auf nähere Ausführungen verzichtete sie dieses Mal zwar, doch verwies sie explizit auf die Betreuung des Altersheimes der IKG.[1175] Über die altersspezifischen Bedürfnisse innerhalb der Gemeinde, die es neben anderen zu berücksichtigen galt, verrät 1969 der an eine einschlägige Agentur erinnernde Tätigkeitsbereich der Vermittlung von Pflege-, Bedienungs- und Betreuungs-

---

1172 Vgl. Archiv IKG Wien, Bestand Wien, A/VIE/IKG/III/SOZ/6/2, Tätigkeitsbericht Fürsorgeabteilung, 22.12.1969.
1173 Vgl. ebd.
1174 Vgl. ebd., A/VIE/IKG/III/SOZ/FS/3/35, Kartei, 1948–1967.
1175 Vgl. ebd., A/VIE/IKG/III/SOZ/6/1, Tätigkeitsbericht Sozialabteilung, 22.03.1982.

personal.[1176] Hingegen würde man heute einen Bereich »Verwaltung v. Geldern für entmündigte Personen, jeweilige Verhandlungen und Abrechnungen mit den Kuratoren […] [und] dauernde Kontaktnahme mit diesen […]«[1177] wohl im Wesentlichen zur Vernetzung mit Erwachsenenvertreter:innen zählen. Sehr weit fasste Schmid 1982 die Beschäftigung der persönlichen oder telefonischen Beratung von Klient:innen in verschiedenen Lebensbereichen. Allerdings hob sie dabei besonders die Vermittlung von Betreuungs- und Pflegepersonal hervor sowie die Unterstützung in Rentenangelegenheiten oder Belangen der Opferfürsorge.[1178] An dieser Stelle soll erneut betont werden, dass sich Österreich mit dem »Gesetz über die Fürsorge für die Opfer des Kampfes für ein freies, demokratisches Österreich« von Juli 1945 ausschließlich zur BEFÜRSORGUNG jener verpflichtete, die dieser spezifischen Kategorie zugeordnet werden konnten. Die Gruppe der Verfolgten, die nicht zu den »aktiven« Widerstandskämpfer:innen gezählt hatte, fand bis zum Jahr 1947 keine Berücksichtigung.[1179] Die Beratungen im Rahmen des Opferfürsorgegesetzes setzten daher auch 1947 ein.[1180] Allein die zahlreichen Gesetzesnovellierungen deuten auf die Missstände und den Kampf der Opfergruppen um deren Behebung. Entsprechend intransparent und komplex ist die Gesetzesmaterie. Die tiefere Auseinandersetzung mit Entschädigungsrecht und seiner Entwicklung würde den Rahmen dieser Arbeit sprengen. In Bezug auf die Tätigkeit der Fürsorgeabteilung sei lediglich die Unterteilung der Leistungen nach dem Opferfürsorgegesetz in Rentenleistungen und Einmalzahlungen erwähnt. Im Falle der Zweiteren geht es etwa um Einkommensminderungen (sofern diese über einen gewissen Zeitraum hinausreichten), Ausbildungsabbruch,[1181] erzwungene Emigration,[1182] das Tragen des »Judensterns«,

---

1176 Vgl. ebd., A/VIE/IKG/III/SOZ/6/2, Tätigkeitsbericht Fürsorgeabteilung, 22.12.1969.
1177 Ebd.
1178 Vgl. ebd., A/VIE/IKG/III/SOZ/6/1, Tätigkeitsbericht Sozialabteilung, 22.03.1982.
1179 Vgl. Bundesgesetz vom 4. Juli 1947 über die Fürsorge für die Opfer des Kampfes um ein freies, demokratisches Österreich und die Opfer politischer Verfolgung (Opferfürsorgegesetz), Fassung vom 25.10.2023, online: https://www.ris.bka.gv.at/GeltendeFassung.wxe?Abfrage=Bundesnormen&Gesetzesnummer=10008113; vgl. Albrich, Thomas, Antisemitismus und Schuldabwehr nach dem Holocaust, in: Steininger, Rolf/Gehler, Michael (Hg.), Österreich im 20. Jahrhundert. Ein Studienbuch in zwei Bänden. Vom Zweiten Weltkrieg bis zur Gegenwart, Band 2, Wien/Köln/Weimar/Böhlau 1997, 39–106, 59.
1180 Vgl. Israelitische Kultusgemeinde Wien, Die Tätigkeit der Israelitischen Kultusgemeinde Wien. In den Jahren 1960–1964, Wien 1964, 229.
1181 Als Ausbildungsschaden galt nach dem OFG von 1947 ausschließlich »der Abbruch oder eine mindestens dreieinhalbjährige Unterbrechung des Studiums oder Lehrausbildungsganges«. Berger, Karin/Dimmel, Nikolaus/Forster, David/Spring, Claudia/Berger, Heinrich, Vollzugspraxis des »Opferfürsorgegesetzes«. Analyse der praktischen Vollziehung des einschlägigen Sozialrechts, Veröffentlichungen der Historikerkommission. Vermögensentzug während der NS-Zeit sowie Rückstellungen und Entschädigungen seit 1945 in Österreich, Band 29/2, Wien/München 2004, 130.

Zwangsanhaltungen in Ghettos oder Haftentschädigungen. Der fachkundige Sozialarbeiter Georg Heidlmair betont, dass diese Einmalzahlungen aufgrund ihrer Geringfügigkeit kaum einer Art von Entschädigung entsprächen, ganz abgesehen von der Tatsache, dass man erlittenes Leid und widerfahrenes Unrecht mit Zahlungen überhaupt nicht aufwiegen kann. Die niedrigen Summen seien aber Ausdruck des prinzipiellen Unwillens des Gesetzgebers, Entschädigungen zu leisten.[1183]

Die Renten (Opferrente, Hinterbliebenenrente, einkommensabhängige Unterhaltsrente und Beihilfe) bilden zweifellos das »Kernstück der Leistungen nach dem OFG.«[1184] Als allgemeine Voraussetzung für die Gewährung einer der aufgezählten Leistungen aus dem Opferfürsorgegesetz muss zunächst aber »die konstitutive Feststellung der Opfereigenschaft durch Zuerkennung einer Amtsbescheinigung oder eines Opferausweises« erfolgen.[1185] Laut einem Tätigkeitsbericht der IKG sind beratende Aufgaben zum Opferfürsorgegesetz in den Jahren zwischen 1947 und 1955 der Fürsorgeabteilung selbst zugefallen. Erst mit wachsender Anzahl der zu Beratenden sei im Jahr 1955 neben der Fürsorgeabteilung die »Opferfürsorgeabteilung« vorübergehend als eigene und spezialisierte Abteilung eingerichtet worden.[1186] Auf Ansuchen der URO (United Restitution Organization) habe die IKG deren österreichische Entschädigungsfälle[1187] schließlich übernommen.[1188] Die Arbeit der Opferfürsorgeabteilung bestand

---

1182 Das Gesetz wandte nicht den Begriff »Flucht« sondern »Emigration« an. Erst ab der 20. Novelle des OFG im Jahr 1969 wurde Flucht, bzw. erzwungene Emigration als Schaden nach § 1 Abs 2 lit f OFG anerkannt, sofern die Vertriebenen zu damaligem Zeitpunkt das sechste Lebensjahr vollendet hatten und ihr Exilaufenthalt zumindest eine Dauer von 42 Monaten umfasst hatte. Vgl. ebd., 57.
1183 Vgl. Heidlmair, Georg, Interview, 21.05.2021.
1184 Vgl. Berger, Karin/Dimmel, Nikolaus/Forster, David/Spring, Claudia/Berger, Heinrich, Vollzugspraxis des »Opferfürsorgegesetzes«. Analyse der praktischen Vollziehung des einschlägigen Sozialrechts, Veröffentlichungen der Historikerkommission. Vermögensentzug während der NS-Zeit sowie Rückstellungen und Entschädigungen seit 1945 in Österreich, Band 29/2, Wien/München 2004, 16.
1185 Die Zuerkennung erfolgt nur bei Vorliegen der aufrechten österreichischen Staatsbürgerschaft zum Zeitpunkt der Antragstellung sowie deren Innehabung am 13. März 1938 bzw. einem zum Stichtag 13. März 1938 zehnjährigen ununterbrochenen Wohnsitz in Österreich. Die Gesetzesnovelle von 2001 ermöglicht den Anspruch auf Rentenleistungen nach dem Opferfürsorgegesetz unabhängig von der Staatsbürgerschaft. Für die Ausstellung einer Amtsbescheinigung und eines Opferausweises ist allerdings nach wie vor die österreichische Staatsbürgerschaft erforderlich. Vgl. ebd., 16; vgl. Heidlmaier, Georg, Anmerkung, November 2023.
1186 Vgl. Israelitische Kultusgemeinde Wien, Die Tätigkeit der Israelitischen Kultusgemeinde Wien. In den Jahren 1960–1964, Wien 1964, 229.
1187 Als Beauftragte der URO hätte die IKG die Vertretung von Ansprüchen ehemaliger Mitglieder der Kultusgemeinde, die damals ihren Lebensmittelpunkt im Ausland hatten, übernommen. Das Archiv der IKG Wien weist einen Bestand von 7205 personenbezogenen Opferfürsorgeakten auf.

gemäß der IKG »im wesentlichen aus der Übernahme der Anträge, die fast durchwegs über die URO-Büros aus dem Ausland einlaufen, die Einreichung derselben bei den zuständigen Behörden, die Beschaffung von Beweismitteln und Personaldokumenten, Erhebungen bei Magistratischen Bezirksämtern, die Einleitung von Todeserklärungsverfahren, die Einbringung von Rechtsmitteln usw.«[1189] Ein breites Feld, zu dem die Opferfürsorgeabteilung ebenso Beratungen und Vertretungen der Klient:innen im Zusammenhang mit dem Kriegs- und Verfolgungssachschädengesetz (KSVG) übernahm, als es 1958 in Kraft trat.[1190] Dieses Gesetz sah erstmalig Entschädigungsansprüche für den Verlust von Hausrat und Geschäftsinventar vor.[1191]

Diese knappe Zusammenfassung soll dem besseren Verständnis der weitreichenden Aufgabenbereiche dienen,[1192] die Susanne Schmid in ihrem Bericht von 1982 erwähnt – nämlich wieder im Rahmen der Fürsorgeabteilung hinsichtlich des Opferfürsorgegesetzes zu beraten, was den von ihr gewählten Formulierungen nach zu urteilen über reine Berechnungen hinausging. Diese Beratungen hatten aber eben nicht durchgehend zu den Agenden der Fürsorgeabteilung gezählt.

Wenn Schmid in ihrem Tätigkeitsbericht von 1969 »Korrespondenz« als eigene Tätigkeit erwähnt, kann dem entweder der große Zeitaufwand, oder aber die Absicht, sämtliche Tätigkeitsbereiche festhalten zu wollen, zugrunde liegen.[1193] In den 1980ern subsumierte sie diese und andere Tätigkeiten schlicht unter dem Sammelbegriff »Büroarbeiten«.[1194] Ihre Aufzählung der persönlichen und telefonischen Interventionen bei Ämtern kann als klassische Beratungstätigkeit Sozialer Arbeit gewertet werden, die sie in ihrem späteren Bericht von 1982 auch noch eigens anführte.[1195]

Dass Klient:innen herausfordernde Lebenssituationen benannten und sich benötigte Unterstützung suchten, setzte Vertraulichkeit voraus. Die Kultusgemeinde betonte daher in den 1960ern, dass Klient:innen in alleiniger Anwesenheit ihrer Fürsorger:innen beraten hätten werden können: »Der Hilfesuchende

---

1188 Vgl. Israelitische Kultusgemeinde Wien, Die Tätigkeit der Israelitischen Kultusgemeinde Wien. In den Jahren 1960–1964, Wien 1964, 230.
1189 Ebd., 231 f.
1190 Im Archiv der IKG Wien befindet sich ein Bestand von 4.055 personenbezogenen Akten.
1191 Vgl. ebd., 232.
1192 Zur Beratung und Begleitung der Klient:innen hinsichtlich Entschädigungsleistungen s. das Kapitel »NS-Überlebende und Zuwandernde«.
1193 Vgl. Archiv IKG Wien, Bestand Wien, A/VIE/IKG/III/SOZ/6/2, Tätigkeitsbericht Fürsorgeabteilung, 22.12.1969.
1194 Vgl. ebd., A/VIE/IKG/III/SOZ/6/1, Tätigkeitsbericht Sozialabteilung, 22.03.1982.
1195 Vgl. ebd.

kann sich daher ohne Hemmungen mit der Fürsorgerin freimütig aussprechen.«[1196]

Die Übernahme der Erstellung von Gesuchen und Eingabeschreiben »für alte und hilflose Menschen« ist aus früheren Tätigkeitsberichten bekannt. Die Erstellung von Statistiken obliege der Abteilung auch nach wie vor. Sie stelle im Bedarfsfall außerdem noch immer Anweisungen für Heilbehelfe, Zahnbehandlungen etc. aus. Der Erwerb von Kleidern für sogenannte »Geisteskranke« falle ebenso in ihren Zuständigkeitsbereich.[1197] Die »psychische Betreuung einer großen Anzahl von Personen, die weder finanziell noch statistisch aufscheinen«[1198] soll eindeutig ihren realen Arbeitsaufwand abbilden. Obgleich auch frühere Berichte den besonderen Betreuungsbedarf einzelner Gruppen hervorhoben, stand dieser in irgendeinem Zusammenhang mit Unterstützungsleistungen. Aus vorliegendem Bericht geht aber eindeutig hervor, dass Klient:innen die Abteilung aufgrund des Bedarfs an Entlastungsgesprächen aufsuchten. 1982 führte Schmid diese Personengruppe in ihren Berichten immer noch an.[1199] Waren die meisten Tätigkeiten ohne weitere Ausführungen in den Berichten gelistet, verschriftlichte Schmid in Bezug auf den Aufgabenbereich Kleiderausgabe 1969: »Dies bedeutet oftmaliges Hantieren mit beschmutzter Wäsche und Kleidern. [...] [Aufgrund] knappe[r] Unterbringungsmöglichkeit[en], [ist] öfteres Waschen nötig, ausserdem [erfordert die] anstrengende körperliche Arbeit, [die sich] durch oftmaliges Hin- und Herschleppen von schweren Winterröcken bei[m] Probieren [ergibt], wahrlich eher [die] Tätigkeit für Hilfsarbeiter, nicht für Fürsorgebeamtinnen.«[1200] Durch ihre Schilderung entsteht insgesamt der Eindruck hoher Arbeitsbelastung. Die Verteilung von »Sonderspenden« auf sogenannten »Sonderkonten« bedeutete, Personen in Evidenz zu halten, auszuwählen und im Bedarfsfall dann auch zu beteilen.[1201] 1982 unterschied sie nicht mehr zwischen Kleider- und sogenannten Sonderspenden. Sie hielt lediglich deren Übernahme, Aussortierung und Weitergabe an Bedürftige fest.[1202] Ausdrücklich erwähnt sie als Aufgabenbereich auch die Prüfung von Sterbe- und Austrittsfällen, um Fürsorgeberäge errechnen und etwaige Rückforderungen bekannt geben zu können.[1203] Hingegen erwähnte sie 1982 die Berechnung der

---

1196 Israelitische Kultusgemeinde Wien, Die Tätigkeit der Israelitischen Kultusgemeinde Wien. In den Jahren 1960–1964, Wien 1964, 117.
1197 Vgl. Archiv IKG Wien, Bestand Wien, A/VIE/IKG/III/SOZ/6/2, Tätigkeitsbericht Fürsorgeabteilung, 22.12.1969.
1198 Ebd.
1199 Vgl. ebd., A/VIE/IKG/III/SOZ/6/1, Tätigkeitsbericht Sozialabteilung, 22.03.1982.
1200 Ebd., A/VIE/IKG/III/SOZ/6/2, Tätigkeitsbericht Fürsorgeabteilung, 22.12.1969.
1201 Vgl. ebd.
1202 Vgl. ebd., A/VIE/IKG/III/SOZ/6/1, Schreiben A. Hodik an Sozialabteilung, 17.03.1982.
1203 Vgl. ebd., A/VIE/IKG/III/SOZ/6/10, Tätigkeitsbericht Fürsorgeabteilung, 22.12.1969.

Verlassenschaften zwecks Bekanntgabe an die Notare.[1204] Gegen die Einführung einer Rückzahlungsverpflichtung – wie etwa ein unterzeichnetes Formular aus dem Jahr 1978 zeigt – sprach seitens der Fürsorgeabteilung nichts.

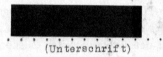

Abb. 30: »Rückzahlungsverpflichtung«, 1978 (Archiv IKG Wien, Bestand Wien, A /VIE/IKG/III/SOZ/FS/3/27)

Bei dem Formular handelte es sich um eine Aufklärung darüber, Rückzahlungsansprüche im Nachhinein geltend machen zu können, sobald sich die

---

1204 Vgl. ebd., A/VIE/IKG/III/SOZ/6/1, Tätigkeitsbericht Sozialabteilung, 22.03.1982.

Vermögensverhältnisse der Klient:innen änderten. Es musste sich also nicht um unrechtmäßigen Bezug handeln, der dieser Forderung vorausging. Insofern waren auch Erben angegeben, die diesen Aufforderungen eventuell nachkommen mussten. Inwiefern das der Praxis entsprach, geht aus den Akten nicht eindeutig hervor.[1205]

Vorbereitungen zu einer möglichen »Eröffnung der Seniorenklubs« fielen ebenso in ihren Tätigkeitsbereich. Wie vielseitig ihre Aufgaben waren, zeigt letztlich auch die Aufzählung Schmids über das Verfassen von Gratulationsschreiben bei hohen Geburtstagen, sowie bei Goldhochzeiten.[1206] Aus einem Gratulationsschreiben von 1983 an einen 85jährigen geht außerdem die gleichzeitige Zusendung eines Geschenkpaketes mit Delikatessen hervor.[1207] Schmid versuchte auch mit Fallbeispielen, ihren Arbeitsalltag zu veranschaulichen. Von diesen soll hier eines exemplarisch widergegeben werden: »Jüngerer Mann, Geisteskranker, bei uns betreut, plötzlich verschwunden, trotz intensiver Suche unauffindbar, verschollen. Nach zehn Jahren plötzlich Nachricht bekommen, dass sich dieser in einem Gefängnis in Italien befände. Nun sofortige Kontaktaufnahme mit Gefängnisleitung, Pater, der Häftlinge betreut, österr. Botschaft in Rom, Aussenministerium. Monatelange schriftliche und sonstige Urgenzen, bis endlich Bereitwilligkeit zur Hilfe bei Rückführung nach Wien gegeben. Nun Beschaffung eines Platzes in einer Heilanstalt, da sonst keine Repatriierung möglich. Nach endlosen, schon aussichtslos scheinenden Bemühungen Personen aufgetrieben, die schwerkranken Patienten nach Österreich in die Heilanstalt gebracht haben. Zwischendurch dauernde Korrespondenzen und Telefonate mit massgebenden Stellen. Nach Ankunft in Anstalt selbstverständlich sofortiger Besuch der Fürsorgerin.«[1208] Dieses ungewöhnliche Fallbeispiel war für die Tätigkeiten der Abteilung bestimmt nicht repräsentativ. Dennoch ist es charakteristisch für den überaus weiten Zuständigkeitsbereich der Fürsorgeabteilung. Aufgrund seiner Einzigartigkeit kann nicht davon ausgegangen werden, dass Schmid auf vergleichbare Erfahrungen zurückgreifen konnte. Insofern tastete sie sich wohl von Arbeitsschritt zu Arbeitsschritt weiter. Der hohe Arbeitsaufwand in einem einzigen Fall gehörte aber vermutlich sehr wohl zu einem Alltag, der den Angestellten große Flexibilität abverlangte. Selbst wenn die Klient:innenzahlen gesunken waren, nahm der Arbeitsaufwand aufgrund der Ausdifferenzierung der Tätigkeitsfelder zu.

Das Ordnungssystem der Fürsorgeabteilung wurde mit dem 1948 etablierten Mappen-System weit über die 1960er Jahre hinaus beibehalten. Das zeigt sich

---

1205 Vgl. ebd., A/VIE/IKG/III/SOZ/FS/3/27, Rückzahlungsverpflichtung, 3.01.1978.
1206 Vgl. ebd., A/VIE/IKG/III/SOZ/6/10, Tätigkeitsbericht Fürsorgeabteilung, 22.12.1969.
1207 Vgl. ebd., SOZ Akten 80er u. 90er (temp.), Gratulationsschreiben, 24.06.1983.
1208 Ebd., A/VIE/IKG/III/SOZ/6/2, Tätigkeitsbericht Fürsorgeabteilung, 22.12.1969.

Tätigkeitsfelder des Personals und die Re-Organisation(sstruktur)     253

anhand der Klient:innenakten. S. K. wurde beispielsweise von 1948 bis 1984 durch die Fürsorgeabteilung mit geringen Beiträgen finanziell unterstützt. An der Dokumentation der Betreuung veränderte sich über den gesamten Zeitraum nichts.[1209] Diese Struktur wurde nicht nur bei bestehenden Fällen und ihren Akten in dieser Form weitergeführt, vielmehr stellte die Abteilung auch noch im Jahr 1980 die gleichen und im Vorangegangenen dargelegten Erhebungsbögen ganz neu aus.[1210] Bis zur Ablösung dieser Dokumentationsform sollte es bis ins Jahr 1987 dauern.[1211] Die Dokumentation hatte sich aus der Perspektive der Angestellten offenkundig bewährt. Die in den 1940er Jahren angestellten Fürsorgerinnen Susanne Schmid[1212] und Edith Auerhahn[1213] führten diese bis zu ihren Pensionierungen fort und unterzeichneten die Karteien der Klient:innen noch bis in das Jahr 1983.[1214]

Ab den 1980er Jahren hielt die Abteilung das Einkommen und mögliche Unterstützungsleistungen mittels eines vorgefertigten Formulars fest. Obgleich die Unterstützungskategorien, wie bereits erläutert, bestehen blieben, weist das Formular mit einer Leistungsübersicht aus den 1980ern nicht sämtliche Kategorien auf. Möglicherweise wurden die Leistungen unter Oberbegriffen zusammengefasst. Bei einem Vergleich mit den 1990er Jahren ist die höhere Ausdifferenzierung der Einkommensmöglichkeiten sowie der Unterstützungskategorien auffällig. Die Leistungen wurden hier wieder genau aufgeschlüsselt: »Senioren«, »Kranke«, »Integration«, »Hilflosenzuschüsse«, »Besondere Notfälle«, »Heizzuschüsse«, »Erholung/Senioren«, »Stipendien«.[1215] Die Richtsätze der Unterstützungsleistungen, das Fürsorgeregulativ, wurden durch den Kultusvorstand festgelegt.[1216] Verteuerungen der Lebenshaltung trugen zwischen 1950 und 1952 regelmäßig zur Anhebung der Fürsorgesätze sowie einzelner

---

1209 Vgl. ebd., SOZ Akten 80er u. 90er (temp.), Kartei, 1948–1984.
1210 Vgl. ebd., Erhebungsbogen, 01.08.1980.
1211 Bei stichprobenartiger Durchsicht nicht personenbezogener Karteien.
1212 Widersprüchlich scheint Susanne Schmids offizielle Pensionierung mit Ende 1982 zu ihren darüber hinaus reichenden Signaturen in den Klient:innenkarteien. Möglicherweise existierte noch eine Übergangsfrist mit ihrer Nachfolgerin Elisabeth Weiss. Vgl. Archiv IKG Wien, Bestand Wien, A/VIE/IKG/III/AD/VOR/13/3, Protokoll, 16.11.1982.
1213 Edith Auerhahn wurde gemäß eines Kultusvorstandsprotokolls per 31.12.1982 gekündigt. Dass sie ab 15.01.1983 erneut für Hauptkassa und Fürsorge halbtags eingesetzt werden sollte, mag ihre Signaturen in Klient:innenkarteien bis in das Jahr 1983 erklären. Vgl. ebd., A/VIE/IKG/III/AD/VOR/13/4, Protokoll, 21.12.1982.
1214 Vgl. ebd., SOZ Akten 80er u. 90er (temp.), Kartei, 1978–1988.
1215 Vgl. ebd., Formular Leistungsübersicht 1982–1983 u. Formular Leistungsübersicht 1991–1993.
1216 Vgl. Israelitische Kultusgemeinde Wien, Die Tätigkeit der Israelitischen Kultusgemeinde Wien. In den Jahren 1960–1964, Wien 1964, 117.

Unterstützungskategorien bei.[1217] Bis 1964 stieg der zu gewährende Höchstbetrag der allgemeinen Fürsorgeleistung auf insgesamt 300.- Schilling für alleinstehende Personen an.[1218] Diese Fürsorgebeträge wurden kontinuierlich angehoben; der Höchstsatz der allgemeinen Fürsorge lag im Jahr 1969[1219] bei 400.- Schilling.[1220] Dennoch wurden Leistungen weiterhin angeglichen wie etwa nach einer Erhöhung der Pensionen, Renten und Dauerunterstützungen der Gemeinde Wien im Jänner 1971.[1221] Erst während einer Sitzung der Fürsorgekommission am 04. Februar 1980 wurden aber die nicht allgemeinen monatlichen Unterstützungen für folgende Personenkreise erhöht: Mindestrentner:innen, Taschengeldbezieher:innen des Elternheimes, Befürsorgte, deren Pensionen nur knapp über der Geringfügigkeit lagen und die aus Krankheitsgründen monatliche Zuwendungen erhielten, sowie Personen, die in »psychiatrischen Heilanstalten« untergebracht wurden. Laut dem Protokoll seien diese Unterstützungen nach über 20 Jahren erstmals angehoben worden.[1222]

Mit Schmids Nachfolgerin Elisabeth Weiss brach zu Beginn der 1980er Jahre eine neue Ära an.[1223] Nach und nach zeigten sich auf mehreren Ebenen hier und da Umbrüche. Beispielsweise mussten Voraussetzungen für Leistungserhalt anscheinend erneut formuliert werden, wenn der Kultusvorstand 1985 folgenden (aufrechten) Beschluss festhielt: »Sozialhilfe soll künftig nur an Leute vergeben werden, die in der Kultusgemeinde registriert sind!«[1224] Diesem Übereinkommen war vermutlich eine Debatte über die Vervollständigung persönlicher Daten der 1982 registrierten russischen Zuwander:innen vorausgegangen.[1225] Neue konzeptionelle Überlegungen konnten wohl mit beginnenden Reformbestrebungen verwirklicht werden. Evelyn Adunka markiert den beginnenden Reorganisationsprozess des Sozialwesens bereits mit dem Jahr 1978, als der »Verband Jüdischer Mediziner« unter dem Präsidenten Alexander Friedmann gegründet wurde. Dass Adunka den Reformprozess mit »Die Reorganisation des Sozialwesens« betitelte, unterstreicht nicht nur die üblichen Zusammenfassungen verschiedener »sozialer« Bereiche zu einem, sondern verdeutlicht ebenso

---

1217 Vgl. Archiv IKG Wien, Bestand Wien, A/VIE/IKG/III/AD/VOR/1/16, Protokoll, 19.10.1950; vgl. ebd., A/VIE/IKG/III/AD/VOR/1/7, Protokoll, 14.11.1950; vgl. ebd., A/VIE/IKG/III/AD/VOR/1/25, Protokoll, 11.12.1951; vgl. ebd., A/VIE/IKG/III/AD/VOR/2/2, Protokoll, 25.03.1952.
1218 Vgl. ebd., A/VIE/IKG/III/SOZ/6/6, Regulativsätze ab 1.01.1964.
1219 Vgl. ebd., Regulativsätze ab 01.01.1969.
1220 Vgl. ebd., Regulativsätze ab 01.01.1971.
1221 Vgl. ebd., Infoschreiben Fürsorgeabteilung an Amtsdirektion, 13.01.1971.
1222 Vgl. ebd., A/VIE/IKG/III/SOZ/6/3, 04.02.1980.
1223 Weiss zeichnete die Karteien ab 1982, wie durch die stichprobenartigen Sichtungen der Fürsorgekarteien erkennbar wird. Vgl. ebd., SOZ Akten 80er u. 90er (temp.).
1224 Ebd., A/VIE/IKG/III/AD/VOR/14/17, 21.05.1985.
1225 Vgl. ebd.

strukturelle Überschneidungen der Gesundheits- und Sozialbereiche, auch innerhalb der IKG. Obgleich mit der Etablierung des erwähnten Verbandes naturgemäß medizinische Expertisen im Vordergrund standen, zielte er dezidiert auch auf Verbesserungen im Bereich sozialer (Beratungs-) Belange ab. Die genannten Ansprüche wurden weiter verfolgt, wie sich beispielsweise anhand der 1984 gegründeten Arbeitsgruppe zur Erhebung der Situation älterer Gemeindemitglieder hinsichtlich finanzieller, sozialer, materieller und gesundheitlicher Faktoren zeigte. Abermals sollten die Erhebungen als Grundlage für Verbesserungsvorschläge dienen. Die folgenden Umstrukturierungen betrafen vor allem das Elternheim.[1226] Friedmann selbst erkannte aber den Bedarf über die Zielgruppe der älteren Gemeindemitglieder hinaus. Er thematisierte auch den dringenden Bedarf, sich um die »Integration der in Wien befindlichen neu Zugewanderten«[1227] zu widmen und betonte 1984, es müsse »bald eine Grundsatzdiskussion geführt werden.«[1228]

---

1226 Vgl. Adunka, Evelyn, Die vierte Gemeinde. Die Wiener Juden in der Zeit von 1945 bis heute, Wien/Berlin 2000, 517.
1227 Archiv IKG Wien, Bestand Wien, A/VIE/IKG/III/AD/VOR/14/4, Protokoll, 12.06.1984.
1228 Ebd.

# Die Sozialkommission: Vom Wirken der Sozialkommission bis zur Entstehung der Subkommission ESRA

Über die Frage, wer das Sozialwesen in der Kultusgemeinde nachhaltig revolutioniert hat, sind sich wohl alle einig: der 1948 in Bukarest geborene Sozialpsychiater Alexander Friedmann.

Abb. 31: Alexander Friedmann

Zahlreiche Zitate seiner Wegbegleiter:innen lauten in diesem Zusammenhang häufig: »Friedmann hat für das Sozialwesen in der Kultusgemeinde sehr viel getan.«[1229] Die Unbestimmtheit dieser Aussage hat wohl mit dem enormen Umfang und der Vielfalt seiner Leistungen zu tun. Darüber hinaus wird Friedmann in ähnlichen Narrationen auch über das Sozialwesen hinaus als zentrale Figur für die Kultusgemeinde dargestellt, wie auch folgende Formulierung anklingen lässt: »Er war wirklich die graue Eminenz der Kultusgemeinde. In jeder Weise.«[1230] Obgleich die Beschränkung seines Einsatzes auf die Sozialkommis-

---

1229 Kohn, Rosina, Interview, 17.12.2020.
1230 Frankl, Nora, Interview, 23.01.2023.

sion der Israelitischen Kultusgemeinde ihm also in keiner Weise gerecht wird, fokussiert die vorliegende Schilderung auf diesen. Zitate aus Erinnerungen von Wegbegleiter:innen belegen seinen Scharfsinn sowie sein Engagement und sollen hier vor allem in Bezug auf das Sozialwesen und die Entstehungsgeschichte des psychosozialen Zentrums ESRA für sich sprechen. An dieser Stelle sei bereits seine Position als Kultusvorsteher erwähnt, die er seit den frühen 1980ern innehatte und die des Vorsitzenden der Sozialkommission, in welcher er seit dem Ende der 1980er und bis zu seinem plötzlichen Tod im Jahr 2008 fungierte, denn in den Zeitraum seines Wirkens fällt die Etablierung ESRAs, die von vielen als größte Errungenschaft der Sozialkommission gesehen wird.[1231] Um diese Perspektive nachvollziehen zu können, braucht es zunächst ein tiefergehendes Verständnis ihrer Tätigkeiten.

Wie im Prinzip alle Kommissionen der IKG, setzt sich die Sozialkommission aus Kultusvorstehenden und Gemeindemitgliedern zusammen. Sie stellt ein beratendes Organ des Kultusvorstandes dar, dem die Aufbereitung der Themen zukommt, die der Kultusvorstand behandelt. Obgleich die tatsächliche Praxis der Fürsorge und späteren Sozialen Arbeit in entsprechenden Abteilungen umgesetzt wurde, besaß die Kommission als übergeordnete politische Instanz hohen Stellenwert. Bisher wurde die Sozialkommission der Israelitischen Kultusgemeinde eher beiläufig erwähnt, ohne näher auf ihre Entwicklung oder ihre Zuständigkeitsbereiche einzugehen. Im Folgenden soll nun ihr Wirken bis zur Entstehung der Subkommission ESRA eigenständig beleuchtet werden.[1232]

Nach dem Ende des Zweiten Weltkrieges bestand zunächst überhaupt keine eigenständige Fürsorgekommission. Das geht aus Franzi Löws Antrag auf die Etablierung einer solchen im Herbst 1946 hervor. Bis zu diesem Zeitpunkt waren ihre Agenden eingebettet in die der »Kommission für Spital und Heime«. Das dürfte nicht in Löws Sinn gewesen sein.[1233] Mit ihrer Sichtweise war sie nicht alleine. So sprachen sich auch die damaligen Referenten Otto Wolken[1234] von der

---

1231 Vgl. Erbst, Renate, Interview, 09.02.2021.
1232 Hinsichtlich herangezogener Primärquellen für dieses Kapitel sei darauf verwiesen, dass die Protokolle der Fürsorge- bzw. Sozialkommission bedauerlicherweise nicht gesammelt im Archiv der IKG Wien vorliegen. Gesichtet konnte dort allerdings ein nicht erschlossener Bestand der Protokolle von 1982 bis 1984 und von 1989 bis 1992 werden. Lediglich zufällig wurden hingegen einzelne, jährliche Protokolle aus den Jahren zwischen 1961 und 1981 im Bestand zur Sozialabteilung ausgemacht. Protokolle der Kultusvorstandssitzungen geben allerdings ergänzende Einblicke in die Tätigkeitsbereiche der Fürsorgekommission.
1233 Vgl. Archiv IKG Wien, Bestand Wien, A/VIE/IKG/III/AD/VOR/1/1, Protokoll, 30.10.1946.
1234 Otto Wolken hatte Auschwitz als Häftlingsarzt in Birkenau überlebt. Nach dem Krieg war er in verschiedenen Funktionen tätig. Einerseits stand er dem Joint als Vertrauensarzt zur Verfügung, zählte zum Personal der UNRRA, leitete zwei Jahre das Rothschildspital und betreute auf freiwilliger Basis KZ-Überlebende und in der Zeit zwischen 1946 und 1971 war er außerdem als Kultusvorstand des »Bundes werktätiger Juden« aktiv, um nur auszugsweise seine Tätigkeitsfelder zu erwähnen. Nachdem die Einheitsliste David Brills 1948

Kommission für Spital und Heime, und Eduard Broczyner[1235] von dem damals gerade neu entstehenden Bereich des Gesundheitswesens, gegen die Zusammenfassung der Kommissionen aus. Obgleich Löw, Wolken und Broczyner die Argumente anderer Kultusvorstandsmitglieder für eine Bereichsfusion angesichts des Ineinandergreifens der Themenbereiche nachvollziehen konnten, lehnten alle drei einen gemeinsamen Verwaltungsbereich ab. Löw begrüßte zwar die Zusammenarbeit, plädierte aber eindeutig für einen eigenständigen Verantwortungsbereich der Fürsorge.[1236] Diese Haltung scheint hinsichtlich der unterschiedlichen Arbeitsschwerpunkte nachvollziehbar. Naturgemäß war der Fokus des Gesundheitsreferats ein anderer als derjenige der Fürsorgeabteilung, trotz der Themenüberschneidungen. Die Trennung von medizinischen und fürsorgerischen Interventionen sowie das Vorherrschen der medizinischen Perspektive der zuständigen Referenten und Ärzte Broczyner und Wolken wird in ihrer Retrospektive auf die Zusammenarbeit »im engen Kontakt« mit der Fürsorgeabteilung 1948 deutlich. Entsprechend seinem professionellen Auftrag verfolgte das Gesundheitsreferat eigene gezielte Strategien zur Verbesserung des Gesundheitszustandes der jüdischen Bevölkerung. In diesem Sinn ordnete Broczyner nach eigenen Angaben mit der Etablierung des Referates zunächst flächendeckende ärztliche Reihenuntersuchungen an. Diese sollten als Grundlage für weitere – gegebenenfalls auch präventive – Maßnahmen gelten.[1237] Die dafür gewählte Vorgehensweise schildern Broczyner und Wolken: »[...] es wurden alle in der Kultusgemeinde registrierten Juden in das Gesundheitsreferat eingeladen, wo sie ein soziales und ein medizinisches Blatt auszufüllen hatten, welche zur Vorbereitung der medizinischen Untersuchung dienten. Anschließend mußte jeder zu einer bestimmten Stunde im jüdischen Spital erscheinen, wo alle ausnahmslos röntgenisiert und von einem Arzt untersucht wurden und, wenn notwendig, zu einem bestimmten Facharzt gewiesen wurden. Der Arzt füllte in jedem Falle das medizinische Blatt aus und schickte es mit Bemerkungen betreffend Behandlung oder zu treffender Maßnahmen an das Gesundheitsre-

---

zerfiel, wurde die kommunistische »Jüdische Einheit«, der sozialistische »Bund werktätiger Juden« unter Jakob Bindel und eine Liste verschiedener zionistischer Gruppierungen begründet. Von 1952 bis 1982 stellte der »Bund werktätiger Juden« den Präsidenten der IKG. Vgl. Adunka, Evelyn, Die vierte Gemeinde. Die Wiener Juden in der Zeit von 1945 bis heute, Wien/Berlin 2000, 52f.

1235 Eduard Broczyner hatte bis 1938 in Wien als praktischer Arzt gearbeitet. Als Gärtner überlebte er letztlich versteckt in Frankreich. Nach seiner Rückkehr war er als Chefarzt der Pensionsversicherungsanstalt tätig, wobei er sich nachmittags freiwillig im Rothschildspital engagierte. Vgl. ebd., 52f u. 79.
1236 Vgl. Archiv IKG Wien, Bestand Wien, A/VIE/IKG/III/AD/VOR/1/1, Protokoll, 18.04.1946.
1237 Vgl. Israelitische Kultusgemeinde Wien, Bericht des Präsidiums der Israelitischen Kultusgemeinde Wien über die Tätigkeit in den Jahren 1945 bis 1948, Wien 1948, 35f.

ferat der Kultusgemeinde zurück.«[1238] Die resümierende Einschätzung der Referenten über die erhobenen Daten und deren Bedeutung ist klar: »Diese medizinischen und sozialen Blätter geben uns das traurige Bild über den Gesamtzustand der Juden Wiens nur zu deutlich wieder. Nicht eine jüdische Familie gab es, die von dem Barbarismus der letzten Jahre verschont geblieben war. Diese Blätter geben beredtes Zeugnis ab über das Elend, die Not, die Angst und die Schmerzen der Wiener Juden in den letzten Jahren, und sind für den jüdischen Historiker eine ausgezeichnete Quelle.«[1239] Die spezifischen Tätigkeitsbeschreibung der genannten Referenten sagen insgesamt weniger über die Zusammenarbeit mit der Fürsorgeabteilung und mehr über die enge Zusammenarbeit des Spitals und des Gesundheitsreferates aus. Die obige Erwähnung der gleichzeitigen Erhebung sozialer Faktoren mittels Sozialer Blätter lässt eine engere Kooperation mit der Fürsorgeabteilung nur vermuten.[1240] Es bleibt jedoch offen, wie diese »Sozialen Blätter«[1241] konkret aussahen, die – laut Tätigkeitsbericht des Gesundheitsreferates – ausgefüllt an die Fürsorgeabteilung übermittelt und dort bearbeitet wurden. Bei einem Vergleich der Fürsorgeakten mit den personenbezogenen Gesundheitsblättern könnte erhoben werden, wie viele dieser Personen auch in der Fürsorgeabteilung angebunden waren.[1242] Den Angaben der Referenten zufolge waren den Einladungen des Gesundheitsreferates für die erwähnten ärztlichen Untersuchungen von 6 000[1243] Personen letztlich 3 000 Personen gefolgt. Als häufige Sofortmaßnahme wurden mehrwöchige Erholungsurlaube verordnet.[1244] Das Gesundheitsreferat nennt hier als eine der ersten Errungenschaften die Bereitstellung eines Heims »im steirischen Mittelgebirge«.[1245] Diese »Urlaube« waren auf unterschiedliche Zielgruppen und Bedürfnisse zugeschnitten. Beispielsweise kündigte die IKG im Juni 1946 die Eröffnung eines Kinderheimes in St. Gilgen am Wolfgangsee im Salzkammergut durch das American Joint Distribution Committee an. Dort sollten Kinder, deren Eltern während der Schoa ermordet worden waren, für einen Zeitraum von zwei bis drei Wochen verpflegt werden. Das wesentliche Ziel dieser Aktion lautete: »[…] die

---

1238 Ebd., 35.
1239 Ebd.
1240 Vgl. ebd.
1241 Im Bestand des Archivs der IKG wurden keine ausgefüllten Blätter dieser Art gesichtet.
1242 Nur so ließe sich eine definitive Aussage über die Schnittmenge der Betreuten in beiden Referaten treffen. Ihre eng beieinander liegenden Kerngebiete ließen voneinander völlig unabhängiges Agieren nicht zu. Hier sei beispielsweise auf bereits erwähnte Tätigkeiten der Fürsorgeabteilung hinsichtlich der Zubußen von Krankenpaketen verwiesen.
1243 Das entsprach etwa der Mitgliederzahl der IKG aus dem Jahr 1946 mit 6 428 Personen.
1244 Vgl. Israelitische Kultusgemeinde Wien, Bericht des Präsidiums der Israelitischen Kultusgemeinde Wien über die Tätigkeit in den Jahren 1945 bis 1948, Wien 1948, 35.
1245 Vermutlich ist das Erholungsheim in Semriach gemeint. Vgl. o. A., Bericht des Gesundheitsamtes, in: Der neue Weg, Nr. 4, Ende Februar 1948, 9, 9.

## Die Sozialkommission

Kinder ihre traurige Vergangenheit vergessen zu lassen und sie einer besseren und schöneren Zukunft entgegenzuführen.«[1246]

Die Argumentation für eigene Bereiche in Form von Referaten und Kommissionen überzeugten offenkundig die damaligen Kultusvorstehenden: Dem Antrag auf eine gesonderte Fürsorgekommission stimmten sie zu. Zusammenfassend kann die Realisierung einer eigenständigen Fürsorgekommission also auf Franzi Löws Initiative zurückgeführt werden. Eine solche Kommission bestand ab Oktober 1946.[1247] Die Wahl der Kommissionsmitglieder[1248] repräsentierte jeweils die stimmenstärksten Parteien. In den darauffolgenden Jahren wurde die Mitgliederzahl von drei auf fünf (später kamen auch außerordentliche Mitglieder hinzu) erhöht, was der – gegenüber 1946 größeren – politischen Diversität entsprach. 1948 war die Kommission u. a.[1249] mit Jakob Bindel und Otto Wolken besetzt.[1250] Wenn Kommissionsmitglieder ihre Funktionen zurücklegten, musste ihre Position selbstverständlich nachbesetzt werden.[1251]

---

1246 O. A., Heim für jüdische Kinder Österreichs wird eröffnet, in: Der neue Weg, Nr. 21/22, Jg. 1946, 13, 13. Das nahegelegene Bürglgut diente ab Sommer 1646 als »Children's Center«. Dort wurden 50 Kinder im Alter zwischen sechs und 16 aus verschiedenen DP-Lagern in Österreich betreut. Diese erhielten aber nicht nur pflegerische und medizinischer Behandlung, sondern vor allem Schulunterricht und konnten an verschiedenen Freizeitangeboten partizipieren. Das Heim war in erster Linie für die Sommermonate als Ferienlager gedacht und sollte »darüber hinaus auch als temporäre Herberge für die vielen Kinder und Jugendlichen dienen, die Europa verlassen wollten und sich auf ihrem Weg nach Palästina oder Übersee befanden. Das Waisenhaus am Wolfgangsee wurde vom AJDC finanziert und unterstand der Aufsicht des Jüdischen Zentral-komitees für die amerikanische Zone in Österreich.« O. A., Das Waisenhaus am Wolfgangsee, o. D., Tacheles, online: www.tacheles.ch/artikel/kultur/das-waisenhaus-am-wolfgangsee [12. 11. 2021].

1247 Sie setzte sich aus drei Mitwirkenden zusammen (wenngleich von Anfang an auch beratende Mitglieder an den Sitzungen teilnahmen). Die Nachnamen Heilpern, Stappler und Grossmann sind in einem Protokoll des Kultusvorstandes von 30. 10. 1946 angeführt. Bei diesen wird es sich um Anschel Heilpern, Josef Stappler und Hugo Grossmann handeln. In den darauffolgenden Jahren wurde diese auf fünf Mitglieder erhöht, die gemäß mehreren kandidierenden politischen Listen bereits paritätisch diverser als 1946 aufgestellt war.

1248 Wie bereits erwähnt, wurde die Sozialkommission nicht allein durch Personen im Kultusvorstand besetzt. Im Mai 1952 wurden von der Liste »Werktätiger Juden« Jakob Bindel, Cornelia Prager und Otto Wolken als Kultusvorstehende und Julius Latzer als Externer gewählt. Die zionistische Fraktion war durch die Kultusvorsteher Ernst Brandl, David Schapira und dem externen Rudolf Brichta vertreten und die »Liste der Einigkeit« bestand aus den Kultusvorstehen Michael Kohn und der externen Gerty Austerlitz. Vgl. Archiv IKG Wien, Bestand Wien, A/VIE/IKG/III/AD/VOR/2/3, Protokoll, 28. 05. 1952.

1249 Außerdem zählten Josef Ludmerer, Benzion Lazar und Viktor E. Pordes zu ihr. Letzterer war Rechtsanwalt, stammte aus Przemysl, hatte in Wien überlebt und zählte 1948 zur »Zionistischen Liste Jüdische Föderation«.

1250 Vgl. ebd., A/VIE/IKG/III/AD/VOR/1/1, Protokoll, 30. 10. 1946; vgl. ebd., A/VIE/IKG/III/AD/VOR/1/2, Protokoll, 08. 11. 1948.

1251 Im April 1950 verzichtete beispielsweise Rosa Wolf auf ihr Mandat in der Fürsorgekommission. Daraufhin wurde von der Liste »Jüdische Einigkeit« der Kultusvorstand Viktor God in die Kommission gewählt.

Die Emanzipation der Fürsorgekommission von dem Gesundheitsbereich war jedoch nicht von Dauer. Nach den Wahlen von 1950[1252] – Franzi Löw hatte bereits über zwei Jahre zuvor all ihre Tätigkeiten in der IKG niedergelegt – spiegelt sich die Fusion der Bereiche Fürsorge und Gesundheitswesen in der Bezeichnung »Kommission für Fürsorge und Gesundheitswesen«.[1253] Inwiefern diese Zusammenlegung des Gesundheitsreferates mit der Fürsorgeabteilung alleine auf verwaltungsrelevante Faktoren, zurückzuführen ist, kann hier nicht nachvollzogen werden.

Abgesehen von strukturellen Ausgestaltungen der Fürsorgekommission, soll sie hinsichtlich ihrer Begegnung mit vorhandenen Bedürfnissen innerhalb der Gemeinde beleuchtet werden. Aus vorherigen Kapiteln zur Fürsorgeabteilung ging deren begrenzter Entscheidungsspielraum bei der Vergabe von finanziellen Unterstützungen an Klient:innen bereits hervor: Diese hing von den individuellen Ansuchen, bzw. der Betragshöhe ab. Die Überschreitung festgelegter Beträge musste jedoch in den entsprechenden Organen verhandelt, bzw. im Vertreterkollegium der IKG beantragt werden.[1254] Jakob Bindel genoss als Referatsleiter der Fürsorgeabteilung aber eindeutig weiterreichende Entscheidungsautorität, bis er im Sommer 1950 selbst die Übernahme von Fallentscheidungen, die er bis dato alleine getroffen hatte, durch das Vertreterkollegium anregte.[1255] Wie kam es aber dazu, dass Bindel – unter dessen Referatsleitung Entscheidungen der Fürsorgeabteilung, wie diese selbst propagierte, allein auf Grundlage von implementierten Standards und gemäß objektiver Grundsätze getroffen wurden und frei von jeglicher Beeinflussung waren – endgültige Fallentscheidungen durch das Vertreterkollegium abgesichert sehen wollte?[1256] Er begründete sein Vorgehen mit Einsparungsmaßnahmen, mit denen sich die IKG massiv konfrontiert sah. Das scheint eine plausible Erklärung zu sein. Die Verantwortung über die Vergabe von finanziellen Unterstützungsbeträgen bei gleichzeitiger Beachtung von Sparmaßnahmen der IKG nicht alleine tragen zu wollen, ist nachvollziehbar. Mit diesem Antrag suchte er gleichzeitig an, in zwei Fällen eine einmalige Aushilfe in der Höhe von 100.– respektive 200.– Schilling zu bewilligen, was auch sofort geschah. Darüber hinaus wird deutlich, dass die Grenze für

---

1252 Die Kommission setzte sich aus nachstehenden Personen zusammen: Jakob Bindel, Walter Löff, Kurt Heitler, Albert Pordes, Josef Rubin-Bittmann, Gottfried Weidenfeld, Arnold Weiner, Otto Wolken und Rosa Wolf.
1253 Das »Spital und die Heime« wurden weiterhin als separater Bereich geführt, wie die Beibehaltung einer eigenen Kommission belegt. Vgl. Archiv IKG Wien, Bestand Wien, A/VIE/IKG/III/AD/VOR/1/4, Protokoll, 31. 01. 1950.
1254 Vgl. Archiv IKG Wien, Bestand Jerusalem, A/W 4275, Protokoll der Fürsorgeabteilung, o. D.
1255 Vgl. Archiv IKG Wien, Bestand Wien, A/VIE/IKG/III/AD/VOR/1/6, Protokoll, 06. 02. 1950.
1256 Vgl. ebd., A/VIE/IKG/III/SOZ/6/10, Begleitschreiben zum Tätigkeitsbericht der Fürsorgeabteilung (1948–1950), November 1950.

Entscheidungen der Fürsorgeabteilung zu diesem Zeitpunkt eben nicht in allen Fällen bei einer Betragsgrenze von 200.- Schilling lag, wie späteren Protokollen zu entnehmen ist. Die Namensnennung im Zusammenhang mit solchen und anderen Fällen war Usus und Anonymität zum damaligen Zeitpunkt noch lange keine Vorgabe.[1257] Fallbesprechungen im Rahmen einer anderen Sitzung belegen nicht nur die anhaltende Behandlung der Fälle, wie etwa die Genehmigung einer Dauerleistung für sechs Monate zu 50.- Schilling, sondern unterstreichen auch die endgültige Beschlussfassung in der übergeordneten Fürsorgekommission und im Vertreterkollegium.[1258] Die Unterstützungsansuchen waren vielfältig. Nach Falldarstellungen Bindels wurde beispielsweise einem Rückkehrer aus Israel, der im Heim der Gemeinde Wien in der Sieveringerstraße 245 untergebracht war, Unterstützung gewährt: »Es wird beschlossen, für die Auslösung seines Gepäcks einen Betrag von S 600.- zu bewilligen, mit der Massgabe, dass Herr [...] sich verpflichtet, aus einer ihm etwa zukommenden Opferfürsorgerente den vorerwähnten Betrag zurückzuzahlen.«[1259] Dieses Beispiel verdeutlicht die Bandbreite des Bedarfs an Unterstützung, die auch in Form eines Darlehens gewährt werden konnte. Bedauerlicherweise ist die Entscheidungsbegründung auch in diesem Fall nicht dokumentiert. Derartige Kosten wurden aber nicht nur in Form von Darlehen abgedeckt, wie in folgender Fallschilderung ersichtlich ist: »Für die Instandsetzung (Fensterrahmen und Verglasung) der ihm vom Wohnungsamt zugewiesenen Wohnung wird der erbetene Betrag von S 600.- bewilligt. Das techn. Amt der Kultusgemeinde soll die Arbeiten bezw. die Kosten begutachten.«[1260] Offenkundig wurde diese Intervention als eine notwendige und nachhaltige bewertet. Die vorangegangenen Falldarstellungen verdeutlichen den Bedarf an finanziellen Unterstützungen, bei denen es sich um einmalige Auszahlungen oder aber auch Dauerleistungen handelte. Dass jedoch nicht nur Einzelfälle von der Kommission im Kultusvorstand eingebracht wurden, erweist sich mit einem Antrag Bindels, der dafür plädierte, Heimkehrer:innen, die aus gesundheitlichen, altersbedingten etc. Gründen nach Wien zurückgekehrt waren, für maximal 30 Tage, sofern sie im Hotel oder einer Pension untergebracht waren, zusätzlich zu Fürsorge-Unterstützungen täglich 5.- Schilling mehr zu gewähren. Die Bewilligung sollte in jedem Fall abgewogen und durch den Referenten gewährt werden. Aus seinem Ansuchen lässt sich letztlich der dringende Bedarf dieser Gruppe ableiten.[1261]

Mit Februar 1953 war eine neuerliche strukturelle Veränderung zu verzeichnen, als die Kommission sämtlicher sozialen und gesundheitlichen Bereiche

---

1257 Vgl. ebd., Protokoll, 06.02.1950.
1258 Vgl. ebd., A/VIE/IKG/III/AD/VOR/1/11, Protokoll, 25.04.1950.
1259 Ebd., A/VIE/IKG/III/AD/VOR/1/24, Protokoll, 21.12.1950.
1260 Ebd.
1261 Vgl. Archiv IKG Wien, Bestand Wien, A/VIE/IKG/III/AD/VOR/2/11, Protokoll, 24.02.1953.

zusammengeführt und in »Angelegenheiten des Spitals, des Altersheimes und des Fürsorgewesens« umbenannt wurde.[1262] Möglicherweise drückt sich in dieser Umbenennung die Verschiebung der Relevanz der einzelnen Referate aufgrund konkreten Bedarfs in der jüdischen Gemeinde aus. Vielleicht ist sie aber auch einfach ein Beleg für vorwiegend verwaltungsrelevante Adaptionen. Die Referatsleitung Jakob Bindels endete 1955.[1263]

Abb. 32: Otto Wolken, 1964 (Bestand Austria Presse Agentur, 19640224 PD0012)

In den folgenden Jahren widmeten sich die gewählten Kommissionsmitglieder unterschiedlichen Schwerpunkten bei gleichzeitigem Beibehalt einer gemeinsamen Kommission.[1264] Hervorzuheben ist an dieser Stelle die bis 1970 durch-

---

1262 Vgl. ebd., Protokoll, 26.02.1953.
1263 Mit genanntem Jahr wurde er nicht mehr als Kandidat angeführt und an seiner Stelle erstmalig Paul Bernstein. Vgl. Archiv IKG Wien, Bestand Wien, A/VIE/IKG/III/AD/VOR/2/23, Protokoll, 19.04.1955. Bernstein wurde laut Protokollen des Vertreterkollegiums bis inklusive 1977 als Kultusvorsteher in die Kommission gewählt. Allerdings geht erst aus einem Protokoll der Plenarsitzung im Jahr 1959 die Bezeichnung Paul Bernsteins als Obmann der Fürsorgekommission auch eindeutig hervor.
1264 Missverständlicherweise wurde in oben genanntem Protokoll von 1959 Otto Wolken als Obmann für die Kommission für »Angelegenheiten der Vereinigten Anstalten Spital-Altersheime« bezeichnet. Dadurch entsteht der Eindruck, dass zwei unterschiedliche Kommissionen bestanden hätten. Dieser wird aber durch ein weiteres Protokoll im darauffolgenden Jahr widerlegt. Als ordentliche Mitglieder wurden dort nämlich Paul Bernstein, Otto Wolken, erstmalig Anne Feuermann, Wolf Tischenkel, Eugenie Mesznik und Ernst

Die Sozialkommission 265

gängige Mitgliedschaft Otto Wolkens[1265], der die Kommission somit über Jahrzehnte mitgeprägt hat.[1266]

Abgesehen von den gewählten und außerordentlichen Kommissionsmitgliedern, nahmen auch Angehörige des Personals wie Susanne Schmid oder Edith Auerhahn aus der Fürsorgeabteilung an den Sitzungen teil. Das belegen zumindest einzelne Protokolle aus den 1960er Jahren. Inwiefern dies eine Neuerung war oder älteren Usancen entsprach, kann aufgrund fehlender Protokolle nicht beantwortet werden. In der Fürsorgekommission wurden auch in diesem Zeitraum weiterhin Unterstützungsleistungen behandelt, wie etwa ein Beschluss zu einem gewährten Heizkostenzuschuss verdeutlicht. Fälle wurden aber auch unter ganz anderen Gesichtspunkten auf die Agenda der Kommission gesetzt. Beispielsweise traf sie auch Einschätzungen zu Vorgehensweisen in Bezug auf Rückforderungen bei Austritten aus dem Judentum und legte etwa den zeitlichen Rahmen fest, in dem die Rechtsabteilung aktiv werden sollte. Davon abgesehen besaß die IKG einen klaren Zuständigkeitsbereich und folgte allgemein gültigen Prinzipien sozialer Sicherung in Österreich, wonach Kompetenzen auf Bund, Länder und Gemeinden aufgeteilt sind.[1267] In den folgenden Jahren lag ein Arbeitsschwerpunkt der Kommission auf Urlaubsaktionen – zumindest geht das aus einzelnen Protokollen der Kommission hervor. Es darf aber nicht davon ausgegangen werden, dass ausschließlich diese Unterstützungsansuchen im Rahmen der Kommission behandelt wurden. Sie machten allerdings eine beachtliche Summe aus.[1268] Die Urlaubsunterstützungen zählten selbstverständlich nicht zu den periodischen Unterstützungen wodurch sie zu den zusätzlichen Unterstützungskategorien gehörten.[1269] Wie bei allen Unterstützungen entschied die Fürsorgekommission gemäß einer festgesetzten Obergrenze, dem Höchst-

---

Schmutz, sowie als außerordentliche Mitglieder Julius Latzer, Oswald Liftschütz und Lazar Kahan genannt. Neben Wolf Tischenkel und Oswald Liftschütz wurde »Fürsorge« notiert. Wohingegen neben Eugenie Mesznik und Lazar Kahan »Altersheim-Spital« vermerkt worden war. Es handelt sich offenkundig um einen Hinweis auf unterschiedliche Schwerpunkte der Mitglieder auf Einzelbereiche innerhalb einer Kommission. Vgl. Archiv IKG Wien, Bestand Wien, A/VIE/IKG/III/AD/VOR/3/9, Protokoll, 17.03.1959; vgl. ebd., A/VIE/IKG/III/AD/VOR/3/15, Protokoll, 18.02.1960.

1265 Evelyn Adunka weist darauf hin, dass er von 1946 bis 1971 KV des BWJ, Vorsitzende der Spitals- und Fürsorgekommission und 1958/59 auch Vizepräsident der IKG war. Vgl. Adunka, Evelyn, Die vierte Gemeinde. Die Wiener Juden in der Zeit von 1945 bis heute, Wien/Berlin 2000, 52f.
1266 Vgl. Archiv IKG Wien, Bestand Wien, A/VIE/IKG/III/AD/VOR/7/3, Protokoll, 19.02.1970.
1267 Der begrenzte Zuständigkeitsbereich lässt sich etwa anhand einer Ablehnung eines finanziellen Ansuchens aus Graz ableiten, welche die IKG mit ihrer fehlenden, örtlichen Zuständigkeit begründete. Vgl. ebd., A/VIE/IKG/III/SOZ/6/3, Protokoll der Fürsorgekommission (15.05.1961), 26.05.1961.
1268 Wie alle zusätzlichen Unterstützungskategorien wurde sie bis 1964 aus Mitteln von der Claims Conference gedeckt.
1269 Vgl. ebd., A/VIE/IKG/III/AD/VOR/6/1, Protokoll, 21.05.1968.

regulativ. Für die Berechnung wurde das Familieneinkommen herangezogen.[1270] Diese Vorgehensweise wurde auch unter anderen Vorsitzenden, wie etwa der Obfrau Bertha Hirsch beibehalten. Lag das Familieneinkommen über dem Richtsatz, konnten die Zuschüsse aber auch verringert und nicht gleich abgelehnt werden. Die 1957 eingeführte »Urlaubsaktionen für alte Leute« wurde durch die Kommission beispielsweise 1961 für 217 Personen positiv beschieden.[1271] Aufschluss darüber, inwiefern sich die Urlaubsaktion ausschließlich an dauerhaft Befürsorgte richtete, gibt ein Protokoll von 1965. Dieses weist 288 Anträge auf, von denen 39 Personen erstmals Anträge und 249 Folgeanträge auf Unterstützung für einen Urlaub stellten. Das Protokoll listet von diesen 39 Erstanträgen 23 Dauerbefürsorgte und 16 Pensionierte. Ungeklärt bleibt die Frage, ob sich denn unter den Dauerbefürsorgten keine Pensionist:innen befanden.[1272] Für 21 Tage erhielten sie einen Zuschuss in der Höhe von 650.– Schilling im Gegensatz zu jenen, die für 14-tägige Urlaubsaufenthalte einen Satz von 450.– Schilling erhielten.[1273] Bis 1972 lag die Zahl der gestellten Anträge jeweils zwischen 200 und 300, danach nahmen sie ab.[1274] 1981 wurden nur noch 66 Anträge eingereicht, die alle positiv beschieden wurden.[1275] Die Zuschüsse wurden gemäß Indexanpassung erhöht: 1981 lag der Betrag für einen mindestens 14-tägigen Aufenthalt bei 1400.– Schilling.[1276] Aus dem folgenden Zitat wird der Handlungsspielraum der Fürsorgeabteilung im Rahmen festgelegter Einkommensgrenzen deutlich. Für 1980 waren diese Grenzen für Pensionist:innen wie folgt festgelegt: Es »wurde beschlossen, dass Pensionisten mit einem Einkommen bis zur Höchstgrenze von S. 5000.– mtl. in Hinkunft von der Fürsorgerin selbst wie Befürsorgte beurteilt werden können und es nicht nötig ist, alle Fälle der Kommission vorzulegen.«[1277] Wird diese Höchstgrenze mit dem Satz der damaligen Sozialhilfe in Wien ver-

---

1270 Vgl. ebd., A/VIE/IKG/III/SOZ/6/3, Protokoll der Fürsorgekommission (21.05.1963), 25.05.1963.
1271 Eine Statistik der IKG weicht mit 212 Personen ab. Vgl. Israelitische Kultusgemeinde Wien, Die Tätigkeit der Israelitischen Kultusgemeinde Wien. In den Jahren 1960–1964, Wien 1964, 120; vgl. Archiv IKG Wien, Bestand Wien, A/VIE/IKG/III/SOZ/6/3, Protokoll der Fürsorgekommission (15.05.1961), 26.05.1961.
1272 Nachdem sich das Angebot an ältere Personen richtetet, wäre anzunehmen, dass die absolute Mehrheit der Antragsteller:innen in Pension war. Eine schlüssige Folgerung wäre vielleicht, dass mit Pensionist:innen ausschließlich Personen gemeint waren, die nach dem österreichischen Pensionsversicherungsgesetz als Pensionist:innen galten, sprich: Leistungsberechtigte waren, doch eine geringe Pension erhielten, die eben unter dem Richtsatz der Urlaubszuschüsse lag.
1273 Vgl. Archiv IKG Wien, Bestand Wien, A/VIE/IKG/III/SOZ/6/3, Protokoll der Fürsorgekommission (24.05.1965), 25.05.1965.
1274 Vgl. ebd., Protokoll der Fürsorgekommission (23.05.1971), 23.06.1971.
1275 Vgl. ebd., Protokoll der Fürsorgekommission (12.05.1981), 21.05.1981.
1276 Vgl. ebd., Protokoll der Fürsorgekommission (23.05.1971), 23.06.1971.
1277 Ebd., Protokoll der Fürsorgekommission, 30.04.1980.

glichen, scheint die Grenze hoch angesetzt gewesen zu sein. 1980 betrug die Sozialhilfe für eine alleinstehende Person, damals hieß es noch »Alleinunterstützten«, nämlich 2.641.– Schilling.[1278] Renate Erbst – lange Jahre Mitglied der Kommission – betont, die Sozialkommission habe immer nach den Richtlinien der Stadt Wien gearbeitet, »die Bedingungen wurden eins zu eins übersetzt« und zusätzlich berücksichtigte die IKG koschere Lebensführung.[1279] Dass die Lebenshaltungskosten 1980 insgesamt wesentlich höher waren als heute kann beispielsweise anhand eines Arbeitszeitenvergleichs nachvollzogen werden. 1980 erforderte die Herstellung von 500 Gramm Teigwaren eine Arbeitszeit von 10:18 Minuten, 2020 hingegen nurmehr die Hälfte. Einem Liter Milch entsprach 1980 eine Arbeitszeit von 7:54 Minuten, 2020 aber nurmehr 3:30 Minuten.[1280]

Eine Neuerung drückt sich in der Umbenennung der Kommission im Jahr 1973 aus, als der Begriff »Altersheim« durch »Elternheim« abgelöst wurde, woraus sich die Bezeichnung »Kommission für das Elternheim und Fürsorgewesen« ergab.[1281] Eine wesentliche Veränderung bestand in einer erneuten Umbenennung in »Kommission für das Elternheim und Sozialwesen«, welche 1982 erfolgte. Wie es aber zur Ablöse des vielseitig verhafteten Begriffs der Fürsorge kam, verraten die Protokolle des Kultusvorstandes nicht. Jedenfalls handelte es sich dabei um ein langsames Umdenken. Ganz knapp zusammengefasst lässt sich dieses in die späten 1960er und den Beginn der 1970er zurückführen. Anna Holecek-Rosenfeld, einstige Leiterin der Fürsorgeschule der Stadt Wien, hatte bereits 1962 den aktuellsten Erkenntnisstand über die überholte Bezeichnung der »Fürsorgerin« wie folgt wiedergegeben: »Die Erkenntnis hat sich durchgesetzt, dass ›für den Klienten sorgen‹, wörtlich genommen, letzten Endes ›für ihn handeln‹ bedeutet und seiner Selbstständigkeit und Unabhängigkeit Abbruch tun muß. Weit zutreffender scheint die sich in den letzten Jahren immer wieder durchsetzende Berufsbezeichnung ›Sozialarbeiterin‹. Die Trägerin dieses Berufes hat Soziale Arbeit zu leisten mit und an den Menschen, mit denen und mit deren Problemen sie es zu tun hat.«[1282] Es ging also um das Erkennen, dass durch »Fürsorge« keine Autonomie des Individuums erreicht werden konnte, sie im Gegenteil nur zu

---

1278 Vgl. Verordnung der Wiener Landesregierung vom 25. November 1980.
1279 Vgl. Erbst, Renate, Interview, 09.02.2021.
1280 Vgl. Kienzl, Sebastian/ Kohrs, Robin/Leidinger, Moritz/Matzenberger, Michael, Alltagspreise. 1980 musste man für einen Supermarkteinkauf noch doppelt so lange arbeiten, derStandard 28.11.1921, online: https://www.derstandard.at/story/2000131400341/1980-musste-man-fuer-einen-supermarkteinkauf-noch-doppelt-so-lange [09.02.2023].
1281 Die Umbenennung ist vermutlich auf die Etablierung des Elternheims 1972 zurückzuführen. Zur Geschichte der Entwicklung des Altersheims s. das Kapitel »Das Maimonides-Zentrum«.
1282 Gelinek, Ingrid, Berufsbezeichnung, Sozialarbeit in Österreich, Heft 7, Wien 1968, 6–8, 6, zit. nach: Wolfgruber, Gudrun, Von der Fürsorge zur Sozialarbeit. Wiener Jugendwohlfahrt im 20. Jahrhundert, Wien 2013, 148.

weiterer Abhängigkeit führte. Der Entwicklung von der »weiblichen Fürsorge« zur Sozialen Arbeit war die Professionalisierung und Institutionalisierung derselben in der ersten Republik vorausgegangen. Gleichzeitig waren hier aber auch die 68er-Bewegung sowie die zweite Frauenbewegung in einer fortschrittlichen Weise meinungs- und urteilsbildend. Durch ihre Hinterfragung von überkommenen institutionellen Strukturen und ihre Kritik an vorherrschenden Geschlechterrollen, die eben unter anderem auch die »paternalistische Fürsorge/Sozialarbeit« beanstandete, wurde ein prinzipielles Umdenken eingeleitet. Moderne Sozialarbeit sollte gemäß neuen Konzeptionen fortan vermehrt auf Freiwilligkeit basieren und insgesamt ihr Kontrollwesen reduzieren.[1283] Inwiefern etablierte sich dieser Sichtwechsel auch in der Sozialkommission? Von einer plötzlichen Wende, etwa aufgrund der Kommissionsbesetzung ist nicht auszugehen, wurde doch mit Gerda Feldsberg, die bereits seit den frühen 1970ern Kommissionsmitglied war, Anne Kohn-Feuermann, dem späteren Präsidenten Paul Grosz, Ellinor Haber, Avraham Magits, Edvin Turkof, Isak Scharf und Nissen Lewy ähnlich wie in den vorherigen Jahren gewählt.[1284] Mit Sicherheit kann aber festgehalten werden, dass die Kommission mit Personen wie Kohn-Feuermann progressiv besetzt war und sich dies im Handeln der Fürsorge- und Sozialkommission niederschlug.

Die Sozialarbeiterin Anne Kohn-Feuermann wurde 1914 in Wien geboren.[1285] Nach dem ›Anschluss‹ im Juni 1938 war ihr die Emigration nach Schottland gelungen. Obgleich sie anfänglich einer Montessori-Pädagogik-Ausbildung in London nachging, war sie in Schottland zunächst als Hausgehilfin und später als Buchhändlerin tätig. In den folgenden Jahren konnte sie ihr Studium »Social Science« an der University of Glasgow absolvieren. Nach ihrem Abschluss war sie etwa drei Jahre als Spitalsfürsorgerin in Glasgow tätig. Im Rahmen ihrer Beschäftigung im jüdischen Komitee für Emigranten in Glasgow betreute sie von 1946 bis 1953 Jugendliche aus deutschen Konzentrationslagern. Mit einem einjährigen Kurs über »psychiatric social work« an der University Edinburgh bildete sie sich erneut weiter und arbeitete für ein Jahr mit »kriminellen Jugendlichen« in

---

1283 Vgl. Wolfgruber, Gudrun, Von der Fürsorge zur Sozialarbeit. Wiener Jugendwohlfahrt im 20. Jahrhundert, Wien 2013, 145 u. 248.
1284 1980 waren die Mitglieder Gerda Feldsberg, Moses Quastler, Jonas Zahler, Kurt Rosenkranz, Ellinor Haber, Avraham Magits, Josef Gründberger und Isak Scharf. Bei der Besetzung von 1980 blieb es auch im Folgejahr. Nach der ersten Jahreshälfte 1981 wurde jedoch Anne Kohn-Feuermann als Mitglied in die Kommission gewählt. Vgl. Archiv IKG Wien, Bestand Wien, A/VIE/IKG/III/AD/VOR/12/8, Protokoll, 30.01.1980; vgl. ebd., A/VIE/IKG/III/AD/VOR/12/17, Protokoll, 03.09.1981; vgl. ebd., A/VIE/IKG/III/AD/VOR/12/14, Protokoll, 27.01.1981; vgl. ebd., A/VIE/IKG/III/AD/VOR/9/11, Protokoll, 26.02.1973; vgl. ebd., A/VIE/IKG/III/AD/VOR/12/22, Protokoll, 02.02.1982; vgl. Archiv IKG Wien, Bestand Wien, A/VIE/IKG/III/AD/VOR/9/11, Protokoll, 26.02.1973; vgl. ebd., A/VIE/IKG/III/AD/VOR/12/22, Protokoll, 02.02.1982.
1285 Vgl. Glück, Elvira, Interview, 28.01.2021.

Polmont. Danach nahm sie eine Stelle in der »Notre Dame Child Guidance Clinic« in Glasgow an. Über Vermittlung von Karl Czernetz arbeitete sie von Januar bis August 1957 mit Ungarnflüchtlingen beim österreichischen Komitee für Sozialarbeit in Wien. Ihrem Lebenslauf ließ sich ihre jahrelange Qualifizierung im Sozialbereich entnehmen und sie erhielt mit ihrer endgültigen Rückkehr nach Wien im Jahr 1959 eine Anstellung als Leiterin des Familien- und Sozialfürsorgereferates und der Ehe- und Familienberatung der Gemeinde Wien. Dass ihr selbst etwas am Vorantreiben der Professionalisierung Sozialer Arbeit lag, zeigt sich einerseits an ihrem nebenberuflichen Engagement im Rahmen etlicher Sozialarbeits-Konferenzen und an ihrem Beitrag zum Aufbau der Bewährungshilfe in Wien.[1286] Andererseits publizierte sie selbst zur Methode der Einzelfallhilfe als Grundlage moderner Sozialer Arbeit.[1287] 1993 wurde sie schließlich für ihre Tätigkeiten zum Wohle ihrer Mitmenschen durch die »Professor-Dr.-Julius-Tandler-Medaille der Stadt Wien« geehrt. Mit der ihr ebenso verliehenen Victor-Adler-Plakette nahm sie zusätzlich die höchste Sozialdemokratische Auszeichnung entgegen. Als Einzelkind einer traditionellen jüdischen Familie, hatte sie in ihrer Jugend eher zufällig den Weg in die Arbeiterbücherei in der Salvatorgasse 10 gefunden.[1288] Diese ersten Berührungen sollten sie nachhaltig prägen: »Ich bin zu der Überzeugung gelangt, dass wenn es eine Möglichkeit gibt Antisemitismus zu überwinden, wenn es eine Möglichkeit gibt, wirklich durchzusetzen, dass alle Menschen gleich sind, dass keiner besser, keiner schlechter ist, alle Menschen haben gleiche oder ähnliche Bedürfnisse, dass also nur im Sozialismus es möglich sein kann […] in einer freien Welt zu leben. In einer Welt in der das Denken frei ist, in einer Welt in der keiner besser, keiner schlechter ist, also in einer Welt, wo es keinen Antisemitismus geben wird. Meine wirkliche, nicht nur Überzeugung, mein Eintreten in die sozialistische Bewegung hat zutiefst damit zu tun, nach diesem Wunsch nach Gleichheit, nach diesem Wunsch nach Freiheit, denken können, reden können was man denken und reden möchte. Und außerdem keine, keinerlei wie auch immer gearteten Diskriminierungen. Alle Menschen sind Brüder und alle Menschen sind gleich.«[1289] Dieses Sozialismusverständnis

---

1286 Vgl. Korotin, Ilse, Kohn-Feuermann Anne, in: Korotin, Ilse (Hg.), BiografiA. Lexikon österreichischer Frauen, Band 2, I-O, Wien/Böhlau 2016, 1709–1710, 1709.
1287 Vgl. Kohn-Feuermann, Anne, Kriegsgeschädigte Kinder – Versuch einer Resozialisierung, in: Keller, Heinrich (Hg.), Sozialarbeit und soziale Demokratie. Festschrift für Elisabeth Schilder, Wien 1979, 103–120; vgl. Kohn-Feuermann, Anne, Casework als Grundlage moderner Sozialarbeit, in: Firnberg, Hertha/Rosenmayr, Leopold/Strotzka, H. (Hg.), Gefährdung und Resozialisierung Jugendlicher, Wien 1968, 53–69.
1288 Vgl. Kohn-Feuermann, Anne, Ohne Erinnerung gibt es kein Weiterleben, Interview, ORF History, 14.02.1989, online: https://tvthek.orf.at/history/Zwischenkriegszeit-Austrofaschismus/13425180/Kohn-Feuermann-Ohne-Erinnerung-gibt-es-kein-Weiterleben/13396742 [20.06.2022].
1289 Ebd.

prägte auch ihren beruflichen Werdegang in der Fürsorge. Zunächst trat sie der Sozialistischen Arbeiterjugend bei. Prägende Freundschaften zu bekannten intellektuellen Persönlichkeiten, wie etwa zu der 1942 ermordeten Sozialwissenschaftlerin Käthe Leichter gehen auf diese Zeit zurück. Ab Februar 1934 war sie für die illegale Revolutionäre Sozialistische Jugend aktiv, indem sie etwa Beiträge für die Jugendzeitschrift verfasste. Aufgrund ihres politischen Engagements wurde sie 1935 für zwei Monate inhaftiert. Im Juni 1937 folgte eine erneute Verhaftung mit dreimonatiger Anhaltung im Polizeigefangenenhaus.[1290] Nach dem Tod ihres Ehemannes, Paul Kohn, sowie ihrer Pensionierung im Jahr 1979 brachte sie sich zunehmend in die IKG ein und betreute u. a. alte und hilfsbedürftige Menschen und bot »Hilfe für Juden aus der ehemaligen UdSSR« an.[1291]

Anne Kohn-Feuermanns professioneller Blick auf Tätigkeiten im Rahmen der Fürsorgeabteilung wird ihrer Stimme wohl Gehör verschafft haben, die Reform lässt sich aber nicht allein auf ihre Perspektiven und Visionen zurückführen. Bei näherer Betrachtung fallen mehrere, einander möglicherweise bedingende Faktoren auf, die in ihrer Gesamtheit zum Wandlungsprozess beigetragen haben dürften, oder sich in der Fürsorgekommission manifestierten, die in den 1980er Jahren von damaligen Mitgliedern als »verwahrlost« beschrieben wird.[1292] Einerseits war dieser Prozess politischer Natur. Hier nur soviel dazu: 1981 verlor der sozialistische Bund die Mehrheit.[1293] Paul Grosz zählte, als späterer Präsident und Befürworter von ESRA 1982 zu den Mitgliedern der Kommission. 1983 markiert das Jahr, ab welchem Alexander Friedmann dem Kultusvorstand angehörte und sich somit als politische Schlüsselfigur zur Revolutionierung des Sozialbereiches der IKG positionierten konnte.[1294] 1982/1983 ist aber auch der Zeitraum, in dem jene Fürsorgerinnen, die Jahrzehnte im Dienst der IKG gestanden hatten, pensioniert wurden. 1985 wurde Alexander Friedmann erstmalig in die Kommission gewählt. Als damalige außerordentliche Gemeindemitglieder wurden – in der Gemeinde für ihr Engagement Großteils bekannte Personen – wie Rosina Kohn, Edith Hopmeier, Sara Lebovic, Frieda Scharf, Roman Zwirn, Paul Földes, Zeew

---

1290 Vgl. ebd.
1291 Anne Kohn-Feuermann besetzte zahlreiche Funktionen, war eben Vorstandsmitglied der IKG, der Chewra Kadischa, der Spezial- kommission für die Belange der Ex 38er (der vom NS-Regime Vertriebenen), Obfrau vom Bund Werktätiger Juden-Poale Zion (sozialdemokratische Fraktion der jüdischen Gemeinde) und im Vorstand der Frauengemeinschaft des BSA Bund sozialdemokratischer Akademiker. Ihr Ansehen zeigt sich etwa auch an der nach ihr benannten, 1995 eröffneten Tagesstätte im Maimonides-Zentrum; vgl. Korotin, Ilse, Kohn-Feuermann Anne, in: Korotin, Ilse (Hg.), BiografiA. Lexikon österreichischer Frauen, Band 2, I-O, Wien/Böhlau 2016, 1709–1710, 1709.
1292 Vgl. Erbst, Renate, Interview, 09.02.2021.
1293 Vgl. Embacher, Helga, Neubeginn ohne Illusionen. Juden in Österreich nach 1945, Wien, 1995, 256.
1294 Vgl. Fastenbauer, Raimund, Geschichte der IKG von 1945 bis zur Gegenwart: Berichte der IKG, unveröffentlichtes Typoskript, Wien 2022.

Horn und Zina Samandarov gelistet.[1295] Mit Friedmanns Vorsitzübernahme ging mehr oder weniger auch die Übernahme der Leitung der Sozialabteilung durch Elvira Glück im Jahr 1989 einher. Andererseits sind in den Bedürfnissen der Klient: innen, bzw. darin, wie die IKG diesen begegnete, Veränderungen zu den Jahrzehnten davor zu erkennen. Diese Umbrüche müssen die Veränderungsprozesse erst ermöglicht haben. Zumindest für den Zeitraum ab 1982, für den durchgängig Protokolle der Sozialabteilung vorliegen, ist die steigende Behandlung von Wohnthemen in der Sozialkommission zu verzeichnen. Zunächst wird in der Dokumentation die Vergabe von Wohnungen durch die Kultusgemeinde an bedürftige Gemeindemitglieder deutlich. Gleichzeitig zeigt sich, dass die Kultusgemeinde den hohen Bedarf nicht selbst decken konnte: »Wohnungsansuchen G[...]: Da derzeit keine Sozialwohnung vorhanden, schlägt Herr K.V. [...] vor, Herrn G.– in Anbetracht seiner schweren Erkrankung – in der Geriatrie unterzubringen.«[1296] Auch in Fällen, in denen der Beschluss über die Vergabe von sogenannten Sozialwohnungen bereits vorlag, bemühte sich die Kommission noch um die Ausschöpfung anderer Möglichkeiten: Eine zur Verfügung stehende Wohnung sollte einem »Geschwisterpaar [...] angeboten werden. Allerdings wird Frau K.V. Prof. Kohn-Feuermann zuerst versuchen, ihnen eine Gemeindewohnung zu verschaffen. Sollte dies in absehbarer Zeit realisiert werden können, wäre diese Wohnung anderweitig verfügbar.«[1297] Die Sozialabteilung übernahm auch Mietzahlungen in Fällen, in denen etwa wegen fehlender österreichischer Staatsbürgerschaft kein Anspruch auf Mietbeihilfe bestand.[1298] Darüber hinaus adaptierte die IKG auch Wohnungen für Durchreisende.[1299] Die Thematisierung der dadurch entstehenden Belastung des IKG-Budgets wird anhand einer Stellungnahme Friedmanns an anderer Stelle evident. Davon abgesehen, schlug die Sozialkommission die Errichtung eines »Half-Way-House« für psychisch belastete Personen vor.[1300] Über die tatsächliche Schaffung einer solchen Einrichtung liegt zwar keine Kenntnis vor, doch deckt sich der Vorschlag mit Berichten über die große Zahl psychisch Erkrankter. Neben dem Bedarf an Wohnungen sowie etlichen diesbezüglichen Ansuchen, wurden weiterhin Ansuchen um Unterstützung behandelt. Diesen wurde ausschließlich stattgegeben, wenn die Kommission den nötigen Bedarf feststellte: »Das Ansuchen des Herrn [...] um Ermäßigung der Miete bzw. Unterstützung wird abgelehnt, da die Mitglieder der Kommission wissen, daß er dieser nicht

---

1295 Vgl. Archiv IKG Wien, Bestand Wien, A/VIE/IKG/III/AD/VOR/14/9, 23.01.1985.
1296 Archiv IKG Wien, Bestand Wien, XX-A-c-04 (temp.), Protokoll der Sozialkommission, 24.11.1982.
1297 Ebd.
1298 Vgl. ebd.
1299 Vgl. ebd., Protokoll der Sozialkommission, 07.09.1982.
1300 Vgl. ebd., Protokoll der Sozialkommission, 13.07.1982.

bedarf.«[1301] Dieses Beispiel berührt ein heikles Phänomen, nämlich dass den Mitgliedern die Antragstellenden häufig bekannt waren, wodurch sie auch ein Bild zu ihrer Situiertheit hatten. Nora Frankl war als Gemeindemitglied in der Sozialkommission vertreten. Die Begründung ihrer Mitgliedschaft erklärt sie selbst mit ihrem allgemeinen ehrenamtlichen Engagement in der IKG, welches sie aus Interesse bald zur Sozialkommission geführt hatte. Sie erinnert sich an die in den 1980ern in der Kommission brisanten Themen: vor allem an den Fokus rund um die Zuwander:innen aus der ehemaligen UdSSR und die Frage der Unterstützung dieser Gruppe auf dem Arbeitsmarkt. Ein anderes Tätigkeitsfeld waren nach ihr aber auch Essensausteilungen im Elternheim an ältere Menschen. Davon abgesehen wurden in etlichen Sitzungen einzelne Fälle behandelt, in denen über finanzielle Unterstützungen an diverse bedürftige Personen entschieden wurde. Dabei nennt Nora Frankl beispielsweise die Übernahme von Telefon-, Strom-, oder Mietkosten. Allerdings seien die angeführten Kosten nicht einfach übernommen worden. Die Sozialabteilung habe zu diesem Zeitpunkt in all diesen Fällen genau geprüft, ob tatsächlich Bedürftigkeit vorlag.[1302]

Frankl erinnert sich an Sitzungen mit Friedmann, in denen eben nicht nur finanzielle Unterstützungen zur Sprache kamen, sondern Überlegungen angestellt wurden, wie Personen nachhaltig in die Autonomie geführt werden konnten: »Alex [Friedmann] war da wirklich fantastisch und hat dann für viele Jobs organisiert, die diese Personen dann lange gehabt haben und dadurch selbstständig leben konnten.«[1303] In diesem Sinn verfolgte Friedmann ganzheitliche sozialarbeiterische Ansätze. Er schien die Sozialkommission unter Beibehaltung von Fallbesprechungen als Plattform zu nutzen, um Informationen rund um Sozialabteilung und Kultusvorstand weiterzugeben. Wesentlich relevanter ist aber die umfassende inhaltlich-konzeptionelle Tätigkeit, die mit den neuen Besetzungen möglich wurde. So wurde 1989 im Rahmen der Kommission erstmalig die Organisation eines psychiatrischen Notdienstes für Jüdinnen und Juden mit einem Verweis auf ein diesbezügliches Treffen mit Alexander Friedmann, Elvira Glück, Robert Tudiwer und David Vyssoki im Dezember 1989 dokumentiert.[1304] Auf die Frage nach der treibenden Kraft hinter der Schaffung einer derartigen Einrichtung lautet gegenwärtig eine gängige Antwort ehemaliger Kommissionsmitglieder kurz und bündig, dass ESRA auf Alex Friedmann zurückgeht, »ohne den es das alles nie gegeben hätte.«[1305] Das ist bestimmt richtig.

---

1301 Archiv IKG Wien, Bestand Wien, XX-A-c-04 (temp.), Protokoll der Sozialkommission, 14.03.1983.
1302 Vgl. Frankl, Nora, Interview, 23.01.2023.
1303 Ebd.
1304 Vgl. Archiv IKG Wien, Bestand Wien, XX-A-c-04 (temp.), Protokoll der Sozialkommission, 15.11.1989.
1305 Frankl, Nora, Interview, 23.01.2023.

# ESRA Psychosoziales Zentrum

## Von einer gedachten Institution und ihrer Realisierung

Die Gründungsgeschichte des Vereins ESRA lässt sich nicht ganz einfach nachzeichnen. Der Versuch, allen beteiligten Personen gerecht zu werden, würde den Rahmen dieser Arbeit sprengen. Das sieht sich einerseits in der großen Zahl der Akteur:innen und andererseits in der Quellenlage begründet: Abgesehen von diversen Sitzungsprotokollen der IKG, fußt diese Darstellung primär auf herangezogenem Interviewmaterial. Bedauerlicherweise können aber auch nicht mehr alle Gründungsmitglieder ESRAs für sich sprechen. Angemerkt sei auch, dass die Interviewquellen natürlich subjektiv und von persönlichen Perspektiven geprägt sind.

In Evelyn Adunkas »Die vierte Gemeinde. Die Wiener Juden in der Zeit von 1945 bis heute« leitet sie im Jahr 2000 einen Abschnitt über die Gründung ESRAs mit folgenden Worten ein: »Eine Subkommission der Sozialkommission traf sich seit 1990, um ein Konzept für einen psychosozialen Dienst zu erarbeiten. Nach mehreren Ansuchen beschloß die Stadt Wien, einen solchen zu 90 Prozent zu unterstützen, die restlichen 10 Prozent übernahm die IKG. Im November 1994 wurde Esra. Initiative zur psychosozialen, sozialtherapeutischen und soziokulturellen Integration gegründet.«[1306] Zunächst gibt diese Darlegung Aufschluss darüber, dass die Entstehung ESRAs aus der Israelitischen Kultusgemeinde heraus erfolgt ist. Dieses Faktum ist – v. a. in einem Werk über die Geschichte der IKG – derart offensichtlich, dass es in dem angeführten Zitat eher beiläufig erwähnt wird. Die Frage nach konkreten Persönlichkeiten wird im Weiteren mit der namentlichen Nennung dreier Personen beantwortet, die in direkter Verbindung mit der Etablierung des Vereins standen: »Die erste Direktorin von Esra war Elvira Glück, die 1999 nach Berlin ging. Medizinisch geleitet wird es von dem aus Czernowitz stammenden Psychiater und ausgebildeten Psychotherapeuten

---

1306 Adunka, Evelyn, Die vierte Gemeinde. Die Wiener Juden in der Zeit von 1945 bis heute, Wien/Berlin 2000, 520.

David Vyssoki. Mitbegründer und Obmann von Esra ist Dr. Alexander Friedman, der im Wiener Allgemeinen Krankenhaus auch eine ›Spezialambulanz für Transkulturelle Psychiatrie und Migrationsbedingte Psychische Störungen‹ leitet.«[1307] Die angegeben Funktionen dieser drei verraten jedoch nur einige Details hinsichtlich ihres professionellen Hintergrunds und der Rolle, die sie jeweils bis zur tatsächlichen Institutionsgründung und darüber hinaus spielten. Alexander Friedmann selbst übrigens erweiterte den Personenkreis der ersten Stunde um eine Person: »Einige [...] Nachkriegsgeborene haben ESRA konzipiert, das Projekt entwickelt und schließlich zur Verwirklichung eingereicht, nämlich die Sozialarbeiterin und Familientherapeutin Elvira Glück, der Sozialpsychiater und dann ärztliche Leiter von ESRA Prim. Dr. David Vyssoki, Dr. Robert Tudiwer und ich.«[1308] Sein nachstehender Einblick in die Gründungsgeschichte ähnelt Evelyn Adunkas Abriss, wenn er etwa im Jahr 1999 schreibt: »Nach mehrjähriger Planung und Vorbereitung hat die Wiener Israelitische Kultusgemeinde (IKG) im November 1994 mit ESRA eine Einrichtung zur psychosozialen Versorgung der in Wien lebenden Juden geschaffen.«[1309] Auch wenn er die Gründung des Vereins auf das Betreiben der Israelitischen Kultusgemeinde zurückführt, fehlen hier Details zur Zeit des angeführten mehrjährigen Planungsprozesses. In diesem Sinne scheint die Frage nach der konkreten Gründungsgeschichte naheliegend: Wie kam es eigentlich zur Entstehung ESRAs?

Zur Schaffung psychosozialer Angebote

ESRAs Entstehungs- und Entwicklungsgeschichte kann nicht auf eine einzige Person zurückführt werden. Vielmehr waren zahlreiche Menschen an den entsprechenden Vorgängen beteiligt und sind es auch heute noch. Diesbezüglich formulierte Benjamin Vyssoki, seit Februar 2022 Geschäftsführer und ärztlicher Leiter ESRAs, treffend: »ESRA hat viele Mütter und Väter, die es geschafft haben, dieses Projekt auch tatsächlich zu entwickeln, umzusetzen und über die letzten Jahrzehnte auch so erfolgreich zu führen [...].«[1310] Die Anerkennung ESRAs als etablierte und renommierte Institution wird also einem Kollektiv zugesprochen.

---

1307 Ebd.
1308 Friedmann, Alexander, Das Psychosoziale Projekt ESRA – am Beginn des 21. Jahrhunderts, in: Psychosoziales Zentrum ESRA, 10 Jahre ESRA: Zentrum für psychosoziale, sozialtherapeutische und sozikulturelle Integration. Ambulanz für Spätfolgen und Erkrankungen des Holocaust- und Migrationssyndroms, Wien 2004, 12–16, 16.
1309 Friedmann, Alexander, Zur Psychosozialen Versorgung einer Gemeinde nach dem Trauma, in: Friedmann, Alexander/Glück, Elvira/Vyssoki, David (Hg.), Überleben der Shoah – und danach. Spätfolgen der Verfolgung aus wissenschaftlicher Sicht, Wien 1999, 198–208, 198.
1310 Vyssoki, Benjamin, Interview, 02.02.2021.

Im Umkreis von ESRA handelt es sich dabei durchaus um eine populäre Sichtweise. In der historischen Rückschau auf den psychosozialen Verein ESRA muss allerdings speziell sein Vater, David Vyssoki erwähnt werden. Er war nicht allein Gründungsmitglied und als Sozialpsychiater der erste ärztliche Leiter der Ambulanz in ESRA, vielmehr gehen erste Ideen für eine solche psychosoziale Einrichtung auf ihn zurück, wie sein Studienfreund der Allgemeinmediziner Robert Tudiwer bekräftigt. Ein Gespräch zwischen David Vyssoki und Ariel Muzicant, dem damaligen Vizepräsidenten und späteren Präsidenten der IKG, markiert den Beginn der Entstehungsgeschichte. Der Bedarf nach einer sozialen Einrichtung für die jüdische Gemeinde wurde im Rahmen einer informellen Unterhaltung der beiden erstmals formuliert.[1311] Ariel Muzicant erinnert sich an das Gespräch anlässlich einer Feierlichkeit: Diskutiert wurde der Umgang der jüdischen Gemeinde mit sozialen Themen und die Einsicht, dass die Sozialabteilung diesen einfach nicht gewachsen war.[1312] Robert Tudiwer habe im Nachhinein durch David Vyssoki von dieser Unterhaltung erfahren. Damals hätten die Wahlen der IKG bevorgestanden, was eine zeitliche Eingrenzung[1313] ermöglichen würde.[1314] Gewählt wurde nämlich im Juni 1989.[1315] Die Erinnerung eines weiteren Freundes Vyssokis, des diplomierten Krankenpflegers Stefan Strusievicis ist ähnlich: Vyssoki wäre – nach einem Gespräch zwischen ihm und Muzicant, das sich um die zeitgemäße Gestaltung der psychosozialen Gesundheitsversorgung der Kultusgemeinde drehte – mit der Frage an ihn herangetreten, ob er sich an einem derartigen Projekt beteiligen wolle. Er habe nicht gezögert.[1316]

Zu diesem Zeitpunkt war David Vyssoki Oberarzt im Otto-Wagner-Spital und seine »enge Verbindung« zum Psychosozialen Dienst (PSD) in Wien war in seinem privaten und beruflichem Umfeld bekannt, so Tudiwer.[1317]

Die Etablierung der Psychosozialen Dienste geht auf das Ende der 1970er bzw. den Anfang der 1980er Jahre zurück und muss im Zusammenhang mit dem Prozess der Psychiatriereform verstanden werden. Die Gründung einer eigenen Trägerinstitution diente dem Zweck der besseren Koordination zur Errichtung gemeindenaher Versorgungsstrukturen. Neben effizienterer Betreuung, sollte im Hinblick auf die Begrenztheit der Ressourcen auch Mehrfachbetreuung vermieden

---

1311 Vgl. Tudiwer, Robert, Interview, 29.04.2021.
1312 Vgl. Muzicant, Ariel, Gedächtnisprotokoll, 31.08.2021.
1313 Andere Gesprächspartner:innen führen erste Gespräche mit Vyssoki in Folge dessen Unterhaltung mit Muzicant jedoch auf einen früheren Zeitraum, nämlich 1987/1988 zurück. Nachdem für diese Angaben keine weiteren Anhaltspunkte vorliegen, wird hier von 1989 ausgegangen.
1314 Vgl. Tudiwer, Robert, Interview, 29.04.2021.
1315 Vgl. Adunka, Evelyn, Die vierte Gemeinde. Die Wiener Juden in der Zeit von 1945 bis heute, Wien/Berlin 2000, 521.
1316 Vgl. Strusievici, Stefan, Interview, 30.06.2023.
1317 Vgl. Tudiwer, Robert, Interview, 29.04.2021.

werden.[1318] Bis in die Gegenwart stellt der PSD ein umfassendes Angebot zur sozialpsychiatrischen Versorgung in Wien dar, der die in dem folgenden Zitat genannten Bereiche abdecken sollte: »Unter der Trägerschaft des Kuratoriums für Psychosoziale Dienste in Wien, das 1980 gegründet wurde, sind [...] in jeder Versorgungsregion Sozialpsychiatrische Ambulatorien eingerichtet worden, deren Aufgaben in der medizinischen Behandlung, sozialen Beratung, Krisenintervention sowie der Bereitstellung psychologischer und therapeutischer Hilfen, auch in den Bereichen Arbeit und Wohnen, bestehen.«[1319] Aufgrund der Nähe Vyssokis zum PSD »hatte er die Idee, so etwas ähnliches für die Kultusgemeinde einzurichten. Das war eigentlich seine Idee«[1320] erzählt Robert Tudiwer. Seine eigene Involvierung in die frühe Projektentwicklung begründet er mit der Freundschaft zu Vyssoki; Robert Tudiwer zählte wohl zu einem seiner wichtigsten Gesprächspartner. Bei gemeinsamen Spaziergängen durch den Wald hätten sie sich ausgetauscht und überlegt, welche tatsächliche Gestalt eine derartige Institution annehmen könnte.[1321] Renate Vyssoki betont das Kommunikationstalent David Vyssokis und vermutet, dass die Idee zu ESRA in sehr vielen Gesprächen mit den unterschiedlichsten Personen entstanden und gewachsen sei.[1322] Dies mag erklären, dass zwar etliche Leute involviert waren, aber wohl nicht immer voneinander wussten.

Der Profession Vyssokis war sein primärer Fokus auf psychiatrische Behandlung und Begleitung der Patient:innen geschuldet. Bei ersten Überlegungen zur Frage nach Zielgruppen war – so Tudiwer – vor allem auch an Schoa-Überlebende gedacht worden.[1323] Die institutionelle Ausrichtung war schlüssig: »Es war eigentlich ziemlich klar, wenn ich an psychische Erkrankungen oder an NS-bedingte psychische Folgen und die Kultusgemeinde denke, dann komme ich natürlich auf Trauma-Opfer und dergleichen.«[1324] Darüber hinaus sollte diese Institution »alles, was damit zusammenhängt« abdecken »und eben für die Kultusgemeinde« ein Angebot darstellen.[1325] Wie an anderer Stelle erwähnt, besaß ESRA institutionelle Vorbilder, wie die erste psychosoziale Ambulanz für Schoa-Überlebende im holländischen Amersfoort, die im Jahr 1960 eröffnet worden war, ebenso die 20 Jahre später in Utrecht etablierte ICODO-Stiftung (National Institute for the Victims of War). Wesentlich war auch die Gründung von AMCHA (National

---

1318 Vgl. Schmidl, Richard/Rudas, Stephan, Die Entwicklung organisierter psychiatrischer Hilfen in Wien, in: Keintzel, Brigitta/Gabriel, Eberhard (Hg.), Gründe der Seele. Die Wiener Psychiatrie im 20. Jahrhundert, Wien 1999, 209–230, 222f u. 225.
1319 Ebd., 225.
1320 Tudiwer, Robert, Interview, 29.04.2021.
1321 Vgl. ebd.
1322 Vgl. Vyssoki, Renate, Gedächtnisprotokoll, 07.05.2021.
1323 Vgl. Tudiwer, Robert, Interview, 29.04.2021.
1324 Ebd.
1325 Ebd.

Israeli Center for Psychosocial Support for Survivors of the Holocaust and Second Generation). Das zu Beginn der 1990er Jahre eröffnete ESRA in Berlin stellte vielleicht nicht mehr unbedingt ein Vorbild dar, soll in diesem Zusammenhang jedoch erwähnt werden.[1326] David Vyssoki und Robert Tudiwer teilten nach Letzterem die Vision, eine entsprechende Einrichtung breit zu denken und in diesem Sinn alle Kreise der Kultusgemeinde anzusprechen. Daher hätten sie die Schaffung eines Angebots zur Erreichung der weniger aktiven Gemeindemitglieder erstrebt, eines Personenkreises, dem sie sich auch selbst zuordneten.[1327] Ihre Haltung war eindeutig: »Eine jüdische Gemeinde hat auch jenen Juden ihre Leistung anzubieten, die der Gemeinde fernstehen, oder nicht angehören.«[1328] In einem Beitrag in der Zeitschrift »Junge Generation«, mit dem Titel »Gedanken zum sozialen Engagement der I.K.G.« machten sie im Mai 1989 auf »vergessene und verdrängte« Aufgaben der IKG aufmerksam und forderten mehr soziale Verantwortung ein.[1329] Der weitreichende Bedarf an psychiatrischer Betreuung in den unterschiedlichsten Gruppen der jüdischen Bevölkerung wurde möglicherweise – anhand deren zunehmender Auseinandersetzung mit dem Unterstützungsbedarf – über die eigene Lebenswelt hinaus evidenter. Das Vorhaben, mit dem Angebot eine Institution zu begründen, die gleichzeitig auch die orthodoxe Gemeinschaft erreichen sollte, reifte vermutlich erst im Laufe der Projektentwicklung heran.[1330] Den Personenkreis, den Betreuungsangebote der IKG zunächst abdecken sollte, formulierten sie 1989 nämlich noch wie folgt: »Alte Menschen, Verfolgungsopfer, Menschen ohne soziale Absicherung, Einwanderer und zwar besonders jene, denen die Eingliederung nicht gelingt, bzw. die trotz ihres hohen Ausbildungsniveaus keine entsprechende Tätigkeit ausüben können, oder dürfen, Durchreisende, die in kein soziales Netz integriert sind. Nicht zu vergessen jene Juden, die seit Jahren als Langzeitpatienten in der Psychiatrie ihr Dasein fristen.«[1331] Der Aufzählung kann die Bekanntheit der Bedürfnisse dieser gänzlich unterschiedlichen Gruppen innerhalb der IKG entnommen werden. Zusammenfassend lässt sich wohl sagen, dass David Vyssokis Vorhaben, eine

---

1326 Vgl. Draxl, Katrin/Schneebauer, Wilhelmine/Schürmann-Emanuely, Alexander/Vyssoki, David, Child Survivors der NS-Verfolgung in Österreich nach 1945. Mental Health Promotion bei schwerst traumatisierten Menschen. Eine Studie zur Erhebung von ressourcenstärkenden Bewältigungsstrategien, unveröffentlichter Endbericht, Wien 2008, 70f.
1327 Vgl. Tudiwer, Robert, Interview, 29.04.2021.
1328 Tudiwer, Robert/Vyssoki, David, Gedanken zum sozialen Engagement der I.K.G., in: Junge Generation, Nr. 2, 1. Jg., Mai 1989, o. S.
1329 Vgl. ebd.
1330 Moshe Matatov hält 2014 fest, dass im Gegensatz zu säkularen Jüdinnen und Juden, speziell orthodoxe Kreise mehrheitlich zu IKG Mitgliedern zählen. Vgl. Matatov, Moshe, Demografische und soziale Entwicklung der IKG ab 1945, Dissertation, Wien 2014.
1331 Tudiwer, Robert/Vyssoki, David, Gedanken zum sozialen Engagement der I.K.G., in: Junge Generation, Nr. 2, 1. Jg., Mai 1989, o. S.

diverse und inkludierende Einrichtung (v. a. für Netzwerkarme und Ressourcenarme) zu schaffen, das wesentliche Faktum in der Entstehungsgeschichte ESRAs darstellt.[1332] Robert Tudiwer vermisste vor allem die Einbindung und spezifische Unterstützung eines pluralen, nicht notwendigerweise institutionell eingebundenen Judentums und dessen Bedürfnisse: »Es war immer klar, dass es damals in Wien einen großen Teil – wahrscheinlich zwei Drittel der Juden – gegeben hat, die mit der Kultusgemeinde, ob sie Mitglieder waren oder nicht, nicht viel zu tun hatten. […] Es ist eigentlich ein sehr großer Teil gewesen und darunter ein großer Teil Schoa-Überlebender und Verfolgungsopfer.«[1333] Einen Referenzwert dafür gibt es nicht. Daher ist man auf Schätzungen betreffs der Anzahl von Jüdinnen und Juden angewiesen,[1334] die sich nicht in der IKG registrieren haben lassen. Albert Sternfelds Hinweis auf eine Statistik aus den 1980er Jahren, die von 1 600 nicht registrierten Jüdinnen und Juden spricht, die vor 1938 in Österreich gelebt und Kontakt zur jüdischen Gemeinde gehabt hatten, auch danach ihren Lebensmittelpunkt in Österreich hatten und den Kontakt zur IKG beibehielten, sei einmal mehr erwähnt. Werden diejenigen hinzugezählt, die keinen Kontakt zur IKG pflegten, geht Sternfeld in den 1990ern von insgesamt immerhin 3 500 Rückkehrer:innen jüdischer Herkunft in Österreich aus.[1335]

Auch in der Retrospektive lag einer der Schwerpunkte ESRAs auf den Herausforderungen, mit denen Holocaust-Überlebende konfrontiert waren. Das sah sich ab den 1980er Jahren einerseits im zunehmenden Alter der Überlebenden und mit dem Alterungsprozess einhergehenden seelischen und körperlichen Erkrankungen begründet. Andererseits mussten die Rahmenbedingungen der sogenannten »Wiedergutmachung« (eigentlich zielt der Begriff auf spezifisch deutsche Maßnahmen der Politik nach dem Zweiten Weltkrieg ab) unbedingt im Sinne der Schoa-Überlebenden verändert werden.[1336] Alexander Friedmann fasste in diesem Zusammenhang pointiert zusammen: »Zahlreiche psychiatrische Gutachter, die im Auftrag deutscher sogenannter ›Wiedergutmachungsstellen‹ Naziopfer zu untersuchen hatten, waren Ausbildungsprodukte solcher

---

1332 Vgl. Archiv IKG Wien, Bestand Wien, XX-A-c-04 (temp.), Protokoll der Sitzung der IKG – Kommission für Elternheim und Soziales, 24.04.1991.
1333 Tudiwer, Robert, Interview, 29.04.2021.
1334 Für das Jahr 2009 beispielsweise ging Moshe Matatov bei einer Gemeindezahl von 7 036 Mitgliedern von mehr als 1 000 Personen aus, die keine Mitglieder waren. Vgl. Matatov, Moshe, Demografische und soziale Entwicklung der IKG ab 1945, Dissertation, Wien 2014, 136f u. 147.
1335 Vgl. Sternfeld, Albert, Betrifft: Österreich. Von Österreich betroffen. Mit einem Geleitwort von Anton Pelinka, 2. aktualisierte und erweiterte Auflage, Wien/Köln/Weimar 2001, 103.
1336 Vgl. Netopil, Gerda/Schwarz, Peter/Strusievici, Stefan/Vyssoki, David, ESRA – Geschichte und Gegenwart eines Betreuungsangebotes für Migranten, in: Stompe, Thomas/Ritter, Kristina, Psychisch kranke Migranten. Die Versorgungssituation in Österreich, Wien 2010, 193–210, 202.

[NS] Denkschulen und gingen mit den Begutachtungsopfern entsprechend um.«[1337] Eben diese »Denkschulen« sollten etliche Institutionen, und so auch Psychiatrien noch lange prägen. In diesem Sinn geht die Errichtung einer an den Bedürfnissen der jüdischen Bevölkerung orientierten psychiatrischen Einrichtung auch auf die Missstände in der Psychiatrie zurück. Weitere Missstände – die einerseits die Schaffung adäquater psychosozialer Beratungs- und Betreuungsstrukturen für die jüdische Gemeinde verhinderten und sie andererseits bedingten – sollen im Folgenden näher erläutert werden.

### Gründungsvoraussetzungen in der Zweiten Republik

Eine der ersten Fragen, die sich im Zusammenhang mit der Gründungsgeschichte ESRAs stellt, ist jene nach seiner späten Entstehung: Wie konnte es sein, dass ESRA, primär als psychosoziales Zentrum für NS-Überlebende eingerichtet, für jüdische Zuwander:innen sowie schließlich auch für die allgemeine jüdische Bevölkerung, erst Anfang der 1990er Jahre, sprich rund 45 Jahre nach dem Zweiten Weltkrieg und der Schoa gegründet wurde?

Alexander Friedmann beantwortete diese Frage mit dem historischen Kontext und resümierte zunächst die politische Situation nach 1945: »Wir sprechen von einem Österreich, das sich als zwar befreites, aber noch besetztes Land in einem umfassenden gesellschaftlichen Konsens als erstes Opfer Hitlers verstehen wollte; so, wie man rasch die hier begangenen Verbrechen und die Täter zu vergessen suchte, setzte man auch alles daran, die Schicksale der Verbrechensopfer zu ignorieren.«[1338] Das Selbstverständnis Österreichs als »erstes Opfer« Nazideutschlands sah sich in der österreichischen Unabhängigkeitserklärung, der Proklamation der Wiederherstellung Österreichs als Demokratie vom 27. April 1945 begründet.[1339] In Anlehnung an die Moskauer Deklaration hieß es dort: »Die Regierungen Großbritanniens, der Sowjetunion und der Vereinigten Staaten von Amerika kamen überein, daß Österreich, das erste freie Land, das der

---

1337 Friedmann, Alexander, Zur Psychosozialen Versorgung einer Gemeinde nach dem Trauma, in: Friedmann, Alexander/Glück, Elvira/Vyssoki, David (Hg.), Überleben der Shoah – und danach. Spätfolgen der Verfolgung aus wissenschaftlicher Sicht, Wien 1999, 198–208, 198.

1338 Friedmann, Alexander, Das Psychosoziale Projekt ESRA – am Beginn des 21. Jahrhunderts, in: Psychosoziales Zentrum ESRA, 10 Jahre ESRA: Zentrum für psychosoziale, sozialtherapeutische und sozikulturelle Integration. Ambulanz für Spätfolgen und Erkrankungen des Holocaust- und Migrationssyndroms, Wien 2004, 12–16, 14.

1339 Vgl. Uhl, Heidemarie, Das »erste Opfer«. Der österreichische Opfermythos und seine Transformationen in der Zweiten Republik, Österreichische Zeitschrift für Politikwissenschaft ÖZP, Wien/Graz 2001/1, online: https://www.erinnern.at/themen/e_bibliothek/gedenkstatten/Uhl%2C%20Osterreichischer%20Opfermythos.pdf [06.07.2021].

Hiltlerschen Aggression zum Opfer gefallen ist, von der deutschen Herrschaft befreit werden muss.«[1340] Die Darstellung, Österreich wäre zwischen 1938 und 1945 nach gewaltsamer Besetzung bis zur Befreiung durch die Alliierten und den österreichischen Widerstand der Fremdherrschaft ausgesetzt gewesen, prägte das gesamte »öffentliche Leben« bzw. die öffentliche Selbstwahrnehmung nachhaltig.[1341] Die Verantwortung an Kriegsverbrechen, Verbrechen gegen die Menschlichkeit und am Genozid an Jüdinnen, Juden und weiteren Opfergruppen wurde zurückgewiesen und vielmehr als »Tatsache« formuliert »daß die nationalsozialistische Reichsregierung Adolf Hitlers kraft [dieser] völligen politischen, wirtschaftlichen und kulturellen Annexion des Landes das macht- und willenlos gemachte Volk [Österreichs] in einen sinn- und aussichtslosen Eroberungskrieg geführt hat, den kein Österreicher jemals gewollt hat, jemals vorauszusehen [...] [gutzuheißen] instand gesetzt war, zur Bekriegung von Völkern, gegen die kein [wahrer] Österreicher jemals Gefühle der Feindschaft oder des Hasses gehegt hat [...].«[1342] Dieser historische Mythos wurde erst im Zusmmenhang mit der »Waldheim-Affäre« hinterfragt. Die aus der Kontroverse mit dem Wehrmachtsangehörigen, SA- und NSDStB-Mitglied Kurt Waldheim resultierenden politischen Diskurse in der zweiten Hälfte der 1980er Jahre boten eine Voraussetzung für die Möglichkeit der Etablierung ESRAs, setzte sich eine breitere Öffentlichkeit doch erstmals wirklich mit der jüngeren Vergangenheit auseinander.[1343] Ausgelöst worden war eine entsprechende Debatte im Jahr 1986 durch die Affäre um den Präsidentschaftskandidaten und ehemaligen UNO-Generalsekretär Kurt Waldheim, der seine Wehrmachtsvergangenheit und seine Mitgliedschaft in einer SA-Reitergruppe in biographischen Angaben unerwähnt gelassen hatte.[1344] Das Gedenkjahr im März 1988 trug mit zahlreichen Veranstaltungen ebenso zu einem langsamen Umdenken bei. Die Ausstellung »Zeitdokumente über ›Anschluß‹ und Widerstand« im Wiener Rathaus sollte aufklären ebenso wie etwa die Reden von Zeitzeug:innen auf dem Rathausplatz, die

---

1340 Unabhängigkeitserklärung der Provisorischen Regierung, 27.04.1945, online: https://www.hdgoe.at/unabhaengigkeitserklaerung [06.07.2021].
1341 Vgl. Uhl, Heidemarie, Das »erste Opfer«. Der österreichische Opfermythos und seine Transformationen in der Zweiten Republik, Österreichische Zeitschrift für Politikwissenschaft ÖZP, Wien/Graz 2001/1, online: https://www.erinnern.at/themen/e_bibliothek/gedenkstatten/Uhl%2C%20Osterreichischer%20Opfermythos.pdf [06.07.2021].
1342 Unabhängigkeitserklärung der Provisorischen Regierung, 27.04.1945, Haus der Geschichte Österreich, online: https://www.hdgoe.at/unabhaengigkeitserklaerung [06.07.2021].
1343 Vgl. Draxl, Katrin/Schneebauer, Wilhelmine/Schürmann-Emanuely, Alexander/Vyssoki, David, Child Survivors der NS-Verfolgung in Österreich nach 1945. Mental Health Promotion bei schwerst traumatisierten Menschen. Eine Studie zur Erhebung von ressourcenstärkenden Bewältigungsstrategien, unveröffentlichter Endbericht, Wien 2008, 69.
1344 Vgl. Adunka, Evelyn, Die vierte Gemeinde. Die Wiener Juden in der Zeit von 1945 bis heute, Wien/Berlin 2000, 488.

im Widerstand gewesen waren.[1345] Sogar die in den 1980er Jahren so beliebte österreichische Band »Erste Allgemeine Verunsicherung« EAV, eher der leichten und populären Unterhaltungsmusik zuzuordnen, tönte zynisch: »Wo die Berge steh'n, so hoch und wunderschön! Jo, durt is mei Dram, bin i daham! Wo jeder Skiathlet über jedem Dichter steht, sich durch der Schenkel Kraft ein Denkmal schafft. Wo man vorn einisauft und hint' sein Freind verkauft und dann in d'Kirch'n geht, Vaterunser bet'. Wo man des Jesukind im Herrgottswinkel find't, aber andererseits a's Hakenkreuz! Wo die Vergangenheit nach Auferstehung schreit, wia's schon amal war, vor 50 Jahr'!«[1346] Es sollte noch bis zum Jahr 1991 dauern, bis der damalige Bundeskanzler Franz Vranitzky in einer Rede vor dem Nationalrat erstmals österreichische Mitschuld an den NS-Verbrechen offiziell eingestand: »Wir bekennen uns zu allen Daten unserer Geschichte und zu den Taten aller Teile unseres Volkes, zu den guten wie zu den bösen; und so wie wir die guten für uns in Anspruch nehmen, haben wir uns für die bösen zu entschuldigen – bei den Überlebenden und bei den Nachkommen der Toten.«[1347] Bei einem Besuch in Israel bekannte er sich auch dort im Jahr 1993 zur Mitverantwortung Österreichs für die während der NS-Zeit begangenen Verbrechen und zur »Verantwortung für jeden von uns, sich zu erinnern und Gerechtigkeit zu suchen«.[1348] In weiterer Folge sollte Thomas Klestil im November 1994 der erste österreichische Bundespräsident der Republik Österreich sein, der nach Israel reiste und vor der Knesset die Tatsache der »dunklen Geschichte Österreichs« einräumte.[1349] Obgleich diese Eingeständnisse eine Voraussetzung für die Schaffung einer Institution wie ESRA waren, benötigte es im Weiteren aber das Engagement der jüdischen Gemeinde selbst, wie beispielsweise der langjährige ehemalige Geschäftsführer Peter Schwarz weiß. Auch wenn er den großen Einsatz der Stadt Wien und ihr laufend steigendes Engagement betont, vermittelt er gleichzeitig ein differenziertes Bild:[1350] »Seit ich in ESRA arbeite, hatte ich immer das Gefühl, dass wir uns hier etwas organisieren, was wir uns schon immer von der Republik und von der Stadt Wien gewünscht hätten. Aber wir machen es jetzt

---

1345 Vgl. Märztage – Schicksalstage Österreichs, Austria Wochenschau 10/63, Beitrag 1, Filmarchiv Österreich, online: http://www.demokratiezentrum.org/wissen/videos/rund-um-den-heldenplatz-videos.html?index=338 [18.08.2021].
1346 EAV, Heimatlied, Homepage, online: http://www.eav.at/texte/heimatlied [23.09.2022].
1347 Vranitzky, Franz, Stenographisches Protokoll – 35. Sitzung der XVIII. Gesetzgebungsperiode des Nationalrates der Republik Österreich, 8./9.7.1991, online: https://www.politik-lexikon.at/oesterreich1918plus/1991/ [18.08.2021].
1348 Vranitzky, Franz, Staatsbesuch in Israel: Vranitzky bat um Vergebung, ORF TVThek, ZIB 2, 09.06.1993, online: https://tvthek.orf.at/history/Geschichte-Holocaust-und-Antisemitismus/6955477/Staatsbesuch-in-Israel-Vranitzky-bat-um-Vergebung/14035577 [18.08.2021].
1349 Vgl. Klestil, Thomas, Address of Austrian President Dr. Thomas Klestil to the Knesset, 15. November 1994, online: https://knesset.gov.il/description/eng/doc/speech_klestil_1994_eng.html [18.08.2021].
1350 Vgl. Schwarz, Peter, Interview, 11.01.2021.

mehr oder weniger selbst und tun so, als ob die Öffentlichkeit die Probleme der NS-Überlebenden oder der Zuwander:innen nun verstanden hätte. Ich musste immer lächeln, weil ich mir gedacht habe: ›Wir machen es eh selber.‹ Sie geben das Geld her und das Engagement kommt von der eigenen Seite.«[1351] Abgesehen von den angesprochenen politischen Faktoren, gab es auch demographische. In Bezug auf die Entstehung ESRAs verwies Alexander Friedmann auf die Veränderungen innerhalb der jüdischen Gemeinde, deren Mitglieder sich immer weniger aus Wiener Jüdinnen und Juden der Vorkriegszeit, und vermehrt aus osteuropäischen Flüchtlingen zusammensetzte. Die Vorkriegsgeneration war durch die Vergangenheit gezeichnet. Ihre Kräfte hatte sie bereits für die Sicherstellung des Überlebens und den »rudimentären Wiederaufbau« der jüdischen Gemeinde erschöpfend gebündelt, so Friedmann. Er war davon überzeugt, dass es einer Nachkriegsgeneration bedurfte, um neue, über das Überleben hinausgehende Visionen entwickeln zu können. Erst eine solche konnte seiner Ansicht nach die Kraft entwickeln, sich für die Allgemeinheit einzusetzen und neue Projekte wie ESRA zu initiieren.[1352] Richtungsweisend war 1987 auch die Wahl von Paul Grosz zum Präsidenten der IKG, der sich darauf verstand, »hartnäckig jüdische Rechtsansprüche« zu vertreten.[1353] »In Bundeskanzler Vranizky und im Bürgermeister Zilk beziehungsweise dessen Vizebürgermeister Mayr sollte er Gesprächspartner finden, denen einerseits mehr internationale Aufmerksamkeit galt, die andererseits aber auch mehr Bereitschaft zeigten, jüdische Bedürfnisse, wenn schon nicht Rechtsansprüche zu verstehen.«[1354] Darin sah sich unter anderem die Möglichkeit des Wiederaufbaus breiterer Infrastrukturen der IKG begründet. Das gelang jedoch nur mit eben jener Nachkriegsgeneration, die ihre professionellen Qualifikationen im Rahmen der durch Grosz geschaffenen Bedingungen in der IKG einbringen wollte.[1355]

---

1351 Ebd.
1352 Vgl. Friedmann, Alexander, Das Psychosoziale Projekt ESRA – am Beginn des 21. Jahrhunderts, in: Psychosoziales Zentrum ESRA, 10 Jahre ESRA: Zentrum für psychosoziale, sozialtherapeutische und sozikulturelle Integration. Ambulanz für Spätfolgen und Erkrankungen des Holocaust- und Migrationssyndroms, Wien 2004, 12–16, 15.
1353 Vgl. Friedmann, Alexander, Zur Psychosozialen Versorgung einer Gemeinde nach dem Trauma, in: Friedmann, Alexander/Glück, Elvira/David Vyssoki (Hg.), Überleben der Schoah – und danach, Wien 1999, 198–208, 202.
1354 Ebd.
1355 Vgl. ebd.

Die Psychiatriereform

Bei der Frage nach der späten Entstehung einer Einrichtung wie ESRA muss, von obigen Gründen abgesehen, die Psychiatriereform ebenfalls als ausschlaggebender Faktor Beachtung finden.[1356] In diesem Zusammenhang sei ein kurzer Überblick gegeben:

Das beginnende Industriezeitalter brachte auch das Entstehen eines neuen Bewusstseins im Hinblick auf vulnerable Gruppen mit sich. Obgleich sich dieses neue Verständnis gesamtgesellschaftlich mehr und mehr durchsetze, herrschte doch noch lange die Vorstellung vor, der »Rest der Gesellschaft« müsse vor psychisch Kranken geschützt werden. Die Krankheitsbilder blieben vielfach unverstanden und wurden lange Zeit als unheilbar angesehen. Die prozentuell mit der Gesamtbevölkerung wachsende Zahl der Erkrankten überforderte bald die Kapazitäten vorhandener Anstalten. Darin sieht sich beispielsweise in Wien der Bau der niederösterreichischen Landes-, Heil- und Pflegeanstalt für Geistes- und Nervenkranke »Am Steinhof« auf der Baumgartner Höhe Anfang des 20. Jahrhunderts begründet.[1357] Mit dieser Institution wurden zwar mehr Unterbringungsmöglichkeiten für Vulnerable geschaffen, der prinzipielle Verwahrungscharakter blieb hingegen unverändert. Ganz allgemein zielte in der ersten Hälfte des 20. Jahrhunderts die psychiatrische Versorgung im Wesentlichen auf reine »Verwahrung« ab. Daher orientierte sich die Unterbringung auch nicht an den Bedürfnissen nach unterschiedlicher Betreuung und Behandlung. Folglich befanden sich gänzlich verschiedene Gruppen, wie psychisch Kranke, Alte, Menschen mit besonderen Bedürfnissen oder Mittellose in den Großanstalten.[1358] Ein Umdenken führte zur Psychiatriereform. Ihr Beginn liegt in den 1970er Jahren, wobei sie als andauernder und langsamer Prozess begriffen werden muss. Dieser kann im Allgemeinen eben auf die wachsende Kritik an psychiatrischen Großanstalten und sogenannten Asylen in den 1960er und 1970er Jahren zurückgeführt werden, der zufolge die Zustände, welche in den Anstalten herrschten, letztlich zur Verschlechterung der Krankheitsverläufe beitrugen.[1359] Den Patient:innen sollte ihre Autonomie wiedergegeben wer-

---

1356 Vgl. Draxl, Katrin/Schneebauer, Wilhelmine/Schürmann-Emanuely, Alexander/Vyssoki, David, Child Survivors der NS-Verfolgung in Österreich nach 1945. Mental Health Promotion bei schwerst traumatisierten Menschen. Eine Studie zur Erhebung von ressourcenstärkenden Bewältigungsstrategien, unveröffentlichter Endbericht, Wien 2008, 69.
1357 Zu den Verbrechen, die sich »Am Steinhof« zwischen 1938 und 1945 zugetragen haben, s. das Kapitel »Wer waren betreute NS-Überlebende?«.
1358 Vgl. Schmidl, Richard/Rudas, Stephan, Die Entwicklung organisierter psychiatrischer Hilfen in Wien, in: Keintzel, Brigitta/Gabriel, Eberhard (Hg.), Gründe der Seele. Die Wiener Psychiatrie im 20. Jahrhundert, Wien 1999, 209–230, 215f.
1359 Erste facheinschlägige sozialwissenschaftliche Forschungsarbeiten belegten, dass die psychiatrische Versorgungen nicht so sehr anhand medizinischer Kriterien ausgestaltet

den.[1360] Mit der Forderung, den Patient:innen ihre Autonomie wiederzugeben,[1361] trat ab Mitte der 1970er Jahre die Bewegung »Demokratische Psychiatrie« ein, die sich aus Mitarbeiter:innen der Baumgartner Höhe zusammensetzte. U. a. forderte sie die Integration psychisch kranker Menschen in die Gesellschaft.[1362] Die daraus resultierende Reform und die damit einhergehende Etablierung der Psychosozialen Dienste führten in den 1980ern schließlich zu einer wesentlichen Bettenreduktion in den Großanstalten.[1363] In diesem Sinn kann ein Kern-Anliegen der »Antipsychiatriebewegung«, mit dem Postulat der De-Institutionalisierung und der Abschaffung »totaler Institutionen« zusammengefasst werden.[1364]

Bei einem historischen Rückblick auf die Wiener Psychiatrie darf die Zeitspanne zwischen 1938 und 1945 selbstverständlich nicht ausgeblendet werden. Die unmenschlichen Verbrechen, die damals auch im psychiatrischen Bereich begangen wurden, sind dokumentiert. Der »Nürnberger Ärzteprozess« brachte schon ab Winter 1946 etwas Licht in die systematische Tötung psychisch Kranker während der NS-Zeit, aber in Österreich, dem vermeintlich ersten Opfer nazistischer Annexionsgelüste, war es allem Anschein nach viel schwieriger, die Täter:innen auszumachen.[1365] Der Euthanasiearzt Heinrich Gross etwa starb neun-

---

werden sollte, sie sich vielmehr an soziologischen und psychologischen Merkmalen bestimmen ließ. Vgl. ebd., 216.
1360 Vgl. ebd.
1361 Vgl. ebd.
1362 Vgl. Eberhard, Gabriel, 100 Jahre Gesundheitsstandort Baumgartner Höhe, Wien 2007.
1363 Vgl. Schmidl, Richard/Rudas, Stephan, Die Entwicklung organisierter psychiatrischer Hilfen in Wien, in: Keintzel, Brigitta/Gabriel, Eberhard (Hg.), Gründe der Seele. Die Wiener Psychiatrie im 20. Jahrhundert, Wien 1999, 209–230, 226. Zur Vorgeschichte der Ausgestaltung psychiatrischer und psychosozialer Versorgung, sowie den Auswirkungen der Psychiatriereform auf die Versorgungsstrukturen psychisch kranker Menschen in Wien vgl. etwa: Psota, Georg/Grisold, Simon, Geschichte der Psychiatrie in Wien unter dem Aspekt medizinischer Ethik (Teil 1): Viele Wege zur Psychiatriereform, in: Nemec, Birgit/Hofer, Hans-Georg/Seebacher, Felicitas/Schütz, Wolfganf (Hg.), Medizin in Wien nach 1945. Strukturen, Aushandlungsprozesse, Reflexionen, Wien 2022, 605–630; vgl. Psota, Georg/Schütt, Susanne, Geschichte der Psychiatrie in Wien unter dem Aspekt medizinischer Ethik (Teil 2): Viele Wege nach der Psychiatriereform, in: ebd., 631–644.
1364 Nach dem Soziologen Erving Goffman lässt sich eine totale Institution »als Wohn- und Arbeitsstätte einer Vielzahl ähnlich gestellter Individuen definieren, die für längere Zeit von der übrigen Gesellschaft abgeschnitten sind und miteinander ein abgeschlossenes, formal reglementiertes Leben führen.« Zum näheren Verständnis scheint Hartmut Essers Perspektive erwähnenswert. Dieser definiert den totalen Charakter vor allem durch den fehlenden Zugang zur Außenwelt, was bereits aus den architektonischen Gegebenheiten evident wird. Goffman, Erving, Asyle. Über die soziale Situation Psychiatrischer Patienten und anderer Insassen, Frankfurt am Main 1972, 11; vgl. Esser, Hartmut, Soziologie. Spezielle Grundlagen, Institutionen, Band 5, Frankfurt am Main/New York 2000, 13.
1365 Vgl. Neugebauer, Wolfgang, Wiener Psychiatrie und NS-Verbrechen, in: Keintzel, Brigitte/Gabriel, Eberhard (Hg.), Gründe der Seele. Die Wiener Psychiatrie im 20. Jahrhundert, Wien 1999, 136–163, 136 u. 144.

zigjährig, ohne dass er sich tatsächlich vor Gericht hätte verantworten müssen. Das Grauen jener Zeit wirkte noch lange nach und zeigte sich »Am Steinhof« etwa im Umgang mit den Patient:innen sowie in unmissverständlichen Äußerungen mancher Pfleger:innen, wie Robert Tudiwer sich erinnert. David Vyssoki sei als dort tätiger Arzt gelegentlich Zeuge von Schikanen an – auch jüdischen – Patient:innen gewesen, worunter er natürlich gelitten habe.[1366] Auch wenn diese Erfahrungen allein nicht ausschlaggebend für die Gründung einer psychosozialen Einrichtung gewesen waren – die Antipsychiatriebewegung hatte ihn bereits in seiner Studienzeit geprägt –[1367] festigten sie vermutlich seine Überzeugung hinsichtlich des Bedarfs an spezifischen psychiatrischen Versorgungsstrukturen.

### Die Unterteilung der Entstehungsgeschichte: Ideelle Entstehung

Dass die IKG intern die Frage, wie den unterschiedlichen Bedürfnissen der jüdischen Bevölkerung begegnet werden könnte, zunehmend diskutierte, kann ab dem Ende der 1980er Jahre nachvollzogen werden. Diesen mit einer rein zentralisierten Versorgung – etwa durch ein entsprechend großes Elternheim,[1368] wie ein interner Vorschlag lautete – gerecht zu werden, lehnten Personen wie David Vyssoki und Robert Tudiwer als antiquiertes und kurzsichtiges Betreuungsmodell ab. Sie zählten zu jenen, die eine interdisziplinäre Erhebung der Bedürfnisse der Jüdinnen und Juden durch das »Sozialreferat« einforderten.[1369] Somit schien ihnen die Relevanz der Inkludierung verschiedener Expert:innen zur Schaffung eines umfassenden Angebots von Anfang an bewusst gewesen zu sein. Sämtliche dieser anfänglichen Vorstellungen dem zu erhebenden Bedarf zu begegnen, waren dabei noch theoretischer Natur. Robert Tudiwer schlägt daher die Unterteilung der Gründungsgeschichte ESRAs in zwei Phasen vor: In »die ideelle Entstehung des Projekts und die praktische Umsetzung, in [...] die die gesamte Organisation fällt [...]. Das ist ja eigentlich der große Teil dabei.«[1370] Hier hebt er die tatsächliche Realisierung als wesentlichen Arbeitsakt aufwertend hervor. Gleichzeitig schreibt er aber die Ursprungsidee zu einer Institution wie ESRA David Vyssoki zu. Von der Beteiligung etlicher an der Verwirklichung der Organisation abgesehen, will auch Benjamin Vyssoki nicht vergessen lassen, wer hinter der Idee zu ESRA stand:[1371] »Diese Idee, glaube ich, ist tatsächlich von Robert Tudiwer und von Papa

---

1366 Vgl. Tudiwer, Robert, Interview, 29.04.2021.
1367 Vgl. Vyssoki, Benjamin, Interview, 02.02.2021.
1368 Jüdisches Altersheim.
1369 Vgl. Tudiwer, Robert/Vyssoki, David, Gedanken zum sozialen Engagement der I.K.G., Junge Generation, Nr. 2, 1. Jg., Mai 1989, o. S.
1370 Tudiwer, Robert, Interview, 29.04.2021.
1371 Vgl. Vyssoki, Benjamin, Interview, 02.02.2021.

geboren worden, die gemeinsam, denke ich, ein sehr großes Defizit in der psychosozialen Versorgung von Jüdinnen und Juden in Wien gesehen haben, und insbesondere eben in der Betreuung der Holocaust-Überlebenden [...].«[1372] Gerade diese mangelnde Angebotsstruktur, die fehlende adäquate psychosoziale Betreuung in Wien stellte die Grundlage für erste Überlegungen einer unbedingt notwendigen entsprechenden Einrichtung für die jüdische Bevölkerung dar. Zweifellos wurden diese Defizite von mehreren erkannt. Der Mangel offenbarte sich nicht ausschließlich im Arbeitsfeld einer Disziplin, wie etwa die der Psychiatrie. Vermutlich machten sich Defizite auch dort bemerkbar, wo Bedürfnisse von Jüdinnen und Juden wahrgenommen wurden und Raum bekamen. Zu einem derartigen Ort zählte die Sozialabteilung der IKG.

## Professionalisierung der Sozialabteilung im Kontext von Flucht und Zuwanderung

Abb. 33: Elvira Glück (re.) bei ESRAs Eröffnung (Bestand »Die Gemeinde«, Nr. 443b)

Elvira Glück, Sozialarbeiterin und Therapeutin, sollte später die erste und wohl auch einzige Direktorin von ESRA werden und war maßgeblich an der Entstehung und anfänglichen Entwicklung des Psychosozialen Zentrums beteiligt.

---

1372 Ebd.

Ihre Karriere in der IKG begann mit der Leitung des Projekts »Sanierungsarbeiten bei Tor I« am Zentralfriedhof. Die IKG war Projektträgerin, wenngleich die Initiierung dieses Projekts auf die damalige Arbeitsmarktverwaltung zurückging. Im Rahmen der »Aktion 8000« sollte 8 000 Langzeitarbeitslosen durch Arbeitsmöglichkeiten in Gemeinden und gemeinnützigen Organisationen ein Wiedereinstieg in den Arbeitsmarkt ermöglicht werden. So wurde Elvira Glück im Jänner 1988 mit der Leitung und der sozialarbeiterischen Begleitung von über einem Dutzend Arbeiter betraut.[1373] Ihr spezielles Jobprofil beschreibt sie humorvoll: »Ich war da so etwas wie eine Bauchefin mit sozialen Aspekten.«[1374] In dieser Funktion war sie bis in den Frühling 1989 tätig.[1375] Angesichts der nahenden Pensionierung der damaligen Leiterin der Sozialabteilung, Elisabeth Weiss,[1376] willigte Elvira Glück in die Übernahme von deren Funktion ein. Als nachfolgende Leiterin dieser Abteilung der IKG war es ihr *das* Anliegen schlechthin, Soziale Arbeit zu professionalisieren, also von religiöser Motivation und ehrenamtlichem Engagement zu lösen. Ohne Umschweife fasst sie ihren damaligen Anspruch zusammen: »[die] Soziale Versorgung für jüdische Gemeindemitglieder zu professionalisieren und wegzukommen von dem, wie etwa der Witwen- und Waisenverein etwas aus seiner Tasche gibt, oder wie man sich in orthodoxen Kreisen für eine Mizwe anstellt [...].«[1377] Sie sah Professionalisierung in ganzheitlicher Betreuung und in der Erarbeitung nachhaltiger Lösungsansätze. Rein zufällige mögliche finanzielle Unterstützungen für Einzelfälle als einzige und kurzfristige Hilfestellungen lehnte sie daher ab.[1378] Anfänglich arbeitete Glück noch gemeinsam mit der Sozialarbeiterin Anne Kohn-Feuermann in der Seitenstettengasse im 1. Wiener Gemeindebezirk.[1379] Glück erinnert sich an die wöchentlichen Sozialberatungen und schildert die Aufteilung unterschiedlich zu betreuender Gruppen innerhalb der jüdischen Gemeinde:[1380] »Elisabeth [Weiss] hat sich eigentlich um die österreichischen, die Wiener Jüdinnen und Juden, eine sehr kleine Gruppe von Überlebenden, gekümmert. [...] Und Anni Kohn-Feuermann war eben für die Zuwander:innen zuständig und die durften

---

1373 Vgl. Glück, Elvira, Das Projekt »Sanierungsarbeiten am I. Tor Zentralfriedhof, Israelitische Abteilung«, in: David. Jüdische Kulturzeitschrift, Nr. 3, Dezember 1989, 28–29, 28f.
1374 Glück, Elvira, Interview, 28.01.2021.
1375 Vgl. Glück, Elvira, Das Projekt »Sanierungsarbeiten am I. Tor Zentralfriedhof, Israelitische Abteilung«, in: David. Jüdische Kulturzeitschrift, Nr. 3, Dezember 1989, 28–29, 29.
1376 Elisabeth Weiss ging, laut einem Protokoll des Kultusvorstandes, per 30. September 1989 in Pension. Ihre Agenden sollten per 01. Juli 1989 durch Elvira Glück übernommen werden. Vgl. Archiv IKG Wien, Bestand Wien, A/VIE/IKG/III/AD/VOR/15/23, Protokoll, 26.04.1988.
1377 Glück, Elvira, Interview, 03.02.2021.
1378 Vgl. ebd., 28.01.2021.
1379 Zu Anne Kohn-Feuermann s. das Kapitel »Die Sozialkommission: Vom Wirken der Sozialkommission bis zur Entstehung der Subkommission ESRA«.
1380 Vgl. ebd.

sich bei ihr [um Fürsorgegelder des Witwen- und Waisenvereins] anstellen.«[1381] Aus Perspektive der Nachkriegsgeneration beschränkte sich die Sozialabteilung bis in die 1980er darauf, nur kleine finanzielle Hilfen auszuhändigen.[1382] Glücks Einsatz für ganzheitliche Betreuungskonzepte aber und das Hinterfragen widersprüchlicher Abläufe führte ihrer Meinung nach letztlich zu einer zunehmenden Professionalisierung der Sozialabteilung der IKG. Professionelle Betreuung setzt immer entsprechende Ressourcen voraus. Die Bereitstellung und Verfügbarkeit dieser Ressourcen hängt selbstverständlich von zahlreichen Faktoren ab: In einem ersten Schritt geht es darum, überhaupt einmal einen bestimmten Bedarf wahrzunehmen. Diesbezüglich spielte die Zuwanderung aus »dem Osten« eine entscheidende Rolle und soll im Folgenden für den Zeitraum von 1945 bis zu den 1990ern skizziert werden:

Wenngleich bis in die 1950er Jahre aus Ungarn, der Tschechoslowakei und Jugoslawien noch tausende Menschen nach Österreich flüchteten, änderte sich das Phänomen der Flucht aus kommunistischen Ländern durch Kalten Krieg und Eisernen Vorhang nachhaltig. Die Zahl jener, die nach dem Zweiten Weltkrieg tatsächlich noch Zuflucht in Österreich suchten, ist nicht mehr rekonstruierbar. Diese Flüchtlingsgruppen gingen nämlich nach 1945 in den in Österreich befindlichen Displaced Persons (DPs) unter.[1383]

Wesentliche Fluchtbewegungen setzten bereits in den ersten Wochen nach dem Sieg über Nazi-Deutschland im Mai 1945 ein, als antisemitische gewalttätige Ausschreitungen zahlreiche Todesopfer in Ost- und Südosteuropäischen Ländern gefordert hatten. Überlebende aus diesen Gebieten flüchteten zwischen Sommer 1945 und dem Frühjahr 1946 – mehrheitlich illegal in die US-Amerikanischen Zonen Österreichs.[1384] In Folge des Pogroms im polnischen Kielce im Juli 1946, bei dem 42 Personen jüdischer Herkunft erschlagen worden waren, verließen erneut bis Herbst beinahe 100 000 Menschen fluchtartig ihre Heimat.[1385] Daraufhin verschärfte sich die Situation in den DP-Lagern zunehmend. Obgleich Flüchtende nicht unbedingt die Absicht hegten, sich in Österreich

---

1381 Ebd.
1382 Vgl. Friedmann, Alexander, Zur Psychosozialen Versorgung einer Gemeinde nach dem Trauma, in: Friedmann, Alexander/Glück, Elvira/Vyssoki, David (Hg.), Überleben der Shoah – und danach. Spätfolgen der Verfolgung aus wissenschaftlicher Sicht, Wien 1999, 198–208, 202.
1383 Vgl. Graf, Maximilian/Knoll, Sarah, Das Ende eines Mythos? Österreich und die Kommunismusflüchtlinge, in: Kuzmany Börries/Garstenauer, Rita (Hg.), Aufnahmeland Österreich. Über den Umgang mit Massenflucht, Wien 2017, 206–229, 207f.
1384 Vgl. Rolinek, Susanne, Jüdische Lebenswelten 1945–1955. Flüchtlinge in der Amerikanischen Zone Österreichs, Innsbruck 2007, 31.
1385 Vgl. Albrich, Thomas, Zionisten wider Willen. Hintergründe und Ablauf des Exodus aus Osteuropa, in: Albrich, Thomas (Hg.), Flucht nach Eretz Israel: die Bricha und der jüdische Exodus durch Österreich nach 1945, Innsbruck/Wien 1998, 13–48, 14.

niederzulassen, scheiterte die Weiterreise in die USA oder in das britische Mandatsgebiet Palästina häufig an den restriktiven Einreisebestimmungen.[1386]

Die Tatsache, dass vielen dennoch die illegale Einreise nach Palästina bis zur Staatsgründung Israels 1948 gelang, lag an der Unterstützung der im Untergrund tätigen jüdischen Fluchthilfeorganisation Bricha, hebräisch Flucht. Diese organisierte die kostenlose Emigration aus Osteuropa nach Palästina. Die Fluchtbewegung osteuropäischer Jüdinnen und Juden aus Rumänien infolge einer Hungersnot unterstützte sie allerdings nicht.[1387] »Die katastrophale ökonomische Lage des Landes verstärkte wiederum die antisemitische Agitation der früheren faschistischen Organisationen, wie beispielsweise der ›Eisernen Garde‹, die immer noch einen beträchtlichen Einfluß auf die rumänische Bevölkerung ausübten. Dadurch stieg auch die Furcht vor Verfolgung unter den Juden.«[1388] Sowohl seitens der Bricha als auch des Joint hieß es, es mangle dieser Flüchtlingsgruppe an zionistischen Motiven.[1389]

Abb. 34: »Jewish refugees en route to Eretz Israel, Austria 1946« (Bestand Jüdisches Museum Wien, Inv. Nr. 26391)

---

1386 Vgl. Rolinek, Susanne, Jüdische Lebenswelten 1945–1955. Flüchtlinge in der Amerikanischen Zone Österreichs, Innsbruck 2007, 31.
1387 Vgl. ebd., 32.
1388 Albrich, Thomas, Zionisten wider Willen. Hintergründe und Ablauf des Exodus aus Osteuropa, in: Albrich, Thomas (Hg.), Flucht nach Eretz Israel: die Bricha und der jüdische Exodus durch Österreich nach 1945, Innsbruck/Wien 1998, 13–48, 37.
1389 Vgl. Rolinek, Susanne, Jüdische Lebenswelten 1945–1955. Flüchtlinge in der Amerikanischen Zone Österreichs, Innsbruck 2007, 32.

Die erste wieder konkret fassbare Fluchtbewegung aus Osteuropa war jene aus Ungarn im Jahr 1956.[1390] So sah sich die Israelitische Kultusgemeinde auch mit den Folgen der gewaltsamen Niederschlagung des Ungarn-Aufstands durch die Sowjetarmee und der daraus resultierenden Fluchtbewegung konfrontiert. Sogenannte »Tagbücher der Betreuungsstelle Seitenstettengasse 2/4« verraten zwar keine Details über die individuelle Betreuung der Flüchtlinge, doch geben sie Einblick – zumindest für den Zeitraum zwischen 13. November 1956 und 23. November 1956 – in die Anzahl der Flüchtlinge, die sich laut höchstem Zählungsstand der IKG vom 23. November 1956 auf 833 Personen belief.[1391] Diese Summe wirkt gering, flüchteten infolge des Aufstands doch 17 000 Jüdinnen und Juden nach Österreich; diese wanderten jedoch mehrheitlich in andere Länder, wie etwa in die USA aus.[1392] Es kann davon ausgegangen werden, dass zur Planung weiterer Maßnahmen hinsichtlich der Befriedigung von Grundbedürfnissen dieser Flüchtlinge für die IKG zunächst vor allem die Frage nach den »Zielländern« der Geflüchteten, die in Kontakt mit der IKG waren, im Vordergrund stand. Vorliegende Namens- und Adresslisten geben nämlich Auskunft über Wunschdestinationen.[1393] Ließen sich manche Geflüchtete in Österreich nieder, sahen andere Österreich eben als reines Transitland.[1394] Entsprechende Maßnahmen mussten getroffen werden. Obgleich etliche Flüchtlinge an privaten Adressen gemeldet oder aber in Hotels untergebracht waren, lebten sie auch im einstigen Gebäude des Rothschildspitals, wo bereits nach Kriegsende jüdische DPs untergebracht wurden.[1395] Eigentlich war das Gebäude mit Kriegsende durch Bombentreffer beschädigt worden und nur dürftig saniert, doch diente es dann als Durchgangslager für jüdische DPs.[1396] Speziell Flüchtlinge aus Rumänien und Ungarn warteten dort auf ihre Emigration in die verschiedenen Zielländer. Zwischen 1945 und 1952 durchlief etwa eine Viertelmillion Menschen das DP-

---

1390 Auch wenn von Fluchtbewegungen gesprochen wird, als habe es sich um homogene Gruppen gehandelt, waren die Schicksale der Flüchtlinge doch individuell völlig unterschiedlich. Vgl. Graf, Maximilian/Knoll, Sarah, Das Ende eines Mythos? Österreich und die Kommunismusflüchtlinge, Wien 2017, in: Kuzmany, Börries/Garstenauer, Rita (Hg.), Aufnahmeland Österreich. Über den Umgang mit Massenflucht, Wien 2017, 206–229, 207f.
1391 Vgl. Archiv IKG Wien, Bestand Wien, 1373 FS Pessach, Mazzot, Ungarnhilfe, Tbc 50er (temp.), Tagesberichte: 13.11.-23.11.1956.
1392 Vgl. Rolinek, Susanne, Jüdische Lebenswelten 1945–1955. Flüchtlinge in der Amerikanischen Zone Österreichs, Innsbruck 2007, 32.
1393 Vgl. Archiv IKG Wien, Bestand Wien, 1373 FS Pessach, Mazzot, Ungarnhilfe, Tbc 50er (temp.), Namens- und Adresslisten, o. D.
1394 Vgl. Fastenbauer, Raimund, Geschichte der IKG von 1945 bis zur Gegenwart: Berichte der IKG, unveröffentlichtes Typoskript, Wien 2022.
1395 Zur Geschichte des Rothschildspitals s. das Kapitel »Franzi Löw: Eine Fürsorgerin der IKG während und nach der NS-Herrschaft«.
1396 Die Restitution des Rothschildspitals am Währinger Gürtel an die IKG erfolgte im Jahr 1949.

Lager Rothschildspital. Ungefähr 15 Jahre nach Kriegsende lagen aber aufgrund der überschaubaren Gemeindegröße keine Argumente für einen Wiederaufbau bzw. Beibehalt mehr vor. So wurde das einstige jüdische Spital an die Wirtschaftskammer verkauft.[1397] 1956 – eben infolge des Ungarnaufstands – beherbergte es aber ein weiteres Mal Flüchtlinge, die zum Zeitpunkt des Verkaufs offenbar noch nicht alle alternative Wohnmöglichkeiten besaßen. Als Kauf-Bedingung fügte die IKG dem Kaufvertrag daher bei: »Die Käuferin (Kammer der gewerblichen Wirtschaft) hat zugleich der Israelitischen Kultusgemeinde Wien, bzw. der Republik Österreich gegenüber die Verpflichtung zu übernehmen, innerhalb zwei Jahren nach Abschluss des Kaufvertrages weder gerichtliche noch sonstige Maßnahmen zur Räumung des Hauses [...], von den dort derzeit untergebrachten Flüchtlingen zu betreiben oder zu veranlassen.«[1398] Der Joint war zuversichtlich in diesem Zeitraum allen Flüchtlingen das Verlassen des Lagers ermöglicht zu haben. So gab er an, zu dem Rückgang von 138 Personen im Januar 1955 auf 64 Personen mit Juni 1956 beigetragen zu haben.[1399] Das Gebäude wurde 1960 schließlich abgerissen.[1400]

Flüchtlinge waren jedoch nicht nur im Rothschildspital untergebracht und bezogen beispielsweise auch das Gebäude in der Seegasse 9 im 9. Wiener Gemeindebezirk.[1401] Anfänglich wurden die Flüchtlinge noch vermehrt in Hotels und Privatunterkünften untergebracht. Mit der Errichtung von Flüchtlingslagern in Österreich wurden diese Unterbringungsmöglichkeiten jedoch sukzessive reduziert. Beinahe 100 Prozent derjenigen, die in sogenannten »gemischten Lagern« untergebracht waren, wollten jedoch aufgrund antisemitischer Stimmung, etlicher Gewaltvorkommnisse sowie der dort vorherrschenden Lebensumstände nicht in diesen bleiben. Ende August 1957 lebten noch etwa 1 600 jüdische Flüchtlinge in Österreich. Von diesen war der Großteil von 1 400 in Lagern untergebracht, die nur teilweise durch den Joint finanziell unterstützt wurden.[1402]

---

1397 Vgl. Prokop, Ursula, Das Rothschildspital – Vom Vorzeigeprojekt zum Wartesaal der Hoffnung, David. Jüdische Kulturzeitschrift, Ausgabe 97, Juli 2013, online: https://davidkultur.at/artikel/das-rothschildspital-8211-vom-vorzeigeprojekt-zum-wartesaal-der-hoffnung [09.05.2022].
1398 Archiv IKG Wien, Bestand Wien, A/VIE/IKG/III/AD/VOR/2/34, Protokoll, 25.06.1956.
1399 Vgl. ebd.
1400 Vgl. Prokop, Ursula, Das Rothschildspital – Vom Vorzeigeprojekt zum Wartesaal der Hoffnung, David. Jüdische Kulturzeitschrift, Ausgabe 97, 07.2013, online: https://davidkultur.at/artikel/das-rothschildspital-8211-vom-vorzeigeprojekt-zum-wartesaal-der-hoffnung [09.05.2022].
1401 Vgl. Archiv IKG Wien, Bestand Wien, 1373 FS Pessach, Mazzot, Ungarnhilfe, Tbc 50er (temp.), Namens- und Adresslisten, o. D.
1402 Vgl. Albrich, Thomas, Der Traum von »Amerika«. Jüdische Flüchtlinge: 1950–1957, in: Albrich, Thomas/Eisterer, Klaus/Gehler, Michael/Steininger, Rolf (Hg.), Österreich in den Fünfzigern, Institut für Zeitgeschichte, Band 11, Innsbruck/Wien 1995, 95–118, 110f.

Erhebungsbögen belegen, dass manche dieser Flüchtlinge finanzielle Unterstützungsleistungen in der Fürsorgeabteilung erhielte.[1403]

Weitere Flüchtlinge kamen 1968 aus der Tschechoslowakei und 1969 aus Polen.

Die Zuwander:innen aus Osteuropa unterschieden sich aber gänzlich von den Zuwander:innen aus der UdSSR, die ab den 1970ern kamen.[1404] Die diesbezüglichen Motive und Hindernisse wurden in einem vorangegangenen Kapitel in Zusammenhang mit der Etablierung der Unterstützungskategorie der sogenannten »Russenhilfe« angeschnitten. An dieser Stelle soll daher nur die Zahl der zwischen 1971 und 1989 über Österreich nach Israel, in die USA, nach Kanada und in andere Länder ausgereisten 250 000 Jüdinnen und Juden wiederholt werden.[1405] Zugewandert wurde ab den 1970er Jahren aus den geografischen Gebieten Transkaukasien, der Ukraine, Weißrussland, Zentralasien und dem Baltikum.[1406] In Wien ließen sich letztlich mehrheitlich jene nieder, die wiederum aus Israel nach Wien – mit der ursprünglichen Absicht der Weiterreise bzw. der Rückreise in die UdSSR – zurückkehrten.[1407] »Auf ihrer Flucht vor dem Kom-

---

1403 Vgl. Archiv IKG Wien, Bestand Wien, 1373 FS Pessach, Mazzot, Ungarnhilfe, Tbc 50er (temp.), Erhebungsbogen.
1404 Vgl. Friedmann, Alexander, Zur Psychosozialen Versorgung einer Gemeinde nach dem Trauma, in: Friedmann, Alexander/Glück, Elvira/Vyssoki, David (Hg.), Überleben der Shoah – und danach. Spätfolgen der Verfolgung aus wissenschaftlicher Sicht, Wien 1999, 198–208, 202.
1405 An dieser Stelle sei auf Schloss Schönau in Niederösterreich verwiesen. Dieses diente der Jewish Agency ab 1965 als Transitlager für Jüdinnen und Juden aus den Oststaaten und der Sowjetunion. Von den rund 165 000 Menschen, die bis 1973 aus kommunistischen Ländern ausgereist waren, waren dort etliche von diesen vorübergehend untergebracht. 1973 wurde das Transitlager jedoch in Folge von Sicherheitsbedenken geschlossen. Vgl. Parlamentarische Anfrage, 1464/AB XIII. GP – Anfragebeantwortung, Zl.19.383-PrN/73, Parl. Anfrage Nr.1 L76/J, Geiselnahme in Marchegg-Schwechat; vgl. Riegler, Thomas, Schwarzbrauner September. Zeitgeschichte. Österreichische Neonazis unterstützten Palästinenser-Terroristen, Profil, 09.01.2012, online: https://www.profil.at/home/zeitgeschichte-schwarzbrauner-september-315801 [27.07.2022].
1406 Die Transkaukasische Demokratische Republik umfasste die Nachfolgestaaten Georgien, Aserbaidschan und Armenien; Zentralasien oder Mittelasien umfasst im engeren Sinn das heutige Kirgistan, Kasachstan, Usbekistan, Tadschikistan und Turkmenistan; Im Gegensatz zu den zentraleren Gebieten war die jüdische Bevölkerung in der Peripherie weniger assimiliert, ein Faktor, der Auswanderung generell begünstigte. Entschlossen sich Jüdinnen und Juden dennoch aus Kerngebieten auszuwandern, migrierten sie um ein vielfaches häufiger in die USA als nach Israel. Vgl. Vertlib, Vladimir, Osteuropäische Zuwanderung nach Österreich (1976–1991) unter besonderer Berücksichtigung der jüdischen Immigration aus der ehemaligen Sowjetunion. Quantitative und Qualitative Aspekte, Institut für Demografie, Österreichische Akademie der Wissenschaften, 15. Forschungsbericht, Wien 1995, 46f.
1407 Vgl. Friedmann, Alexander, Zur Psychosozialen Versorgung einer Gemeinde nach dem Trauma, in: Friedmann, Alexander/Glück, Elvira/Vyssoki, David (Hg.), Überleben der

munismus sind sie über Österreich nach Israel ausgewandert, wo viele ihre Pläne nicht verwirklichen konnten und deshalb wieder nach Wien zurückkehrten […].«[1408] Diese Jüdinnen und Juden stammten beispielsweise aus Georgien und zu großen Teilen aus Mittelasien, Buchara.[1409] Der Großteil der Buchar:innen, die sich Anfang der 1970er Jahre in Wien niederließen, stammte aus dem mehrheitlich muslimischen Tadschikistan und Usbekistan.[1410] Alexander Friedmann erwähnt nicht nur deren jahrzehntelange Prägung durch die sowjetische Diktatur, sondern auch den Unterschied zwischen den Zuwander:innen aus Osteuropa und den Zuwander:innen aus der UdSSR im Hinblick auf Sitten und Brauchtum und spricht die verhältnismäßig späte Auseinandersetzung der jüdischen Gemeinde mit den Zuwander:innen aus der UdSSR an.[1411] Bezeichnend ist in diesem Zusammenhang auch der auf die Jewish Agency zurückgehende Vorschlag, die Zuwander:innen einfach wieder nach Israel zurückzuschicken.[1412] Dabei gewährleisteten eben diese Migrant:innen, bei gleichzeitigem Rückgang der Gemeindezahlen, das Überleben der kleinen Gemeinde in Wien.[1413] Der Höhepunkt der Zuwanderung wird in die späten 1980er und 1990er Jahre datiert und sieht sich vordergründig in den neuerlichen Lockerungen der Ausreisebestimmungen aus der UdSSR bzw. der GUS-Staaten sowie der zunehmenden Verschlechterung der dortigen Wirtschaftslage begründet.[1414] Die Sozialabteilung war zunächst mit

---

Shoah – und danach. Spätfolgen der Verfolgung aus wissenschaftlicher Sicht, Wien 1999, 198–208, 202.

1408 Labudovic, Ida, Sephardim in Wien: Die unbekannten Juden, Die Presse, 2009, online: https://www.diepresse.com/493309/sephardim-in-wien-die-unbekannten-juden [01.09.2021].

1409 Zu den zentralen Gebieten historisch ansässiger Bucharischer Jüdinnen und Juden zählten Usbekistan, Tadschikistan, Turkmenistan und Kasachstan. (Nach dem Babylonischen Exil wanderten Jüdinnen und Juden nach Zentralasien aus, wodurch ihre dortige Präsenz auf das 6. Jahrhundert v.d. Z. zurückgeht.) Vgl. Drozdetskaya, Maria, Über bucharische Juden, Jüdisch-Bucharisch-Sephardisches Zentrum Deutschland in Hannover, o.J., online: https://www.bucharische-juden.de/unsere-geschichte/332-bucharische_juden_de [01.09.2021]; vgl. Sommerbauer, Jutta, Usbekistan. Die letzten Bucharen, Jüdische Allgemeine, 2019, online: https://www.juedische-allgemeine.de/juedische-welt/die-letzten-bucharen/ [01.09.2021].

1410 Vgl. Labudovic, Ida, Sephardim in Wien: Die unbekannten Juden, Die Presse, 2009, online: https://www.diepresse.com/493309/sephardim-in-wien-die-unbekannten-juden [01.09.2021].

1411 Vgl. Friedmann, Alexander, Zur Psychosozialen Versorgung einer Gemeinde nach dem Trauma, in: Friedmann, Alexander/Glück, Elvira/Vyssoki, David (Hg.), Überleben der Shoah – und danach. Spätfolgen der Verfolgung aus wissenschaftlicher Sicht, Wien 1999, 198–208, 202.

1412 Vgl. Fastenbauer, Raimund, Geschichte der IKG von 1945 bis zur Gegenwart: Berichte der IKG, unveröffentlichtes Typoskript, Wien 2022.

1413 Vgl. Adunka, Evelyn, Die vierte Gemeinde. Die Wiener Juden in der Zeit von 1945 bis heute, Wien/Berlin 2000, 374.

1414 Vgl. Sommerbauer, Jutta, Usbekistan. Die letzten Bucharen, Jüdische Allgemeine, 2019, online: https://www.juedische-allgemeine.de/juedische-welt/die-letzten-bucharen/ [01.09.2021].

den hilfesuchenden Zuwander:innen überfordert. In dieser wurzelten nach Friedmanns Darstellung auch erste Überlegungen zur Reorganisation der Abteilung.[1415]

Zur Wahrnehmung struktureller Defizite: ein weiterer Gründungsgedanke

Anliegen, mit denen sich Zuwander:innen an die Sozialabteilung wandten, berührten alle Lebensbereiche: Sie benötigten nicht nur Deutschkurse, es fehlte generell an Berufsausbildungen bzw. für Ausgebildete auch an Berufsberechtigungen; sie mussten versichert werden, brauchten Wohnraum, Startkapital, Arbeitsplätze, Schulplätze, Kindergartenplätze, Altersbetreuung, Heimplätze usw. Darüber hinaus erreichten etliche mit Ende der 1990er Jahre das Pensionsalter, hatten aber natürlich kaum anrechenbare Pensionszeiten in Österreich erworben, wodurch sie von Altersarmut betroffen waren.[1416] Elvira Glück erinnert sich an anfängliche Herausforderungen im Zusammenhang mit dem Aufenthaltsstatus,[1417] deretwegen Angehörige dieser Gruppe eben häufig von Leistungen aus öffentlicher Hand ausgeschlossen waren.[1418]

Kurz nach Glücks Übernahme der Sozialabteilung hatte sie auf den Bedarf an Russisch sprechenden Kolleg:innen hingewiesen.[1419] Angesichts des zu erwartenden »Ansturms« russischer Migrant:innen hatte Alexander Friedmann im Kultusvorstand bereits die Anstellung einer des Russischen mächtigen Person in der Fürsorgeabteilung angekündigt. Da es nach Glück an ausgebildeten Sozialarbeiter:innen mit entsprechenden Sprachkenntnissen mangelte, sie aber dringend sprachliche Unterstützung benötigte, wurde Ende 1989 Ina Ashurovs Anstellung als Dolmetscherin und Sekretärin bewilligt.[1420] Wegen des enormen Umfangs der zu leistenden Arbeit sah Glück sich weiterhin nach ausgebildeten

---

1415 Vgl. Friedmann, Alexander, Zur Psychosozialen Versorgung einer Gemeinde nach dem Trauma, in: Friedmann, Alexander/Glück, Elvira/Vyssoki, David (Hg.), Überleben der Shoah – und danach. Spätfolgen der Verfolgung aus wissenschaftlicher Sicht, Wien 1999, 198–208, 202.
1416 Vgl. Friedmann, Alexander, Zur Psychosozialen Versorgung einer Gemeinde nach dem Trauma, in: Friedmann, Alexander/Glück, Elvira/ Vyssoki, David (Hg.), Überleben der Shoah – und danach. Spätfolgen der Verfolgung aus wissenschaftlicher Sicht, Wien 1999, 198–208, 202 f.
1417 Die divergierenden Aufenthaltsstatus waren selbstverständlich in der Heterogenität sowie in individuellen Flucht- oder Migrationsbiografien der Zuwander:innen begründet, die sich etwa aus Buchar:innen, Georgier:innen und Personen aus dem Kaukasusgebiet zusammensetzten.
1418 Vgl. Glück, Elvira, Interview, 28.01.2021.
1419 Vgl. ebd.
1420 Vgl. Archiv IKG Wien, Bestand Wien, A/VIE/IKG/III/AD/VOR/16/12, Protokoll, 14.09.1989; vgl. ebd., A/VIE/IKG/III/AD/VOR/16/13, Protokoll, 06.12.1989.

Sozialarbeiter:innen um.[1421] Sie erzählt: »Zu meiner Zeit gab es sehr wenige jüdische Sozialarbeiter:innen und die wollten alle auf keinen Fall in die IKG.«[1422] Sie führt weiter aus, dass die Diskussion rund um die Frage nach der nötigen Anstellung zusätzlicher jüdischer oder gegebenenfalls auch nicht-jüdischer Mitarbeiter:innen für die Sozialabteilung innerhalb der jüdischen Gemeinde komplex war. Damals habe sie sich dafür entschieden, die professionelle Ausbildung zu priorisieren. Der Kultusvorstand sei ihrer Perspektive letztlich gefolgt.[1423]

Die IKG bot damals auch Deutschkurse für Zuwander:innen an. Die Sozialarbeiterin und Therapeutin Michaela Mathae habe diese kurzzeitig betreut und sei bald darauf auf Glücks Anfrage in die Sozialabteilung der IKG gewechselt.[1424] Auch sie erinnert sich an die mit dem Aufenthaltsstatus verbundenen Herausforderungen und hebt besonders Nichtversicherung als eines der Folgeprobleme hervor, die »ungesicherte« Aufenthalte in Österreich mit sich brachten: Der Sozialabteilung sei in vielen dieser Fälle die Vernetzung mit jüdischen Ärzten gelungen, die sich dieser Patient:innen dennoch annahmen. »Und das war dann auch eine der Ursprungsideen von ESRA, dass auch Menschen, die keine Versicherung hatten, unterstützt wurden. Das war meiner Meinung nach einer der Grundgedanken.«[1425] Glück betont, sie könne den Entstehungsprozess ESRAs im Detail nicht mehr rekonstruieren. Gerade Ideen, die parallel zu ihren eigenen entworfen worden wären, seien ihr unbekannt. Allerdings decken sich ihre und Mathaes Erzählungen bezüglich des Gründungsanlasses. Glück erinnert sich daran, bei Bedarf der Klient:innen an (fach)ärztlichen Untersuchungen in der Sozialabteilung gemäß einer Liste mit kooperierenden Ärzt:innen Kontakt aufgenommen zu haben und Unversicherte und Mittellose zu diesen Ärzt:innen geschickt haben zu können. Diese Möglichkeit schätzend, kritisierte sie gleichzeitig diese improvisatorische Vorgehensweise. Ganzheitliche Betreuung konnte ihrer Auffassung nach damit nicht gewährleistet werden. Darüber hinaus sei speziell der Bedarf an psychiatrischer und therapeutischer langfristiger und kontinuierlicher Behandlung enorm hoch und auf diese Art nicht abzudecken gewesen.[1426] »Und so ist eigentlich, gemeinsam mit Alex[ander Friedmann], die Idee zur Einrichtung ESRA entstanden.«[1427] An etlichen Abenden und in Friedmanns Nachtdiensten im Wiener Allgemeinen Krankenhaus hätten sie in ihren Gesprächen »auf dieses Defizit fokussiert. Und dann haben wir uns überlegt, das Modell des psychosozialen Dienstes in Wien auf einen jüdischen psychosozialen

---

1421 Vgl. Glück, Elvira Interview, 28.01.2021.
1422 Ebd.
1423 Vgl. ebd.
1424 Vgl. Mathae, Michaela, Interview, 17.02.2021.
1425 Ebd.
1426 Vgl. Glück, Elvira, Interview, 28.01.2021.
1427 Ebd.

Dienst umzulegen«,[1428] berichtet Glück. Friedmann war zu jenem Zeitpunkt Vorsitzender der Sozialkommission der IKG. In dieser Funktion besaß er naturgemäß besondere Relevanz für die Sozialabteilung der IKG: »Mein politischer Chef war [...] von Anfang an Alex Friedmann.«[1429] Durch die unzähligen Arbeitsbesprechungen zwischen ihr und Alexander Friedmann im AKH sei sie Zeugin seiner Arbeitsweise geworden. Seine umfassende Behandlungsmethode habe sich in der Einbeziehung sozialer Faktoren gezeigt. Offenkundig hatte er, der »einfach wirklich sehr gut im Umgang mit Menschen«[1430] war, ein natürliches Talent. Glück fügt ihrer Erzählung zu dem Gründungsgedanken ESRAs im Zusammenhang mit dem Ärzt:innenmangel hinzu, dass sich multiple psychosoziale Schwierigkeiten manifestierten, die den Bedarf für eine interdisziplinäre Einrichtung offenbarten.[1431] Die Frage nach rein psychiatrischem Behandlungsbedarf innerhalb der Gemeinde war bereits vor Glücks Übernahme der Sozialabteilung im Kultusvorstand gestellt und Friedmann war aufgefordert worden, einen Bericht über Klient:innen in psychiatrischen Anstalten vorzulegen.[1432]

Die sich im Rahmen der Sozialabteilung offenbarenden mangelnden Angebotsstrukturen führten anscheinend zu einer unabhängigen und weiteren Gründungsidee ESRAs. Die Bündelung dieser Ideen mit jenen von David Vyssoki soll an späterer Stelle beleuchtet werden.

Erinnerungen zur psychiatrischen Betreuung

Georg Psota ist seit 2010 Chefarzt des Psychosozialen Dienstes in Wien und antwortet auf die Frage nach der ersten Begegnung zwischen ihm und David Vyssoki: »Es ist so, dass ich ihn ganz sicher…« Nachdruck verleihend wiederholt er: »ganz sicher erstmals im sozialpsychiatrischen Notdienst des PSD Wien kennengelernt hatte, als diensthabenden Facharzt.«[1433] Die freundschaftliche Zuneigung verbirgt er nicht und beteuert, David Vyssoki gleich sehr sympathisch gefunden zu haben. Die Begegnungen seien jedoch vereinzelte gewesen. Erst Anfang der 90er Jahre seien sie sich in einem anderen Kontext wiederbegegnet. Als Vyssoki nämlich im Otto-Wagner-Spital die Funktion des leitenden Oberarztes am Pavillon 20 innegehabt habe. Zu jener Zeit sei er – Psota – im PSD im 2. Bezirk tätig gewesen und habe dort Notdienste absolviert, genau wie Vyssoki. Aufgrund der schwachen Verbindung zwischen dem Pavillon 20 und dem Psy-

---

1428 Ebd.
1429 Ebd.
1430 Ebd., 03.02.2021.
1431 Vgl. ebd., 28.01.2021.
1432 Ariel Muzicant bezeugt die Existenz derartiger Berichte Friedmanns. Vgl. Archiv IKG Wien, Bestand Wien, A/VIE/IKG/III/AD/VOR/15/23, Protokoll, 26.04.1988.
1433 Psota, Georg, Interview, 22.02.2021.

chosozialen Dienst im 2. Bezirk, sei Psota damit beauftragt worden, einen Verbindungsdienst zum Krankenhaus zu etablieren.[1434] »Und das war sicher der schönste Verbindungsdienst meines Lebens, weil der David und ich sehr rasch, sehr gut zusammengekommen sind.«[1435] Miteinander formulierten sie Ideen zu Abläufen und tauschten sich bei Bedarf über einzelne Patient:innen aus. Speziell diskutierten sie unterstützende Maßnahmen in Bezug auf autonome Lebensgestaltungen der Patient:innen. Diesen intensiven fachlichen Austausch vergleicht Georg Psota mit Helfer:innenkonferenzen, Vernetzungen, die Ressourcen der Patient:innen, bzw. der Klient:innen sichtbar machen.[1436] Analog zur Sozialabteilung der IKG zählten etliche Patient:innen des PSD zu jenen, die aus der ehemaligen Sowjetunion stammten. Das verdeutlicht Psotas Schilderung: »[...] wenn der David einmal in der Woche, [...] dort war, haben wir immer wieder die Anliegen verschiedener Patientinnen und Patienten besprochen, die gerade im 2. Bezirk im Zusammenhang mit großen Wanderungsbewegungen der jüdischen Gemeinde in psychische Schwierigkeiten gekommen sind, oder sowieso bereits waren [...]. Es waren in aller Regel jüdische Familien aus dem östlichen Teil der UdSSR, die [...] auf Zwischenstopp in Österreich waren, und eigentlich nach Israel weiter wollten. Ein Teil dieser Patientinnen und Patienten [...] war in diesem PSD im 2. Bezirk in der Kleinen Sperlgasse 2b in Behandlung. Und zufällig waren diese Menschen entweder beim David oder bei mir in Behandlung.«[1437] Die Zahl der zu versorgenden Personen aus diesem geografischen Raum wird durch Elvira Glücks Erzählungen unterstrichen: »Alex hat wahnsinnig viele Menschen aus der ehemaligen Sowjetunion im AKH betreut.«[1438] In der Gruppe der Zuwander:innen habe es sich damals nämlich herumgesprochen, dass es dort auf der »Spezialambulanz für Transkulturelle Psychiatrie und Migrationsbedingte Psychische Störungen« im Wiener Allgemeinen Krankenhaus über den Kontakt zur Sozialabteilung möglich sei, medizinische Unterstützung zu erhalten. Therapeutische Maßnahmen seien beispielsweise dringend von Personen, die beispielsweise unter schizophrenen Schüben litten, benötigt worden.[1439] Unzureichende Behandlungen seien häufig Resultat mangelhafter Diagnosen gewesen und haben etwa auf Sprachbarrieren zurückgeführt werden können. Das starke Identifikationsgefühl engagierter Kommissionsmitglieder mit der Gründungsgeschichte ESRAs wird in folgender Schilderung einmal mehr deutlich.[1440] Infolge bestehender Kontakte zu angehenden Ärzt:innen habe Rosina Kohn als Mit-

---

1434 Vgl. ebd.
1435 Ebd.
1436 Vgl. ebd.
1437 Psota, Georg, Interview, 22.02.2021.
1438 Glück, Elvira, Interview, 28.01.2021.
1439 Vgl. ebd.
1440 Vgl. Kohn, Rosina, Interview, 17.12.2020.

glied der Sozialkommission Alexander Friedmann in vielen Fällen über diese Patient:innen auf diversen Stationen informieren können: »Da liegt eine Patientin, die kein Deutsch sprechen kann. Kein Mensch kann mit ihr reden.«[1441] Und nach ihr sei es so zur Gründung ESRAs gekommen. »Weil wir gesehen haben: Da besteht eine Notwendigkeit, dass psychisch kranke Menschen, die aus Russland, Kasachstan, Aserbaidschan etc. kommen, hier von unseren Psychiatern betreut werden müssen.«[1442]

Entgegen vorangegangenen Schilderungen David Vyssoki hätte bei der Gründungsidee primär an die Zielgruppe der Schoa-Überlebenden gedacht schreibt Georg Psota ihm einen hauptsächlichen Fokus auf die Zuwander:innen zu: Im PSD dürfte vorwiegend dieser Anteil der jüdischen Bevölkerung laufend betreut worden sein; daher ist nachvollziehbar, dass in diesem spezifischen Setting auch die Zuwander:innen aus der ehemaligen Sowjetunion und deren Bedürfnisse im Vordergrund standen. »Ich glaube, dass David die Zuwanderer:innen […] alle kannte. Wirklich alle. Ich glaube, er kannte jede Familie aus dieser Gegend.«[1443] Vyssoki war der Umgang mit diesen Gruppen schnell vertraut.[1444] Seine Kompetenz war allgemein bekannt, wenn es heißt: »Und wenn es irgendwelche Probleme gegeben hat, dann hat man den David angerufen.«[1445] Sich verändernde Betreuungssituation und Zielgruppen in den unterschiedlichen Institutionen wirkten sich sicherlich auf konzeptionelle Überlegungen David Vyssokis für eine einschlägige Institution aus. Die Sicht auf die Zielgruppe war Ende der 1980er Jahre einfach noch eine andere als später, wie wiederum aus Robert Tudiwers Erinnerung ersichtlich wird: »Die Zugewanderten spielten damals noch nicht so eine große Rolle. Es war zwar sicher immer gut, dass David selbst russisch sprechen und mit den Leuten gut kommunizieren konnte, aber eigentlich lag der Schwerpunkt damals noch auf den Schoa-Überlebenden in Wien. Das ist sicher ein Grundgedanke von ESRA.«[1446] Die Aussagen unterstreichen nicht nur den prozesshaften Charakter der Ausrichtungsfindung gemäß der sich verändernden Blickwinkel auf zu betreuende Zielgruppen. Auch geht aus den vorangegangenen Darlegungen hervor, dass in der Retrospektive unterschiedliche Gründungsgedanken zu ESRA in den Vordergrund treten. Der langjährige Geschäftsführer, Peter Schwarz, kennt die Komplexität der Gründungsgeschichte: »viele Menschen meinen, ESRA gegründet zu haben.«[1447] Hinsichtlich der Gründungsgeschichte äußert er sich daher wie folgt: »Elvira

---

1441 Ebd.
1442 Ebd.
1443 Psota, Georg, Interview, 22.02.2021.
1444 Vgl. ebd.
1445 Ebd.
1446 Tudiwer, Robert, Interview, 29.04.2021.
1447 Schwarz, Peter, Interview, 18.01.2021.

Glück war einige Jahre die Leiterin der Sozialabteilung und in dieser Zeit […] entstand – aber anscheinend in mehreren Zirkeln – die Idee eines Zentrums, in dem Sozialarbeit und fachärztliche psychotherapeutische Leistungen angeboten werden sollten.«[1448] Das Narrativ von zwei bzw. mehreren Ideen- und Handlungssträngen scheint plausibel und deckt sich mit den vorangegangenen Schilderungen. Die unterschiedlichen Zugänge ergaben sich eben »aus zwei Problemkreisen: Der eine war der der NS-Verfolgten und der andere, der der Zuwanderer:innen aus der ehemaligen Sowjetunion. Das waren die großen Themen, die die Gemeinde damals beschäftigt haben.«[1449]

Die diversen und gleichwertigen Rollen der Gründungsmitglieder waren in jedem Fall richtungsweisend für ESRAs Erfolg.

## Die Entstehung der Subkommission der Sozialkommission

Der Mangel an adäquater Versorgung der jüdischen Bevölkerung offenbarte sich – obigen Narrativen folgend – in unterschiedlichen Personenkreisen und Arbeitsfeldern. In einem gemeinsamen Arbeitskreis sollten die theoretischen Ideen schließlich zusammengeführt werden. Dass sich die jeweiligen Kreise als Entstehungszentrum der ersten Ideen zu ESRA begriffen, wird durch die divergierenden Erzählungen manifest, der jeweils andere wäre der Arbeitsgruppe beigetreten: »Ich glaube, dann kam relativ bald David Vyssoki, weil er ja jüdischer Oberarzt im Otto-Wagner-Spital war«[1450] dazu, erzählt Elvira Glück. Michaela Mathae teilt die Ansicht, David Vyssoki wäre als jüdischer Psychiater bald zur Arbeitsgruppe hinzugezogen worden. Die Verbindung zwischen diesen drei Personen war nicht zufällig: Elvira Glück war nach Mathae mit David Vyssoki über die Kultusgemeinde bekannt, während sie selbst als junge Krankenschwester mit ihm am Otto-Wagner-Spital zusammengearbeitet habe und ihn aus diesem Kontext kannte.[1451] »Und dann kam Dr. Vyssoki ins Spiel, woraufhin es zu vielen Besprechungen mit Vyssoki, Friedmann und auch mit Elvira kam, wie man eine Institution wie ESRA aufziehen könnte.«[1452] Robert Tudiwer dementiert hingegen die anfängliche Teilnahme Alexander Friedmanns an dem Arbeitskreis. Dieser sei erst später involviert gewesen, als Tudiwer selbst eigentlich nicht mehr aktiv beteiligt war. Diese unterschiedlichen Sichtweisen deuten einerseits auf die verschiedenen Phasen der Entstehungsgeschichte hin, andererseits belegen sie die Existenz spezifischer Entstehungssettings. Tudiwer erinnert sich an eine Handvoll Personen, vier oder fünf, die einem ursprüngli-

---

1448 Ebd.
1449 Ebd.
1450 Glück, Elvira, Interview, 28.01.2021.
1451 Vgl. Mathae, Michaela, Interview, 17.02.2021.
1452 Ebd.

chen Arbeitskreis angehörten. Eine von diesen Personen sei auch Elvira Glück gewesen. Sie sei »sehr bald« dazu gestoßen.[1453] Seiner Erzählung lässt sich der anfänglich informelle Charakter des Arbeitskreises entnehmen: Diese Besprechungen fanden unter anderem noch bei David Vyssoki zu Hause statt: »Und da haben wir einfach besprochen, wie man so etwas machen könnte […]. Aber das war noch sehr abgehoben.«[1454] Benjamin Vyssokis Erzählung vermittelt den dynamischen Entstehungsprozess: »ich glaube, wir waren im Urlaub, in Griechenland, da hat er [David Vyssoki] begonnen, ein Konzept zu schreiben und hat dann wieder den Robi [Robert Tudiwer] getroffen. Das war so ein Hin und Her. Dann haben sie sich weitere Unterstützung geholt, um diese Ideen zu besprechen und zu konkretisieren […].«[1455] Seine Erläuterung schneidet auch im Hinblick auf die Zusammenführung der unterschiedlichen theoretischen Ideen zu ESRA einen wichtigen Aspekt an, wenn er den Bedarf politisch relevanter Akteure zur tatsächlichen Realisierung des Projekts anführt. Zu diesen zählte neben Ariel Muzicant Alexander Friedmann.[1456] Letzterer hatte sich bereits in seiner Jugend im Rahmen der jüdischen Hochschüler:innenschaft engagiert. Er gehörte der 1975 begründeten »Alternative« an, die sich aus unterschiedlichsten Gruppierungen zusammensetzte und wurde im Jahr 1983 Kultusvorstand.[1457] Helga Embacher schreibt den erstmaligen Mehrheitsverlust des sozialistischen »Bundes« im Jahr 1981 einer zunehmend jüngeren, selbstsicheren und kritischeren Generation zu, der er angehörte.[1458] Auf dasselbe Jahr geht die Kandidatur der »Jungen Generation« mit Ariel Muzicant als Spitzenkandidat zurück. Mit ihm gelang nicht nur der Einzug in den Kultusvorstand, er sollte auch Vizepräsident werden.[1459] Im Juni 1989 ging die »Alternative« schließlich als Wahlsiegerin hervor. Wenige Jahre später schlossen sich »Alternative« und »Junge Generation« zur »Jüdischen Einheit-Jachad« zusammen. Allerdings sollte dieser Zusammenschluss nicht von langer Dauer sein, nachdem Ariel Muzicant im Jahr 1997 »Atid« begründete und 1998 zum Präsidenten der IKG gewählt wurde. Mit dem Wahlsieg der »Alternative« im Juni 1989 bekleidete Alexander Friedmann – wie bereits erwähnt – auch den Vorsitz der Sozialkommission.[1460] Elvira Glück erinnert sich an die damalige Ablösung der politischen Partei des »Bundes« durch

---

1453 Vgl. Tudiwer, Robert, Interview, 29.04.2021.
1454 Ebd.
1455 Vyssoki, Benjamin, Interview, 02.02.2021.
1456 Vgl. ebd.
1457 Vgl. Muzicant, Ariel, schriftliche Anmerkung, Januar 2024.
1458 Vgl. Embacher, Helga, Neubeginn ohne Illusionen. Juden in Österreich nach 1945, Wien 1995, 256.
1459 Vgl. Fastenbauer, Raimund, Geschichte der IKG von 1945 bis zur Gegenwart: Berichte der IKG, unveröffentlichtes Typoskript, Wien 2022.
1460 Vgl. Adunka, Evelyn, Die vierte Gemeinde. Die Wiener Juden in der Zeit von 1945 bis heute, Wien/Berlin 2000, 519.

die »Alternative« und betont den Stellenwert der Politik in der IKG.[1461] In jedem Fall waren Alexander Friedmann und Ariel Muzicant damit zu den politischen Kräften geworden, die das Projekt ESRA vorantreiben konnten. In weiterer Folge war es relevant, dass sich Personen wie Muzicant und die führenden Kultusräte dieser Sache für die Umsetzung annahmen.[1462] Innerhalb der Kultusgemeinde konnte Glück über den Bedarf informieren und aufklären. Perspektiven damaliger Kommissionsmitglieder bezeugen das: »Alex hat als Psychiater gemeint, dass die Menschen, die den Holocaust überlebt haben, Hilfe brauchten. Er hat gesehen, dass es sehr viele psychisch Kranke gab. Deshalb hat er ESRA hauptsächlich ins Leben gerufen.«[1463] Der spätere Geschäftsführer ESRAs, Peter Schwarz erwähnt ebenso die essentielle Rolle der IKG Präsidenten für die Entstehung und Weiterentwicklung der Institution: »Ganz wichtig und erwähnenswert ist Paul Grosz. Unter seiner Präsidentschaft ist ESRA schließlich entstanden.«[1464] Obgleich es sich zu Beginn also noch um theoretische Konzepte handelte, bestand seitens der Kultusgemeinde Interesse an dem Projekt. Nach Tudiwer war bekannt geworden, dass sich ein Arbeitskreis mit diesem Themenbereich befasste, »zumindest intern hat man gewusst: Da tut sich etwas.«[1465] Muzicant trägt dazu bei, er habe an einem der anfänglichen Treffen 1989 teilgenommen und die Vorhaben der Arbeitsgruppe innerhalb der IKG publik gemacht.[1466] Tudiwers Annahme, dass die Ideen von Glück und Friedmann mit jenen von Vyssoki und Tudiwer über die IKG zusammengeführt wurden, scheint schlüssig. Ein Vermerk in einem Protokoll der Sozialkommission über ein erstes Treffen zwischen Elvira Glück, Alexander Friedmann, David Vyssoki und Robert Tudiwer im Dezember 1989 belegt nicht nur die Vernetzung, sondern markiert auch den offiziellen Beginn der Zusammenarbeit. Diese sollte auf die Organisierung eines »psychiatrischen (Not)Dienstes« für Jüdinnen und Juden fokussieren.[1467] Die anfängliche und von allen Gründungsmitgliedern erwähnte Ausrichtung und Anlehnung an den PSD wird durch die Namensgebung einmal mehr evident. Nicht allein die vielen individuellen Perspektiven erschweren eine konkrete zeitliche Rekonstruktion. Erschwerend kommen die verschiedenen personellen Konstellationen hinzu. Elvira Glück erinnert sich an die anfänglich kleine Arbeitsgruppe: »Ich glaube, sie war wirklich relativ klein mit David, Robert eine Zeit lang, Reinhard [Dörflinger]… Da kamen immer wieder Leute dazu und

---

1461 Vgl. Glück, Elvira, Interview, 28.01.2021.
1462 Vgl. ebd.
1463 Frankl, Nora, Interview, 23.01.2023.
1464 Schwarz, Peter, Interview, 20.01.2021.
1465 Tudiwer, Robert, Interview, 29.04.2021.
1466 Vgl. Muzicant, Ariel, schriftliche Anmerkung, Januar 2023.
1467 Vgl. Archiv IKG Wien, Bestand Wien, XX-A-c-04 (temp.), Protokoll der Sitzung der IKG – Kommission für Elternheim und Soziales, 15.11.1989.

waren dann nicht mehr Teil.«[1468] Glück fokussiert möglicherweise auf eine spätere Periode in der Entwicklung des Arbeitskreises, wenn sie etwa Robert Tudiwer als zeitweiliges Mitglied erinnert und gleichzeitig Reinhard Dörflinger nennt. Dieser wurde später ESRAs erster Allgemeinmediziner.[1469] Mit der Gründung einer Subkommission der Sozialkommission am 27. März 1990 erhielt der bereits offizielle Arbeitskreis einen formellen Rahmen und wurde Teil der Sozialkommission. Gegründet wurde die Subkommission mit dem Ziel der Erstellung eines Konzepts.[1470] Diesem sollte die Erhebung der Bedürfnisse der jüdischen Gemeinde zugrunde liegen.

Der sperrige Name dieser Subkommission lautete zunächst »Psychosoziale/ Geriatrische Dienste«.[1471] Bald wurde sie nur noch als »Psychosozialer Dienst«, kurz PSD, in den Protokollen der Sozialkommission angeführt.[1472] Das änderte sich auch nicht sofort mit der Umbenennung des Projekts in »ESRA«.[1473] Dieser Name gehe auf niemanden anderen als auf Elvira Glück zurück, erzählt Tudiwer: »Der Name ESRA kommt von Elvira. Der war ihre Idee.«[1474] Das hebräische – ursprünglich aramäische – Wort עזרה/Esra wird mit »Hilfe« übersetzt. Im Tanach[1475] erscheint Esra aber auch als Prophet, der Teile des jüdischen Volkes mit Zustimmung des persischen Großkönigs Artaxerxes aus dem Babylonischen Exil nach Judäa zurückführte.[1476] Die Bedeutung »Hilfe« wird ausschlaggebend für die Namensgebung gewesen sein.

Das Konzept der Subkommission sollte nach Fertigstellung dem IKG-Plenum zum Beschluss vorgelegt werden. Obgleich von einem informellen Arbeitskreis spätestens seit der Gründung der offiziellen Subkommission nicht mehr die Rede sein konnte, schließt dies den gleichzeitigen Fortbestand informeller Arbeitssettings nicht aus. Als offizielle Mitglieder wurden im März 1990 Anne Kohn-Feuermann, David Vyssoki, Elvira Glück, Gerda Feldsberg, Robert Tudiwer, Sylvia Kalwil und Slavik Jakobov angeführt.[1477] Einen Monat später wurde Nora Frankl als weiteres Mitglied der Kommission genannt.[1478] Mit Juni 1990 zählte

---

1468 Glück, Elvira, Interview, 28.01.2021.
1469 Vgl. Tudiwer, Robert, Interview, 29.04.2021.
1470 Vgl. Archiv IKG Wien, Bestand Wien, XX-A-c-04 (temp.), Protokoll der Sitzung der IKG – Kommission für Elternheim und Soziales, 27.03.1990.
1471 Vgl. ebd., 25.04.1990.
1472 Vgl. ebd., 14.11.1990.
1473 Vgl. ebd., 24.04.1991.
1474 Tudiwer, Robert, Interview, 29.04.2021.
1475 Der Tanach bezeichnet die hebräische Bibel. Für Einblicke in den Tanach sowie einen historischen Abriss zur Antike s. das Kapitel »Einleitung«.
1476 Vermutlich Artaxerxes I. Vgl. Schubert, Kurt, Die Kultur der Juden. Teil I. Israel im Altertum, Wiesbaden [1970] 1977.
1477 Vgl. Archiv IKG Wien, Bestand Wien, XX-A-c-04 (temp.), Protokoll der Sitzung der IKG – Kommission für Elternheim und Soziales, 27.03.1990.
1478 Vgl. ebd., 25.04.1990.

auch Mikulas Rottmann dazu.[1479] Auch wenn diese Personen nun als Mitglieder der Kommission in Erscheinung traten, müssen für die Rekonstruktion der Vorgeschichte ESRAs die im Vorangegangenen erwähnten Mitwirkenden des informellen Arbeitskreises Berücksichtigung finden. Davon abgesehen wird hier selbstverständlich nicht davon ausgegangen, dass sich alle Kommissionsmitglieder in gleichem Maße engagieren konnten, waren doch auch Personen maßgeblich an der Entstehungsgeschichte beteiligt, die anfänglich »nicht richtig im Arbeitskreis« tätig waren und dennoch ESRAs Entstehungsgeschichte maßgeblich beeinflusst haben.[1480] Unabhängig voneinander nennen Robert Tudiwer und Michaela Mathae als eine solche Person etwa Stefan Strusievici.[1481]

Abb. 35: Stefan Strusievici, 2024

Vorgreifend sei aber darauf hingewiesen, dass Friedmann Strusievici auch offiziell 1991 im Rahmen einer Sitzung der Sozialkommission für seine Tätigkeit in der Subkommission dankte.[1482]

Eine wirklich klare Abgrenzung der Projektphasen mit ihren jeweiligen Settings und Arbeitsschwerpunkten scheint in Anbetracht der fließenden Übergänge nicht immer möglich zu sein.

---

1479 Vgl. ebd., 27.06.1990.
1480 Vgl. Tudiwer, Robert, Interview, 29.04.2021.
1481 Geb. Buchberger. Vgl. ebd.; vgl. Mathae, Michaela, Interview, 17.02.2021.
1482 Vgl. Archiv IKG Wien, Bestand Wien, A/VIE/IKG III/AD/KOR/19/10, Protokoll, 27.06.1991.

## Von der Konzeptentwicklung zu ESRAs Initialisierung

Der Arbeitskreis der Subkommission der Sozialkommission der IKG verschriftlichte seine Ideen in einem Konzept.[1483] Überzeugt hält Robert Tudiwer fest, dass David Vyssoki »der Kopf des Ganzen« war.[1484] Vyssokis führende Rolle war darüber hinaus durch seine offizielle Leitungsfunktion in der Subkommission belegt.[1485] Tudiwer führt zu diesem Konzeptentwurf genauer aus, er habe zu 90 Prozent Vyssokis Ideen beinhaltet. Nach Tudiwer sah der Entwurf weiterhin die Anlehnung an die Strukturen des PSD vor. »Aber natürlich kamen andere Schwerpunkte dazu, weil klar war, dass nicht nur der psychiatrische Bereich abgedeckt, sondern auch eine [...] Sozialversorgung aufgebaut werden sollte.«[1486] Die Vision, Psychiatrie und Soziale Arbeit zu verbinden, war den Mitgliedern des Arbeitskreises gemein. Es blieb bei Glücks Anliegen, Soziale Arbeit zu professionalisieren. Diese sollte in ESRA mit der psychiatrischen bzw. psychotherapeutischen Disziplin verbunden werden: »Meine Idee war auf alle Fälle, eine Art Zentrale zu sein.«[1487] Auch in Zusammenhang mit der Zuwanderung – die sie als ein primäres und damaliges Wahlthema der »Alternative« anführt – wollte sie eine Stelle etabliert sehen, die anamnestisch vorgehe. »Wir müssen etwas auf die Beine stellen, was keine Schtetl-Spende ist«[1488], lautete ihre damalige Forderung und so setzte sie sich für einen ganzheitlichen Ansatz neuer Dimension ein: »Wir müssen da ein bisschen größer denken; es handelt sich nicht um drei Menschen hier und fünf dort.«[1489] Die kritische Reflexion der bisherigen Arbeit der Sozialabteilung lässt sich dem finalen Konzept der Arbeitsgruppe entnehmen. Dort wird der Umstand bemängelt, die Sozialabteilung hätte über die Dauer etlicher Jahre eben ausschließlich kleine finanzielle Unterstützungen vergeben, »die meist nur ein Tropfen auf dem heißen Stein waren [...]«, minimale Hilfen zur Überbrückung von akuten Notsituationen.[1490] Das völlige Fehlen nachhaltiger Interventionen wird klar angesprochen, wenn es heißt, dass Problemlösungen zu suchen seien, »die längerfristige Erleichterung mit sich bringen.«[1491] Zusätzlich hob die Subkommission den dringenden Bedarf an präventiven Maßnahmen

---

1483 Dieses Konzept konnte nicht ausfindig gemacht werden.
1484 Vgl. Tudiwer, Robert, Interview, 29.04.2021.
1485 Vgl. Archiv IKG Wien, Bestand Wien, XX-A-c-04 (temp.), Protokoll der Sitzung der IKG – Kommission für Elternheim und Soziales, 27.06.1990.
1486 Tudiwer, Robert, Interview, 29.04.2021.
1487 Glück, Elvira, Interview, 03.02.2021.
1488 Ebd.
1489 Ebd.
1490 Vgl. Friedmann, Alexander, ESRA. Eine jüdische Antwort auf die psychosoziale Frage innerhalb der Juden Wiens, Konzept der Subkommission der IKG-Kommission für das Elternheim, Soziales & Integration »Esra«, Wien o.J.
1491 Ebd.

hervor, um sozialer und struktureller Ungleichheit schon im Vorhinein begegnen zu können. Nur scheinbar nachhaltig waren beispielsweise Unterstützungen auf dem Wohnungssektor. Wie in einem anderen Kapitel bereits festgestellt, diente die Vergabe von Wohnungen, mit extrem niedrigem Mietzins durch die IKG zwar der Linderung der Wohnungsnot, »führte aber zu einer nicht mehr bewältigbaren Reduktion der IKG-Einkünfte, bzw. war an der Entstehung des Dauerdefizits und am Schrumpfen der Immobilien-Reserven der IKG mitverantwortlich.«[1492] Eine neue Institution sollte in höherem Maße ressourcenorientiert vorgehen. Die konkreten Angebote an dem Bedarf und an der Lebensrealität der jüdischen Bevölkerung auszurichten, muss die Arbeitsgruppe vor etliche Herausforderungen gestellt haben. Die Expertisen aller Mitglieder sowie vorübergehend hinzugezogener Mitglieder spiegelten sich zunächst in der Einbringung unterschiedlichster kreativer und lösungsorientierter Vorstellungen wider. Diese reichten von gruppenbildenden Kochkursen, über tagesstrukturierende Angebote, Modelle zur Altersversorgung bis hin zur Betreuung von Schoa-Überlebenden. Während Vyssoki sich eben am Modell des PSD orientierte, fokussierte Tudiwer beispielsweise auf Altenbetreuung. Das sah sich in seiner damaligen Tätigkeit als praktischer Arzt in einem Altersheim begründet. Sein spezielles Interesse galt den damals progressiven holländischen Modellen. Dabei inspirierte ihn deren Vorreiterrolle in der Schaffung alternativer Angebotsstrukturen zur Ermöglichung autonomen Lebens bis ins weit fortgeschrittene Alter.[1493] Trotz anfänglicher »theoretischer Liebhabereien« sah sich die Arbeitsgruppe bereits in den ersten Monaten ihres offiziellen Bestehens mit der nüchternen Planungsrealität konfrontiert: Der Projektvorschlag mit »Kostenschätzung und Bedarfsnachweis« für die IKG und die öffentliche Hand sollte bereits im Herbst 1990 vorliegen. Diese Forderung wurde während eines ersten Zwischenberichts von David Vyssoki und Robert Tudiwer an die Sozialkommission im Sommer 1990 an die Gruppe herangetragen.[1494] Die Arbeitsgruppe – genau genommen Elvira Glück, Robert Tudiwer und David Vyssoki – kam der Forderung nach und legte ihr erstes Konzept inklusive Finanzierungsplan bereits im November des Jahres 1990 schriftlich vor.[1495] In einem finalen Konzept ist die Konzipierung einer Ambulanz als erste Anlaufstelle für das Zentrum der Betreuung beschrieben, die als interdisziplinäre Drehscheibe gedacht war. Mit erfolgreicher Etablierung der Ambulanz hätte zum Aufbau der Wohngemeinschaften sowie Übergangs- und Trainingswohnungen übergegangen werden können. Vereinfacht ausgedrückt sollte mit diesen Wohnformen die Betreuung und Rehabilitation jener Menschen

---

1492 Ebd.
1493 Vgl. Tudiwer, Robert, Interview, 29.04.2021.
1494 Vgl. Archiv IKG Wien, Bestand Wien, XX-A-c-04 (temp.), Protokoll der Sitzung der IKG – Kommission für Elternheim und Soziales, 27.06.1990.
1495 Das Konzept liegt dem Protokoll nicht bei.

gewährleistet werden, die aus unterschiedlichen Institutionen entlassen worden waren und nicht ohne Unterstützung in ihre gewohnten Wohnverhältnisse zurückkehren konnten. Der dritte Schwerpunkt sah im Wesentlichen eine Tagestätte als Ort der Begegnung mit dem Ziel vor, den Tag der Besucher:innen zu strukturieren, ferner eine Tagesklinik, deren Fokus auf der Rehabilitation liegen sollte.[1496] Anhand der vorangegangenen Beschreibung kann das dahinterstehende ganzheitliche und äußerst durchdachte Behandlungs- und Betreuungskonzept nur erahnt werden. Dem stichwortartigen Protokoll in Bezug auf das erste Konzept von November 1990 lassen sich bereits grobe Informationen zu verschiedenen Finanzierungsmodellen entnehmen. Darunter etwa die Möglichkeit, einen Vertrag mit den Krankenkassen abzuschließen.[1497] Die unterschiedlichen Modelle in Betracht ziehend, blieb jedoch eine Leitfrage »inwiefern der jüdische Charakter der Station erhalten bliebe und inwieweit auf die spezifischen Probleme (z. B. Holocaust-Syndrom) eingegangen werden konnte.«[1498]

Die unterschiedlichen Forderungen der Sozialkommission, die vielen Präsentationen und diversen schriftlichen Konzepte lassen den komplexen und langwierigen Konzeptionierungsprozesses erkennen. Im April 1991 legte David Vyssoki gemäß einem Sitzungsprotokoll der IKG erneut ein sogenanntes »Grundsatzpapier« vor.[1499] Diesem Protokoll kann nun eine Perspektive auf Klient:innenzahlen entnommen werden. Wenngleich Vyssoki sich noch auf keine explizite Klient:innenzahl festlegte, sprach er von der Sinnhaftigkeit des

---

1496 Vgl. Friedmann, Alexander, ESRA. Eine jüdische Antwort, auf die psychosoziale Frage innerhalb der Juden Wiens, Konzept der Subkommission der IKG-Kommission für das Elternheim, Soziales & Integration »Esra«, Wien o. J.

1497 Die angedachten Finanzierungsmodelle schlugen sich auch in dem finalen Konzept der Subkommission nieder, wie etwa die Vertragsabschließung mit den Krankenkassen. ESRA als »Ambulatorium« zu konzipieren, schien im Zusammenhang mit einem Pauschalvertrag mit den Krankenkassen sinnvoll. Den enormen Schwierigkeitsgrad einer derartigen Vertragserwirkung schätzte die Kommission realistisch ein. Naheliegend schien ein anderes Finanzierungsmodell in Anlehnung an den PSD. Dass die Modelle alle unter Berücksichtigung der jeweiligen Vor- und Nachteile abgewogen wurden, zeigt auch der Vermerk, dass die Etablierung eines PSDs ein relativ geringer organisatorischer Aufwand wäre und man sich auf bereits bestehende Erfahrungen stützen könnte. Selbstverständlich war die Finanzierung über Ansuchen an diverse Ministerien ebenso in den ersten Konzeptentwürfen angedacht. Diese Ansuchen sollten sich an den spezifischen Arbeitsschwerpunkten orientieren. Die Auseinandersetzung mit der Frage nach der Finanzierung des Personals führte auch zum Studium diverser Gesetzestexte. Das sieht sich etwa in Überlegungen zu Förderungen durch die öffentliche Hand gemäß dem Jugendwohlfahrtsgesetz oder dem Familiengesetz, begründet. Vgl. Archiv IKG Wien, Bestand Wien, XX-A-c-04 (temp.), Protokoll der Sitzung der IKG – Kommission für Elternheim und Soziales, 14. 11. 1990; vgl. Friedmann, Alexander, ESRA. Eine jüdische Antwort, auf die psychosoziale Frage innerhalb der Juden Wiens, Konzept der Subkommission der IKG-Kommission für das Elternheim, Soziales & Integration »Esra«, Wien o. J.

1498 Ebd.

1499 Das Konzept liegt den Protokollen nicht bei.

Projekts ab einer Zahl von 20 Klient:innen pro Tag.[1500] Die Zahl alleine sagt jedoch nichts über die Art der Klient:innenkontakte[1501] und die gegebenenfalls folgende kurz-, mittel-, oder langfristige Betreuung und/oder Behandlung aus. Die durchaus ambitionierte Höhe der Zahl erweist sich im Nachhinein aber als realistisch, wenn sie mit der Annahme des Angebots im Ausmaß von 3.698 Kontakten im Jahr 1995 verglichen wird. Die Zahl der betreuten Klient:innen und Patient:innen belief sich im diesem Jahr auf 381.[1502] Die Tatsache, dass ESRA immer konkretere Formen annahm, wird auch anhand des Umstands deutlich, dass die Subkommission mit Mai 1991, unter der Bezeichnung ESRA geführt wurde.[1503] Viel wesentlicher ist jedoch die Präsentation der gebündelten Ideen durch David Vyssoki und Robert Tudiwer: »Dann ist es eigentlich so gewesen, dass eines Tages Vyssoki und ich das Projekt bei einer Kommission von der Kultusgemeinde vorgestellt haben«[1504] und fügt hinzu, das präsentierte Konzept sei »anschließend richtig diskutiert worden. Das war sehr gelungen, weil wir diese Ideen wirklich mit Power vorgestellt haben.«[1505] Wie viel Konzeptarbeit im Rahmen des kleinen Arbeitskreises bereits in das Projekt geflossen war, wird einmal mehr deutlich: »Damals hatten wir auch schon ein Paper – mit aufgezeichneten Diagrammen und wie die Versorgung organisiert sein könnte – erstellt.«[1506] Im Rahmen dieser Präsentation war das Projekt der IKG offiziell vorgestellt worden. Dieses Ereignis markiert für Robert Tudiwer die Übernahme des Projekts ESRA durch die Kultusgemeinde. Danach zog er sich nach eigenen Angaben aus dem Projekt zurück, weshalb er an der konkreten Umsetzung nicht mehr beteiligt war. Folglich kann er nur vage Angaben über das weitere Wirken der formgebenden Arbeitskreise mit Alexander Friedmann machen.[1507] Elvira Glück erinnert sich gut an die Konzeptarbeit mit Friedmann. Aus der anfänglichen Idee, neben der Sozialabteilung den psychiatrisch-psychotherapeutischen Bedarf der Klient:innen abzudecken, entstand schließlich die Vision, eine Sozialabteilung zu etablieren, welche die Deckung dieses Bedarfs selbst gewährleisten

---

1500 Vgl. Archiv IKG Wien, Bestand Wien, XX-A-c-04 (temp.), Protokoll der Sitzung der IKG – Kommission für Elternheim und Soziales, 24.04.1991.
1501 Dazu zählten etwa auch einmalige telefonische Anfragen.
1502 Um einen Einblick in die weitere Entwicklung zu geben, soll die Summe von 37 332 Kontakten um das Jahr 2002 und 2 238 Betreuten im Jahr 2003 Eingang finden. Vgl. Psychosoziales Zentrum ESRA, Esra 1994–2004, in: Psychosoziales Zentrum ESRA, 10 Jahre ESRA: Zentrum für psychosoziale, sozialtherapeutische und sozikulturelle Integration. Ambulanz für Spätfolgen und Erkrankungen des Holocaust- und Migrationssyndroms, Wien 2004, 18–26, 18 u. 20f.
1503 Vgl. Archiv IKG Wien, Bestand Wien, XX-A-c-04 (temp.), Protokoll der Sitzung der IKG – Kommission für Elternheim und Soziales, 29.05.1991.
1504 Tudiwer, Robert, Interview, 29.04.2021.
1505 Ebd.
1506 Ebd.
1507 Vgl. ebd.

konnte. Die konzeptuelle Anlehnung der Einrichtung an den PSD ermöglichte genau das. Im Rahmen dieses Arbeitskreises berieten sich die Mitglieder im Hinblick auf die Umsetzung auch mit Personen die einmal oder nur wenige Male eingeladen wurden, so etwa der Psychiater Peter Stastny.[1508] Michaela Mathae erzählt, sie habe zwar auch immer wieder teilgenommen, sich aber mehr um den laufenden Betrieb in der Sozialabteilung gekümmert, um deren reibungsloses Weiterbestehen bis zur Etablierung ESRAs zu gewährleisten, während Elvira Glück maßgeblich die Umsetzung vorangetrieben habe.[1509] Die tatsächliche Realisierung ESRAs, die gemäß ihrer Statuten letztlich die Betreuung der gesamten jüdischen Gemeinde abdeckt, ist aus Elvira Glücks Perspektive nicht nur bis »heute genial«, sondern auch »wirklich Alexander Friedmanns Werk.«[1510]

Im Anschluss an die Präsentation des Konzepts durch David Vyssoki und Robert Tudiwer, revidierten die beiden laut Tudiwers Erzählung das Konzept noch einmal gemeinsam mit Alexander Friedmann: Wenngleich dieser keine inhaltliche Kritik an dem Konzept übte, musste es aus seiner Perspektive noch überarbeitet werden.[1511] Tudiwer hebt Friedmanns intellektuelle Fähigkeiten sowie seine Überzeugungskraft hervor. Auf alle Fälle wisse er noch, dass Friedmann das Konzept an sich genommen und ihnen mitgeteilt habe, es bis zum nächsten Tag zu überarbeiten.[1512] Wenngleich Georg Psota von David Vyssokis konzeptuellen Überlegungen zu ESRA überzeugt ist, sah er dessen Potenzial nicht unbedingt in deren Verschriftlichung, sondern eher in der praktischen Tätigkeit. Dazu gehörte auch die Personalauswahl: »David war Jemand, der genau gewusst hat, welche Leute sind gut, haben Gespür, Vermögen, Talent und Fertigkeit für diese Arbeit.«[1513] Davon abgesehen galt Psotas und Vyssokis gemeinsames Interesse vermehrt »Menschengeschichten« und weniger konzeptuellen Belangen, so Psota. Folglich geht er davon aus, dass die Verschriftlichung des Konzepts hauptsächlich Alexander Friedmann zuzuschreiben ist.[1514] Einerseits verdeutlicht die folgende Aussage Tudiwers Friedmanns Gewicht für die Realisierung ESRAs, andererseits aber auch Tudiwers Haltung als Begleiter der ersten theoretischen Überlegungen zu ESRA und als Freund Vyssokis, dessen Anteil an der konzeptuellen Entstehungsgeschichte er gewürdigt sehen möchte. Die Tatsache, dass David Vyssoki Alexander Friedmann sehr schätzte und die beiden einander aus Robert Tudiwers Sicht ergänzten, steht mit der Forderung

---

1508 Vgl. Glück, Elvira, Interview, 28.01.2021.
1509 Vgl. Mathae, Michaela, Interview, 17.02.2021.
1510 Glück, Elvira, Interview, 28.01.2021.
1511 Vgl. Tudiwer, Robert, Interview, 29.04.2021.
1512 Vgl. ebd.
1513 Psota, Georg, Interview, 22.02.2021.
1514 Vgl. ebd.

nach einer Anerkennung der Leistungen Vyssokis nicht im Widerspruch:[1515] »Vyssoki hat alles angenommen, weil er gesagt hat: ›Friedman ist eigentlich die Kultusgemeinde, die Brücke dorthin. Und das heißt, wenn er sich des Projekts annimmt, ist dass das Positivste, weil es dann auch entsteht.‹ Und darum war es dann ab diesem Zeitpunkt irgendwie Friedmanns Projekt.«[1516] Aus Tudiwers durchaus nachvollziehbarer Perspektive lässt sich die Entstehungsgeschichte ESRAs also in einen Abschnitt der ideellen Konzeption und einen der praktischen Umsetzung teilen. Neben den Schilderungen zu Vyssoki und Friedmann in Bezug auf die Gründungsgeschichte ESRAs scheint Elvira Glück in diesem Narrativ in den Hintergrund gedrängt. Die diesbezügliche Sicht Renate Vyssokis ist wichtig, betont sie doch das Ringen beider Männer um Anerkennung. Dabei hebt sie Glücks extrem schwierige Rolle zwischen diesen zwei Persönlichkeiten hervor.[1517] Obgleich Elvira Glück eine Schlüsselfigur war, repräsentierten David Vyssoki und Alexander Friedmann als Ärzte und als Männer ESRA nach außen. Den ihr zustehenden Platz erhält Glück dabei nicht.

Der Initialisierung ESRAs wurde im Sommer 1991 – im Anschluss an eine Präsentation Alexander Friedmanns über das Projekt ESRA – durch den Kultusvorstand zugestimmt und die Vereinsgründung fixiert.[1518] Tatsächlich realisiert wurde sie aber erst mit dem 15. Dezember 1992.[1519] In Friedmanns Projektvorstellung führte dieser die Gründung der Subkommission für »Elternheim, Soziales und Integration« auf das Jahr 1989 zurück.[1520]

Pointiert fasste Friedmann die Tätigkeit dieser Arbeitsgruppe und späteren Subkommission zusammen: »[...] die Bevölkerungsstrukturen innerhalb der jüdischen Gemeinde zu eruieren, die von der Kultusgemeinde zu setzenden sozialen Maßnahmen zu definieren, den Ist-Zustand bei der Bewältigung dieser Probleme zu erheben und im Hinblick auf die wachsende Zahl von Zuwanderern aus den Ostblockländern nach Lösungsmöglichkeiten für die diversen Fragen zu

---

1515 Vgl. Tudiwer, Robert, Interview, 29.04.2021.
1516 Ebd.
1517 Vgl. Vyssoki, Renate, Gedächtnisprotokoll, 07.05.2021.
1518 Die Abstimmung fand im Rahmen einer Sitzung am 27.06.1991 statt. Vgl. IKG Archiv Wien, Bestand Wien, A/VIE/IKG/III/AD/KOR/19/10, Protokoll, 27.06.1991; vgl. ebd., XX-A-c-04 (temp.), Protokoll der Sitzung der IKG – Kommission für Elternheim und Soziales, 24.07.1991.
1519 Vgl. Vereinsregisterauszug »ESRA Psychosoziales Zentrum«, Stichtag 08.03.2021.
1520 Diese Umbenennung der Sozialkommission steht eindeutig im Zusammenhang mit der steigenden Relevanz um das Thema Integration und zielte auf die Klient:innengruppe aus der ehemaligen Sowjetunion ab. Die Bezeichnung der Sozialkommission in »Kommission Elternheim, Soziales und Integration« (Gewählte Mitglieder waren: Konstantin Brezman, Gerda Feldsberg, Alexander Friedmann, Ellinor Haber, Slava Jakubov, Monika Joskowicz, Anne Kohn-Feuermann und Ludwig Rubin) lässt sich eigentlich erst auf das Jahr 1993 zurückführen. Vgl. Archiv IKG Wien, Bestand Wien, A/VIE/IKG/III/AD/VOR/18/8, 17.05.1993.

suchen.«[1521] In seiner Präsentation legte er ein Konzept mit dem Arbeitstitel »ESRA. Eine jüdische Antwort auf die psychosoziale Frage innerhalb der Juden Wiens.« vor.[1522] Bereits der Arbeitstitel verdeutlicht das Ziel, die sehr unterschiedlichen und vielschichtigen Bedürfnisse möglichst umfassend abzudecken. Die in dem Konzept angesprochenen Zielgruppen waren im Wesentlichen deckungsgleich mit jenen, deren Betreuung David Vyssoki und Robert Tudiwer bereits in dem weiter oben genannten Artikel in der »Jungen Generation« gefordert hatten: Das war jene Gruppe von Zuwander:innen aus der UdSSR und alleinstehende Personen fortgeschrittenen Alters. Als dritte Gruppe wurden noch psychisch Kranke und Menschen mit besonderen Bedürfnissen genannt. Die durch die Sozialabteilung gewonnenen Erkenntnisse über die Erfordernisse innerhalb der unterschiedlichen Gruppen verdeutlichten den Bedarf an ganzheitlicher, psychosozialer Behandlung und Betreuung. Zuwander:innen suchten die Sozialabteilung aus anderen Gründen auf, als die Gruppe der älteren Menschen oder der Überlebenden. Deren Probleme wiederum konnten nicht losgelöst von dem spezifischen historischen Kontext betrachtet werden, in dem sie zumeist entstanden waren. Obgleich die Verdienste des Maimondes-Zentrums nicht geschmälert werden sollen, erschöpfte sich dessen Angebots- und Leistungsmöglichkeiten. Auch die staatlichen Angebote waren hinsichtlich stationärer, ambulanter und psychiatrischer Behandlungen unzureichend. Oftmals waren Personen aus dieser Gruppe besonders vulnerabel, da von Obdach- und Wohnungslosigkeit bedroht oder gar betroffen. Einige wenige von ihnen waren als chronisch Kranke in Krankenanstalten untergebracht. Die Mehrheit lebte aber zurückgezogen, ohne Ansprache, ohne adäquate Behandlung und ohne Aussicht auf eine Verbesserung ihrer Lebensbedingungen. Neben diesen der Hilfe bedürftigen Gruppen, innerhalb derer die Probleme vergleichbar waren, ging es aber auch um Menschen mit sehr individuellen Schicksalen und Problemen, die durch die Sozialabteilung einer Lösung zugeführt werden sollten. So sollte auch die unmittelbarere Betreuung zu den Aufgabengebieten der Sozialabteilung gehören.[1523] Im Rahmen seiner Präsentation dankte Friedmann den Mitgliedern der Subkommission für den Erkenntnisgewinn zur Bedürfnislage der jüdischen Bevölkerung namentlich: Stefan Buchberger, Doris Fastenbauer, Nora Frankl, Elvira Glück, Slavik Jakubov, Sylvia Kalwil, Evelyn Klein, Anne Kohn-Feuermann, Juri Kovigar, Robert Tudiwer und David Vyssoki. Gleichzeitig machte er die führende Position Elvira Glücks in Zusammenhang mit der Realisierung

---

1521 IKG Archiv Wien, Bestand Wien, A/VIE/IKG/III/AD/KOR/19/10, Protokoll, 27.06.1991.
1522 Vgl. Friedmann, Alexander, ESRA. Eine jüdische Antwort auf die psychosoziale Frage innerhalb der Juden Wiens, Konzept der Subkommission der IKG-Kommission für das Elternheim, Soziales & Integration »Esra«, Wien o. J.
1523 Vgl. ebd.

ESRAs offiziell, indem er darauf hinwies, dass man sich in allen entsprechenden Belangen an sie bzw. die Leitung des Maimonides-Zentrums wenden solle.[1524]

Robert Tudiwers Erzählung, der zufolge er nach seiner und David Vyssokis Präsentation ihres ersten Konzepts zu ESRA in der IKG nicht mehr in die Weiterentwicklung involviert gewesen war, deckt sich auch mit späteren Protokollen der Sozialkommission, die weder seine, noch David Vyssokis Anwesenheit anführen.[1525]

Mangelnde Ressourcen

Um nachhaltige Betreuungsangebote für die jüdische Gemeinde schaffen zu können, die über geringfügige finanzielle Unterstützungen hinausgingen, bedurfte es entsprechender Finanzierungsmodelle. Letztlich stand oder fiel ESRA mit diesen. Ein wesentlicher Gründungsgedanke ESRAs fußte also auf der Tatsache, dass der Sozialabteilung der IKG Ressourcen fehlten, sie also den weitreichenden Bedarf in der jüdischen Gemeinde mit eigenen Mitteln nicht abdecken konnte. Insofern brauchte es eine autonome Einrichtung. Diese sollte jedoch nicht völlig losgelöst von der Kultusgemeinde agieren, wie Elvira Glück schildert: »Die Intention, die Alex und ich auf jeden Fall hatten war, dass ESRA ein Baby der IKG ist, eine Tochter. Mit der Position von mir als Leiterin der Sozialabteilung und späterer Direktorin von ESRA sollte die Verbindung zwischen IKG und ESRA gewährleistet sein. Im Vorstand von ESRA saß Alex als Vorsitzender von ESRA sowie als Vorsitzender der Sozialkommission.«[1526] Diese Idee der institutionellen Verbindung sahen sie – mit der Vereinsgründung ESRAs und einhergehender konstituierender Vorstandswahl – schließlich umgesetzt.[1527] Bei der späteren Eröffnung ESRAs er-

---

1524 Vgl. Archiv IKG Wien, Bestand Wien, A/VIE/IKG/III/AD/KOR/19/10, Protokoll, 27.06. 1991.
1525 Einen radikalen Bruch dürfte es nach ihrer Projektvorstellung jedoch nicht gegeben haben. Sie erfuhren von der nötigen Zustimmung zur Realisierung des Projekts durch den damaligen Vizebürgermeister Hans Mayr und Stadtrat Josef, bzw. Sepp Rieder offiziell in einer Sitzung der Sozialkommission vom 18. Dezember 1991, also bereits nach ihrer Präsentation und nach der Zustimmung zur Initialisierung durch den Kultusvorstand. Danach wurden jedoch alle Themen in Zusammenhang mit ESRA ohne ihr Beisein in der Sozialkommission besprochen. Das sieht sich bestimmt auch in der abgeschlossenen Arbeit der Subkommission begründet. Vgl. Archiv IKG Wien, Bestand Wien, XX-A-c-08 (temp.), Protokoll der Sitzung der IKG – Kommission für Elternheim und Soziales, 18.12.1991; vgl. ebd., 22.01.1992.
1526 Ebd.
1527 In den Gerda Feldsberg und Ariel Muzicant als Stellvertretende, Edward Ferszt (1995 wird in »Die Gemeinde« Edvin Turkov angeführt) und Mordechai Mandel als Schriftführende und Ludwig Rubin und Arthur Adler als Rechnungsprüfende gewählt wurden. Vgl. ebd., A/VIE/IKG/III/AD/VOR/18/4, Protokoll, 15.12.1992.

klärte Paul Grosz, dass die Vereinsmitglieder mit den 24 Kultusvorstehenden identisch waren und betonte darüber hinaus, ESRA sei »zu 100 % IKG«; und diese sah die Vorteile, die eine Organisation einer psychosozialen Einrichtung als gemeinnütziger Verein unter ihrer Kontrolle mit sich brachte.[1528]

Abb. 36: Paul Grosz – Eröffnungsrede ESRA (Bestand »Die Gemeinde«, Nr. 443b)

Grosz erläuterte zur Entlastung des IKG Budgets näher: »Sieht man von den relativ geringen Eigenmitteln ab, die die IKG für ESRA bei der Gründung aufzubringen hatte, kommt es für die IKG nicht nur zu keiner zusätzlichen finanziellen Belastung, sondern sogar zu einer deutlichen und bald wachsenden budgetären Entlastung, da sowohl die Investition, wie auch der laufende Betrieb von ESRA von der Stadt Wien und anderen Stellen der öffentlichen Hand getragen wird.«[1529] Die spezielle Struktur ESRAs als fremdfinanzierte Einrichtung der IKG sollte ein breites Angebot für die jüdische Gemeinde ermöglichen. Das sieht Peter Schwarz auch über ein Vierteljahrhundert später mit dem umgesetzten Konzept realisiert: »Wäre ESRA eine Abteilung der Kultusgemeinde geblieben, könnten wir hier niemals 70 Menschen fix angestellt beschäftigen. Das wäre nicht möglich, da die Gemeinde diese Ressourcen nicht hat. [...] Man wäre sehr stark diesem wirtschaftlichen Druck unterlegen. So sind wir aber unab-

---

1528 Vgl. o. A., ESRA eröffnet!, in: Die Gemeinde, Nr. 443b, 05. Januar 1995, 1–4, 2.
1529 Ebd.

hängig vom IKG-Budget. Wir kümmern uns schließlich selber um das Budget, um es von der Gemeinde Wien und mit den Krankenkassenverträgen zu bekommen. Das hat schon eine hohe Bedeutung, weil wir dadurch einerseits Teil der IKG sind, andererseits aber keine Belastung für die IKG darstellen, wie jede andere Abteilung der IKG.«[1530] Ein Szenario, in dem es ESRA in dieser Form nicht gäbe beschreibt Schwarz als weitreichenden Verlust. Das schlüge sich laut ihm vor allem in der Qualität der Betreuung nieder. Schließlich wäre die IKG dann auf andere soziale- und Gesundheitseinrichtungen angewiesen. Folglich läge keine Spezialisierung auf die Zielgruppe mehr vor, was wiederum auch Auswirkungen auf das Vertrauensverhältnis mit den Klient:innen hätte.[1531]

Nachdem also konkrete Bedarfserhebungen und Ideen für Versorgungsmöglichkeiten der jüdischen Gemeinde Anfang der 1990er Jahre vorlagen und der Weg für die Errichtung geebnet worden war, hing die Realisierung speziell von der Unterstützung der Stadt Wien ab, wie auch Peter Schwarz schildert. In der Gründungsphase sei es den Befürworter:innen ESRAs gelungen, das Verständnis für den Bedarf eines solchen Zentrums zu vermitteln. Personen, wie etwa der damalige Vizebürgermeister Hans Mayr übernahmen daraufhin »mit persönlichem Engagement im Namen der Stadt Wien Verantwortung für dieses Projekt ESRA.«[1532] Nach der generellen Zustimmung der Stadt Wien standen Vertreter:innen der IKG in konstanter Verhandlung mit dieser.[1533] Der Prozess vom vorliegenden Konzept bis zu der realisierbaren Umsetzung war langwierig. Beispielsweise erinnert sich Glück in diesem Zusammenhang an die Verhandlungen mit dem Stadtrat für Gesundheits- und Spitalswesen Sepp Rieder darüber, wie sich die Idee einer Institution wie ESRA in Realität umsetzten ließe.[1534] Die Bedeutung des Engagements von Alexander Friedmann, Ariel Muzicant, Elvira Glück und Stefan Buchberger im Zusammenhang mit der Projektphase der tatsächlichen Realisierung wird mit deren Teilnahme an derartigen Treffen einmal mehr verdeutlicht.[1535] Die ersten Ausschreibungen ab Juli 1992 für die ärztliche

---

1530 Schwarz, Peter, Interview, 20.01.2021.
1531 Vgl. ebd.
1532 Schwarz, Peter, Wirtschaftliche Basis, in: Psychosoziales Zentrum ESRA, 10 Jahre ESRA: Zentrum für psychosoziale, sozialtherapeutische und sozikulturelle Integration. Ambulanz für Spätfolgen und Erkrankungen des Holocaust- und Migrationssyndroms, Wien 2004, 28–31, 28.
1533 Aussagekräftig ist ein Protokoll der Sozialkommission, welches den Beginn konkreter Finanzierungspläne überhaupt erst mit September 1992 markiert. Vgl. Archiv IKG Wien, Bestand Wien, XX-A-c-08 (temp.), Protokoll der Sitzung der IKG – Kommission für Elternheim und Soziales, 09.09.1992; vgl. Archiv Goldschmiedgasse, Bestand Ariel Muzicant, Fach 31, Ordner 289, Schreiben A. Epstein an A. Friedmann, 16.11.1992.
1534 Vgl. Glück, Elvira, Interview, 28.01.2021.
1535 Dieses Treffen mit Sepp Rieder fand im Januar 1992 statt. Rieders Neigung, das Projekt unterstützen zu wollen, geht auch aus dem zugehörigen Protokoll hervor. Vgl. Archiv IKG

Leitung belegen den Eintritt in die Phase der praktischen Umsetzung.[1536] Möglicherweise offenbart die Tatsache, dass im Frühjahr 1993 der »Finanzierungsmodus« mit Mayr und Rieder besprochen und diesmal »unter Dach und Fach« gebracht werden konnte, die Trägheit politischer Strukturen.[1537] Aufgrund der stets beschränkten Mittel der IKG war diese eben konstant mit Finanzierungsfragen konfrontiert. Die IKG war mit der Betreuung der jüdischen Gemeinde durch die Sozialabteilung auf Förderungen angewiesen. Ariel Muzicant berichtet, die endgültige Finanzierung mit Sepp Rieder ausgehandelt zu haben und erinnert sich an dessen nachträgliche Aussage, es habe sich um eine seiner besten Entscheidungen gehandelt.[1538] Es soll jedoch nicht der Eindruck entstehen, ESRA selbst hätte nach Entstehung als gemeinnützige Organisation nicht um finanzielle Ressourcen zu ringen gehabt. Dieser Umstand hatte sich weder mit der Vereinsgründung, noch mit der Eröffnung der Institution geändert.[1539] Eine tatsächliche Verbesserung der finanziellen Situation in den ersten Jahren nach der Gründung sieht Schwarz mit folgender Entwicklung: »Die Gemeinde Wien war von Anfang an und ist auch heute die Hauptunterstützerin von ESRA. Erhielt ESRA in den ersten Jahren eine jährlich zu beantragende und zu verhandelnde Subvention, so besteht seit 2001 ein Leistungsvertrag mit der Gemeinde Wien bzw. heute mit dem ›Fonds Soziales Wien‹«.[1540] Glück erinnert sich ebenso an den

---

Wien, Bestand Wien, XX-A-c-08 (temp.), Protokoll der Sitzung der IKG – Kommission für Elternheim und Soziales, 22.01.1992.
1536 Vgl. ebd., 29.07.1992.
1537 Vgl. ebd., 31.03.1993.
1538 Vgl. Muzicant, Ariel, Anmerkung, 15.01.2024.
1539 Die Amtsdirektion reichte etwa beim ehemaligen »Bundesministerium für Arbeit und Soziales« Subventionsgesuche für die »Betreuung von Holocaust-Opfern durch die Sozialabteilung« ein. Wurde ihr für das Jahr 1992 rückwirkend ein Betrag von 250.000.– Schilling zuerkannt, wobei der Betrag für 1995 verdoppelt worden. Dabei waren die Voraussetzungen für die Zuerkennung nicht nur zeitgerechte Ansuchen, sondern auch zu erbringende »Nachweise über die widmungsgemäße Verwendung der Mittel«. Eine detaillierte Kostenaufstellung der gesamten Ein- und Ausgaben der Sozialabteilung, die einem Subventionsgesuch für das Jahr 1994 beigelegt wurde, reagiert auf die geforderte Transparenz. Gleichzeitig stellt sie die Subventionen auch in Relation zu den Ausgaben, die sich 1994 auf rund 10.000.300.– Schilling beliefen (Kostenauswertung per 31.12.1994). Relevant an dem erwähnten Subventionsgesuch von 1994 ist vor allem die Bitte, auch das bereits bestehende ESRA zukünftig zu subventionieren: »Daß unsere Hoffnung darauf gerichtet ist, daß ihr Ministerium uns bzw. dem neu ins Leben gerufenen Verein »Esra« auch 1995 unter die Arme greifen wird, wollen wir nicht verhehlen; dabei sind wir uns dessen bewusst, daß noch Detailgespräche über die zukünftigen Auszahlungsmodi zu führen sein werden.« Archiv IKG Wien, Bestand Wien, ESRA 18.11.1998–07.07.2005 (temp.), Subventionsgesuch, 13.06.1995; vgl. ebd., Subventionsgesuch, 02.12.1993; vgl. ebd., Subventionsgesuch, 23.01.1996.
1540 Schwarz, Peter, Wirtschaftliche Basis, in: Psychosoziales Zentrum ESRA, 10 Jahre ESRA: Zentrum für psychosoziale, sozialtherapeutische und soziokulturelle Integration. Ambulanz für Spätfolgen und Erkrankungen des Holocaust- und Migrationssyndroms, Wien 2004, 28–31, 29.

Erfolg, neben klassischen Subventionen leistungsbezogen verrechnen zu können. Sie hatte durchaus auch Freude an ihrer Verhandlungsrolle und erzählt mit der Idee zur Errichtung eines Ambulatoriums – im Prinzip eine nicht Betten führende Klinik – in Gespräche mit der Krankenkasse getreten zu sein. Die Idee über die Verrechnung mit der Krankenkasse war anfänglich nicht populär und die Genehmigung ließ auf sich warten.[1541] Die Zeitschrift »Die Gemeinde« schrieb 1995, es liefen noch Verhandlungen über die Anerkennung der Ambulanz als nicht Betten führende Klinik.[1542] Der anfängliche Widerstand hatte Glück offenkundig nicht entmutigt, was wohl auch ihrem Sportsgeist geschuldet war: »Das war ja eigentlich auch immer alles so lustig.«[1543] Die anhaltende Finanzierungsunsicherheit ESRAs als »Non Profit Organization« blieb zwar bestehen, die gewonnen Ressourcen waren unbestreitbar. Schwarz und Glück sind sich über die Besonderheit der Konzipierung ESRAs einig: »Die ursprüngliche Idee ist genial. Es ist genial, dass man so viel machen kann – mit so wenig Belastung für eine kleine Gemeinde, wie die Kultusgemeinde.«[1544]

### Von interner Überzeugungsarbeit bis zur Eröffnung

Bevor die Stadt Wien der Umsetzung ESRAs zustimmen konnte, hing diese maßgeblich von der Unterstützung durch die Kultusvorstände in den unterschiedlichsten Gremien ab. Für ihren besonderen Einsatz dankte Alexander Friedmann im Rückblick ausdrücklich Ariel Muzicant, Arthur Adler, Edvin Turkov, Ellinor Haber, Gerda Feldsberg, Judith Adler und Oskar Deutsch.[1545] Erst nach der geleisteten Überzeugungsarbeit war schließlich die Zustimmung erfolgt.[1546] Rosina Kohn erzählt: »Ich weiß, dass es hitzige Diskussionen in der Gemeinde gab.«[1547] Differenzierend führt sie weiter aus: »Nicht in der Sozialkommission, sondern im Kultusvorstand.«[1548] Dieser habe diskutiert, inwiefern es einer derartigen Einrichtung bedürfe, wie hoch die anfallenden Kosten wären

---

1541 Vgl. Glück, Elvira, Interview, 28.01.2021.
1542 Vgl. o. A., ESRA eröffnet!, in: Die Gemeinde, Nr. 443b, 05.1.1995, 1–4, 2.
1543 Glück, Elvira, Interview, 28.01.2021.
1544 Ebd; vgl. Schwarz, Peter, Interview, 20.01.2021.
1545 Vgl. Friedmann, Alexander, Eröffnungsrede Esra, 27.11.1994, in: Die Gemeinde, ESRA eröffnet!, Nr. 443b, 05.1.1995, 1–4, 3.
1546 Laut Protokoll der Sozialkommission wurde am 08.09.1992 der Umsetzung des Projekts ESRA im Kultusvorstand einstimmig zugestimmt. Vgl. Archiv IKG Wien, Bestand Wien, XX-A-c-08 (temp.), Protokoll der Sitzung der IKG – Kommission für Elternheim und Soziales, 09.09.1992.
1547 Kohn, Rosina, Interview, 17.12.2020.
1548 Ebd.

und welche »Programme« überhaupt etabliert werden würden.[1549] Ähnliches berichtet Robert Tudiwer: »Da gab es schon Widersprüche.«[1550] Diese hätten sich einerseits auf die Frage nach Kosten bezogen und andererseits habe einigen das Verständnis für den Bedarf an einer solchen Institution gefehlt.[1551] Diskutiert wurde vor allem die Frage nach dem Wert für die jüdische Gemeinde. Darauf gab etwa Tudiwer eine Antwort: »Da weiß ich noch, dass ich dann so etwas gesagt habe wie: ›Das kommt nicht nur einer Gruppe zugute, sondern allen in der Kultusgemeinde.‹«[1552] Er habe beispielsweise umfassende Betreuungskonzepte, etwa zur Altersversorgung genannt.[1553] Es sei für eine vielseitige Einrichtung argumentiert worden, eine, die über rein psychiatrische und therapeutische Behandlung und Betreuung hinausgehe. Damit sei es gelungen, auch jene anzusprechen, denen sich der Bedarf an einer reinen Ambulanz für psychiatrische Erkrankungen nicht erschloss.[1554] Anscheinend konnten mit dieser Konzeption erste Bedenken und Berührungsängste – mit der nach wie vor stigmatisierten Psychiatrie – beseitigt werden: »Alex Friedmann hat mit Doktor Vyssoki und Doktor Tudiwer ein Riesen-Programm erstellt, welches sich in weiterer Folge langsam entwickelt hat.«[1555], so Rosina Kohn. In einer heterogenen jüdischen Gemeinde ist mit Gegenpositionen zu rechnen, daher waren kritische Stimmen auch über die Gründung hinaus zu hören. Es hieß etwa, die Angebote der Sozialabteilung deckten sich mit jenen von ESRA. »Entweder hat die Gründung von ESRA den Fortbestand der Sozialabteilung überflüssig gemacht, oder vice versa.«[1556] Aber tatsächlich hatte ESRA die Sozialabteilung der IKG nicht abgelöst. »Im unmittelbaren IKG-Bereich verbleiben alle Tätigkeiten der IKG-Sozialabteilung. Die mit Geldmittelzuwendungen (Mietzuschüsse, Heizkostenzuschüsse, Unterstützungen etc.) und Stipendien verbunden sind. Dieser Bereich, der von der Sozialkommission der IKG betreut wird, ist von der ESRA-Gründung unberührt.«[1557] Alle Unterstützungsleistungen, die traditionell bei ihr gelegen hatten, waren weiterhin in der Hand der IKG. Die IKG folgte damit der Tradition einer eigenen Sozialabteilung mit Fokus auf finanzielle Unterstützungsleistungen. Diese setzten sich auch über ESRAs Gründung hinaus aus »Seniorenhilfe, Seniorenklub, Unterstützungen, Maimonideszentrum, Heiz- und Mietenzuschüssen, Deutschkursen, Olim [Emigrant:innen], Essen auf Rädern, Kinderferienaktionen, Stipen-

---

1549 In den Protokollen des Kultusvorstandes spiegeln sich keine Diskurse wieder. Vgl. Kohn, Rosina, Interview, 17.12.2020.
1550 Tudiwer, Robert, Interview, 29.04.2021.
1551 Vgl. ebd.
1552 Ebd.
1553 Vgl. ebd.
1554 Vgl. ebd.
1555 Kohn, Rosina, Interview, 17.12.2020.
1556 Reisner, Herbert, ESRA – WOZU?, in: Heruth, o. Nr. o. J., o. S.
1557 O. A., ESRA eröffnet!, in: Die Gemeinde, Nr. 443b, 05.1.1995, 1–4, 2.

dien, Verköstigungen f. Feiertage und Diversen Ausgaben«[1558] zusammen. Was wäre eine jüdische Gemeinde auch ohne eine derartige philanthropische Abteilung? Die Sozialabteilung unterstand der IKG unmittelbar. Sie konnte über die Vergabe der genannten Leistungen die Entscheidungshoheit behalten. Den Schritt in die Moderne wagte die IKG mit der Gründung einer Tochterorganisation, deren Aufgabengebiete weit über die Vergabe finanzieller Unterstützungsleistungen hinausreichen sollte. Das größtmögliche Betreuungspotenzial für die jüdische Gemeinde konnte, wie bereits dargelegt, nur durch Fremdfinanzierung erreicht werden. Es ging den Gründungsmitgliedern um die Errichtung einer einzigartigen Institution, die nicht vorwiegend den psychiatrischen Behandlungsbedarf abdecken sollte. ESRA sollte mehr sein, es sollte vor allem ein Schutzraum sein, der sich auf interdisziplinäre, ganzheitliche, psychosoziale Beratung und Betreuung von Jüdinnen und Juden spezialisieren sollte. Glück erläutert den Bedarf an einem solchen Raum: »Uns ging es überhaupt nicht darum, Jüdinnen und Juden zu segregieren, sondern darum, einen geschützten Rahmen zu schaffen, um diesen Menschen nachher mehr Türen zu öffnen.«[1559] Die Vision war, eine Einrichtung für diese spezifische Zielgruppe zu etablieren. Glück steht auch heute hinter der damaligen Ausrichtung, den Fokus auf diese Zielgruppe zu richten: »Wenn es eine jüdische Einrichtung für die sozialen Probleme einer Minderheit gibt, sollte sie sich um all die verschiedenen Gruppen innerhalb dieser Minderheit kümmern. [...] Wir wollten in dem Schutzraum eine jüdischen Umgebung schaffen, nicht unbedingt jüdische Sozialarbeit [etablieren].«[1560]

An dieser Stelle sei noch einmal auf Robert Tudiwers eingangs erwähnte Perspektive verwiesen, in der die Entstehungsgeschichte ESRAs in die Phase der Ideenentwicklung und in die der praktischen Umsetzung geteilt wird. Diese Sichtweise kann auch im Hinblick auf die Hauptakteur:innen erhellend sein und macht somit die scheinbar teilweise widersprüchlichen Aussagen über die Gründungsgeschichte nachvollziehbar. Nach der programmatischen Ideenentwicklung zu ESRA folgte mit der praktischen Umsetzung die Suche nach einer passenden Lokalität. »Das war dann aber alles schon Aris [Ariel Muzicants] Sache.«[1561] erzählt Elvira Glück. Obgleich Robert Tudiwer David Vyssokis Gesprächspartner blieb und beispielsweise mit ihm auf der Suche nach geeigneten Lokalitäten für die Institution durch den 2. Bezirk spazierte, wiederholt er bescheiden: »Bei der Umsetzung und Entwicklung von ESRA war ich überhaupt

---

1558 Archiv IKG Wien, Bestand Wien, A/VIE/IKG/III/AD/VOR/19/1, Protokoll, 15.11.1993, Budget 1994.
1559 Glück, Elvira, Interview, 28.01.2021.
1560 Ebd., 03.02.2021.
1561 Kohn, Rosina, Interview, 17.12.2020.

nicht mehr dabei.«[1562] Der Umfang des für die Realisierung ESRAs relevanten Personenkreises wird einmal mehr deutlich, wenn sich zeigt, dass den Besprechungen über den Institutionssitz etwa Stefan Buchberger, Arnon Eppstein, Alexander Friedmann, Elvira Glück, und Ariel Muzicant beiwohnten.[1563] Die Haidgasse 1, im 2. Wiener Gemeindebezirk sollte ESRA eigentlich nur als Provisorium dienen, die Suche nach geeigneten Räumlichkeiten dauerte aber länger als das dafür vorgesehene Jahr.[1564] Die Findung von Räumlichkeiten beschäftigte die Visionär:innen aber über die rein formalen Besprechungen hinaus und stellte sie auch vor unbekannte Herausforderungen, wie Stefan Strusievici, ehemals Buchberger, erzählt: »Das war das einzige Mal, dass David und ich uns wirklich uneins waren. Das war die Zugänglichkeit, da die Haidgasse vier komische Stufen zum Reingehen hat. Und ich habe gesagt: ›Wir können eine derartige Einrichtung nicht mit so einer Barriere machen.‹ Daraufhin haben wir hin und her überlegt und tatsächlich hätte es Varianten gegeben, die wären aber zu teuer gewesen.«[1565] David Vyssoki habe sich in weiterer Folge nicht für Alternativen einsetzen wollen. »Das war in all den Jahren in denen wir – von 1985 [...] bis zu seinem Tod – befreundet waren, das einzige Mal wo wir wirklich hart aneinandergeraten sind. Wir haben oft diskutiert, wir haben oft gestritten, aber wir haben immer eine Lösung gefunden. Das war der Punkt, wo er sich als Primar durchgesetzt hat.«[1566]

1994 waren die Büroräumlichkeiten von ESRA schließlich in den überschaubaren Räumlichkeiten der Ferdinandgasse bzw. der Tempelgasse 5 A im zweiten Wiener Gemeindebezirk, und die Haidgasse wurde zur Dependance mit einem kosheren Mittagstisch.[1567]

Am 20. November 1994 öffnete ESRA erstmals die Türen für Interessierte. Eine Woche darauf luden der damalige Präsident Paul Grosz und der Vorsitzende ESRAs, Alexander Friedmann zur offiziellen Einweihung ein.[1568]

---

1562 Tudiwer, Robert, Interview, 29.04.2021.
1563 Vgl. Archiv Goldschmiedgasse, Bestand Ariel Muzicant, Fach 31, Ordner 289, Protokoll, 02.04.1992.
1564 Aufgrund der Finanzierungspläne von September 1992 konnten wohl auch erste bauliche Maßnahmen getroffen werden. Es scheint daher kein Zufall zu sein, dass auf diesen Zeitraum auch die Beauftragung der technischen Abteilung zum Umbau der Haidgasse 1 im 2. Wiener Gemeindebezirk zurückgeht, da auch der Kultusvorstand der Errichtung zu diesem Zeitpunkt einstimmig zugestimmt hatte. 1993 meldete Elvira Glück den formalen Vereinssitz in der Seitenstettengasse 4 im 1. Wiener Gemeindebezirk an. Vgl. Archiv IKG Wien, Bestand Wien, XX-A-c-08 (temp.), Protokoll der Sitzung der IKG – Kommission für Elternheim und Soziales, 09.09.1992; vgl. Archiv Goldschmiedgasse, Bestand Ariel Muzicant, Fach 31, Ordner 289, Schreiben an Vereinsregisteramt, 29.10.1993.
1565 Strusievici, Stefan, Interview, 30.06.2023.
1566 Ebd.
1567 Vgl. Wanne, André/Svetil, Wanne, 25 Jahre ESRA. Filmisches Portrait, Wien o.J.
1568 Vgl. o.A., ESRA eröffnet!, in: Die Gemeinde, Nr. 443b, 05.1.1995, 1–4, 1.

Von einer gedachten Institution und ihrer Realisierung

Abb. 37: ESRAS Eröffnung – Gruppenbild (Bestand »Die Gemeinde«, Nr. 443b)

Der engagierten Nachkriegsgeneration war es gelungen, das Projekt nicht nur zu erdenken, sondern auch zu realisieren. Friedmann dankte in diesem Zusammenhang den Mitgliedern der Subkommission – mit nur geringfügigen Abweichungen von vorangegangenen anerkennender Danksagungen – und führte nicht nur die freiwillige Mitarbeit David Vyssokis, Robert Tudiwers, Anne Kohn-Feuermanns, Gerda Feldsbergs, Elvira Glücks, Sylvia Kalwils, Slavik Jakobovs, Nora Frankls und Mikulas Rottmanns an. Er erwähnte darüber hinaus als Mitglieder der Subkommission, »die von Anfang an dabei waren« ebenso ausdrücklich Personen, die im Zusammenhang mit der Gründungsgeschichte manchmal unerwähnt bleiben: Stefan Buchberger, Ilan Knapp, Juri Kogivar, Ruth Reiterer und Evelyn Klein. Der Erfolg der Eröffnung ließ sich nicht zuletzt daran ablesen, dass rund 250 Gäste aus dem »öffentlichen Leben« gekommen waren. Die Zeitschrift »Die Gemeinde« berichtete mit Stolz von Gästen aus der Politik, von Medienvertreter:innen und leitenden Ärzten der Wiener Psychiatrie, die erschienen waren.[1569] Andere, wie Robert Tudiwer kamen nicht.[1570] Das zeigt, dass er damals bereits lange nicht mehr aktiv involviert war. Wieder andere kamen und wurden in ihren Erwartungen enttäuscht. David Vyssoki nahm selbstverständlich mit seiner Familie an der Feierlichkeit teil, wie Benjamin Vyssoki erzählt: »Ich kann mich gut an die Eröffnung erinnern. […] Wir haben uns zu Hause ganz schick gemacht. Papa war ganz aufgeregt. Und dann sind wir in die damaligen Räumlichkeiten gefahren, und ich weiß noch, dass ich ein bisschen enttäuscht war, weil ESRA relativ klein war.«[1571] Erst mit der Fertigstellung des

---

1569 Vgl. ebd., 2 f.
1570 Vgl. Tudiwer, Robert, Interview, 29.04.2021.
1571 Vyssoki, Benjamin, Interview 02.02.2021.

Gebäudekomplexes auf einem Teilareal des ehemaligen Leopoldstädtertempels konnte ESRA 1998 in größere Räumlichkeiten in die Tempelgasse 5 übersiedeln.[1572] An den von Ludwig Förster geplanten Tempel erinnern am Platzeingang heute von Architekt Martin Kohlbauer entworfene weiße Säulen in Originalgröße.

Abb. 38: Außenansicht Psychosoziales Zentrum ESRA, 2024

Unter dem Einsatz von Handgranaten hatte ein Rollkommando der Verfügungstruppe das 1858 eingeweihte Gotteshaus am 10. November 1938 niedergebrannt. Lediglich die beiden Seitentrakte blieben erhalten. Allerdings musste der südliche Trakt 1951 in Folge von Kriegsschäden abgetragen werden. Nur der nördliche Trakt überdauerte.[1573] Im November 1994, 56 Jahre später war es der feierliche Rahmen in der Tempelgasse, in welchem Paul Grosz – wie bereits in der Einleitung bemerkt – darauf hinwies »dass die IKG mit ESRA eine alte und ehrwürdige Tradition jüdischer Nächstenliebe fortsetze, [dass dies] nun aber […] unter Einsatz der beruflichen Kompetenz jüngerer Gemeindemitglieder

---

1572 Vgl. Wanne, André/Svetil, Wanne, 25 Jahre ESRA. Filmisches Portrait, Wien o. J.
1573 Vgl. Heimann-Jelinek, Felicitas, Der »Leopoldstaedtertempel« in der Tempelgasse, in: Psychosoziales Zentrum ESRA, 10 Jahre ESRA: Zentrum für psychosoziale, sozialtherapeutische und sozikulturelle Integration. Ambulanz für Spätfolgen und Erkrankungen des Holocaust- und Migrationssyndroms, Wien 2004, 148–152, 149 u. 151 f.

[…] [und] nach modernsten Konzepten der sozialen Integrations-, Sozial- und psychotherapeutischen Arbeit geschehe.«[1574]

## Sozialkommission: Reflexion der Aufträge Sozialer Arbeit

Nachdem die Sozialabteilung mit ihren Tätigkeiten – der Vergabe finanzieller Unterstützungsleistungen – über ESRAs Gründung hinaus bestehen blieb, soll der Frage nachgegangen werden, inwiefern sich diese nun auf die Sozialkommission auswirkte.

Manchen ehemaligen Kommissionsmitgliedern, beispielsweise Nora Frankl, sind keine nennenswerten Veränderungen in Zusammenhang mit ESRAs Etablierung in Erinnerung. So habe die Sozialkommission weiterhin primär Ansuchen zu finanziellen Unterstützungsleistungen diskutiert und über diese abgestimmt.[1575] Frankl bestätigt somit das unveränderte Weiterbestehen des Zuständigkeits- und Tätigkeitsbereiches der Kommission, das – so gesehen – seinen Ursprung bereits in den ersten Nachkriegsjahren hat: Schon damals wurde fallbezogen über die Vergabe von Unterstützungsleistungen abgestimmt, wenngleich der entsprechende Bedarf schon immer gesellschaftlichem Wandel unterlag. Dieser schlug sich in der Anpassung der diversen Unterstützungskategorien nieder. Nun ist es aber kaum vorstellbar, dass sich seit den 1940er Jahren rein gar nichts verändert hat. So war es denn auch nicht. Eine wesentliche Veränderung bestand in der zunehmenden Professionalisierung des Wirkens der Sozialkommission. Dieser Prozess setzte wohlgemerkt nicht erst nach der Gründung ESRAs ein und mag als Erklärung dafür dienen, dass damalige Kommissionsmitglieder keine nennenswerten Auswirkungen (der Gründung ESRAs) auf die Sozialkommission feststellen können. Die Initiierung des Projekts ESRA muss wohl eher als Resultat eines allgemeinen fortlaufenden Professionalisierungsprozesses gesehen werden. Protokolle der Kommission bzw. an diese gerichtete Ansuchen beweisen, dass die Entwicklung professionellen Herangehens an die zu lösenden Probleme auf die Zeit vor 1994 zurückgeführt werden können. Anträge bei der Sozialabteilung (deren Leitung Elvira Glück innehatte) auf finanzielle Unterstützungsleistungen entsprachen beispielsweise bereits 1992 bestimmten Standards (etwa Fall- und Problemdarstellung, Subsidiaritätsprinzip, Zielsetzungen) wie transparente Falldarstellungen veranschaulichen: »Die Sozialkommission bewilligte […] [einem Klienten für einen bestimmten Zeitraum] eine monatliche Unterstützung […] [in der Höhe einer festgelegten Summe]. Die Unterstützung soll verlängert werden. [Der Klient] hat […] [in diesem und jenem Monat] die letzte Notstandshilfe bezogen. Das Ar-

---

1574 O. A., ESRA eröffnet!, in: Die Gemeinde, Nr. 443b, 05. Januar 1995, 1–4, 1.
1575 Vgl. Frankl, Nora, Interview, 23.02.2023.

beitsamt möchte, daß er von der MA 12 seine weiteren Unterstützungen bezieht, weil er aufgrund [...] [einer] [...]krankheit nicht mehr vermittelbar ist. Der Antrag auf vorzeitige Alterspension wurde im Oktober aus Mangel an Versicherungszeiten abgelehnt. Er müsste in den letzten 360 Kalendermonaten [...] 180 Versicherungsmonate haben. Er kommt jedoch nur auf 70. Vor [so und so vielen Monaten] [...] hatte [er] [...] 108 Versicherungsmonate, die jedoch nicht angerechnet werden können für eine vorzeitige Alterspension. Um eine normale Alterspension beantragen zu können, muß [...] [er] bis zum [...] [soundsovielten] noch zwei Versicherungsmonate schaffen. Er lässt nun überprüfen, ob er die Invaliditätspension beantragen kann. Wenn dies nicht möglich ist, wird er möglicherweise Sozialhilfebezieher. Außer der Amtsarzt stellt fest, dass er arbeitsfähig ist, was aber unwahrscheinlich ist. Er hat zwei Kredite, die er [...] stillegen ließ, wodurch keine Geldbewegung stattfand und immer noch ein Betrag von [soundsoviel] offen ist. Seine Kredite kann er aber nicht stillegen lassen, weil [eine Verwandte] [...] Bürgin ist (sie ist keine Mindestrentnerin!). Die Schadensrückzahlungen, die vom [...]unfall herrühren, [...] belaufen sich auf ca. [soundsoviel]. Da er weitere Unannehmlichkeiten und eine Pfändung vermeiden möchte, zahlt er monatlich [soundsoviel]. Er bezieht als Opferausweisinhaber 2x jährlich [soundsoviel] vom Bundesministerium für Arbeit und Soziales. Bis vor kurzem konnte [er durch eine Verwandte] [...] immer wieder finanziell unterstützt [...] [werden]. Diese ist jedoch nach Spitalsaufenthalten im Maimonideszentrum untergebracht. Die Dauer des Aufenthaltes ist noch ungewiß. Das heißt, daß zusätzlich zur Sorge um [die Verwandte] der finanzielle Druck steigt.«[1576] Darüber hinaus sind in diesem Antrag das aktuelle Einkommen, Wohn- und Telefonkosten, Kreditraten und die Schadensrückzahlung aufgelistet. Er schließt mit dem Ansuchen auf Verlängerung der Unterstützungshöhe auf weitere 6 Monate ab.[1577] Diese Falldarstellung legt vor allem die finanzielle Situation des Klienten offen, welche die Grundlage für den Antrag auf Verlängerung seiner Unterstützung darstellt. Das detaillierte Ansuchen ist in seiner Form und seinem Inhalt keine Ausnahme, wie etliche ähnliche weitere Anträge belegen. Ohne Zweifel sind diese hinsichtlich der Falldarstellung mit viel früheren nicht zu vergleichen, die in dieser Form eben noch nicht den oben genannten Standards entsprachen. Was aber war die treibende Kraft hinter der einsetzenden Professionalisierung? Mit Personen wie Elvira Glück und Alexander Friedmann waren die Schlüsselpositionen der Sozialabteilung bzw. der Sozialkommission erstmalig mit einschlägig ausgebildeten Fachleuten der Nachkriegsgeneration besetzt. Sie fungierten gleichsam als »Verbindungsoffiziale« zu den IKG-Insti-

---

1576 Archiv IKG Wien, Archiv IKG Wien, Bestand Wien, XX-A-c-08 (temp.), Protokoll der Sitzung der IKG – Kommission für Elternheim und Soziales, Ansuchen 1992.
1577 Vgl. ebd.

tutionen und ab 1992/4 auch zu ESRA. In der damaligen facheinschlägigen Besetzung des Vorstands der Kommission mit Alexander Friedmann sieht Gerda Netopil, die heutige Leiterin der Sozialabteilung, zwar einen Vorteil, merkt aber an, freiwillige und professionelle Hilfe, wie die Tätigkeit von Sozialarbeiter:innen, Ärzt:innen oder Therapeut:innen, nicht vergleichen oder gar gegeneinander auszuspielen zu wollen; Es brauche in einer Gesellschaft immer beides. Sie spricht aus Erfahrung: Sehe sich eine Berufsgruppe wie etwa Sozialarbeitende Lai:innen gegenüber, bestehe naturgemäß »Diskussionsbedarf und manchmal müssen wir [im Rahmen der Treffen der Sozialkommission, denen sie als Leiterin der Sozialabteilung beisitzt] Überzeugungsarbeit leisten, so auch wenn neue Personen bestimmte Funktionen [besetzen].«[1578] Ob sich die Kommission nun aus Fachleuten aus psychosozialen Bereichen zusammensetzt oder nicht, der hohe Stellenwert, den Fürsorge und Soziales in der IKG genießt, ist heute nicht zu leugnen, obgleich das – etwa in Zeiten vor Alexander Friedmann – nicht immer ganz so gewesen sein dürfte, unterstreicht Netopil dieses Faktum der großen Bedeutung des Sozialbereiches und verweist in diesem Zusammenhang (wie etliche andere Gemeindemitglieder auch) auf das Sozialbudget, das soweit sie sich zurückerinnere, nie gekürzt worden sei. In dem Gewicht, das die IKG auf soziale Unterstützungsleistungen legt, vermutet Netopil ein theologisches Motiv. Mit dieser Annahme rückt sie »Zedaka« als zentrales Gebot und Handlungsmotiv der IKG ins Bewusstsein. Obwohl die Bedeutung der Sozialkommission – als Gremium der IKG – über die Jahrzehnte nicht konstant gleich groß war, hat die IKG, wie vorliegende Arbeit auch darlegt, im Rahmen ihrer Möglichkeiten, immer finanzielle Beiträge an hilfsbedürftige Mitglieder ausbezahlt. Das Sozialbudget der IKG macht es nach wie vor (parallel zu Behandlung und Beratung in ESRA) möglich, Hilfsbedürftige finanziell zu unterstützen. Mit der Gründung ESRAs gingen damit verbundene Tätigkeitsbereiche der Sozialabteilung an ESRA über, so auch die Vermittlung der Ansuchen um Unterstützungen.[1579] Dementsprechend bereitet ESRA die dafür notwendigen Sozialberichte anhand von Fallabklärungen mit Hilfe von Anamnesen vor, um sie in einem weiteren Schritt der Sozialkommission zur Entscheidung vorzulegen. Diese Abklärungen beschreibt Netopil als oft langwierige Prozesse, die mehrere Kontakte mit sich bringen, bis

---

1578 Netopil, Gerda, Interview, 18.02.2021.
1579 Dazu zählte beispielsweise die Mazzot-Ausgabe. Allerdings wurden auch weit weniger traditionelle Aufgabenbereiche von ESRA übernommen. Etwa das Ansuchen auf finanzielle Unterstützungen für die Zwi Perez Chajes Schule. Tätigkeiten im Zusammenhang mit diesen Antragsstellungen zielen vermehrt auf administrative Aufgabengebiete und weniger auf sozialarbeiterische Interventionen ab, wenn gleich die Fälle gemäß dem Subsidiaritätsprinzip nach etwaigen staatlichen Leistungen sozialarbeiterisch abgeklärt werden müssen.

die Klient:innensituation annähernd vollständig erfasst werden kann.[1580] Das obige Fallbeispiel veranschaulicht zwar die Fülle an Informationen, die bei Stellung der Ansuchen an die Kommission abgeklärt sein müssen, der Prozess bis diese tatsächlich zur Vorlage gelangen, hängt jedoch von ganz unterschiedlichen Faktoren ab:[1581] Nach Fertigstellung der Sozialberichte durch die Sozialarbeiter:innen müsse sich Netopil als Leiterin der Sozialabteilung gemäß dem »Vier-Augen-Prinzip« eingehend mit diesen Berichten auseinandersetzen, ehe sie dann in der Sozialkommission vorgelegt werden. ESRA bewege sich in Zusammenhang mit diesen Ansuchen – so Netopil – im Spannungsfeld der Interessenvertretung der Klient:innen sowie der Interessensvertretung der IKG, mit Fokus auf das Sozialbudget und die Ausschöpfung sozialstaatlicher Ansprüche.[1582] ESRA hat als Institution wiederum ihre eigene Agenda. Handlungsleitend für die Interventionen Sozialer Arbeit ist in jeder Organisation stets der eigene institutionelle Auftrag. Dieser ist bei der Konzeption ESRAs als Tochterorganisation der IKG allerdings nicht immer ganz deutlich fassbar und führt bis in die Gegenwart zu Verflechtungen. Die sich überschneidenden Tätigkeitsbereiche können dabei nicht auf die rein individuelle Vergabe von Sach- und Geldleistungen beschränkt werden. Netopil hebt beispielhaft das politische Engagement sowie den Rückhalt der IKG positiv hervor, die zu Erfolgen, wie etwa rechtlichen Verbesserungen im Bereich von NS-Entschädigungen oder des Staatsbürgerschaftsgesetzes, führten.[1583] Zugleich verschweigt sie aber nicht die Herausforderungen, die die spe-

---

1580 Fallbeispiele können anhand von Falldarstellung und je nach institutionellem Fokus und Rahmenbedingungen hinsichtlich verschiedener Schwerpunkte erstellt und bearbeitet werden. Eine umfassende Falldarstellung beinhaltet in der Regel eine Situationsbeschreibung, die zum Aufsuchen der jeweiligen Institution geführt hat. Meist liegen bei Klient:innen, die sich hilfesuchend an Organisationen wenden, multidimensionale Problemlagen vor, die es zu berücksichtigen gilt. Dabei ist es theoretisch sinnvoll zu versuchen, sämtliche Problemlagen zu eruieren und die jeweiligen Ressourcen der Klient:innen herauszufiltern. Die mögliche Analyse verschiedener Ebenen wie Mikro-, Makro- und Mesoebene ermöglicht beispielsweise eine ganzheitlichere Betrachtungsweise. Diese kann von der Mikroebene, d.h. den persönlichen vielschichtigen Problemen über Fragen nach Akteur:innen, wie einzelnen involvierten Institutionen mit ihren spezifischen Aufträgen, der Makroebene, zu sozialtheoretischen Ansätzen, beispielsweise Devianz Konzepten, der Mesoebene, reichen. Mit der Festlegung methodischer Vorgehensweisen gilt es kurz-, mittel- und langfristige Ziele festzulegen, die mit Erfolgsmöglichkeiten und Annahmen abgeglichen werden können.
1581 Handelt es sich um Ansuchen bestehender Klient:innen fällt die Situationseinschätzung leichter. »Wenn der Erstkontakt – mit dem Wunsch nach finanzieller Unterstützung – einhergeht, ist es natürlich schwieriger. [...] Es braucht auf alle Fälle mehrere Termine und die Sozialarbeiter:innen müssen sämtliche Unterlagen sichten, abklären, nachfragen und abschließend den Bericht schreiben.« Netopil, Gerda, Interview, 18.02.2021.
1582 Vgl. ebd.
1583 Letztere bezieht sie auf die zu jenem Zeitpunkt aktuelle Novellierung vom Herbst 2020, mit der österreichische NS-Verfolgte und deren Nachkommen der Zugang zum Erwerb der österreichischen Staatsbürgerschaft erleichtert wurde: Bundesgesetz über die österreichische Staatsbürgerschaft, § 58c Abs. 1a Staatsbürgerschaftsgesetz (StbG), online: https://

zielle Verbindung der zwei Institutionen mit sich bringt: Diese sehen sich zumeist in unterschiedlichen Interessen sowie unterschiedlichen fachlichen Perspektiven begründet, die eben auch zu Divergenzen führen können. ESRA ist als Tochterorganisation der IKG nicht nur mit deren Interesse konfrontiert, sondern gleichzeitig in der Position, Richtlinien etwa seitens der Stadt Wien, ihres Fördergebers, einhalten zu müssen. Dessen Interessen müssen sich wiederum nicht immer mit jenen der IKG decken. Diese Konstruktion bietet in erster Linie Klient:innen den Vorteil eines sehr breiten Angebotes. Diese vielfältige Angebotslandschaft rechtfertigt nach Netopil, dass ESRA sich fallweise bei Ausverhandlungen mit der IKG auf fachliche Argumente zurückzieht. Netopil beschreibt diese Prozesse bildlich: »Das ist manchmal ein bisschen ein Tau ziehen.«[1584]

In der Auseinandersetzung mit Sozialer Arbeit ist das Verständnis ihres Auftrags der fundamentale Aspekt und soll daher etwas näher erläutert werden. Die renommierte Sozialarbeitswissenschaftlerin und Sozialarbeiterin Sylvia Staub-Bernasconi sieht darin, dass verschiedene Akteur:innen im Kontext Sozialer Arbeit mitunter sehr diverse Interessen zu berücksichtigen haben, unvermeidbares Konfliktpotential. Diese unterschiedlichen Interessen können nach Staub-Bernasconi zu Rollen-, Loyalitäts-und Identitätskonflikten führen, stellen de facto aber die Arbeitsrealität Sozialer Arbeit dar:[1585] »Der Umgang mit dieser sozialen Konstellation gehört unabweisbar zu den Merkmalen der Disziplin und Profession Sozialer Arbeit. Voraussetzung dafür ist allerdings ein differenzierter Blick auf die Inhalte des in der Fachliteratur professionstheoretisch bis heute unterbelichteten dritten Mandates.«[1586] Wird ein breites Verständnis Sozialer Arbeit herangezogen, kann der Ursprung eines Auftragsverständnisses auf zivilgesellschaftliches Engagement, das in religiösen oder privaten Zusammenschlüssen organisiert einen Auftrag wahrnahm und erteilte, zurückgeführt werden. Diese Auftragserteilung kann verschiedenen Motiven wie der Nächstenliebe, oder auch den Folgen humanitärer Katastrophen entspringen. Sie muss aber keinesfalls nur auf philanthropischen Haltungen gründen. Manchmal sind Motive – wie in kolonialgeschichtlichen Kontexten – machtakkumulierend und gehen mit Missionierungsstrategien einher.[1587]

---

www.ris.bka.gv.at/NormDokument.wxe?Abfrage=Bundesnormen&Gesetzesnummer=100 05579&Artikel=&Paragraf=58c&Anlage=&Uebergangsrecht= [08.02.2023]; vgl. Netopil, Gerda, Interview, 18.02.2021.
1584 Netopil, Gerda, Interview, 18.02.2021.
1585 Vgl., Staub-Bernasconi, Sylvia, Soziale Arbeit als Handlungswissenschaft. Auf dem Weg zu kritischer Professionalität, 2. vollständig überarbeitete u. aktualisierte Ausgabe, Toronto 2018, 114.
1586 Ebd.
1587 Vgl., ebd., 111.

In der Sozialen Arbeit kann von drei Mandaten ausgegangen werden. Vereinfacht ausgedrückt handelt es sich bei diesen um Mandate durch die Klient:innen, die Gesellschaft/und oder Träger:innen(organisationen) und ein weiteres politisches durch die Profession selbst.[1588] Die bekannteste Vertreterin der Theorie der Sozialen Arbeit als Menschenrechtsprofession im deutschsprachigen Raum ist eben Silvia Staub-Bernasconi. Nach ihr sind die Menschenrechte jene Rechte, die jedem Menschen aufgrund des Menschseins zustehen und gesellschaftliche Partizipation ermöglichen.[1589] ESRA sieht sich als Tochterorganisation der IKG in einer speziellen Position in Bezug auf das zweite Mandat.[1590] Das erste und zweite Mandat ergeben ein Doppelmandat – mit seinem inhärenten Spannungsfeld. »Es charakterisiert Soziale Arbeit als weisungsgebundenen Beruf auf rechtlicher Basis, der im Auftrag der Verfassung und den Gesetzgebungen eines Rechtsstaates ›Hilfe und Kontrolle‹, je nach machtpolitischer Konstellation auch ›Hilfe als Kontrolle‹ ausübt. Das heißt, es beinhaltet im besten Fall eine Vermittlungstätigkeit zwischen dem Auftrag der staatlich mandatierten Träger des Sozialwesens als Repräsentanten der Gesellschaft und den Ansprüchen der AdressatInnen Sozialer Arbeit. Die AdressatInnen sind hier keine expliziten Auftraggeber mit Rechten, die über die vom Staat gewährten und kontrollierten Sozial- und Erziehungshilfeansprüche hinausgehen, so dass man faktisch von einem zweidimensionalen Monomandat des Staates sprechen muss.«[1591] Zusammengefasst bezeichnet das doppelte Mandat nach Staub-Bernasconi den Zwiespalt zwischen Hilfe für Klient:innen sowie ihrer Kontrolle, die behördlich/institutionell vorgegeben und gesteuert ist. Wird ihr weiter gefolgt, ist die Erweiterung des Doppelmandats zum Triplemandat zentral für das Verständnis Sozialer Arbeit. Das dritte Mandat setzt sich nämlich aus mehreren Faktoren zusammen, wozu wissenschaftlich fundierte Methoden mit verbindlichen ethischen Prinzipien zählen, die sich auf Menschenrechte als Fundament

---

1588 Der Auftragsbegriff »Mandat« leitet sich von dem lateinischen Wort »mandare«, »aus der Hand geben«, ab.
1589 Vgl. Staub-Bernasconi, Silvia, Den Menschen vor dem Würgegriff des Menschen schützen. Menschenrechte und ihre Relevanz für Mandat, Theorie und Praxis der Sozialen Arbeit, in: Sozialaktuell, Schwerpunkt Menschenrechte, Nr. 7/8, Juli/August 2009, 10–14, 13.
1590 Das bemerkenswerte an Volker Schneiders – von 1996 bis 2005 Bundesgeschäftsführer des Deutschen Berufsverbands für Sozialarbeit, Sozialpädagogik und Heilpädagogik – Forderung (das dem Verständnis über die Existenz eines dreifachen Mandates vorausging) nach einem rein staatsrechtlichen Mandat bei gleichzeitiger Forderung nach einem Mandat, welches auf den Menschen- und Grundrechten fußt, ist ein nationalstaatliches Mandat mit einem weltweit gültigen Mandat der Profession zu verbinden, d.h.: Soziale Arbeit als Menschenrechtsprofession zu verstehen.
1591 Ebd., zit. nach: Staub-Bernasconi, Sylvia, Soziale Arbeit als Handlungswissenschaft. Auf dem Weg zu kritischer Professionalität, 2. vollständig überarbeitete u. aktualisierte Ausgabe, Toronto 2018, 113.

beziehen.[1592] Diese sind die Voraussetzung für die Ausübung des politischen Mandats, das erst die Mitgestaltung der Sozialen Arbeit an öffentlichen Diskursen und sozialpolitischen Entscheidungen beinhaltet. Diese Positionierung Sozialer Arbeit ermöglicht auch Ausgestaltungsmöglichkeiten der Sozialen Arbeit als Profession, indem sie als Instanz an Aushandlungsprozessen partizipiert. Weitergedacht kann das Triplemandat als Handlungsanleitung und »somit Legitimationsbasis für Verweigerung und Annahme bzw. Selbstdefinition für Aufträge an die Profession«[1593] verstanden werden. Jüngere Konzepte, die als Beauftragende die Gesellschaft, Klient:innen und die Profession selbst verstehen, postulieren eine autonome Haltung der Sozialen Arbeit, die unabhängig von ihren Träger:innenorganisationen agieren soll.[1594]

Nach dieser Ausführung scheint die Frage naheliegend, welche Rolle Sozialer Arbeit im Rahmen der Ansuchen an die Sozialkommission zukommt. Sie bereitet Informationen auf und stellt beratendes Organ dar. Die Antragstellungen bei der Sozialkommission unterliegen deren Kontrollprinzipien, die etwa die völlig transparente Offenlegung der finanziellen Situation der Klient:innen voraussetzen. Dadurch fungiert Soziale Arbeit als kontrollierendes Organ. Das Spannungsfeld, in dem sich Sozialarbeitende hier befinden wird im folgenden Zitat erkennbar: »Wir müssen sehr genau abklären – manchmal müssen wir wirklich viele Unterlagen sichten – bis die Fallsituation verständlich wird. Das ist für die Klient:innen nicht angenehm, doch haben wir hier eben eine Doppelrolle.«[1595] Es sei zusätzlich angemerkt, dass das auch für die Sozialarbeitenden in ESRA keine angenehme Rolle ist.

Aus sozialarbeiterischer Perspektive ist die »einfache« Vergabe von Unterstützungsleistungen auch nicht immer der bevorzugte Lösungsansatz, wie Netopils Aussage verdeutlicht: »Die Medaille hat zwei Seiten. Die eine Seite ist, dass Klient:innen oft finanzielle Unterstützung möchten, da sie als Mitglieder der Israelitischen Kultusgemeinde ein Anrecht darauf haben diese zu beantragen. [...] Da kann es vorkommen, dass sie Unterstützung möchten, ohne aber gesamtheitlich ihre Lebenssituation zu verändern, was aus sozialarbeiterischer Perspektive wiederum kontraproduktiv ist.«[1596] Derartige professionelle Sicht-

---

1592 Vgl. Staub-Bernasconi, Silvia, Den Menschen vor dem Würgegriff des Menschen schützen. Menschenrechte und ihre Relevanz für Mandat, Theorie und Praxis der Sozialen Arbeit, in: Sozialaktuell, Schwerpunkt Menschenrechte, Nr. 7/8, Juli/August 2009, 10–14, 13.
1593 Eckstein, Nina/Gharwal, Dunja, Soziale Arbeit als Menschenrechtsprofession in der Praxis, in: Soziales Kapital. Wissenschaftliches Journal österreichischer Fachhochschul-Studiengänge Soziale Arbeit, Nr. 16, Jg. 2016, 15–30, 17.
1594 Vgl. Staub-Bernasconi, Sylvia, Soziale Arbeit als Handlungswissenschaft. Auf dem Weg zu kritischer Professionalität, 2. vollständig überarbeitete u. aktualisierte Ausgabe, Toronto 2018, 113.
1595 Netopil, Gerda, Interview, 18.02.2021.
1596 Ebd.

weisen können dabei Eingang in die Berichte an die Sozialkommission finden. Insofern gilt es, die Frage nach der Nachhaltigkeit dieser Unterstützungsleistungen abzuwägen. Netopil betont jedoch die aus ihrer Perspektive bei weitem überwiegende positive Kehrseite, wodurch Klient:innen »wirklich substanzielle Hilfe zukommen kann.«[1597] Obgleich die umfassenden Berichte Empfehlungen der Fachleute erkennen lassen, entscheidet die Sozialkommission in manchen Fällen anders als Soziale Arbeit intendiert. Woran liegt es, dass nicht immer der fachlichen Einschätzung Folge geleistet wird? Bei diesem komplexen Hilfssystem müssen stets mehrere Faktoren in Betracht gezogen werden, dennoch hat die (politische) Besetzung große Auswirkungen auf die Art der Entscheidungen: »Je nach politischer Zusammensetzung, wechseln auch die Mitglieder und die Entscheidungen hängen natürlich von den Personen ab. Je mehr Verständnis für psychosoziale Prozesse existiert, die sich aus irgendwelchen Problematiken ergeben, umso besser – im Sinne einer professioneller Perspektive – fällt die Entscheidung aus, würde ich sagen.«[1598] Trotz Bemühungen der politischen Führung der IKG kann in einer derart kleinen Gemeinde die Anonymität der Ansuchenden nicht immer gewährleistet werden, kennen möglicherweise einzelne Mitglieder die Lebensrealitäten mancher Ansuchenden und erkennen diese in den Ansuchen wieder. Objektive Sichtweisen in diesen Fällen vorauszusetzen ist zwar legitim, doch eben nicht immer realistisch. In seltenen Fällen führen auch fehlende Alternativen, oder Handlungsohnmacht zu dem Ergebnis, sich gegen professionelle Haltungen entscheiden zu müssen, wenn es etwa um kurzfristige, nicht nachhaltige Hilfe als Alternative zu gar keiner Hilfe geht.[1599] Sobald sich Soziale Arbeit ihre Aufträge aber selbst auf Basis der Menschenrechte erteilt, kann sie jedenfalls nicht im Widerspruch zur Zedaka stehen. Auch wenn sich die Perspektive des Rabbiners und in New York ausgebildeten Sozialarbeiters Abraham Amsel aus den 1960er Jahren weder auf gegenwärtige Sozialarbeitstheorien im deutschsprachigen Raum, noch auf die Wiener jüdische Gemeinde umlegen lässt, ist seine Haltung hinsichtlich ihrer Eindeutigkeit interessant: »Obviously, social work should be the Jewish community's expression of Tzedakah. But, unfortunately, Jewish social work still basically operates with notions adopted from the general environment. Instead of Tzedakah, our key concepts are either ›charity‹ (the nineteenth century usage) or governmental and social responsibility (in modern parlance).«[1600] In diesem Sinn postuliert er ein eigenes Konzept jüdischer Sozialer Arbeit, die er als religiöser Jude nicht losgelöst von Zedaka sehen kann.

---

1597 Ebd.
1598 Ebd.
1599 Vgl. ebd.
1600 Amsel, Abraham, THE CASE FOR DISTINCTIVELY JEWISH SOCIAL WORK, Tradition. A Journal of Orthodox Jewish Thought, no. 5/1, New York 1962, 58–70, 59.

## ESRAs Organisationsentwicklung

Es würde den Rahmen der vorliegenden Arbeit sprengen, die Organisationsentwicklung ESRAs umfassend und im Detail darlegen zu wollen. Eine differenzierte und differenzierende Beleuchtung dieser so wichtigen Einrichtung der IKG würde eine intensive Beschäftigung mit Genese und Status ihrer unterschiedlichen, jeweils komplexen Arbeitsfelder voraussetzen. Die detaillierte Auseinandersetzung mit den verschiedenen, wenngleich verwandten, (Teil-)Disziplinen wie etwa Medizin, Psychiatrie und Soziale Arbeit müsste nicht nur den aktuellen Stand der jeweiligen Wissenschaft und ihrer Methoden berücksichtigen, sondern auch deren eigene, nicht immer unproblematische Vergangenheit und Entwicklung sowie der damit einhergehende Wandel der Beratungsinhalte. Die folgenden Darlegungen beleuchten Einzelaspekte der im Kernkonzept angelegten oder im Laufe der Zeit gewachsenen Gesamtarbeit ESRAs. Ihren Inhalt bestimmen zusammenfassende Erzählungen, Erinnerungen, Interpretationen und Perspektiven involvierter Personen und ermöglichen damit einen ersten grundlegenden Einblick in die Materie.

### Leitfiguren

Mit Beschluss des Vorstands vom 11. Juli 1994 wurde Elvira Glück zur »Direktorin« bestellt.[1601] Durch ihre geschäftsführende Rolle unterstanden ihr die Bereiche der Ambulanz, mit deren Leitung David Vyssoki betraut worden war und der Bereich der Sozialen Arbeit, der von Michaela Mathae geleitet wurde.[1602] ESRA etablierte damit eine zweiteilige Betreuungsstruktur, die bis in die Gegenwart medizinische und sozialarbeiterische Angebote offeriert. Glück hebt ihre Verantwortung im Vergleich zu ihrer vorherigen Position in der Sozialabteilung hervor: »Das war natürlich etwas ganz anderes als in der IKG.«[1603] und betont auch ihre damalige Funktion als »Chefin von allen.«[1604] Im Sommer 1996 übernahm Peter Schwarz zusätzlich die kaufmännische Leitung.[1605] Bis zu diesem Zeitpunkt hatte diese ebenso zu den Agenden Glücks gehört. Sie war sich ihrer ungewöhnlichen Führungsrolle als Sozialarbeiterin und Frau bewusst. »Ich war

---

1601 Vgl. Archiv Goldschmiedgasse, Bestand Ariel Muzicant, Fach 31, Ordner 289, Dienstvertrag Elvira Glück.
1602 Vgl. Archiv IKG Wien, Bestand Wien, ESRA 18.11.1998–07.07.2005 (temp.), Organigramm ESRA, April 1999.
1603 Glück, Elvira, Interview, 28.01.2021.
1604 Ebd.
1605 Vgl. Archiv IKG Wien, Bestand Wien, A/VIE/IKG/III/AD/VOR/21/7, Protokoll, 02.07.1996.

eine Sozialarbeiterin, ich war keine Juristin und ich war keine Ärztin.«[1606] Sie hatte Friedmann viel zu verdanken: »Er hat mich wirklich sehr gefördert.«[1607] Sie habe zwar ihren Teil dazu beigetragen, dennoch »muss es auch immer jemanden geben, der etwas sieht, fördert und weiterbringt.«[1608] Dabei habe er aber nicht aus reiner Nächstenliebe, sondern auch im eigenen Interesse gehandelt, wie Glück weiß: »Es hat ihm aber auch geholfen, weil ›seine‹ Sozialkommission ziemlich gewachsen ist.«[1609] Auch Gerda Netopil, Nachfolgerin Michaela Mathaes, hebt den einzigartigen Schwerpunkt Sozialer Arbeit hervor: Im Gegensatz zu medizinischen oder anderen psychosozialen Einrichtungen mit medizinischem Schwerpunkt, in denen mehrheitlich Berufsgruppen aus dem Gesundheitsbereich vertreten sind, halte ESRA nämlich ein großes Angebot an Sozialer Arbeit bereit.[1610] Sie hält die Eigenständigkeit des Bereichs Sozialer Arbeit für richtig: »Ich finde es gut, dass die Stimme der Sozialen Arbeit auch eine Entsprechung findet.«[1611]

Abb. 39: Gerda Netopil, 2013 (Bestand Psychosoziales Zentrum ESRA), © Josef Polleros

Die parallele Entwicklung ESRAs zur Sozialabteilung wird auch durch die Personalentwicklung deutlich.[1612] Peter Schwarz erzählt, das Personal habe an-

---

1606 Glück, Elvira, Interview, 28.01.2021.
1607 Ebd.
1608 Ebd.
1609 Ebd.
1610 Vgl. Netopil, Gerda, Interview, 18.02.2021.
1611 Ebd.
1612 Im Frühling 1993 beschloss der Kultusvorstand Samuel Shparaga als Mitarbeiter der IKG weiterhin zu beschäftigen und Ewa Goldmann als Sekretärin der Sozialabteilung anzustellen. Mit Stand von Sommer 1993 war Elvira Glück Abteilungsleiterin, N.N. (ehem.

fänglich überhaupt nur aus wenigen Mitarbeiter:innen bestanden, die von der Sozialabteilung übernommen worden seien. Davon sei ein Kollege nach wie vor bei ESRA angestellt.[1613] Das Personal sei dann sukzessive aufgestockt worden und ESRA sei relativ schnell gewachsen.[1614] Insofern bedurfte ESRA zusätzlicher Räumlichkeiten und erhielt diese mit der Errichtung des Neubaus im Erdgeschoss in der Tempelgasse 5. Sie seien in deren Konzeption bereits involviert gewesen.[1615] »Da waren wir von Anfang an eingebunden. Das war auch gut und wichtig so. Wir haben damals mit einer Raumreserve von 20 Prozent an Fläche gerechnet. Sehr schnell war diese Reserve aufgebraucht. Wir leiden unter ständiger Platznot, das ist irgendwie ein gutes Zeichen.«[1616] Wie gut ESRA tatsächlich laufen würde, wirft Schwarz ein, war zum damaligen Zeitpunkt aber noch nicht absehbar gewesen.[1617]

Ein Bruch in ESRAs Entwicklungsgeschichte ist mit Elvira Glücks Weggang im Jahr 1999 zu verzeichnen. Bis zu diesem Zeitpunkt war sie »ganz oben in der Hierarchie«[1618] gewesen. Darunter existierten eben die Bereiche der Ambulanz und der Sozialen Arbeit.[1619] Sie erinnert sich an Gespräche mit den damaligen Leiter:innen Mathae, Schwarz und Vyssoki über ihre Nachfolge: »Die drei haben gesagt: ›Wenn du gehst, dann müssen wir drei Führung sein. Keiner von uns führt.‹«[1620] Peter Schwarz dazu näher: »Es war dann irgendwie gar nicht so klar, wer soll jetzt die Spitze sein? Es wäre für jeden von uns drei Persönlichkeiten schwierig gewesen, einen der anderen als Spitze zu akzeptieren.«[1621] Weiter schildert Glück die damalige Reaktion der IKG, die von einem Führungstrio

---

Karlinger) [Mit Karlinger ist vermutlich Sabine Kallinger gemeint, die bis 1993 in der Sozialabteilung tätig war] und Michaela Mathae waren die Sozialarbeiterinnen. Holler Nelli wurde als Sekretärin angeführt. Sylvia Diuk Welman war als Betreuerin tätig, Samuel Shparaga als Dolmetscher und Sinaida Samandarov sowie Georg Furtner als Sprachlehrende. Vgl. Archiv IKG Wien, Bestand Wien, A/VIE/IKG/III/AD/VOR/18/5, Protokoll, 17.03.1993; vgl. ebd., Protokoll, 15.04.1993; vgl. ebd., A/VIE/IKG/III/AD/VOR/19/1, Protokoll, 15.11.1993.

1613 Samuel Shparaga.
1614 Seine Aussage bestätigen auch Budgetplanungen aus denen die Übernahme nachstehender Personen hervorgeht: Mit Sommer 1994 hatte sich die Personalsituation nämlich verändert: Brigitte Ecker war als Sekretärin, Jasenka Kriszanic als Betreuerin und Samuel Shparaga als Dolmetscher in ESRA tätig. Elvira Glück war als Abteilungsleiterin zum damaligen Zeitpunkt weder ESRA noch der IKG zugeordnet worden. Georg Furtner blieb weiterhin als Sprachlehrer, Sinaida Samandarov in der Betreuung und Michaela Mathae als Sozialarbeiterin. Vgl. Archiv IKG Wien, Bestand Wien, A/VIE/IKG/III/AD/VOR/20/5, Protokoll, 08.12.1994, Budget 1995; vgl. Schwarz, Peter, Interview, 18.01.2021.
1615 Vgl. ebd.: Vgl. Schwarz, Peter, Interview, 18.01.2021.
1616 Ebd.
1617 Vgl. ebd.
1618 Glück, Elvira, Interview, 28.01.2021.
1619 Vgl. ebd.
1620 Ebd.
1621 Schwarz, Peter, Interview, 11.01.2021.

zunächst nicht angetan war, sich letztlich aber darauf einließ. Gegenargument war im Besonderen der erhöhte Kommunikationsaufwand mit dreien, anstelle von einer Person.[1622] Schwarz widerspricht dem nicht und benennt das Problem: Es handle sich um ein »sehr träges System«.[1623] Der Kommunikationsbedarf sei aufwendiger und die Entscheidungsfindungen brauchten mehr Zeit.[1624] Dennoch spricht er sich für diese Leitungsvariante aus: »Ich glaube, dass die Qualität der Entscheidungen in sehr vielen Fällen dadurch wesentlich besser war, als wenn eine Person alleine entschieden hätte.«[1625] Trotz der damit verbundenen Herausforderungen hielt Schwarz das Konzept hoch, wenngleich er hinzufügt, es sei nicht als solches geplant gewesen, »sondern es ist aus einer Situation entstanden, wo die Spitze, Elvira Glück weggegangen ist.«[1626] Die IKG habe zunächst einer befristeten Dreierführung zugestimmt. Nach maximal einem Jahr habe anschließend eine Leitung gewählt werden sollen.[1627] »Das haben die drei abgelehnt und man ist auf sie eingegangen. Deswegen gibt es eine Dreier-Führung«[1628], so Glück. Eindeutig überzeugten die Argumente für eine Dreier-Leitung auch die IKG und so behielten Mathea und Vyssoki ihre Leitungsfunktionen und Peter Schwarz wurde Geschäftsführer.[1629] In dieser Konstellation seien vor allem die gemeinsamen, konsensbasierten Entscheidungen relevant gewesen, auf die sie sich meist einfach, teilweise aber auch nur durch »leidenschaftliche Diskussionen« einigen hätten können.[1630] Obgleich Gerda Netopil kein Gründungsmitglied war, spricht sie aus Erfahrung, wenn sie Erfolg oder Scheitern eines solchen Führungssystems diplomatisch auf den Punkt bringt: »Wie so oft steht und fällt das natürlich auch mit den handelnden Personen.«[1631] Als Voraussetzung für den Erfolg sehe sie eine ähnliche gemeinsame Haltung sowie eine offene Diskussions- und Konfliktkultur.[1632] Auch spricht sie das häufige Ringen Sozialer Arbeit um ihren Stellenwert offen aus: »Natürlich bemühe ich mich darum, dass die Stimme der Sozialen Arbeit irgendwie mehr gehört wird.«[1633] Gerda Netopil fing noch unter Elvira Glück als Sozialarbeiterin in ESRA an. Anschließend übernahm sie

---

1622 Vgl. Glück, Elvira, Interview, 28.01.2021.
1623 Vgl. Schwarz, Peter, Interview, 11.01.2021.
1624 Vgl. ebd.
1625 Ebd.
1626 Ebd.
1627 Vgl. Glück, Elvira, Interview, 28.01.2021.
1628 Ebd.; Mit Anfang des Jahres 2023 ging eine diesbezügliche Änderung der Statuten einher.
1629 Peter Schwarz übte diese Funktion bis Ende 2021 aus.
1630 Vgl. Schwarz, Peter, Interview, 11.01.2021.
1631 Netopil, Gerda, Interview, 18.02.2021.
1632 Vgl. ebd.
1633 Ebd.

die stellvertretende Leitung Michaela Matheas. Mit deren Weggang 2007 übernahm sie schließlich die Leitungsfunktion.[1634]

Abb. 40: Peter Schwarz, Gerda Netopil, Klaus Mihacek (Bestand Psychosoziales Zentrum ESRA)

Alexander Friedmann war bis zu seinem plötzlichen Tod 2008 als Obmann von ESRA tätig. Ihm folgte bis 2013 die oben erwähnte Ellinor Haber. Eine Ära endete, als David Vyssoki seine Arbeit als ärztlicher Leiter 2011 aus gesundheitlichen Gründen niederlegte. Klaus Mihacek übernahm seine Leitungsfunktion. Er selbst sei bereits seit 1996 in ESRA tätig gewesen und kannte Vyssoki, wie viele andere auch, aber noch aus ihrer beider Zusammenarbeit im Otto-Wagner-Spital, sagt Mihacek.[1635] David Vyssoki habe ihm damals erzählt, die Kultusgemeinde beschäftige sich mit der Projektplanung einer Ambulanz »auf der Überlebende der NS-Verfolgung sowohl sozialarbeiterisch, aber eben auch medizinische-psychologische et cetera Hilfe bekommen.«[1636] Dieses Tätigkeitsfeld habe ihn sofort überzeugt und so habe er sich diesem in ESRA bis zu seiner Pensionierung im Jahr 2020 gewidmet.[1637]

---

1634 Vgl. ebd.
1635 Vgl. Mihacek, Klaus, Interview, 12.02.2021.
1636 Ebd.
1637 Vgl. ebd.

Abb. 41: Klaus Mihacek und David Vyssoki, 2011 (Bestand Psychosoziales Zentrum ESRA)

Der Mittagstisch und das ESRA Caféhaus

Mit der Entstehung ESRAs wurde in der Haidgasse im zweiten Wiener Gemeindebezirk ein koscherer Mittagstisch eingerichtet.[1638] Nachdem dieser nicht direkt in die Räumlichkeiten ESRAs integriert war, wurde er nicht wirklich als Teil der Institution wahrgenommen. Vage erinnert sich Gerda Netopil an einen größeren Raum im Souterrain sowie eine eigene Küchenzeile, in der das Essen aufgewärmt habe werden können.[1639] Obwohl auch so etwas wie Spielnachmittage angeboten wurden, spricht Netopils erste Assoziation mit dem damaligen Mittagstisch für sich: »Ich habe ihn ein bisschen traurig in Erinnerung.«[1640] Begründend führt sie nicht nur die lokale Isolierung an, sondern auch, dass es den meisten dieser Klient:innen nicht möglich gewesen sei, an Gruppenaktivitäten teilzunehmen. Obwohl es sich um eine kleine Gruppe gehandelt habe, habe die Betreuung hauptsächlich in Einzelgesprächen bestanden.[1641] Die unterschiedli-

---

1638 Vgl. Psychosoziales Zentrum ESRA, Esra 1994–2004, in: Psychosoziales Zentrum ESRA, 10 Jahre ESRA: Zentrum für psychosoziale, sozialtherapeutische und sozikulturelle Integration. Ambulanz für Spätfolgen und Erkrankungen des Holocaust- und Migrationssyndroms, Wien 2004, 18–26, 18.
1639 Vgl. Netopil, Gerda, Interview, 27.04.2021.
1640 Ebd.
1641 Vgl. ebd.

chen Diagnosen scheinen gruppenspezifischere Beschäftigungsmöglichkeiten nicht ermöglicht zu haben,[1642] auch wenn die Zielvorstellungen prinzipiell weiterreichend waren. Trotz der Defizite wurde der Mittagstisch nicht eingestellt. Im Gegenteil, 1996 nahm das »ESRA Caféhaus« seinen Betrieb auf.[1643] Mit der Integrierung dieser Dependance am Karmelitermarkt in ESRAs Räumlichkeiten wurde nicht nur der Mittagstisch sondern der Gesamtbetrieb dynamisiert.[1644] Lassen sich die positiven Auswirkungen auf den Mittagstisch allein auf den Umzug zurückführen? Netopil bejaht diese Frage. Die Gruppe der Besucher:innen des Mittagstisches sei vielfältiger geworden, weil eine Restaurantsituation geschaffen war, die zu Kommunikation einlud, wenn es auch nach wie vor isolierte Klient:innen gab.[1645] Netopil erläutert die Gründe der heterogeneren Angebotsannahme mit der Entstigmatisierung durch die direkte Integrierung des Mittagstisches in die Gesamtinstitution. Dazu trug der Publikumsverkehr in der gesamten Institution bei: »Es kommen Kinder verschiedenen Alters mit den Eltern in die Kinder- und Jugendberatung. Es kommen Klienten:innen in die Sozialberatung, die teilweise dann auch den Mittagstisch wahrnehmen, oder sie gehen anschließend ins offene Café, oder nehmen an einer anderen sozialen Gruppe teil. Ich würde sagen, es hat etwas Interagierendes, auch wenn man eben aufgrund einer Erkrankung selbst eher passiv ist.«[1646] Obgleich die soziale Interaktion nachrangig und das Essen vorrangig sei, fördere der niederschwellige Rahmen passiver und aktiver Partizipationsmöglichkeiten die Inklusion auch dieser Klient:innen. Kommt es zu keiner Interaktion untereinander, ist vor Ort aber immer der Austausch mit Betreuer:innen und Sozialarbeiter:innen gegeben. Durch deren Anwesenheit kann auch in etwaige Konflikte deeskalierend eingegriffen werden. Wurde die Betreuung anfänglich durch Betreuer:innen übernommen, professionalisierte sich das Angebot durch das spätere sozialarbeiterisch-pädagogisch zuständige Personal. Diese wirke sich positiv auf das soziale Setting mit Betreuungsmöglichkeiten und Mittagessen aus. Vorwiegend sei das Café von Senior:innen besucht. Die Relevanz des Angebots zeichne sich besonders durch den tagesstrukturierenden Fixpunkt aus. Netopil hebt die Aktivierung hervor, die allein das Verlassen der eigenen Wohnung mit sich bringt. Auch der Vereinsamung sei damit entgegengewirkt. Einige Klient:innen erschienen

---

1642 Vgl. ebd.
1643 Vgl. Psychosoziales Zentrum ESRA, Esra 1994–2004, in: Psychosoziales Zentrum ESRA, 10 Jahre ESRA: Zentrum für psychosoziale, sozialtherapeutische und sozikulturelle Integration. Ambulanz für Spätfolgen und Erkrankungen des Holocaust- und Migrationssyndroms, Wien 2004, 18–26, 18.
1644 Vgl. Schwarz, Peter, Interview, 18.01.2021.
1645 Vgl. Netopil, Gerda, Interview, 27.04.2021.
1646 Ebd.

regelmäßig, manche zweimal in der Woche.[1647] Wieder andere erkundigen sich vorab über den Speiseplan und entscheiden dementsprechend: »›Was gibt es zum Essen? Ah, das schmeckt mir nicht, da komme ich nicht.‹«[1648] heiße es dann. Das Speiseangebot werde gruppenspezifisch mehr oder weniger angenommen. Die Diversität der jüdischen Gemeinde schlage sich eben auch in den unterschiedlichen Küchen und Geschmäckern nieder.

### Ausrichtung – Zielgruppe(n)

Die Vision von ESRAs Gründungsmitgliedern wurde weiter oben beleuchtet. Gemäß der definierten primären Zielgruppe der Schoa-Überlebenden und Zuwander:innen wurde ESRA als Einrichtung der IKG etabliert. Mehr als ein Vierteljahrhundert nach der Gründung ist folgende Antwort auf die Frage nach der primären Zielgruppe ESRAs nicht nur exemplarisch für die befragten Fachleute zu sehen, sondern vermutlich aktuelleren, kontrovers geführten Debatten geschuldet: »Das ist natürlich die jüdische Gemeinde, überhaupt keine Frage. 80 Prozent der Klient:innen und Patient:innen waren Jüdinnen und Juden. Das war auch der Hauptgrund für die Gründung ESRAs.«[1649] Die primäre Zielgruppe wird hier zunächst in Abgrenzung zu einer nicht-jüdischen Zielgruppe definiert. Für die weitere Ausdifferenzierung dieser primär jüdischen Zielgruppe wird in der vorliegenden Arbeit ebenso der Begriff der Zielgruppe zur Kategorisierung von Subgruppen der Primärgruppe verwendet, wobei in ESRA selbst nicht von unterschiedlichen Zielgruppen innerhalb der jüdischen Gemeinde gesprochen wird: Fokussierungen auf bestimmte Subgruppen innerhalb ESRAs sind über Teamnamen, Bereiche oder Projekte nachvollziehbar.

### Wer waren betreute NS-Überlebende?

Eine wesentliche Zielgruppe ESRAs stellen, wie gesagt, Holocaust-Überlebende bzw. NS-Überlebende dar. Peter Schwarz hebt die bewusste Verwendung des Begriffs der »NS-Überlebenden« hervor, inkludiere dieser doch alle Überlebenden des NS-Terrors, also nicht nur Jüdinnen und Juden.[1650] Eine diesbezügliche Zielgruppendefinition durch Expert:innen ESRAs gibt weiter Aufschluss: »Klienten sind alle Opfer der NS-Verfolgung, deren Angehörige und deren Nachkommen, deren Persönlichkeitsentwicklung unter den elterlichen Spätfol-

---

1647 Vgl. ebd.
1648 Ebd.
1649 Mihacek, Klaus, Interview, 12.02.2021.
1650 Vgl. Schwarz, Peter, Interview, 18.01.2021.

gen der Shoah Schaden genommen hat. Es dauerte jedoch seine Zeit, bis andere Opfergruppen, als die jüdische den Weg zu ESRA fanden.«[1651] Aufgrund ESRAs Zuständigkeit für die breite Zielgruppe – also auch nichtjüdischer – NS-Überlebender sollen auch diese hier Erwähnung finden. Die Schwerpunktsetzung ESRAs auf die NS-Überlebenden hing nicht allein von deren Bedarf an Unterstützung ab, sondern auch von ihrem Ruf als professionell beratende und betreuende Einrichtung mit unmissverständlich klarer parteilicher Haltung für Klient:innen, die sie sowohl in der direkten Arbeit mit ihnen als auch nach außen zeigte: »Wir haben in ESRA gerade Ende der 90er und Anfang der 2000er Jahre Überlebende des ›Spiegelgrund‹ beraten und unterstützt. In dieser Zeit sind relativ viele ›Spiegelgrund‹-Überlebende zu ESRA gekommen, und ich glaube, dass ESRA wirklich einen großen Teil dazu beigetragen hat, dass diese anerkannt wurden, dass sie in ESRA eine Möglichkeit gefunden haben, sich zu artikulieren und ihre Rechte auf Entschädigung geltend zu machen.«[1652] Nach der Erinnerung des langjährigen ärztlichen Leiters ESRAs, Klaus Mihacek, sei es eine Gruppe von ungefähr 60 Personen gewesen, die von ESRA begleitet wurde.[1653] Offiziell nahm ESRA im April 1999 die umfassende Behandlung und Betreuung von Überlebenden der Anstalt »Am Spiegelgrund« auf.[1654] Der sozialarbeiterische Schwerpunkt habe auf Beratungen im Rahmen von Leistungen des Opferfürsorgegesetzes und Anträgen auf Entschädigungszahlungen gelegen.[1655] Etliche Interventionen standen dabei etwa auch in Zusammenhang mit der Forderung der Behörden, Zeugnisse über das Überlebte zu erbringen.[1656]

Die öffentliche Einrichtung des Wiener Gesundheits- und Sozialsystems »Am Spiegelgrund« zählte während der NS-Zeit zu einer der größten Einrichtungen für »Kindereuthanasie«, der organisierten Tötung geistig und/oder körperlich

---

1651 Vyssoki, David/ Tauber, Traude/Strusievici, Stefan/Schürmann-Emanuely, Alexander, Trauma bei den Opfern der NS-Verfolgung, in: Friedmann, Alexander/Hoffmann, Peter/ Lueger-Schuster, Brigitte/Steinbauer, Maria/Vyssoki, David, Psychotrauma. Die Posttraumatische Belastungsstörung, Wien 2004, 197–211, 201.
1652 Heidlmair, Georg, Interview, 21.05.2021.
1653 Vgl. Mihacek, Klaus, Interview, 12.02.2021.
1654 Vgl. Vyssoki, David/ Tauber, Traude/Strusievici, Stefan/Schürmann-Emanuely, Alexander, Trauma bei den Opfern der NS-Verfolgung, in: ebd., 201.
1655 In der Regel betrafen Beratungen hinsichtlich des Opferfürsorgegesetzes: Amtsbescheinigungen, Unterhaltsrenten und Gesundheitsschadensrenten (›Opferrenten‹). Vgl. Netopil, Gerda, zit. nach: Freyer, Jasmin/Heidlmair, Georg/Netopil, Gerda, Enthüllung des Mahnmals am Spiegelgrund, Homepage Psychosoziales Zentrum ESRA, online: https://esra.at/ak tuelles-posts/enthuellung-des-mahnmals-am-spiegelgrund/ [10.01.2023]. Näheres zu den Voraussetzungen für den Leistungsbezug aus dem Opferfürsorgegesetz s. im Kapitel »Tätigkeitsfelder des Personals und die Re-Organisation(sstruktur)«. Die Anträge auf Entschädigungszahlungen wurden an den Nationalfonds der Republik Österreich, Allgemeiner Entschädigungsfonds, gestellt. Näheres zum Nationalfonds siehe: im Kapitel »ESRA als Traumazentrum«.
1656 Vgl. ebd.

behinderter/»verhaltensauffälliger« Kinder und Jugendlicher. Es ist nicht mehr nachvollziehbar, wie viele von ihnen aktiv ermordet wurden, wie viele letztlich infolge von Vernachlässigung starben, oder sowieso keine nennenswerten Überlebenschancen hatten, schreibt der Historiker Herwig Czech und führt dazu näher aus:[1657] »Die Zahlen, die dazu in der Literatur kursieren, stammen von Tatbeteiligten, die nach dem Krieg vor Gericht allen Grund hatten, die Anzahl der Morde herunterzuspielen. Allen Toten vom Spiegelgrund ist jedenfalls gemeinsam, dass sie in einer Einrichtung starben, in der jeder Patient als potenziell tötbar galt und Selektion und Vernichtung ›lebensunwerten Lebens‹ zur täglichen Routine gehörten. In diesem Sinn sind sie alle als Opfer der NS-Euthanasie anzusehen.«[1658] Gänzlich konträre Sichtweisen sollten jedoch lange die Lebensrealitäten dieser Opfergruppe prägen. Die Anerkennung der Ausgrenzungs- und schweren Foltererfahrungen dieser Kinder und Jugendlichen fehlte.[1659] Da die »Verhaltensauffälligen« und »Schwererziehbaren« eben nicht aufgrund von Behinderungen an den »Spiegelgrund« überstellt worden waren, erkannte sie das Opferfürsorgegesetz auch nicht als Verfolgte dieser Kategorie gemäß der Novelle von 1995 an.[1660] In den Jahren des NS-Terrors trug die Kinderübernahmestelle, kurz KÜST, von der Kinder und Jugendliche an die Anstalt »Am Spiegelgrund« überwiesen wurden, maßgeblich zur »Selektion« und Vernichtung »unwerten Lebens« bei, worunter gemäß NS-Ideologie psychisch und physisch Behinderte, »Asoziale« oder »schwer Erziehbare« fielen. Galt Pavillon 17 offiziell der Aufnahme von Kindern, wurde im Pavillon 15, der »Säuglingsabteilung«, gezielt gemordet.[1661] Obwohl der Arzt Werner Vogt, Mitbegründer der Arbeitsgemein-

---

1657 Vgl. Czech, Herwig, Der Spiegelgrund-Komplex: Kinderheilkunde, Heilpädagogik, Psychiatrie und Jugendfürsorge im Nationalsozialismus, in: Österreichische Zeitschrift für Geschichtswissenschaften ÖZG, Nr. 25, Jg. 2014, 194–219, 198.
1658 Ebd.
1659 Vgl. Mihacek, Klaus, Interview, 12.02.2021.
1660 S. dazu das Bundesgesetzblatt, BGBl. Nr. 432/1995. Die Bemühungen grüner sowie liberaler Nationalratsabgeordneter mit dieser Novelle ›Asoziale‹ und Homosexuelle Verfolgte auch im OFG anzuerkennen, scheiterten aufgrund des einheitlichen Widerstands der Österreichischen Volkspartei und einzelner Abgeordneter der Sozialistischen Partei, die großkoalitionären Anliegen anhingen, merken Karin Berger und weitere Mitglieder der Historikerkommission an. Überlebenden, die genannte Verfolgungsgründe aufwiesen und den Opferfürsorgebehörden keine anderen Verfolgungsgründe glaubhaft machen konnten, blieb eben nur, Antrag auf Nachsicht zu stellen. Vgl. Berger, Karin/Dimmel, Nikolaus/Forster, David/Spring, Claudia/Berger, Heinrich, Vollzugspraxis des »Opferfürsorgegesetzes«. Analyse der praktischen Vollziehung des einschlägigen Sozialrechts, Veröffentlichungen der Historikerkommission. Vermögensentzug während der NS-Zeit sowie Rückstellungen und Entschädigungen seit 1945 in Österreich, Band 29/2, Wien/München 2004, 271.
1661 Die KÜST befand sich in der Lustkandlgasse im 9. Wiener Gemeindebezirk. (Davor befand sich bis 1910 in der Siebenbrunnengasse 78 im 5. Wiener Gemeindebezirk eine Übernahmestelle.) Eröffnet wurde die KÜST noch 1925 unter Julius Tandler gemäß seines promi-

schaft »Kritische Medizin«, »bereits« Ende der 1970er Jahre auf die dortigen Tötungs-Vorgänge aufmerksam gemacht hatte, wurde einer breiten Öffentlichkeit das Grauen erst seit den späten 1990er Jahren, vor allem mit Berichten von Überlebenden, bewusst. Dazu zählte etwa Alois Kaufmanns 1999 erschienenes autobiografisches Werk »Totenwagen: Kindheit am Spiegelgrund« oder auch »Meine liebe Republik«, eine Dokumentation aus dem Jahr 2006 über und mit Friedrich Zawrel und Florian Klenk von Elisabeth Scharang.[1662] Zur Frage nach der späten Aufarbeitung führt Klaus Mihacek an, dieser Gruppe habe es an einer Interessensvertretung gefehlt: »Das waren meistens Kinder aus sogenannten – nach NS-Diktion – ›asozialen Familien‹. Alle, die nicht der NS-Rassenideologie entsprochen haben, wurden dort sukzessive umgebracht.«[1663] Mihacek erwähnt ESRAs mediale Berichterstattungen, die in Zusammenhang mit zunehmender Aufarbeitung etwa auch dazu geführt habe, dass am Areal der Baumgartner Höhe eine Gedenkstätte errichtet worden ist.[1664]

---

nenten Zitates »Wer Kindern Paläste baut, reißt Kerkermauern nieder.« Die KÜST war zentrale Drehscheibe und fungierte als solche zur Aufnahme- und Verteilungsstelle von Kindern und Jugendlichen, die in die Fürsorge überstellt worden waren. Vgl. Czech, Herwig, Der Spiegelgrund-Komplex: Kinderheilkunde, Heilpädagogik, Psychiatrie und Jugendfürsorge im Nationalsozialismus, in: Österreichische Zeitschrift für Geschichtswissenschaften ÖZG, Nr. 25, Jg. 2014, 194–219, 199.

1662 Vgl. Kaufmann, Alois, Totenwagen: Kindheit am Spiegelgrund, Wien 1999; Vgl. Scharang, Elisabeth, Meine liebe Republik, eine Dokumentation mit und über Friedrich Zawrel und Florian Klenk, Wien 2006.

1663 Mihacek, Klaus, Interview, 12.02.2021; Ausgewertete Krankenakten belegen beispielsweise den hohen Prozentsatz der Todesursache Lungenentzündung. Diese waren etwa auf schleichende Vergiftungen durch Schlafmittel zurückzuführen. Vgl. Czech, Herwig, Der Spiegelgrund-Komplex: Kinderheilkunde, Heilpädagogik, Psychiatrie und Jugendfürsorge im Nationalsozialismus, in: Österreichische Zeitschrift für Geschichtswissenschaften ÖZG, Nr. 25, Jg. 2014, 194–219, 196.

1664 Vgl. Mihacek, Klaus, Interview, 12.02.2021. Eine erste Erinnerungstafel wurde 1998 im Foyer des Verwaltungsgebäudes angebracht und sollte allgemein der Opfer der Psychiatrie während der NS-Zeit gedenken. Es dauerte noch ungefähr weitere zehn Jahre bis zur Eröffnung einer erweiterten Ausstellung mit dem Titel »Der Krieg gegen die ›Minderwertigen‹«. Im Jahr 2002 fand die Beisetzung der sterblichen Überreste der Opfer am Zentralfriedhof statt, nachdem diese noch bis in die 1980er Jahre für Forschungszwecke benutzt worden waren. 2012 fand eine weitere Beisetzung zusätzlicher Spielgelgrundfunde, sowie von »Opfern der ›dezentralen Euthanasie‹ am Steinhof« statt. ESRAs Geschäftsführung, Susanne Schütts und Benjamin Vyssokis Anwesenheit an der Enthüllung des Mahnmals für die Opfer »Am Spielgelgrund« im Herbst 2022 auf dem heutigen Areal der Klinik Penzing unterstreicht ESRAs anhaltendes Engagement für die spezifische Gruppe der »Heimkinder«. Vgl. OTS, Ausstellung über Naziverbrechen am Steinhof erweitert, online: https://www.ots.at/presseaussendung/OTS_20080702_OTS0091/ausstellung-ueber-naziverbrechen-am-steinhof-erweitert [29.12.2022].

Zu der Gruppe der NS-Überlebenden zählt auch die der Roma und Sinti. Vor dem »Anschluss« lebten etwa 11 000 bis 12 000 von ihnen in Österreich.[1665] Die Zahlenangabe während der NS-Zeit Ermordeter schwankt in der Literatur zwischen 4 500 und 6 000 Menschen. Die Historiker Gerhard Baumgartner und Florian Freud begründen das unter anderem mit der fehlenden einheitlichen Häftlingskategorie: Roma und Sinti wurden häufig als »Asoziale« in Konzentrationslager deportiert. Sie schätzen auf Grundlage der Deportationen die Zahl der Ermordeten auf 9 500.[1666] Die Verfolgung und Ermordung der Vorfahren in Österreich lebender Roma, Sinti und Lalleri schloss auch jene mit ein, die sich selbst nicht mit dieser Gruppe identifizierten, oder aber Fahrende waren. Ihre Stigmatisierung blieb über 1945 hinaus bestehen und führte unter anderem zur erschwerten Durchsetzung von Entschädigungsansprüchen.[1667] Gemäß der Opferfürsorgeakten belief sich die Zahl der Überlebenden in Österreich auf 1 427 Menschen. 900 Anträge wurden allein im Burgenland, der ehemals größten österreichischen Roma-Gemeinde, gestellt.[1668] Wenige Jahre nach Betriebsaufnahme bemühte sich ESRA »am Ende der 90er Anfang der 2000er die durch das NS-Regime verfolgte Gruppe der Roma und Sinti aktiv zu erreichen: Wir haben uns zuständig gefühlt.«[1669] sagt Peter Schwarz; und auch wenn die Anzahl laut ihm letztlich überschaubar war, nannte Mihacek sie immerhin als zweitgrößte Gruppe zu Betreuender nach den Speiegelgrund-Überlebenden.[1670] Wie bei Letzteren führten positive Erfahrungen in der Beratung und der Behandlung zur Zunahme der Klient:innenzahl: Anfangs kamen noch »sehr wenige Roma und Sinti zu ESRA, als sich jedoch in den Familien herumsprach, dass ESRA ein Ort sei, wo auch endlich und effektiv geholfen werde, wurde es zumindest für viele in Wien Lebende unter ihnen eine Anlaufstelle.«[1671]

---

1665 Vgl. Baumgartner, Gerhard/Freund, Florian, Der Holocaust an den österreichischen Roma und Sinti, o. O. o. J., online: https://www.romasintigenocide.eu/media/neutral/holocaust BGFF.pdf [25. 10. 2022].
1666 Vgl. ebd.
1667 Vgl. Jabloner, Clemens/Bailer-Galanda, Brigitte/Blimlinger, Eva/Graf, Georg/Knight, Robert/Mikoletzky, Lorenz/Perz, Bertrand/Sandgruber, Roman/Stuhlpfarrer, Karl/Teichova, Alice, Schlussbericht der Historikerkommission der Republik Österreich. Vermögensentzug während der NS-Zeit sowie Rückstellungen und Entschädigungen seit 1945 in Österreich. Zusammenfassungen und Einschätzungen, Band 1, Wien 2003, 156.
1668 Vgl. Draxl, Katrin/Schneebauer, Wilhelmine/Schürmann-Emanuely, Alexander/Vyssoki, David, Child Survivors der NS-Verfolgung in Österreich nach 1945. Mental Health Promotion bei schwerst traumatisierten Menschen. Eine Studie zur Erhebung von ressourcenstärkenden Bewältigungsstrategien, unveröffentlichter Endbericht, Wien 2008, 56.
1669 Schwarz, Peter, Interview, 18. 01. 2021.
1670 Vgl. Mihacek, Klaus, Interview, 12. 02. 2021.
1671 Vyssoki, David/ Tauber, Traude/Strusievici, Stefan/Schürmann-Emanuely, Alexander, Trauma bei den Opfern der NS-Verfolgung, in: Friedmann, Alexander/Hoffmann, Peter/Lueger-Schuster, Brigitte/Steinbauer, Maria/Vyssoki, David, Psychotrauma. Die Posttraumatische Belastungsstörung, Wien 2004, 197–211, 201.

Die Kärntner Slowen:innen zählten ebenso zur Gruppe der NS-Überlebenden, deren Beratung und Behandlung ESRA sich annahm, wenngleich in etwas anderer Weise, als bei den zuvor genannten Verfolgungsopfern.[1672] Alle eint jedoch, in der Nachkriegszeit und weit darüber hinaus ignoriert worden zu sein. Der Historiker Wolfgang Neugebauer weist etwa in seinem Vorwort »Zur Bedeutung des slowenischen Widerstands in Kärnten« auf den beschämenden Umstand hin, dass der Widerstandskampf der Kärntner Slowen:innen ausschließlich minimale Anerkennung und Dank erfuhr, obgleich dessen weitreichende Bedeutung unbestritten ist und in Österreich zur wirkungsvollsten und militärisch relevantesten antifaschistischen Gegenwehr zählte.[1673] Der April 1942 markierte mit der ersten strategisch lang geplanten »Aussiedlungsaktion« die beginnende brutale Verfolgung der Kärntner Slowen:innen, die zur Internierung von 917 Personen in die »Lager der Volksdeutschen Mittelstelle« führte. Die Mehrheit von ihnen wurde jedoch in weitere Lager versendet. Manche von ihnen wurden wiederum in Gefängnisse sowie in Konzentrationslager deportiert.[1674]

Die ersten Nachrichten in Bezug auf Widerstand im besetzten Slowenien zirkulierten bereits ab Spätsommer 1941. Von organisiertem bewaffnetem Widerstand in Südkärnten wird ab Juli 1942 ausgegangen.[1675] Die Ausbreitung slowenischen Partisanenkampfes in Kärnten mit Zustimmung der slowenischen Bevölkerung, ist auf die genannte gewaltsame »Aussiedlungsaktion« zurückzuführen. Die Mehrheit politisch verfolgter Kärntner Slowen:innen wurde letztlich in Folge von Verbindungen, oder vermeintlichen Verbindungen zu den Freiheitskäpfer:innen durch die Nazis verfolgt und deportiert.[1676] Die 7. Novelle des Opferfürsorgegesetzes sah zwar Entschädigungszahlungen für Haftzeiten im KZ

---

1672 Vgl. Schwarz, Peter, Interview, 18.01.2022.
1673 Die Verfolgung der Kärntner Slowen:innen durch die Nazis stand in unmittelbarem Zusammenhang mit dem Überfall Hitlerdeutschlands auf Jugoslawien Anfang April 1941. Dieses Ereignis beeinflusste den weiteren Umgang mit den Kärntner Slowen:innen maßgeblich: »Von diesem Moment ab wurde ihr Schicksal an das der gesamten slowenischen Nation gebunden. Das nationalsozialistische Regime beanspruchte im Sinne seiner geopolitischen Strategie […] einen Großteil des slowenischen Territoriums als ›alten deutschen Kulturboden‹ und sah im Einklang mit seiner rassistischen Orientierung für die Slowenen […] folgende ›Alternative‹ vor: Eindeutschung der ›Eindeutschungswilligen und -fähigen‹ sowie Beseitigung (durch Deportation und Vernichtung) jener, die weder willens noch fähig waren, diesem Anspruch zu genügen.« Messner, Mirko, Widerstand der Kärntner Slowenen, in: Dokumentationsarchiv des österreichischen Widerstandes, Spurensuche. Erzählte Geschichte der Kärntner Slowenen, Erzählte Geschichte, Berichte von Widerstandskämpfern und Verfolgten, Band 4, Wien 1990, 221–448, 221; vgl. Neugebauer, Wolfgang, Vorwort: Zur Bedeutung des slowenischen Widerstands in Kärnten, in: ebd., 7–8, 7f.
1674 Vgl. Verdel, Helena, Die Vertreibung der Kärntner Slowenen, in: ebd., 134–218, 143 u. 147f.
1675 Vgl. Messner, Mirko, Widerstand der Kärntner Slowenen, in: ebd., 221–448, 224.
1676 Vgl. Malle, Avguštin, Die Vertreibung der Kärntner Slowenen/Pregon koroških Slovencev: 1942-2002, Kärnten/Celovec 2002, 2006.

oder Gefängnis vor, nicht aber für die Zwangsanhaltungen in den Lagern der »Volksdeutschen Mittelstelle«. Diese wurden erst mit der 12. Novelle im Jahr 1961 als Haftzeiten anerkannt. Auch sie mussten jahrelang um ihre offizielle Anerkennung als Opfer des NS-Terrors ringen.[1677] Eine organisations- und länderübergreifende Veranstaltung in Tainach/Tinje 2004 widmete sich dem Thema Traumatisierung und Spätfolgen nationalsozialistischer Verfolgung. Die Tatsache, dass ESRA selbst als vortragende Institution teilnahm, war der Initiative des Überlebenden Andrej Sturm zu verdanken.[1678] Wie sich aus dieser und ähnlichen Veranstaltung ein eigenständiges Projekt zur Betreuung dieser Überlebenden etablierte, umreißt Peter Schwarz: »Da gab es Kontakte nach Kärnten, wo es dann auch einige Informationsabende gab. Das waren Versammlungen von Kärntner Slowenen, wo wir u. a. darüber informiert haben, was ESRA ihnen anbieten kann. Wir haben dort auch Beratungen durchgeführt. [...] Daraus hat sich dann eine größere Menge an Aktivitäten ergeben. Wenn ich mich richtig erinnere, ging es da hauptsächlich um Opferrenten, wo wir unterstützt haben, dass die Betroffenen sie erhalten. Aber daraus hat sich ein Projekt mit Klaus Ottomeyer entwickelt.«[1679] Die Zusammenarbeit zwischen dem Institut für Psychologie der Universität Klagenfurt mit Professor Klaus Ottomeyer, Begründer des Vereins ASPIS, und ESRA diente der Schaffung vergleichbarer Betreuungsstrukturen in Kärnten und intensivierte sich 2005: »Dort ist dann ein Projekt ins Laufen gekommen [...] wo wir mit ASPIS gemeinsam Kärnten-Slowen:innen in Kärnten betreut haben. Das hat bedeutet, dass wir inhaltlichen Input geliefert und uns um die Finanzierung gekümmert haben. Durchgeführt wurde es durch Klaus Ottomeyer selber und einige seiner Kollegen, eben mit dem Verein Aspis. [...] ESRA steht zwar dahinter, doch ASPIS steht im Vordergrund. [...] Das ist ein Projekt, das bis heute läuft. Es geht darum, dass slowenische Überlebende auf Krankenschein Traumatherapie bekommen können.«[1680] Mihacek betont auch die Bedeutung des regelmäßigen Austauschs zwischen ESRA und ASPIS: »Ich bin regelmäßig nach Kärnten gefahren, zweimal im Jahr und habe dort Supervisionen gehalten. Derzeit ist die zweite und dritte Generation von slowenischen Betroffenen in Therapien.«[1681]

---

1677 Vgl. Verdel, Helena, Die Vertreibung der Kärntner Slowenen, in: Dokumentationsarchiv des österreichischen Widerstandes, Spurensuche. Erzählte Geschichte der Kärntner Slowenen, Erzählte Geschichte, Berichte von Widerstandskämpfern und Verfolgten, Band 4, Wien 1990, 143–218, 143 u. 151.
1678 Vgl. Draxl, Katrin/Schneebauer, Wilhelmine/Schürmann-Emanuely, Alexander/Vyssoki, David, Child Survivors der NS-Verfolgung in Österreich nach 1945. Mental Health Promotion bei schwerst traumatisierten Menschen. Eine Studie zur Erhebung von ressourcenstärkenden Bewältigungsstrategien, unveröffentlichter Endbericht, Wien 2008, 72.
1679 Schwarz, Peter, Interview, 18.01.2022.
1680 Mihacek, Klaus, Interview, 12.02.2021.
1681 Ebd.

Als weitere NS-Opfer, die in ESRA andockten, nennt Mihacek politisch Verfolgte, Homosexuelle und Zeugen Jehovas.[1682] Rolf Steininger beleuchtet etwa neben den Zeugen Jehovas auch die fehlende Repräsentation homosexueller Überlebender in seinem Werk »Die vergessenen Opfer des Nationalsozialismus«. Wie der Titel sagt, wurden ganze Opfergruppen aus dem kollektiven Gedächtnis gelöscht – oder erreichten dieses nie. »Ist der Faschismus und Nationalsozialismus in Österreich allgemein schon kollektiv verdrängt worden, so ist es die Geschichte schwuler und lesbischer NS-Opfer noch viel mehr. Und mit ihrer Geschichte wurden auch die Opfer dieser Geschichte verdrängt, sogar bis nach ihrem Tod.«[1683] Abgesehen von unzureichenden Entschädigungsleistungen stellten auch in den 90er Jahren Parlamentsabgeordnete noch infrage, dass diese Gruppe während der NS-Zeit überhaupt verfolgt worden wäre.[1684] Die strafrechtliche Verfolgung Homosexueller reicht in Österreich in die Zeit vor 1938 zurück. Von den Nazis wurden sie zur Gruppe der sogenannten »Sittlichkeitsverbrecher« gezählt.[1685] Das führte zu Verhaftungen durch die Gestapo. Nach Absitzen von Strafen, oder anstatt eines Gerichtsurteils wurden Homosexuelle in Konzentrationslager deportiert.[1686] Ein Beispiel österreichischer »Wiedergutmachung« kennt Österreich mit Heinz Heger. Seine autobiografische Erzählung »Die Männer mit dem Rosa Winkel.« verdeutlicht einmal mehr die fehlende Anerkennung, die Verfolgung und Diskriminierung dieser Opfergruppe weit über die NS-Zeit hinaus.[1687] Von gesellschaftlicher Ächtung abgesehen, wurde Homosexualität in Österreich bis in die 1970er Jahre weiterhin strafrechtlich verfolgt. Als Heger 1993 einen Antrag auf Ausstellung eines Opferausweises

---

1682 Vgl. ebd.
1683 Schmidinger, Thomas, Verfolgt, ermordet und vergessen. Österreichs Umgang mit lesbischen und schwulen NS-Opfern, RadiX, Nr. 2, 1999.
1684 Zur Verfolgungssituation während der NS-Zeit s. Sulzenbacher, Hannes/Wahl, Niko, Aus dem Leben. Begleitpublikation zur Ausstellung über die nationalsozialistische Verfolgung der Homosexuellen in Wien 1938–1945, in: Lambda Nachrichten, Sondernummer, Juni 2001, online: https://lambdanachrichten.at/wp-content/uploads/2021/08/LN_2001-sonderheft.pdf [25.10.2022]; Vgl. ebd.
1685 Wurde homosexuellen Männern »Verbrechen am Volkskörper« aufgrund der Fortpflanzungsverweigerung vorgeworfen, wurde homosexuellen Frauen die eigenständige Sexualität völlig abgesprochen. Folglich wurde nach dem reichsdeutschen §175 RStG ausschließlich männliche Homosexualität strafrechtlich verfolgt. Vgl. Pfanzelter, Eva, Homosexuelle und Prostituierte, in: Steininger, Rolf (Hg.), Die vergessenen Opfer des Nationalsozialismus, Innsbruck/Wien/München 2000, 75–98, 75.
1686 Vgl. Bailer-Galanda, Brigitte, Die Verfolgung sexueller Minderheiten, Dokumentationsarchiv des österreichischen Widerstands, online: https://www.doew.at/erkennen/ausstellung/1938/die-verfolgung-sexueller-minderheiten [25.10.2022].
1687 Vgl. Heger, Heinz, Die Männer mit dem Rosa Winkel. Der Bericht eines Homosexuellen über seine KZ-Haft: 1939–1945, 5. überarbeitete Auflage, Gifkendorf [1972] 2011.

stellte, wurde sein Antrag abgelehnt. Während des Berufungsverfahrens verstarb er.[1688]

### ESRA als Traumazentrum

Das psychische Trauma erfuhr in der Medizin erst spät Beachtung, nämlich in der zweiten Hälfte des 20. Jahrhunderts. Dabei sah sich die wissenschaftliche Zuwendung zum Thema allerdings nicht in den Folgen des 2. Weltkriegs begründet, sondern im Vietnamkrieg.[1689]

Ein Trauma stellt aus medizinischer Perspektive eine Verletzung dar. Trauma als psychische Verletzung wird nach dem ICD-11 (International Classification of Diseases, 11th revision) wie folgt definiert: »Exposure to an event or situation (either short- or long-lasting) of an extremely threatening or horrific nature. Such events include, but are not limited to, directly experiencing natural or human-made disasters, combat, serious accidents, torture, sexual violence, terrorism, assault or acute life-threatening illness (e.g., a heart attack); witnessing the threatened or actual injury or death of others in a sudden, unexpected, or violent manner; and learning about the sudden, unexpected or violent death of a loved one.«[1690] Zusammenfassend sehen sich Traumata also in extremen Ereignissen begründet. Werden Personen von diesen überrascht und sehen sich darüber hinaus in Situationen, mit denen sie nicht umzugehen imstande sind, werden sie von nicht zu bewältigenden Reizen überflutet. Diese führen im Weiteren zu »Fight«- oder »Flight«-Reaktionen.[1691] Welche dieser reflexartigen Reaktion letztlich eintritt, hängt von etlichen Faktoren wie dem individuellen Charakter, der jeweiligen Sozialisation, dem Geschlecht, beziehungsweise von erlerntem geschlechtsspezifischem Verhalten usw. ab.[1692] »Auf der psychologischen und sozialen Ebene ist der Traumatisierte ein Mensch, der sich ebenso aus einem sinnvollen Leben, wie aus der menschlichen Gesellschaft gerissen und verstoßen fühlt; er ist dabei vom Gefühl der vollständigen Entwertung erfüllt, einer Entwertung, die nicht nur ihn selbst, sondern auch die Welt um ihn herum

---

1688 Vgl. Pfanzelter, Eva, Homosexuelle und Prostituierte, in: Steininger, Rolf (Hg.), Die vergessenen Opfer des Nationalsozialismus, Innsbruck/Wien/München 2000, 75–98, 89f.
1689 Vgl. Friedmann, Alexander/Vyssoki, David, Die Posttraumatische Belastungsstörung, in: Psychosoziales Zentrum ESRA, 10 Jahre ESRA: Zentrum für psychosoziale, sozialtherapeutische und sozikulturelle Integration. Ambulanz für Spätfolgen und Erkrankungen des Holocaust- und Migrationssyndroms, Wien 2004, 32–41, 34f.
1690 ICD-11 for Mortality and Morbidity Statistics, Trauma definition, online: https://icd.who.in t/browse11/l-m/en#/http://id.who.int/icd/entity/2070699808 [11.03.2023].
1691 »Fight-or-flight-response« definiert nach Walter Cannon 1914.
1692 Vgl. Huber, Michaela, Trauma und die Folgen. Trauma und Traumabehandlung, Teil 1, Paderborn 2003, 38–42.

betrifft. Es nimmt in diesem Zusammenhang nicht wunder, wenn FRANKL, selbst ein KZ-Überlebender, das therapeutische Problem mit einer ›Suche nach dem Sinn‹ assoziiert und gleichsetzt.«[1693]

Die Folgen eines Traumas können sich in diversen traumatischen Stressreaktionen ausdrücken. Erst wenn diese der Norm entsprechenden posttraumatischen Belastungsreaktionen einen bestimmten Zeitrahmen überschreiten und die Symptome sich eher intensivieren als abnehmen, kann die Diagnose der Posttraumatischen Belastungsstörung gestellt werden.[1694] »Post traumatic stress disorder (PTSD) may develop following exposure to an extremely threatening or horrific event or series of events. It is characterised by all of the following: 1) re-experiencing the traumatic event or events in the present in the form of vivid intrusive memories, flashbacks, or nightmares. Re-experiencing may occur via one or multiple sensory modalities and is typically accompanied by strong or overwhelming emotions, particularly fear or horror, and strong physical sensations; 2) avoidance of thoughts and memories of the event or events, or avoidance of activities, situations, or people reminiscent of the event(s); and 3) persistent perceptions of heightened current threat, for example as indicated by hypervigilance or an enhanced startle reaction to stimuli such as unexpected noises. The symptoms persist for at least several weeks and cause significant impairment in personal, family, social, educational, occupational or other important areas of functioning.«[1695] Häufige Begleiterkrankungen, wie etwa Sucht, Substanzenmissbrauch, Suizidalität, Angststörungen u. v. m., können die posttraumattische Belastungsstörung verschleiern und im Weiteren zu deren Chronifizierung führen.[1696] Hinsichtlich ESRAs Zielgruppe der NS-Überlebenden sei noch hervorgehoben, dass sich Traumareaktionen in der Schwere voneinander unterscheiden, d. h. von Art und Dauer des Traumas abhängen.[1697] Dementsprechend ist der unterschiedlich hohe Leidensdruck von Personen mit PTSD schlüssig. Die psychiatrische, therapeutische Behandlungsnotwendigkeit ist allerdings in jedem

---

1693 Friedmann, Alexander/Vyssoki, David, Die Posttraumatische Belastungsstörung, in: Psychosoziales Zentrum ESRA, 10 Jahre ESRA: Zentrum für psychosoziale, sozialtherapeutische und soziokulturelle Integration. Ambulanz für Spätfolgen und Erkrankungen des Holocaust- und Migrationssyndroms, Wien 2004, 32–41, 40.
1694 Vgl. Huber, Michaela, Trauma und die Folgen. Trauma und Traumabehandlung, Teil 1, Paderborn 2003, 68 f.
1695 ICD-11 for Mortality and Morbidity Statistics, 6B40 Post traumatic stress disorder, online: https://icd.who.int/browse11/l-m/en#/http://id.who.int/icd/entity/2070699808 [11.03.2023]. Definiert nach Walter Cannon 1914.
1696 Vgl. Friedmann, Alexander/Vyssoki, David, Die Posttraumatische Belastungsstörung, in: Psychosoziales Zentrum ESRA, 10 Jahre ESRA: Zentrum für psychosoziale, sozialtherapeutische und soziokulturelle Integration. Ambulanz für Spätfolgen und Erkrankungen des Holocaust- und Migrationssyndroms, Wien 2004, 32–41, 36.
1697 Vgl. Huber, Michaela, Trauma und die Folgen. Trauma und Traumabehandlung, Teil 1, Paderborn 2003, 75.

Fall evident. Diese setzt eine »besonders offene, kognitiv orientierte Gesprächsbasis« mit Traumaopfern voraus, weshalb sie keinen konventionellen Vorgaben therapeutischer Schulen folgen kann.[1698] »Der klassische Traumapatient lässt sich weder auf aufdeckende, noch auf verhaltensmodifizierende Verfahren ein, weil er von seinem Therapeuten nicht nur erwartet, dass er ihm partnerschaftlich begegnet, sondern dass er ihn für ein neues Welt- und Selbstbild gewinnt.«[1699] Die vorangegangene Darstellung der Gründungsgeschichte ESRAs zeigte den primären Zielgruppenfokus auf traumatisierte Menschen auf, was sich auch im Namen als »Ambulanz für Spätfolgen und Erkrankungen des Holocaust- und Migrations-Syndroms« niederschlug. Friedmann und Vyssoki als (politisch) engagierte Personen und aktive Psychiater, war die einschlägige Fachliteratur bekannt, so etwa die im Kapitel zur »Erhebung psychiatrischer Patient:innen in jüdischen Gemeinden« bereits genannten Arbeiten, die etwa zu Beginn der 1950er den Begriff »KZ-Syndrom« prägten oder 1966 die Übertragung des »Holocaust-Syndroms« dokumentierten. In medizinischen Tätigkeitsfeldern fanden weiter oben genannte Klassifikationsschemata ab den 1990ern Anwendung. Ab diesem Zeitpunkt wurde der entsprechende Kriterienkatalog eben auch auf Schoa-Überlebende sowie alle Opfer des NS-Terrors verwendet. Diesbezügliche Forschungsarbeiten lagen 1994 mit Rachel Yehudas »Comments on the lack of integration between the holocaust and PTS literatures« und Jonathahn H. Krystals »Holocaust survivor studies in the context of PTSD« vor.[1700] Friedmann und Vyssoki beriefen sich auf den internationalen Forschungsstand, wenn sie PTSD eben nicht nur als Folge bei Traumaopfern selbst einordneten: Die psychische Betroffenheit kann auch bei Nahestehenden, oder etwa bei Einsatzkräften nach Unfällen etc. nachgewiesen werden.[1701] Darüber hinaus waren nicht nur psychologische, sondern auch biologische Traumafolgen nachweisbar. Psota erklärt, wie Traumata die Morphologie des Gehirns verändern: »Bestimmte Areale hypertrophieren, werden größer und bestimmte Areale werden kleiner. Beispielsweise wird der Hypocampus, die Gegend, wo

---

1698 Vgl. Friedmann, Alexander/Vyssoki, David, Die Posttraumatische Belastungsstörung, in: Psychosoziales Zentrum ESRA, 10 Jahre ESRA: Zentrum für psychosoziale, sozialtherapeutische und sozikulturelle Integration. Ambulanz für Spätfolgen und Erkrankungen des Holocaust- und Migrationssyndroms, Wien 2004, 32–41, 41.
1699 Ebd.
1700 Vgl. Yehuda, R./Giller, E., Comments on the lack of integration between the Holocaust and PTSD literatures, in: PTSD Research Quarterly, no. 5, yr. 1994, 5-7; vgl. Krystal, Henry/East, Lansing/Micaela, Danieli, Survivor studies in the context of PTSD, in: PTSD Research Quarterly, no. 4, yr. 1994, 1–2.
1701 Vgl. Vyssoki, David/ Tauber, Traude/Strusievici, Stefan/Schürmann-Emanuely, Alexander, Trauma bei den Opfern der NS-Verfolgung, in: Friedmann, Alexander/Hoffmann, Peter/Lueger-Schuster, Brigitte/Steinbauer, Maria/Vyssoki, David, Psychotrauma. Die Posttraumatische Belastungsstörung, Wien 2004, 197–211, 200.

man sich quasi episodisch erinnert, kleiner, und die Amygdala, der Mandelkern, die Gegend, wo man sich quasi emotional erinnert, wird größer. Das heißt, man erinnert sich emotional stärker an etwas, von dem man aber gar nicht mehr so ein klares Bild hat. Und wenn man kognitiv kein klares Bild hat, weil es durch diesen Umstand, das es so ist wie es ist, verschwommen ist, dann macht es das in der Bearbeitung nicht leichter. Sozusagen, wie kann ich etwas vergessen, was ich nicht erinnern kann?«[1702] Wurde das Trauma in der ersten Generation nicht verarbeitet, konnten transgenerationelle Traumatisierungen der zweiten und auch der dritten Generation weitergegeben werden.[1703] Nicht direkt betroffene Kinder konnten dabei nicht nur psychologisch, vielmehr auch biologische Verletzungen aufweisen »so, als wäre die seelische Narbe vererbt worden.«[1704]

Von einem primären Schwerpunkt auf eine traumatisierte Zielgruppe bei der Errichtung ESRAs abgesehen, kann aus dem vorangegangenen Kapitel geschlossen werden, dass einige Involvierte anfänglich aber noch nicht auf eine Trauma-Spezialisierung fokussiert hatten. Welche Faktoren führten im Laufe der Zeit also zu dieser eindeutigen Ausrichtung ESRAs?

Zur Gründungszeit von ESRA war die fehlende Anerkennung für NS-Opfer nach Klaus Mihacek allgemein bekannt. Er verweist auf wissenschaftliche Erkenntnisse, die die Relevanz des gesellschaftlichen Umgangs mit dem Trauma Verfolgter belegen. Demnach ist die öffentliche, kollektive Reaktion und die Integration der Überlebenden in die Gemeinschaft, maßgeblich. Eine empathische Reaktion fand im Nachkriegs-Wien nicht nur nicht statt, im Gegenteil, die Überlebenden wurden verbal oft in erschütternder Weise attackiert.[1705] Mihacek sieht einen Zusammenhang mit dem Prinzip des »Social Support« und erwähnt diesbezüglich die prominente Studie des niederländischen Psychiaters Hans Keilson.[1706] Dieser unterteilte die Traumatisierung jüdisch Verfolgter in drei Sequenzen: Die erste mit der Machtergreifung der Nazis und einhergehender Ausgrenzung, die zweite mit der direkten Verfolgung und Vernichtung und die dritte mit der Nachkriegsperiode.[1707] »Die zweite Phase wäre dann die Phase, in

---

1702 Psota, Georg, Interview, 22.02.2021.
1703 Vgl. Vyssoki, David/ Tauber, Traude/Strusievici, Stefan/Schürmann-Emanuely, Alexander, Trauma bei den Opfern der NS-Verfolgung, in: ebd., 205.
1704 Friedmann, Alexander/Vyssoki, David, Die Posttraumatische Belastungsstörung, in: Psychosoziales Zentrum ESRA, 10 Jahre ESRA: Zentrum für psychosoziale, sozialtherapeutische und sozikulturelle Integration. Ambulanz für Spätfolgen und Erkrankungen des Holocaust- und Migrationssyndroms, Wien 2004, 32–41, 38.
1705 Vgl. Mihacek, Klaus, Interview, 12.02.2021.
1706 Vgl. ebd.
1707 Vgl. Keilson, Hans, Sequentielle Traumatisierung bei Kindern. Deskriptiv-klinische und quantifizierend-statistische Follow-up-Untersuchung zum Schicksal der jüdischen Kriegswaisen in den Niederlanden, Stuttgart 1979, zit. nach: Vyssoki, David/ Tauber, Traude/Strusievici, Stefan/Schürmann-Emanuely, Alexander, Trauma bei den Opfern der

der das eigentliche Trauma stattfindet, das Überleben im KZ und Folterungen.«[1708] Keilson hob die Relevanz der dritten Phase hervor, die gegenüber den traumatischen Erfahrungen in ihrer Reichweite unterschätzt wurde: »In ihr ging es nicht mehr um Tod und Leben, sondern um die Anerkennung des Erlittenen. Solange dies nicht geschah oder geschieht, solange zusätzlich Alltagsfaschismus und feindseliger Rechtspopulismus systemimmanent sind, ist die dritte Sequenz nach wie vor von laufender Aktualität. Wer in der Nachkriegszeit eine Fortsetzung der Stigmatisierung, von mangelnder Unterstützung und Ausgrenzung erfuhr, leidet in der Folge stärker unter allen Folgen der PTSD als jene (es gibt nur wenige), die in ein freundliches Milieu zurückkamen [...].«[1709] Diesen sogenannten »Social Support« sieht Mihacek als ein Motiv für die Gründung von ESRA.[1710] Ein Nachweis dafür, dass tatsächlich Keilsons Studie, oder das Prinzip des »Social Support« eine fachliche Grundlage für die Etablierung ESRAs bildete, fehlt. Tatsächlich könnte aber eines der Gründungsmotive, sich nämlich für die Bedürfnisse Überlebender umfassend und öffentlich einzusetzen, mit dem Prinzip des »Social Support« gleichgesetzt und als solcher interpretiert werden. Inwiefern es sich dabei um eine nachträgliche Deutung handelt, ist wenig relevant. Es ist Tatsache, dass Traumatisierte auf bestehenden oder nicht bestehenden institutionellen »Social Support« antworten. Da sie großes Bedürfnis nach Anerkennung haben, reagieren sie sensibel auf Reaktionen des Umfelds das Trauma betreffend. Diese gesellschaftliche Anerkennung als Opfer zu erfahren, »bezieht sich auf den erweiterten sozialen Kontext und vor allem auf jene Personen in der weiteren Umgebung und in der breiten Öffentlichkeit, welche sich wertschätzend und unterstützend über die Traumaerfahrung der Opfer äußern und gesellschaftspolitisch derart agieren, dass jenen geholfen, ein institutioneller Social Support geschaffen werden kann. Dazu gehören in erster Linie die Politik und die Medien, da beide meistens gewisse Mehrheitsverhältnisse in der Bevölkerung repräsentieren, bzw. sie beeinflussen oder von diesen beeinflusst werden.«[1711]

Georg Psota sieht in der Zuwendung hin zu dramatisch traumatisierten Überlebenden einen Schwerpunkt der Einrichtung, der sehr wohl im Zeitrahmen

---

NS-Verfolgung, in: Friedmann, Alexander/Hoffmann, Peter/Lueger-Schuster, Brigitte/Steinbauer, Maria/Vyssoki, David, Psychotrauma. Die Posttraumatische Belastungsstörung, Wien 2004, 197–211, 203.
1708 Mihacek, Klaus, Interview, 12.02.2021.
1709 Vyssoki, David/ Tauber, Traude/Strusievici, Stefan/Schürmann-Emanuely, Alexander, Trauma bei den Opfern der NS-Verfolgung, in: ebd.
1710 Vgl. Mihacek, Klaus, Interview, 12.02.2021.
1711 Draxl, Katrin/Schneebauer, Wilhelmine/Schürmann-Emanuely, Alexander/Vyssoki, David, Child Survivors der NS-Verfolgung in Österreich nach 1945. Mental Health Promotion bei schwerst traumatisierten Menschen. Eine Studie zur Erhebung von ressourcenstärkenden Bewältigungsstrategien, unveröffentlichter Endbericht, Wien 2008, 7.

der konkreten Konzeptualisierung ESRAs weiter ins Zentrum gerückt war: Es wurde »eine Schiene Sozialarbeit und eine psychiatrische Schiene etabliert, wobei es auch um definitive Behandlungen [...] und Therapien ging.«[1712] Laut ihm sei David Vyssoki der Bedarf nach »Fähigkeit und Fertigkeit in Traumatherapie« sehr bewusst gewesen, »um sowohl für die Menschen etwas zu erreichen und zu verbessern als auch, um es selbst auszuhalten, beides.«[1713] Als Klaus Mihacek wenige Jahre nach Bestehen der NGO seine psychiatrische Tätigkeit bei ESRA aufnahm, habe er durch seinen beruflichen Werdegang Erfahrung im Bereich von Persönlichkeitsstörungen – Persönlichkeitsveränderungen in Folge von Extrembelastungen – mitgebracht, die er in der Einrichtung praktisch anwenden konnte, und beschreibt in diesem Zusammenhang typische pathologische Verhaltensweisen: »Das sind Menschen, die extrem misstrauisch und kaum zugänglich sind, oft unter Verfolgungsideen leiden, unter massivem Leidensdruck stehen, sich sozial komplett zurückziehen, isolieren und kaum erreichbar sind.«[1714] Weil diese Gruppe sich vielfach entzieht, begegnete sie dem Team in der täglichen Arbeit mit Traumatisierten bei ESRA allerdings nicht häufig.[1715] Auch wenn sich der individuelle Umgang Traumatisierter mit den jeweiligen Traumata unterschied, konnten Friedmann und Vyssoki aufgrund ihrer Erfahrung eines mit Sicherheit festhalten: »Wenn die Auseinandersetzung mit PTSD zu einer grundlegenden Erkenntnis führt, dann ist es die, dass die Zeit eben nicht alle Wunden zu heilen mag.«[1716] Obwohl die Erfahrungen, die sie mit KZ-Überlebenden gemacht hatten, belegten, dass »Normalität« zu leben möglich war, stellte das häufig »nur« bis ins hohe Alter eine erfolgreiche Strategie dar.[1717] Anderen

---

1712 Psota, Georg, Interview, 22.02.2021.
1713 Ebd.
1714 Mihacek, Klaus, Interview, 12.02.2021.
1715 Vgl. ebd.
1716 Friedmann, Alexander/Vyssoki, David, Die Posttraumatische Belastungsstörung, in: Psychosoziales Zentrum ESRA, 10 Jahre ESRA: Zentrum für psychosoziale, sozialtherapeutische und soziokulturelle Integration. Ambulanz für Spätfolgen und Erkrankungen des Holocaust- und Migrationssyndroms, Wien 2004, 32–41, 38.
1717 Doch zeigten sich dann neue Phänomene, wie das einer lange verzögerten Posttraumatischen Belastungsstörung, die Psota erläutert: Diese tritt »mit einem long Delay [auf], [...] sobald ein gewisses Ausmaß an Demenz beginnt [...]. Die Traumatisierung ist da, sie ist massiv, und sie [...] [bleibt] bis zum 80. Lebensjahr [scheinbar folgenarm]. Erst wenn die kognitiven Möglichkeiten geringer werden – letztlich die Gesamtbearbeitungsmöglichkeiten geringer werden, [oder] [...] die Verdrängungsmöglichkeiten geringer werden, [wobei] das [...] jetzt nicht unbedingt ein funktioneller Tatbestand [ist], [bricht es hervor]. David und ich, sowie auch Alex Friedmann [haben eben dieses Phänomen] bei alten Menschen vorgefunden, die schwerst traumatisiert waren und diese Traumatisierungen [beispielsweise] im 82. Lebensjahr hochkamen. Und von 21 bis 82 nicht. Zumindest haben sie bis 82 funktioniert. Manchmal so, dass diese Traumatisierungen durchaus bekannt waren, vielleicht sogar ausgesprochen waren, aber zu keinen weiteren, psychischen Phä-

Überlebenden war ein »normales« Leben nach ihrem Überleben nicht möglich. Sie lebten in Hoffnungslosigkeit, zurückgezogen und verstarben letztlich an Herz-Kreislauf-, oder Krebserkrankungen. Wiederum Andere überlebten ihr Überleben, indem sie mit unermesslichem Einsatz für ihre Mitmenschen, Leidensgenossen, oder andere Opfer(gruppen) eintraten.[1718]

Das erste internationale Fachsymposium von 1997 »Überleben der Shoah – und danach« sowie eine entsprechende Publikation der Gründungsmitglieder belegt die frühe fachliche Ausrichtung auf Traumata sowie die fachliche Positionierung der Einrichtung innerhalb der internationalen psychosozialen Landschaft.[1719] Als ärztlicher Leiter brachte Vyssoki selbst aber nicht nur einschlägiges Interesse, sondern auch Erfahrung mit Traumatisierten mit. Psota formuliert das so: »Ich denke, dass die Auseinandersetzung mit Traumatisierten, etwas war, was er schon vor ESRA ganz gut kannte, aber dann bei ESRA auch selber wirklich zu einer Perfektion gekommen ist.«[1720] Die weitere fachliche Vertiefung in Traumata und Folgen orientierte sich beispielsweise an dem Phänomen der spät einsetzenden PTSD, die vor allem durch den Alterungsprozess der Zielgruppe bemerkbar wurde. Psota verortet Vyssokis vertieftes Interesse an Traumatisierungen in Zusammenhang mit gerontopsychiatrischen Themengebieten in den frühen 2000er Jahren. Das habe schlussendlich dazu geführt, dass »Demenz und late PTSD unser Thema geworden« ist. »Das war damals wirklich unser Thema; es hat sich in Österreich im Wesentlichen sonst niemand darum gekümmert.«[1721] In diesen Zeitrahmen, etwa zehn bis 15 Jahre nach ESRAs Entstehung, fällt nach Peter Schwarz auch die zunehmende Auseinandersetzung ESRAs mit der Frage der weiteren institutionellen Ausrichtung über das Ableben der NS-Überlebenden hinaus. ESRA suchte einen Weg der Weiterentwicklung bei gleichzeitiger Aufrechterhaltung des Leistungsangebotes für die jüdische Gemeinde: Die Einrichtung sollte nicht allein für diese und NS-Überlebende zugänglich sein, sondern aufgrund der professionellen Erfahrung Anlaufstelle für traumatisierte Menschen allgemein werden. Das Alleinstellungsmerkmal der Einrichtung sieht er in ihrer spezifischen Expertise, den Erfahrungen mit NS-Überlebenden.[1722] Mihacek teilt dieses Narrativ und führt zur weiteren Ent-

---

nomenen geführt haben. Und 82-jährig mit dem Beginn einer Demenz usw. und sofort…« Psota, Georg, Interview, 22.02.2021.
1718 Vgl. Friedmann, Alexander/Vyssoki, David, Die Posttraumatische Belastungsstörung, in: Psychosoziales Zentrum ESRA, 10 Jahre ESRA: Zentrum für psychosoziale, sozialtherapeutische und soziokulturelle Integration. Ambulanz für Spätfolgen und Erkrankungen des Holocaust- und Migrationssyndroms, Wien 2004, 32–41, 41.
1719 Vgl. Friedmann, Alexander/Glück, Elvira/Vyssoki, David (Hg.), Überleben der Shoah – und danach. Spätfolgen der Verfolgung aus wissenschaftlicher Sicht, Wien 1999.
1720 Psota, Georg, Interview, 22.02.2021.
1721 Ebd.
1722 Vgl. Schwarz, Peter, Interview, 18.01.2021.

wicklung ESRAs aus: »Natürlich haben wir uns aufgrund unseres Wissens rund um das Thema Trauma zu einem Trauma-Kompetenzzentrum entwickelt: Einzigartig in Österreich. Also dieses Wissen, dieses Know-how – Was bedeutet Trauma? Was bedeutet Posttraumatische Belastungsstörung? – das hat nur ESRA. Da gibt es in Österreich nichts Vergleichbares.«[1723] Die Kompetenzen seien auch aus einer Studie ESRAs, auf die Mihacek verweist, erhoben worden, in der 65 Proband:innen, die zum Zeitpunkt der Erhebung von Juni 2007 bis Mai 2008 bei ESRA in Behandlung bzw. Betreuung gewesen seien, teilgenommen hätten. Einer der Fragenkomplexe dieser umfassenden Studie richtete sich ausschließlich auf die Auswirkungen der Betreuung und Behandlung durch ESRA in Zusammenhang mit dem Allgemeinbefinden. Ein Fokus habe dabei auf der Frage gelegen, inwiefern sich die Intensität der Behandlung auf Lebensqualität, Gesundheitsverhalten und Krankheitsverarbeitung bei den Überlebenden äußerte.[1724] Resümierend hält Mihacek fest, eigentlich sei vor allem der Erstkontakt entscheidend gewesen. In diesem Zusammenhang hebt er den Umstand hervor, dass viele der Opfer durch andere Institutionen, wie z. B. den Nationalfonds, ESRA zugewiesen worden seien.[1725] Der »Nationalfonds der Republik Österreich für die Opfer des Nationalsozialismus« wurde mit Beschluss des Nationalrates im Jahr 1995 eingerichtet. Seit seiner Etablierung fanden Personen als Opfer des Nationalsozialismus Anerkennung, denen diese bis dahin versagt geblieben war: Diese Beachtung im Rahmen des Nationalfonds stellte für manche Überlebende, wie beispielsweise aufgrund der sexuellen Orientierung Verfolgte, erstmalig offizielle Würdigung dar, die jedoch nicht unmittelbar mit Änderungen im Opferfürsorgegesetz einherging.[1726] Im Rahmen des Nationalfondsgesetzes, wurden Anträge an diesen gestellt. Die Antragstellung beinhaltete die Darlegung der erlebten Verfolgung. Mihacek erinnert sich, dass Überlebende sich häufig erstmals mit der Situation konfrontiert sahen, ihre persönliche Verfolgungsgeschichte erzählen zu müssen. Das konnte weitreichende Konsequenzen haben und ESRA wurde als unterstützende oder auch begleitende Einrichtung ge-

---

1723 Mihacek, Klaus, Interview, 12.02.2021.
1724 Vgl. Draxl, Katrin/Schneebauer, Wilhelmine/Schürmann-Emanuely, Alexander/Vyssoki, David, Child Survivors der NS-Verfolgung in Österreich nach 1945. Mental Health Promotion bei schwerst traumatisierten Menschen. Eine Studie zur Erhebung von ressourcenstärkenden Bewältigungsstrategien, unveröffentlichter Endbericht, Wien 2008.
1725 Vgl. Mihacek, Klaus, Interview, 12.02.2021.
1726 In weiterer Folge wurde 2001 der Allgemeine Entschädigungsfonds für Opfer des Nationalsozialismus eingerichtet. Vgl. Nationalfonds der Republik Österreich für Opfer des Nationalsozialismus (Hg.), 20 Jahre Nationalfonds der Republik Österreich für Opfer des Nationalsozialismus, Wien 2015, 24; vgl. Draxl, Katrin/Schneebauer, Wilhelmine/Schürmann-Emanuely, Alexander/Vyssoki, David, Child Survivors der NS-Verfolgung in Österreich nach 1945. Mental Health Promotion bei schwerst traumatisierten Menschen. Eine Studie zur Erhebung von ressourcenstärkenden Bewältigungsstrategien, unveröffentlichter Endbericht, Wien 2008, 69 f.

braucht. Aber auch Mitarbeiter:innen des Nationalfonds wurden beispielsweise auf den Umgang mit Traumatisierten durch ESRA eingeschult, erzählt er. Die enge Zusammenarbeit ESRAs mit dem Nationalfonds unter der Leitung von Hannah Lessing habe sich sofort ergeben.[1727] ESRA habe die Überlebenden von Anfang an bei der Antragstellung begleitet. Die interdisziplinäre Zusammenarbeit nennt Georg Heidlmair als einen wesentlichen Vorteil dieser Einrichtung und wichtige Voraussetzung für die Vorbereitung von diesen Antragstellungen – sowie auch sonstiger Entschädigungsverfahren. In der Praxis wurden in der Sozialberatung ESRAs mit Überlebenden die Verfolgungsbeschreibungen vorbereitet und der Kontakt in die Ambulanz vermittelt, sofern dieser noch nicht bestand. Die Ambulanz erstellte mit den Überlebenden die Befundberichte. »Und natürlich erstellten sie nicht nur Befundberichte, sondern gleichzeitig bestand auch immer das Angebot einer fachärztlichen Behandlung und Begleitung. Das heißt, die ganze Vorbereitung der Anträge und Erfordernisse, fanden im selben Haus statt, in einem Rahmen, in dem sich Überlebende bestgeschützt, wertgeschätzt und anerkannt fühlen können.«[1728]

Was waren die Bedürfnisse der Überlebenden aus Sicht der Fachleute? Wie aus der oben genannten Studie ersichtlich, spielte der Erstkontakt eine entscheidende Rolle. Besondere Relevanz besaß das zeitliche Ausmaß: »Wenn Überlebende gemerkt haben, dass wir unter Druck stehen, […] dann kam sofort eine Abwehrreaktion und eventuell auch ein Abbruch der Beziehung. […] Oft konnten sie sich gar nicht mehr erinnern, warum sie gekommen waren; sondern es war wirklich nur wichtig, dass sie gekommen sind und wie sie empfangen worden sind.«[1729] Davon abgesehen, sei das Vertrauen darauf, nicht alles erzählen zu müssen, was ihnen angetan wurde, wichtig. Essentiell sei außerdem ESRAs absolut solidarische Haltung, aus der heraus ihren Erinnerungen eben nicht mit Zweifeln oder historischer Besserwisserei begegnet wird.[1730] Diese Haltungen waren Voraussetzung dafür, »dass sich im Laufe der Behandlung auch eine Form von Beziehung aufgebaut hat, die es ihnen ermöglichte, jederzeit zu kommen, zu reden und Belastendes erzählen zu können.«[1731] Diese bedingungslose Haltung gegenüber den Patient:innen war ein wesentliches Merkmal ESRAs. Das sei auch ein Grund dafür gewesen, dass ESRA in weiterer Folge ein Trauma- bzw. Behandlungskonzept entwickelt habe, das nicht in Zusammenhang mit NS-Verfolgung stehe.[1732] Die Spezialisierung auf Traumata schien aus mehreren Gründen naheliegend gewesen zu sein. Peter Schwarz erwähnt diesbezüglich etwa auch

---

1727 Vgl. Mihacek, Klaus, Interview, 12.02.2021.
1728 Heidlmair, Georg, Interview, 31.05.2021.
1729 Mihacek, Klaus, Interview, 12.02.2021.
1730 Vgl. ebd.
1731 Ebd.
1732 Vgl. ebd.

Alexander Friedmanns generelles Anliegen über den »Tellerrand der Kultusgemeinde« hinauszusehen.[1733] »Er hatte sehr viel Herz für bedürftige Menschen und dieses Herz ging über die jüdische Gemeinde hinaus. Er hat auch nicht umsonst im AKH die Ambulanz für transkulturelle Psychiatrie geleitet. Er hat die Probleme von verfolgten Menschen, von Zuwandernden, Migrantinnen und Migranten sehr gut verstanden. Und er hatte eine Vision – und das ist das Wichtige für ESRA gewesen – er hatte eine Vision, nicht nur bei der Gründung von ESRA, sondern auch im Laufe der weiteren Entwicklung.«[1734] Doch die primäre Zielgruppe war die jüdische Gemeinde und sollte es aus Perspektive aller Gesprächspartner:innen auch bleiben. Georg Psota spricht noch einen anderen Aspekt an, wenn er auf die weitreichenden Auswirkungen der Leistungen Vyssokis und Friedmanns mit ihrer Vorreiterrolle als Psychiater in Wien hinweist: »Ich glaube, David hat wirklich gut erkannt, dass die jüdische Bevölkerung Hilfe, ›ESRA‹, braucht, die sich auf mehrere Generationen bezieht, und dass die jeweilige Generation andere Hilfe braucht. Also alles, was dann mit Kinder- und Jugendberatung- und Therapie zu tun hatte, ist wieder eine andere Geschichte, als das, was mit den Traumata der ersten Generation zu tun hat. […] Ich glaube, dass er und auch Friedmann […] die Bedeutung der Wiener jüdischen Psychiatrie […] wiederbelebt und reaktiviert haben. […] Es gab eine wissende, umsichtige, humanistische, und recht weise Wiener Psychiatrie vor 1938. Und davon war nachher gar nichts mehr übrig. Ich glaube, dass mit dem, wie er ESRA interpretiert hat, wie er es letztlich gestaltet hat, auch damit, dass ESRA unter seiner Ägide stark über die jüdische Kultur hinausgegangen ist, stark, weil es eigentlich zum Trauma-Expertisen-Zentrum wurde, dass er damit wirklich wieder etwas ins Leben gerufen hat, […] von dem diese Stadt noch viel mehr brauchen könnte: den Einfluss aus dem jüdischen Wien, sowohl in der Intellektualität als auch in der Widmung speziell für so komplexe Themen wie es in der Psychiatrie, oder auch Sozialpsychiatrie der Fall ist. Und sicher war das auch der Alex Friedmann […].«[1735]

Zusammenfassend kann also festgehalten werden, dass ESRA sich nach und nach als Traumazentrum etablierte, was offensichtlich über viele Jahre breite Zustimmung erfuhr.

---

1733 Vgl. Schwarz, Peter, Interview, 18.01.2021.
1734 Ebd.
1735 Psota, Georg, Interview, 22.02.2021.

Angebotsentwicklung

Die Etablierung des Consiliar-Liason-Dienstes

Im Jahr 1999 wurde der Consiliar-Liason-Dienst, kurz CL-Dienst, im Maimonides-Zentrum etabliert.[1736] Dabei wurde die Zusammenarbeit von ESRA mit dem Maimonides-Zentrum eröffnet.[1737] Diese zielte auf die intensivere und bestmögliche Betreuung der Heimbewohner:innen unter Ausschöpfung aller Ressourcen ab. Einerseits konnte durch die Einsetzung des CL-Dienstes das Betreuungsangebot erweitert werden. Andererseits sollte er auch eine Schnittstellenfunktion zwischen ESRA, dem Maimonodes-Zentrum, Krankenhäusern, und privaten Wohn-, bzw. Lebenssituationen erfüllen.[1738] Bei der Umsetzung des Konzepts, »das damals mit David Vyssoki erstellt wurde«, lag der Fokus auf NS-Überlebenden.[1739] Aufgrund dieser gemeinsamen Zielgruppe war die Zusammenarbeit der beiden Institutionen naheliegend: Die Betreuung NS-Überlebender, die zur Gruppe der Traumatisierten zählen, fiel einerseits in ESRAs Kompetenzbereich, andererseits betont Schwarz: »Es sind damals auch viele [Klient:innen] gewesen, die eigentlich zuerst bei uns in Betreuung waren, als sie noch zu Hause gelebt haben und dann ins Maimonides-Zentrum übersiedelt sind.«[1740] Er führt weiter aus, dass durch den bestehenden Kontakt die Lebenssituationen in ESRA häufig gut bekannt gewesen seien. Die weiterführende Betreuung habe speziell in diesen Fällen für Kontinuität in Behandlung und Betreuung gesorgt.[1741] Das multiprofessionelle Team setzte sich anfänglich aus Pflegepersonal, Fachärzt:innen für Neurologie und Psychiatrie, Psychotherapeut:innen und auch Sozialarbeiter:innen zusammen.[1742] Diese waren mehrmals in der Woche vor Ort tätig. Allerdings veränderte sich dieses Konzept im Laufe der Zeit ein wenig, wie Peter Schwarz erwähnt, der beispielhaft die Entwicklung hin zur primären Be-

---

1736 Vgl. Psychosoziales Zentrum ESRA, Esra 1994–2004, in: Psychosoziales Zentrum ESRA, 10 Jahre ESRA: Zentrum für psychosoziale, sozialtherapeutische und sozikulturelle Integration. Ambulanz für Spätfolgen und Erkrankungen des Holocaust- und Migrationssyndroms, Wien 2004, 18–26, 18.
1737 Vgl. Schwarz, Peter, Interview, 20.01.2022.
1738 Vgl. Psychosoziales Zentrum ESRA, Consiliar-Liason-Dienst. Allumfassende PatientInnenbetreuung im Jüdischen Altersheim Maimonides Zentrum. Interview mit Dr. Barbara Zeman, in: ebd., 130–131, 130.
1739 Vgl. Schwarz, Peter, Interview, 20.01.2022.
1740 Ebd.; Zur Entwicklung des CL-Dienstes s. das Kapitel »Das Maimonides-Zentrum«.
1741 Vgl. ebd.
1742 Vgl. Psychosoziales Zentrum ESRA, Consiliar-Liason-Dienst. Allumfassende PatientInnenbetreuung im Jüdischen Altersheim Maimonides Zentrum. Interview mit Dr. Barbara Zeman, in: Psychosoziales Zentrum ESRA, 10 Jahre ESRA: Zentrum für psychosoziale, sozialtherapeutische und sozikulturelle Integration. Ambulanz für Spätfolgen und Erkrankungen des Holocaust- und Migrationssyndroms, Wien 2004, 130–131.

treuung durch Fachärzt:innen und psychiatrisches Pflegepersonal anführt. Den Arbeitsschwerpunkt sieht er in der »Unterstützung des dortigen Personals [...] in ihrer Arbeit.«[1743] Er weist dabei auf die Herausforderungen im Umgang mit der genannten Zielgruppe hin.[1744] Für Psychiater Klaus Mihacek hat sich der CL-Dienst bewährt. Er führt zu den Bewohner:innen der ersten Überlebenden-Generation, den sogenannten »Child Survivors«, die zum Zeitpunkt der Befreiung nicht älter als 16 Jahre alt waren und im Maimonides-Zentrum lebten, näher aus: »Der CL-Dienst hat sich wirklich völlig bewährt, weil man natürlich im Umgang mit Überlebenden und traumatisierten älteren Menschen besondere Vorsicht walten lassen muss. Denn es kann sehr leicht passieren, dass diese Menschen eine Retraumatisierung erleben, beziehungsweise Flashbacks bekommen, Widerhallerinnerungen an die NS-Zeit et cetera. Und da muss man natürlich das Knowhow haben, um damit umgehen zu können.«[1745]

Von einer nicht völlig konfliktfreien Entwicklung ist mit der Entscheidung des Maimonides-Zentrums auszugehen, eigene Sozialarbeiter:innen einzustellen: »Da hat sich das Maimonides-Zentrum faktisch selbstständig gemacht und hat selber Sozialarbeiter:innen angestellt. Und das war auch sehr gut so.«[1746] ESRA biete jedoch auch weiterhin Psychotherapie für die Bewohner:innen an. Würde der CL-Dienst mit dem altersbedingten Verschwinden der ursprünglichen Zielgruppe auch weitergeführt werden? Schwarz' Haltung ist eindeutig, wenn er antwortet: »Von unserer Seite würden wir dort arbeiten, bis es keine NS-Überlebenden mehr gibt, beziehungsweise bis es keine traumatisierten Menschen mehr dort gibt.«[1747]

### Die Sozialen Dienste

ESRA ist eine interdisziplinäre Einrichtung. Wie das Konzept der Gründer:innen vorsah, stellt die Ambulanz ihr Kernstück dar. Insofern kann Soziale Arbeit nicht losgelöst von ihrem Schwerpunkt verstanden werden. Einerseits bringt dieses Modell zahlreiche Vorteile mit sich. Andererseits sind die Arbeitsfelder der Fachleute mit ihren jeweiligen Spezialisierungen nicht immer scharf voneinander abzugrenzen. Klaus Mihacek selbst hebt die Vorteile ESRAs als konzeptionell interdisziplinäre Einrichtung hervor. Er verweist darauf, dass dieses Modell heute als Idealmodell gilt.[1748] Betonen möchte er »wie wichtig Soziale Arbeit ist: Traumatherapie ist ohne soziale Basis nicht möglich, geht es doch zunächst um

---

1743 Vgl. Schwarz, Peter, Interview, 20.01.2022.
1744 Vgl. ebd.
1745 Mihacek, Klaus, Interview, 12.02.2021.
1746 Schwarz, Peter, Interview, 20.01.2022.
1747 Ebd.
1748 Vgl. Mihacek, Klaus, Interview, 12.02.2021.

finanzielle Absicherung, um Wohnmöglichkeiten und, und, und. Mit einem wohnungslosen Menschen, ganz allgemein gesprochen, können Sie keine Traumatherapie machen, weil die Basisbedürfnisse nicht befriedigt sind.«[1749] Die Erfüllung der Grundbedürfnisse, die bereits Ilse Arlt als »Gedeihenserfordernisse« bzw. als »zentrale Bedürfnisse« definierte, stellt demnach nicht allein die Basis für gesellschaftliche Partizipation dar, sie ist eben auch die Voraussetzung für eine Therapie.[1750] In die erwähnten unkonventionellen Ansätze für die Arbeit mit Überlebenden gibt Mihacek abschließend Einblick: »Viele der Klient:innen haben ja wirklich zum ersten Mal bei uns erzählt, was sie erlebt haben, und [...] das ist natürlich etwas, was sehr berührend ist. Und ich glaube, eine extrem strenge Neutralität war da fehl am Platz. Ich habe mich oft erlebt, dass ich gemeinsam mit Patient:innen geweint habe, weil die Geschichten so berührend und so erschütternd waren.«[1751]

*Die Sozialberatung*

Die Sozialberatung lässt sich grob in die Bereiche Clearing und Langzeitberatung unterteilen.[1752] Die Clearingstelle der Sozialberatung nahm 2004 ihre Arbeit auf und belegt die Angebotsentwicklung ESRAs anhand verschiedener Schwerpunktsetzungen, beziehungsweise der Ausdifferenzierungen der Teams.[1753] Diese lassen sich in ihren Themenbereichen zwar nicht immer scharf voneinander abgrenzen, doch ist die Aussage zulässig, dass dem Clearing ein besonderer Schwerpunkt in sozialrechtlichen und fremdenrechtlichen Angelegenheiten zukommt. Das Angebot umfasst jedoch diverse Beratungen und Interventionen; richtet sich aber vor allem an Klient:innen mit unmittelbarem Beratungsbedarf und bietet darüber hinaus auch Krisenintervention für Klient:innen ohne bisherigen Kontakt zur Sozialberatung an. Das kleine Clearingteam nimmt nicht allein Erstkontakte entgegen, sondern ebenso erneute Kontakte, klärt ab und begleitet diese Kontakte – je nach Anliegen – kurz- und mittelfristig. Im Gegensatz dazu bietet das Langzeitteam der Sozialberatung namensgemäß tendenziell Langzeitberatung und -betreuung an. Hier werden vermehrt ältere Klient:innen dauerhaft unterstützt. Speziell chronisch Traumatisierte werden –

---

1749 Ebd.
1750 Vgl. Maiss, Maria, Ilse Arlt (1876–1960). Gerechtigkeit durch schöpferisches Konsumhandeln, in: Institut für jüdische Geschichte Österreichs, »Zedaka« hebr.: Gerechtigkeit. Jüdische Wohlfahrt und Armenfürsorge bis 1938, Juden in Mitteleuropa, Ausgabe 2020, 28–37.
1751 Mihacek, Klaus, Interview, 12.02.2021.
1752 Gegenwärtig sind die Bereiche weiter ausdifferenziert.
1753 Vgl. Psychosoziales Zentrum ESRA, Esra 1994–2004, in: Psychosoziales Zentrum ESRA, 10 Jahre ESRA: Zentrum für psychosoziale, sozialtherapeutische und sozikulturelle Integration. Ambulanz für Spätfolgen und Erkrankungen des Holocaust- und Migrationssyndroms, Wien 2004, 18–26, 19.

häufig in Zusammenarbeit mit der Ambulanz – begleitet. Neben gesundheitlichen Anliegen zeichnet sich die Zielgruppe häufig durch chronischen Mangel an finanziellen Ressourcen aus. Abgesehen von der Sozialberatung bietet ESRA auch unterschiedlichen sozialen Gruppen Aktivierung oder sozialen Austausch an. Bei einer Klient:innenzahl der Sozialabteilung von durchschnittlich insgesamt 1 500 nehmen ungefähr 200 an einzelnen Angeboten der Sozialen Gruppen regel- oder auch unregelmäßig teil. Darüber hinaus deckt ein kleiner Bereich einen ehrenamtlichen Besuchsdienst für NS-Überlebende ab.[1754]

ESRA ist entstanden, als der Bedarf an Beratung und Betreuung innerhalb der jüdischen Gemeinde nicht mehr zu ignorieren war. Aber auch die Weiterentwicklung der einzelnen Angebote innerhalb ESRAs orientierte sich laut der ehemaligen Leiterin der Sozialabteilung Michaela Mathae an den Bedürfnissen der Klient:innen. Laut ihr fand die Wahrnehmung derselben zunächst vorwiegend in der Sozialabteilung statt.[1755] Als Teil der IKG hebt sie ESRAs strukturelle Komplexität hervor: »Aber die Sozialabteilung hat [im Weiteren] trotzdem zu ESRA gehört. Das ist einfach so ein schwieriges Konstrukt […].«[1756] Wiederholt unterstreicht sie den Stellenwert der Sozialabteilung in Bezug auf Bedürfniswahrnehmungen: »Aus meiner Sicht ist aus der Sozialabteilung heraus ganz viel entstanden, nicht weil wir das alles gemacht haben, sondern weil wir viel mehr Bedürfnisse wahrgenommen haben, oder weil die Leute einfach mehr gesagt haben.«[1757] Die Fähigkeit der Bedürfniswahrnehmung attestiert sie auch der ärztlichen Abteilung unter David Vyssoki.[1758] Diese an der Basis und in der täglichen Praxis wahrgenommenen Bedürfnisse der Klient:innen seien in einem nächsten Schritt gemeinsam auf Leitungsebene diskutiert worden und konnten zur Entwicklung spezieller Projekte in ESRA führen.[1759] ESRAs fachliche Handlungsfähigkeit sähe sich – im Gegensatz zu anders motivierten Aufträgen außenstehender oder auch übergeordneter Instanzen und Institutionen – speziell in dieser Herangehensweise der Konzeptentwicklung aus dem tatsächlichen Bedarf der Klient:innen heraus begründet.[1760] Was waren aber konkrete Gründe für die vorwiegende Weiterentwicklung spezifischer Projektentwicklungen aus der Sozialabteilung heraus? »Weil die Leute dort einfach mehr erzählt haben. Wir Sozialarbeiter:innen waren schon lange dort und die Menschen haben uns alle

---

1754 Vgl. Netopil, Gerda, Interview, 18.02.2021.
1755 Vgl. Mathae, Michaela, Interview, 17.02.2021.
1756 Ebd.
1757 Ebd.
1758 Vgl. ebd.
1759 Vgl. ebd.
1760 Vgl. Reutlinger, Christian/Kessl, Fabian, Handbuch Sozialraum. Grundlagen für den Bildungs- und Sozialbereich, 2. Auflage, Wiesbaden 2019, 317.

gut gekannt, wodurch immer wieder neue Bereiche entstanden sind.«[1761] Die Aussage bezieht sich auf die frühe Entwicklungsgeschichte ESRAs und unterstreicht die Relevanz eines Vertrauensverhältnisses zwischen Klient:innen, Mitarbeiter:innen sowie der agierenden Institution. Die vertrauensvolle Beziehungsarbeit wurde offenkundig durch die konstante Stellenbesetzung begünstigt. Auf diese Art und Weise offenbarten sich individuelle und strukturelle Phänomene, die durch die Soziale Arbeit aufgegriffen wurden.[1762]

Den Schilderungen Mathaes zufolge hat die Sozialberatung in ESRA eben nicht einfach die Funktion der Sozialabteilung der IKG abgelöst.

## Methodisches Selbstverständnis

Die Sozialberatung stellte von Anfang an ein hürdenloses Beratungsangebot dar,[1763] das zunehmend adaptiert wurde: »Die Struktur der Sozialberatung wurde im Laufe der Jahre den Kriterien eines direkten und niederschwelligen Zuganges Sozialer Arbeit angepasst.«[1764] Es ist davon auszugehen, dass hier ein barrierefreies Beratungsangebot gemeint ist. Im Rahmen Sozialer Arbeit bezeichnet Niederschwelligkeit ganz allgemein Hilfsangebote, die ohne Erfüllung bestimmter Voraussetzungen schnell und unbürokratisch in Anspruch genommen werden können. Eigentlich verraten nieder-, bzw. hochschwellige Hilfsangebote zunächst etwas über die strukturelle Umsetzung eines Praxisfeldes Sozialer Arbeit. »Entsprechend beziehen sich viele Charakteristika niederschwelliger Sozialer Arbeit auf die Art und Weise des ›Andockens‹ der Zielgruppen an die Einrichtungen bzw. auf die Strukturen des In-Beziehung-Tretens. Diese Herstellung von Adressierbarkeit potenzieller KlientInnen bzw. von ›Fällen‹ für das Hilfssystem lässt sich den empirischen Befunden zufolge als die übergreifende Hauptfunktion niederschwelliger Sozialer Arbeit bezeichnen.«[1765] Demnach zielen niederschwellige Angebote vorrangig auf Anschlussmöglichkeiten für sehr schwer zu erreichende Zielgruppen ab. Häufig findet sich Niederschwelligkeit in Konzepten sozialer (vor allem aufsuchender) Einrichtungen als ein leitendes Prinzip verankert. Damit einhergehende, konkrete, theoretische Fundamente fehlen meistens, da Vorstellungen von Niederschwelligkeit häufig nicht über

---

1761 Mathae, Michaela, Interview, 17.02.2021.
1762 Vgl. ebd.
1763 Vgl. Heidlmaier, Georg, schriftliche Anmerkung, Dezember 2023.
1764 Mathae, Michaela/Netopil, Gerda, Die ESRA Sozialberatung. Von der Mizvah zur modernen Sozialarbeit – die Entwicklungsgeschichte der Sozialen Arbeit innerhalb der Israelitischen Kultusgemeinde, in: Psychosoziales Zentrum ESRA, 10 Jahre ESRA: Zentrum für psychosoziale, sozialtherapeutische und sozikulturelle Integration. Ambulanz für Spätfolgen und Erkrankungen des Holocaust- und Migrationssyndroms, Wien 2004, 90–93, 92.
1765 Mayrhofer, Hemma, Niederschwelligkeit in der Sozialen Arbeit. Funktionen und Formen aus soziologischer Perspektive, Wiesbaden 2012, 151.

barrierefreie Zugangsvoraussetzungen hinausgehen.[1766] Es scheint naheliegend, dass ESRA mit der Verankerung von Niederschwelligkeit genau diesem vorherrschenden Zeitgeist folgte. Schließlich bleibt infrage zu stellen, inwiefern ESRA näherer Definitionen dahinterliegender Haltungen für ein professionelles Selbstverständnis überhaupt bedurfte. ESRAs Aufträge orientierten sich schließlich am Bedarf der jüdischen Gemeinde, so war ESRA aus ihr heraus entstanden. Außerdem unterlagen die Aufträge – schon allein aufgrund ihrer damaligen Zielgruppe – keinen ordnungspolitischen oder verhaltensverändernden Prinzipien. Bei einem Zielgruppenwandel und/oder einem Auftragswandel müsste Niederschwelligkeit qualitativer gedacht werden. Neben dem Prinzip, Klient:innen den Zugang zu ESRA so leicht wie möglich zu machen, finden in der Sozialberatung vorwiegend Soziale Einzelfallhilfe, Soziale Beratung, Krisenintervention und Case-, bzw. Unterstützungsmanagement Anwendung.[1767] Mit der zunehmenden Professionalisierung ESRAs sollten zusätzliche Methoden in die Praxis integriert werden. Netopil nennt in diesem Zusammenhang die Soziale Diagnostik. Deren Anwendung sei ihr im Besonderen bei komplexeren Problemlagen zur Erlangung eines umfassenderen Verständnisses ein wesentliches Anliegen. Ihr Verweis auf passende Instrumente unterstreicht die prinzipiell unterschiedlichen methodischen Herangehensweisen, aus denen nach verschiedenen Gesichtspunkten wie Haltungen, Ziel der Beratung etc. ausgewählt werden kann.[1768] Die Soziale Diagnostik zielt im Wesentlichen auf die Erkenntnis gemäß einem ganzheitlichen bio-psycho-soziokulturellen Verständnis auf Lebensrealitäten ab. Peter Pantuček beschreibt ihren Wert mit der Möglichkeit der Beschaffung nicht naheliegender Information. Die Methoden der Sozialen Diagnostik leisten »das in der Regel dadurch, dass sie eine gewisse Systematik beinhalten, die quer zur Ablauflogik eines normalen Gesprächs oder der pragmatischen Alltagslogik liegt. In einem zweiten Schritt können dann aufgrund der so

---

1766 Niederschwelligkeit gemäß einem kritischen Sozialarbeitsverständnis stellt nach Marc Diebäcker und Gabriele Wild ein emanzipierendes Prinzip dar und dient vor allem der Distanzierung von ordnungspolitischen und verhaltensverändernden Aufträgen. Niederschwelligkeit, hinsichtlich ihrer Qualität in Einrichtungen eindeutig zu definieren, wäre für die Positionierung und Ziele Sozialer Arbeit als Fundament eines entsprechenden Selbstverständnisses Sozialer Arbeit aber voraussetzend. Vgl. Hofer, Manuela, Niederschwelligkeit und Ressourcenorientierung: Soziale Arbeit im Spannungsfeld zwischen Auftrag und Bedarf in: Diebäcker, Marc/Wild, Gabriele (Hg.), Streetwork und aufsuchende Soziale Arbeit im öffentlichen Raum, Wiesbaden 2020, 204–216, 206.
1767 Vgl. Mathae, Michaela/Netopil, Gerda, Die Esra Sozialberatung. Von der Mizvah zur modernen Sozialarbeit – die Entwicklungsgeschichte der Sozialen Arbeit innerhalb der Israelitischen Kultusgemeinde in: Psychosoziales Zentrum ESRA, 10 Jahre ESRA: Zentrum für psychosoziale, sozialtherapeutische und sozikulturelle Integration. Ambulanz für Spätfolgen und Erkrankungen des Holocaust- und Migrationssyndroms, Wien 2004, 90–93, 92.
1768 Vgl. Netopil, Interview, Gerda, 18.02.2021.

gewonnenen strukturierten Datenlandschaft Entscheidungen über eine Interventionsstrategie getroffen werden.«[1769] Die Verwendung des Begriffs »Sozialer Diagnostik« anstelle von »Diagnostik« ist in einer interdisziplinären Einrichtung wie ESRA bestimmt sinnvoll. Somit ist sie explizit von anderen Berufsgruppen und deren Diagnoseverfahren abzugrenzen. Tatsächlich bezeichnet Pantuček das Verfahren in Anlehnung an die Pionierinnen der Sozialen Diagnose Mary Richmond und Alice Salomon mit selbigem Ziel – sich nämlich von diversen Gesundheitsberufen abzuheben. Soziale Diagnose zählt also keineswegs zu einer neuen Methode.[1770] Mit einsetzenden Professionalisierungsbestrebungen sollten Sozialarbeiter:innen, dem erfolgreichen Beispiel der Medizin folgend, als »ExpertInnen des Sozialen [...] als die DiagnostikerInnen der Hilfsbedürftigkeit für das Wohlfahrtswesen«[1771] gelten. Allerdings fehlte es schon bei den Vorreiterinnen an gleichwertigen, beigestellten Handlungskonzepten. Pantuček erklärt das mit dem Umstand eines fehlenden vergleichbaren Konstruktes wie dem der »Krankheit« in der Medizin »also relativ genau definierter Prozessbeschreibungen von Anormalitäten mit einer gewissen Eigengesetzlichkeit.«[1772] Ihm weiter folgend würden derartige Konzepte von »Normalität« und Divergenzen in direktem Widerspruch zu Prinzipien von Inklusion und Entstigmatisierung Sozialer Arbeit stehen. Das stellt er wiederum in Zusammenhang mit der größeren Komplexität der Materie der Sozialen Arbeit als dem der Medizin.[1773] Pantuček nennt daher zwei Anforderungen, die er an eine neue Soziale Diagnose gestellt sehen möchte. Ein derartiges Verfahren kann nicht völlig entkontextualisiert als Kriterienkatalog umgesetzt werden.[1774] Es »muss einen Ausschnitt des Verhältnisses Mensch – soziales Umfeld erfassen und abbilden.«[1775] Das

---

1769 Pantuček-Eisenbacher, Peter, Soziale Diagnostik. Verfahren für die Praxis Sozialer Arbeit, 4. Auflage, Göttingen 2019, 20.
1770 Ein Meilenstein in der Professionsentwicklung geht auf Mary Richmonds 1917 in New York erschienenem »Social Diagnosis« zurück. Alice Salomon, die Begründerin der ersten Ausbildungseinrichtung in Deutschland, griff diese Ansätze auf und schnitt sie mit ihrer Arbeit »Soziale Diagnose« von 1926 auf den deutschen Wirkungsbereich zu. Vgl. ebd., 19.
1771 Ebd., 12.
1772 Pantuček, Peter, Soziale Diagnose. Möglichkeiten und Grenzen eines relativ selbständigen Abschnitts »Diagnose« im Family Casework, Kurzfassung eines Referats von Peter Pantucek auf der Jahrestagung des Bundessozialamtes/Mobile Beratungsdienste in Werfenweng/Salzburg 19.5.1999, online: http://www.pantucek.com/texte/swt_diagnose.html [24.04.2023].
1773 Hier sei noch einmal auf seine bereits erwähnte Kritik verwiesen, in der Sozialen Arbeit Diagnosen und Anamnesen ins Zentrum zu rücken. S. dazu das Kapitel »Verschiedene Tätigkeitsbereiche: Von Sekreteriat und Recherche«; vgl. ebd.
1774 Vgl. ebd.
1775 »Ein so verstandener Prozess der Sozialarbeit ist eben nicht durch den aus der Medizin bekannten Dreischritt »Anamnese – Diagnose – Intervention« gekennzeichnet, sondern die Anamnese ist schon Beratung, diagnostische Schritte sind bereits Interventionen, und Interventionen treiben die Diagnose voran. Wir beobachten einen anspruchsvollen Prozess

zweite Kriterium stellt den sinnvollen Einsatz der Instrumente dar: In der Methodenanwendung darf der Unterstützungsprozess selbst nicht behindert werden, »sondern soll ihn möglichst vorantreiben.«[1776] Die fundierte Anwendung der verschiedenen Instrumente sozialer Diagnose kann also nicht alleine die mechanische Anwendung dieser bedeuten, sondern setzt ein umfassendes Methodenverständnis voraus. Den Grund der seltenen Anwendung sozialer Diagnostik in der Praxis der Sozialberatung ESRAs führt Netopil auf fehlende Zeitressourcen zurück.[1777]

Die zunehmende Spezialisierung ESRAs auf Trauma und Traumatisierungen spiegelte sich auch in der Sozialen Arbeit wider, die Auseinandersetzung mit Gesundheit war mit der Gründung einer Ambulanz naheliegend. In der interdisziplinären Zusammenarbeit mit den Bereichen Psychiatrie, Psychotherapie und Psychologie sieht sich wohl auch der Fokus der Leitung der Sozialen Arbeit auf derartige Methoden und gesundheitliche Schwerpunkte begründet.

Soziale Arbeit im Bedürfniswandel

Aufschluss darüber, inwiefern sich die Beratungsangebote in ESRA durch einen etwaigen Bedürfniswandel aufseiten der Klient:innen veränderten, gibt Gerda Netopils Aussage: »Ich würde sagen, dass sich natürlich gesamtgesellschaftlich Problemsituationen verschoben haben. Einerseits was Migration betrifft und andererseits die Entschädigungen für NS-Überlebende.«[1778] Hier werden zunächst die zwei wesentlichen Zielgruppen und damit ESRAs Kernbereiche angesprochen. Gleichzeitig lässt sich ableiten, dass sich Hilfesuchende zumeist mit individuellen Problemen an ESRA wenden, diese aber trotzdem nicht losgelöst von ihrer jeweiligen sozialen Umwelt und ihrem jeweiligen Lebenskontext betrachtet werden können.

*NS-Überlebende und Zuwandernde*
Abgesehen von dem Themenkomplex rund um Migration setzte sich ESRA für Überlebende im Rahmen der »Entschädigungsleistungen« ein. In dieser spezifischen Unterstützung der Überlebenden sieht Netopil bis in die Gegenwart einen umgesetzten Gründungsgedanken: »Das war ein wesentlicher Gründunggedanke von ESRA, dass wir NS-Überlebenden gleichzeitig mit ihrer Antragstellung beim Nationalfonds der Republik Österreich, der damals ganz neu gegründet wurde,

---

des Dialogs der PraktikerInnen mit.« Pantuček-Eisenbacher, Peter, Soziale Diagnostik. Verfahren für die Praxis Sozialer Arbeit, 4. Auflage, Göttingen 2019, 19.
1776 Ebd.
1777 Vgl. Netopil, Gerda, Interview, 18.02.2021.
1778 Netopil, Gerda, Interview, 18.02.2021.

begleiten.«[1779] Die Etablierung des Nationalfonds und des Allgemeinen Entschädigungsfonds wurde bereits erwähnt und soll hier neben dem Opferfürsorgegesetz als wesentliche gesetzliche Institution hinsichtlich Entschädigung genannt werden. Hier sei erneut auf die Unterscheidungen im Opferfürsorgegesetz, zwischen Einmalzahlungen, etwa für das erzwungene Tragen des »Judensterns« und Rentenzahlungen verwiesen. Die Opferrente stellt eine einkommensunabhängige Rente dar, die gemäß einer verfolgungskausalen Gesundheitsschädigung gezahlt wird. Aufgrund verschiedener Gesetzgebungen und einhergehender Herausforderungen begleitete ESRA Überlebende der ersten Generation über viele Jahrzehnte. Eine große Erschwernis im weiten Feld der Entschädigungen war als Folge der Verfolgung der Umstand, dass die meisten Überlebenden nicht in Österreich lebten. Davon abgesehen war in den Nachkriegsjahrzehnten die politische Bereitschaft zur Einführung eines umfassenden Gesetzes zur Opfer-Entschädigung ohnehin kaum vorhanden. Die Schaffung des Opferfürsorgegesetzes eben als Fürsorgegesetz und nicht als Entschädigungsgesetz, steht symbolisch für mangelnde staatliche Übernahme von Verantwortung gegenüber Überlebenden ebenso wie jahrzehntelange Prozesse von Novellierungen, die meistens nur kleine Anpassungen oder Erweiterungen von Opfergruppen vorsahen.[1780] Einen Überblick über die vielen Neuerungen zu behalten, setzte intensive und konstante Auseinandersetzung mit den prozesshaften Änderungen der gesetzlichen Grundlagen für Entschädigungen voraus. Ergebnisse von Opferrentenverfahren hingen auch von Auslegung und der praktischen Umsetzungsmöglichkeit ab, die zeitlichen Entwicklungen unterlag. Georg Heidlmair sind noch Fälle bekannt, bei denen »gewisse Tätigkeiten, die damals zweifellos Widerstandstätigkeiten [...] waren, jedoch im Nationalsozialismus eine strafrechtliche Verurteilung«[1781] nach sich zogen, Grundlage für Nicht-Zuerkennungen waren. Heidlmair erinnert sich an einen Fall, bei dem jemand in der NS-Zeit – aufgrund von Lebensmittelbeschaffung für Widerstandskämpfer:innen – wegen Diebstahl verurteilt worden war. Tatsächlich wurde mit der Versorgung versteckter Widerstandskämpfer:innen aber eine politische Tätigkeit ausgeführt, die – wie in Diktaturen üblich – kriminalisiert wurde. Heute wäre diese Perspektive leichter zu argumentieren als vor 20 Jahren und würde als politische Widerstandtätigkeit wohl Anerkennung finden.[1782] Unzureichenden gesetzlichen Bestimmungen begegnete die IKG sowie Opferverbände wieder und wieder mit politischem Druck, der sich in den Novellierungen niederschlug. Die bürokratischen Hürden bei Antragstellung auf Op-

---

1779 Netopil, Gerda, Interview, 18.02.2021.
1780 Vgl. Heidlmair, Georg, Interview, 31.05.2021.
1781 Ebd.
1782 Vgl. ebd.

ferrente waren groß und das Verfahren komplex. In diesem müssen einerseits die Verfolgungserlebnisse beschrieben werden und andererseits gilt es kausale Ursachen von Gesundheitsschäden zu benennen und geltend zu machen. In den behördlichen Verfahren war die diesbezügliche amtsärztliche Begutachtung obligatorisch. Eine amtsärztliche Begutachtung, die die Beschreibung der Verfolgungserlebnisse und der verfolgungskausalen psychischen Leiden zum Inhalt hatte, stellte für die Antragsteller:innen aber eine enorme Hürde dar. Überlebende empfanden sie als stressvoll, denn die eigene Verletzlichkeit, die eigenen traumatischen Erlebnisse wurden in diesem amtsärztlichen Begutachtungsverfahren letztlich Gegenstand der Prüfung.[1783] Viele Überlebende hatten das Gefühl, ihnen würde nicht ausreichend Glauben geschenkt, und zwar von einer »Behörde, die schließlich dem Nachfolgestaat des Verfolgerstaates angehört.«[1784] Die Fachleute in ESRA sind sich einig, dass die größte Hürde im Nachweis des erlittenen Schadens lag. ESRA begleitete in den letzten 25 Jahren Überlebende hinsichtlich dieser Gesundheitsschädigungen, die im Wesentlichen auf psychischen Verletzungen, Traumatisierungen beruhen. Anfänglich wurden primär körperliche Schäden anerkannt.[1785] »Damals fand die Berücksichtigung der erlittenen schweren psychischen Schäden von Überlebenden wenig Beachtung. Das hat sich erst langsam – auch gesellschaftlich – durch Veränderungen in der Psychiatrie etc. verändert. Das ist alles auf eine gesamtgesellschaftliche Entwicklung zurückzuführen. […] Mit diesem Thema haben wir uns wirklich noch im Jahr 2000 herumgeschlagen.«[1786] ESRAs damalige ärztliche Leitung, David Vyssoki, habe sich zu diesem Zeitpunkt als Experte bemüht, tatsächliche Auswirkungen dieser problematischen Rahmenbedingungen auf die Praxis für politische Entscheidungsträger:innen zu übersetzen. Im zuständigen Ressort habe sich Ariel Muzicant maßgeblich und erfolgreich für Veränderungen eingesetzt.[1787] Gegenwärtig besteht mit der Opferfürsorgebehörde in der Praxis eine gute Zusammenarbeit im Rahmen der gesetzlichen Möglichkeiten.[1788]

Die fortlaufende Arbeit der Sozialberatung im Entschädigungsfeld war nicht absehbar gewesen. Etwa »in der zweiten Hälfte der 90er Jahre haben wir eher gedacht: Das Thema Entschädigung wird zu einem baldigen Abschluss kommen. Es war von der Entwicklung her aber letztlich anders, weil es – gerade in Verhandlungen mit Kultusgemeinde, Opferverbänden, Staat Österreich – im Zuge damaliger Sammelklagen zu Verhandlungen gekommen ist und mit dem Washingtoner Abkommen 2001 [einer Erklärung zur Regelung offener Entschädi-

---

1783 Vgl. Netopil, Gerda, Interview, 18.02.2021.
1784 Ebd.
1785 Vgl. Heidlmair, Georg, Interview, 31.05.2021.
1786 Netopil, Gerda, Interview, 18.02.2021.
1787 Vgl. ebd.
1788 Vgl. Heidlmair, Georg, Interview, 31.05.2021.

gungs- und Restitutionsfragen] noch einmal viele Verbesserungen in entschädigungsrechtlicher Hinsicht gegeben hat.«[1789] Eine dieser wesentlichen Änderungen schlug sich im Sozialversicherungsgesetz nieder. Mit 2002 konnten Überlebende, die im Zeitraum von 1. Jänner 1933 und 12. März 1938 geboren waren und vertrieben wurden, Pensionsanträge auf Pensions- und damit verbundene Pflegegeldzahlungen stellen. Eine weitere Änderung im Sozialversicherungsgesetz 2009 erweiterte den Personenkreis einmal mehr auf alle, die nach dem 12. März 1938 geboren worden waren, sofern sie selbst Verfolgung erlitten hatten und die Eltern am 12. März 1938 einen Wohnsitz in Österreich hatten. Heidlmair zählt diese Verfahren nicht nur zu den regelmäßigen Tätigkeitsbereichen, sondern schildert auch die positiven Erfahrungen der Überlebenden. Diese erhielten zwar häufig keine hohen Pensionen, doch jahrelange Nachzahlungen würden durchaus ins Gewicht fallen. Die Beratungstätigkeit von ESRA umfasst aber auch die Beratung von Auslandsklient:innen (früheren NS-Verfolgten, die aus Österreich geflüchtet sind und im Ausland leben) hinsichtlich Entschädigungsleistungen, Pensions- und Pflegegeldansprüchen. Eine weitere spezifische Beratungstätigkeit betrifft die Beratung von Nachkommen der im Ausland lebenden NS-Verfolgten zur Erlangung der österreichischen Staatsbürgerschaft.[1790] In der Arbeit rund um Entschädigungsleistungen sieht Netopil das Arbeitsfeld, »woran wir am Meisten gearbeitet haben und womit wir nach wie vor beschäftigt sind. Themenspezifisch kann – mit Ausnahme der Restitutionsabteilung der IKG – niemand in Österreich beraten, da außer uns niemand über dieses Wissen verfügt.«[1791] ESRA hatte sich somit spezialisiert und sich auch in diesem Feld eine Expertise mit Alleinstellungsmerkmal erarbeitet. Die Sozialberatung sah sich aber nicht allein mit österreichischem Entschädigungsrecht konfrontiert: Die Beratung und Unterstützung der in den Nachkriegsjahrzehnten aus verschiedenen osteuropäischen Ländern nach Österreich zugewanderten Überlebenden bei der Geltendmachung von Entschädigungen der Bundesrepublik Deutschland, stellt bis in die Gegenwart einen bedeutenden Teil der Arbeit von ESRA dar. Hier seien etwa Entschädigungsrenten und Einmalzahlungen der Claims Conference erwähnt, deren Fonds Deutschland finanziert. Überlebende, die in Österreich verfolgt wurden, können unter bestimmten Voraussetzungen ebenso Entschädigungsansprüche der Claims Conference erhalten. Laufende Erweiterungen der Anspruchskriterien führten in den vergangenen Jahren dazu

---

1789 Netopil, Gerda, Interview, 18.02.2021.
1790 Vgl. Heidlmair, Georg, Interview, 31.05.2021.
1791 Netopil, Gerda, Interview, 18.02.2021; die Restitutionsabteilung der IKG handelte beispielsweise die Mauerbachentschädigungen ab. S. Israelitische Kultusgemeinde Wien, Abteilung für Restitutionsangelegenheiten, Schwerpunkte Kunstrückgabe Mauerbachbestand, online: https://www.restitution.or.at/schwerpunkte/s-kunst-mauerbachbestand.html [25.04.2023].

regelmäßig neue Entschädigungsansprüche bei der Claims Conference geltend machen zu können, bei denen ESRA die Überlebenden unterstützt.[1792] Das folgende Zitat unterstreicht die anhaltende Tätigkeit mit den Zielgruppen der ersten Stunde unter sich verändernden Bedingungen »Also psychosoziale Arbeit hinsichtlich Entschädigungsansprüchen ist ein ganz wesentlicher Aspekt gewesen, auch wenn sie sich aufgrund der Altersstruktur ein bisschen verschoben hat.«[1793] Netopil sieht mit der Etablierung des Nationalfonds eine klare Verbesserung in der Entschädigungslandschaft, wenngleich sie die für Klient:innen nach wie vor schwierige Situation hervorhebt, bei Antragstellung häufig erstmalig und Jahrzehnte nach der Verfolgung diese nicht nur in Worte fassen, sondern auch verschriftlichen zu müssen.[1794] Erstmals bemühte sich mit dem parlamentarischen Beschluss über die als symbolisch zu verstehende Gestezahlung an Personen, die durch das NS-Regime verfolgt wurden oder Österreich verlassen mussten, um der drohenden Verfolgung zu entgehen, eine österreichische Institution aktiv um die Opfer. Der Nationalfonds legte dabei Verfolgung nicht nach engen und bestimmten Kriterien aus. Er stellte die Anerkennung der individuellen Einzelschicksale in den Vordergrund, räumte so Hürden aus dem Weg und erleichterte die Verfahren. Eine Erleichterung stellte etwa die Tatsache dar, dass für die Anerkennung des Opferstatus' die Verfolgung selbst ausreiche. Im Gegensatz dazu musste nach dem Opferfürsorgegesetz etwa bei dem Verfolgungsgrund »Leben im Verborgenen« eine Dauer von mindestens 6 Monaten oder Freiheitsverlust für mindestens drei Monate nachgewiesen werden.

In der Auseinandersetzung mit der Gruppe der Zuwander:innen muss beispielsweise stets mitgedacht werden, dass die Heimat in der Regel nicht ohne schwerwiegenden Grund verlassen wird. Diese Menschen verlassen ein ganzes Lebensgefüge mit allem was dazugehört.[1795] »Im Gegensatz zu Deutschland, wo es lange ein Zuwanderungsrecht für Holocaust-Überlebende und ihre Nachkommen gegeben hat, hat es das für Österreich nie gegeben. Das heißt, die jüdischen Gemeindemitglieder oder die zukünftigen [Gemeindemitglieder], die aus Drittstaaten, aus Israel oder Russland zuwandern wollten, unterliegen dem normalen Zuwanderungsregime und den ganzen Problematiken [...]«[1796], die damit einhergehen. Der Verlauf eines Flucht- und Migrationsprozesses steht zwar in Zusammenhang mit unzähligen Faktoren, wird am Schluss jedoch

---

1792 Vgl. Heidlmair, Georg, Interview, 31.05.2021.
1793 Netopil, Gerda, Interview, 18.02.2021.
1794 Vgl. ebd.
1795 Vgl. Friedmann, Alexander, Migration. Ein ganzheitliches psychosoziales Problem, in: Psychosoziales Zentrum ESRA, 10 Jahre ESRA: Zentrum für psychosoziale, sozialtherapeutische und sozikulturelle Integration. Ambulanz für Spätfolgen und Erkrankungen des Holocaust- und Migrationssyndroms, Wien 2004, 82–89, 83.
1796 Netopil, Gerda, Interview, 18.02.2021.

maßgeblich von den Bedingungen in dem Aufnahmeland bestimmt, die in erster Linie rechtlicher Natur sind.[1797] »Das Aufnahmesystem definiert somit zuerkennende und vorzuenthaltende Rechte für MigrantInnen. Damit wird MigrantInnen je nach Staatszugehörigkeit, ein rechtlich unterschiedlicher Status zugewiesen. Drittstaatsangehörige[…] unterliegen dabei den restriktivsten gesetzlichen Bestimmungen.«[1798] Dementsprechend werden psychischen Belastungen und individuellen Migrationserlebnissen in öffentlichen Diskursen kaum Platz eingeräumt.[1799] Folglich sehen sich Klient:innen unweigerlich ausschließlich mit diesen rechtlichen Rahmenbedingungen konfrontiert. Dadurch muss ihnen wiederum in sozialarbeiterischen Beratungskontexten Priorität zukommen. Obgleich »die Jüdische Gemeinde […], so wie die Mehrheitsgesellschaft, sehr divers [ist,]«[1800] können Allgemeinaussagen getroffen werden, die den Bedarf dieser Gruppe und damit einhergehende Beratungsinhalte veranschaulichen. Der Großteil an Fallgeschichten belegt die mehrheitlich zu behandelnden komplexen Problemlagen. Diesen Umstand führt Netopil v. a. auf die jüdische Gemeinde als Zuwander:innengemeinde zurück, wodurch der Schwerpunkt auf »Fremdenrechtsberatungen« eben immanent ist.[1801] Insgesamt zeichne sich ESRAs Sozialberatung aber durch vielfältige Beratungsschwerpunkte- und Situationen aus und beschränke sich nicht auf Fremdenrecht. Dieses umfasst im Wesentlichen Beratungen zu Niederlassungs- und Einbürgerungsrecht,[1802] ein Bereich, der für sich genommen aber als höchst komplex zu bezeichnen ist. »Erfahrung in der Vollzugspraxis und beständige Wissensaktualisierung und Lösungskompetenz sind notwendige Voraussetzungen in der fremdenrechtlichen Fallbearbeitung. Gesetzestexte in der Theorie bedeuten noch lange nicht die konkrete Umsetzung in der Praxis. Gesetze können niemals ein völlig realistisches Bild der tatsächlichen Vollzugspraxis wiedergeben und damit auch nicht die soziale Wirklichkeit, die sie zu regeln versuchen.«[1803] »Was immer schwieriger

---

1797 Vgl. Mathae, Michaela/Netopil, Gerda, Sozialarbeit und jüdische Migration, in: Psychosoziales Zentrum ESRA, 10 Jahre ESRA: Zentrum für psychosoziale, sozialtherapeutische und sozikulturelle Integration. Ambulanz für Spätfolgen und Erkrankungen des Holocaust- und Migrationssyndroms, Wien 2004, 98–103, 98 f.
1798 Ebd., 99.
1799 Vgl. ebd., 100.
1800 Netopil, Gerda, Interview, 18.02.2021.
1801 Vgl. ebd.
1802 Das Niederlassungs- und Aufenthaltsgesetzes (NAG) regelt den längerfristigen Aufenthalt von Personen, die keine österreichische Staatsbürgerschaft besitzen. Entsprechende Beratungen zielen in der Regel darauf ab, aufenthaltsrechtliche Perspektiven abzuklären, Verfahrensabläufe zu erläutern, sowie über Inhalte und Konsequenzen behördlicher Entscheidungen zu informieren.
1803 Mathae, Michaela/Netopil, Gerda, Sozialarbeit und jüdische Migration, in: Psychosoziales Zentrum ESRA, 10 Jahre ESRA: Zentrum für psychosoziale, sozialtherapeutische und so-

geworden ist, war auch, dass manche dann von den GUS-Staaten zum Beispiel länger in Israel waren und nicht nur auf der Durchreise für ein paar Monate, oder ein Jahr, sondern dann oft fünf, sechs, sieben, acht, neun, zehn Jahre dort waren und dann erst nach Österreich gekommen sind. Das heißt, das waren Familien, die schon einmal emigriert sind und dann noch einmal.«[1804] Dieses Phänomen gilt es, als Merkmal jüdischer Migrationserfahrung hervorzuheben, die sich durch Zwei- oder Mehrfachmigration auszeichnet. In diesem Sinn migrierte ein Großteil aus der ehemaligen Sowjetunion kommender Jüdinnen und Juden nach Israel. Unterschiedliche Beweggründe führten im Weiteren zur Migration nach Österreich. Erneute Re-Migrationsversuche nach Israel infolge der Migration nach Österreich kennzeichnen diese Lebensgeschichten aber teilweise ebenso.[1805] Etliche dieser Fallgeschichten migrierter Menschen ähneln sich hinsichtlich mangelnder oder fehlender Ausbildungen, die für die Ausübung gewisser Berufe gemäß nationaler Vorgaben notwendig sind. Weitere Schwierigkeiten ergäben sich bei der Anerkennung von Ausbildungen, oder von bereits erworbenen Versicherungszeiten, was häufig in Altersarmut resultiert. Zusätzlich sind bestimmte Aufenthaltstitel auch Voraussetzung für den Bezug von sozialstaatlichen Leistungen, die aus den unterschiedlichsten Gründen dann nicht immer erteilt werden. Zur Existenzsicherung dieser Zielgruppe seien aber nicht ausschließlich nationale Gesetzgebungen relevant, sondern auch transnationale Abkommen. Deren Bedeutung wird beispielsweise anhand einer Übereinkunft zwischen Israel und Österreich ersichtlich, welches die Anrechnung in Israel erworbener Versicherungszeiten in Österreich ermöglicht.[1806] Die Darlegung soll einen Eindruck von den Herausforderungen vermitteln, denen sich Klient:innen und Betreuer:innen stellen müssen. ESRAs Schwerpunkt der sozialarbeiterischen Beratungen hinsichtlich Migration war nach Netopil in den ersten zehn Jahren besonders stark durch Themen der Aufenthaltssicherung und des Arbeitsmarktzugangs geprägt. »Damals war noch diese unleidige Trennung zwischen Aufenthaltsbewilligung und Beschäftigungsbewilligung, der Albtraum schlechthin, weil das oft nicht zusammengegangen ist.«[1807] Hängen die Voraussetzungen zur Erlangung eines Niederlassungstitels oder die Verlängerung eines solchen an der Einkommens- oder Arbeitssituation, unterstützt die Sozialberatung in Zusammenarbeit mit potentiellen Arbeitgeber:innen nämlich hinsichtlich ausländerbeschäfti-

---

    zikulturelle Integration. Ambulanz für Spätfolgen und Erkrankungen des Holocaust- und Migrationssyndroms, Wien 2004, 98–103, 102f.
1804 Mathae, Michaela, Interview, 17.02.2021.
1805 Vgl. Mathae, Michaela/Netopil, Gerda, Sozialarbeit und jüdische Migration, in: ebd., 100.
1806 Vgl. Netopil, Gerda, Interview, 18.02.2021.
1807 Ebd.

gungsrechtlichen Bewilligungen.[1808] Netopil erinnert sich an den Einsatz der IKG für den Zugang dieser Gruppe zum Arbeitsmarkt. Dass die Vernetzung der politischen Führung der IKG mit dem Innenministerium anlassbezogen zunahm und ganz wesentlich die praktische Arbeit beeinflusste, betont beispielsweise auch Mathae im Zusammenhang mit den Kriegen im ehemaligen Jugoslawien der 1990er Jahre. Obgleich asylrechtliche Beratungen nicht häufig gefragt waren, nahm ESRA sich auch dieser Fälle an. Eine derartige Ausnahme stellten eben jene Kriegsflüchtlinge aus dem ehemaligen Jugoslawien dar.[1809] Von der asylrechtlichen Beratung dieser Gruppe abgesehen, unterstreicht Mathaes Zusatz auch ESRAs häufig ungewöhnlichen Einsatz: »aber es war schon auch ein bisschen abenteuerlicher.«[1810] Die bedarfsspezifische Unterstützung unterschiedlicher Gruppen schlug sich auch in anderen Gebieten nieder, wie etwa vermehrte Angebote von Deutschkursen für die damaligen Bosnienflüchtlinge zeigen. Nach größeren Zuwanderungen in den 1990er Jahren habe diese, sowie Staatsbürgerschaftsansuchen aufgrund der restriktiveren Gesetze immer mehr abgenommen.[1811] Mathae führt diesbezüglich aus: »Die Politik in Österreich hat sich verändert. Das hat ja vor der Kultusgemeinde und vor ESRA nicht Halt gemacht.«[1812]

Zusammenfassend ist betreffend Sozialer Arbeit der wesentlichste Bedürfniswandel also in den Kernfeldern der Betreuung NS-Überlebender und Migrant:innen der ESRA-Sozialberatung selbst zu verzeichnen und steht in unmittelbarem Zusammenhang mit gesamtgesellschaftlichen, rechtlichen und demografischen Entwicklungen. Netopil führt neben dem inhaltlichen Beratungswandel auch den Wandel der Sozialen Arbeit als Fachwissenschaft an, der wiederum die Praxis beeinflusste: »Ich würde sagen: Insgesamt hat sich, wie auch die Ausbildung der Sozialarbeit, die reale Ausgestaltung der Sozialarbeit verändert: von der Fürsorge vermehrt zu einer Ermächtigungssozialarbeit […]. Es ist historisch interessant, weil sich alles verändert hat: die Sozialarbeit selbst und dann auch in den Einrichtungen, die schon so lange existierten. Bei der IKG sieht man das sehr gut, weil sie die Sozialabteilung immer gehabt hat und diese Sozialabteilung so in der Kontinuität traditionell ist.«[1813]

---

1808 Vgl. Mathae, Michaela/Netopil, Gerda, Sozialarbeit und jüdische Migration, in: Psychosoziales Zentrum ESRA, 10 Jahre ESRA: Zentrum für psychosoziale, sozialtherapeutische und sozikulturelle Integration. Ambulanz für Spätfolgen und Erkrankungen des Holocaust- und Migrationssyndroms, Wien 2004, 98–103, 102.
1809 Vgl. Mathae, Michaela, Interview, 17.02.2021.
1810 Ebd.
1811 Vgl. Netopil, Gerda, Interview, 18.02.2021.
1812 Mathae, Michaela, Interview, 17.02.2021.
1813 Netopil, Gerda, Interview, 18.02.2021.

# Das Maimonides-Zentrum

Die biblischen Vorstellungen von und Hoffnungen auf Gottes Zedaka richten sich nicht zuletzt auch auf das Alter, was zum Beispiel in Psalm 71,9 zum Ausdruck kommt: »...אל תשליכני לעת זקנה«[1814] Dies ist auch das Motto des heutigen Geschäftsführers des Maimonides-Zentrums Micha Kaufman, der es folgendermaßen ins Deutsche übersetzt: »Verlass mich nicht im Alter, verlass mich nicht, wenn ich schwach werde«[1815] – womit er die Vision einer andauernden Fürsorge von der göttlichen auf die gesellschaftliche überträgt.

Die Versorgung ganz unterschiedlich vulnerabler Gruppen in Anstalten geht bereits auf das Mittelalter zurück. Unterbringungen in solchen schlossen neben Waisen, Strafentlassenen, psychisch Kranken, Armutsbetroffenen usw. eben auch gebrechliche und alte Menschen ein. Ab dem späten Mittelalter und der frühen Neuzeit waren in Städten zusätzlich Spitäler für die Aufnahme dieser Zielgruppe zuständig. Obgleich Reformkonzepte unter Kaiser Joseph II. vermehrt »sozialfürsorgerische Aktivitäten auf dem Anstaltssektor« vorsahen, blieben alte Menschen auf die damalige (Armen-)Fürsorgepolitik angewiesen. Erste nuanciertere Aufgliederungen in Pensionisten-, Alters- und Pflegeheime lassen sich auf die Zeit nach dem Zweiten Weltkrieg zurückführen. Ab den 1960er Jahren wandelten sich Anstalten mit Verwahrungscharakter zunehmend hin zu pflegenden Institutionen. War der pflegerische Bedarf bis dahin nicht im Fokus gestanden, nahmen Institutionen diese ab den 1970er Jahren verstärkt wahr. Mit diesem Schwerpunkt wurde den Krankenhausmodellen gefolgt. Anschließend setzte sich langsam das Konzept des Wohnheims durch. Pflegebedürftige sollten mittels dieser Ansätze nicht nur mehr Aktivierung erfahren, vielmehr erlangten persönliche wie auch kollektive Wohn- und Schlafräume vermehrt konzeptionelle Bedeutung, wodurch etwa Interaktion und Inklusion vermehrt gefördert

---

1814 »Verwirf mich nicht, wenn ich alt bin, verlass mich nicht, wenn meine Kräfte schwinden.« lautet die Übersetzung gemäß der Bibel in Einheitsübersetzung [1980], online: https://www.uibk.ac.at/theol/leseraum/bibel/ps71.html [25.08.2023].
1815 Vgl. Kaufman, Micha, Interview, 23.08.2023.

wurden. Das führte auch zu architektonisch-gestalterischen Überlegungen für öffentliche und private Räume in Heimen, die individuellere Lebensformen des Alterns ermöglichen sollten.[1816]

## Vom Altersversorgungsheim Seegasse zum Altersheim Malzgasse

Anlässlich des 40-jährigen Regierungsjubiläums Kaiser Franz Joseph I. beschloss die IKG 1889[1817] die Errichtung eines Altersversorgungsheimes.[1818] Die Eröffnung dieses jüdischen Altersheims erfolgte 1890 auf dem Gelände des bereits 1698 durch Samuel Oppenheimer begründeten alten Spitals in der Seegasse 9, im 9. Wiener Gemeindebezirk.[1819] In der Zeit zwischen der Errichtung und dem Jahr 1896 konnten bereits 172 Personen aufgenommen werden.[1820] Ständige Vergrößerungs- und Ausbaumaßnahmen belegen den zunehmend hohen Versorgungsbedarf. Dieser ergab sich mit den demografischen Entwicklungen der jüdischen Gemeinde: Lebten im Jahr 1857 6 217 Jüdinnen und Juden mit Heimatrecht in Wien, stieg die Bevölkerungszahl in der kaiserlichen Haupt- und Residenzstadt bis zum Jahr 1890 fast um das 20fache auf 118 495 Personen.[1821] 1892 folgte bereits die Etablierung einer zusätzlichen Siechen-Abteilung für schwer und unheilbar Kranke. Innerhalb der ersten vier Jahre wurden dort 52 Personen aufgenommen. Allerdings überstieg der Bedarf nach wie vor die Kapazität der vorhandenen Strukturen, was zu immer weiteren Zu- und Ausbauten führte.[1822]

---

1816 Vgl. Huber, Gertraud/Schiefer, Lore, Altenheime, in: Klicpera, CH./Schabmann, A./ Schuster, B./Weber, G./Beran, H. (Hg.), Psychosoziale Probleme im Alter, Wien 1994, 294– 309, 294 ff.
1817 Noch im selben Jahr erfolgte die feierliche Grundsteinlegung.
1818 Vgl. Archiv Goldschmiedgasse, Bestand Ariel Muzicant, Ordner 31/Fach 289, Maimonides-Zentrum. Presseinformation. Zur Eröffnung der neu errichteten Pflegestation, 22. Mai 1991.
1819 Vgl. Raggam-Blesch, Michaela, Von der Seegasse in die Malzgasse: Jüdische Altersfürsorge, in: Hecht, Dieter, J./Lappin-Eppel, Eleonore/Raggam-Blesch, Michaela, Topographie der Schoah. Gedächtnisorte des zerstörten jüdischen Wien, 3. überarbeitete Auflage, Wien 2017, 240–267, 241.
1820 Vgl. Archiv Goldschmiedgasse, Bestand Ariel Muzicant, Ordner 31/Fach 289, Maimonides-Zentrum. Presseinformation. Zur Eröffnung der neu errichteten Pflegestation, 22. Mai 1991.
1821 Vgl. Rozenblit, Marsha L., die Juden Wiens: 1867–1914. Assimilation und Identität, Wien/ Köln/Graz 1989, 24.
1822 Noch im selben Jahr, 1896, verzeichnete die IKG einen Ausbau und den Einbezug eines 3. Stockwerkes. Zwei Jahre später erhielt das Altersversorgungshaus erneut einen Zubau und einen weiteren Anbau der als Siechenhaus fungierte. Dadurch konnten 1898 im Altersversorgungshaus 170 Personen und im Siechenhaus 60 Personen aufgenommen werden. Weitere Ausbauten ermöglichten bald die Belegzahl von 246 Personen. Trotz ständiger

Abb. 42: Israelitische Versorgungsanstalt Wien IX, Seegasse, 1905 (Bestand Jüdisches Museum Wien, Inv. Nr. 12320)

Schließlich zählten bis zum Jahr 1936 454 Betten zur Ausstattung und es bestand eine angeschlossene Krankenabteilung. Der Bedarf an Pflegeplätzen wurde bis 1938 aber nicht allein durch die IKG abgedeckt, sondern auch durch andere entsprechende Einrichtungen. Mit der sukzessiven Ausweisung jüdischer Heimbewohner:innen aus nichtjüdischen Institutionen, stiegen ab 1938 die Ansuchen um Aufnahme im jüdischen Altersheim erheblich.[1823]

Zahlreiche ältere Menschen, denen wegen ihres Alters, ihrer Krankheit oder wegen mangelnder finanzieller Ressourcen die Exilländer Einreisebewilligungen oder Visa verwehrten, blieben ohne Versorgung zurück.[1824] Diesem Bedarf versuchte die IKG mit insgesamt acht Altersheimen bis zum Jahr 1940 zu begegnen.

---

Adaptierungen hieß es 1906, 100erte Gesuche müssten aufgrund von Platzmangel unerledigt bleiben. Aufgrund fehlender finanzieller Mittel konnte diesem Bedarf nicht unmittelbar begegnet werden. Das erfolgte erst 1908 mit einem Zubau, der beide Abteilungen um 50 Betten vergrößerte und zusätzlich einen Tagraum installierte. Insofern umfasste die »Versorgungsanstalt« zu diesem Zeitpunkt 302 Betten, wovon 187 zum Altersversorgungshaus zählten. 1910 war die jüdische Bevölkerung auf 175 318 Personen angewachsen. Das entsprach 8,6 Prozent der Wiener Gesamtbevölkerung. Kriegsbedingt, etwa aufgrund der hohen Betriebskosten und Lebensmittelmangel mussten die Belegzahlen reduziert werden. Die neuerliche Belegs Erhöhung wurde schließlich mit Hilfe des »Notstandsfonds der IKG« möglich: Bis 1929 konnten wieder 347 Personen aufgenommen werden. Vgl. ebd.; vgl. Archiv Goldschmiedgasse, Bestand Ariel Muzicant, Ordner 31/Fach 289, Maimonides-Zentrum. Presseinformation. Zur Eröffnung der neu errichteten Pflegestation, 22. Mai 1991; vgl. Raggam-Blesch, Michaela, Von der Seegasse in die Malzgasse: Jüdische Altersfürsorge, in: Hecht, Dieter, J./Lappin-Eppel, Eleonore/Raggam-Blesch, Michaela, Topographie der Schoah. Gedächtnisorte des zerstörten jüdischen Wien, 3. überarbeitete Auflage, Wien 2017, 240–267, 241.

1823 Vgl. ebd.
1824 Vgl. ebd.

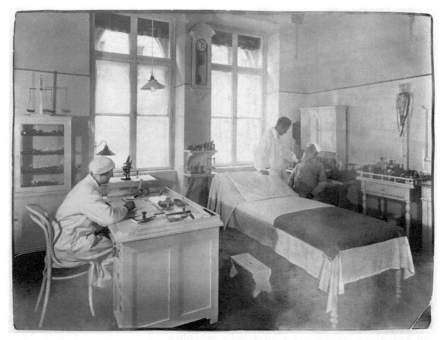

Abb. 43: Krankenabteilung Wien IX, Seegasse, 1938 (Bestand Jüdisches Museum Wien, Inv. Nr. 4230)

Als im Februar 1941 mit den Deportationen von Wiener Jüdinnen und Juden in Ghettos und Lager begonnen wurde, blieb das Heim in der Seegasse für »Transportunfähige« bestehen, wobei es »in dieser Funktion implizit ein mehr oder weniger klares Ablaufdatum [...] hatte.«[1825] Zusätzliche »Alterswohngemeinschaften« wurden während der großen Deportationen eingerichtet. Im Frühling 1942 lebten in 10 Altersheimen[1826] 2 500 Personen, in verschiedenen »Alterswohngemeinschaften« mehrere hundert Personen, von denen kaum welche die Deportationen überlebten. Über die Räumung des Altersheims in der Malzgasse 16 etwa liegt ein Bericht der Augenzeugin Edith Auerhahn vor, deren Ehemann, Felix Auerhahn, die Verwaltung desselben innehatte. Deportationen nach Theresienstadt im Mai 1943 von Bewohner:innen aus den letzten beiden Heimen in der Seegasse 9 und 16 führten schließlich zur Auflösung der Seegasse

---

1825 Anthony, Elizabeth/Rupnow, Dirk, Wien IX, Seegasse 9: Ein österreichisch-jüdischer Geschichtsort, o. O. o. J., 4.
1826 Für die Zeit zwischen 1938 und 1942 führen Hecht, Lappin-Eppel und Raggam-Blesch nachstehende jüdische Altersheime und Zweigestellen an: 9., Seegasse 9 und 16; 2., Große Schiffgasse 3; 20., Wasnergasse 33; 2., Malzgasse 7 und 16; 3., Redetzkystraße 5; 2., Große Schiffgasse 18; 2., Haasgasse 8; 2., Zirkusgasse 3a; 10., Aixingergasse 97–103; 15., Goldschlagstraße 84; 19., Hohe Warte 32.

Nummer 9. Bereits im Folgemonat wurden die verbliebenen Heimbewohner:innen der Seegasse 16 in die Malzgasse 7 übersiedelt. Diese hatte zwischenzeitlich als Sammellager fungiert und sollte als letztes jüdisches Altersheim bis Kriegsende bestehen bleiben.[1827]

## Altenbetreuung nach 1945

Der Betreuungsbedarf der Überlebenden ist von deren Verfolgungsbiografien geprägt, wenngleich die Bedingungen nach 1945 gänzlich andere waren als Jahrzehnte später.

Für die Nachwelt sind Einblicke in die individuellen Schicksale während der NS-Zeit und danach mit Traude Litzkas »Treffpunkt Maimonides-Zentrum« von 2006 in Gesprächen mit zehn Bewohner:innen erhalten.[1828] In der unmittelbaren Nachkriegszeit wurde keinerlei Erinnerungsarbeit geleistet, mögliche positive therapeutische Auswirkungen, die beispielsweise von der Psychotherapeutin Elisabeth Grünberger hervorgehoben werden, waren überhaupt nicht im Blick. Nach Grünberger stellt Erinnerungsarbeit nicht nur eine Verbindung zwischen gesellschaftlichem und individuellem Raum her, sondern kann zur Verbesserung der persönlichen Lebensqualität beitragen, indem etwa das Selbstwertgefühl der Erzählenden gefördert wird, Konflikte eingeordnet und so vielleicht sogar gelöst werden können.[1829] Im heutigen Maimonides-Zentrum (MZ) erhalten pflegebedürftige Menschen Behandlung und Betreuung. Dabei liegt der Fokus nicht nur auf Demenzerkrankungen, es werden auch Patient:innen mit Traumata in Kooperation mit dem psychosozialen Zentrum ESRA psychologisch und psychiatrisch betreut.[1830] Obgleich die Überlebenden und Exilierten immer weniger werden, waren sie lange die primäre Zielgruppe: Wiener:innen, die während der NS-Zeit in Wien überlebt hatten, jene, die nach Shanghai geflüchtet und zurückgekehrt waren, solche, die nach Israel oder in die USA ausgewandert waren und am Ende ihres Lebens zurückkehrten – auch gegenwärtig noch ein »Potpourri«, charakterisiert Micha Kaufman die immer noch gegebene zeitgeschichtlich bedingte Vielfalt. Die Gründe, sich erst am Lebensende zu einer

---

1827 Vgl. Raggam-Blesch, Michaela, Von der Seegasse in die Malzgasse: Jüdische Altersfürsorge, in: Hecht, Dieter, J./Lappin-Eppel, Eleonore/Raggam-Blesch, Michaela, Topographie der Schoah. Gedächtnisorte des zerstörten jüdischen Wien, 3. überarbeitete Auflage, Wien 2017, 240–267, 247, 257 u. 260.
1828 Vgl. Litzka, Traude, Treffpunkt Maimonides-Zentrum, Wien/Köln/Weimar 2006, 8.
1829 Vgl. Grünberger, Elisabeth, Erinnerungsarbeit aus therapeutischer Sicht, in: ebd., 193–195, 193.
1830 Vgl. Weiss, Alexia, Biografiearbeit als Selbstverständlichkeit, in: Wina. Das jüdische Stadtmagazin, Juni 2014, online: https://www.wina-magazin.at/biografiearbeit-als-selbstverstaendlichkeit/ [23.11.2022].

Rückkehr nach Wien zu entschließen, sind zwar unterschiedlich, doch dürfte die Altersversorgung im Maimonides-Zentrum eine wesentliche Rolle spielen.[1831]

»Das Heim ist ein bescheidener Ort ohne Zeit«, sagt Heinz Bütler »den die Menschen betreten, um zu bleiben. Hier enden Lebensgeschichten. Hier wird Lebensbilanz gezogen.«[1832] Eine Beschreibung, die zunächst wohl auf jedes Altersheim zutreffen könnte. Bütlers Dokumentarfilm aus dem Ende der 1980er Jahre mit dem Titel »Was geht mich der Frühling an…« hielt – wie später Litzka – in Gesprächen mit 13 Bewohner:innen deren Verfolgungsgeschichten fest und machte das Altersheim gleichzeitig zum Schauplatz spezifischer Fragen rund um die zentralen Themen Erinnerung, Alter und Tod. Die Initiative für die Erarbeitung eines derartigen Zeitdokuments führt Patricia Kahane auf Jonas Zahler zurück, den damaligen ärztlichen Leiter. Durch ihre eigene Mitarbeit an der Produktion gewann sie Vertrauen und konnte enge Kontakte mit Heimbewohner:innen und der damaligen Heimverwaltung knüpfen. Diese kam im Weiteren mit der Bitte auf Kahane zu, sich der Interessensvertretung der Heimbewohner:innen sowie des Personals anzunehmen. Diesem Anliegen sei Patricia Kahane als Ombudsfrau des Maimonides-Zentrums 28 Jahre lang nachgekommen.[1833]

Zunächst aber zur unmittelbaren Nachkriegszeit: Das kleine Altersheim in der Malzgasse 7 wurde nach 1945 weiterhin als solches verwendet, obgleich sich die beiden Häuser an den Adressen Malzgasse 7 und 16 nach Kriegsende in äußerst schlechtem Zustand befanden. Dennoch wurden alte und kranke Menschen – später auch Rückkehrende aus Shanghai – dort beherbergt. In der Seegasse[1834] waren hingegen DPs untergebracht und die dortige koschere Großküche versorgte auch andere Lager.[1835] Das DP-Lager und das Altersheim unterstanden nach dem Krieg separaten Verwaltungen, wie beispielsweise aus einem Protokoll des Vertreterkollegiums hervorgeht. Demnach war Rudolf Weinstock[1836] mit der damaligen Verwaltung des Altersheims betraut.[1837] Was zählte aber eigentlich zu

---

1831 Vgl. Kaufman, Micha, Interview, 23.08.2023.
1832 Bütler, Heinz, Was geht mich der Frühling an…, Das Buch zum gleichnamigen Film, Wien 1989, o. S.
1833 Vgl. Kahane, Patricia, Interview, 09.08.2023.
1834 Zur Geschichte der Seegasse s. das Kapitel »Exil und Rückkehr«.
1835 Vgl. Anthony, Elizabeth/Rupnow, Dirk, Wien IX, Seegasse 9: Ein österreichisch-jüdischer Geschichtsort, o. O. o.J., 14.
1836 Nachdem Rudolf Weinstocks Nachfolge anlässlich seiner Pensionierung im Jahr 1962 im Vorstand diskutiert wurde, kann seine durchgehende Tätigkeit bis zu diesem Zeitpunkt angenommen werden. Als Amtsnachfolger wurde zunächst Alfred Kohn vorgesehen. Inwiefern dieser die Verwaltung tatsächlich übernahm, kann hier nicht nachvollzogen werden. Rudolf Baumanns Tätigkeit in der Verwaltung des Altersheims bis zu seinem Ausscheiden am 30.09.1970, kann hingegen mit Sicherheit festgehalten werden. Vgl. Archiv IKG Wien, Bestand Wien, A/VIE/IKG/III/AD/VOR/3/22, Protokoll, 21.11.1961; vgl. ebd., A/VIE/IKG/III/AD/VOR/8/15, Protokoll, 25.05.1977.
1837 Vgl. ebd., A/VIE/IKG/III/AD/VOR/1/1, Protokoll, 22.06.1948.

den Agenden der Heimverwaltung? Ganz allgemein befasste sie sich natürlich mit allen anfallenden organisatorischen und administrativen Aufgaben. Aber auch die Durchsetzung von Interessen gegenüber den Heimbewohner:innen verstand die IKG als eines der Tätigkeitsprofile. Denn dass die Heimbewohner:innen nicht immer im Sinn und in Rücksprache mit der Heimverwaltung agierten, zeigen beispielsweise eigenmächtige Umzüge von Bewohner:innen in frei gewordene Räume, die seitens der Heimverwaltung jedoch für andere Personen bestimmt waren. Es bleibt offen, inwiefern die Heimverwaltung nach konsensbasierten Lösungen mit den Bewohner:innen suchte, beziehungsweise überhaupt suchen konnte. Fest steht, dass die Verwaltung rechtliche Schritte im Falle von Nicht-Räumungen vorzunehmen bereit war.[1838] Davon lässt sich einerseits ableiten, dass die Beziehung zwischen Heimbewohner:innen und -verwaltung nicht immer friktionsfrei war. Gleichzeitig ist ein entsprechend guter physischer Zustand einiger Bewohner:innen anzunehmen, wenn sie zu derartigen selbst veranlassten und durchgeführten Umzügen in der Lage waren.

Zu Beginn des Jahres 1948 erhielt die IKG über Dritte die Information, die amerikanischen Behörden wollten u. a. das DP-Lager in der Seegasse der Verwaltung der Gemeinde Wien übergeben, die es wiederum dem städtischen Wohlfahrtsamt zu unterstellen gedachte. Laut Vertreterkollegium hatte sich das Amt mit der informellen Frage an die IKG gewandt, inwiefern nicht diese selbst an der Übernahme der Verwaltung interessiert sei. Daraufhin habe die IKG beschlossen, das Heim unter dem Heimverwalter Simon Lazarovitcz[1839] übernehmen und verwalten zu wollen. Nicht viel später, nämlich im Juni 1949, wurden mit der Reaktivierung des Altersheims in der Seegasse die »Vereinigten Anstalten Altersheim-Spital« unter gemeinsamer Verwaltung etabliert.[1840] Ein Bericht des damaligen Präsidenten Ernst Feldsberg gibt nicht nur Aufschluss über die vorausgegangenen Verhältnisse in der Seegasse, vielmehr distanzierte sich der Kultusvorstand im Rahmen einer Sitzung am 27. April 1949 auch eindeutig von den unmittelbaren Nachkriegsgeschehnissen in der Seegasse, indem er festhielt: »In dem Haus [...] Seeg. 9, wurde ein Küchenbetrieb und ein Rückkehrheim im engeren Sinn geführt. Sowohl der Küchenbetrieb als auch das Rückkehrheim waren vollkommen selbstständig. Leiter beider Betriebe war Lazarowitsch. Bis zum 28. 2. 1948 wurden diese beiden Betriebe durch die amerikanische Besatzungsmacht geleitet, am 31.3.48 übernahm Lazarowitsch die Leitung in eigener Regie. In der Küche wurden anfangs bis zu 4000 DP's verpflegt, deren Zahl bis heute auf ca. 500 gesunken ist. Die Verpflegungskosten mit einem Betrag von

---

1838 Vgl. ebd., A/VIE/IKG/III/AD/VOR/1/2, Protokoll, 08.02.1949.
1839 Zu Simon Lazarovitcz sowie der Schreibweise seines Namens s. das Kapitel »Seegasse«.
1840 Vgl. Archiv Goldschmiedgasse, Bestnad Ariel Muzicant, Ordner 31/Fach 289, Maimonides-Zentrum. Presseinformation. Zur Eröffnung der neu errichteten Pflegestation, 22. Mai 1991.

S 2.91 pro Kopf wurden von der Mag.Abtlg. 13 bezahlt. Ausserdem bestanden die Einnahmen des Flüchtlingsheimes aus eingehobenen Mietzinsen bei Insassen und aus den für die Verpflegung von Insassen bezahlten Kosten. Ein Teil der Insassen leistete keine Mietzinszahlungen und blieb auch das Entgelt für die Verpflegung schuldig. Im Küchenbetrieb wurde das an das Flüchtlingsheim gelieferte Essen dem Flüchtlingsheim voll angelastet, während im Rückkehrerheim tatsächlich ein geringeres Entgelt durch Zahlungsverweigerung einzelner Insassen erzielt wurde.«[1841] Die IKG suchte nach einem Weg, die entstandenen Schulden zu tilgen.[1842] Zu diesem Zeitpunkt wurden 250 Personen in der Seegasse beherbergt. Davon waren 115 Bewohner:innen über 60 Jahre alt. In der Errichtung eines Altersheimes sah die IKG eine Lösung im Umgang mit dem Flüchtlingsheim. Dieses solle, bei gleichzeitiger Schaffung altersadäquater Unterbringungsmöglichkeiten und Übernahme der Angestellten des Rückkehrerheimes, soweit diese für die Führung des Altersheimes benötigt würden, liquidiert werden. Davon abgesehen solle die Ausspeisung im Einvernehmen mit der Magistratsabteilung 13 eingestellt werden.[1843] Der Umwandlung in ein Altersheim und der Adaptierung als solches stimmte der Joint laut IKG schnell zu,[1844] und die IKG zeigte sich ambitioniert, das Heim baldmöglichst wieder zu eröffnen.[1845] Mit der tatsächlichen Übernahme des Gebäudekomplexes durch die IKG im Jänner 1950 ging zunächst also die Entwicklung des Plans der Errichtung eines Altersheims einher.[1846] Mit dem Beschluss, ein Jahr später das jüdische Notspital in der Malzgasse im zweiten Wiener Gemeindebezirk aufzulassen, dafür aber ein eigenes Spital für die jüdische Gemeinde zu erhalten, diente die Seegasse – in welche das Altersheim bereits übersiedelt war – wieder seiner ursprünglichen Funktion.[1847] Peter Munk, später selbst als Buchhalter in der Seegasse tätig, sieht in der Beibehaltung des Spitals seinen traditionellen Fortbestand.[1848] Von den in der Seegasse untergebrachten Personen, die nicht ins Altersheim aufgenommen werden sollten, wurde das Gebäude, wie bereits im Kapitel zu den Rückkeh-

---

1841 Archiv IKG Wien, Bestand Wien, A/VIE/IKG/III/AD/VOR/1/1, Protokoll vom 01.12.1948.
1842 Mit Stichtag vom 31.3.1949 hielt die IKG eine Schätzung des entstandenen Schuldenstands in der Höhe von 70.236.- Schilling fest. Dazu zählten auch ausstehende Gehälter der Angestellten.
1843 Vgl. Archiv IKG Wien, Bestand Wien, A/VIE/IKG/III/AD/VOR/1/2, Protokoll, 27.04.1949.
1844 Vgl. ebd., Protokoll, 06.07.1949.
1845 Bis 15. Juli 1950. Vgl. ebd., A/VIE/IKG/III/AD/VOR/1/9, Protokoll, 30.05.1950.
1846 Erst durch die Aufnahme eines Darlehens konnte im Jahr 1950 mit den Renovierungsarbeiten begonnen werden. Vgl. Veran, Traude, Das steinerne Archiv. Der alte Judenfriedhof in der Rossau, Wien 2002, 155.
1847 Die Übersiedlung des Spitals von der Malzgasse in die Seegasse 9 im 3. Stock wurde am 28.03.1951 im Kultusvorstand beschlossen. Vgl. Archiv IKG Wien, Bestand Wien, A/VIE/IKG/III/AD/VOR/1/21, Protokoll, 28.03.1951; vgl. Israelitische Kultusgemeinde Wien, Die Tätigkeit der Israelitischen Kultusgemeinde Wien. In den Jahren 1952–1954, Wien 1955, 64.
1848 Vgl. Munk, Peter, Interview, 14.09.2023.

renden erwähnt, erst 1953 vollständig geräumt. Das kleine Krankenhaus im Seitentrakt wurde noch davor, nämlich 1952 errichtet, wohingegen im Hauptteil Senior:innen untergebracht waren.[1849] Der daraus entstandene strukturelle Vorteil wird anhand verschiedener Patient:innenakten unterstrichen, welche die krankheitsbedingte Aufnahme aus dem Altersheim in die Krankenabteilung belegen.[1850] 1958 beherbergte das Altersheim in der Seegasse insgesamt 150 Personen.[1851] Im Vergleich zu den 4531 Personen, die im genannten Jahr finanzielle Unterstützung in der Kategorie »Alt und über 60« durch die Sozialabteilung erhielten, scheint das ein kleiner Personenkreis gewesen zu sein.[1852]

Mit fortschreitender Zeit, wirtschaftlichem Wachstum und gesellschaftlichem Wandel entsprachen Altersheim und Spital in der Seegasse schließlich nicht mehr den Anforderungen an eine derartige Institution.[1853] Peter Munk weiß, dass das Spital einfach nicht mehr finanzierbar war.[1854] Dennoch wurde erst nach langen internen Auseinandersetzungen im März 1969 der Beschluss gefasst, an ihrer Stelle in der Bauernfeldgasse, in einem Vorkriegs-Waisenhaus der IKG,[1855] ein zeitgemäßes Altersheim zu errichten.[1856] Die festliche Eröffnung des Elternheims, nun ausschließlich Alters- und Pflegeheim, fand schließlich am 21. September 1972 (unter Beisein des damaligen Präsidenten Anton Pick – Nachfolger Ernst Feldsbergs – und des Wiener Bürgermeisters Felix Slavik) statt.[1857]

---

1849 Vgl. Veran, Traude, Das steinerne Archiv. Der alte Judenfriedhof in der Rossau, Wien 2002, 155.
1850 Vgl. Archiv IKG Wien, Bestand Wien, A/VIE/IKG/III/SOZ/EH/2/1, Akt.
1851 Vgl. Archiv Goldschmiedgasse, Bestand Ariel Muzicant, Ordner 31/Fach 289, Maimonides-Zentrum. Presseinformation. Zur Eröffnung der neuerrichteten Pflegestation. Mittwoch, 22. Mai 1991.
1852 Vgl. Archiv IKG Wien, Bestand Wien, A/VIE/IKG/III/SOZ/6/8, Statistik Fürsorgeabteilung (1955–1958), Mai 1959.
1853 Vgl. Veran, Traude, Das steinerne Archiv. Der alte Judenfriedhof in der Rossau, Wien 2002, 158f.
1854 Vgl. Munk, Peter, Interview, 14.09.2023.
1855 Aus den Mitteln der »Stiftung Waisenhaus für Israelitische Mädchen« wurde in der Bauernfeldgasse 4 im 19. Wiener Gemeindebezirk im Jahr 1902 ursprünglich ein Mädchenwaisenhaus errichtet. Dieses wurde 1942 durch die Nazis enteignet.
1856 Vgl. Archiv Goldschmiedgasse, Bestand Ariel Muzicant, Ordner 31/Fach 289, Maimonides-Zentrum. Presseinformation. Zur Eröffnung der neuerrichteten Pflegestation. Mittwoch, 22. Mai 1991; vgl. Archiv IKG Wien, Bestand Wien, A/VIE/IKG/III/AD/VOR/9/5, Protokoll, 05.09.1972.
1857 Dass das Eltern- und Pflegeheim laut einem Protokoll des Kultusvorstandes aus dem Jahr 1977 bereits zu diesem Zeitpunkt nach dem bedeutenden spanisch-nordafrikanischen mittelalterlichen Gelehrten Maimonides benannt wurde, hält Peter Munk für einen Irrtum. Er vermutet diese namentliche Umbenennung gehe erst auf Alexander Friedmann zurück. Vgl. Litzka, Traude, Treffpunkt Maimonides-Zentrum, Wien/Köln/Weimar 2006, 197; vgl. Archiv IKG Wien, Bestand Wien, A/VIE/IKG/III/AD/VOR/11/15, Protokoll, 25.05.1977.

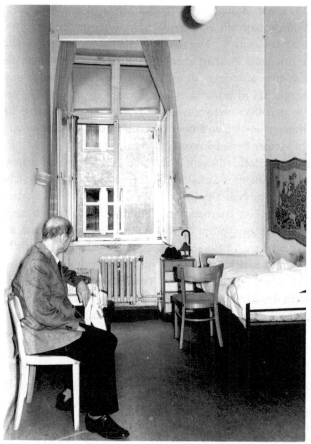

Abb. 44: Zimmer Altersheim Seegasse (Archiv IKG Wien, Bestand Wien, Fotos Zeitschrift »Die Gemeinde« 1958–1979)

Altenbetreuung nach 1945

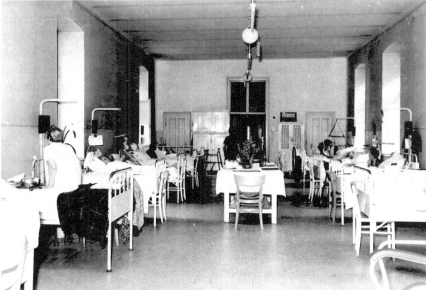

Abb. 45: Küche Altersheim Seegasse und Krankenabteilung Seegasse (Archiv IKG Wien, Bestand Wien, Fotos Zeitschrift »Die Gemeinde« 1958–1979)

Trotz des Umzugs in die Bauernfeldgasse blieb die ausstehende Modernisierung des Elternheimes laufendes Thema im Kultusvorstand. Die Tatsache, dass die IKG der gesamtgesellschaftlichen Veränderung in der Altenbetreuung folgen wollte, wird in dem Vorschlag Jakob Bindels deutlich, der etwa mit der Unterstützung von Paul Grosz anregte, sich in Verbindung mit Expert:innen von Geriatrie und Elternheim zusammenzuschließen, um die Altenbetreuung, bzw. Freizeitgestaltung zu verbessern. Bindel sprach sich auch ausdrücklich dafür aus, einen Freundeskreis des Elternheimes ins Leben zu rufen. Obgleich er mit diesem Vorschlag ganz bestimmte Personen dafür gewinnen wollte, engagierten sich später andere Gemeindemitglieder freiwillig. Neuerliche Reformen des Elternheims und die Errichtung der Bettenstation sieht Evelyn Adunka als Folge des Engagements von Alexander Friedmanns bereits erwähnter Arbeitsgruppe von 1984.[1858] Diese hatte sich mit der Erhebung der Lebenssituation älterer Menschen befasst, um Verbesserungsvorschläge einbringen zu können. In diesem Zusammenhang unterstellte die IKG die praktische Kaschrut-Aufsicht im Elternheim auch einem Maschgiach, der fortan die Einhaltung der Speisevorschriften beaufsichtigte. Andere Qualitätssteigerungen hinsichtlich der Betreuung konnten in diesem Zeitraum »mittels des von Erich Unger, dem damaligen Verwalter des Elternheims, von Anne Kohn-Feuermann, Gerda Feldsberg, Sara Lebovic, Edith Hopmeier und Eva Eisenberg gegründeten Vereins der Freunde des Elternheims« erzielt werden, schreibt Adunka und führt näher aus, dass die Qualität der Behandlung hinsichtlich therapeutischer Maßnahmen verbessert werden konnte und der »Ausbau der Geriatrie mit Einbau [neuer] sanitärer Anlagen und die Organisation des Kaffeehauses« gelang.[1859] Peter Munk hatte seine buchhalterische Tätigkeit auch in der Bauernfeldgasse fortgesetzt und hielt den damaligen Heimverwalter Erich Unger nicht nur für Verwaltungsagenden geeignet, sondern hebt auch seinen Umgang mit den Bewohner:innen positiv hervor. Nach Ungers Tod sei ihm der Verwaltungsposten angeboten worden, erzählt Munk. Nach reiflicher Überlegung habe er diesen schließlich angenommen. Eine berufliche Tätigkeit im Sozialbereich entsprach seiner persönlichen Philosophie in Bezug auf eine prinzipielle gesellschaftliche Verantwortung gegenüber seinen Mitmenschen.[1860]

Auch das freiwillige Engagement verschiedenster Gemeindemitglieder war vielseitig und soll hervorgehoben werden. Rosina Kohn sieht beispielsweise den Anstoß dafür, mehrmals pro Woche als Vorlesende zu fungieren, in einer In-

---

1858 Zur Arbeitsgruppe s. auch das Kapitel »Die Entstehung der Subkommission der Sozialkommission«.
1859 Vgl. Adunka, Evelyn, Die vierte Gemeinde. Die Wiener Juden in der Zeit von 1945 bis heute, Wien/Berlin 2000, 517.
1860 Vgl. Munk, Peter, Interview, 14.09.2023.

itiative der Freunde des Elternheimes.[1861] Adunka führt die Etablierung des Besuchsdienstes auf die Mithilfe des Witwen- und Waisenvereins im Jahr 1991 zurück. Dieser sollte die Lebensqualität der Bewohner:innen verbessern.[1862] So wichtig diese Tätigkeiten waren, verliefen sie sich im Lauf der Zeit jedoch, nicht zuletzt aufgrund des zunehmenden Alters der Engagierten selbst: »Die Damen sind älter geworden, deren Kräfte nehmen ab und keine jüngeren Gemeindemitglieder sind nachgekommen.«[1863] begründet Micha Kaufman den Rückgang der Initiative. Auch etliche andere Entwicklungen als altersspezifische, z. B. demografische oder der Ausbau professioneller nichtpartikularer Leistungsangebote mussten berücksichtigt werden. Schwer wog und wiegt das Fehlen eines niederschwelligen Zugangs, das freiwilliges Engagement zusätzlich erschwert. Zählte es ehedem zu den Gruppenaktivitäten, den Bewohner:innen sonntags eine Torte vorbeizubringen, ist das heute aufgrund behördlicher Kontrollen und der strengen Auslegung der Speisegesetze nicht mehr denkbar. Kahanes diesbezügliche Kritik verdeutlicht den Umstand, dass verschiedene Strömungen innerhalb der jüdischen Gemeinde nur schwer vereinbar sind. Sie ist beispielsweise überzeugt, den Bewohner:innen selbst seien die Nuancen von »koscher« mehrheitlich nicht wichtig, eine Trennung von milchig und fleischig sei ausreichend. Aufgrund ihrer langen persönlichen Erfahrung im Umgang mit den Bewohner:innen muss ihre Einschätzung als realistisch eingeordnet werden. Davon abgesehen sagt sie: »Ich darf schließlich auch jüdisch sein und nicht koscher essen.«[1864] Jedenfalls bemühten sich Initiativen wie der Freundeskreis des Elternheimes, sich den Bewohner:innen – abseits medizinischer und pflegerischer Belange und religionsgesetzlicher Fragen – auf menschlicher Ebene zuzuwenden.

Der individuelle Bedarf der Bewohner:innen war auch in finanzieller Hinsicht unterschiedlich und gesundheitsbedingt variierend. Das zeigt etwa ein Ansuchen der Leiterin der Sozialabteilung, Elisabeth Weiss, für eine hochbetagte Rückkehrerin im Heim um eine monatliche Zuwendung. Das Gesuch ist an den Witwen und Waisenverein (WWV) gerichtet:[1865] »Die Frau [...] ist gesundheitlich erstaunlich gut beisammen und könnte, wenn ihr etwas übrig bliebe, ihr Leben noch geniessen. Sie geht – oder ging – [...] [ins] Konzert, [...] [und ins] Theater, heute kann sie sich kaum den Friseur leisten.«[1866] Vorab wurde ihr durch die IKG bereits ein Taschengeldbezug gewährt. Das (hier auszugweise zitierte) Ansuchen an den

---

1861 Vgl. Kohn, Rosina, Interview, 17.12.2020.
1862 Vgl. Adunka, Evelyn, Die vierte Gemeinde. Die Wiener Juden in der Zeit von 1945 bis heute, Wien/Berlin 2000, 519.
1863 Kaufman, Micha, Interview, 23.08.2023.
1864 Kahane, Patricia, Interview, 09.08.2023.
1865 Vgl. Archiv IKG Wien, Bestand Wien, SOZ Akten 80er u. 90er (temp.), Unterstützungsgesuch, 29.12.1987.
1866 Ebd.

WWV wurde ebenso genehmigt.[1867] Mittels dieser Unterstützungsgesuche an den genannten Verein versuchte man also, der Altersarmut zu begegnen. Ein anderes Gesuch lautete: »Herr […] ist seit Anfang Oktober im Elternheim der IKG Wien. Er ist vollkommen alleinstehend und bezieht eine Mindestrente, wovon ihm selbstverständlich kein Groschen bleibt. Herr […] ist einer […] der wenigen Heiminsassen, die mit einer monatlichen Hilfe die Lebensqualität wesentlich verbessern könnten.«[1868] Einerseits appelliert dieses Ansuchen emotional an die Entscheidungsträger:innen; andererseits vermittelt die knappe Schilderung der Sozialabteilung professionell, wie mit etwaiger Unterstützung die Lebensqualität angehoben werden könnte. Seitens der IKG war es Usus, keine zusätzlichen Unterstützungen für Personen zu gewähren, die in IKG-Institutionen untergebracht waren: »Bewohnerinnen des Maimonides-Zentrums konnten – im Normalfall – nicht um finanzielle Unterstützung ansuchen, da sie Pensionen bezogen und Taschengeld erhielten«[1869], erklärt Kahane diese interne Konvention. Ein Stichtag ist dafür aber nicht festzumachen. Jedenfalls wurden mit Ende der 1980er Jahre noch Unterstützungen gewährt, wie dies Fallbesprechungen im Rahmen der Sozialkommission gemeinsam mit jenen aus der Sozialabteilung belegen.[1870] Beispielsweise wurden in diesem Rahmen Beschlüsse hinsichtlich finanzieller Unterstützungen v. a. für einmalige Ausgaben wie Zahnarztrechnungen gefasst.[1871] Von etwaigen Unterstützungen der IKG abgesehen, reichte das Taschengeld nicht für viele Aktivitäten aus wie Kahane weiß. Individuell und allgemein abnehmende Relevanz des Taschengelds steht in unmittelbarem Zusammenhang mit dem mehrheitlich schlechteren Gesundheitszustand der Bewohner:innen. In diesem sieht sich auch der zunehmende Wandel des Pensionist:innenheimes hin zu einem Pflegeheim begründet, das nach Kahane zunehmend Spitalscharakter aufweist.[1872] Micha Kaufman schließt sich dieser Sichtweise an und sieht in dieser Entwicklung eine allgemeine.[1873] Die steigende Anzahl immer älterer, multimorbider Menschen habe frühere agilere Gruppen abgelöst, die noch verschiedenen Aktivitäten nachgehen konnten, das Theater besuchten, oder sich am Nachmittag zusammensetzten um über den Zeitungsinhalt zu diskutieren.[1874]

Im Rahmen des Beschlusses, die Administration von der Bauernfeldgasse wieder in ihr ursprüngliches Amtsgebäude in der Seitenstettengasse zu verlegen,

---

1867 Vgl. ebd., Kartei.
1868 Ebd., Unterstützungsgesuch, 23.10.1986.
1869 Kahane, Patricia, Interview, 09.08.2023; Patricia Kahane fügt erklärend hinzu, dass Einkünfte, wie in jedem Heim der Stadt Wien, bis zu einem gewissen Prozentsatz einbehalten werden und ein Teil als Taschengeld ausbezahlt wird.
1870 Zum damaligen Zeitpunkt: »die Kommission für das Elternheim und Sozialwesen«.
1871 Vgl. Archiv IKG Wien, Bestand Wien, XX-A-c-08 (temp.), Protokoll, 17.10.1990.
1872 Vgl. Kahane, Patricia, Interview, 09.08.2023.
1873 Vgl. Kaufman, Micha, Interview, 23.08.2023.
1874 Vgl. Kahane, Patricia, Interview, 16.08.2023.

ging 1988 auch die Reorganisation des Elternheimes einher: Das IKG-Organ »Maimonides-Zentrum, Maimonides Elternheim, Pflegewohnheim und Krankenanstalt Verwaltungsges.m.b.H« wurde mit der Begründung etabliert, einer etwaigen Vernachlässigung des Heims aufgrund der räumlichen Distanz entgegenzuwirken. Die kaufmännische Leitung war den anderen Bereichen hierarchisch übergeordnet: Das Maimonides-Zentrum setzte sich zu jenem Zeitpunkt aus dem Elternheim, einem Heim für Pensionist:innen, dem Pflegewohnheim, einem Heim für Personen mit erhöhtem Betreuungs- und Pflegeaufwand aufgrund physischer und psychischer Gesundheit und der Pflege- oder Bettenstation sowie einem Bereich für intensiv zu Pflegende zusammen. Fachärztliche Betreuung wurde durch die Ordination von Konsiliarärzten angeboten.[1875] Die strukturellen Bedingungen wurden aber zunehmend adaptiert. Dazu zählte in den 1980er Jahren auch die Einsetzung des eingangs erwähnten ärztlichen Leiters Jonas Zahler. Kahane erinnert sich an die schrittweise Etablierung kollegialer Leitungsstrukturen von Verwaltung, Pflege und ärztlicher Leitung, die in Anlehnung an die vergleichbare Entwicklung in den Krankenanstalten und Pflegeheimen der Stadt Wien erfolgt ist. Als Vorteil dieser Struktur benennt Kahane die Möglichkeit, vermehrt auf Bedürfnisse der jeweiligen Berufsgruppen einzugehen.[1876] In der kollegialen Führung sah der spätere Geschäftsführer und Direktor Hansjörg Mißbichler hingegen den Vorteil des »guten Einvernehmens«. Dennoch verheimlicht er das bestehende Ungleichgewicht nicht: Dabei habe die Pflegedienstleitung – trotz belastendster Tätigkeit – die schwächste Position besessen, und er in seiner das letzte Wort.[1877]

Die unterschiedlichen politischen Fraktionen innerhalb der IKG waren sich über den Fortbestand des Elternheims in der Bauernfeldgasse nicht einig. Die Junge Generation plädierte im Mai 1989 vor den Wahlen in ihrem Programm etwa für eine Neuerrichtung in der Armbrustergasse: »Die Gemeinde benötigt ein schönes, modernes und menschenwürdiges Elternheim. Das Gebäude in der Bauernfeldgasse erfüllt diese Bedingungen schon lange nicht mehr. Ein Elternheim, das vielen jüdischen Eltern eine Heimstätte werden soll, muß nach optimalen Gesichtspunkten geplant und gebaut werden. Gerade deswegen sind berechtigte Zweifel am ›Projekt Bauernfeldgasse‹ aufgetaucht.«[1878] Die Fraktion kritisierte die ursprüngliche konzeptuelle Planung der Bauernfeldgasse, durch die nie ein Optimalzustand erreicht werden könne, sondern immer nur weitere

---

1875 Vgl. Archiv Goldschmiedgasse, Bestand Ariel Muzicant, Ordner 31/Fach 289, Maimonides-Zentrum. Presseinformation. Zur Eröffnung der neuerrichteten Pflegestation. Mittwoch, 22. Mai 1991.
1876 Vgl. Kahane, Patricia, Interview, 09.08.2023.
1877 Vgl. Mißbichler, Hansjörg, Interview, 07.09.2023.
1878 Muzicant, Ariel/Rottmann, Niki/Stierer, Michael/Tudiwer, Robert/Vyssoki, David, Maimonides Zentrum, Junge Generation, Nr. 2-1, Mai 1989, o. S.

Verbesserungen nötig würden. Neben Finanzierungsfragen bei einem Umbau und zu laufenden Kosten wurde in Zweifel gezogen, inwiefern die Erweiterung der Geriatrie unter diesen Umständen überhaupt noch zielführend wäre.[1879] Dennoch wurde am 24. Mai 1991 in der Bauernfeldgasse die dort errichtete Pflegestation unter dem kaufmännischen ehrenamtlichen Direktor Arthur Adler, dem ärztlichen Leiter Jonas Zahler und im Beisein der Ombudsfrau Patricia Kahane eröffnet.[1880] Zu diesem Zeitpunkt lebten insgesamt 94 Personen im Maimonides-Zentrum. Erneute Umbauarbeiten sollten die Kapazitäten auf 107 erhöhen. Einer hauptberuflichen Beschäftigung im Heim gingen zum damaligen Zeitpunkt 58 Personen nach. 26 von ihnen zählten zum Pflegedienst, und sieben zum Küchenpersonal.[1881]

Die Erwähnung der Kontroversen um das damalige Elternheim ist insofern bedeutsam, da sie doch dessen Fortbestand und Entwicklungsgeschichte maßgeblich prägten.[1882] Nach den Schilderungen des langjährigen IKG-Generalsekretärs Raimund Fastenbauer fußte der zugrundeliegende Konflikt letztlich auf persönlichen Ressentiments, die rund um Fragen über die Verantwortung für den Suizid einer Heimbewohnerin entstanden waren. Dieser Konflikt sei im Rahmen der Kultuswahlen ab Juni 1989 eskaliert, zu einem zentralen Thema politischer Auseinandersetzungen innerhalb der IKG geworden und sollte diese mehr als 10 Jahre beschäftigen.[1883] Obgleich der Kultusvorstand 1990 der Leitung des Elternheims sein Vertrauen ausgesprochen hatte, kam es infolge von Anzeigen zu behördlichen Kontrollen.[1884] Die Ergebnisse einer anschließenden Begehung wurden in der Zeitschrift »Die Gemeinde« festgehalten. Die behördliche Stellungnahme vom 06. März 1990, hielt ausschließlich die Sanierungsbedürftigkeit des Bereiches oberhalb des Kühlraums fest, schrieb Kahane in dem Beitrag.[1885] In diesem Format informierte sie in ihren Artikeln regelmäßig über das Maimoni-

---

1879 Vgl. ebd.
1880 Vgl. Archiv Goldschmiedgasse, Bestand Ariel Muzicant, Ordner 31/Fach 289, Maimonides-Zentrum. Presseinformation. Zur Eröffnung der neuerrichteten Pflegestation. Mittwoch, 22. Mai 1991; vgl. Adunka, Evelyn, Die vierte Gemeinde. Die Wiener Juden in der Zeit von 1945 bis heute, Wien/Berlin 2000, 517.
1881 Vgl. Archiv Goldschmiedgasse, Bestand Ariel Muzicant, Ordner 31/Fach 289, Maimonides-Zentrum. Presseinformation. Zur Eröffnung der neuerrichteten Pflegestation. Mittwoch, 22. Mai 1991.
1882 Näheres zu den Auseinandersetzungen um das Elternheim s. u. in: Fastenbauer, Raimund.
1883 Vgl. Fastenbauer, Raimund, Geschichte der IKG von 1945 bis zur Gegenwart: Berichte der IKG, unveröffentlichtes Typoskript, Wien 2022.
1884 Vgl. Adunka, Evelyn, Die vierte Gemeinde. Die Wiener Juden in der Zeit von 1945 bis heute, Wien/Berlin 2000, 518.
1885 Vgl. Archiv Goldschmiedgasse, Bestand Ariel Muzicant, Ordner 31/Fach 289, Die Gemeinde, Protokoll der Besichtigung des »Maimonides-Heimes« der IKG im Rahmen der behördlichen Aufsicht vom 06.03.1990, 22.06.1990.

des-Zentrum.[1886] Im Mai 1992 berichtete sie etwa hinsichtlich der Modernisierung der Elternheimtrakte und des neu eingerichteten Pflegewohnheims.[1887] Der Konflikt schwelte dennoch weiter, und der Wechsel der Leitung des Maimonides-Zentrums, der im Jahr 1999 erfolgte, kann nicht unabhängig von den Bemühungen gesehen werden, dem Streit ein Ende zu setzen.[1888] Im November 2000 habe der damalige Präsident Ariel Muzicant im Plenum der IKG – nach seinen vorangegangenen erfolgreichen Interventionen – über die Beilegung des Konflikts berichtet.[1889] Ohne Zweifel hatte dieser dem Ansehen des Maimonides-Zentrum auch in der Öffentlichkeit geschadet. Trotz dieser Konflikte betont Patricia Kahane ihre gute Zusammenarbeit mit Arnon Epstein und Eva Hervath-Weisz. Anhand von Beispielen unterstreicht sie deren unterschiedliche Qualitäten: Eva Hervath-Weisz sei mit einer speziellen Sensibilität mit den Traumata der Überlebenden umgegangen. Ihr Wissen um die mentale Kontinuität durchlebter Leid-, Angst- und Gewalterfahrungen prägte ihre Leitprinzipien: Nie hätte es etwa Gerichte gegeben, die nur im Entferntesten an die Wassersuppe in den Lagern hätten erinnern können. Das Tragen bestimmter Lederstiefel, die an Uniformierte erinnern und traumatische Erinnerungen auslösen hätten können, sei unter ihr im Maimonides-Zentrum verpönt gewesen. Zur Illustration ihres persönlichen Einsatzes erzählt Kahane von Hervath-Weisz' nächtlichen Kontrollbesuchen auf der Pflegestation. Bei einem dieser Besuche habe sich der Verdacht erhärtet, das überlastete Pflegepersonal blockiere aufgrund fehlender Ressourcen das Bettklingelsystem der Bewohner:innen.[1890] Arnon Epstein, der aus einem ganz anderen Tätigkeitsfeld kam, habe vorhandene Expertisen geschätzt und habe sich mit Empfehlungen intensiv auseinandergesetzt, erinnert sich Kahane positiv zurück. Sie selbst war damals in den wöchentlichen Sitzungen als Ombudsfrau im Haus anwesend und nahm sich als Teil des Leitungsteams wahr.[1891] Als die IKG Ende der 1990er Jahre Hansjörg Mißbichler nach einem langen Auswahlverfahren im Juni 1999 einstellte, sei mit ihm schließlich die Position des Geschäftsführers und des Direktors der Verwaltung zusammengelegt worden.[1892]

Die Vertretung der Bewohner:innen sei weiterhin durch sie – Kahane – erfolgt. Solange die Bewohner:innen mehrheitlich mobil waren, fanden wöchentliche Hausversammlungen im Speisesaal statt. In dieser großen Gruppe konnten die

---

1886 Vgl. Kahane, Patricia, Interview, 16.08.2023.
1887 Vgl. Archiv Goldschmiedgasse, Bestand Ariel Muzicant, Ordner 31/Fach 289, Kahane, Patricia, Bericht der Ombudsfrau aus dem Maimonides-Zentrum, in: Die Gemeinde, 6. Mai 1992.
1888 Vgl. Kahane, Patricia, Interview, 16.08.2023.
1889 Vgl. Fastenbauer, Raimund, Geschichte der IKG von 1945 bis zur Gegenwart: Berichte der IKG, unveröffentlichtes Typoskript, Wien 2022.
1890 Vgl. Kahane, Patricia, Interview, 09.08.2023.
1891 Vgl. ebd., 16.08.2023.
1892 Vgl. Mißbichler, Hansjörg, Interview, 30.08.2023.

Bewohner:innen ihre Wünsche und Probleme vorbringen, denen Kahane anschließend nachging. Bei diesen Angelegenheiten handelte es sich keineswegs nur um intern zu lösende, sondern auch um extern wahrzunehmende Agenden. So vertrat sie Bewohner:innen auch gegenüber Ämtern wie etwa in Sachen des Pflegschaftsgerichts, der Sachwalterschaften, oder damaliger Opferrentenverfahren. Sie schildert beispielsweise die Begleitung eines Bewohners Ende der 1980er Jahre, der sie nach Erstkontakt mit der zuständigen Beamtin der Gemeinde Wien um Unterstützung bat. Diese hatte ihn als jemanden, der nach Palästina geflohen war, nicht nur nach den damaligen Fluchtgründen gefragt, sondern vielmehr als Beleg auch die Vorlage seiner damaligen Fahrkarte verlangt. Diese schikanöse Behandlung war kein Einzelfall. »Daraufhin habe ich eine Beschwerde geschrieben; mit solchen Menschen haben sich die Überlebenden auseinandersetzen müssen!«[1893] schildert sie empört. Ihre Intervention war erfolgreich. Kahane selbst hätte die Verfügbarkeit einer professionellen Ansprechperson immer sehr begrüßt. Zunächst wurden sozialarbeiterische Tätigkeiten durch sie selbst in ihrer Rolle als Ombudsfrau und die damalige Verwalterin Eva Hervath-Weisz abgedeckt. Mit der späteren Einführung des Böhmer-Laufer-Psychosozialen-Praktikums (BLPP) sieht sie aber die zunehmende Abdeckung benötigter Funktionen und Tätigkeitsfelder.[1894] Die sich entwickelnden Angebote, die durch das Maimonides-Zentrum und das psychosoziale Zentrum ESRA gemeinsam abgedeckt werden, zielen generell auf alle Bereiche ab, wenngleich sich Soziale Arbeit in diesem spezifischen Handlungsfeld langfristig nicht als eigenständige Berufsgruppe im Maimonides-Zentrum etablierte. Ganz allgemein ist das Arbeitsfeld »Altenarbeit« ein Handlungsfeld Sozialer Arbeit, das auf eine relativ kurze Geschichte zurückblickt. Durch die Einführung des Paragraphen 75 des Bundessozialhilfegesetzes (BSHG) sollte Menschen abseits von Pflegeunterstützung und dergleichen auch Altenhilfe zukommen.[1895] Diese ziele darauf ab, Schwierigkeiten zu verhindern, die eben durch den Alterungsprozess entstehen. Allerdings lassen sich sogar grundlegende Begriffe wie Altenarbeit, Altenhilfe und soziale Altenarbeit nur schwer definieren. Hier wird Werner Tholes – Sozialpädagoge und Autor des unten zitierten Grundlagenwerkes Sozialer Arbeit – grober Unterteilung unterschiedlicher Bereiche in offenen, ambulanten, teilstationären und stationären Bereich gefolgt. Diese Unterscheidung wird anhand der jeweiligen Möglichkeiten zur autonomen Lebensführung und dem einhergehenden Unterstützungsbedarf getroffen.[1896]

---

1893 Kahane, Patricia, Interview, 09.08.2023.
1894 Vgl. ebd., 16.08.2023.
1895 Dem BSHG folgend, wird der Mensch mit Vollendung des 65. Lebensjahres als alt definiert.
1896 Vgl. Thole, Werner (Hg.), Grundriss Soziale Arbeit. Ein einführendes Handbuch, 4. Auflage, Wiesbaden 2012, 506.

Die Arbeitsbereiche der im Maimonides-Zentrum Tätigen waren nicht immer streng definiert, so Kahane. Das wird auch anhand ihrer Aussage deutlich, dass etliche Strukturen damals nicht institutionalisiert waren, sondern informellen Charakter hatten, was die Arbeit aus ihrer Perspektive nicht verschlechterte. Ganz im Gegenteil. Vor die Wahl gestellt, wäre Kahane selbst lieber damals Heimbewohnerin gewesen als heute, da die genannten Strukturen eine persönliche Atmosphäre erzeugt hätten.[1897] Das BLPP, in dessen Aufbau Kahane sehr involviert gewesen sei, zielte vor allem auf die Steigerung der Lebensqualität der Bewohner:innen ab.[1898] Denn der reglementierte Bedarf, der offiziell erfüllt werden sollte, war ihrer Auffassung nach ungenügend: »Die Priorität in einem deutschen und österreichischen Pflegeheim ist: Satt, sauber und still sollen die Leute sein. Oder still, sauber und satt. Alles andere ist eigentlich nebensächlich.«[1899] Das Maimonides-Zentrum war mit der Implementierung seines Leistungsangebotes über diese Mindestanforderung seiner Zeit voraus.

Etliche Bewohner:innen litten unter Einsamkeit. Entweder gab es keine Verwandten mehr oder die Angehörigen lebten in alle Welt verstreut, während der Arbeitsdruck, dem das Personal ausgesetzt war, den notwendigen persönlichen Austausch nicht zuließ. Aus Überlegungen, wie diesem Bedürfnis begegnet werden könnte, entwickelte sich das BLPP. In diesem Rahmen wurden auch erstmals die Biografien der Bewohner:innen erhoben, die dem Heim zur Verfügung gestellt wurden.[1900] Derartige soziale Anamnesen gelten heute als Standard professioneller Sozialer Arbeit. Das Projekt entwickelte sich rasch zu einem hochqualifizierten Betreuungsprogramm für ältere Menschen das »ein Beziehungsangebot für Heimbewohner dar[stellt], welches der Verringerung geistiger, physischer und sozialer Mobilität entgegenzuwirken versucht.«[1901] Die Reichweite dieses Pionierprojektes wird durch einschlägige Forschungsarbeiten belegt. Nach der Pflegewissenschaftlerin Martina Hopfner lag 1999 mit Gabriele Kochs »Untersuchungen der psychosozialen Betreuungstätigkeit des Böhmer-Laufer Psychosozialen Praktikums« die erste wissenschaftliche Arbeit zu dem Projekt vor. Monika Welkhammers »Möglichkeiten und Grenzen psychosozialer Betreuung im Sanatorium Maimonides-Zentrum« stellte die zweite Studie dar.[1902] Anfänglich waren weder die positive Resonanz noch die Ausmaße eines derar-

---

1897 Vgl. Kahane, Patricia, Interview, 16.08.2023.
1898 Vgl. Glück, Elvira, Interview, 03.02.2021; vgl. Kahane, Patricia, Interview, 09.08.2023.
1899 Kahane, Patricia, Interview, 09.08.2023.
1900 Vgl. ebd.
1901 Welkhammer, Monika, Leben im Altersheim. Möglichkeiten und Grenzen Psychosozialer Betreuung im Maimonides Zentrum, Diplomarbeit, Wien 2005, 8.
1902 Vgl. Hopfner, Martina, Geronto- psychosoziale Betreuung in Institutionen: Wirken und Wirkfaktoren eines geronto-psychosozialen Betreuungskonzeptes im Sanatorium Maimonides-Zentrum aus der Sicht der Betreuten. Ein qualitatives Forschungsprojekt, Diplomarbeit, Wien 2008, 64–67 u. 73.

tigen Projekts vorhersehbar gewesen: Einem Vorhaben zur psychologischen Betreuung der Bewohner:innen im Elternheim durch Stipendiat:innen stimmte am 16. Oktober 1991 die Sozialkommission der IKG zu. Unspezifisch hieß es dort noch: »Die Studenten aus allen Sparten sollen EH[Elternheim]-Bewohner besuchen, betreuen und mit ihnen persönliche Beziehungen aufbauen. E. Böhmer hat sich bereit erklärt, die Stipendiatengruppe zu unterweisen, zu beraten und zu supervidieren.«[1903] Der Bedarf an einem derartigen Projekt wurde zunächst mit dem gesamtgesellschaftlichen Problem zunehmender Vereinsamung alternder Menschen begründet. Ein Artikel aus der Gemeinde von 1992 über die Entstehung der »Projektgruppe Psychosoziale Betreuung im Maimonides-Zentrum« weist dieses Phänomen im Weiteren als ein spezifisches innerhalb der jüdischen Gemeinde aus: »Nicht nur haben sie die Probleme, die alle alten Menschen ohnehin haben, zusätzlich sind sie alle – jeder auf seine Art – Überlebende des Holocaust. […] Deshalb ist das Team, das sich im Maimonides-Zentrum auf das persönliche Umfeld der Bewohner konzentriert, zu dem Schluß gekommen, daß etwas über die normale Betreuung hinaus getan werden sollte.«[1904] Das Gelingen eines psychologischen und psychotherapeutischen Projekts hing aus damaliger Perspektive von der Verbindung unterschiedlicher institutioneller und betreuender Faktoren ab. Folglich leitete sich die Zielsetzung aus den Aufträgen der jeweiligen Bereiche – des Eltern- und Pflegeheimes mit der Betreuung, der Versorgung sowie der Pflege der Bewohner:innen – ab.[1905] Evelyn Böhmer-Laufer, Psychologin und Psychotherapeutin, fasst die Entwicklungsgeschichte retrospektiv wie folgt zusammen: Im Mai 1992 wurde die Projektarbeit mit einer kleinen Zahl an Laienbetreuer:innen und »bescheidener Zielsetzung« realisiert. Die Betreuenden sollten sich aus jüngeren Personen zusammensetzten, die Interesse an speziell vereinsamten Bewohner:innen mitbrachten, um so etwas wie eine »Patenschaft« einzugehen. Im Vordergrund standen Ziele wie der Einsamkeit entgegenzuwirken, Anteil am Leben der Bewohner:innen zu nehmen, Austausch und Kontakt mit ihnen zu pflegen. Böhmer-Laufer beschreibt die erste Gruppe an Betreuenden als jene, die zum damaligen Zeitpunkt als Flüchtlinge etwa aus der ehemaligen Sowjetunion, selbst zu den Betreuten zählten: »In dieser Phase fanden wir es interessant und sinnvoll Klienten der Sozialabteilung der Israelitischen Kultusgemeinde insofern aufzuwerten, als wir es ihnen ermöglichen, durch den ›Dienst am Nächsten‹ auch etwas für sich selbst

---

1903 Archiv IKG Wien, Bestand Wien, XX-A-c-08 (temp.), Protokoll, 16. 10. 1991.
1904 Archiv Goldschmiedgasse, Bestand Ariel Muzicant, Ordner 31/Fach 289, Böhmer-Laufer, Evelyn/Kahane, Patricia/Lobe Reinhardt/Zahler, Jonas, Konzept für eine integrative psychische und supervidierende Betreuung der Bewohner und des Personals des Eltern- und Pflegeheims im Maimonides-Zentrum in Wien, in: Die Gemeinde, 6. Mai 1992.
1905 Vgl. ebd.

zu tun.«[1906] Personen, die Unterstützung erfahren, Gegenleistungen erbringen zu lassen, wird häufig als Selbstaufwertung erfahren. Ilse Arlt drückte dieses Phänomen bereits in dem eingangs erwähnten Zitat aus: »Lebensfreude – dies ist eines der Kernstücke der Hilfe, ist das Kriterium, die unumstößliche Zielsetzung statt des bloßen Leidlinderns. Das zweite Kernstück heißt Gegenleistung, nicht im Sinne einer Bezahlung, sondern in der Kunst, der Demütigung vorzubeugen, indem man den Befürsorgten seinerseits irgendwie helfen lässt.«[1907] Die folgende Betreuenden-Gruppe zählte bereits 18 Personen und setzte sich ebenfalls Großteils aus Lai:innen zusammen, wobei auch Berufsumsteiger:innen unter ihnen waren, die an einem Berufswechsel in die Psychotherapie interessiert waren. Nach wie vor galt die Prämisse, durch den intensiven Kontakt zwischen Betreuten und Betreuenden Ersteren Teilhabe am gesellschaftlichen Leben mittels diverser Aktivitäten zu ermöglichen. 1994 wurde das Projekt als »Kontaktbetreuungsprojekt« bezeichnet. Parallel dazu entwickelte sich der separate Bereich der sogenannten »Ambulanzbetreuung«. Diese sollte neuen Bewohner:innen den Übergang zum Leben im Heim erleichtern und sich zeitlich eingrenzbarer Krisen annehmen. Darüber hinaus wurde die »Stockwerkbetreuung« etabliert: Durch Bewerber:innen, die für das Projekt besser qualifiziert waren und beispielsweise bereits das psychotherapeutische Propädeutikum absolviert hatten, sollte einerseits das Personal auf den Stationen entlastet werden, andererseits sollte den Bewohner:innen ein abwechslungsreiches Heimleben angeboten werden. Bedauerlicherweise verkomplizierten diese Betreuungsstrukturen die Prozesse im Heim. Das führte wiederum zu Konflikten – ein häufiges Resultat im Zusammentreffen von Freiwilligen auf bestehende professionelle Strukturen: Es brauchte eine:n Vermittler:in. Die daraus entstehende Zusammenarbeit mit einer Koordinatorin führte zur Erstellung konkreter Richtlinien.[1908] Der erfolgreiche Fortbestand des Projekts war laut der Initiatorin von der Professionalisierung abhängig, zumal vorwiegend angehende Psychotherapeut:innen teilnahmen. So hatte sich das Projekt bis Mai 1995 von einer Maßnahme, die dem spezifischen Bedarf der Bewohner:innen begegnete und ursprünglich auf die soziale Versorgung älterer Menschen ausgerichtet war, zu einem psychosozialen Projekt mit Fokus auf psychotherapeutische Anliegen und Möglichkeiten entwickelt, das ausschließlich Personen in entsprechenden Ausbildungen annahm.[1909] Kahane

---

1906 Ebd.
1907 Arlt, Ilse, zit. nach: Maiss, Maria, Ilse Arlt: Gerechtigkeit durch schöpferisches Konsumhandeln, Vortrag: 30. Internationale Sommerakademie Wien 2020, »Zedaka« (hebräisch: Gerechtigkeit) – Jüdische Wohlfahrt und Armenfürsorge bis 1938.
1908 Vgl. Archiv Goldschmiedgasse, Bestand Ariel Muzicant, Ordner 31/Fach 289, Böhmer-Laufer, Evelyn/Karlitzky, Efrat, Psychotherapeutisches Praktikum, Projektbeschreibung, o. D.
1909 Vgl. ebd., Kleine Entwicklungsgeschichte des Psychosozialen Betreuungsprojektes im Maimonides Zentrum (PBP/MZ), Wien 1995.

begrüßte diesen Schritt der Professionalisierung: »Es ist immer gut, wenn sich etwas professionalisiert. Es bedeutet einfach eine Qualitätsverbesserung in der Leistung am Patienten.«[1910] Aufschluss darüber, welche Faktoren dieses Konzeptes im Umgang mit der Bedarfsbegegnung aus Perspektive der Bewohner:innen relevant waren, gibt Martina Hopfners Ergänzung zu oben genannten wissenschaftlichen Beiträgen 2008 mit der qualitativen Studie »Geronto-psychosoziale Betreuung in Institutionen: Wirken und Wirkfaktoren eines gerontopsychosozialen Betreuungskonzeptes im Sanatorium Maimonides-Zentrum aus der Sicht der Betreuten. Ein qualitatives Forschungsprojekt.« Da in vorausgegangenen Arbeiten die subjektive Wahrnehmung des Projektes aus Perspektive der Bewohner:innen nicht im Zentrum gestanden hatte, beleuchtete Hopfner die Frage, wie die psychosoziale Betreuung seitens der Heimbewohner:innen erlebt wird und welche Faktoren für dieses Erleben wesentlich sind. Da dieses persönliche Erleben in engem Zusammenhang mit dem persönlichen Bedarfsempfinden steht, sollen Hopfners wesentliche Erkenntnisse zusammenfassend wiedergegeben werden: Die »soziale Kompetenz des Betreuers« stellte den wesentlichsten Faktor für das persönliche Erleben der Betreuung im Rahmen des Projektes dar. Das inkludierte beispielsweise nicht nur Empathievermögen, auf die Wünsche der Heimbewohner:innen einzugehen, »gute« Erziehung, freundliche Umgangsformen, sondern auch Kritikfähigkeit, Toleranz, sprachliche Kompetenzen oder »Unterhaltsamkeit durch gute [...] Bildung.« Selbstverständlich bedeutet gute Betreuung nicht für alle Bewohner:innen das Gleiche. Wie gut Betreuung empfunden wird, hängt unmittelbar von der persönlichen Lebenssituation ab: Die Bedürfnisse isolierter, älterer Menschen unterscheiden sich etwa von jenen derer, die auf familiäre Ressourcen zurückgreifen können. Die Bewohner:innen des Maimonides-Zentrums heben selbst weitere positive Aspekte des Projektes hervor, die sie beispielsweise im kommunikativem Austausch, in den konstanten Bezugspersonen und den vermehrten Aktivitätsmöglichkeiten durch eine Begleitung sehen.[1911]

Zusätzlich abzudeckende Bedürfnisse führten 1995 auf Initiative des Witwen- und Waisenvereins zur Gründung der Tagesstätte im Elternheim. Damit sollte ein Angebot zur Strukturierung des Tages und für einen Ort des Austauschs und Zusammentreffens bei Beibehalt autonomer Lebensführung geschaffen werden.[1912] Die Initiative einer derartigen Einrichtung führt Peter Munk auf Anne Kohn-Feuermann zurück, deren fortschrittliches Gedankengut hinsichtlich So-

---

1910 Kahane, Patricia, Interview, 09.08.2023.
1911 Vgl. Hopfner, Martina, Geronto- psychosoziale Betreuung in Institutionen: Wirken und Wirkfaktoren eines geronto-psychosozialen Betreuungskonzeptes im Sanatorium Maimonides-Zentrum aus der Sicht der Betreuten. Ein qualitatives Forschungsprojekt, Diplomarbeit, Wien 2008, 124.
1912 Vgl. Mathae, Michaela, Interview, 17.02.2021.

zialer Arbeit nach ihm auch in Zusammenhang mit ihre Prägung im Exil gesehen werden muss.[1913] Welche Worte fanden aber einstige Gründungsmitglieder für die Entstehung? Die seit dem Jahr 2000 mit der Leitung der Tagesstätte beauftragte Klinische und Gesundheitspsychologin Susanne Ogris zitiert diesbezüglich Edmund Reiss, den damaligen Vorsitzenden des Witwen- und Waisenvereins, bei seiner Eröffnungsrede zur 10 Jahresfeier: »Konfrontiert mit dem Elend jener, die auf irgendeine wundersame Weise den Holocaust überlebt haben – jenen wenigen, die es hier überlebt haben; jenen, die zurückgekehrt sind, und jenen, die in Wien vorerst nur auf der Durchreise waren. Sie alle brauchten Hilfe. Materielle Hilfe, weil sie oft ihre Existenzgrundlage zur Gänze verloren haben, aber vielleicht noch dringender psychische Hilfe, weil sie das Erlebte nicht verkraften konnten. Die meisten haben einen Großteil ihrer Familie verloren, viele sind allein geblieben. Die Gruppe der Migranten – oft Mehrfachmigranten – durch unzureichende Kenntnis der deutschen Sprache zusätzlich belastet, haben es noch schwieriger, hier einen friedlichen Lebensabend zu finden. Hier hieß es, diesen Menschen ein Gefühl der Zusammengehörigkeit und der Sicherheit zu geben, ihnen zu helfen, Perspektiven für Morgen zu bekommen. Die Last der Einsamkeit, die besonders im Zuge des Älterwerdens für sie spürbar wurde, abzuwerfen. So überlegten wir uns – das waren damals Professor Anne Kohn-Feuermann, Ing. Ernst Blaha, KV Gerda Feldsberg und ich – die Gründung eines eigenen Tageszentrums für diese Menschen. Prof. Anne Feuermann, die sich sehr für dieses Projekt eingesetzt hatte, aber dessen Umsetzung nicht mehr miterleben durfte, da sie im Juli 1994 verstarb, wurde zur Namensgeberin dieser Einrichtung, die im Juni 1995 ihre Tore für die ersten Besucher und Besucherinnen öffnete. Die Tagesstätte ist ein Ort geworden, an dem man den Besucherinnen und Besuchern ein Gefühl der Geborgenheit, einen vertrauten Rahmen für Kommunikation bietet. Von geistigen Anregungen bis zu gymnastischen Übungen, von Gedächtnisschulung bis zur Tanztherapie, vom handwerklichen Gestalten bis zu Gemeinschaftsspielen. Anregende Diskussionen über vertraute Themen, Ausflüge, Konzerte befreundeter Künstler haben das Programm bereichert. Rückblickend können wir mit ruhigem Gewissen und angemessener Bescheidenheit sagen: Die Tagesstätte ist erfolgreich.«[1914] Als eine der drei Säulen, war die Tagesstätte zu Beginn unter Elisabeth Dietl noch für 15 Menschen im Durchschnitt pro Tag konzipiert worden. Sie blieb erfolgreich und konnte ihre Plätze mit dem späteren Umzug um zwei Drittel erhöhen.[1915] Reiss zählt in seiner Rede die Angebote der Einrichtung exemplarisch auf. Diese lassen sich auch gegenwärtig anhand eines

---

1913 Vgl. Munk, Peter, Interview, 14.09.2023.
1914 Reiss, Edmund, Eröffnungsrede zur 10 Jahresfeier der Kohn-Feuermann Tagesstätte, Wien 2005.
1915 Vgl. Ogris, Susanne, Interview, 13.09.2023.

Wochenplans nachvollziehen. Ein Angebot wie »Kunsttherapie« lässt sich diesem nicht entnehmen, aber »Freies Malen & Gestalten«. Die Überlebenden kamen auch nicht, um therapiert zu werden. Ihre Vorstellung war es, in Gemeinschaft freudvolle Zeit zu verbringen. Wie im gesamten Maimonides-Zentrum, wurde die Gruppe der Überlebenden zunehmend kleiner und nach und nach von der zweiten Generation abgelöst. Die Tagesstätte wird aber auch vermehrt durch Jüdinnen und Juden aus Drittstaaten besucht. Mit der sich wandelnden Zielgruppe verändern sich auch die Bedürfnisse, worauf nach Ogris mit einer ständigen Adaption der Angebote reagiert wird: »Diese neue Generation isst Sushi und macht Tai Chi.«[1916] Wie auch immer die Angebote angepasst werden, in jedem Fall sollen sie auf sinnstiftende Tätigkeiten abzielen und nicht einfach uninspirierte Beschäftigungsmaßnahmen darstellen. Ogris nennt als Ziel die Förderung der Selbstwirksamkeit. In diesem Sinn werden auch Herausforderungen nicht gescheut.[1917] Die Besucher:innen können ein- oder mehrmals in der Woche in die Tagesstätte kommen. Je nach Mobilität werden sie gebracht oder kommen selbstständig. Abgesehen von der Tagesstruktur und der mentalen wie physischen Aktivierung dieser Gruppe hebt Micha Kaufman auch die Kontrollfunktion der Tagesstätte hervor. Diese bezieht sich laut ihm in erster Linie auf die Wahrnehmung des gesundheitlichen Zustands der Klient:innen, wie die Medikamenteneinnahme, Körperhygiene und Gewichtszu- oder abnahme. Die Zielgruppe besteht mehrheitlich aus Personen, die zwar einen gewissen Unterstützungsbedarf haben, jedoch noch selbstständig oder auch mit Partner:in leben können und wollen.[1918] Einige von ihnen ziehen nach Ogris aber später auch noch ins Heim.[1919]

Es gibt mehrere Perspektiven hinsichtlich der Frage, wer die ursprüngliche Idee zu der Tagesstätte hatte. Auch darüber, wo sie örtlich am besten gelegen wäre, gibt es unterschiedliche Meinungen. Ohne Zweifel haben diese – je nach Blickwinkel – ihre Berechtigung. Hier soll die der Gründungsmitglieder wiedergegeben werden, die Susanne Ogris kennt: Mit der Integration der Tagesstätte in bestehende Heimstrukturen versprachen sich die Gründer:innen, dass Besucher:innen mit der Gesamtinfrastruktur vertrauter werden würden, wodurch ein etwaiger, späterer »Heim-Entzug« durch die sinkende Hemmschwelle in das Maimonides-Zentrum zu ziehen, leichter fallen würde. Diese Idee geht nach Ogris auch bis heute auf.[1920] Dass die Etablierung einer Tagesstätte auch in ESRA angedacht gewesen wäre, ist eine andere Sichtweise. Obgleich der Bedarf nach Sozialer Arbeit in Zusammenarbeit mit ESRA abgedeckt und im Bedarfsfall Personen der Tagesstätte an ESRA vermittelt werden können, oder umgekehrt

---

1916 Ebd.
1917 Vgl. ebd.
1918 Vgl. Kaufman, Micha, Interview, 23.08.2023.
1919 Vgl. Ogris, Susanne, Interview, 13.09.2023.
1920 Vgl. ebd.

Klient:innen an die Tagesstätte, sah das Konzept, so Elvira Glück, zunächst eigentlich eine noch engere Zusammenarbeit mit ESRA vor. Die separate Führung der Bereiche, war ursprünglich nicht angedacht, erinnert sich Glück.[1921] Sozialarbeiter:innen sind derzeit in der Tagesstätte nicht tätig. Das kleine Team setzt sich gegenwärtig aus Psycholog:innen, Personal aus den Gesundheitsberufen und einem Sozialbetreuer zusammen. Den sozialarbeiterischen Bedarf sieht Ogris ausreichend durch ESRA abgedeckt.[1922]

Den psychiatrischen Bedarf durch den wöchentlichen Besuch verschiedener Konsiliarpsychiater:innen abzudecken, war Mitte der 1990er Jahre üblich, mit der Etablierung des psychosozialen Zentrums ESRAs für die jüdische Gemeinde aber nicht mehr zeitgemäß. Dieses Angebot intensivierte sich schließlich mit der Einführung des Consiliar-Liaisondienstes (CL-Dienst) von ESRA. Obgleich ESRAs Gründung nicht unmittelbar in Zusammenhang mit dem Maimonides-Zentrum stand, war ESRAs Realisierung im Rahmen einer größeren Vision an psychosozialer Betreuung von Persönlichkeiten wie etwa Paul Grosz, Alexander Friedmann und David Vyssoki zu sehen, so Kahane, die damit Elvira Glücks Perspektive einer größeren Vision teilt.[1923] Zunächst sollte mit ESRA, wie beschrieben, ein spezifisches Angebot für die Behandlung und Betreuung der Verfolgungsopfer sowie deren Folgegenerationen wie auch der Zuwander:innen aus der ehemaligen Sowjetunion geschaffen werden; gleichzeitig sollte dieses aber auch zur Qualitätssteigerung im Maimonides-Zentrum beitragen, heißt es im Rückblick.[1924] Die konkreten Tätigkeitsbereiche waren aber nicht von Anfang an im Konzept verankert, vielmehr entwickelten sie sich aus der konkreten Praxis heraus.[1925] Mit der Etablierung des multiprofessionellen CL-Dienstes verbesserte sich das Leistungsangebot des Maimonides-Zentrums; auch ein ständiges Follow up in Zusammenarbeit mit der ärztlichen Leitung war nun gesichert.[1926] Erstmals war mit dem CL-Team auch die Berufsgruppe der Sozialarbeiter:innen im Maimonides-Zentrum vertreten. Obgleich Hansjörg Mißbichler die individuellen Qualitäten dieses Personals nicht in Frage stellte, zog er es vor, in seiner Position als Geschäftsführer und Direktor die alleinige Führungskompetenz über die Mitarbeiter:innen im Maimonides-Zentrum zu behalten. Die Sozialarbeitenden unterstanden als Angestellte ESRAs eben nicht ihm. Daher sollte sich das Team auf psychologische und psychiatrische Behandlungen beschränken. Diese Tätigkeiten waren laut ihm einerseits überschaubar und andererseits mischte er sich nicht in dieses Tätigkeitsfeld ein, fiel dieses doch in den Kompetenzbereich

---

1921 Vgl. Glück, Elvira, Interview, 03.02.2021.
1922 Vgl. Ogris, Susanne, Interview, 13.09.2023.
1923 Vgl. Kahane, Patricia, Interview, 16.08.2023; vgl. Glück, Elvira, Interview, 03.02.2021.
1924 Vgl. ebd., 16.08.2023.
1925 Vgl. Tudiwer, Robert, Interview, 29.04.2021.
1926 Vgl. Kahane, Patricia, Interview, 16.08.2023.

des ärztlichen Leiters Heinrich Schmidt.[1927] Abgesehen von dem Aspekt der Personalhoheit, sah er in der Anstellung eigenen Personals – durch dessen Verfügbarkeit – überhaupt einen großen Vorteil, auch für die Bewohner:innen und Patient:innen.[1928] Eine Chance zur Qualitätssteigerung des CL-Dienstes führt Micha Kaufman erst auf den Umzug des Maimonides-Zentrums von der Bauernfeldgasse in den zweiten Bezirk zurück (mehr dazu weiter unten). Ab da standen dem fixen CL-Team, bestehend aus Fachleuten der Psychiatrie, Neurologie, der psychiatrischen Krankenpflege und der Psychotherapie nämlich erstmals eigene Räumlichkeiten vor Ort zur Verfügung.[1929]

Mißbichler meinte allerdings nicht, es bedürfe keiner Sozialarbeitenden; er stellte eigenes Personal an, das sich vor allem der Angehörigenberatung annehmen sollte.[1930] »Meist sind es die Angehörigen, die sich an das Maimonides-Zentrum wenden. Oft sind sie dann schon ziemlich gestresst: Ein Elternteil, Onkel, Tante oder anderer Verwandter ist schon seit einiger Zeit pflegebedürftig, nun wird aber auch die Nacht zum Problem. Oder der künftige Heimbewohner ist gestürzt, hat einen Schlaganfall oder Herzinfarkt erlitten. Das Spital übernimmt nur die Akutversorgung. Doch nach zwei Wochen heißt es, das Krankenhaus zu verlassen. Und wie geht es dann weiter?«[1931] Von diesen Beratungen und Perspektivenabklärungen abgesehen, fügt Mißbichler offen hinzu, dass die Unterstützung der Sozialarbeitenden etwa bei Förderanträgen, auch in finanzieller Hinsicht für das Haus nützlich war – ein Augenmerk, das für ihn, der bei seiner Einstellung auch mit der Sanierung des hochverschuldeten Maimonides-Zentrums beauftragt worden war, besonders wichtig war. Anhand seiner Erzählungen kann das erfolgreiche Gelingen im Sinne einer Aufwärtsspirale beschrieben werden: Mittels verschiedener Strategien, die von anfänglichen Investitionen über die Anhebung der Auslastung bis hin zu großzügigen Spenden reichten, konnte dem Heim ein neues Image verliehen werden. Dazu zählte nicht nur die Aushandlung höherer Tagestarife mit der Stadt Wien, sondern auch die Etablierung der sogenannten Milieubetreuung, die mit dem Bedarf an zusätzlicher medizinischer und psychosozialer Betreuung für Holocaustüberlebende argumentiert wurde. Schmidt und Mißbichler gelang so auch die Einstellung hauseigener Ergo- und Physiotherapeuten. Ein Angebot, das nach Mißbichler bis dahin in der Regel durch hausfremde Personen abgedeckt wurde und in dieser Form untragbar für die Heimbewohner:innen war.[1932] Den

---

1927 Vgl. Mißbichler, Hansjörg, Interview, 30.08.2023.
1928 Vgl. ebd., 07.09.2023.
1929 Vgl. Kaufman, Micha, Interview, 23.08.2023.
1930 Vgl. Mißbichler, Hansjörg, Interview, 30.08.2023.
1931 Weiss, Alexia, Biografiearbeit als Selbstverständlichkeit, Juni 2014, Wina. Das jüdische Stadtmagazin, online: https://www.wina-magazin.at/biografiearbeit-als-selbstverstaendlichkeit/ [23.11.2022].
1932 Vgl. Mißbichler, Hansjörg, Interview, 30.08.2023.

Gesamterfolg des Maimonides-Zentrums führt Mißbichler letztlich auch auf die Zusammenarbeit zurück: »Wir haben das Haus gemeinsam aufgebaut; ohne Frage war das ebenso Heinrich Schmidts Verdienst.«[1933] Trotz Investitionen und etlicher Adaptionen entsprach das Altersheim in der Bauernfeldgasse nach mehr als 40 Jahren nicht mehr zeitgemäßen Ansprüchen und übersiedelte. Kurz vor dem Umzug, gibt ein Standard-Artikel einen Einblick in den Zustand der Bauernfeldgasse: Das »Gebäude, das bereits seit 1971 [bestand] [...], war zuletzt, vorsichtig gesagt, bestenfalls heimelig, von außen betrachtet gab es für den Bau eher nur ein anderes Wort: heruntergekommen. Wer die Sicherheitsschleuse am Eingang passiert hatte, erlebte eine bunte Mischung: Alte Kunstwerke an den Wänden, Antiquitäten zwischen lieblos herumstehenden billigen Resopal-Möbeln, dazwischen Wasserflecken an den Wänden. Und nun ist Schluss.«[1934] Am 15. Dezember 2009 war es soweit und das Maimonides-Zentrum eröffnete in der Simon-Wiesenthal-Gasse 5 im 2. Wiener Gemeindebezirk.[1935]

Abb. 46: Grundsteinlegung Maimonides-Zentrum. Li. u. v. li. n. re.: Friedrich Herzog, Oskar Deutsch, Ariel Muzicant, Günther Platter, Erwin Buchinger; Paul Chaim Eisenberg, Sonja Wehsely, Franz Vranitzky (Bestand Ariel Muzicant)

---

1933 Ebd., 07.09.2023.
1934 Eidlhuber, Mia, Am Ende des Ganges, der Standard, 18. Dezember 2009, online: https://www.derstandard.at/story/1259282286336/am-ende-des-ganges [23.06.2023].
1935 Vgl. Maimonides-Zentrum, Geschichte des Maimonides Zentrums, online: https://www.maimonides.at/geschichte/ [16.06.2023].

Abb. 47: Eröffnung Maimonides-Zentrum. V. li. n. re.: Mordechai Mandl, Hans Mayr, Adolf Tiller, Paul Grosz, Ariel Muzicant (Bestand Ariel Muzicant)

Ariel Muzicant hält fest, dass die dortige Errichtung auf die Idee sowie die überzeugenden Argumente von Patricia Kahane und der Beiratsvorsitzenden Judith Adler zurückgeht, die mit Hilfe der großzügigen Finanzierung der Stadt Wien realisiert werden konnte.[1936]

Der Eröffnung war die Planung eines ganzen Campus vorausgegangen. Mit diesem wurde die Vision der Betreuung »von der Kinderkrippe bis zum Pflegeheim« realisiert.[1937]

Nach wie vor ist es österreichweit das einzige jüdische Heim für Senior:innen, dessen außergewöhnliche hohe Lebenserwartung beispielsweise von Muzicant betont wird.[1938]

Micha Kaufman sieht mit der Aufstockung von über 200 Pflegeplätzen die Absicht, das Heim auch abseits der jüdischen Gemeinde zugänglich zu machen.[1939] Mißbichler bestätigt das und nennt wirtschaftliche Gründe für die damals neu geschaffenen Kapazitäten von 204 Betten.[1940] Bei dem Umzug wurde das Verhältnis zwischen jüdischen und nichtjüdischen Bewohner:innen mit 73 zu

---

1936 Vgl. Muzicant, Ariel, Anmerkung, 15.01.2024.
1937 Vgl. Mißbichler, Hansjörg, Interview, 07.09.2023.
1938 Vgl. Muzicant, Ariel, Anmerkung, 15.01.2024.
1939 Vgl. Kaufman, Micha, Interview, 23.08.2023.
1940 Vgl. Mißbichler, Hansjörg, Interview, 30.08.2023.

27 Prozent angegeben.[1941] Mißbichler schätze 2009, das Verhältnis würde sich mit dem Umzug auf 50/50 verschieben.[1942] Das entspricht heutigen Angaben. Dabei gilt es inhaltlich nach wie vor, in der Gesamtsituation des Heims die Reflexion komplexer Fragen rund um Verfolgung, Mitläufertum und Mittäterschaft beständig zu sichern.[1943] Als Steirer und Protestant entsprach Mißbichler damals zunächst bestimmt nicht dem stereotypen Bild eines Direktors eines jüdischen Pflegeheimes, das er selbst als einen Ort kultureller Vielfalt bezeichnete, wo das »›Aufeinander-Zugehen, […] Anerkennung und Wertschätzung‹«[1944] Priorität hatte. Das Heim übersiedelte an zwei Tagen mit Hilfe des Arbeiter Samariterbundes die 148 Bewohner:innen. Das Durchschnittsalter belief sich auf 84 Jahre.[1945] Das Pflegepersonal habe die tatsächliche »Knochenarbeit« geleistet, so Mißbichler. Seine Agenden seien organisatorischer Natur gewesen.[1946] Er wusste um das allgemein geringere Sozialprestige der Pflegedienstleitung im Gegensatz zur kaufmännischen oder ärztlichen Leitung.[1947] Die damalige Pflegedienstleitung, Thea Capilleri, galt als das Superhirn des Umzugs, der bis ins letzte Detail wohl überlegt und im besten Interesse der Bewohner:innen durchgeführt werden musste. Eine damalige Beschreibung gibt Einblick in die minutiöse Planung: »Ihren mehrseitigen ›Probebelegungsplan‹, auf dem steht, wer wann an welchem Tag wohin gesiedelt wird, hält sie in Händen wie eine ständige Versicherung, dass alles gut gehen wird. Gleich der Montag ist eine hochsensible Angelegenheit. Da werden insgesamt dreimal 17 demente Menschen in fünf Fahrzeugen des Samariterbundes ins neue MZ überstellt.«[1948] Mit dem Haus zog auch die Tagesstätte um. Susanne Ogris erinnert sich an die lange Vorbereitungszeit auf den Umzug mit den Besucher:innen, der zelebriert wurde und ritualisiert stattfand. Abgesehen von den Bewohner:innen, fiel auch den Mitarbeiter:innen der Abschied nicht leicht: »Das Haus in der Bauernfeldgasse war erfüllt von und besetzt mit Geschichten von Menschen, die bereits zum damaligen Zeitpunkt zu einer (aus)sterbenden Generation zählten.«[1949] so war es auch ein »komisches Gefühl«, als das Gebäude Bauernfeldgasse schließlich abgerissen wurde: Mit ihm sei dieser geschichtsträchtige Ort verschwunden gewesen. Obgleich die neue Tagesstätte

---

1941 Vgl. Eidlhuber, Mia, Am Ende des Ganges, der Standard, 18. Dezember 2009, online: https://www.derstandard.at/story/1259282286336/am-ende-des-ganges [23.06.2023].
1942 Vgl. Mißbichler, Hansjörg, Interview, 07.09.2023.
1943 Vgl. Kaufman, Micha, Interview, 23.08.2023.
1944 Eidlhuber, Mia, Am Ende des Ganges, der Standard, 18. Dezember 2009, online: https://www.derstandard.at/story/1259282286336/am-ende-des-ganges [23.06.2023].
1945 Vgl. ebd.
1946 Vgl. Mißbichler, Hansjörg, Interview, 07.09.2023.
1947 Vgl. ebd., 30.08.2023.
1948 Eidlhuber, Mia, Am Ende des Ganges, der Standard, 18. Dezember 2009, online: https://www.derstandard.at/story/1259282286336/am-ende-des-ganges [23.06.2023].
1949 Ogris, Susanne, Interview, 13.09.2023.

samt allen Besucher:innen sowie dem gesamten Personal unmittelbar nach dem Umzug feierlich eingeweiht wurde, dauerte es noch, bis alle emotional wirklich ankamen und dem neuen Haus Leben eingehaucht werden konnte.[1950] Wie standen damalige Bewohner:innen zu dem Umzug? Gertrude Laufer beispielsweise empfand diesen mit ihren 83 Jahren als lächerlich, der Umzug in dem hohen Alter kaum mehr vorstellbar. 1939 war sie mit ihren Eltern nach Shanghai geflüchtet und im Jahr 1947 zurückgekehrt. 1958 emigrierte sie nach Israel, kehrte 1965 nach Wien zurück. Anfang der 2000er Jahre zog sie im Maimonides-Zentrum ein.

Die etablierte Struktur von Pflegeheim, Residenzwohnungen und Tageszentrum, repräsentiert nach Kaufman bis in Gegenwart die drei Säulen des Maimonides-Zentrums, das er als atypisches Pflegeheim beschreibt. Es unterscheide sich nach wie vor von anderen Heimen durch die sogenannte Milieubetreuung: Diese umfasst gegenwärtig neben medizinischer und pflegerischer Behandlung und Betreuung ein umfassendes therapeutisches Angebot. Die medizinische Betreuung leisten Allgemeinmediziner:innen mit Schwerpunkt Geriatrie vor Ort und Konsiliarärzt:innen für Fachgebiete. Das therapeutische Angebot reicht von Physiotherapie bis hin zur Musiktherapie. Dazu kommen der erwähnte CL-Dienst von ESRA und die Leistungen des BLPPs.[1951]

Es gibt etliche Gründe dafür, dass dem Feld der Sozialen Altenarbeit – wie oben angedeutet – keine eigenständige Expertise zugesprochen wird. Das ist kein Spezifikum des Maimonides-Zentrums. Es sei hier nur ansatzweise auf die Begründung hingewiesen: Einerseits wurde in den entsprechenden Fachausbildungen lange unzureichend auf die Arbeit mit alten Menschen vorbereitet. Davon abgesehen nennt Thole zwei wesentliche Strukturprobleme sozialer Altenarbeit. Erstens hätte sie nur begrenzt auf Wandlungsprozesse des Alterns (im Gegensatz zur Jugendarbeit) reagiert.[1952] Andererseits wäre es ihr eben nicht gelungen, eine eigenständige Expertise in dem von Medizin und Pflege dominierten Arbeitsfeld zu etablieren und zu zeigen, »auf welche Weise sie zur Bearbeitung, Linderung oder Lösung altersspezifischer Problematiken bzw. zur Herstellung befriedigender Lebensentwürfe im Alter beitragen kann.«[1953] Das medizinische Denkmuster in sozialer Altenarbeit ist, wie auch sonst in ambulanten, stationären und teilstationären Bereichen, evident und schlägt sich eben in der Personalstruktur nieder.[1954] In Kaufmans Auffassung spiegelt sich ein traditioneller Fokus medizinischer, pflegender Institutionen wider, wenn er die

---

1950 Vgl. ebd.
1951 Vgl. Kaufman, Micha, Interview, 23.08.2023.
1952 Vgl. Thole, Werner (Hg.), Grundriss Soziale Arbeit. Ein einführendes Handbuch, 4. Auflage, Wiesbaden 2012, 516f.
1953 Ebd., 517.
1954 Vgl. ebd., 515.

abgedeckten Aufgabenfelder exemplarisch anführt: Soziale Arbeit in Spitälern begegnet entsprechendem Bedarf bei Betroffenen und Angehörigen hinsichtlich der Entlassung. Das Maimonides-Zentrum übernehme im Weiteren die Agenden hinsichtlich der Aufnahme.[1955] Hierbei unterstützt eine Therapeutin sowohl die Bewohner:innen als auch Angehörige – speziell in der Eingewöhnungsphase. Inzwischen werden bei der Aufnahme im Beisein ESRAs Assessments gemeinsam mit medizinischem und Personal des BLPPs vorgenommen. »Also, wir sind wirklich ein Kompetenzzzentrum« sagt Kaufman und fügt hinzu, damit die Kompetenzen der einzelnen Berufsgruppen zu meinen.[1956] Unter Mißbichler, der 2013 in Pension ging und seiner Nachfolgerin Sabine Geringer fielen die klassischen Agenden Sozialer Arbeit noch in den Tätigkeitsbereich eines dafür vorgesehenen Sozialarbeiters, der auch für die Vergabe der Residenzwohnungen im 7. und 8. Stock zuständig war.[1957] Die erste Ansprechperson war damals Philipp Wagner, der etwa Hilfestellung in bürokratischen und logistischen Fragen anbot.[1958]

Patricia Kahanes Stiftung finanzierte über einen langen Zeitraum ein mobiles Team von Sozialbetreuer:innen.[1959] Auch heute ist dieses dafür ausgestattet, den Bewohner:innen diverse spielerische und musikalische Aktivitäten in den Zimmern und auf den Stationen anbieten zu können. Es ist als »komplementäres Angebot zur Pflege, als die seelische Pflege«[1960] zu verstehen. »Wir bringen wirklich Leben in die Bude«[1961] sagt Kaufman. Der Bedarf an Sozialer Arbeit ist somit aus Perspektive des Geschäftsführers durch andere Berufsgruppen abgedeckt.[1962]

Ohne Zweifel sind solche Initiativen als einzigartig hervorzuheben und die Bedürfnisse der Bewohner:innen durch bestehende Angebote abgedeckt. Dennoch könnte das Maimonides-Zentrum als soziale Institution der IKG sehr wohl auch professionelle Soziale Arbeit gebrauchen.

---

1955 Vgl. Kaufman, Micha, Interview, 23.08.2023.
1956 Vgl. ebd.
1957 Vgl. Mißbichler, Hansjörg, Interview, 07.09.2023.
1958 Vgl. Weiss, Alexia, Biografiearbeit als Selbstverständlichkeit, in: Wina. Das jüdische Stadtmagazin, Juni 2014, online: https://www.wina-magazin.at/biografiearbeit-als-selbstv erstaendlichkeit/ [23.11.2022].
1959 Vgl. Kahane, Patricia, Interview, 16.08.2023.
1960 Kaufman, Micha, Interview, 23.08.2023.
1961 Ebd.
1962 Vgl. ebd.

Abb. 48: Eingang Maimonides-Zentrum, 2024

# Ein- und Ausblick in wohltätiges Vereinswesen unter besonderer Berücksichtigung des Vereins »Ohel Rahel«

Mit der Vernichtung jüdischen Lebens in Wien ging – wie ausgeführt – auch die Beschlagnahme und Zerstörung des Vereinslebens einher. Shoshana Duizend-Jensen widmete sich dieser Auslöschung mit ihrer Aufarbeitung »Jüdische Gemeinden, Vereine, Stiftungen und Fonds. ›Arisierung‹ und Restitution« eingehend.[1963] Eine umfassende Aufarbeitung der wohltätigen (Vereins-) Landschaft der jüdischen Gemeinde in Wien von der Nachkriegszeit bis in die Gegenwart ist jedoch noch ein Desiderat. Dies kann auch vorliegende Arbeit nicht abdecken, fokussiert sie schließlich primär auf institutionalisierte praktische Fürsorge in ihrem Transformationsprozess hin zu einem professionellen Verständnis Sozialer Arbeit innerhalb der IKG-Strukturen. Das breite Engagement innerhalb der diversen jüdischen Gemeinschaften auch abseits dieser Strukturen – das in einem freiwilligen und häufig religiösen Rahmen zu finden ist – müsste eigens als zusätzliche Hilfsangebote neben der IKG Berücksichtigung erfahren. Eine historische Aufarbeitung aller dieser Wohltätigkeitsinitiativen würde aber die Beleuchtung der verschiedenen Denominationen und sozioreligiösen Gruppierungen innerhalb der jüdischen Gemeinde voraussetzen. Hier kann jedoch lediglich als Ausblick exemplarisch auf das private Engagement zahlreicher Gemeindemitglieder verwiesen werden.

Mit dem »Anschluss« blieben zunächst ausschließlich einzelne Vereine noch bestehen. Dazu zählten solche zur Versorgung der jüdischen Bevölkerung, die ihrer Existenzgrundlage zunehmend beraubt wurde. Zusätzlich etablierte Ver-

---

1963 Vgl. Duizend-Jensen, Shoshana, Jüdische Gemeinden, Vereine, Stiftungen und Fonds. »Arisierung« und Restitution, Veröffentlichungen der Historikerkommission. Vermögensentzug während der NS-Zeit sowie Rückstellungen und Entschädigungen seit 1945 in Österreich, Band 21/2, Wien/München 2004. Auch andere Arbeiten geben Einblicke in die vielseitigen Vereinslandschaften vor 1938. Dazu zählen etwa die Beiträge in dem Sammelband: Adunka, Evelyn/Lamprecht, Gerald/Traska, Georg (Hg.), Jüdisches Vereinswesen in Österreich im 19. und 20. Jahrhundert in Wien, Schriften des Centrums für Jüdische Studien, Band 18, Innsbruck/Wien/Bozen 2011; Spezifische Einsicht in Frauen- und Wohltätigkeitsvereine liefert etwa: Malleier, Elisabeth, Jüdische Frauen in Wien 1816–1938. Wohlfahrt – Mädchenbildung – Frauenarbeit, Wien 2003.

einsstrukturen der IKG wurden für die gezielte Vertreibung der IKG instrumentalisiert. Alle anderen Vereine, von Wohltätigkeitsvereinen – dieser Vereinsgruppe lagen die Beerdigungsbruderschaften Chewra Kaddischa, eigentlich heilige Gesellschaft, zugrunde –[1964] über Bethaus- und Tempelvereine bis hin zu den Krankenbesuchs- und Unterstützungsvereinen, Bikur Cholim, wurden entweder ihrer Autonomie entzogen oder unterlagen der völligen Zerschlagung.[1965]

Die Chewra Kaddischa stellt bis in die Gegenwart eine elementare Vereinigung in jüdischen Gemeinden dar und war vor 1938 eine der Säulen jeder jüdischen Infrastruktur. Heute dient sie im Wesentlichen rituellen Bestattungszeremonien sowie der Verrichtung der Totengebete. Tim Corbett verweist aber auf Ludwig Batos »Die Juden im alten Wien«, der die Übersetzung der Chewra Kaddischa in Beerdigungsbruderschaft als völlig unzureichend bezeichnet. Ihm folgend zählte nämlich die Organisation der Beerdigung nur zu einer von zahlreichen Tätigkeitsbereichen innerhalb ihrer insgesamt wohltätigen Vereinigung, die »eigentlich eine embryonische Gemeindeorganisation« darstellte. So umfassten die Leistungen dieser ersten Gesellschaften sämtliche Anliegen rund um Wohltätigkeit, wie etwa die Kinder- und Armenfürsorge und die Seelsorge für Sterbende. Bedürftige konnten sich durch die Vergabe von durch die Chewra organisierten Aufgaben, wie regelmäßiges Kaddisch-Sagen, Zedaka-Geld verdienen. Bis heute nimmt die Chewra Kaddischa den Hinterbliebenen die logistischen Aufgaben im Zusammenhang mit der Bestattung ab.[1966] Diesbezüglich sei an die Einleitung und den dort zitierten Auszug aus dem Talmud erinnert, der den Dienst an den Toten als Akt der Wohltätigkeit vorsah: »Die Rabbanan lehrten: Durch Dreierlei ist die Wohltätigkeit [Gemilut Chessed im hebr. Original] bedeutender als das Almosen [Zedaka im hebr. Original]. Das Almosen erfolgt mit seinem Gelde, die Wohltätigkeit sowohl mit seinem Gelde als auch mit seinem Körper: Almosen nur an Arme, die Wohltätigkeit sowohl an Arme als auch an Reiche; Almosen nur an Lebende, die Wohltätigkeit sowohl an Lebende als auch an Tote.«[1967] Die Institution der Chewra Kaddischa lässt sich nach der Tradition auf den Talmud zurückführen. In den europäischen neuzeitlichen Vereinigungen sieht man häufig das Wiederaufleben dieser spätantiken, religiösen Tradition. Als gesichert gilt die Prager Chewra von 1564 als erste Vorläuferin entsprechender europäischer Gesellschaften. Mit der Errichtung des Friedhofamtes im Jahr 1879 in der

---

1964 Vgl. ebd., 62.
1965 Vgl. Pawlowsky, Verena, Einschluss und Anschluss: Österreichische Vereine nach 1938, in: Adunka, Evelyn/Lamprecht, Gerald/Traska, Georg (Hg.), Jüdisches Vereinswesen in Österreich im 19. und 20. Jahrhundert, Innsbruck 2011, 267–278, 272f.
1966 Vgl. Corbett, Tim, Die Grabstätten meiner Väter. Die jüdischen Friedhöfe in Wien, Wien 2021, 102.
1967 Babylonischer Talmud, Traktat Sukka 49b, online: https://www.sefaria.org/Sukkah.49b.11?lang=bi [14.12.2022].

IKG verlor die privat initiierte und getragene Chewra Kaddischa infolge ihrer Institutionalisierung schließlich an Einfluss. Zusätzlich wurden die Vorschriften des Bestattungswesens zunehmend normiert.[1968]

Nach Kriegsende kamen die wenigsten Vereine für eine Wiederbelebung in Frage. Ihre Träger sowie ihre Klientel waren vertrieben, wenn nicht ermordet. Das damalige Vereinsreorganisationsgesetz setzte jedoch die Antragstellung auf Wiederbildung durch ein Vereinsorgan voraus, das bereits bei Vereinsschließung durch den Stillhaltekommissar Mitglied gewesen war. Duizend-Jensen folgend, bildeten vier orthodoxe Vereine eine Ausnahme. Einer von ihnen war eben die Beerdigungsbruderschaft Chewra Kaddischa.[1969] Laut IKG nahm dieser formell nie aufgelöste Verein am 1. Juni 1946 die Tätigkeiten wieder auf.[1970] Auch nach dem Krieg umfassten die Aufgaben der Wiener Chewra Kaddischa nach Angaben der IKG aus den 1990er Jahren die Kostenbeteiligung, sofern Forderungen der IKG nicht nachgekommen werden kann, die Errichtung und Renovierung »herrenloser« Grabsteine, Gedenkstätten- und Tafeln, die Bereitstellungen von Minjanim – zur Ausführung der Gebete wird ein Quorum von mindestens zehn Gläubigen benötigt – sowie die Beschilderung des Friedhofs.[1971]

Ganz anders verhielt es sich mit dem Verein »Ohel Rahel – zur unentgeltlichen Ausspeisung jüdischer Notleidender in Wien«,[1972] der auf das Jahr 1922 zurückgeht.[1973] Bis zu seiner Zwangsschließung durch die Nazis unterhielt er eine Armenküche in der Schwarzingergasse 8 im zweiten Wiener Gemeindebezirk und zählte somit bis 1938 zu einem von zehn Wohltätigkeitsvereinen, die der Ausspeisung von Jüdinnen und Juden dienten.[1974] Bis zu seiner Neugründung sollte

---

1968 Vgl. Corbett, Tim, Die Grabstätten meiner Väter. Die jüdischen Friedhöfe in Wien, Wien 2021, 88, 101 f u. 105.
1969 Vgl. Duizend-Jensen, Shoshana, Jüdische Gemeinden, Vereine, Stiftungen und Fonds. »Arisierung« und Restitution, Veröffentlichungen der Historikerkommission. Vermögensentzug während der NS-Zeit sowie Rückstellungen und Entschädigungen seit 1945 in Österreich, Band 21/2, Wien/München 2004, 62 u. 195 f.
1970 Vgl. Israelitische Kultusgemeinde Wien, Bericht des Präsidiums der Israelitischen Kultusgemeinde Wien über die Tätigkeit in den Jahren 1945 bis 1948, Wien 1948, 26.
1971 Vgl. Corbett, Tim, Die Grabstätten meiner Väter. Die jüdischen Friedhöfe in Wien, Wien 2021, 88, 102 u. 105.
1972 »Der Name diente als gutes Vorbild, handelte es sich doch beim hebräischen Originalnamen um das Zelt der biblischen Rachel, die Wanderer aufnahm und labte.« Wina. Das jüdische Stadtmagazin, Helfen ohne zu beschämen, Mai 2014, online: https://www.wina-magazin.at/helfen-ohne-beschaemen/ [06.07.2023].
1973 Vgl. Ohel Rahel. Jüdischer Wohltätigkeitsverein, Ruhmvolle Vergangenheit, online: https://www.ohel-rahel.at/web/index.php/vergangenheit-62.html [06.07.2023].
1974 Der Bedarf an rituell geführten Ausspeisungsküchen nahm vor allem mit dem Zuzug jüdischer Kriegsflüchtlinge aus Galizien zu. Vgl. Duizend-Jensen, Shoshana, Jüdische Gemeinden, Vereine, Stiftungen und Fonds. »Arisierung« und Restitution, Veröffentlichungen der Historikerkommission. Vermögensentzug während der NS-Zeit sowie Rückstellungen und Entschädigungen seit 1945 in Österreich, Band 21/2, Wien/München 2004, 46 u. 97 f.

es jedoch dauern. Diese erfolgte im April 1999 auf Initiative Renate Erbsts mit dem Ziel, die bedürftigsten Mitglieder der Israelitischen Kultusgemeinde mit Grundnahrungsmitteln zu versorgen.[1975] In ihrer Tätigkeit als Kultusrätin der IKG in der Sozialkommission, stellte sie bereits 1998 eine steigende Anzahl der unter der Armutsgrenze lebenden Gemeindemitglieder fest.[1976] Näheren Einblick in deren Lebensrealitäten erhielten Mitglieder der Sozialkommission in diesem Rahmen v. a. aufgrund anlassbezogener Fallbesprechungen. Dabei bildeten verschriftlichte Aufbereitungen finanzieller Unterstützungsgesuche an die Kommission die Grundlage für die Entscheidung über die Gewährung. Genaue Aufschlüsselungen aller Ein- und Ausgaben offenbarten die finanzielle Lage der Ansuchenden, wie Mitbegründerin des Vereins und Kommissionsmitglied Rosina Kohn anschaulich beschreibt: »Nach Abzug aller Ausgaben wie Miete, Gas, Strom, Straßenbahnticket etc. sehen Sie, dass der Person beispielsweise 29.- Euro zum Leben übrig bleibt. Und dann wissen Sie: Das kann sich nicht ausgehen!«[1977] Im Prekariat lebten Erbsts Schätzungen zufolge etwa im Jahr 2005 15–20 Prozent der rund 6 800 Gemeindemitglieder.[1978] Mit einer statistischen Auswertung des psychosozialen Vereins ESRA, der im Jahr 2003 bereits 2 238 Patient:innen und Klient:innen betreute, liegt zwar nicht unbedingt ein exakter Vergleichswert vor, allerdings belegt sie deren finanzielle Schwierigkeiten prozentuell: Die Beratungsinhalte in der Sozialberatung beliefen sich im ersten Halbjahr 2004 nämlich bei 23 Prozent der Kontakte[1979] auf monetäre Angelegenheiten.[1980] Auch gegenwärtig sieht Kohn den Bedarf an Unterstützung im Steigen begriffen.[1981]

Seit den Nachkriegsjahren erfolgte die institutionelle Bedarfsdeckung der in Not geratenen Gemeindemitglieder, wie Renate Erbst und Rosina Kohn sich einig sind, nahezu exklusiv durch die IKG. Wenngleich beide die damalige Ef-

---

1975 Vgl. David. Jüdisches Kulturmagazin, Ohel Rahel. Fünf Jahre Ohel Rahel – fünf Jahre Hilfe für jüdische Menschen, Ausgabe 61, online: https://davidkultur.at/artikel/ohel-rahel [13.07.2023].
1976 Vgl. Ohel Rahel. Jüdischer Wohltätigkeitsverein, Neubeginn, online: https://www.ohel-rahel.at/web/index.php/neubeginn.html [06.07.2023].
1977 Kohn, Rosina, Interview, 17.12.2020.
1978 Vgl. Der Standard, »Können den Bedarf nicht abdecken.« Verein »Ohel Rahel« sammelt Spenden für Bedürftige für koschere Lebensmittel, 14.11.2005, online: https://www.derstandard.at/story/2077677/koennen-den-bedarf-nicht-abdecken [04.07.2023].
1979 Diese Prozentzahl schließt nur Personen ein, die sich hilfesuchend an ESRA wandten. Jene, die bei Rabbinern, privaten Organisationen oder Privatpersonen um Rat baten, sind hier nicht inkludiert. Ebenso fehlen jene, die ihre finanziellen Sorgen für sich behalten.
1980 Der Problemkreis finanzieller Angelegenheiten beinhaltete die Geltendmachung staatlicher Leistungen, finanzielle Aushilfen des Sozialbudgets der IKG, sowie finanzrelevante familiäre Probleme; vgl. Psychosoziales Zentrum ESRA, Esra 1994–2004, in: Zentrum für Psychosoziale, Spezialtherapeutische, und Soziokulturelle Integration. 10 Jahre ESRA, Ambulanz für Spätfolgen und Erkrankungen des Holocaust- und Migrations-Syndroms, Wien 2004, 18–26.
1981 Vgl. Erbst, Renate/Kohn, Rosina, Interview, 09.02.2021.

fizienz der Sozialkommission durchaus infrage stellen, betonen sie, dass die Nachkriegsgemeinde mit den ihr zur Verfügung stehenden Ressourcen bemüht war, damaligen Prioritäten wie Restitutionsbemühungen nachzugehen.[1982] Diese Perspektive wird auch in orthodoxen Kreisen geteilt: »Die Nachkriegsgemeinde war mit dem Wiederaufbau und der Restitution beschäftigt. Ihr ist nichts vorzuwerfen, die haben überlebt. Und das ohne Betreuung, ohne psychiatrische Hilfe. Sie haben Kinder bekommen und es war kolossal, all das nach dem Krieg wieder zusammenzubringen.«[1983] Freiwilliges Engagement existierte aber auch abseits von Institutionen, wie etwa im Rahmen der Ungarnkrise: »Die Menschen mussten untergebracht und versorgt werden, während die Meisten dann weiter ausgewandert sind.«[1984] Obgleich die Mehrheit ursprünglich nicht in Wien bleiben wollte, wurden mit zunehmender Migration nach Wien ab den späten 1940er Jahren bis in die 1960er Jahre vor allem von ungarischen, rumänischen, polnischen sowie israelischen orthodoxen Jüdinnen und Juden religiöse Vereine gegründet.[1985] Insofern geht jüdisches Vereinsleben nach 1945 in erster Linie auf Flüchtende aus Osteuropa und der ehemaligen Sowjetunion zurück.[1986] Innerhalb der sich immer mehr ausdifferenzierenden religiösen Strömungen wurden wiederum eigene wohltätige Initiativen gegründet; Kohn und Erbst nennen etwa Bikkur Cholim, die Krankenbesuche. Das Engagement von Bikkur Cholim reicht von Krankenhaus- sowie häuslichen Besuchen bis hin zu der Beschaffung medizinischer Aushilfen und Begleitungen zu Arztterminen.[1987] Auf private Initiative der »Familie Grüssg-tt, im Andenken an Herrn M. S. Grüssg-tt«, kann im Bedarfsfall gegenwärtig auch eine eigene Wohnung zur Verpflegung und Erholung »zum Wohle der Allgemeinheit« genutzt werden.[1988] Das private Engagement ist heute so vielfältig wie es Gruppierungen gibt. Wer darf aber eigentlich Hilfe leisten? Wird diese Frage an die orthodoxe Gemeinschaft herangetragen, heißt es: alle; oder sagen wir: Fast alle dürfen sich an dem Engagement beteiligen: »Alle können immer mitarbeiten, von den sehr Religiösen bis hin zu den weniger Religiösen.«[1989] Die praktische Unterstützung wird in erster Linie von Frauen und auf informeller Ebene geleistet. Sie beruht vielfach auf mündlichen Informa-

---

1982 Vgl. ebd.
1983 Anonym, Interview, 31.07.2023.
1984 Ebd.
1985 Bei diesen handelte es sich vorwiegend um Bethausvereine.
1986 Vgl. Duizend-Jensen, Shoshana, Jüdische Gemeinden, Vereine, Stiftungen und Fonds. »Arisierung« und Restitution, Veröffentlichungen der Historikerkommission. Vermögensentzug während der NS-Zeit sowie Rückstellungen und Entschädigungen seit 1945 in Österreich, Band 21/2, Wien/München 2004, 195 u. 198.
1987 Vgl. Erbst, Renate/Kohn, Rosina, Interview, 09.02.2021.
1988 Vgl. Anonym, Interview, 31.07.2023.
1989 Ebd.

tionen und pragmatischen Aufgabenverteilungen.[1990] Wie fest verankert diese Unterstützung in der Lebenspraxis ist, wird in folgender Aussage deutlich: »Jeder hat irgendein Projekt. Jeder hat irgendwen, den er betreut, ohne viel Tamtam, ohne sich das auf die Fahnen zu heften.«[1991] Es sei darauf verwiesen, dass die Vereinsentwicklungen nach 1945 keineswegs unabhängig von politischen Interessen innerhalb der IKG gesehen werden können, wurden zusätzliche Institutionen häufig doch als Konkurrenz begriffen. Die relativ schnelle Organisation der Orthodoxie nach 1945, die von der IKG keine Unterstützung erfuhr, erfolgte also IKG unabhängig. Speziell die 1912 in Kattowicz begründetet Agudat Israel[1992] engagierte sich vielfältig.[1993] Die Auseinandersetzungen mit der streng religiösen Gemeinschaft belegen das Ringen um den alleinigen Vertretungsanspruch der IKG. So führte die Reorganisation des Vereins bereits im Vorfeld zu Disputen: Gemäß IKG wäre die soziale Tätigkeit der jüdischen Gemeinde durch seine »schismatische« Ausrichtung mit sozialem Charakter nicht nur störend gewesen, sondern hätte auch ausländische Hilfsorganisationen mit der Existenz zweier Institutionen gleicher Ansinnen nicht nur verwirrt, sondern Hilfe möglicherweise nur an einen der um Unterstützung Ansuchenden geleitet.[1994] Ihre Hilfe fokussierte die Aguda auf Flüchtlinge und jene, die weiterreisen wollten. Abgesehen von Unterstützungen in DP-Lagern, hatte sie 1949 bereits eine Talmud-Tora-Schule errichtet, sowie ein Heim für Mädchen, das diese ausbildete. Neben kosheren Ausspeisungen reichten die Initiativen bis zu veritablen kosheren Restaurants und einer Pension. Dass man diese Unterstützungen problematisieren konnte, zeigt Evelyn Adunka auf und zitiert einen Beitrag aus der Zeitschrift »Neue Welt und Judenstaat«: »Die Überlebenden der Vernichtungslager … die sich in Wien […] niederließen, waren notleidende, verzweifelte und in ihrem Glauben erschütterte Menschen, die mit ihren teuersten Angehörigen auch die moralische Grundlage ihres Lebens verloren zu haben scheinen. Es ist leider eine allzubekannte Tatsache, daß die Emuna [=Glaube] vieler dem persönlichen Erleben des Unterganges der europäischen Judenschaft nicht standhielt. Eine Art geistiger und moralischer Nihilismus machte sich in den Kreisen von Sheerith Hapleta [dem übriggebliebenem Rest] breit. Sprach man zu diesen

---

1990 Vgl. ebd.
1991 Ebd.
1992 Zur Entwicklungsgeschichte der Agudat Israel s. Fastenbauer, Raimund, Geschichte der IKG von 1945 bis zur Gegenwart: Berichte der IKG, unveröffentlichtes Typoskript, Wien 2022.
1993 Vgl. Adunka, Evelyn, Die vierte Gemeinde. Die Wiener Juden in der Zeit von 1945 bis heute, Wien/Berlin 2000, 219.
1994 Vgl. Duizend-Jensen, Shoshana, Jüdische Gemeinden, Vereine, Stiftungen und Fonds. »Arisierung« und Restitution, Veröffentlichungen der Historikerkommission. Vermögensentzug während der NS-Zeit sowie Rückstellungen und Entschädigungen seit 1945 in Österreich, Band 21/2, Wien/München 2004, 196 ff.

seelischen Ruinen von Agudismus, von einem Neuaufbau des jüdischen Lebens und jüdischer Institutionen, so hatten sie nur ein leichtes Kopfschütteln, ein wehmütiges Lächeln übrig. Um diese zerstreuten Menschen zu erfassen, um ihnen in erster Linie wieder ein soziales Gefühl, das Gefühl der Zugehörigkeit zu einer Gemeinschaft zu erwecken, um sie vorerst zumindest räumlich zusammenzuführen, um ihnen allmählich die eingeäscherten Jugenderinnerungen wachzurufen, war nur eine einzige Waffe da. Diese Waffe hieß: Linderung der Not, Bekämpfung der in der Nachkriegszeit herrschenden Hungersnot.«[1995] Mit dieser Unterstützung wollte die Aguda diese Menschen wieder »zum Glauben und der Lebensart ihrer Väter zurückführen.«[1996] Es ist nicht weiter verwunderlich, dass sich die IKG 1950 mit ähnlicher Begründung, nämlich sie kümmere sich bereits um »ideelle und materielle Belange des orthodoxen Judentums«, gegen die Etablierung des United Jewish Orthodox Relief for Austria positionierte.[1997] Der Bedarf innerhalb der jüdischen Gemeinde überschritt dennoch aus unterschiedlichen Gründen die Angebote der IKG, wie die genannten Initiativen belegen. Gleichzeitig bleibt zu fragen, inwiefern es der IKG überhaupt möglich war und ist, sämtlichen Bedarf abzudecken. Ressentiments seitens der streng religiösen Gemeinschaft gegenüber der Wiener Einheitsgemeinde sind ein Grund für den Fortbestand privater Initiativen: »Wir wollen unter keiner politischen Infrastruktur sein.«[1998] heißt es beispielsweise. Bis zur Gründung von Ohel Rahel setzten sich neben der Kultusgemeinde vorwiegend die jeweiligen Subgruppen für individuelle Problemlagen Einzelner innerhalb dieser kleinen Gemeinschaften ein, erklären Erbst und Kohn.[1999] Dieser Zusammenhalt hält an, wie etwa ein Interviewzitat einer Frau aus dem chassidischen Milieu positiv vermittelt: »Als ärmere jüdische Familie in Wien bist du nicht arm dran. Da gibt es immer Unterstützung von der Community, man ist immer gut aufgehoben.«[2000] Die bucharische Gemeinschaft in Wien weist ebenso ein vielseitiges und großes soziales Netzwerk auf. Dieses – wie auch Chabad u. a. orthodoxe Strömungen – ermöglicht, dass etwa Müttern im Wochenbett die Verpflegung der Familie ab-

---

1995 O. A., Neue Welt und Judenstaat, Mitte Dezember 1950, zit. nach: Adunka, Evelyn, Die vierte Gemeinde. Die Wiener Juden in der Zeit von 1945 bis heute, Wien/Berlin 2000, 220f.
1996 Ebd., 221.
1997 Vgl. Duizend-Jensen, Shoshana, Jüdische Gemeinden, Vereine, Stiftungen und Fonds. »Arisierung« und Restitution, Veröffentlichungen der Historikerkommission. Vermögensentzug während der NS-Zeit sowie Rückstellungen und Entschädigungen seit 1945 in Österreich, Band 21/2, Wien/München 2004, 196ff.
1998 Anonym, Interview, 31.07.2023.
1999 Vgl. Kohn, Rosina, Interview, 09.02.2021.
2000 Zit. nach: das Biber, »Weil wir anders als die Aussenwelt sind« – Ultraorthodoxes Judentum in Wien, 23. September 2023, online: https://dasbiber.at/content/weil-wir-anders-als-die-aussenwelt-sind-ultraorthodoxes-judentum-wien [23.09.2023].

genommen wird.[2001] Als Beispiel für den Einsatz für das Gemeindewohl aller, wird häufig die bereits verstorbene Sara Lebovic als »Engel auf Beinen« genannt. Sie zählt für viele als Paradeexempel einer umfassend engagierten orthodoxen Frau. Hilfe in verschiedenen Lebenslagen aber überhaupt leisten zu können, setzt auch bestimmte Ressourcen voraus. Sara Lebovic hätte diese nach Kohn mit »ihren guten Beziehungen« gehabt und gepflegt, wovon zahlreiche Menschen profitieren konnten.[2002] Das Alleinstellungsmerkmal von Ohel Rahel sehen die Gründungsmitglieder selbst in dem inklusiven Vereinscharakter: »Wir waren eigentlich der erste Verein, der sich privat außerhalb der IKG gegründet hat, um IKG Mitgliedern zu helfen. Das gab es vorher nicht. Es gab eben immer nur die ganz kleinen Grätzeln oder kleine Gruppen, die einander geholfen haben. Aber so quer durch den Gemüsegarten zu sagen: ›du musst nur Jude sein‹, das gab es nicht. Da waren wir die Ersten.«[2003] Auch erste areligiöse Nachkriegsinitiativen sogenannter »sozialer oder landsmannschaftlicher Vereine«, die zwischen 1946 und 1955 neu gegründet wurden, zielten – von der Bedürftigkeit abgesehen – auf bestimmte Gruppen ab. Dazu zählten vor allem diverse Vereine, mit dem Ziel der Hilfeleistung für Überlebende der Konzentrationslager und jüdische Flüchtlinge, wie etwa das Hilfskomitee für staatenlose jüdische KZ-ler oder das Internationale Komitee für jüdische KZ-ler und Flüchtlinge in Wien mit Sitz im DP-Lager des ehemaligen Rothschildspitals. Ab 1955 fielen in diese Kategorie alle weiteren Wohltätigkeitsvereine, die sich verarmter Gemeindemitglieder annahmen, Organisationen der Freiheitskämpfer und rassisch Verfolgten, der Bund jüdischer Verfolgter und Hinterbliebener des Nazi-Regimes sowie die Interessensgemeinschaft der wegen ihrer Abstammung Verfolgten, ehemals Jüdisches Komitee. Die Einwanderung osteuropäischer Jüdinnen und Juden hatte die Bildung weiterer Interessensverbände der polnischen, tschechoslowakischen und ungarischen Jüdinnen und Juden zur Folge. Auf das Jahr 1959 geht schließlich der Verband der jüdischen Landsmannschaften in Österreich zurück und bereits 1951 reichte ein Hilfsverband deutschsprachiger jüdischer Flüchtlinge in Österreich seine Statuten ein.[2004]

Eine etwas andere Geschichte hat der Witwen- und Waisenverein. Eigentlich heißt er »Verein zur Versorgung hilfsbedürftiger israelitischer Waisen und anderer hilfsbedürftiger Juden in Wien« – verständlich, dass sich stattdessen »Witwen- und Waisenverein« seit seiner Gründung im Jahr 1912 eingebürgert

---

2001 Vgl. Anonym, Interview, 31.07.2023.
2002 Vgl. Kohn, Rosina, Interview, 09.02.2021.
2003 Erbst, Renate, Interview, 09.02.2021.
2004 Vgl. Duizend-Jensen, Shoshana, Jüdische Gemeinden, Vereine, Stiftungen und Fonds. »Arisierung« und Restitution, Veröffentlichungen der Historikerkommission. Vermögensentzug während der NS-Zeit sowie Rückstellungen und Entschädigungen seit 1945 in Österreich, Band 21/2, Wien/München 2004, 99f.

hat.[2005] Ariel Muzicant ist der Hinweis wichtig, dass es sich vor dem Krieg um einen Verein der Bnei Brith gehandelt habe.[2006] Die Vereine, deren Vermögen durch den »Stillhaltekommissar in die IKG eingewiesen worden war« sahen sich nach dem Krieg zunächst gezwungen »den Antrag auf ›Außerkrafttreten‹ dieser Eingliederung [zu] stellen.« Insofern zielte die Reorganisation mancher Vereine lediglich darauf ab, überhaupt Rückstellungsanträge für Liegenschaften stellen zu können.[2007] Die Rückforderung zweier Liegenschaften durch den »Verein zur Versorgung hilfsbedürftiger israelitischer Waisen und anderer hilfsbedürftiger Juden in Wien« etwa war erfolgreich.[2008] Einrichtungen wie Waisenhäuser zählten vor dem Krieg zu den Tätigkeitsbereichen des Vereins. Das veränderte sich zwar mit der sich wandelnden Zielgruppe, doch sieht Peter Munk, der gegenwärtige Obmann, in der Verteilung der Vereinsgelder an Hilfsbedürftige bis heute dessen Sinn und Errichtungszweck. Die Vergabe finanzieller Unterstützungen erfolgt über das psychosoziale Zentrum ESRA. Dabei bestimmt die Art des Falles, ob das Unterstützungsgesuch an den Witwen- und Waisenverein gerichtet wird,[2009] oder aber in den Rahmen des Sozialbudgets der IKG fällt.[2010] »Der Witwen- und Waisenverein hat in Relation natürlich ein kleineres Budget als die Sozialkommission der IKG. Deswegen muss darauf geachtet werden, zu welcher Institution, welche Ansuchen passen«[2011] führt Gerda Netopil aus und erklärt, der Fokus der Ansuchen an den Witwen- und Waisenverein läge vermehrt auf älteren Menschen, die einmalige Unterstützungen wie etwa für medizinische Ausgaben benötigen. Allerdings fallen auch immer wieder für Kinder und Studierende Unterstützungen in diesem Rahmen an.[2012] Auch die Teilnahme an Ferienaktionen der Mitglieder der Jugendbewegungen Bnei Akiba und Hashomer Hazair fanden beispielsweise durch den Witwen- und Waisenverein Unterstützung, ein persönliches Anliegen Peter Munks.[2013]

---

2005 Vgl. Vereinsregisterauszug zum Stichtag 12.11.2020.
2006 Vgl. Muzicant, Ariel, Anmerkung, 15.01.2024; s. dazu auch Fastenbauer, Raimund.
2007 Vgl. Duizend-Jensen, Shoshana, Jüdische Gemeinden, Vereine, Stiftungen und Fonds. »Arisierung« und Restitution, Veröffentlichungen der Historikerkommission. Vermögensentzug während der NS-Zeit sowie Rückstellungen und Entschädigungen seit 1945 in Österreich, Band 21/2, Wien/München 2004, 196.
2008 Zu diesen zählte etwa das ehemalige Heim für jüdische Knaben in der Probusgasse 2 im 19. Wiener Gemeindebezirk sowie das im selben Bezirk gelegene Mädchenheim in der Ruthgasse 21. Vgl. ebd., 164 u. 348.
2009 In Vorangegangenem wurden exemplarisch bereits Unterstützungsgesuche an den Witwen- und Waisenverein dargelegt, weshalb hier von konkreten Fallbeispielen abgesehen wird.
2010 Vgl. Munk, Peter, Interview, 14.09.2023.
2011 Netopil, Gerda, Interview, 17.02.2023.
2012 Vgl. ebd.
2013 Vgl. Munk, Peter, Interview, 14.09.2023.

Auslösendes Gründungsereignis für Ohel Rahel sieht Renate Erbst in der Besprechung des Falls einer Mindestpensionistin in der Sozialkommission. Diese hatte in einem Möbelhaus ein hochpreisiges Bett erworben, das ihr Budget bei Weitem überstieg.[2014] Kohns erklärender Einschub, derartige Handlungen der Klient:innen seien nicht auf Mutwilligkeit zurückzuführen, vielmehr wären diese häufig nicht in der Lage, ihre Lebenssituationen und -realitäten richtig einzuschätzen, zeugt von ihrer langjährigen Vereinstätigkeit und Erfahrung in der Sozialkommission, das Verhalten der Klient:innen auch anderen verständlich machen zu müssen.[2015] Das Möbelhaus berief sich auf den rechtmäßigen Vertragsabschluss und so blieben Interventionen der Sozialabteilung zur Stornierung des Kaufs erfolglos: »Die Leute von der Sozialabteilung haben mit Engelszungen versucht, diesen Vertrag zu stornieren, […] das Bett konnte aber nicht retourniert werden.«[2016] Die Voraussetzungen für Unterstützung seitens der IKG erfüllte diese Klientin allerdings ebenso wenig: »Nachdem das selbstverschuldet war, hat sie von der IKG nichts bekommen. Dort bekommst du ja nur [finanzielle Unterstützung], wenn du unschuldig in Not geraten bist«[2017] erläutert Erbst. Die Notlage dieser Klientin war offensichtlich, die Möglichkeiten zur Hilfestellung im institutionellen Rahmen jedoch begrenzt. Eine kurzfristige Unterstützungsmöglichkeit sah Erbst in ihrem eigenen privaten Einsatz: »Ich habe damals in der Sitzung gleich gesagt: ›Schicken Sie diese Frau zum koscheren Bäcker, sie soll auf meine Rechnung einkaufen was sie will. Ich zahle das, damit sie wenigstens Butterbrot et cetera hat.‹ Denn sie hat nicht genug zum Leben gehabt.«[2018] Eine nachhaltige Lösung war das nicht. Nach einer schlaflosen Nacht suchte Erbst das Gespräch mit ihrer Mutter Lea Lewit. Erbst sieht ihre soziale Prägung etwa im Engagement ihrer orthodoxer Eltern begründet, die in den 80er Jahren an jedem Schabbat zwei bis drei persische Jungen einluden.[2019] Mit der islamischen Revolution 1979 waren Jüdinnen und Juden aus dem Iran geflüchtet. Wien war zumeist auch für sie eine Transitstation auf dem Weg in die USA, nach Kanada oder Israel. Hier fanden sie in der Synagoge in der Großen Schiffgasse, der »Schiffschul«,[2020] die 1946 durch Rabbiner Schmuel Aharon Pressburger und

---

2014 Vgl. Erbst, Renate, Interview, 09.02.2021.
2015 Vgl. Kohn, Rosina, Interview, 09.02.2021.
2016 Ebd.
2017 Erbst, Renate, Interview, 09.02.2021.
2018 Ebd.
2019 Vgl. ebd.
2020 Mit der Zuwanderung traditioneller Jüdinnen und Juden aus dem Osten der österreichischungarischen Monarchie wuchs der Bedarf nach religiösen Institutionen. Abgesehen von zahlreichen kleinen Bethäusern, entstand neben dem Polnischen Tempel in der Leopoldsgasse 29 – errichtet im Jahr 1893 – die Synagoge in der großen Schiffgasse 8 im zweiten Wiener Gemeindebezirk, deren Einweihung auf das Jahr 1864 zurückgeht. Es sollte bis zum Jahr 1892 dauern, bis es zu einem Umbau unter Wilhelm Stiassny kam. Salomon Spitzer,

seinem Sohn Michoel wiederbegründet worden war, vielseitige Unterstützung durch dessen Engagement.[2021] Erbst erkennt in der Initiative ihrer Eltern, sich dieser Flüchtlinge anzunehmen, rückblickend eine Art Vorstufe zu Ohel Rahel.[2022] Und Rosina Kohn erinnert sich an Lea Lewits Aufforderung, sie mögen doch die Initiative für die Bettenkäuferin ergreifen: »Die Mutter von Renate Erbst hat gesagt: ›Da müsst ihr etwas machen.‹ Woraufhin wir geantwortet haben: ›Aber was sollen wir machen?‹ Daraufhin hat sie gesagt: ›Ihr müsst halt schnorren gehen.‹«[2023] Dieser Aufforderung kamen sie zunächst mit dem Sammeln für Lebensmittelpakete nach. Rückblickend sieht Erbst dies als unsinnig an, musste aber erst bei einem ihrer zahlreichen Versuche Spenden zu lukrieren auf die Idee der Vereinsöffnung gestoßen werden, als die damalige Leiterin der Volkshilfe das Projekt in dieser Form zum Scheitern verurteilt sah:[2024] »›Kinder, so geht das nicht. Wenn du keinen Verein mit einer Kontonummer gründest, brauchst du nicht zu glauben, dass du irgendetwas bekommst. Gründest du aber einen Verein, dann wirst du Erfolg haben.‹ Gesagt, getan.«[2025] Erbst stieß mit dem Anliegen der Vereinsgründung zum wohltätigen Zweck der Essensverteilung bei dem damaligen Generalsekretär der IKG, Avshalom Hodik auf Verständnis. Auf ihren Wunsch nach einem Vereinsnamen hin, der bereits vor dem Krieg existiert hatte, schlug er »Ohel Rahel« vor und so konnte mit der Vorstandssuche begonnen werden. Dabei war es Erbst ein besonderes Anliegen, alle Parteien der IKG in diesem vertreten zu sehen. Sie wollte signalisieren, für alle Gemeindemitglieder da zu sein: »Die einzige Voraussetzung für unsere Hilfe ist, dass jemand Mitglied der israelitischen Kultusgemeinde ist. Aber uns ist ganz egal, ob dieser ultraorthodox oder gar nicht fromm, sephardisch oder aschkenasisch ist.«[2026] Und »Ein Jude in Wien darf nicht hungern, das war mein Credo.«[2027] Die Existenz hungernder Gemeindemitglieder in der Wohlstandgesellschaft zu Beginn der 2000er Jahre wurde speziell in den ersten Jahren stark angezweifelt, womit Ohel Rahel,

---

Schwiegersohn des einflussreichen Pressburger Rabbiners Chatam Sofer – auf den die Begründung der modernen Ultraorthodoxie zurückgeht, war der erste Rabbiner der »Schiffschul«. Vgl. Religiöse jüdische Vereine in Wien vor der Shoah, in: Adunka, Evely/Lamprecht, Gerald/Traska, Georg (Hg.), Jüdisches Vereinswesen in Österreich im 19. und 20. Jahrhundert, Innsbruck/Wien/Bozen 2011, 45–58, 50f.

2021 Vgl. Borchhardt-Birbaumer, Brigitte, Ausstellungskritik: Verborgene Dokumente, Wiener Zeitung, Juni 2014, online: https://www.wienerzeitung.at/nachrichten/kultur/kunst/746438_Verborgene-Dokumente.html [28.01.2021].
2022 Vgl. Erbst, Renate, Interview, 09.02.2021.
2023 Kohn, Rosina, Interview, 17.12.2020.
2024 Vgl. Erbst, Renate, Interview, 09.02.2021.
2025 Ebd.
2026 Erbst, Renate, zit. nach: Wina. Das jüdische Stadtmagazin, Helfen ohne zu beschämen, Wina. Das jüdische Stadtmagazin, Mai 2014, online: https://www.wina-magazin.at/helfen-ohne-beschaemen/ [06.07.2023].
2027 Erbst, Renate, Interview, 09.02.2021.

wie die Gründerinnen erzählen, auch innerhalb der Gemeinde zunächst auf Reserviertheit stieß. Auch Sorgen, Spenden würden das Sozialbudget der IKG reduzieren, trugen zu Debatten rund um den Verein bei, wodurch Ohel Rahel wiederum das Lukrieren von Spendengeldern erschwert sah. Doch mit dem Erfolg stieg das Ansehen.[2028] Begonnen hatte ihre Tätigkeit mit der Unterstützung von sechs Familien. Heute handelt es sich um fünf Frauen, die sich privat engagieren und Spendengelder einwerben.[2029] Mit diesen Einnahmen werden ohne jeglichen Abzug Lebensmittelgutscheine erworben.[2030] Gerda Netopil sieht in der Vergabe von Gutscheinen als zweckgebundene Leistung einen Vorteil: Erwachsene könnten diese eben nicht anderweitig verwenden, was die Versorgung ihrer Kinder gewährleiste.[2031]

Im Gründungsjahr des Vereins wurden ungefähr 12.000 Euro an Bedürftige verteilt. Im Jahr 2004 waren es bereits Gutscheine im Wert von knappen 46.000 Euro. 2005 hieß es, der Verein decke jährlich den Bedarf von etwa 400 Personen ab.[2032] Die Verteilung erfolgt durch Sozialarbeitende der IKG, bzw. durch ESRA und Rabbiner. Mit diesem Vorgehen soll das Prinzip der Anonymität gewährleistet werden. Erbst verweist auf das Gebot der Zedaka, gemäß welchem Armutsbetroffene weder beschämt noch bloßgestellt werden sollen, einander Spendende und Empfangende im Idealfall gänzlich unbekannt sein sollten.[2033] Gerda Netopil erklärt zur Rolle ESRAs in diesem Zusammenhang, nicht nur die Übernahme der Gutscheinausgabe, sondern ebenso die Möglichkeit, dem Vorstand von Ohel Rahel eventuell Vorschläge für Empfangende im Falle unerwarteter Ausgaben von Klient:innen unterbreiten zu können.[2034] Kohn bestätigt das: »Dann sagt Frau Netopil: ›Da brauchen wir noch etwas.‹ Und dann schauen wir uns natürlich jeden Fall, ohne zu wissen wer das ist, an.«[2035] Die Verteilung durch einzelne Rabbiner begründet Kohn mit Scham, die manche Gemeindemitglieder davon abhält, sich an ESRA, bzw. an die Sozialkommission zu wenden. Die Personen, die mit der Verteilung der Gutscheine betraut sind, »sind genauestens

---

2028 Vgl. Erbst, Renate/Kohn, Rosina, Interview, 09.02.2021.
2029 Vgl. Kohn, Rosina, Interview, 17.12.2020.
2030 Vgl. ebd.
2031 Vgl. Wina. Das jüdische Stadtmagazin, Helfen ohne zu beschämen, Wina. Das jüdische Stadtmagazin, Mai 2014, online: https://www.wina-magazin.at/helfen-ohne-beschaemen/ [06.07.2023].
2032 Vgl. Der Standard, »Können den Bedarf nicht abdecken.« Verein »Ohel Rahel« sammelt Spenden für Bedürftige für koschere Lebensmittel, in Der Standard, 14.11.2005, online: https://www.derstandard.at/story/2077677/koennen-den-bedarf-nicht-abdecken [04.07.2023].
2033 Vgl. Wina. Das jüdische Stadtmagazin, Helfen ohne zu beschämen, Wina. Das jüdische Stadtmagazin, Mai 2014, online: https://www.wina-magazin.at/helfen-ohne-beschaemen/ [06.07.2023].
2034 Vgl. Netopil, Gerda, Interview, 18.02.2021.
2035 Kohn, Rosina, Interview, 17.12.2020.

über die sozialen und finanziellen Hintergründe der Notleidenden informiert.«[2036] heißt es diesbezüglich auf Ohel Rahels Homepage. Kohns folgende Aussage unterstreicht das: »Die Rabbiner kennen auch die genauen Wohnverhältnisse sowie die familiären Verhältnisse und haben ebenso ein Kontingent an Gutscheinen.«[2037] Das Zitat scheint v. a. die Relevanz hervorzuheben, Spendenden die ausschließliche Verteilung an Bedürftige zu versichern. Der Großteil wird laut Kohn über die Sozialkommission vergeben.[2038] Sie versichert, durch die monatliche Teilnahme Einblick in die Notwendigkeit der Versorgung erhalten zu haben.[2039] »Wir [...] haben dort gesehen, dass die Leute abhängig [von finanzieller Unterstützung] sind. Auch von unseren Spenden. Wenn es sich nicht ausgegangen ist, was die Kultusgemeinde gegeben hat, haben wir dazugesetzt, haben hier und da ausgeholfen.«[2040] Wird die Bedürftigkeit (nach Lebensmittelgutscheinen) Ansuchender im Rahmen der Sozialkommission in Frage gestellt, wird in seltenen Fällen beschlossen, sich vor Ort ein Bild zu machen, erzählt Rosina Kohn: »Dann sage ich: ›Gut, ich sehe mir die Situation der Familie an.‹ Daher gehe ich hin und mache mir ein Bild von den Lebensumständen. Und dann komm ich meistens ganz klein zurück, [da der Bedarf sehr wohl vorhanden ist].«[2041]

Gerda Netopil sieht den Bedarfswandel vor allem in den sich verändernden Zielgruppen. Waren die Empfänger:innen anfänglich noch vermehrt ältere Menschen, nahm der Bedarf Alleinerziehender, kinderreicher Familien und von Zuwander:innen zu – ein Phänomen, das den gesamtgesellschaftlichen Wandel widerspiegelt.[2042] Mit dem privaten Engagement der Vereinsmitglieder trägt Ohel Rahel zur ausdifferenzierten Unterstützungslandschaft für alle bedürftigen Gemeindemitglieder bei. Dennoch belegen Vereinsgründungen weiterer wohltätiger Vereine sowie nicht organisiertes privates Engagement den Bedarf über bestehende Institutionen hinaus. Verwurzelt ist dies aber auch in dem Bedürfnis, anderen zu helfen, das kulturell verankerte Verständnis von Zedaka und Gemilut Chessed, das die Mitglieder der jüdischen Gemeinschaften aus professionellen,

---

2036 Ohel Rahel. Jüdischer Wohltätigkeitsverein, Unsere Art der Unterstützung, Homepage: https://www.ohel-rahel.at/web/index.php/unsere-arbeit.html [06.07.2023].
2037 Kohn, Rosina, Interview, 17.12.2020.
2038 Renate Erbst sieht 2021 in der Sozialkommission nicht mehr die Hauptempfängerin. Wenn aber Gerda Netopil etwas brauche, dürfe diese (aufgrund der langjährigen guten Zusammenarbeit) in Notfällen immer bei »Ohel Rahel« um Unterstützung anfragen.
2039 Vgl. Kohn, Rosina, Interview, 17.12.2020.
2040 Ebd.
2041 Ebd.
2042 Aufgrund mangelnder Zahlungsmöglichkeiten für das Pflicht-Koscher-Essen in der Zwi-Perez-Chajes-Schule wurde im Sommer 2012 zusätzlich das Projekt Food for Youth gegründet. Kinder, die bereits Stipendien für das Schulgeld erhalten, können somit auch einen Zuschuss für Mahlzeiten bekommen. Vgl. Erbst, Renate, zit. nach: Wina. Das jüdische Stadtmagazin, Helfen ohne zu beschämen, Wina. Das jüdische Stadtmagazin, Mai 2014, online: https://www.wina-magazin.at/helfen-ohne-beschaemen/ [06.07.2023].

freiwilligen, moralischen oder religiösen Motiven dazu veranlasst, zu einer ausgleichenden Gerechtigkeit beizutragen.

# Schlusswort

Der damalige Präsident der Israelitischen Kultusgemeinde, Paul Grosz, sah in der Errichtung des psychosozialen Zentrums ESRA eine jüdische Tradition fortgeführt, die im Tanach begründet ist.[2043] Die den Menschen von Gott auferlegte Pflicht, Armen mit Großzügigkeit zu begegnen, stimmt mit einem Rechtsanspruch sozial Schwacher auf Unterstützung überein.[2044] Mit der Konzeptualisierung ESRAs gelang es, fundamentale Ideen antiker religiöser Texte in einen heutigen säkularen Rahmen zu transferieren. Ansätze zu modernen Anschauungen bezüglich der Hilfe zur Selbsthilfe lassen sich mit den Schriften des Maimondes aber bereits auf das 12. Jahrhundert zurückführen. Ein leitendes Prinzip moderner Sozialer Arbeit heute – zur Emanzipation der Hilfesuchenden beizutragen – findet sich in seinem Werk »Mischne Tora«. Dort beschreibt er acht Stufen der Zedaka. Dabei stellt jene Stufe die höchste dar, die den Hilfesuchenden wirtschaftliche Autonomie ermöglicht, sodass sie der Helfenden letztlich nicht mehr bedürfen.[2045] Die Forderung nach Übernahme staatlicher Gewährleistung und Verantwortung für sozial Schwache ab dem frühen 20. Jahrhundert zielte auf die Abschaffung privater und religiös definierter Abhängigkeitsverhältnisse ab. Doch wurden strukturierte Veränderungen nur langsam durchgesetzt. Zumindest so lange die Fürsorge noch nicht staatlich organisiert war, oblag es der religiösen Gemeinde, die Aufgaben der Armutsbekämpfung und Wohlfahrt selbst zu übernehmen. Die von der biblischen Zeit an gewachsenen Zedaka-Strukturen führten mit der zunehmenden Zahl tolerierter Jüdinnen und Juden in

---

2043 Vgl. o. A., ESRA eröffnet!, in: Die Gemeinde, Nr. 443b, 05. Januar 1995, 1–4, 1.
2044 Vgl. Alexander-Ihme, Esther, Die religiösen Grundlagen der Zedaka, in: Heuberger, Georg (Hg.), Zedaka. Jüdische Sozialarbeit im Wandel der Zeit. 75 Jahre Zentralwohlfahrtsstelle der Juden in Deutschland 1917–1992, Ausstellungskatalog – Jüdisches Museum der Stadt Frankfurt, Frankfurt am Main 1992, 220–222, 220.
2045 Vgl. Keil, Martha, »Denn Zedaka rettet vor dem Tod…«. Gerechte Wohltätigkeit und Armenfürsorge im Mittelalter, in: Hödl, Sabine (Hg.), »Zedaka«, hebr.: Gerechtigkeit: Jüdische Wohlfahrt und Armenfürsorge bis 1938, Institut für jüdische Geschichte Österreichs, Juden in Mitteleuropa, Ausgabe 2020, 2–8, 2.

der zweiten Hälfte des 18. Jahrhunderts zu immer weiter ausdifferenzierten Tätigkeitsfeldern. Mit dem Ziel der Bündelung karitativer Kräfte etablierte sich 1908 die »Zentralstelle für jüdische Fürsorge«. Mit der Vernichtung der jüdischen Gemeinde ging nicht allein die Zerstörung ihrer Fürsorge-Einrichtungen einher, sondern ebenso die rassistische Zerrüttung der noch jungen staatlichen Hilfsstellen.[2046]

Inwieweit gelang es den sozialen Instanzen der IKG nach 1945, Institutionen zu etablieren, die sich an der Lebenswelt der jüdischen Bevölkerung orientieren?

Nachdem sich Österreich in der bequemen Rolle eines Opfers Nazideutschlands sah, gab es aus Sicht des Staates lange keinen Grund, entsprechende Verantwortung zu übernehmen und adäquate Unterstützungssysteme zu etablieren. Letztlich konnte die – selbst finanziell und personell völlig verarmte – IKG ausschließlich mit Hilfe jüdischer Internationaler Hilfsorganisationen den nötigsten Bedarf stillen.[2047] Das fehlende Interesse der Zweiten Republik an der Rückkehr Überlebender und Exilierter führte die IKG zur Errichtung eigener spezieller Abteilungen. Diese engagierten sich etwa für die praktische Abwicklung der Rückkehr und kämpften um adäquate Unterbringungsmöglichkeiten sowie die Wiedererlangung »arisierter« Wohnungen, während das offizielle Österreich Obdachlosenquartiere für angemessen hielt.

Franzi Löw setzte – zunächst noch im Rahmen des »Ältestenrates« – ihre Fürsorgetätigkeit fort, die sich auf die Linderung der größten Not und die Befriedigung der Grundbedürfnisse bezog. Als Fürsorgerin und einzige Frau war sie auch im Kultusvorstand der IKG tätig. Diese Zeit war jedoch durch Misstrauen und Kollaborationsvorwürfe geprägt, die ihr als Angehörige des »Ältestenrates« galten. Ihr Bruch mit der Fürsorgeabteilung, bzw. mit der IKG im Jahr 1948 dürfte für manche dennoch überraschend gewesen sein. Dass ihr Wirken durch verschiedene Kommissionen Rückgekehrter und Überlebender auch untergraben wurde, findet bislang keine Berücksichtigung als zusätzliches Motiv, der IKG letztlich den Rücken zugekehrt zu haben. Auch wenn Löw mit ihrem Weggang eine Wissenslücke hinterließ, setzte die Fürsorgeabteilung ihre Arbeit fort. Mit ihrer Reorganisation und der Einführung gewisser Standards unter Jakob Bindel professionalisierte sich die Abteilung nach eigenen Angaben erstmalig. Wenngleich die Fürsorgeabteilung den Gemeindemitgliedern der IKG – nach erhobenem Bedarf – einmalige oder dauerhafte finanzielle Unterstützung ermög-

---

2046 Vgl. Moritz, Maria, Soziale Arbeit in Österreich, die Geburt eines Berufs, in: Bakic, Josef/Brunner, Alexander/Musil, Verena (Hg.), Profession Soziale Arbeit in Österreich. Ein Ordnungsversuch mit historischen Bezügen, Wien 2020, 11–24, 11 f.
2047 Vgl. Graf, Georg/Bailer-Galanda, Brigitte/Blimlinger, Eva/Kowarc, Susanne, »Arisierung« und Rückstellung von Wohnungen in Wien, Veröffentlichungen der Historikerkommission. Vermögensentzug während der NS-Zeit sowie Rückstellungen und Entschädigungen seit 1945 in Österreich, Band 14, Wien/München 2004, 208.

lichte und so beispielsweise zahlreichen Studierenden aushalf, folgte sie in ihrer praktischen Arbeit – wie im Prinzip jedes Amt – vorgegebenen bürokratischen Strukturen. Die Etablierung und Einstellung diverser Unterstützungskategorien belegt die Reaktion der Fürsorgeabteilung auf den spezifischen Bedarf innerhalb der Gemeinde. Insofern können manche Kategorien als zeitlos gelten, andere hingegen besaßen nur für einen bestimmten Zeitraum Gültigkeit. In den darauffolgenden Jahrzehnten änderte sich in der Abteilung selbst wenig und bis zur Etablierung ESRAs dauerte es überhaupt noch bis zum Jahr 1994. Obgleich mehrere Faktoren für einen einsetzenden Wandlungsprozess innerhalb der IKG Beachtung finden müssen, seien einige wesentliche hier noch einmal hervorgehoben: Einerseits markiert 1983 das Jahr, ab welchem Alexander Friedmann dem Kultusvorstand angehörte und sich infolge als politische Schlüsselfigur zur Revolutionierung des Sozialbereiches der IKG positionieren konnte.[2048] Andererseits geht zu dieser Zeit auch in der Fürsorgeabteilung eine Beamt:innen-Ära zu Ende, die in der Kultusgemeinde jahrzehntelangen Dienst geleistet hatten, womit es zu einem natürlichen Neuanfang kommen konnte. Erstmalig setzten sich fachkundige, einschlägig ausgebildete Personen in der Kultusgemeinde für die Bedürfnisse der Mitglieder ein. Die Leitung der Sozialabteilung übernahm Elvira Glück mit dem Ziel, diese durch Lösung aus religiöser Motivation und ehrenamtlichem Engagement zu professionalisieren. Die Gründungsvoraussetzungen für einen Verein wie ESRA waren nicht allein gesellschaftlichen Veränderungen geschuldet, sondern auch den weitreichenderen faktischen Möglichkeiten der Nachkriegsgeneration, die nun eben nicht wie ihre Elterngeneration aus ihrem gewohnten Leben, aus Studium oder Beruf gewaltsam herausgerissen worden war, um in der Fremde einem ungewissen Schicksal entgegenzusehen, sich vor Mörder:innen verstecken zu müssen, oder Tag für Tag den Tod vor Augen zu haben. Den Angehörigen dieser neuen Generation gut ausgebildeter, engagierter Fachkräfte gelang es, eine Institution für Überlebende, deren Nachkommen und Zuwandernde zu schaffen, die sich bis in die Gegenwart der Bedürfnisse der jüdischen Gemeinde annimmt. Dies gelang ihnen nicht zuletzt auch deshalb, weil sie aus eigener Erfahrung um die von der Elterngeneration erfahrenen Traumata und deren Weitergabe wussten. Persönlichkeiten wie Alexander Friedmann, David Vyssoki, Elvira Glück, und Robert Tudiwer erkannten die Notwendigkeit zu handeln und entwickelten auf der Basis dieser Erkenntnis innovative Ideen und zukunftsweisende Konzepte. Deren Realisierung ist letztlich eine kollektive Leistung der jüdischen Gemeinschaft und ihr nahestehender Personen, durch die mit ESRA ein Schutzraum für Jüdinnen und Juden in Wien errichtet werden

---

2048 Vgl. Adunka, Evelyn, Die vierte Gemeinde. Die Wiener Juden in der Zeit von 1945 bis heute, Wien/Berlin 2000.

konnte, in dem sich die Erfüllung des Gebots der Zedaka mit den neuesten wissenschaftlichen Erkenntnissen verbindet.[2049]

---

2049 Vgl. Glück, Elvira, Interview, 28.01.2021.

**Poetik, Exegese und Narrative.** Studien zur jüdischen Literatur und Kunst
**Poetics, Exegesis and Narrative.** Studies in Jewish Literature and Art
Herausgegeben von Gerhard Langer, Carol Bakhos, Klaus Davidowicz und Constanza Cordoni

*Poetik – Exegese – Narrative* versteht sich als eine wissenschaftliche Reihe mit kulturwissenschaftlicher Ausrichtung. In ihr wird jüdische Literatur von der Antike bis zur Gegenwart herausgegeben, analysiert, ausgelegt. Ein besonderer Schwerpunkt liegt auf Erzählungen im weiten Sinn, wozu auch Film und Medien gehören. Das Ziel ist es, Texte in ihrer literarischen und strukturellen Tiefendimension sowie ihrem über die Zeiten hinweg aktuellen Aussagegehalt zu verstehen und zu vermitteln, wobei die (sozial-)geschichtlichen, politischen und kulturellen Hintergründe mitbedacht werden. Die Reihe richtet sich an Wissenschaftlerinnen und Wissenschaftler, an Studierende und ein an Kultur- und Literaturwissenschaft sowie an Jüdischen Studien interessiertes breites Publikum.

**Weitere Bände dieser Reihe:**

Band 20.3: Schulamit Meixner
**Die Rückkehr**
Wiederaufbau jüdischer Bildung und Erziehung in Wien seit 1945
2024, 336 Seiten, gebunden, ISBN 978-3-8471-1703-2

Band 20.2: Esther Jelinek
**Transformationen der Zedaka**
Eine Erzählung von Wohlfahrt, Armenfürsorge und Sozialer Arbeit der Israelitischen Kultusgemeinde zwischen 1945 und 2012 in Wien
2024, 418 Seiten, gebunden, ISBN 978-3-8471-1716-2

Band 20.1: Raimund Fastenbauer
**Ein Neuanfang**
Geschichte der Israelitischen Kultusgemeinde Wien von 1945 bis 2012
2024, 1007 Seiten, gebunden, ISBN 978-3-8471-1715-5

Band 19: Bettina Bannasch / George Y. Kohler (Hg.)
**Emanzipation nach der Emanzipation**
Jüdische Literatur, Philosophie und Geschichte um 1900
2024, 307 Seiten, gebunden, ISBN 978-3-8471-1679-0

Band 18: Christoph Augustynowicz / Christof Paulus (Hg.)
*Vor dem Ende ...* – Sichtungen zu einer Kulturgeschichte des Antichrist(lichen)
2023, 213 Seiten, gebunden, ISBN 978-3-8471-1541-0

Band 17: Chiara Conterno (Hg.)
**Briefe als Laboratorium der Literatur im deutsch-jüdischen Kontext**
Schriftliche Dialoge, epistolare Konstellationen und poetologische Diskurse
2021, 224 Seiten, gebunden, ISBN 978-3-8471-1296-9

Unsere allgemeinen Geschäftsbedingungen, Preise sowie weitere Informationen finden Sie unter www.vandenhoeck-ruprecht-verlage.com

Vandenhoeck & Ruprecht Verlage